특공대 **특별비법 공략하여 대학가자!**

가천대학교
적성고사

기출 유형
모의고사

적중 예상 문제집

학지입시연구회 편저

GACHON UNIVERSITY
가천대학교·1939

UNIVERSITY

씨마스

목차

[기출 유형]

이 책을 바르게 이용하는 방법

출제 경향

가천대학교 적성고사의 출제 경향을 과목별로 정리하여
수험생들이 적성고사 대비 방향을 설정하도록 하였다.

모집 요강

가천대학교 적성고사 모집 요강을 요약 제시하여 수험
생들이 전형 주요 사항을 파악하도록 하였다.

기출 유형

가천대학교 적성고사 기출 문제를 과목
별로 나눈 후 유형별, 단원별로 분류하여
수험생들이 스스로 취약한 유형과 단원
을 검토할 수 있도록 하였다.

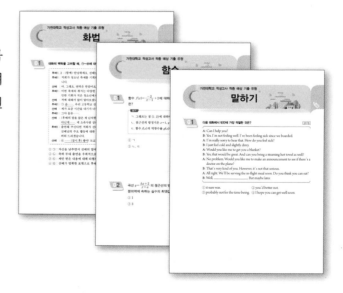

가천대학교 적성고사 출제 경향

● 국어 영역

가천대학교의 적성고사 국어 영역 문제는 기본적으로 수학능력시험의 형태에 기본을 두고 출제되었다. 그러나 5지선다형에 45문항이 출제되는 수능의 경우와는 달리 4지선다형에 20문항만 출제된다. 특히 '독서'는 두 지문에 4문항만 출제되는데 반해, 문학은 5지문에 11문항이나 출제되어 전체 20문항의 절반이 넘는다.

출제 경향 및 대비책
- **화법** : 화법 영역은 1~2문항이 출제되며, 지문이 다소 긴 점을 제외하면 특별한 점이 없기 때문에 문제를 해결하는 데 큰 어려움이 없다.
- **작문** : '개요 수정, 글쓰기 전략, 고쳐쓰기, 이어쓰기'에 관한 문제 가운데 1~2문항이 출제된다. 이는 수능과 큰 차이가 없는 내용이므로 수능의 작문 문항을 반복하여 학습한다면 충분한 대비가 될 것이다.
- **문법** : '음운 변동, 문장 성분, 품사, 맞춤법, 문장의 연결 관계, 중세 국어' 등 수능의 출제 경향과 기본적으로 동일하게 3~4문항이 출제되고 있다. 이들 문제는 비교적 쉽지만 수험생들이 전반적으로 문법을 어렵게 느끼기 때문에 기출문제집이나 모의고사 문제집을 풀어보거나 가장 기본적인 문법 사항을 정리한 교재로 학습한다면 충분히 대비할 수 있다.
- **독서** : 사회와 과학에 관한 짧은 지문에 '내용의 일치, 응용'의 2세트, 4문항이 출제되고 있다. 독서는 지문이나 문항의 수가 적고, 지문의 길이도 짧아 비교적 쉽게 해결할 수 있다. 때문에 수능 학습 가운데 충분히 대비할 수 있지만 대학별 기출 문제나 모의고사를 풀면서 조금은 다른 형식에 익숙해지는 것이 보다 쉽게 문제를 해결하는 방법이 될 것이다.
- **문학 영역**
  - 현대시와 고전시가 : 과거에는 하나의 작품에 2~3문항씩 출제되었으나, 요즘에는 2개 작품에 2~3문항이 출제된다. 출제되는 문제는 작품의 핵심을 묻는 질문으로 이루어졌기 때문에 고등학교 문학을 충실하게 학습하는 것으로 해결할 수 있다.
  - 현대소설과 고전소설, 수필 : 하나의 작품에 2~3문항이 출제되지만, 고전소설이나 수필이 간혹 출제되지 않는 경우가 있다. 수능에 비해 지문의 길이가 반 정도이기 때문에 지문을 독해하는 데 많은 시간이 소요되지는 않지만 전체 내용을 알지 못하면 잘못 이해할 가능성도 있기 때문에 주의해야 한다. 역시 시와 마찬가지로 고등학교 문학을 충실하게 학습하는 것으로 해결할 수 있다.

● 수학 영역

새 교육과정 도입 후 처음으로 치른 2019학년도 가천대학교 적성고사 수학 영역은 미적분1에서 12문항, 확률과 통계에서 8문항이 출제되었고 수학2에서는 출제되지 않았다. 대학수학능력시험 수학 나형 출제 범위이기도 한 수학2의 개념을 직접적으로 묻는 문항이 전혀 출제되지 않았다는 점이 타 적성고사 실시 대학과의 차이점이다. 전반적으로 미적분1, 확률과 통계 단원의 정의와 개념을 정확히 알고 있는지 묻는 문항들이 출제되었다. 전형적인 문항들의 출제 비중이 높았지만 계산과정이 긴 문항들이 포함되어 수험생들의 체감난이도가 높았을 것으로 보인다.

출제 경향 및 대비책

- **출제 범위 내 고른 학습** : 가천대학교는 2018학년도 수시모집요강에서 적성고사 수학 출제 범위는 수학2(함수, 수열, 지수 로그), 미적분1, 확률과 통계라고 발표했다. 따라서 작년에 출제되지 않은 수학2의 해당 범위도 대비해야 한다.
- **기출문제 분석을 통해 전형적인 유형 대비** : 적성고사의 문제 유형은 대부분 대학수학능력시험과 유사하다. 또한 과거 기출문제와 동일한 유형이 출제되기도 한다. 풀이 방법이 정형화된 문항들은 반복 연습하여 점수를 확보하도록 한다.
- **충실한 교과 과정 개념 학습** : 적성고사는 고교 교과 과정을 충실히 반영하여 출제된다. 기출문제를 분석해보면 고등학교 수학 교과 해당 출제 범위의 주요 개념들이 각 문항에 반영되어 있다는 것을 알 수 있다. 기본 개념과 원리를 확실히 알고 있는 수험생이라면 기존에 출제되지 않은 유형의 문제 또는 기존 유형에서 변형된 문제를 해결할 수 있다. 수험생들은 시험에 임하기 전 수학 교과서나 기본 개념서를 정리해 볼 필요가 있다.

● 영어 영역

가천대학교 2017학년도 적성고사 영어 과목에서는 빈칸 추론 3문항, 어휘(빈칸 문제 포함) 2문항, 어법 2문항, 제목 1문항, 흐름 1문항, 연결 어구 1문항 이렇게 총 10문항이 출제되었다. 대학수학능력시험 듣기 평가에 출제되는 대화 지문에서 빈칸 추론 유형이 2문항 출제된 것이 특징이다. 난이도는 대학수학능력시험에 비해 낮았으며 보기의 길이도 짧은 편이었다.

출제 경향 및 대비책

- **시간 관리 연습 필요** : 가천대학교 모집 요강에서 알 수 있듯이 실제 고사장에서 문제 풀이에는 소요되는 시간은 부족하다. 따라서 기출 유형에 해당하는 문제들을 빠른 시간 안에 푸는 연습이 필요하다.
- **기출문제 풀이 연습** : 해마다 유사한 유형의 문제가 출제되고 있다. 따라서 기출문제를 반드시 풀어보고 자주 출제되거나 풀이에 어려움이 있는 유형의 문제들을 집중적으로 연습한다.
- **어휘 및 어법 정리** : 어휘와 어법 문제는 적성고사 영어 영역을 실시하는 거의 모든 대학에서 빠지지 않고 출제되고 있다. 해당 영역은 실력 향상에 시간이 소요되기 때문에 중요 어휘 및 어법은 틈틈이 정리한다.

가천대학교 적성고사 모집 요강

■ 다음의 내용은 가천대학교 2020학년도 수시 모집 요강에서 적성고사 대상자에 대한 내용을 발췌 및 요약한 것입니다. 지원 현황에 따라 모집 요강 내용은 변경될 수 있습니다. 항목별 세부 사항 및 변경 사항은 해당 대학 홈페이지의 모집 요강에서 확인하시기 바랍니다.

1. 전형 일정

구 분		일 시	비 고
입학원서 접수		2019. 9. 6(금) 10:00 ~ 10(화) 18:00	인터넷 접수(www.gachon.ac.kr) 방문 접수 없음
서류 제출 마감		2019. 9. 11(수)	– 본 대학 홈페이지(www.gachon.ac.kr) 및 본 대학 내 지정 장소 – 전형일정은 지원현황에 따라 일정이 변경될 수 있음. – 세부일정은 개별통지를 하지 않으므로 지원자가 반드시 확인해야 함. – 본 대학 홈페이지(www.gachon.ac.kr)에서 고사(적성, 면접, 실기) 일정을 반드시 확인해야 함. – 고사 시 본인임을 확인할 수 있는 신분증(주민등록증, 운전면허증, 여권) 지참
자기소개서 입력		2019. 9. 11(수) 14:00까지	
적성 고사	고사장 확인	2019. 10. 17(목)	
	전형일	2019. 11. 24(일)	
합격자 발표		2019. 12. 10(화) 10:00	본 대학 홈페이지(www.gachon.ac.kr) 및 본 대학 내 지정장소
최초 합격자 문서 등록 기간		2019. 12. 11(수) ~ 13(금) 16:00까지	
충원 합격자 발표 및 문서 등록 기간		2019. 12. 14(토) ~ 20(금) 16:00까지	

2. 전형 기준

과 목	문항 수	시 간	비 고
국어	20	60분	– 배점 * 인문계열 : (국어 20문항×4점) + (수학 20문항×3점) + (영어 10문항×3점) + 기본 230점 = 400점 * 자연계열 : (국어 20문항×3점) + (수학 20문항×4점) + (영어 10문항×3점) + 기본 230점 = 400점 – 출제 경향은 수능과 유사 – 전년도 수능의 80% 수준의 난이도로 출제될 예정 – 국어, 수학, 영어 모두 고교 교과과정에서 90%이상 출제, 10%는 교과과정을 응용한 문제로 출제
수학	20		
영어	10		

가천대학교 적성고사 적중 예상 문제집

[기출 유형]

- 국어 영역

- 수학 영역

- 영어 영역

가 천 대 학 교
적성고사 적중 예상 [기출 유형]

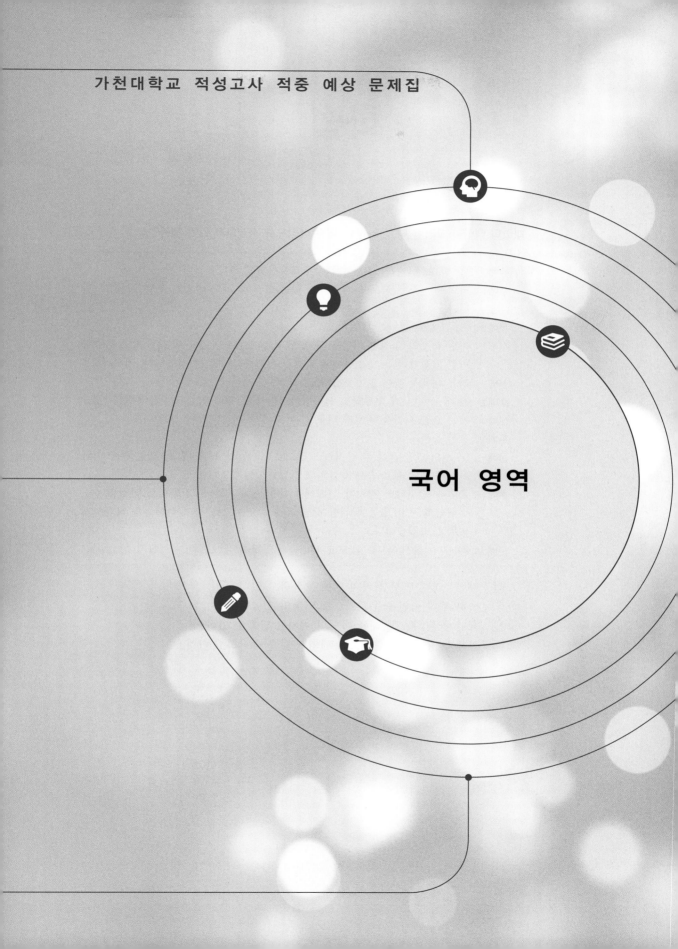

가천대학교 적성고사 적중 예상 문제집

국어 영역

화법

01 대화의 맥락을 고려할 때, ㉠~㉣에 대한 설명으로 적절하지 <u>않은</u> 것은? [2016]

> 후배1, 2 : (함께) 안녕하세요, 선배님. ○○고등학교 후배들입니다.
> 후배1 : 저희가 청소년 축제를 기획하고 있는데, 축하 무대 출연을 부탁드리려고 합니다.
> 선배 : 아, 그래요. 연락은 받았어요.
> 후배1 : 이번 축제의 취지는 다양한 끼와 열정을 가졌으면서도 이를 즐기고 분출할 만한 기회가 적은 청소년에게 유쾌한 하루를 선물하는 것입니다. 어떠세요?
> 선배 : 저에 대해서 많이 알아보셨나요?
> 후배1 : ㉠ 음……. 우리 고등학교 선배님이시잖아요. 후배들의 청을 들어주실 거죠?
> 선배 : 제가 요즘 시간을 내기가 너무 ㉡ 어려워서……. (말끝을 흐린다.)
> 후배1 : 그야 물론…….
> 선배 : (후배의 말을 끊은 채 난처한 표정으로) 그게 쉽게 결정할 수 있는 문제가 ㉢ 아닌데……. 제 소속사랑 상의해서 답변드릴게요.
> 후배1 : 출연해 주신다면 저희가 선배님에 대한 홍보 영상을 만들어 드리겠습니다. 선배님의 주요 활동에 대한 장면 등을 동영상으로 꾸며 선배님을 확실하게 띄워 드리겠습니다.
> 선배 : ㉣ …… (잠시 후) 좋아! 모교 후배들의 열정이 막 느껴져. 참석할게, 참석한다!

① ㉠ : 자신을 낮추면서 선배의 말에 호응하고 있다.
② ㉡ : 축하 무대 출연을 우회적으로 거절하고 있다.
③ ㉢ : 제안 받은 내용에 대해 타협의 여지를 남기고 있다.
④ ㉣ : 선배가 명확한 표현으로 후배의 부탁을 승낙하고 있다.

[02] 다음은 대입 모의 면접의 일부다. 물음에 답하시오.

2018

면　접　자 : 지원자가 읽었던 소설 중에 상상력을 통해 미적 쾌감을 얻었던 작품이 있었나요? 있었다면 소개하여 주시겠습니까?

면접 대상자 : 소설가 최인호 씨의 「타인의 방」을 재미있게 읽었습니다. 현대 사회에서 사물화된 인간의 모습을 상징적으로 그려 내고 있는 작품인데요, 동화적인 설정들이 상상력을 자극하여 재미있게 읽을 수 있었습니다.

면　접　자 : 최인호 씨의 작품이 지원자의 상상력을 자극했군요. 다음 질문입니다. 지원 서류에 전공과 관련하여 가장 기억에 남는 교내 활동으로 여행 동아리 활동을 적어 놓았는데요, 여행 동아리와 한국어문학이라는 전공이 어떻게 연관되는지 잘 이해가 안 되는데 설명을 부탁드립니다.

면접 대상자 : 저는 한국어문학과에서 소설에 대해 집중적으로 공부하여 좋은 소설가가 되고 싶습니다. 소설을 쓰기 위해서는 세상에 대한 많은 지식과 경험이 필요하다고 생각합니다. 저는 여행 동아리 활동을 통해 세상에 대해 많은 정보를 탐색하고, 방학 중에는 실제로 여행을 다니면서 다양한 지역을 돌아보며 세상에 대한 시야를 넓힐 수 있었습니다. 또한 이를 통해 많은 작품의 소재와 배경을 얻기도 하였습니다. 이런 면에서 여행이 한국어문학과 관련 있다고 생각되어 서류에 이 내용을 작성하여 제출한 것입니다.

면　접　자 : 자신이 여행한 곳 중에서 가장 인상 깊었던 곳은 어디였습니까?

면접 대상자 : 네, 저는 고등학교 2학년 때 방문했던 전라남도의 작은 섬인 ○○도가 가장 인상 깊었습니다. 젊은이들이 도시로 떠나 노인분들만 살고 계신 섬이었습니다. 그곳에 사시는 분들은 아픈 세월 속에서 가족처럼 서로를 돕고 의지하며 살아오셨고 지금도 그렇게 살고 계십니다. 그분들의 삶과 말씀을 통해, 시간에 쫓기며 이기적으로 살아가는 저의 삶에 대해 다시 한 번 성찰할 수 있었습니다.

면　접　자 : 지원자는 소설가가 되고 싶다고 하셨는데, 문학가는 노력만으로 이루어지는 것이 아니라 상당한 재능이 뒷받침되어야 한다고 생각합니다. 본인은 문학가로서의 상당한 재능이 있다고 판단하고 있는지요? 있다면 이를 입증할 만한 것은 무엇인지 말씀해 주십시오.

면접 대상자 : 중학교 1학년 국어 선생님께서 제게 글쓰기 재능이 있으니 문예부에 들어가 기본적인 훈련을 받아 보라고 조언하셔서 3년 동안 소설에 대한 기본적인 훈련을 받았습니다. 그리고 고등학교에 진학하여 각종 문학 공모전에 꾸준히 응모하여 소설 분야 장원을 차지하는 등 다수의 상을 수상하였습니다. 비록 부족하지만 이런 수상이 제가 이 분야에 재능이 있음을 증명해 주는 것이라고 생각하게 되었고 더욱 열심히 글을 쓰게 된 원동력이 되었습니다.

면　접　자 : 전공과 관련된 재능을 살리기 위해 많은 준비를 하셨군요. 잘 들었습니다.

02 **면접자와 면접 대상자의 질문과 답변에 대한 이해로 적절하지 않은 것은?**

① 면접자는 면접 대상자의 재능을 입증할 근거를 제시하도록 요구하고 있다.

② 면접자는 면접 대상자가 의도에서 벗어난 대답에 수정할 기회를 주고 있다.

③ 면접 대상자는 자신이 읽은 작품을 구체적으로 설명하여 신뢰를 얻고 있다.

④ 면접 대상자는 자신의 여행과 전공 선택이 상호관련이 있음을 밝히고 있다.

학　생 : 안녕하세요? 지난번 전화로 인터뷰를 부탁드렸던 ○○고등학교 학생입니다.

소방관 : 어서 와요. 기다리고 있었어요.

학　생 : 이번 인터뷰를 바탕으로 화재가 발생했을 때의 대처 요령에 관한 기사를 교지에 싣고자 합니다. 도와주셔서 감사합니다. 우선 화재는 화재 원인 물질에 따라 그 유형이 나뉜다고 들었는데 이에 대한 설명 부탁드립니다.

소방관 : 흔히 일반 화재, 유류 화재, 전기 화재로 나눕니다. 나무, 종이, 플라스틱 등이 타는 일반 화재의 경우에는 물을 뿌리는 것으로 진압이 가능하지만 유류 화재나 전기 화재의 경우에는 함부로 물을 쓰면 안 됩니다. 화재가 더 커질 수 있거든요.

학　생 : (고개를 끄덕이며) 그렇군요. 그런데 전기 화재에 물을 쓰면 안 되는 이유는 뭐죠?

소방관 : 감전 우려가 있기 때문입니다. 물은 전기를 흐르게 하니까요.

학　생 : 화재가 나서 신고할 때 필요한 사항이죠?

소방관 : 그렇죠! 소방관들이 어떤 종류의 화재인지 알고 출동한다면 더 큰 화재로 번지는 것을 효과적으로 막을 수 있습니다.

학　생 : 가정에서 화재가 났을 경우, 가장 먼저 해야 할 일은 어떤 것이 있을까요?

소방관 : 우선 화재 신고를 해야겠죠. 그 다음으로는 가정용 소화기나 건물 내 소화전으로 초기 진압을 하는 겁니다. 그리고 전기 차단기를 내리는 것이 좋습니다. 소화기나 소화전은 문을 등지고 사용할 것을 권장합니다. 진압이 안 될 때에는 곧장 대피해야 하니까요.

학　생 : 대피할 때는 연기는 위로 올라가기 때문에 옥상이 가까워도 아래층으로 대피하는 것이 좋다고 알고 있는데, 맞습니까?

소방관 : 맞습니다. 잘 알고 있네요. 그런데 이웃집에 불이 나면 조금 달라집니다. 옆집이냐 아랫집이냐에 따라 다르고, 아파트냐 다세대 주택이냐에 따라 다릅니다.

학　생 : 자세히 말씀해 주시겠습니까?

소방관 : 어느 경우든 먼저 화재 신고를 합니다. 아파트 발코니에는 경량 칸막이라는 것이 설치되어 있어 발로 차면 옆집으로 뚫리는 벽이 있는데, 다른 대피로가 없을 경우 이곳으로 탈출합니다. 따라서 이곳에 물건을 적재해 두지 않는 게 좋습니다. 얼마 전 경량 칸막이에 물건이 적재되어 있어 인명 피해가 있었던 아파트 화재가 있었습니다. 너무 안타까웠습니다.

학　생 : (고개를 끄덕이며) 소중한 생명을 살릴 수도 있었는데, 정말 안타까운 일이네요. 안전 확보를 위해서는 대피로나 비상구에 물건을 쌓아 두지 말아야 한다는 걸 기사에 강조해야겠어요.

03 '학생'의 말하기 방식이 아닌 것은?

① 상대방에게 인터뷰할 내용을 미리 숙지하고 있다.
② 상대방의 말에 긍정하는 태도를 보이고 있다.
③ 상대방에게 보다 구체적인 답변을 기대하는 질문을 하고 있다.
④ 상대방의 의견을 전문가의 견해를 들어 반박하고 있다.

학　생 : 안녕하세요? 지난번 전화로 인터뷰를 부탁드렸던 OO고등학교 학생입니다.

소방관 : 어서 와요. 기다리고 있었어요.

학　생 : 이번 인터뷰를 바탕으로 화재가 발생했을 때의 대처 요령에 관한 기사를 교지에 싣고자 합니다. 도와주셔서 감사합니다. 우선 화재는 화재 원인 물질에 따라 그 유형이 나뉜다고 들었는데 이에 대한 설명 부탁드립니다.

소방관 : 흔히 일반 화재, 유류 화재, 전기 화재로 나눕니다. 나무, 종이, 플라스틱 등이 타는 일반 화재의 경우에는 물을 뿌리는 것으로 진압이 가능하지만 유류 화재나 전기 화재의 경우에는 함부로 물을 쓰면 안 됩니다. 화재가 더 커질 수 있거든요.

학　생 : (고개를 끄덕이며) 그렇군요. 그런데 전기 화재에 물을 쓰면 안 되는 이유는 뭐죠?

소방관 : 감전 우려가 있기 때문입니다. 물은 전기를 흐르게 하니까요.

학　생 : 화재가 나서 신고할 때 필요한 사항이죠?

소방관 : 그렇죠! 소방관들이 어떤 종류의 화재인지 알고 출동한다면 더 큰 화재로 번지는 것을 효과적으로 막을 수 있습니다.

학　생 : 가정에서 화재가 났을 경우, 가장 먼저 해야 할 일은 어떤 것이 있을까요?

소방관 : 우선 화재 신고를 해야겠죠. 그 다음으로는 가정용 소화기나 건물 내 소화전으로 초기 진압을 하는 겁니다. 그리고 전기 차단기를 내리는 것이 좋습니다. 소화기나 소화전은 문을 등지고 사용할 것을 권장합니다. 진압이 안 될 때에는 곧장 대피해야 하니까요.

학　생 : 대피할 때는 연기는 위로 올라가기 때문에 옥상이 가까워도 아래층으로 대피하는 것이 좋다고 알고 있는데, 맞습니까?

소방관 : 맞습니다. 잘 알고 있네요. 그런데 이웃집에 불이 나면 조금 달라집니다. 옆집이냐 아랫집이냐에 따라 다르고, 아파트냐 다세대 주택이냐에 따라 다릅니다.

학　생 : 자세히 말씀해 주시겠습니까?

소방관 : 어느 경우든 먼저 화재 신고를 합니다. 아파트 발코니에는 경량 칸막이라는 것이 설치되어 있어 발로 차면 옆집으로 뚫리는 벽이 있는데, 다른 대피로가 없을 경우 이곳으로 탈출합니다. 따라서 이곳에 물건을 적재해 두지 않는 게 좋습니다. 얼마 전 경량 칸막이에 물건이 적재되어 있어 인명 피해가 있었던 아파트 화재가 있었습니다. 너무 안타까웠습니다.

학　생 : (고개를 끄덕이며) 소중한 생명을 살릴 수도 있었는데, 정말 안타까운 일이네요. 안전 확보를 위해서는 대피로나 비상구에 물건을 쌓아 두지 말아야 한다는 걸 기사에 강조해야겠어요.

'학생'의 말하기 방식이 아닌 것은?

① 상대방에게 인터뷰할 내용을 미리 숙지하고 있다.

② 상대방의 말에 긍정하는 태도를 보이고 있다.

③ 상대방에게 보다 구체적인 답변을 기대하는 질문을 하고 있다.

④ 상대방의 의견을 전문가의 견해를 들어 반박하고 있다.

작문

[01~02] 다음 글을 읽고 물음에 답하시오.　2016

　㉠ 사람이 살아가는 동안 제대로 수행하는 것이 중요합니다. 첫째는 좋은 친구를 사귀는 것이며, 둘째는 자신에게 어울리는 배우자를 만나는 일입니다. 마지막으로는 자신의 뜻을 펼 수 있는 일을 찾는 것입니다.

　인간에게 이 세 가지 일은 그리 쉽지 않습니다. 그중에서 어린 나이부터 가능한 것이 바로 친구 사귀기입니다. 우정을 맺는 일이야말로 한 인간의 삶을 결정하는 중요한 요소입니다. 청소년기에 우정의 힘은 가정의 힘이나 교사의 힘보다도 ㉡ 완전 앞서기 때문입니다. 우정은 청소년들에게 악영향을 끼칠 수도 있고, 반대로 새로운 희망의 가능성을 열어 줄 수도 있습니다.

　그렇다면 친구를 사귀는 좋은 방법은 무엇일까요? 첫째, '재미있게 해주기'입니다. 유머는 다른 사람들과 ㉢ 유대 관계를 맺는데 훌륭한 소통 수단이 됩니다. 둘째, '먼저 말 걸기'입니다. 친구에게 먼저 다가가서 이야기를 나누고 휴대 전화로 문자를 주고받다 보면 자연스럽게 친해질 수 있습니다. 셋째, '공통점 활용하기'입니다. 친구와 비슷한 관심사로 공감대를 형성하면 쉽게 가까워질 수 있습니다. 넷째, '친구의 좋은 점 칭찬하기'입니다. 사람은 자신을 인정해 주는 사람에게 ㉣ 관심과 친밀감을 느낍니다. 다섯째, '위로하기'입니다. 어려운 상황에 처해 있는 친구를 위로하면 그 친구와 마음을 나눌 수 있게 됩니다. 마지막으로 '상대방 배려하기'입니다. 배려는 타인의 마음을 열게 하는 열쇠입니다.

01 [보기]는 윗글을 쓰기 전 작성한 글쓰기 계획이다. 윗글에 반영된 것은?

> **보기**
> ⓐ 친구의 개념을 설명한다.
> ⓑ 친구의 중요성을 강조한다.
> ⓒ 친구 사귀기 방법을 열거한다.
> ⓓ 친구와 관련된 글쓴이의 경험을 소개한다.

① ⓐ, ⓑ　　　　　　　　　　　② ⓑ, ⓒ
③ ⓒ, ⓓ　　　　　　　　　　　④ ⓐ, ⓓ

02 ㉠~㉣을 고쳐쓰기 위한 방안으로 적절하지 **않은** 것은?

① ㉠ : 필수적인 문장 성분이 생략되었으므로 '세 가지 과제를'을 삽입한다.
② ㉡ : 어휘의 사용이 적절하지 못하므로 '월등히'로 바꾼다.
③ ㉢ : 띄어쓰기가 잘못되었으므로 '유대 관계를 맺는 데'로 수정한다.
④ ㉣ : 분명한 의미 전달을 위해 '관심과 친밀감을 느끼는 것입니다.'로 고쳐 쓴다.

[03~04] 다음은 학생이 쓴 기사문의 초고이다. 물음에 답하시오. 2018

우리 학교 천문 과학 동아리 '별에서 온 우리들' 부원 25명은 지난 15일, ○○시 교육 과학 연구원에서 운영하는 '무한 상상실' 프로그램의 하나인 '천문·항공 우주 과학 체험 교실'에 다녀왔다. 평소 우주 과학에 대한 관심으로 다양한 체험 프로그램에 참여하고 열정적인 탐구 활동을 해 온 '별에서 온 우리들' 부원들이 지난달, 올해 첫 교외 활동으로 이 체험 교실 프로그램에 ㉠ 참여할 예정이다.

'천문·항공 우주 과학 체험 교실'은 □□ 학생 과학관 천체 투영실과 천문대에서 모형 항공기 제작 및 비행 체험, 간이 천체 망원경 만들기, 계절별 별자리 여행, 천체 관측 등 학생들이 관심 있어 하는 다양한 천문 우주 과학 체험 프로그램을 제공했다.

준비된 프로그램이 다양했던 만큼 부원들은 프로그램에 골고루 참여할 수 있었다. 모형 항공기 제작 프로그램과 비행 체험 프로그램, 그리고 천체 관측 프로그램에 참여한 한 학생은 "가상이긴 했지만 비행 체험을 할 때는 제가 마치 비행사가 된 듯한 기분이었고, 달의 크레이터(움푹 파인 큰 구덩이)를 천체 망원경으로 직접 보았을 때는 매우 아름답고 신기해 천문학자가 되고 싶다는 생각도 들었어요. 다양한 체험을 골고루 다 할 수 있어서 참 좋았어요."라고 소감을 밝히는 등 체험 활동에 매우 만족해했다.

오후에 동아리 부원들은 이 프로그램에 참여한 ㉡ 초등학생들의 천체 망원경 조작법 등을 안내하는 봉사 시간을 가졌다. 조작법 안내를 받고 천체 망원경을 보며 행복해하는 초등학생들의 모습을 보고 동아리 부원들은 기뻐했다. 체험 활동뿐만 아니라 이와 같은 봉사 활동을 통해 지식과 행복을 나누는 기회를 가질 수 있어 더욱 뜻깊어했다.

이번 체험 활동은 밤하늘의 아름다움에서 오는 감동을 느끼게 하고 과학적 상상력을 키워 줘 참가한 동아리 부원들의 정서를 순화함은 물론 탐구력과 창의성을 ㉢ 개발하는 데 큰 도움이 될 것으로 기대된다. ㉣ 그럼에도 불구하고 모형 항공기 제작과 비행 체험, 천체 관측 기구의 사용에 따른 공학적 감각까지 느끼게 함으로써 현재 과학 교육의 목표인 학생들을 융합 인재로 키우는 데에도 이바지할 것으로 전망된다.

03 윗글에서 필자가 내용을 조직한 방법에 대한 설명으로 적절하지 <u>않은</u> 것은?

① 체험 과정의 문제점 및 해결방안을 구체화하였다.
② 체험 활동에 대한 의의와 가치를 구체화하였다.
③ 체험 내용과 체험에 참가한 학생의 반응을 구체화하였다.
④ 체험 활동의 주체와 장소, 체험 프로그램명을 구체화하였다.

04 ㉠~㉣을 고쳐쓰기가 적절하지 적절하지 않은 것은?

① ㉠ : 시제의 사용이 적절하지 않으므로 '참여한 것이다'로 바꾼다.
② ㉡ : 조사의 사용이 적절하지 않으므로 '초등학생들이'로 바꾼다.
③ ㉢ : 어휘의 사용이 적절하지 않으므로 '계발'로 바꾼다.
④ ㉣ : 접속어의 사용이 적절하지 않으므로 '그리고'로 바꾼다.

[05~06] 다음을 읽고 물음에 답하시오. 2017

(가) 개요의 초안

○ 주제문 : 평판의 기능과 좋은 평판을 얻기 위한 개인의 노력.

○ 내용 구성
- 처음 : 평판을 의식하고 살아갈 수밖에 없는 이유를 밝힘.
- 중간
    1. 평판이 사회적으로 형성되는 과정을 제시함.
    2. 평판이 개인에게 미치는 영향을 제시함.
    3. 평판이 공동체에 미치는 영향을 제시함.
- 끝 : 좋은 평판이 개인과 공동체에 미치는 영향을 제시하고 좋은 평판을 얻기 위한 개인의 노력을 강조함.

(나) 학생의 초고

세상 사람들의 비평을 평판이라 한다. 주변의 평판을 의식하고 사는 사람을 줏대 없는 사람으로 보기도 한다. 하지만 주변의 평판을 의식하지 않고 살아갈 수 있는가? 세상은 혼자 살아가는 것이 아니라 항상 누군가와 끊임없이 관계를 맺으며 살아야 하기 때문이다. ㉠ <u>어느 누구도 그에서 자유롭기 어렵다.</u>

그렇다면 주변 사람들의 평가는 개인에게 족쇄일 뿐인가? 결론부터 얘기하자면 아니다. 개인의 성장을 돕는 디딤돌이기도 하다. 주변 사람들에게 "참 괜찮은 사람이야."라는 말을 들은 사람은 자신의 일을 더욱 적극적으로 하고 주변과 원활하게 어울리며 더욱 괜찮은 사람이 되기 위해 노력하게 된다. 반면, "자신밖에 모르는 사람이야."라는 말을 들은 사람은 남들이 왜 그런 말을 하는지 자신의 행동을 되돌아보게 되고 반성해야 할 점이나 보완해야 할 점을 생각해서 ㉡ <u>견강부회의</u> 기회로 삼을 수 있다.

또한 평판은 공동체가 잘 유지되도록 이끌어 나가는 데도 기여한다. 개인에 대한 평가에서 공동체가 기준이 되는 경우가 많다. '공동체에 어울리는 사람', '공동체에 필요한 사람' 등의 표현이 그에 해당한다. 우리는 공동체 내에서 개인의 이익을 우선하고 공동체의 화합을 방해하는 돌출 행위를 하는 사람보다는 공공의 이익을 우선하고 포용력을 발휘하는 사람을 더 신뢰하며 지지하여 왔다. 그래서 공동체를 ㉢ <u>깨뜨리는</u> 사람에게는 평판이 회초리 역할을 하며 개인의 이익보다 공동체를 우선하게 만드는 역할을 한다.

오늘날 우리 사회는 평판보다 눈앞에 보이는 이익을 중요하게 여기는 사람이 많다. 이러한 사회에서 주변 사람들에게 좋은 평판을 얻기 위해 노력하는 것은 개인을 위해서나 공동체를 위해서 긍정적인 작용을 하는 부분이 많다. 물론 주변 사람들의 시선에 절대적으로 의존하며 살라는 것은 아니다. 좋은 평판을 듣는 것 자체가 목적이 되어서는 안 되지만 좋은 평판을 듣기 위해 노력하는 것에는 분명 긍정적인 측면이 있다. 좋은 평판을 듣는다는 것은 주변 사람들이나 공동체와 좋은 관계를 ㉣ <u>형성하게 된다.</u> 평판은 우연에 해당하는 것이 아니라 어떤 원인들에 의해 생성되고 축적되는 결과이기 때문에 평판은 개인의 노력에 따라 얼마든지 달라질 수 있다. 따라서 꾸준히 자기 관리를 하며 자신에 대한 좋은 평판을 만들어 나가야 한다.

05 윗글 (나)는 (가)를 바탕으로 쓴 학생의 초고이다. (나)에 대한 설명으로 가장 적절한 것은?

① 초안의 내용 구성을 충실하게 따르고 있다.

② 전문가의 의견으로 평판의 개념을 제시하고 있다.

③ 설문 조사 결과를 활용하여 평판에 대한 문제를 제기하고 있다.

④ 평판과 관련한 사회적 관습을 제시하여 논지를 강화하고 있다.

㉠~㉣의 고쳐쓰기가 적절하지 않은 것은?

① ㉠은 문맥을 고려하여 바로 앞 문장과 순서를 바꾼다.
② ㉡은 의미 관계를 고려하여 '전화위복'으로 고친다.
③ ㉢은 맞춤법에 어긋나므로 '깨트리는'으로 고친다.
④ ㉣은 주-술 호응 관계가 어색하므로 '형성하는 것을 말한다.'로 고친다.

[07~08] 다음을 읽고 물음에 답하시오. 2015

개요

Ⅰ. 서론: 건강 불평등 격차에 대한 의견 제시 ····································· ㉠
Ⅱ. 본론: 건강 불평등 격차에 따른 문제점 분석 및 해결 방안 제안
  (1) 문제점 분석 ··· ㉡
  (2) 해결 방안 제안 ··· ㉢
Ⅲ. 결론: 문제 해결을 위해 제안한 내용에 담긴 기대 효과 제시················ ㉣

자료

〈자료1〉 신문 기사

  건강 불평등 격차를 조사한 국제구호개발기구 발표에 따르면 우리나라는 조사 대상 176개국 중 38위로 전체 순위에서는 비교적 상위권이지만 고소득 국가 중에서는 중하위권에 머물렀다. 우리와 같이 고소득 국가로 분류되는 일본은 17위로 건강 불평등 격차가 낮은 수준이며, 미국은 46위를 차지해 고소득 국가 중에서는 건강 불평등 격차가 높은 수준이었다. 건강 불평등 격차는 사회 통합을 방해하는 요인이 되기도 한다. 이에 따라 WHO와 OECD 등 주요 국제기구들은 건강 불평등 해결 방안을 국가 보건 정책에 반영하도록 권고하고 있다.

〈자료2〉 연구 자료

  병·의원의 접근성은 현재의 건강 상태에 영향을 미친다. 또한 운동 시설, 인간관계, 사회 활동 참여 등도 건강 상태에 영향을 미치는 중요한 요인이다. 그런데 이들 요인에 대한 측정값은 지역에 따라 차이가 나타난다.

변수	측정값(5점 만점)		
	대도시	중소 도시	농어촌 도시
병·의원 접근성	3.64	3.35	2.88
운동 시설 구비 정도	3.40	3.05	2.97
인간관계의 폭	3.11	3.06	2.96
사회 활동 참여도	3.25	3.20	2.91

07 위의 [개요]로 글을 쓰려 한다. 위 [자료]를 활용하여 ㉠～㉣을 표현했을 때, 그 내용으로 적절하지 **않은** 것은?

① ㉠ : [자료 1]을 근거로 한 국가 안에서 건강 불평등 격차가 발생하는 것이 바람직하지 않다는 의견을 제시한다.

② ㉡ : [자료 1]을 근거로 건강 불평등 격차가 사회 통합을 방해한다는 문제점을 지적한다.

③ ㉢ : [자료 2]를 근거로 녹지가 부족한 대도시에 공원을 조성해야 한다는 해결 방안을 제시한다.

④ ㉣ : [자료 2]의 각 변수에 대한 도시 간의 격차가 줄면 지역 주민들이 보다 건강한 생활을 할 수 있다는 기대 효과를 진술한다.

08 ㉠～㉣의 고쳐쓰기로 적절한 것은?

> 금강송은 우리나라의 대표적인 소나무 품종으로, 줄기가 곧으면서도 결이 곱고 단단해 ㉠ 옛부터 가구나 건축물에 즐겨 사용되었다. ㉡ 그러나 현재에도 문화재의 수리나 복원에 필수적인 목재로 사용되고 있다. 세찬 비바람 같은 역경을 오래 ㉢ 견딘 것일수록 목재로서의 가치를 높이 평가받는데, 경북 울진 소광리 금강송은 재질이 우수해 조선 시대 왕실에서도 ㉣ 사용하고 있다.

① ㉠ : 예부터   ② ㉡ : 그런데

③ ㉢ : 견딘것 일수록   ④ ㉣ : 사용한다

09 다음 개요의 ㉠~㉣에 적절하지 <u>않은</u> 것은?

주제문 : 도서관 이용을 활성화하자.

Ⅰ. 서론: 문제 제기
Ⅱ. 본론
　　1. 도서관 이용의 실태 .... ㉠
　　2. 도서관 이용 불만족의 원인 .... ㉡
　　3. 도서관 이용의 활성화 방안 .... ㉢
Ⅲ. 결론: 요약 및 정리 .... ㉣

① ㉠ : 월별 도서관 자료 신청 횟수와 대출 서적의 양을 조사하여 제시한다.
② ㉡ : 도서관을 자주 이용하지 않는 원인이 개방 시간의 제한에 있음을 언급한다.
③ ㉢ : 방과 후와 방학 동안에 도서관을 개방할 것을 요구한다.
④ ㉣ : 학생들이 신청한 도서를 신속하게 구입해 줄 것을 요구한다.

10 '1학년 후배들의 학교 생활 적응을 도와주는 프로그램'에 지원자를 모집하려고 한다. 다음 [조건]에 맞는 것은?

조건
• 1학년이 겪을 수 있는 어려움을 언급할 것
• 운영 계획을 구체적으로 밝힐 것

① 낯선 환경에 적응하지 못하는 후배의 학교 생활을 도와주는 선배가 됩시다. 자세한 사항은 학생회로 문의하세요.
② 새 친구 사귀기에 어려움을 겪는 후배에게 도움을 줍시다. 프로그램은 매주 수요일 방과 후 시청각실에서 진행됩니다.
③ 새로운 생활을 시작하려는 후배들에게 도움을 주는 선배가 됩시다. 프로그램은 매주 월요일 점심시간에 진행됩니다.
④ 병아리 같은 후배들이 선배들의 손길을 기다리고 있습니다. 2, 3학년 학생들의 많은 관심과 성원을 부탁드립니다.

11 ㉠~㉣을 고쳐 쓸 때, 적절하지 <u>않은</u> 것은?

> 우리나라의 번역 도서는 여러 가지 문제점이 있다. 번역이 몇몇 주요 나라의 상업적인 ㉠ 책으로 치중해 있고, 상업성을 극대화하기 위해 유명인의 이름으로 대리 번역하는 경우가 빈번하다. 수익을 극대화하기 위해 원서를 여러 권으로 ㉡ 나뉘어 출판하는 것과 출판의 속도는 빠르지만 번역 도서의 질이 떨어진다는 것도 문제이다. 이러한 번역 도서의 문제점을 개선하기 위해 해야 할 일은 무엇보다도 번역자 양성 체계를 정립하는 ㉢ 것이 급선무다. 그리고 학계에서는 번역을 학문적 성과로 인정해야 한다. 그와 더불어 실력 있는 번역가들이 번역한 질 좋은 번역 도서에 대해 충분한 ㉣ 배상이 이루어져야 한다.

① ㉠ : 책에
② ㉡ : 분류되어
③ ㉢ : 것이다
④ ㉣ : 보상

[12~14] 다음 글을 읽고 물음에 답하시오.

12 다음 개요의 ㉠~㉣에 들어갈 내용으로 적절하지 <u>않은</u> 것은?

> 주제문 : 학교 홈페이지를 활성화하자.
>
> Ⅰ. 서론: ┌─────── ㉠ ───────┐
> Ⅱ. 본론
>   1. ┌─────── ㉡ ───────┐
>   가. 홈페이지를 통한 의사소통의 무관심
>   나. 홈페이지에 대한 학생들의 낮은 참여도
>   2. 해결 방안
>   가. ┌─────── ㉢ ───────┐
>   나. 학생 참여를 유도할 수 있는 홈페이지 개선
> Ⅲ. 결론: ┌─────── ㉣ ───────┐

① ㉠: 학교 홈페이지 활성화의 필요성
② ㉡: 학교 홈페이지 활성화의 장애 요인
③ ㉢: 학교 홈페이지 이용 시 예절 준수 교육 강화
④ ㉣: 학교 홈페이지에 대한 관심 및 개선 촉구

13 문맥상 ㉠에 들어갈 말로 적절하지 <u>않은</u> 것은?

> 오늘도 쉬는 시간에 교실은 말로 넘쳐 나고 있습니다. 그런데 친구들의 말을 듣다 보면 낯이 붉어지는 경우가 많이 있습니다. 왜 그럴까요? 바로 욕 때문입니다.
>
> 욕은 상대방에게 불쾌감을 주거나 상처를 주어 문제를 일으킬 수 있습니다. 더 큰 문제는 욕을 사용하면서도 그것이 욕인지 모르거나 욕을 하는 자신을 의식하지 못한 다는 것이지요. 그러다 보니 욕을 하지 말라고 충고라도 하면 적반하장 식으로 오히 려 큰 소리를 칩니다. 욕을 들으면 마음이 불편해지고, 심하면 싸움이 되어 험악한 말 이 오가면서 교실은 난장판이 되고 맙니다.
>
> 여러분! (㉠   )

① 욕을 잘 활용하면 상대방에게 호의를 줄 수 있습니다.
② 우리의 말을 순화하여 기분 좋은 교실로 만들어 갑시다.
③ 예의 바른 말은 우리 교실의 품격을 높여 줄 수 있습니다.
④ 따뜻한 말 한 마디는 우리 교실을 우정으로 가득 채울 것입니다.

14 ㉠~㉣을 고쳐 쓸 때, 적절하지 <u>않은</u> 것은?

> 기타 동아리 '소리샘'은 방과 후와 주말을 이용해 자율적인 연습을 하고 매년 정기 공연을 합니다. ㉠ <u>그러므로</u> 악기 연주와 공연만 하는 다른 음악 동아리와 달리 양로 원이나 장애인 시설을 방문하여 연주회를 열고 성금을 기탁하는 활동도 함께 ㉡ <u>벌 리고</u> 있습니다.
>
> 우리 동아리에 가입하고 ㉢ <u>싶은 데에</u> 기타를 전혀 못 쳐서 망설이시나요? 걱정하 지 마세요. 동아리에 오시면 선배들이 기초부터 차근차근 가르쳐 드립니다. '소리샘' 에는 여러분이 마음껏 연주할 수 있는 기타가 많이 있으니 그것도 걱정할 필요가 없 습니다. 언제든지 우리 동아리에 들르는 것은 ㉣ <u>가능해야 합니다.</u>

① ㉠ : 또한   ② ㉡ : 벌이고
③ ㉢ : 싶으면   ④ ㉣ : 가능합니다

01 [보기]의 ㉠에 들어갈 설명으로 가장 적절한 것은? 2018

> **보기**
>
> 한 단어 내에서 음운의 변동은 한 가지만 나타나지 않고 여러 유형이 나타날 수도 있다. '넓적하다[넙쩌카다]'와 '삯일[상닐]'에 일어나는 음운 변동의 공통점과 차이점을 비교해 설명하면 다음과 같다.
>
> ㉠

① '넓적하다'와 '삯일' 모두 음운의 첨가 현상이 일어난다.
② '넓적하다'는 '삯일'과 달리 세 번의 음운 변동이 일어난다.
③ '넓적하다'와 '삯일' 모두 음운의 교체와 탈락 현상이 일어난다.
④ '넓적하다'와 달리 '삯일'은 음운 변동이 일어나기 전보다 음운의 수가 줄어든다.

02 [보기]의 ㉠에 들어갈 설명으로 가장 적절한 것은? 2018

> **보기**
>
> 한국어의 동작상에는 진행상과 완료상이 있다. ㉠ 진행상은 어떤 사건이 계속 이어지고 있음을 나타내고, 완료상은 어떤 사건이 끝났거나 끝난 후의 결과 상태가 지속되고 있음을 나타낸다. 그런데 경우에 따라 ㉡ 진행상으로 해석할 수도 있고, 완료상으로 해석할 수도 있는 문장이 있다.

① ㉠ : 철수가 친구를 믿고 있다.
　 ㉡ : 철수가 물을 마시고 있다.
② ㉠ : 영희가 밥을 먹고 있다.
　 ㉡ : 영희가 세수를 하고 있다.
③ ㉠ : 민수가 양말을 신고 있다.
　 ㉡ : 민수가 운동장을 뛰고 있다.
④ ㉠ : 창희가 소설을 읽고 있다.
　 ㉡ : 창희가 말을 타고 있다.

03 다음 ㉠~㉢에 해당하는 예가 모두 올바르게 짝지어진 것은? 〔2018〕

(가) 합성어나 파생어는 어근과 접사의 결합 방식에 따라 좀 더 다양한 구조를 가질 수 있다. 어근과 접사가 셋 이상 결합하여 합성어나 파생어를 이룰 때 그러하다. 가령 합성어는 '어근'과 '어근+어근'이 결합된 것, ㉠ '어근'과 '어근+접미사'가 결합된 것, ㉡ '어근+접미사'와 '어근'이 결합된 것 등이 있을 수 있다. 또한 파생어도 ㉢ '어근+어근'에 '접미사'가 결합된 것, '접두사+어근'에 '접미사'가 결합된 것 등이 있을 수 있다.

	㉠	㉡	㉢
①	찜질	병따개	나들이
②	나들이	찜질	볶음밥
③	병따개	볶음밥	나들이
④	찜질	볶음밥	병따개

04 [보기]를 바탕으로 중세 국어의 접속 조사에 대해 탐구한 내용으로 적절하지 <u>않은</u> 것은? 〔2018〕

보기
• 深山(심산)에 드러 果實(과실)와 믈와 좌시고(『월인석보』 권1)
  [현대어 풀이] 깊은 산에 들어가 과일과 물을 드시고
• 입시울와 혀와 엄과 니왜 다 됴ᄒ며(『석보상절』 권19)
  [현대어 풀이] 입술과 혀와 어금니와 이가 다 좋으며
• 하ᄂᆞᆯ콰 짜콰 ᄉᆞᅀᅵ예(『두시언해』 권8)
  [현대어 풀이] 하늘과 땅의 사이에

① '니왜'를 보니 현대 국어에 쓰이지 않는 접속 조사가 사용되었군.
② '혀와', '엄과'를 보니 선행하는 체언에 따라서 접속 조사의 형태가 달리 사용되었군.
③ '믈와', '짜콰'을 보니 중세 국어에서 체언이 나열될 때 접속 조사가 마지막 체언과 결합하기도 했군.
④ '하ᄂᆞᆯ콰'를 보니 접속 조사가 '하ᄂᆞᆯ'과 같은 ㅎ 종성 체언의 ㅎ과 결합한 형태로 실현되기도 하였군.

05 ㉠~㉢의 표준 발음을 설명할 수 있는 단어를 순서대로 나열한 것은? 2017

■ 사이시옷이 붙는 단어의 표준 발음
㉠ 'ㄱ, ㄷ, ㅂ, ㅅ, ㅈ'으로 시작하는 단어 앞에 사이시옷이 올 때에는 이들 자음만을 된소리로 발음하는 것을 원칙으로 하되, 사이시옷을 [ㄷ]으로 발음하는 것도 허용한다.
㉡ 사이시옷 뒤에 'ㄴ, ㅁ'이 결합되는 경우에는 사이시옷을 [ㄴ]으로 발음한다.
㉢ 사이시옷 뒤에 '이' 음이 결합되는 경우에는 사이시옷을 [ㄴ]으로 발음하고 뒤의 '이' 음에 [ㄴ]을 첨가하여 발음한다.

① 만둣국, 아랫니, 뒷일
② 북엇국, 예삿말, 뒷윷
③ 고갯짓, 머릿말, 깻잎
④ 전셋방, 뱃머리, 깻잎

06 [보기]의 내용을 참고할 때, 설명으로 적절하지 <u>않은</u> 것은? 2017

형태소는 의미를 가진 가장 작은 단위이다. 가령 '소리'는 더 이상 쪼개지지 않는 하나의 형태소이고, '먹었다'는 '먹-', '-었-', '-다'의 세 형태소로 나눌 수 있다. 단어는 자립하여 쓰일 수 있는 단위이다. '소리'는 자립할 수 있으므로 하나의 형태소이면서 동시에 하나의 단어가 된다. 반면 '먹었다'는 세 개의 형태소로 이루어졌지만 이것들은 모두 자립하지 못하기 때문에 '먹었다' 전체가 하나의 단어가 된다. 단어 중에는 자립성을 가지지 않는 예외도 일부 존재하는데, 조사와 의존 명사가 대표적이다.

① 가을이 : 2개의 형태소이면서 2개의 단어이다.
② 되어 : '되-'와 '-어'가 결합한 1개의 단어이다.
③ 예쁘게 : 1개의 형태소이면서 1개의 단어이다.
④ 물들었다 : 4개의 형태소가 결합한 1개의 단어이다.

07 ⓒ에 대한 설명과 해당 용례가 모두 바른 것은?

> 문장의 길이를 줄이거나 표현의 효과를 높이기 위해 두 홑문장을 하나의 겹문장으로 만들기도 한다. 이때 두 홑문장 중 특정 성분이 생략되기도 한다.
>
> ㉠ 아기가 곤히 잠을 잔다. + ㉡ 엄마가 아기를 안아 주었다.
> → ㉢ 엄마가 곤히 잠을 자는 아기를 안아 주었다.

① ㉠이 ㉡에 명사절로 안기는 과정에서 ㉠의 목적어가 생략되었다.
　예 내가 읽을 책이 책장에 가득하다.
② ㉠이 ㉡에 관형절로 안기는 과정에서 ㉠의 주어가 생략되었다.
　예 향기가 좋은 꽃이 방안에 가득하다.
③ ㉠이 ㉡에 명사절로 안기는 과정에서 ㉠의 목적어가 생략되었다.
　예 내가 태어난 그해에 그 일이 벌어졌다.
④ ㉠이 ㉡에 관형절로 안기는 과정에서 ㉠의 주어가 생략되었다.
　예 내가 공부한 학교는 저 언덕 위에 있다.

08 ㉠~㉣에 대한 설명으로 적절하지 않은 것은?

> **보기**
>
> 물ᄀᆞᆯ ᄀᆞᄅᆞᆷ 흔 고비 ㉠ ᄆᆞᅀᆞᆯᄒᆞᆯ 아나 흐르ᄂᆞ니
> 긴 ㉡ 녀름 강촌(江村)애 일마다 유심(幽深)ᄒᆞ도다
> 절로 가며 절로 ㉢ 오ᄂᆞ닌 집 우흿 져비오
> 서르 친(親)ᄒᆞ며 서르 갓갑ᄂᆞ닌 믌 ㉣ 가온딧 ᄀᆞᆯ며기로다
>
> 맑은 강 한 굽이 마을을 안아 흐르니
> 긴 여름 강촌에 일마다 그윽하도다
> 절로 가며 절로 오는 것은 집 위의 제비요
> 서로 친하며 서로 가까운 것은 물 가운데의 갈매기로다

① ㉠ : 중세 국어의 목적격 조사는 'ᄒᆞᆯ'의 형태였다.
② ㉡ : '녀름'이 오늘날 '여름'으로 형태가 변했다.
③ ㉢ : 중세 국어의 '이어 적기'를 확인할 수 있다.
④ ㉣ : 중세 국어의 관형격 조사가 현대 국어와 달랐다.

09 [보기]의 문장에서 ㉠, ㉡에 해당하는 단어로 바르게 짝지어진 것은? 2016

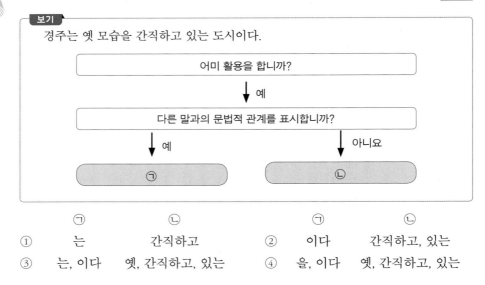

보기
경주는 옛 모습을 간직하고 있는 도시이다.

어미 활용을 합니까?
↓ 예
다른 말과의 문법적 관계를 표시합니까?
↓ 예   ↓ 아니요
㉠   ㉡

	㉠	㉡		㉠	㉡
①	는	간직하고	②	이다	간직하고, 있는
③	는, 이다	옛, 간직하고, 있는	④	을, 이다	옛, 간직하고, 있는

10 다음은 관형어의 종류와 예문이다. ㉠~㉢ 중 적절하지 않은 것은? 2016

관형어의 종류	예문
첫째, 관형사가 그대로 관형어로 기능한다.	㉠ _____.
둘째, ㉡ _____.	그는 도시의 삶을 꿈꾼다.
셋째, 용언 어간에 관형사형 어미가 결합하면 관형어로 기능한다.	㉢ _____
넷째, ㉣ _____.	그는 우리 학교 학생이다.

① ㉠ : 철수가 새 옷을 입었다.
② ㉡ : 체언에 관형격 조사가 결합되어 관형어로 기능한다.
③ ㉢ : 그는 자기 일 밖의 다른 일에는 관심이 없다.
④ ㉣ : 체언이 연속하는 구성일 때 선행 체언이 그대로 관형어로 기능한다.

11

㉠, ㉡에 해당하는 예로 올바르게 짝지어진 것은? 2016

> 우리말을 어법에 맞게 쓰기 위해서는 ㉠ 필요한 문장 성분을 갖추어 써야 한다. 필요한 문장 성분을 지나치게 생략해서는 안 된다. 또한 문장 성분의 호응도 고려해야 하며, ㉡ 의미가 여러 가지로 해석될 수 있는 문장은 하나의 의미만 갖도록 표현해야 한다.

① ㉠ 민수가 아빠와 닮았다.
　㉡ 우리는 아이를 차에 타게 했다.
② ㉠ 세희가 천재로 여긴다.
　㉡ 학생들이 전부는 오지 않았다.
③ ㉠ 철수는 영호를 친형제로 삼았다.
　㉡ 선생님이 보고 싶은 학생들이 많다.
④ ㉠ 사람은 남에게 속기도 하고 속이기도 한다.
　㉡ 그녀의 아름다움에 대한 관심은 본능에 가깝다.

12

㉠~㉢의 예로 모두 적절한 것은? 2015

> 음운의 변동에는 한 음운이 다른 음운으로 바뀌는 ㉠ 교체, 한 음운이 단순히 없어지는 ㉡ 탈락, 새로운 음운이 덧붙는 ㉢ 첨가, 두 음운이 결합하여 제삼의 음운으로 줄어드는 축약이 있다.

	㉠	㉡	㉢		㉠	㉡	㉢
①	권력	외곬	솜이불	②	국물	여덟	생산량
③	국밥	않는	예사말	④	절약	닳아	신여성

13

㉠~㉢의 설명으로 적절하지 <u>않은</u> 것은? 2015

> • 철수는 ㉠ 새 옷을 입었다.
> • ㉡ 이 새 책은 누구의 것이냐?
> • 자동차가 ㉢ 빨리 달린다.
> • ㉣ 저리 잘 달리는 여성은 처음 본다.

① ㉠과 ㉡은 문장 성분이 같다.　② ㉡과 ㉢은 조사를 취할 수 있다.
③ ㉢과 ㉣은 활용을 할 수 없다.　④ ㉢과 ㉣은 품사가 동일하다.

14 '안은문장'으로 묶인 것은? 2015

> ㉠ 빨간 장미를 꺾었다.
> ㉡ 철수와 영호는 학교에서 만났다.
> ㉢ 그는 아무 준비 없이 집을 나갔다.
> ㉣ 철수는 혼자서 치킨을 다 먹어 버렸다.
> ㉤ 우리는 선생님께서 퇴근하셨다는 사실을 알았다.

① ㉠, ㉡, ㉣
② ㉠, ㉢, ㉤
③ ㉡, ㉢, ㉣
④ ㉡, ㉣, ㉤

15 밑줄 친 ㉠의 예로 적절한 것은? 2014(인문)

> 불규칙 용언에는 ㉠ '잇다'(잇고, 이어)처럼 어간이 바뀌는 것, '하다'(하고, 하여)처럼 어미가 바뀌는 것, '하얗다'(하얗고, 하얘)처럼 어간과 어미 모두가 바뀌는 것이 있다.

① 진리를 깨닫다.
② 산이 푸르다.
③ 하늘이 파랗다.
④ 날씨가 서늘하다.

16 다음 중 어법에 맞는 것은? 2014(인문)

① 철수는 현재 우리 반 반장이었다.
② 식목일 아침에 우리는 나무에게 물을 주었다.
③ 기상청에서는 곧 추위가 끝날 것으로 예보했다.
④ 도로 공사가 언제 끝나서 언제 개통될지는 아무도 모른다.

17 로마자 표기법에 맞지 <u>않는</u> 것은? 2014(인문)

① 신문로 → Sinmunlo
② 왕십리 → Wangsimni
③ 독립문 → Dongnimmun
④ 속리산 → Songnisan

18 다음 ㉠, ㉡의 예로 적절한 것은? 2014(자연)

> 합성어를 구성하고 있는 두 어근이 본래의 의미를 지니고 대등한 자격으로 결합된 합성어를 ㉠ 병렬 합성어라고 하고, 두 어근 중 하나의 어근이 다른 어근에 종속되는 관계를 지닌 채 결합된 합성어를 ㉡ 종속 합성어라고 한다.

	㉠	㉡
①	마소	집안
②	논밭	눈코
③	소나무	우짖다
④	돌다리	눈물

19 다음 문장을 피동문으로 바꾸어 쓸 때, 문장이 어색해지는 것은? 2014(자연)

① 영수가 꾸중을 들었다. ② 철수가 아기를 업었다.
③ 경찰이 도둑을 잡았다. ④ 폭풍이 온 마을을 휩쓸었다.

20 다음 중 한글 맞춤법에 맞는 것은? 2014(자연)

① 오뚜기 ② 홀쭈기
③ 꿀꾸리 ④ 뻐꾸기

[01~02] 다음 글을 읽고 물음에 답하시오.　　　　　　　　　　　　　　2018

우리 주변에는 아주 많은 종류의 물질이 있다. 이들 물질은 다양한 원소로 구성되어 있다. 원소는 한 종류의 원자로만 구성된 순물질을 일컫는다. 그렇기 때문에 원소와 원자의 종류는 동일하다. 원자의 종류는 원자핵에 들어 있는 양성자와 중성자의 수로 구별되는데, 양성자와 중성자의 수를 더한 것은 그 원자의 질량수가 되며, 양성자 수는 그대로 원자 번호가 된다. 현재까지 지구에 자연적으로 존재하는 원소로는 철, 염소, 리튬, 우라늄 등의 98가지가 알려져 있다. 그렇다면 지구에 존재하는 다양한 원소들은 변함없이 그대로 유지되고 있는 것일까? 그렇지 않다. 지구의 원소들은 대부분 시간이 지나면서 다른 원소로 바뀌고 있다.

수소보다 무거운 모든 원자의 핵에는 양성자 외에 중성자가 들어 있다. 양성자는 전하를 띠고 중성자는 전하를 띠지 않는다. 중성자와 달리, 양성자들은 같은 전하를 띠므로 전기적인 반발력이 상호 간에 작용한다. 그러나 양성자와 중성자 같은 소립자들은 짧은 거리에서 서로 강하게 잡아당기는 핵력이 작용하기 때문에 양성자와 중성자는 서로 뭉친다. 그런데 핵력은 아주 가까운 거리에서만 작용하므로 양성자 수가 많아 핵의 크기가 크면 핵력이 잘 미치지 않게 되고 전기적인 반발력의 효과가 커져서 핵이 불안정해진다. 그렇다면 원자 번호가 크면 원자핵은 불안정한 것일까? 반드시 그런 것은 아니다. 원자 번호가 커도 원자핵이 안정적인 것이 있다. 그것은 중성자 수가 양성자 수보다 많기 때문이다. 중성자는 핵을 안정시키는 역할을 한다. 중성자는 질량이 양성자와 전자를 합한 것보다도 크다. 그에 따라 원소는 중성자의 수가 많을수록 무거워진다.

원자핵은 다른 입자와의 충돌로 원자 번호, 질량수 등이 다른 별개의 원소의 원자핵으로 변환되기도 한다. 이때 핵 안에서 중성자가 양성자로 바뀌기도 하고 때로는 핵자*인 양성자나 중성자가 원자에서 튀어나오기도 한다. 이는 핵붕괴 현상에 해당한다. 핵붕괴는 핵융합과 달리 무거운 원소가 가벼운 원소로 바뀌는 현상이다. 핵붕괴가 일어나면 자연적으로 입자나 전자기파가 방출되며 원자가 다른 원자로 바뀐다. 이와 같은 변화에 의해 특정 원소의 원자 수가 원래 수의 반으로 줄어드는 데에 걸리는 시간을 '반감기'라고 한다. 반감기는 원소에 따라 고유한 값을 지니며, 주위의 물리적 · 화학적 조건에 영향을 전혀 받지 않는다.

＊핵자 : 원자핵을 구성하는 기본 입자로, 양성자와 중성자가 여기에 속함.

윗글에 대한 설명으로 가장 적절한 것은?

① 핵붕괴가 지구에 미치는 영향을 유형별로 분류하고 있다.
② 원소의 형성과 소멸 과정을 역사적 관점에서 제시하고 있다.
③ 원자의 구성 요소 및 핵붕괴의 원리에 대해 설명하고 있다.
④ 지구의 원소들이 다른 원소로 바뀔 때의 문제점과 해결 방안을 소개하고 있다.

윗글에 대한 이해로 적절하지 않은 것은?

① 양성자 간의 전기적 반발력에도 불구하고 핵자 간의 핵력은 핵을 안정시킬 수 있다.
② 원자 번호가 크더라도 중성자 수가 양성자 수보다 많으면 원자핵은 안정될 수 있다.
③ 원자핵이 다른 입자와 충돌하면 원자에서 핵자가 튀어나올 수 있다.
④ 핵붕괴 과정에 무거운 원소가 가벼운 원소로 바뀌면서 반감기가 반으로 줄어들 수 있다.

　자연어란 인간의 역사 속에서 자연 발생적으로 나타나고 그 역사와 더불어 진화해 온 언어를 말하는 것으로, 프로그래밍 언어 등으로 대표되는 '인공어'와 대비되는 개념이다. 인공어의 경우 하나의 말은 하나의 의미를 가지기 때문에 컴퓨터는 이를 명확하게 받아들이고, 이에 따라 정확하게 명령을 수행한다. 반면 자연어는 하나의 말이라 하더라도 말을 하는 맥락이나 억양, 몸짓과 같은 요소들에 의해 다양한 의미를 가질 수 있다. 자연어 처리 기술은 이러한 인간의 언어를 컴퓨터가 이해할 수 있도록 여러 가지 지식 및 기술들을 연구하는 분야이다.

　하나의 자연어 문장은 보통 여러 개의 단어로 구성되어 있으며, 각각의 단어들 사이에는 그 단어가 문장 내에서 맡은 역할에 따른 연결 관계가 존재한다. 따라서 자연어 처리를 위해서는 문장을 구성하는 성분과 그 성분들 간의 관계를 분석할 필요성이 있다. 이를 위해 사용되는 것이 형태소 분석기와 구문 분석기이다. 문장에서 의미를 갖는 최소 단위를 형태소라 하는데, 형태소 분석기는 띄어쓰기 단위에서 사전과 대조해 보고 그 말이 없으면 음운을 줄여 나가면서 다시 대조해 보는 방식으로 형태소를 분석한다. 형태소를 분석할 때는 사전뿐만 아니라 문법 규칙, 언어 사용 통계 등의 정보를 활용한다. 구문 분석기는 분석된 형태소를 바탕으로 문장의 주어, 목적어, 서술어 등 기본적인 역할과 수식 관계를 분석하여 성립 가능한 문장의 구조를 파악한다.

　자연어는 같은 문장이라 하더라도 사용하는 맥락에 따라 의미가 달라질 수 있으므로 맥락 분석을 통해 정확한 의미를 파악하는 것이 중요하다. 이를 위해 사용되는 것이 의미 분석기와 담화 분석기이다. 의미 분석기는 주로 동음이의어에 의해 발생하는 중의성의 문제를 해결하거나 대명사를 원래의 대상과 연결시키는 역할을 한다. 예를 들어 '나는 파리가 좋아. 그곳에 다시 가고 싶어.'라는 문장이 있을 때, '나는' 이 '날다'의 관형사형인지, 대명사와 조사의 결합인지 불분명하며, '파리'가 지명을 말하는지, 곤충을 말하는지 불분명하다. 이때는 '가고 싶다'와 함께 나타날 수 있는 정보, 즉 공기(共起)* 정보를 통해 '파리'가 지명임을 확인할 수 있으며, 지명인 '파리'는 날 수가 없다는 제약 정보를 통해 '나는'이 대명사와 조사의 결합임을 확인할 수 있다. 담화 분석기는 발화자와 청자, 대화 상황, 다른 담화와의 연관 관계를 분석한다. 담화 분석기가 발화자의 의도까지 파악을 하면 이를 컴퓨터가 인식할 수 있는 문장으로 출력을 한다.

*공기(共起) : 단어, 형태소, 음 따위가 문법적으로 벗어나지 않고 동일한 문장이나 문단 안에서 나타나는 것.

03 윗글의 설명 방식으로 적절하지 <u>않은</u> 것은?

① 주요 개념에 대한 정의를 통해 내용을 설명하고 있다.
② 예시를 활용하여 독자의 이해를 돕고 있다.
③ 대조의 방식으로 두 대상의 차이점을 부각하고 있다.
④ 인용 방식을 활용하여 내용의 신뢰도를 높이고 있다.

04 윗글에 대한 이해로 적절하지 <u>않은</u> 것은?

① 자연어는 인공어와 달리 맥락이나 억양 등에 따라 여러 의미를 가질 수 있다.
② 컴퓨터가 발화자의 의도를 제대로 파악하기 위해서는 담화 분석기가 필요하다.
③ 형태소 분석기는 주어, 목적어, 서술어 등 문장의 구조를 파악하는 데 유용하다.
④ 동음이의어에 의해 발생하는 중의성 문제를 해결하기 위해서 의미 분석기를 활용한다.

오메가 지방산을 비롯한 모든 지방산 분자는 탄화수소 사슬로 이루어져 있는데 머리에 긴 꼬리가 달려 있는 올챙이 모양이다. 이 지방산이 글리세롤 분자와 합쳐진 것이 중성 지방인 트라이글리세라이드이다. 중성 지방은 한 개의 글리세롤 등뼈에 세 개의 지방산 사슬이 달려 있는 구조라고 이해하면 쉽다. 이 중성 지방이 액체가 되느냐 고체가 되느냐는 어떤 지방산이 붙어 있느냐에 따라 달라진다. 뻣뻣한 포화 지방산이 달려 있으면 고체가 되고, 유연한 불포화 지방산이 달려 있으면 액체가 된다.

지방산 사슬의 길이는 탄소 6개에서 22개까지인데 사슬의 마지막 탄소, 즉 꼬리의 맨 끝에 붙은 탄소를 오메가 탄소라고 부른다. 오메가-3, 오메가-6과 같은 구별은 오메가 탄소로부터 첫 번째 이중 결합*이 나타나는 거리로 결정된다. 이 중 오메가-3 지방산은 이중 결합이 3개 이상임을 의미하는 다가 불포화 지방산으로, 지방산 중에서 탄소 사슬이 가장 길고 유연하다.

식물은 광합성을 하기 위해 매우 유연한 성질을 가진 지방산을 필요로 한다. 엽록소라는 식물 엔진에 오일 역할을 하는 이 물질이 바로 오메가-3 지방산의 일종인 알파 리놀렌산이다. 알파 리놀렌산은 식물의 녹색 잎이나 녹색 줄기에서 발견되는데, 이것은 엽록소가 빛의 광자를 붙잡아 포도당을 합성하는 데 반드시 필요한 물질이다.

*이중 결합: 분자 내의 두 원자가 결합선 둘로 연결되는 결합.

05 윗글의 내용과 일치하지 <u>않는</u> 것은?

① 중성 지방은 고체도 액체도 될 수 있다.
② 포화 지방산은 유연하고 불포화 지방산은 뻣뻣한 특성이 있다.
③ 탄소가 6개인 지방산 사슬의 경우 6번째 탄소가 오메가 탄소이다.
④ 알파 리놀렌산은 식물의 성장에 필수적인 지방산이다.

06 윗글은 어떤 독자가 읽는다면 가장 적당하겠는가?

① 사슬의 구조를 이해하고 생활에 적용하려는 독자
② 탄소 동위 원소의 쓰임새에 대해 알고 싶은 독자
③ 올챙이 등 생물의 꼬리와 뼈 구조를 이해하려는 독자
④ 광합성의 과정과 지방산의 관계에 대해 알고 싶은 독자

지구 지역화 이론은 근대화 이론이 강조하는, 낙후되고 지역적인 것이 서구 또는 미국으로부터 나오는 힘에 의해 서구나 미국처럼 변모할 것이라는 가정을 비판한다. 대신 지구 지역화는 지구적인 것과 지역적인 것이 상호 침투한다고 보며, 그 결과는 지역별로 독특한 혼종 형태의 모습으로 나타난다고 본다. 물론 그렇다고 해서 지역적인 것이 지구적인 것과 대등한 위치에서 상호 침투한다는 것을 의미하는 것은 아니다. 지구화는 지구 지역화를 한 축으로 하지만, 동시에 지구적 과정에서 서구화 또는 미국화의 역할을 보여 주는 '지구 성장화'라는 또 다른 축을 가지고 있기 때문이다.

지구 성장화란 국민 국가, 기업, 조직들이 자신들의 권력, 영향력, 이윤을 지구적으로 성장시키는 것이다. 초국적 노동 이주가 영토의 절대 주권을 해칠 수 있음에도 불구하고 선진국들에서 저개발 국가들의 노동을 받아들이는 이유는 유입된 노동력이 성장의 동력이 될 수 있으며, 유입된 노동력은 본국에 선진국의 영향력을 증대시키는 매개가 될 수 있기 때문이다. 과거 노동력의 주요 수출국이었던 한국은 아시아의 주요 노동 수입국으로 빠르게 변모해 가고 있다. 그러면서도 영토의 절대 주권을 내세워 노동 이주에 대한 철저한 통제 정책을 펼치고 있다. 그러나 지구적 질서의 재편이 이루어지고 있는 현재 시점에서는 경직된 통제 정책에서 벗어나 유연하게 대처할 필요가 있다.

07 윗글에 대한 설명으로 가장 적절한 것은?

① 여러 사례를 분류하여 정리하고 있다.
② 각 이론의 장단점을 비교하여 서술하고 있다.
③ 개념을 정의하여 논의의 전제로 삼고 있다.
④ 특정 학자의 견해를 인용하여 전개하고 있다.

08 윗글에 대한 이해로 적절하지 <u>않은</u> 것은?

① 저개발국에서 유입된 노동력은 경제 성장에 도움을 줄 수 있다.
② 지구 지역화 이론에서는 국가 간 상호침투 현상을 비판하고 있다.
③ 지구화는 지구 지역화와 지구 성장화를 동시에 고려해야 한다.
④ 노동 이주에 대한 한국의 통제 정책을 완화해야 한다고 주장한다.

노화와 칼로리 섭취량 사이의 관계에 대해 최초로 연구한 학자는 미국의 축산학자 클라이브 메인 맥케이로 알려져 있다. 1931년경 맥케이는 송어 양식을 위한 최적의 사료를 개발하기 위해 다양한 실험들을 수행했다. 그는 처음에는 영양분을 충분히 공급해 줄수록 발육은 물론이고 기대 수명 또한 높일 수 있을 것이라고 생각했다. 그러나 단백질을 다양하게 조절한 사료를 먹이며 송어를 길러 본 결과, 단백질이 많은 사료를 먹은 송어가 그렇지 않은 송어에 비해 빠른 발육 속도를 보였으나 평균적인 수명은 오히려 낮게 나타났다. 이후 맥케이는 단백질 자체보다는 칼로리가 수명 연장과 관계가 있을 것이라 추측하고, 이를 검증하기 위해 쥐를 대상으로 한 실험을 진행했다.

젖을 뗀 106마리의 어린 쥐들을 세 그룹으로 나눈 뒤, 1그룹에게는 원하는 대로 모든 먹이를 주었고, 2그룹에게는 처음부터 저칼로리 사료를 먹였으며, 3그룹에게는 첫 두 주에만 마음대로 사료를 먹을 수 있게 한 후 바로 저칼로리 사료만 공급했다. 그가 이처럼 세 집단을 나눠 실험한 까닭은 독립 변인인 칼로리가 종속 변인인 수명과 발육에 어떤 영향을 미치는지 확인하기 위해서였다. 그 결과 1그룹의 평균 수명은 겨우 17개월에 불과했으나, 2그룹과 3그룹의 평균 수명은 26.4개월, 29.4개월로 나타났다. 또한 1그룹의 쥐들 중 오랫동안 살아남은 것들은 겉보기에도 털이 거칠어진 반면, 다른 그룹들의 쥐들은 비단결 같은 털을 유지하고 있음을 확인할 수 있었다. 그는 이러한 실험 결과를 토대로 인간의 칼로리 섭취와 노화, 그리고 수명의 관계에 대한 결론을 내렸다.

그러나 그의 실험은 몇 가지 문제점으로 여러 학자들의 비판을 받았다. 우선 털이 비단결 같은 쥐가 실제로 젊은 것인지 알 수 없다는 점, 그가 사용한 쥐들이 유전적으로 표준화된 생쥐가 아니라는 점, 쥐가 아닌 다른 동물 종에는 섣불리 적용하기 어렵다는 점 등이 문제가 되었다. 하지만 그의 생각은 이후 노화학이라 불리게 된 학제적 연구 속에서 다양한 방식의 실험 연구를 불러일으켰다.

09 윗글에 대한 설명으로 가장 적절한 것은?

① 구체적인 실험을 소개하여 글을 전개하고 있다.
② 용어들의 개념과 특성을 설명하고 있다.
③ 유사한 이론들을 분석하여 하나의 이론으로 통합하고 있다.
④ 가설을 제시한 후 과학적 원리를 이용하여 이를 해결하고 있다.

10 윗글의 내용과 일치하지 <u>않는</u> 것은?

① 쥐 실험에는 유전적으로 표준화되지 않은 쥐들을 사용하였다.
② 쥐 실험 결과 칼로리를 초기부터 제한한 그룹의 수명이 가장 길었다.
③ 맥케이는 쥐 실험을 통해 칼로리 섭취가 많을수록 수명이 단축될 수 있다는 결과를 얻었다.
④ 맥케이의 실험은 여러 비판을 받았지만 이후 노화학 연구에 영향을 미쳤다.

일정한 절차를 거쳐 만들어진 법은 사회 구성원 모두가 지켜야 하는 강제 규범이다. 그런데 법을 적용하려고 할 때, 법은 무엇이며 왜 존재하는가 하는 의문을 품게 된다. 이러한 물음에 답하는 것이 법의 이념이다. 법의 이념으로서 정의, 합목적성, 법적 안정성을 드는 것이 일반적이다.

정의는 법이 추구하는 궁극적인 이념이다. 그래서 법이란 정의를 실현하기 위한 사회 규범이라고 말한다. 아리스토텔레스에 따르면, 정의의 본질은 평등인데 그것은 모든 인간을 동등하게 취급하는 ㉠ 평균적 정의와 능력 및 공헌도에 따라 차등 대우하는 ㉡ 배분적 정의로 구분된다고 한다. 그런데 정의의 본질이 평등이라는 점을 인정하더라도 구체적, 개별적 상황에서 평등의 의미를 정하기란 쉽지 않다.

정의가 공허하지 않고 바르게 실현되려면 합목적성이라는 기준이 필요하다. 합목적성은 '목적에 맞도록 방향을 설정하는 것'을 의미하는데, 어느 국가의 법질서가 어떤 가치관이나 기준에 의하여 구체적으로 제정, 실시되는 원리를 말한다. 합목적성은 시대와 사회의 지배적 가치관에 따라 다른데, 현대 복지 국가에 이르러서 법은 개인의 이익과 사회의 공공복리를 동시에 증진시키는 것을 목적으로 삼고 있다.

법적 안정성이란 사회생활이 법에 의하여 보장받아 안정되게 이루어지고 있음을 의미한다. 법적 안정성이 높다는 것은 현행 법질서가 동요 없이 어떠한 권리가 보호되고, 책임 추궁은 어떻게 되는지가 사회 구성원에게 확실히 알려져 있어서, 사람들이 법의 권위를 믿고 안심하고 행동할 수 있는 상태이다. 법적 안정성이 유지되려면 법이 함부로 변동되는 일이 없어야 하며, 법의 내용이 명확하고 실현 가능한 것이어야 하며, 국민의 법의식과 합치되어야 한다.

11 윗글의 내용과 일치하지 않는 것은?

① 법의 이념은 법의 존재 가치에 대해 답하기 위한 것이다.
② 합목적성은 법을 제정하여 시행하는 사회에 따라 차이가 난다.
③ 정의의 본질인 평등의 의미는 구체적 상황에서도 명확히 정해진다.
④ 법적 안정성이 유지되기 위해서는 법이 국민의 법의식에 맞아야 한다.

12 ㉠과 ㉡에 해당하는 예를 옳게 고른 것은?

a. 권리 침해 금지
b. 성과급 지불
c. 공적에 따른 훈장 수여
d. 국민투표권

① ㉠ : a, c　　㉡ : b, d　　　　② ㉠ : a, d　　㉡ : b, c
③ ㉠ : b, c　　㉡ : a, d　　　　④ ㉠ : b, d　　㉡ : a, c

　　우리는 '간에 기별도 안 간다.'라는 말을 자주 한다. 양껏 먹지 못한 아쉬움을 표현하는 말이다. 그런데 왜 하필, 많고 많은 장기 중에 '간'에 기별도 안 간다고 말하는 것일까? 옛날 사람들은 과연 복잡한 소화의 과정을 알고 이런 말을 했던 것일까?

　　음식물을 먹는 것은 소화 과정의 시작이라고 할 수 있다. 사람은 음식물을 통해 영양분을 얻어야만 살아갈 수 있는데 몸이 흡수할 수 있을 정도의 작은 입자로 음식물을 분해하는 과정을 '소화'라고 한다.

[A]
　　입안에서 음식물을 잘게 부수면서 침샘에서 나온 침이 녹말을 엿당과 덱스트린으로 분해하게 된다. 입안의 음식물은 식도를 타고 위로 들어오게 된다. 위에서도 음식물과 위액을 섞는 기계적 소화가 일어나는데, 이때 펩신이라는 효소가 위액에 섞여 분비되면서 단백질을 폴리펩티드로 분해한다. 이렇게 분해된 음식물은 위의 연동운동에 의해 소장으로 내려간다.
　　소장에서도 음식물이 소화액과 섞이게 된다. 이때 이자액, 쓸개즙, 장액 등이 분비되면서 탄수화물, 지방, 단백질이 모두 소화된다. 소장 벽의 융털은 음식물이 소화되면서 만들어진 영양분을 흡수한다. 소장에서 흡수되고 남은 것은 대장으로 이동되고, 대장에서 남는 찌꺼기가 항문을 통해 배출되면 소화의 전 과정이 끝나게 된다.

　　여기서 주목할 것은 모세 혈관으로 유입된 영양분은 간과 심장을 거쳐 온몸으로 퍼지는데, 이 과정에서 당장 필요한 영양분보다 더 많은 영양분이 흡수되었을 경우에는, 포도당의 일부가 글리코겐의 형태로 간에 저장된다는 것이다. 간은 흔히 독소를 분해하는 기관으로만 생각하지만, 이처럼 소화의 과정에서 포도당뿐 아니라 비타민과 단백질, 지방 등 각종 영양분이 저장되고 합성되는 창고 역할을 하기도 한다.

　　옛날 사람들이 소화의 과정을 알 리 만무한데도 이렇게 적절한 말을 쓴 것이 놀랍기만 하다.

13 윗글의 내용과 일치하지 않는 것은?

① 이자액, 쓸개즙, 장액 등은 소화를 돕는다.
② 간은 영양분을 저장하고 합성하는 역할을 한다.
③ 소화의 전 과정은 입, 식도, 위, 소장, 대장, 항문을 거친다.
④ 소장에서는 펩신이 분비되면서 연동운동이 일어난다.

14 [A]에 대한 설명으로 가장 적절한 것은?

① 용어들을 나열하여 개념을 설명하고 있다.
② 현상의 진행 과정을 따라서 설명하고 있다.
③ 개인적 경험을 바탕으로 주장의 타당성을 강화하고 있다.
④ 비근한 예를 통해 전문적인 문제를 쉽게 설명하고 있다.

　　조선은 건국 후 국왕을 정점으로 한 중앙 집권적 통치 체제를 갖추었다. 최고의 통치 기구는 의정부였으며, 그 아래에 6조를 두었다. 국가의 정책은 국왕이 중심이 되어 의정부와 6조의 고관들이 회의나 경연에서 협의하여 이를 결정하였다. 또한 관리의 비리를 감찰하고, 국왕의 정책에 대해 비판하거나 자문하는 언론 기능의 기관으로 사헌부, 사간원, 홍문관의 3사를 두었다. 그 밖에도 왕의 비서 기관인 승정원, 국가의 큰 죄인을 다스리는 의금부 등이 있었다.

　　조선은 전국을 8도로 나누어 관찰사로 하여금 다스리게 하였고, 도 아래 부, 목, 군, 현에 수령을 파견하였다. 고려와 달리 모든 군현에 수령을 파견하여 국가가 전국의 주민을 직접 장악하였다. 수령은 왕의 대리인으로, 지방의 행정·사법·군사권을 가지고 있었다.

　　관리의 등용은 과거, 음서, 천거를 통하여 이루어졌다. 과거는 3년마다 시행하는 것이 원칙이었고, 3차례의 시험을 치렀다. 인사 관리 제도는 권력의 집중과 부정을 막기 위해 상피제를 실시하였고, 인사의 공정성을 확보하기 위해 5품 이하의 관리 등용에는 사간원과 사헌부의 서명을 거치도록 하는 서경 제도를 두었다.

15 윗글의 내용과 일치하지 않는 것은?

① 국가의 정책은 왕과 신하들의 회의를 통해 결정하였다.
② 전국 8도와 부, 목, 군, 현에 중앙에서 수령을 파견하였다.
③ 조선의 지방관 제도는 고려 시대의 것을 그대로 계승하였다.
④ 인사 관리를 공정하게 하기 위해 상피제, 서경제 등을 두었다.

16 윗글에 나온 부서 중 다음의 기능을 담당한 것은?

　　왕도 정치의 실현을 위해 언관(言官)을 통한 언로를 열어 놓아 국왕의 과실이나 정치적인 병폐를 비판, 교정할 수 있도록 하였다.

① 의정부　　　　　　　　　　② 6조
③ 3사　　　　　　　　　　　 ④ 승정원

선캄브리아대 초기에는 강하게 내리쬐는 자외선 때문에 육지가 아닌 바다에서 원핵세포 형태의 세균이나 남세균 등의 단세포 원핵생물들이 출현하였다. 광합성을 하는 원핵생물의 출현으로 바다에 산소가 축적되기 시작하였으며, 남세균은 모래와 같은 퇴적물에 부착하여 스트로마톨라이트라는 줄무늬 모양의 층을 형성하였다.

고생대의 바다에는 삼엽충, 완족류뿐만 아니라 거대 육식 어종에서부터 산호초에 이르기까지 다양한 생물이 살았다. 대기 중의 산소량이 점차 늘어나면서 생물이 육지로 올라오기 시작해 후기에는 양치식물과 같은 육상 생물도 크게 번성하였다. 그러나 말기에 이르러 삼엽충이나 방추충, 고생대 산호류 등이 멸종하고, 많은 무척추동물과 양치식물이 쇠퇴하였다.

중생대의 바닷속에는 암모나이트 등의 두족류가 풍부하게 서식하고, 육지에는 공룡과 파충류 및 은행, 소철, 송백류 등의 겉씨식물이 번성하였다. 또 초기에 포유류의 선조가 출현하였다. 하지만 말기에 기후가 갑자기 변하여 바닷속의 암모나이트와 육지의 공룡이 멸종했다.

신생대에는 수륙 분포와 기후, 생물종 등이 오늘날과 거의 비슷하였다. 초기의 바다에는 대형 유공충인 화폐석이, 육지에는 포유류와 속씨식물이 번성하였다. 말기에는 여러 차례의 빙하기가 있었는데, 생물들은 이에 적응하여 진화하거나, 적응하지 못하고 멸종하였다. 말기에 일어난 가장 중요한 사건은 인류의 조상이 출현한 것이다.

17 윗글의 내용과 일치하지 <u>않는</u> 것은?

① 선캄브리아대에는 원핵생물에 의해 바다에 산소가 축적되었다.
② 고생대에는 대기 중에 산소가 많아져서 육상 생물이 번성하였다.
③ 중생대에는 기후가 갑자기 변하여 육지의 공룡이 멸종하기도 하였다.
④ 신생대에는 여러 번의 빙하기로 인해 이전의 생물은 모두 멸종하고 말았다.

18 윗글과 같은 전개 방식으로 서술된 것은?

① 현관을 들어서면 거실이 나온다. 거실 왼쪽으로 주방이 있고 그 맞은편에 온돌방이 있다.
② 청소년일 때 방황이 심했다. 청년기에 마음을 다잡고 시험을 보아 입사했다. 장년기인 지금은 생활이 안정되었다.
③ 그의 말은 과장이 심하다. 또한 그는 가끔 거짓말을 한다. 요컨대 그는 신뢰하기 힘든 사람이라고 하겠다.
④ 조선은 사대교린의 외교 정책을 펼쳤다. 명나라에 대해서는 사대 정책을 썼다. 여진과 일본에 대해서는 교린 정책을 취했다.

Memo

[01~02] 다음 글을 읽고 물음에 답하시오.　　　　　　　　　　　　　　　2018

(가) 밤의 식료품 가게
　　케케묵은 먼지 속에
　　죽어서 하루 더 손때 묻고
　　터무니없이 하루 더 기다리는
　　북어들,
　　㉠ 북어들의 일 개 분대가
　　나란히 꼬챙이에 꿰어져 있었다.
　　나는 죽음이 꿰뚫은 대가리를 말한 셈이다.
　　한 쾌의 혀가
　　자갈처럼 죄다 딱딱했다.
　　㉡ 나는 말의 변비증을 앓는 사람들과
　　무덤 속의 벙어리를 말한 셈이다.
　　말라붙고 짜부라진 눈,
　　북어들의 빳빳한 지느러미.
　　막대기 같은 생각
　　빛나지 않는 막대기 같은 사람들이
　　가슴에 싱싱한 지느러미를 달고
　　헤엄쳐 갈 데 없는 사람들이
　　불쌍하다고 생각하는 순간,
　　느닷없이
　　북어들이 커다랗게 입을 벌리고
　　거봐, 너도 북어지 너도 북어지 너도 북어지
　　귀가 먹먹하도록 부르짖고 있었다.

　　　　　　　　　　　　　　　　　　　　　　　　　- 최승호, '북어'

(나) 님은 갔습니다. 아아, 사랑하는 나의 님은 갔습니다.
　　㉢ 푸른 산빛을 깨치고 단풍나무 숲을 향하여 난 작은 길을 걸어서, 차마 떨치고 갔습니다.
　　황금의 꽃같이 굳고 빛나던 옛 맹서는 차디찬 티끌이 되어서 한숨의 미풍에 날아갔습니다.
　　날카로운 첫 키스의 추억은 나의 운명의 지침을 돌려놓고, 뒷걸음쳐서 사라졌습니다.
　　나는 향기로운 님의 말소리에 귀먹고, 꽃다운 님의 얼굴에 눈멀었습니다.
　　사랑도 사람의 일이라, 만날 때에 미리 떠날 것을 염려하고 경계하지 아니한 것은 아니지만, 이별은 뜻밖의 일이 되고, 놀란 가슴은 새로운 슬픔에 터집니다.

그러나 이별을 쓸데없는 눈물의 원천을 만들고 마는 것은 스스로 사랑을 깨치는 것인 줄 아는 까닭에, ㉣ 걷잡을 수 없는 슬픔의 힘을 옮겨서 새 희망의 정수박이에 들어부었습니다.

우리는 만날 때에 떠날 것을 염려하는 것과 같이, 떠날 때에 다시 만날 것을 믿습니다.

아아, 님은 갔지마는 나는 님을 보내지 아니하였습니다.

제 곡조를 못 이기는 사랑의 노래는 님의 침묵을 휩싸고 돕니다.

– 한용운, '님의 침묵'

01 **(가)와 (나)에 대한 설명으로 가장 적절한 것은?**

① (가)와 (나) 모두 시상의 전환을 통해 새로운 인식을 유도하고 있다.
② (가)와 (나) 모두 과거의 기억을 회상하며 상실감을 표현하고 있다.
③ (가)와 달리 (나)는 반어적 표현으로 대상을 비판하고 있다.
④ (나)와 달리 (가)는 명령적 어조로 청자의 태도 변화를 요구하고 있다.

02 **㉠~㉣의 감상으로 적절하지 <u>않은</u> 것은?**

① ㉠ : 시적 대상이 획일적인 상황에 놓여 있음을 알 수 있군.
② ㉡ : '나'가 비판하는 대상이 특정 세대라는 사실을 알 수 있군.
③ ㉢ : '님'이 떠나간 사실을 색채 이미지의 대비로 부각하고 있군.
④ ㉣ : 화자는 이별의 슬픔을 희망으로 바꾸려 하고 있군.

(가) 손이 어는지 터지는지 세상모르고 함께 놀다가 이를 테면, 고누놀이나 딱지치기를 하며 놀다가 "저녁 먹어라" 부르는 소리에 뒤도 안 돌아보고 뛰어 달아나던 친구의 뒷모습이 보였습니다. 상복을 입고 혼자 서 있는 사내아이한테서.

누런 변기 위 '상복 대여' 따위 스티커 너저분한 ㉠화장실 타일 벽에 "똥 누고 올게"하고 제집 뒷간으로 내빼더니 영 소식이 없던 날의 고누판이 어른거렸습니다.

㉡"짜식, 정말 치사한 놈이네!" 영안실 뒷마당 높다란 옹벽을 때리며 날아와 떨어지는 낙엽들이 친구가 던져 두고 간 딱지장처럼 내 발등을 덮고 있었습니다. "이 딱지, 너 다 가져!" 하는 소리도 들렸습니다.

– 윤제림, '내 친구의 집은 어디인가'

(나) 내 유년의 7월에는 냇가 잘 자란 ㉢미루나무 한 그루 솟아오르고 또 그 위 파란 하늘에 뭉게구름 내려와 어린 눈동자 속 터져 나갈 듯 가득 차고 찬물들은 반짝이는 햇살 수면에 담아 쉼 없이 흘러갔다. 냇물아 흘러 흘러 어디로 가니, 착한 노래들도 물고기들과 함께 큰 강으로 헤엄쳐 가 버리면 과수원을 지나온 달콤한 바람은 미루나무 손들을 흔들어 차르르 차르르 내 겨드랑에도 간지러운 새 잎이 돋고 물 아래까지 헤엄쳐 가 누워 바라보는 하늘 위로 삐뚤삐뚤 헤엄쳐 달아나던 미루나무 한 그루. 달아나지 마 달아나지 마 미루나무야, 귀에 들어간 물을 뽑으려 햇살에 데워진 둥근 돌을 골라 귀를 가져다 대면 허기보다 먼저 온몸으로 퍼져 오던 따뜻한 오수, ㉣점점 무거워져 오는 눈꺼풀 위로 멀리 누나가 다니는 분교의 풍금 소리 쌓이고 미루나무 그늘 아래에서 7월은 더위를 잊은 채 깜박 잠이 들었다.

– 정일근, '흑백 사진 – 7월'

(가)와 (나)의 공통점으로 가장 적절한 것은?

① 어순 도치를 통해 화자의 의도를 강조하고 있다.
② 화자의 경험을 바탕으로 주제를 형상화하고 있다.
③ 음성 상징어를 활용하여 대상의 긍정적 요소를 강조하고 있다.
④ 대상에게 말을 건네는 방식으로 시적 상황을 제시하고 있다.

㉠~㉣의 감상으로 적절하지 않은 것은?

① ㉠은 화자에게 영사막과 같은 역할을 하고 있군.
② ㉡에서 친구에 대한 화자의 원망과 아쉬움을 느낄 수 있군.
③ ㉢은 화자가 경외감을 느끼며 동화되려는 시적 소재이군.
④ ㉣에서 잠이 오는 화자의 상태를 감각적으로 표현하고 있군.

눈이 많이 와서
산엣새가 벌로 내려 멕이고*
눈구덩이에 토끼가 더러 빠지기도 하면
마을에는 그 무슨 반가운 것이 오는가 보다
한가한 애동들은 어둡도록 꿩 사냥을 하고
가난한 엄매는 밤중에 김치가재미*로 가고
마을을 구수한 즐거움에 싸서 은근하니 흥성흥성 들뜨게 하며
이것은 오는 것이다
이것은 어느 양지귀 혹은 응달쪽 외따른 산옆 은댕이* 예데가리밭*에서
하룻밤 뽀오한 흰 김 속에 접시귀 소기름불이 뿌우현 부엌에
산멍에* 같은 분틀*을 타고 오는 것이다
이것은 아득한 옛날 한가하고 즐겁든 세월로부터
실 같은 봄비 속을 타는 듯한 여름볕 속을 지나서 들쿠레한* 구시월 갈바람 속을 지나서
대대로 나며 죽으며 죽으며 나며 하는 이 마을 사람들의 의젓한 마음을 지나서 텁텁한 꿈을 지나서
지붕에 마당에 우물든덩*에 함박눈이 푹푹 쌓이는 여느 하룻밤
아배 앞에 그 어린 아들 앞에 아배 앞에는 왕사발에 아들 앞에는 새끼사발에 그득히 사리워 오는 것이다
이것은 그 곰의 잔등에 업혀서 길러 났다는 먼 옛적 큰마니가
또 그 집 등새기*에 서서 재채기를 하면 산넘엣 마을까지 들렸다는
먼 옛적 큰아바지가 오는 것같이 오는 것이다

　　　　　　　　　　　　　　　　　　　　　　　　　　　　　　– 백석, '국수'

*멕이고: 울음소리를 내고.
*김치가재미: 겨울에 김치를 묻은 다음 얼지 않도록 그 위에 수수깡과 볏짚단 등을 덮어 보호해 놓은 움막.
*은댕이: 산비탈에 턱이 져 평평한 곳.　　　　*예데가리밭: 오래 묵은 비탈밭.
*산멍에: 산몽애(산무애뱀의 고어).　　　　*분틀: 국수 반죽을 넣어 국수를 뽑는 틀.
*들쿠레한: 들큼하면서 구수한.　　　　　　*우물든덩: 우물둔덕.
*등새기: 짚등석, 짚이나 칡덩굴로 만든 자리.

05 **윗글의 설명으로 가장 적절한 것은?**
① 의인화를 통해 대상의 의미를 확장하고 있다.
② 수미상관 방식으로 주제를 강조하고 있다.
③ 영탄조의 표현으로 고조된 감정을 나타내고 있다.
④ 자유로운 행갈이로 형태적 안정감을 주고 있다.

06 **윗글의 이해로 가장 적절한 것은?**
① 잊혀진 신화의 세계를 몽환적으로 재현하고 있군.
② 계절의 변화를 보며 회한의 정서를 담아내고 있군.
③ 일제 강점기의 고단한 삶을 상징적으로 표현하고 있군.
④ 가족과 고향 이야기로 공동체를 향한 그리움을 그려내고 있군.

(가) 창 밖에 ㉠ 밤비가 속살거려
　　　육첩방은 남의 나라,

　　　시인이란 슬픈 천명인 줄 알면서도
　　　한 줄 시를 적어 볼까,

　　　땀내와 사랑내 포근히 품긴
　　　보내 주신 학비 봉투를 받아

　　　대학노-트를 끼고
　　　늙은 교수의 강의를 들으러 간다.

　　　생각해 보면 어린 때 동무들
　　　하나, 둘, 죄다 잃어버리고
　　　나는 무얼 바라
　　　나는 다만, 홀로 ㉡ 침전하는 것일까?

　　　인생은 살기 어렵다는데
　　　시가 이렇게 쉽게 씌어지는 것은 부끄러운 일이다.
　　　육첩방은 남의 나라
　　　창 밖에 밤비가 속살거리는데,

　　　㉢ 등불을 밝혀 어둠을 조금 내몰고,
　　　시대처럼 올 아침 을 기다리는 최후의 나,

　　　나는 나에게 작은 손을 내밀어
　　　눈물과 위안으로 잡는 최초의 ㉣ 악수.

　　　　　　　　　　　　　　　　　　　　　　- 윤동주, '쉽게 씌어진 시'

(나) 태양을 의논하는 거룩한 이야기는
　　　항상 ⓐ 태양을 등진 곳에서만 비롯하였다.

　　　달빛이 흡사 비 오듯 쏟아지는 밤에도
　　　우리는 ⓑ 헐어진 성터를 헤매이면서
　　　언제 참으로 그 언제 우리 하늘에
　　　오롯한 태양을 모시겠느냐고
　　　가슴을 쥐어뜯으며 이야기하며 이야기하며
　　　가슴을 쥐어뜯지 않았느냐?

　　　그러는 동안에 영영 잃어버린 벗도 있다.

그러는 동안에 영영 멀리 떠나 버린 벗도 있다.
그러는 동안에 몸을 팔아 버린 벗도 있다.
그러는 동안에 맘을 팔아 버린 벗도 있다.

그러는 동안에 드디어 서른여섯 해가 지나갔다.

다시 우러러보는 이 하늘에
ⓒ 겨울밤 달이 아직도 차거니
오는 봄엔 분수처럼 쏟아지는 태양을 안고
그 어느 언덕 ⓓ 꽃덤불에 아늑히 안겨 보리라.

                                                     - 신석정, '꽃덤불'

07 **(가), (나)의 공통점으로 가장 적절한 것은?**

① 반성을 통해 희망적인 미래를 기대한다.
② 언어에 대한 시인의 사명감이 나타나 있다.
③ 무기력한 삶 속에서 부정적 현실과 타협한다.
④ 자학적 고뇌를 감당하지 못하고 허무감에 젖는다.

08 **㉠~㉣에 대한 설명으로 적절하지 <u>않은</u> 것은?**

① ㉠ : 현실의 어두움을 암시한다.
② ㉡ : 적극적인 삶의 의지를 나타낸다.
③ ㉢ : 시각적 이미지가 드러난다.
④ ㉣ : 두 자아의 화해를 표현한다.

09 **ⓐ~ⓓ 중 (가)의 │아침│과 내포적 의미가 유사한 것은?**

① ⓐ   ② ⓑ
③ ⓒ   ④ ⓓ

2014(자연)

(가) - 긴 세월을 오랑캐와의 싸움에 살았다는 우리의 머언 조상들이 너를 불러 '오랑캐꽃'이라 했으니 어찌 보면 너의 뒷모양이 머리태를 드리인 오랑캐의 뒷머리와도 같은 까닭이라 전한다 -

아낙도 우두머리도 돌볼 새 없이 갔단다
도래샘도 띠집도 버리고 강 건너로 쫓겨갔단다
고려 장군님 무지무지 쳐들어와
오랑캐는 가랑잎처럼 굴러갔단다

구름이 모여 골짝 골짝을 구름이 흘러
백 년이 몇 백 년이 뒤를 이어 흘러갔나

너는 오랑캐의 피 한 방울 받지 않았건만
오랑캐꽃
너는 돌가마도 털메투리도 모르는 오랑캐꽃
두 팔로 햇빛을 막아 줄게
울어 보렴 목놓아 울어나 보렴 오랑캐꽃

– 이용악, '오랑캐꽃'

(나) 나무는 자기 몸으로
나무이다
자기 온몸으로 나무는 나무가 된다
㉠ 자기 온몸으로 헐벗고 영하 13도
영하 20도 지상에
㉡ 온몸을 뿌리박고 대가리 쳐들고
무방비의 나목으로 서서
두 손 올리고 벌받는 자세로 서서
아 벌받은 몸으로, 벌받는 목숨으로 기립하여, 그러나
이게 아닌데 이게 아닌데
온 혼으로 애타면서 속으로 몸속으로 불타면서
버티면서 거부하면서 영하에서
영상으로 영상 5도 영상 13도 지상으로
㉢ 밀고 간다, 막 밀고 올라간다
온몸이 으스러지도록
㉣ 으스러지도록 부르터지면서
터지면서 자기의 뜨거운 혀로 싹을 내밀고
천천히, 서서히, 문득, 푸른 잎이 되고
푸르른 사월 하늘 들이받으면서
나무는 자기의 온몸으로 나무가 된다

아아, 마침내, 끝끝내
꽃피는 나무는 자기 몸으로
꽃피는 나무이다

– 황지우, '겨울–나무로부터 봄–나무에로'

10 (가), (나)의 공통점으로 가장 적절한 것은?

① 자연물을 의인화하여 화자의 정서를 드러내고 있다.
② 대상에게 말을 건네는 수법으로 시상을 전개하고 있다.
③ 명칭의 유래를 통해 관련 설화를 제시하고 있다.
④ 수미상관의 시상 전개를 통해 안정감을 주고 있다.

11 (가)에 대한 설명으로 적절하지 <u>않은</u> 것은?

① 시적 대상의 모양을 의식하고 있다.
② 시적 대상이 급히 쫓겨가는 상황이 나타나 있다.
③ 시적 대상에 대한 분노가 표출되어 있다.
④ 시적 대상과 관련된 역사적 사실을 상기하고 있다.

12 (나)의 ㉠~㉣에 대한 설명으로 적절하지 <u>않은</u> 것은?

① ㉠ : 나무가 처한 계절의 혹독한 추위를 수치로 구체화하였다.
② ㉡ : 추위에 무방비로 노출된 나무를 비하하여 '대가리'로 표현하였다.
③ ㉢ : 상승의 이미지를 통해 나무의 적극적 의지를 표현하였다.
④ ㉣ : 현실을 극복하기 위해 나무가 겪는 고통을 그려 내었다.

㉠ 마음도 한자리 못 앉아 있는 마음일 때,
친구의 서러운 사랑 이야기를
가을 햇볕으로나 동무 삼아 따라가면,
㉡ 어느새 등성이에 이르러 눈물 나고나.

제삿날 큰집에 모이는 불빛도 불빛이지만,
㉢ 해 질 녘 울음이 타는 가을 강을 보았네.

저것 봐, 저것 봐,
네보담도 내보담도
그 기쁜 첫사랑 산골 물소리가 사라지고
그 다음 사랑 끝에 생긴 울음까지 녹아나고
이제는 미칠 일 하나로 바다에 다 와 가는
㉣ 소리 죽은 가을 강을 처음 보았네.

― 박재삼, '울음이 타는 가을 강'

13 윗글에 대한 설명으로 가장 적절한 것은?

① 감각적 이미지를 활용하여 시상을 전개하고 있다.
② 음성 상징어를 반복하여 운율을 형성하고 있다.
③ 구체적인 지명을 통해 향토적 정서를 환기하고 있다.
④ 역설적 표현을 활용하여 상반된 감정을 부각시키고 있다.

14 윗글에 대한 이해로 적절하지 <u>않은</u> 것은?

① ㉠ : 허전하고 불안정한 심경을 표현하고 있다.
② ㉡ : 감정이 점차 고조되어 감을 알 수 있다.
③ ㉢ : 시 · 공간적 배경이 드러나고 있다.
④ ㉣ : 자신의 과오에 대한 회한이 나타나 있다.

Memo

문학 (고전시가)

[01~02] 다음 글을 읽고 물음에 답하시오. 2018

ⓐ 삭풍은 들이치고 ᄉ산은 욱인 골의
희묵은 얼음이오 조츄의 눈이 오ᄂᆡ
빅초가 션녕커든 만곡이 될 셰 업ᄂᆡ
ⓑ 귀보리밥 못 니으며 니ᄲᆞᆯ이아 구경ᄒᆞᆯ가
소치도 주리거니 어육을 싱각ᄒᆞᆯ가
가죽옷 과하ᄒᆞ니 포피로 어한 엇지
마니사곡 별건곤에 산진희착 어듸 두고
화외 삼갑 호난 악지 빅둉만물 그리ᄂᆞᆫ고

- 중략 -

봇덥고 흙닌 방에 두문ᄒᆞ고 홀노 이셔
승예*ᄂᆞᆫ 폐창ᄒᆞ고 조갈*은 만벽흐듸
안즌 곳의 ㉠ 희 디우고 누은 자리 밤을 새와
ᄌᆞᆷ든 밧긔 한숨이오 한숨 ᄭᆞᆺ히 눈물 일싀
밤밤마다 ᄭᆞᆷ의 보니 ᄭᆞᆷ을 둘러 샹시과져
학발ᄌᆞ안* 못 보거든 안독셔신* ᄌᆞ즐염은
㉢ 기ᄃᆞ린들 통이 올가 오노라면 ᄃᆞᆯ이 넘ᄂᆡ
못 본 졔ᄂᆞᆫ 기다리나 보니ᄂᆞᆫ 쉬운ᄒᆞᆯ가
노친 쇼식 나 모ᄅᆞᆯ 졔 내 소식 노친 알가
천산만슈 막힌 ㉡ 길히 일반 고사 뉘 헤울고
ⓓ 문노라 붉은 ᄃᆞᆯ아 냥지*의 비최거뇨
ᄯᅩ로고져 ᄯᅳᄂᆞᆫ 구롬 남텬으로 둣ᄂᆞᆫ고야
흐르ᄂᆞᆫ ㉢ 내히 되어 집 압히 둘넛고져
ᄂᆞᄂᆞᆫ듯 ㉣ 새히 되어 챵젼의 가 노닐고져
내 ᄆᆞᄋᆞᆷ 혜여ᄒᆞ니 노친 졍사 닐너 무슴
여의 일흔 농이오 치 업슨 빅 아닌가
츄풍의 낙엽ᄀᆞᆺ히 어드메 가 지박ᄒᆞᆯ고
계틱도 파산ᄒᆞ고 친쇽은 분찬ᄒᆞ니
도로의 방황흔들 할 곳이 젼혀 업ᄂᆡ
어ᄂᆞ 째예 즘으시며 무스거슬 잡습ᄂᆞᆫ고

– 이광명, '북찬가'

*승예 : 파리와 모기.
*조갈 : 벼룩과 굼벵이.
*학발ᄌ안 : 흰머리를 한 어머니의 얼굴.
*안득셔신 : 기러기 발에 서신을 매달아 보냄.
*냥지(兩地) : 두 곳.

01 ⓐ~ⓓ를 이해한 내용으로 가장 적절한 것은?

① ⓐ : '삭풍은 들이치고'는 노모가 살고 있는 고향의 풍경을 나타낸 것이다.
② ⓑ : '귀보리밥'은 익숙했던 생활을 표현한 것이다.
③ ⓒ : '돌이 넘늬'는 기다리는 소식이 올 것이라는 믿음을 나타낸 것이다.
④ ⓓ : '냥지의 비최거뇨'는 노모에 대한 그리움을 표현한 것이다.

02 ㉠~㉣ 중 함축적 의미가 동일한 것으로 묶인 것은?

① ㉠, ㉢   ② ㉡, ㉢
③ ㉢, ㉣   ④ ㉠, ㉣

(가) 사해(四海) 바다 깊이는 닻줄로 재려니와
　　 임의 덕택(德澤) 깊이는 ⊙ 어느 줄로 재리잇고
　　 향복무강(享福無疆)*하시어 만세를 누리소서
　　 향복무강하시어 만세를 누리소서
　　 일간명월(一竿明月)*이 역군은(亦君恩)이샷다

　　 태산(泰山)이 높다고 하나 ⓒ 하늘에 못 미치거니와
　　 임의 높으신 은덕(恩德)은 하늘같이 높으시네
　　 향복무강하시어 만세를 누리소서
　　 향복무강하시어 만세를 누리소서
　　 일간명월이 역군은이샷다

　　　　　　　　　　　　　　　　　　　　　　　 – 박재삼, '울음이 타는 가을 강'

(나) 강호(江湖)에 봄이 드니 미친 흥(興)이 절로 난다
　　 탁료계변(濁醪溪邊)에 ⓒ 금린어(錦鱗魚) 안쥐로다
　　 이 몸이 한가(閑暇)히옴도 역군은(亦君恩)이샷다

　　 강호(江湖)에 녀름이 드니 초당(草堂)에 일이 업다
　　 유신(有信)흔 강파(江波)는 보내느니 브람이로다
　　 이 몸이 서늘히옴도 역군은이샷다

　　 강호(江湖)에 ᄀ올이 드니 ⓡ 고기마다 슬져 잇다
　　 소정(小艇)에 그믈 시러 흘리 띄여 더뎌 두고
　　 이 몸이 소일(消日)히옴도 역군은이샷다

　　 강호(江湖)에 겨월이 드니 눈 기픠 자히 남다
　　 삿갓 빗기 쓰고 누역으로 오슬 삼아
　　 이 몸이 칩지 아니히옴도 역군은이샷다

　　　　　　　　　　　　　　　　　　　　　　　 – 맹사성, '강호사시가'

*향복무강(享福無疆) : 끝없이 복을 누림.
*일간명월(一竿明月) : 달빛 아래 한 가닥 낚싯대를 드리움.

03 **(가), (나)에 대한 설명으로 적절하지 않은 것은?**

① (가)와 (나)는 임의 은덕을 예찬하고 있다.

② (가)와 (나)는 계절에 따른 화자의 생활상이 드러나고 있다.

③ (가)는 의문형 어미를 활용하여 화자의 의도를 강조하고 있다.

④ (나)는 유사한 구절의 반복을 통해 주제를 강조하고 있다.

04 **㉠~㉣에 대한 설명으로 가장 적절한 것은?**

① ㉠: 물리적으로 잴 수 없는 은혜의 깊이를 강조하였다.

② ㉡: 자신의 처지와 대비되는 배경 공간으로 설정하였다.

③ ㉢: 현실적 고통을 반영한 시적 대상으로 부각하였다.

④ ㉣: 강인한 의지를 투영한 자연 소재로 사용하였다.

인간 이별 만사 중에 독숙공방 더욱 섧다
상사불견(相思不見) 이내 진정 제 뉘라서 알리
맺힌 시름 이렁저렁이라 흐트러진 근심 다 후리쳐 던져 두고
자나 깨나 깨나 자나 임 못 보니 가슴이 답답
ⓐ 어린 양자(樣姿) 고운 소리 눈에 암암 귀에 쟁쟁
㉠ 보고지고 임의 얼굴 듣고지고 임의 소리
비나이다 하나님께 임 생기라 하고 비나이다
전생(前生) 차생(此生) 무삼 죄로 우리 둘이 생겨나서
죽지 마자 하고 백년 기약
만첩청산(萬疊靑山)을 들어간들 어느 우리 낭군이 날 찾으리
산은 첩첩하여 고개 되고 물은 충충(衝衝) 흘러 소(沼)가 된다
오동추야(梧桐秋夜) 밝은 달에 ⓑ 임 생각이 새로 난다
한 번 이별하고 돌아가면 다시 오기 어려워라
천금주옥(千金珠玉) 귀 밖이요 세사(世事) 일분(一分) 관계하랴*
근원 흘러 물이 되어 깊고 깊고 다시 깊고
사랑 맺어 뫼가 되어 높고 높고 다시 높아
무너질 줄 모르더니 끊어질 줄 어이 알리
㉡ 조물이 새우는지* 구신이 희짓는지*
일조(一朝) ⓒ 낭군 이별 후에 소식조차 영절(永絕)*하니
오늘이나 들어올까 내일이나 기별 올까

- 중략 -

천지 인간 이별 중에 나 같은 이 또 있는가
해는 돋아 저문 날에 꽃은 피어 절로 지니
㉢ 이슬 같은 이 인생이 무삼 일로 생겨난고
바람 불어 궂은비와 구름 끼어 저문 날에
나며 들며 빈방으로 오락가락 혼자 서서
기다리고 바라보니 이내 상사(相思) 허사로다
ⓓ 공방미인(空房美人) 독상사(獨相思)는 예로부터 이러한가
나 혼자 이러한가 남도 아니 이러한가
나 사랑 하던 끝에 남 사랑 하시는가
㉣ 무정하여 그러한가 유정하여 이러한가
산계야목(山鷄夜鶩)* 길을 들여 놓을 줄을 모르는가
노류장화(路柳墻花) 꺾어 쥐고 춘색(春色)*으로 다니는가
가는 꿈이 자취 되면 오는 길이 무되리라
한번 죽어 돌아가면 다시 보기 어려우니
아마도 옛 정이 있거든 다시 보게 삼기소서

– 작자 미상, '상사별곡'

*세사 일분 관계하랴: 세상일에 조금이라도 관계하랴.　　　*새우는지: 시기하는지.
*희짓는지: 방해하는지.　　　*영절: 아주 끊어져 없어짐.
*산계야목: 산꿩과 들오리.　　　*춘색: 아름다운 얼굴. 기뻐하는 모습.

윗글의 화자에 대한 설명으로 적절하지 않은 것은?

① 화자는 현재의 처지를 한탄하고 있다.
② 화자는 낭군을 찾아 첩첩산중으로 들어갔다.
③ 화자는 자연물에 자신의 감정을 이입하고 있다.
④ 화자는 임을 그리워하는 마음을 독백조로 읊고 있다.

06

㉠~㉣ 중 [보기]의 밑줄 친 부분과 표현 방법이 다른 것은?

> **보기**
>
> 물아 일체어니, 흥이이 다를소냐
> 시비(柴扉)예 거러 보고, 정자애 안자 보니
> 소요 음영(逍遙吟詠)ᄒ야, 산일(山日)이 적적ᄒ듸
> 한중진미(閑中眞味)를 알 니 업시 호재로다

① ㉠   ② ㉡
③ ㉢   ④ ㉣

ⓐ~ⓓ 중 의미하는 대상이 다른 것은?

① ⓐ : 어린 양자   ② ⓑ : 임
③ ⓒ : 낭군   ④ ⓓ : 공방미인

(가) 산수간(山水間) 바위 아래 띠집을 짓노라 하니
　　　그 모른 남들은 웃는다 한다마는
　　　㉠ 어리고 햐암의 뜻에는 내 분(分)인가 하노라

(나) 보리밥 풋나물을 알맞게 먹은 후에
　　　바위 끝 물가에 ㉡ 슬카지 노니노라
　　　그 남은 여남은 일이야 ㉢ 부럴 줄이 있으랴

(다) 잔 들고 혼자 앉아 먼 뫼를 바라보니
　　　그리던 님이 오다 반가움이 이러하랴
　　　말씀도 웃음도 아녀도 못내 좋아 하노라

(라) ㉣ 누고서 삼공(三公)도곤 낫다 하더니 만승(萬乘)*이 이만하랴
　　　이제로 혜어든 ⓐ 소부 허유(蘇父許由)*가 약돗더라*
　　　아마도 임천 한흥(林泉閑興)은 비길 곳이 없어라

　　　　　　　　　　　　　　　　　　　　　　　　　　– 윤선도, '만흥(漫興)'

*만승: 천자(天子)
*소부 허유: 요임금 때 세상을 등지고 살던 인물
*약돗더라: 약았더라

08 ㉠~㉣의 설명으로 적절하지 <u>않은</u> 것은?

① ㉠ : 어리석고　　　　　　　② ㉡ : 실컷
③ ㉢ : 부러워할　　　　　　　④ ㉣ : 누워서

09 윗글에 대한 감상으로 가장 적절한 것은?

① 빈농의 궁핍을 극복하려는 의지가 보인다.
② 근면함을 바탕으로 윤택한 삶을 추구한다.
③ 자연에 묻혀 사는 즐거움과 자부심이 보인다.
④ 천자의 삶이 자연에 은거하는 삶보다 낫다고 여긴다.

윗글의 ⓐ와 [보기]의 ⓑ에 대한 화자의 태도로 가장 적절한 것은?

> **보기**
>
> 수양산(首陽山) 바라보며 ⓑ 이제(夷齊)를 한(恨)ᄒ노라
> 주려 주글진들 채미(採薇)도 ᄒ는것가
> 비록애 푸새앳 거신들 긔 뉘 싸헤 낫드니

① ⓐ는 예찬적 태도, ⓑ는 비판적 태도　② ⓐ는 비판적 태도, ⓑ는 예찬적 태도
③ ⓐ, ⓑ 모두 예찬적 태도　④ ⓐ, ⓑ 모두 비판적 태도

[11~12] 다음 글을 읽고 물음에 답하시오.　2014(인문)

(가) 선화 공주니믄
　　 놈 ⊙ 그스지 ⓛ 얼어 두고
　　 ⓒ 맛둥바올
　　 바믹 ⓔ 몰 안고 가다.

(나) 백제 무왕의 이름은 장(璋)이다. 그의 어머니는 과부가 되어 홀로 연못가에 살았는데, 그 못의 용과 관계하여 장을 낳았다. 그 아이는 재주가 뛰어나고 도량이 컸다. 늘 마를 캐어 팔아 생업을 삼았으므로 서동이라 불렸다.
　서동은 신라 진평왕의 셋째 공주 선화가 아름답다는 말을 듣고 서라벌로 갔다. 그는 동네 아이들에게 마를 먹여 친해진 다음, 동요를 지어 여러 아이들이 부르게 했는데 그 노래가 바로 서동요이다. 동요가 퍼져 대궐에까지 들리니 왕이 노하여 공주를 귀양보내게 했다. 왕후는 순금 한 말을 공주에게 노자로 주었다. 공주가 귀양지로 가는 중에 서동이 나타나 모시고 가겠다고 하자 공주가 허락하였다. 이로 말미암아 둘이 혼인하게 되었다. 그 후에야 공주는 서동의 이름을 알고 동요의 영험을 알았다.

　　　　　　　　　　　　　　　　　　　　　　　　　　　　　　　　－ '삼국유사'

11　**(가), (나)를 읽고 이해한 내용으로 적절하지 않은 것은?**

① (가)의 시적 주체는 선화 공주이고, 지은이는 서동이군.
② (나)의 주인공은 서동이고, (가)는 아이들이 불렀군.
③ (가)가 지어지기 전에 선화 공주는 귀양을 갔군.
④ (가)로 말미암아 서동과 선화 공주는 혼인 하게 되었군.

12　**⊙~ⓔ의 뜻풀이로 적절하지 않은 것은?**

① ⊙ : 그다지　　　　　　　　　② ⓛ : 정을 통해 두고
③ ⓒ : 서동 서방을　　　　　　　④ ⓔ : 몰래

(가) ㉠ 둘하 노피곰 도두샤
　　어긔야 머리곰 비취오시라
　　어긔야 어강됴리
　　아으 다롱디리
　　져재 녀러신고요
　　어긔야 즌 디를 드디욜셰라
　　어긔야 어강됴리
　　어느이다 노코시라
　　어긔야 내 가논 디 졈그롤셰라
　　어긔야 어강됴리
　　아으 다롱디리

　　　　　　　　　　　　　　　　　　　　　– '정읍사'

(나) 호미도 눌히언마루는
　　날구티 들 리도 업스니이다
　　아바님도 어이어신마루는
　　위 덩더둥셩
　　어마님구티 괴시리 업세라
　　아소 ㉡ 님하
　　어마님구티 괴시리 업세라

　　　　　　　　　　　　　　　　　　　　　– '사모곡'

13 (가), (나)의 공통점으로 적절하지 <u>않은</u> 것은?

① 작품에 후렴구가 들어가 있다.
② 감탄사에 의해 감정이 고조되고 있다.
③ 계절의 변화에 따른 임의 모습이 그려져 있다.
④ 자연물이나 사물을 매개로 화자의 정서가 드러나 있다.

14 다음 중 ㉠, ㉡에 대한 설명으로 가장 적절한 것은?

① ㉠과 ㉡은 화자가 감정을 실어 부르는 시적 대상이다.
② ㉠과 ㉡은 화자의 소원을 들어줄 수 있는 신령스런 존재이다.
③ ㉠은 공감각적 심상으로 형상화된 소재이다.
④ ㉡은 화자의 기다림이 담긴 특정한 대상이다.

Memo

문학 (현대소설)

[01~03] 다음 글을 읽고 물음에 답하시오.

2017

[앞부분의 줄거리] 달동네인 '마샛등'의 황거칠 씨는 마을에 수도가 들어오지 않자 직접 산의 물을 끌어다 마을의 물 문제를 해결한다. 그런데 호동팔이 나타나 그 산이 형 호동수의 것임을 내세워 수도 시설의 철거를 요구한다. 황거칠 씨 등 마을 주민들은 이에 불복하지만, 재판에서 져 물 사용권을 빼앗긴다. 황거칠 씨는 새로운 산 수도를 설치하기로 하고, 국유지 산에다 새로운 우물을 파 수도를 연결한다.

　못사는 사람들에게는 악운이 더 닥치기 쉬운 것인지, 황거칠 씨에게는 몸도 그런 데다 또 엉뚱스런 걱정거리가 하나 더 생겼다.

　역시 제 땅 못 가진 설움이었다.

　먼젓번 산 수도는 일본 사람이 두고 간 산에 묻었다가 그 산이 별안간 집달리* 출신인 호동수란 사람의 소유로 둔갑하는 바람에 곱다시 수원을 뺏기고 말았거니와, 그 상처도 미처 아물기 전에 고생고생해서 놓은 그의 두 번째 산 수도에도 꼭 전과 비슷한 일이 생겼다.

　앞에서 말한 대로 황거칠 씨의 두 번째 산 수도가 묻힌 곳은 수정암 뒤의 국유임야였다. 도시에 인접해 있다기보다 새로운 무슨 단지니 택지 조성 등으로 급속히 변두리화되어 가고 있는 몇 십만 평이나 되는 그 광대한 국유지마저 또 어떤 개인에게 감쪽같이 불하가 되었다고 하지 않는가! (물론 갯값이리라!)

　쥐도 새도 모르는 사이에 그것을 사유로 만든 사람이 별안간 황거칠 씨 앞에 나타났다. 초록은 동색이랄까? 내내 호동수와 같은 수법이었다.

　물론 그런 위인이 몸소 '마샛등' 같은 판자촌을 찾아올 리는 만무했다. 대리는 얼마든지 있는 법이다.

　"저는 과거 이×× ×관님을 모시던 이춘이란 사람입니다. ×관님께서 이번에 이 주변 국유지를 불하받으셨기 때문에＿,"

　×관까지 지냈다는 새 산주를 대신해서 황거칠 씨를 찾아온 사람은 아직 나이가 삼십 남짓밖에 안 되어 보이는 청년 신사였다. 가뜩이나 병석에 누워 있던 황거칠 씨는 느닷없이 가슴이 철렁했다.

　'×관이라고? ＿ ×관 출신이면 그 광대한 국유지를 함부로 늘름할 수 있는 것일까……?'

　정말 모를 일이었다. 어처구니없는 일이었다. 황거칠 씨는 정신이 아찔했다. 어안이 벙벙해서 아무 말도 나오지 않았다. 그저 말끝마다 "×관님 ×관님" 하는 이춘이란 청년 신사의 얼굴만 멍청히 쳐다보았다. 뒤퉁스럽게도 그의 얼굴에만 잠시 정신이 팔렸다.

　비서 퇴물인 듯한 그 청년은 체구도 작았거니와 그 체구에 비해서도 두상이 더욱 작아 보였다. 고대 사설조로 말한다면,

[A]
　'비록 두상은 조롱박같이 작고 볼품이 없으되 부등깃에 싸인 새 새끼 궁둥이처럼 톡 볼가진 뒤통수 속에는 온갖 간계가 소복소복 들어 있을 것 같고, 관운장처럼 치째진 두 눈은 가늘게 뜨면 아첨이 조르르, 크게 뜰작시면 무슨 행티*라도 있을 것 같고, 날카로운 매부리코는 세상 잇속엔 절대로 남에게 뒤떨어지지 않을 게고, 오물오물 오무라뜨릴 땐 닭의 밑구멍 면치 못할 조그만 입은 큰 건 겁이 나서 망설이더라도 작은 건 쉴 새 없이 냠냠, 게다가 미주알고주알 캐고 들 양이면 소진장의

└─ (蘇秦張儀)* 못지않게 구변도 청산유수라……'

이런 표현이 꼭 알맞을 것 같았다.

〈중략〉

황거칠 씨는 새삼 자기의 한 말에 대한 상대방의 반응 따위를 기다릴 필요조차 느끼지 않았다. 별안간 치신사납게 어리둥절하고 있는 이춘이를 보고는 이렇게 덧붙였다.

"그 ×관이란 양반에게 가서 이렇게 전하시오. ─ 초지일관, 소신대로 하랍시더라고!"

언성만은 결코 만만치 않았다. '소신대로'란 말에 더욱 힘이 주어졌다.

− 김정한, '산거족'

*집달리 : '집행관'의 옛 용어.
*행티 : 행짜(심술을 부려 남을 해롭게 하는 행위)를 부리는 버릇.
*소진장의 : 중국 전국 시대의 모사 소진과 장의를 가리킴. 언변이 좋은 사람을 이름.

01 윗글에 대한 설명으로 적절하지 <u>않은</u> 것은?

① 상황이나 인물의 심리를 설명해주는 서술자의 목소리가 드러나 있다.
② 인물의 회상이 과거와 현재의 사건을 연결시키고 있다.
③ 현실에 대항하는 개인의 의지가 돋보인다.
④ 인물 사이의 갈등 요인이 분명하게 드러난다.

02 [A]에 대한 설명으로 가장 적절한 것은?

① 액자식 구성으로 사건을 입체적으로 분석하고 있다.
② 사건의 흐름이 지연되면서, 사건전개와 거리를 두고 있다.
③ 인물이 희화화되어 두 인물 사이의 갈등이 완화되고 있다.
④ 화제에 대한 비판적 인식이 직접적으로 드러나 있다.

03 윗글의 '산 수도'에 대한 설명으로 적절하지 <u>않은</u> 것은?

① 서민들의 생존권과 직결된다.
② 국유지 산에 새로운 우물을 파 연결한 수도다.
③ 불합리한 권력과 착취에 대한 문제를 제기한다.
④ 빠른 장면 전환을 유도하는 대상이다.

⊙ 정쟁(政爭)의 도(度)는 어두운 그림자를 마치 태양의 그림자처럼 배후에 서로 드리우면서 가열하여져 가고 있었다. 정치적 결탁은 모반을 끼고서만 이루어져 갔다. 이윽고 ×××를 죽여야 한다는 말이 튀어나왔다. 그자는 입으로는 우리와 손을 잡고 있으면서 실은 우리의 정적인 ×와 협상 중에 있다. 그자의 이름은 날이 갈수록 시선과 시선, 입과 입을 따라 오르내렸다. 그리고 드디어는 ×××에 대한 암살이 계획되었다. 사수(射手)의 부주의로 인한 실패. 계획은 다시 어그러졌다.

"민, 너는 요전번처럼 멋지게 해치울 수 있을 거야. 할 수 있겠지?"

민은 그리 자신이 서지 않는 표정을 하였다.

"왜?"

"그를 죽여야 한다는 자신이 서지를 않기 때문이야."

ⓒ 왜? 왜? 왜? 하는 질문이 그가 미처 입을 열기도 전에 연거푸 떨어졌다. 세모진 날카로운 시선…… 그는 그 날카로운 시선을 대수롭지 않게 겉으로 받아넘겼다. 날카롭던 상대방의 시선이 곧 부드럽게 개어 갔다.

"또 어머니 생각이 난 모양이군, 응? 그러나 우리는 하나만을 위해서 있지 둘을 위해서 있는 것이 아니란 것을 알아야지."

"그만!"

민은 상대방의 말을 급히 가로막았다.

"다만 쏘아 달라고만 해. 그 이상의 이야기는 듣고 싶지 않아."

수다한 난관이 겹쳐서 일어났다. 십육 시, 대낮이다. 쏘는 것은 문제없지만 도망하는 것이 곤란하다. 다만 유리한 조건이란 인적이 드문 한길이라는 것뿐이다. 그러나 곧 묘안이 제의되었다. 즉 정각 이십 분 전부터 한 동료와 함께 담배 가게 앞에 서 있다. 그는 될 수 있는 한 담배 가게 쪽을 향하여 서 있고 한 동료는 길 건너편 건물입구 쪽을 향하여 서 있는다. 만일 그자가 나오면 그에게 암시를 주고 길을 건너간다. 곧 뒤따라 길을 건너가다 앞서가는 그 동료를 은폐물로 이용하며 틈을 보아 상대방을 쏘아 넘기고 맞은 편 골목길로 뛴다. 그러면 그 주위에 대기시켰던 동료들이 그자의 호위 경관이 달려오기 전에 범인을 잡는 듯이 보이며 그 골목으로 추격한다. 다행히 그 시각에 골목 안을 지나가고 있는 청년이 있으면 무조건 그를 때려눕힌다. 그리고 그를 범인처럼 만든다. 그런데 될 수 있는 한 수사 기간을 연장시키기 위하여 의식 불능케 만들어야 한다. 그러나 만일 불행히도 그 시각에 그 골목 안을 통과하는 청년이 없으면 비상수단으로 추격하는 척하며 길을 방해하다 도주한 방향을 모호하게 만들어 놓는다.

계획은 그대로 이루어졌다. 그리고 다행히도 그 시각에 그 골목을 지나가던 청년이 있었던 것이었다. 그 청년은 계획대로 범인으로 체포되고 신문은 그대로 보도하였다.

- 중략 -

얼기설기 퇴색한 신문장으로 풀칠되어 있는 문을 열고 나서는 소녀는 분명히 무모하게 범죄자로서 체포된 청년의 여동생임에 틀림이 없었다.

그를 보자마자,

"경찰에서 오셨어요?"

하고 대번에 말을 더듬는 소녀의 얼굴에는 두려움이 가득 차 있었다.

"……."

그는 대답 없이 시선을 떨구었다.

"오빠는……."

소녀는 입을 열려다 곧 울음이 복받치는 듯 입술을 꾹 깨물었다. 간신히 말을 이었다.

"오빠는 범죄자가 아니에요. 오빠를 놓아주세요, 네? 선생님!"

민은 무겁게 입을 열었다.

"아니, 그런 것 때문에 온 것이 아닙니다."

"그럼……? 그럼…… 신문사에서 오셨군요?"

ⓒ 소녀의 눈에서는 눈물이 주르르 흘러내리고 있었다.

"오빠가 범인이 아니라고 좀 써 주세요, 네? 오빠가 범인이 아니라는 것을 곧 아시게 될 거예요. 오빠가 결코 범인이 아니라고 한마디만이라도 좀 써 주세요. 어머니가 불쌍해요. 어머니가 불쌍해 못 보겠어요. 오빠는 어머님 약값을 구하러 나갔던 거예요. 어머니는 이대로 돌아가셔요."

소녀는 흑흑 소리 죽여 흐느꼈다. 그러나 잠시 후 눈물을 닦고 고개를 들었다. 그리고 고개를 드는 순간 소녀의 시선은 놀랍게 빛났다. ⓓ 낯선 이 청년의 두 눈에서 눈물이 소리 없이 흘러내리고 있기 때문이었다.

민은 소녀에게 자기의 눈물을 뵈지 않으려고 약간 시선을 밑으로 떨구었다.

"그래 의사가 왔었소?"

민은 간신히 입을 열었다. 소녀는 말을 잊어버린 듯이 의아한 시선으로 다만 그를 마주 볼 뿐이었다.

– 오상원, '모반'

04 윗글의 서술상 특징으로 가장 적절한 것은?

① 특정 공간의 색채 이미지를 통해 인물이 처한 상황을 짐작할 수 있다.

② 인물이 암살을 실행하기 전과 후의 상황에 초점을 맞추고 있다.

③ 연속적인 장면 전환을 통해 사건에 대한 다양한 시각을 보여주고 있다.

④ 인물의 회상에 의해 극적 갈등이 고조되고 있다.

05 ㉠~㉣에 대한 이해로 적절하지 않은 것은?

① ㉠ : 정치 · 사회적으로 더 불안하고 혼란한 상황이 되어가고 있다고 볼 수 있다.

② ㉡ : 암살에 동의하지 못하고 갈등하는 인물의 내면심리라고 볼 수 있다.

③ ㉢ : 소녀의 억울하고 불안한 마음이 드러났다고 볼 수 있다.

④ ㉣ : 청년의 마음속에 원망과 분노가 표현된 것으로 볼 수 있다.

06 윗글에 대한 설명으로 가장 적절한 것은?

① 다른 장소에서 벌어진 사건을 병치하여 제시하고 있다.

② 사투리와 비속어를 사용하여 사건의 현장성을 강화하고 있다.

③ 갈등을 유발하는 행동과 대화를 통해 현장감을 부각시키고 있다.

④ 비현실적인 공간을 삽입하여 허구성을 강화하고 있다.

송영감이 미음을 몇 모금 못 마시고 사발에서 힘없이 입을 떼는 것을 보고 ㉠ 앵두나뭇집 할머니는, 정말 이 영감이 이번 병으로 죽으려는가 보다는 생각이라도 든 듯, 당손이를 어디 좋은 자리가 있으면 주어 버리는 게 어떠냐고 했다.

－ 중략 －

앵두나뭇집 할머니와 단둘이 되자 송 영감은 눈을 감으며, 요전에 말하던 자리에 아직 애를 보낼 수 있겠느냐고 물었다. 앵두나뭇집 할머니는 된다고 했다. 얼마나 먼 곳이냐고 했다. 여기서 한 이삼십 리 잘 된다는 대답이었다. 그러면 지금이라도 보낼 수 있느냐고 했다. 당장이라도 데려가기만 하면 된다고 하면서 앵두나뭇집 할머니는 치마 속에서 지전 몇 장을 꺼내어 그냥 눈을 감고 있는 송 영감의 손에 쥐어 주며, 아무 때나 애를 데려오게 되면 주라고 해서 맡아 두었던 것이라고 했다.

송 영감이 갑자기 눈을 뜨면서 앵두나뭇집 할머니에게 돈을 도로 내밀었다. 자기에게는 아무 소용 없으니 애 업고 가는 사람에게나 주어 달라는 것이었다. 그리고는 다시 눈을 감았다. 앵두나뭇집 할머니는 애 업고 가는 사람 줄 것은 따로 있다고 했다. 송 영감은 그래도 그 사람을 주어 애를 잘 업어다 주게 해달라고 하면서, 어서 애나 불러다 자기가 죽었다고 하라고 했다. 앵두나뭇집 할머니가 무슨 말을 하려는 듯하다가 저고리 고름으로 눈을 닦으며 밖으로 나갔다.

송 영감은 눈을 감은 채 가쁜 숨을 죽이고 있었다. 그리고 무슨 일이 있더라도 눈물일랑 흘리지 않으리라 했다.

그러나 앵두나뭇집 할머니가 애를 데리고 와, 저렇게 너의 아버지가 죽었다고 했을 때, 송 영감은 절로 눈물이 흘러내림을 어찌할 수 없었다. 앵두나뭇집 할머니는 억해 오는 목소리를 겨우 참고, 저것 보라고 벌써 눈에서 썩은 물이 나온다고 하고는, 그러지 않아도 앵두나뭇집 할머니의 손을 잡은 채 더 아버지에게 가까이 갈 생각을 않는 애의 손을 끌고 그곳을 나왔다.

그냥 감은 송 영감의 눈에서 다시 썩은 물 같은, 그러나 뜨거운 새 눈물 줄기가 흘러내렸다. 그러는데 어디선가 애의 훌쩍훌쩍 우는 소리가 들리는 듯했다. 눈을 떴다. 아무도 있을 리 없었다. 지어 놓은 독이라도 한 개 있었으면 싶었다. 순간 뜸막 속 전체만한 공허가 송 영감의 파리한 가슴을 억눌렀다. 온몸이 오므라들고 차옴을 송 영감은 느꼈다.

그러는 송 영감의 눈앞에 독가마가 떠올랐다. 그러자 송 영감은 그리로 가리라는 생각이 불현듯 일었다. 거기에만 가면 몸이 녹여지리라. 송 영감은 기는 걸음으로 뜸막을 나섰다.

거지들이 초입에 누워 있다가 지금 기어들어오는 게 누구라는 것도 알려 하지 않고, 구무럭거려 자리를 내주었다. 송 영감은 한옆에 몸을 쓰러뜨렸다. 우선 몸이 녹는 듯해 좋았다.

[A]
그러나 송 영감은 다시 일어나 가마 안쪽으로 기기 시작했다. 무언가 지금의 온기로써는 부족이라도 한 듯이. 곧 예사 사람으로는 더 견딜 수 없는 뜨거운 데까지 이르렀다. 그런데도 송 영감은 기기를 멈추지 않았다. 그렇다고 그냥 덮어놓고 기는 것은 아니었다. 지금 마지막으로 남은 생명이 발산하는 듯 어둑한 속에서도 이상스레 빛나는 송 영감의 눈은 무엇을 찾고 있는 것이었다. 그러다가 열어젖힌 곁창으로 새어 들어오는 늦가을 맑은 햇빛 속에서 송 영감은 기던 걸음을 멈추었다. 자기가 찾던 것이 예 있다는 듯이. 거기에는 터져 나간 송 영감 자신의 독 조각들이 흩어져 있었다.

송 영감은 조용히 몸을 일으켜 단정히, 아주 단정히 무릎을 꿇고 앉았다. 이렇게 해서 그 자신이 터져 나간 자기의 독 대신이라도 하려는 것처럼.

- 황순원, '독 짓는 늙은이'

07 **㉠에 대한 설명으로 가장 적절한 것은?**

① 당손이를 양자로 삼고 싶어 한다.
② 당손이와 갈등관계를 유지하고 있다.
③ 송 영감을 죽음으로 몰고 가는 인물이다.
④ 송 영감의 처지를 안타깝게 생각하고 있다.

08 **윗글에 대한 설명으로 가장 적절한 것은?**

① 서술자가 인물들의 내면 심리를 전달하고 있다.
② 서술자의 고백적인 목소리가 드러나고 있다.
③ 작품 내의 서술자가 인물들을 관찰하고 있다.
④ 작품 밖의 서술자가 사건에 개입하여 논평하고 있다.

09 **[A]에 대한 감상으로 적절하지 않은 것은?**

① '독'에 대한 애정과 긍지가 얼마나 큰지 느껴져.
② 비극적 상황을 초월하고자 하는 비장한 태도가 엿보여.
③ 시대적 상황에 저항하는 숭고한 자기희생의 정신을 담고 있어.
④ 장인으로서 예술가적 혼을 이루려는 필사적인 노력을 그려내고 있어.

성북동(城北洞)으로 이사 나와서 한 대엿새 되었을까, 그날 밤 나는 보던 신문을 머리맡에 밀어 던지고 누워 새삼스럽게,

"여기도 정말 시골이로군!"

하였다.

무어 바깥이 컴컴한 걸 처음 보고 시냇물 소리와 쏴 - 하는 솔바람 소리를 처음 들어서가 아니라 황수 건이라는 사람을 이날 저녁에 처음 보았기 때문이다.

그는 말 몇 마디 사귀지 않아서 곧 못난이란 것이 드러났다. 이 못난이는 성북동의 산들보다 물들보다, 조그만 지름길들보다 더 나에게 성북동이 시골이란 느낌을 풍겨 주었다.

서울이라고 못난이가 없을 리야 없겠지만 ㉠ 대처에서는 못난이들이 거리에 나와 행세를 하지 못하고, 시골에선 아무리 못난이라도 마음 놓고 나와 다니는 때문인지, 못난이는 시골에만 있는 것처럼 흔히 시골 에서 잘 눈에 뜨인다. 그리고 또 흔히 그는 태고 때 사람처럼 그 우둔하면서도 천진스런 눈을 가지고, 자 기 동리에 처음 들어서는 손에게 가장 순박한 시골의 정취를 돋워 주는 것이다.

그런데 그날 밤 황수건이는 열시나 되어서 우리 집을 찾아왔다.

그는 어두운 마당에서 꽥 지르는 소리로,

"아, 이 댁이 문안서……."

하면서 들어섰다. 잡담 제하고 큰일이나 난 사람처럼 건넌방 문 앞으로 달려들더니,

"저, 저 문안 서대문 거리라나요, 어디선가 나오신 댁입쇼?"

한다.

보니 ㉡ 합비는 안 입었으되 신문을 들고 온 것이 신문 배달부다.

"그렇소, 신문이오?"

"아, 그런 걸 사흘이나 저, 저 건너쪽에만 가 찾었습죠. 제기……."

하더니 신문을 방에 들이뜨리며,

"그런뎁쇼, 왜 이렇게 죄꼬만 집을 사구 와 곕쇼. 아, 내가 알었더면 이 아래 큰 개와집도 많은걸입 쇼……."

한다. 하 말이 황당스러워 유심히 그의 생김을 내다보니 눈에 얼른 두드러지는 것이 ㉢ 빡빡 깎은 머리로되, 보통 크다는 정도 이상으로 골이 크다. 그런데다 옆으로 보니 ㉣ 장구대가리다.

- 중략 -

자기는 워낙 이 아래 있는 삼산학교에서 일을 보다 어떤 선생하고 뜻이 덜 맞아 나왔다는 것, 지금은 신 문 배달을 하나 원배달이 아니라 보조배달이라는 것, 저희 집엔 양친과 형님 내외와 조카 하나와 저희 내 외까지 식구가 일곱이라는 것, 저희 아버지와 저희 형님의 이름은 무엇무엇이며, 자기 이름은 황가인데다 가 목숨수(壽)자하고 세울건(建)자로 황수건이기 때문에, 아이들이 노랑수건이라고 놀리어서 성북동에 서는 가가호호에서 노랑수건 하면, 다 자긴 줄 알리라고 자랑스럽게 이야기하다가 이날도,

"어서 그만 다른 집에도 신문을 갖다 줘야 하지 않소?"

하니까 그때서야 마지못해 나갔다.

우리집에서는 그까짓 ㉤ 반편과 무얼 대구를 해가지고 그러느냐 하되, 나는 그와 지껄이기가 좋았다.

- 이태준, '달밤'

10 윗글의 내용과 일치하지 않는 것은?

① '나'는 얼마 전 성북동으로 이사했다.
② '나'는 황수건과의 대화를 즐기고 있다.
③ 황수건은 삼산학교에서 근무한 적이 있다.
④ 황수건은 형을 대신해 신문을 배달하고 있다.

11 ㉠~㉣에 대한 뜻풀이로 적절하지 않은 것은?

① ㉠ : 도회지를 뜻함
② ㉡ : 일본말로 '상호가 찍힌 옷'을 이르는 말
③ ㉢ : 이마나 뒤통수가 크게 튀어나온 머리통
④ ㉣ : 몸이 바싹 마른 사람을 놀림조로 이르는 말

12 윗글에 대한 설명으로 가장 적절한 것은?

① 빈번한 장면 변화로 긴박한 분위기를 형성한다.
② 서술자를 교체하여 사건을 입체적으로 서술한다.
③ 서술자가 작중 인물을 관찰하여 이야기를 전달한다.
④ 작품 밖의 서술자가 인물들의 심리를 자세하게 묘사한다.

안승학이는 사랑방에서 혼자 앉아서 금테 안경을 콧잔등에 걸고는 문서질을 하다가 인동이를 앞세우고 김 선달, 조 첨지, 수동이 아버지, 희준이 이렇게 다섯 사람이 일시에 달려드는 것을 보고 적이 마음에 불안을 느꼈다. 그래 그는 붓을 놓고서 마당을 내려다보며

"무슨 일들인가? 식전 댓바람에 내 집에를 이렇게 찾아 오거든 문간에서 주인을 찾고 들어와야지."

매우 위엄스럽게 하는 말이었다.

"아무도 없는데 누구보고 말하랍니까? 대문 기둥에다 대고 말씀하랍시오."

김 선달이 받는 말이다.

저런 괘씸한 놈 말하는 것 좀 봐라…… 그런데 행랑 놈은 어디를 갔기에 문간에 아무도 없었더람! 안승학은 속으로 분해했다. 그러나 호령할 용기는 생기지 않는다. 희준이와 인동이와 김 선달은 신발을 벗고 마루에 올라 앉았다. 조 첨지와 수동 아버지는 뜰아래서 올라갈까 말까 하는 눈치다.

"하여간 무슨 일들인가?"

안승학은 얼른 이야기나 들어 보고 돌려보내자는 계획이다.

"저희들이 이렇게 댁을 찾아왔을 때는 무슨 별다른 소관사가 있겠습니까…… 지난번에도 왔다가 ㉠ 코만 떼우고 갔습니다만 대관절 어떻게 저희들의 요구 조건을 들어주시겠습니까?"

희준이가 정식으로 말을 꺼냈다.

"그따위 이야기를 할 작정으로 이렇게들 식전 아침에 왔어? 못 들어주겠어! 벌써 여러 번째 요구 조건을 들을 수 없다고 말했는데, 자꾸 조르기만 하면 될 줄 아는가? 어림없지…… 괜히 그러지들 말고 일찍이 나락을 베는 것이 당신들에게 유익할 것이야……."

- 중략 -

[A]
"그래 정녕코 요구 조건을 못 들어주시겠다는 말씀이지요."

"암!"

"무슨 일이 있든지 이 때문에 영감 댁에 어떤 불상사가 생기든지 못 듣겠단 말이지요?"

희준이는 점점 다가앉았다.

"불상사? 불상사? 그 때문에 내 집에 불상사가 날 것이 조끔도 없네."

"만일 불상사가 생긴다면 어찌하시렵니까?"

"그렇지 그렇지…… 그렇다면 어떻게 하실 작정인가요? 그래도 상관이 없어요?"

김 선달이 한 팔을 거들면서 대들었다.

안승학은 무슨 일이 있나? 이것들이 왜 이 모양인가? 이렇게 생각하는 듯이 의심하는 빛이 그윽이 양미간에 떠돌았다.

"불상사라니 무슨 이야기인지 나는 모르겠네마는 내 집에 상서롭지 못한 일이라고는 본래부터 없네, 없어!"

"그러면 말씀입니다…… 따님이 지금 무엇을 하고 있는지, 어디 가서 누구하고 같이 좋아하는지 영감이 아십니까?"

"무어? 무어? 내 딸이……."

안승학은 희준의 얼굴을 정면으로 바라보면서 이렇게 놀라운 듯이 큰소리로 말하다가는 별안간 말을 뚝 끊고 무엇을 생각하는 모양이었다.

갑숙이 년이 어디로 달아나서 무슨 짓을 하기에 이것들이 이런 말을 할까? 사실 안승학이는 아까 희준이가 '따님이…….' 이렇게 말할 때에 가슴이 뜨끔하였다.

– 이기영, '고향'

13 윗글의 등장인물에 대한 설명으로 적절하지 <u>않은</u> 것은?

① 희준은 안승학과의 담판에서 중심인물의 역할을 하고 있다.
② 안승학을 대하는 다섯 사람의 태도가 나뉘어진다.
③ 안승학은 희준의 요구를 들어주지 않으려 한다.
④ 안승학은 갑숙이의 일에 자신감으로 일관하고 있다.

14 밑줄 친 ㉠의 의미는?

① 손해만 보고
② 핀잔만 받고
③ 원망만 듣고
④ 약점만 잡히고

15 [A]에 나타난 희준과 안승학의 대화 태도로 가장 적절한 것은?

	희준	안승학
①	보채다	느긋하다
②	깐죽대다	위축되다
③	추궁하다	단호하다
④	비굴하다	으스대다

　　대원 다섯 명은 누가 먼저랄 것 없이 사면을 한번 둘러보았다. 앞은 골짜기를 따라 옥수수와 고구마 밭이 있는 ⊙ 길쭘한 벌을 사이에 두고 높고 낮은 구릉이 가로질렀고, 뒤는 좀 전에 자기네가 넘어온 중허리 위쪽에 희뿌연 바위로 뒤덮인 산이 올려다보였다. 그러는 그들의 눈앞에는 변함없이 낮 기운 여름 햇살이 내리부어지고 있었다. 그들은 새삼스레 주위가 너무 고요하다는 걸 느꼈다. 이 ⓛ 괴괴한 어느 지점에서 혹시 누가 자기네를 줄곧 감시나 하고 있지 않나 하는 생각에 어떤 말 못할 압박감이 엄습해 왔다.

[A]　　동호는 다시금 엄청나게 두꺼운 유리 속에 자신이 들어가 있다는 느낌에 억눌려야만 했다. 이 유리가 저쪽 어느 한 귀퉁이에서 부서져 들어오기 시작하면 걷잡을 새 없이 몽땅 조각이 나고 말 테지. 그리고 무수히 날이 선 유릿조각이 모조리 몸에 들어박힐 거라. 동호는 전신에 소름이 끼쳐 몸을 한 번 떨었다.

　　어떤 새로운 움직임만이 이 벅찬 중압감에서 벗어날 수 있다고 생각됐다. 남은 집을 마저 수색하기 시작했다. 그런데 여섯째 집에서 그들의 긴장을 한층 자극시키는 일이 생겼다. 현태가 역시 ⓒ 바람벽에 바짝 등을 붙이고 문짝을 홱 잡아 젖히면서, 꼼짝 말어! 했을 때, 방 안에서 사람의 기척이 났던 것이다.

　　눈에 확 빛을 띤 현태가 고갯짓으로 이쪽에 신호를 하고 나서 단호한 목소리로,

　　"손 들구 이리 나와!"

　　밖에서 경비하던 사람들도 일제히 문이 젖혀진 컴컴한 구멍으로 총부리를 돌려 대고 좌우에서 죄어 들어갔다.

　　"얼른 못 나와?"

　　그러고도 잠시 후에야 파랗게 질린 여인의 얼굴이 어두운 문가에 나타났다가 흠칫 뒤로 물러나는 것이었다.

　　"이게, 빨랑 못 나와?"

　　현태의 음성이 더 모질어졌다.

　　그러고도 다시 잠시 후에야 여인이 질린 얼굴에 입술을 호들호들 떨면서 맨발째 ⓡ 토방으로 내려섰다. 서른이 좀 넘어 보였다.

　　"방 안에 있는 사람 모두 나와!"

　　여인이 뾰족한 턱을 가늘게 떨면서 두어 번 머리를 가로저었다.

　　재빨리 현태가 방 안을 살폈다. 어두운 방 안 아랫목에 두어 살 됨직한 계집애가 때묻은 포대기를 덮고 잠이 들었는지 꼼짝 않고 누워 있을 뿐이었다.

　　　- 황순원, '나무들 비탈에 서다'

16 윗글의 내용과 일치하는 것은?

① 수색 대원들은 줄곧 골짜기를 따라서 왔다.
② 수색 대원들은 의기양양하게 수색을 펼쳤다.
③ 동호는 홀가분한 마음으로 수색에 임했다.
④ 현태는 여섯째 집에서 여인을 발견하였다.

17 [A]에 대한 설명으로 적절하지 <u>않은</u> 것은?

① 사물의 동적인 이미지가 두드러지고 있다.
② 감각적인 효과를 자아내는 표현을 사용하고 있다.
③ 인물의 심리를 드러내는 사물이 구체적으로 제시되어 있다.
④ 현실로부터 벗어나려는 내면의 의지가 나타나 있다.

18 ㉠~㉣의 뜻풀이로 적절하지 <u>않은</u> 것은?

① ㉠ : 꽤 길게 생긴
② ㉡ : 이상야릇한
③ ㉢ : 방을 둘러막은 둘레의 벽
④ ㉣ : 마루를 놓게 된 처마 밑의 땅

[01~02] 다음 글을 읽고 물음에 답하시오. 2018

[앞부분의 줄거리] 최치원은 승상 나업의 딸이 훌륭하다는 소문을 듣고 계략을 써 그 집의 노비가 되어 접근한다. 한편 중원의 황제는 열어 보지 못할 석함을 보내 그 속의 물건을 알아내어 시를 지어 바치지 못하면 신라를 침공하겠다고 위협한다. 신라 왕으로부터 이 일을 일임받은 나업이 근심하는 가운데 파경노(최치원)는 자신을 사위로 삼아야 시를 짓겠다는 뜻을 밝힌다.

마침내 날을 택하여 혼례를 치렀다.
다음 날 승상이 사람을 부려 신방(新房)에 다녀오도록 하고 묻기를,
"사위가 시를 짓더냐?"
하니, 대답하였다.
"종이를 벽에 발라 놓고 스스로 붓을 발가락에 끼운 채 자고 있습니다."
이때 나 승상의 딸 또한 잠시 잠이 들었다. 꿈에 쌍룡이 하늘로부터 내려와 함 위에서 서로 벗하며, 또 오색 무늬 옷을 입은 동자 열 명이 함을 받들고 서서 노래 부르니 함이 저절로 열리려 하였다. 이윽고 오색 서기(瑞氣)가 쌍룡의 목구멍으로 나와 함속을 꿰뚫어 비추었다. 홍의(紅衣)를 입은 청백(靑白)의 사람들이 좌우에 나열하여 어떤 자는 시를 지어 부르고 어떤 자는 붓을 쥐고 글을 쓰려고 할 때 문득 꿈에서 깨어났다. 일이 몹시 이상하여 이내 그 남편을 흔들어 깨웠다. 이에 서랑이 기지개를 켜고 일어나 ㉠ 즉시 시를 지어 벽에 붙인 종이 위에 큰 글씨로 쓰니 마치 용과 뱀이 꿈틀거리는 듯했다. 그 시에 이르기를,

단단한 돌 안의 알은
반절은 옥 반절은 황금이라.
밤이면 시간을 알리는 새가
정을 머금은 채 소리를 토하지 못하네.

시를 다 짓자 그것을 승상 앞에 들여보냈다. 승상이 그것을 보고 자못 기쁜 빛을 띠면서도 믿지 못하다가, 딸이 꿈속에서 본 일에 관해 들은 후에야 그것을 믿었다.
시를 받들고 대궐에 나아가 왕에게 바치니 왕이 그것을 보고 이내 놀라며 말하길,
"경은 어떻게 알고 지었소?"
하니, 승상이 대답하였다.
"신이 지은 것이 아니라 신의 사위가 지었습니다. 그렇기 때문에 신은 그 시가 어떻게 지어진 것인지 모릅니다."
신라 왕은 마침내 사자(使者)를 보내 그 시를 황제에게 바쳤다. 황제가 그 시를 보더니 한참 있다가 말하였다.
"알이라고 운운한 것은 옳도다."
이내 함을 쪼개어 보니 그 안에 싸 놓았던 알이 부화하여 이미 새끼가 되어 있었다. 그제야 '정을 머금은 채 소리를 토하지 못하네.'라는 구절을 이해하게 된 황제가 감탄하며 말하길,

"천하의 기재(奇才)로다."

하고 학사들을 불러 그 시를 보여 주니 칭찬하지 않는 자가 없었다.

– 작자미상, '최고운전'

01 윗글에 대한 이해로 가장 적절한 것은?

① 최치원은 함 속의 내용물을 알고 있었다.
② 승상은 자신이 지은 시를 황제에게 바쳤다.
③ 승상은 신라 왕에게 최치원을 추천하였다.
④ 최치원은 황제와 맞서 싸워 승리하였다.

02 ㉠과 관련된 한자성어로 가장 적절한 것은?

① 계란유골(鷄卵有骨)
② 용사비등(龍蛇飛騰)
③ 화사첨족(畵蛇添足)
④ 화룡점정(畵龍點睛)

화설. 소운명이 뛰어난 재주를 지닌 젊은이로 몸이 높은 자리에 올라 옥당을 밟으니 명성과 덕망이 조정에 진동하였고 문장은 이태백과 두보를 압두하였다. 그러자 사람마다 탄복하여 그 재취 자리를 바라며 구혼하는 매파가 문을 시끄럽게 하였으나 승상 소현성이 허락하지 않자 소운명이 마음속의 회포가 울적하고 답답해 늘 탄식하였고 부친의 명이 기구한 것을 한탄하였다.

이해 초겨울에 소운명이 산서 지방의 순안어사로 나갈 때 소 승상이 타이르며 말하였다.

"너의 소임이 무거운 데 비해 나이는 젊으니 마땅히 밤낮으로 근심하여 늘 청렴하고 급한 성미를 보이지 마라. 옥사(獄事)를 처리할 때에는 공정하게 하고 청탁을 듣지 말며 의지할 곳이 없는 사람을 보호하고 풍악과 술과 안주를 베풀지 마라. 만일 가르침을 거역하여 창기를 모으고 잡된 무리를 사귀어 어지럽게 예를 잃어버려 집안의 명성을 더럽게 한다면 내 눈앞에서 보이지 마라."

〈중략〉

각설. 산서 안무현 출신의 재상 한 사람이 있었는데, 이름이 이원기였다. 이원기는 사람이 맑고 깨끗하고 성품이 강직하고 곧았으며 뛰어난 재주로 인해 명성이 자자하였다. 일찍이 과거에 급제하여 벼슬이 이부상서에 오르자 그 명망이 세상에 요란하였는데, 오래전부터 앓고 있던 병이 침노하여 드디어 벼슬을 버리고 고향에 돌아와 여생을 마쳤다. 곧이어 부인 여 씨가 죽었다. 슬하에 오직 외동딸이 있었는데 이름은 옥주이며 나이가 11세다. 다른 친척이 없고 오로지 부모를 의지하였다가 하루아침에 부모를 잃어버리는 아픔을 만나니 혈혈단신으로 약간의 노비와 함께 겨우 부모의 장사를 지냈고 집안의 재산은 모두 흩어져 버렸다. 그래서 밤낮으로 슬퍼하며 푸른 하늘을 우러러 부모의 신령을 부를 따름이었다.

며칠이 지나지 않아 도적이 들어와 소란을 피워 집을 차지하고 자신들의 소굴로 삼자 이옥주가 겨우 몸을 벗어났다. 시비 춘앵과 함께 홀몸을 의탁할 곳이 없어 죽고자 하였는데 춘앵이 겨우 붙들어 구하여 말하였다.

"이제 길 위에서 죽어 주인님과 부인의 신령을 의탁할 곳이 없게 하는 것은 옳지 않습니다. 옛날 제영은 아비의 죄를 신원하고 목란은 아비를 대신하여 국경을 지켰으니 사람이 낳아서 길러 준 은혜를 잊어버리고 자기 몸의 괴로움을 벗어 버리려고 긴 목숨을 끊어 제사를 버리는 것은 지극한 불효입니다. 소저는 생각하여 보십시오."

이 소저가 슬픔을 진정하고 억지로 남복을 입고 춘앵과 서로 붙들고는 갈 곳이 없음을 통곡하며 말하였다.

"어려서부터 대대로 높은 벼슬을 누려 온 가문에서 자라나 아름다운 집에서 비단옷도 무겁게 느껴지고 맛있는 음식 또한 입에 맞지 않게 되었다. 그런데 이제 생각지도 못한 이런 곤란한 액운을 만나 죽지도 않고 도로에서 걸식하게 되니 이는 위로는 집안의 명성을 더럽게 하는 것이고 아래로는 나에게 더러운 소문이 있을 것이니 결코 살지 못할 것이다."

춘앵이 백방으로 마음을 너그럽게 가지도록 하였다. 그러던 가운데 산 밑에 도착하였는데 봄바람이 냉담하고 꽃들은 생기가 있으니 두 사람이 참혹하고 비통하여 한바탕 크게 울고 모란 떨기 속에 엎드려 쉬고 있었다.

이때 마침 소운명이 유람을 하고 있었다. 소운명이 곁의 노비를 다 물리치고 동자 한 명만 거문고를 가지고 따라오라고 하였다. 대나무 지팡이를 꺾어 짚고 신발을 끌고 유생의 옷차림으로 산수를 둘러보았다. 문인의 흥치가 높으니 몸이 가볍고 걸음걸이가 가는 것 같았는데 한 곳에 이르자 그윽한 산속에 소나무와 잣나무가 울창하여 시냇물에 비치고 온갖 꽃이 만발하고 동풍이 화창하게 불어오는 것이 비단 장막을 두루 친 듯하였다.

- 작자 미상, '소현성록'

03 윗글에 대한 설명으로 가장 적절한 것은?

① 주인공의 내적 독백을 통해 현실을 비판하고 있다.
② 대화가 진행되면서 인물간의 갈등이 부각되고 있다.
③ 환몽구조를 이용하여 대립적인 상황을 해결하고 있다.
④ 인물의 내력과 과거행적을 요약해서 제시하고 있다.

04 윗글의 내용으로 적절하지 않은 것은?

① '소운명'이 옥당의 높은 자리에 올라 재취하고자 하나 부친이 허락하지 않는다.
② '소운명'이 산서 지방 순안어사로 나갈 때 소승상이 청렴과 공정한 옥사를 당부한다.
③ '이옥주'는 재상의 딸이었는데 그의 부모는 도적을 만나 죽임을 당한다.
④ '이옥주'는 노비와 함께 부모의 장사를 지낸 후에 남장한 모습으로 다닌다.

시절이 정히 섣달 중순을 당하야 차가운 달이 긴 하늘의 빛을 돕고, 매화 숲에 눈 내린 경치가 맑고 깨끗하여 빼어나게 아름다우니, 이경모가 청아를 데리고 절 밖으로 나와 두루 노닐며 한가로이 풍월을 읊더라. 청운산 청운동에 두 재사(才士)가 있으니 한 사람은 성이 임이요, 명은 강수였고, 한 사람은 성은 유요, 명은 백문이니, 양인(兩人)이 얼굴이 아름답고 재주가 빼어났으나 조실부모(早失父母)하고 각각 처자식을 남에게 의탁하였으니 서로 가깝게 지냈다. 나이가 같고 ㉠ 학문과 용모가 서로 우열을 가릴 수 없어 절친붕우(切親朋友) 되어 조석(朝夕)으로 함께 하며 삼춘가절(三春佳節)과 월백(月白) 매림(梅林)에 손을 이끌어 꽃다운 그림자를 찾더니, 이때를 당하야 두 사람이 매화 아래를 배회하며 높은 데 올라 원근의 경치를 살피더니 문득 글 읊는 소리 들리거늘, 기울여 들으니 성음이 맑고 깨끗하며 웅장하여 공중에 울리고 문장이 빛나니 두 사람이 스스로 자기보다 위라 여기고 놀라 말하였다.

"틀림없이 이태백이 내려오셨다. 목소리와 문장이 지금 세상에서는 듣지 못하던 자다. 한 번 구경하면 어찌 기쁘지 아니리오?"

바삐 걸어 산을 넘어 절 문 앞에 이르러 바라보니 한 소년이 갈포로 만든 두건을 쓰고 혁대를 가지런히 하고 소매가 넓은 흰 도포를 입고 배회하거늘, 겨우 삼사 보(步) 떨어져 그 얼굴을 보매 골격이 웅장기이(雄壯奇異)하여 광풍제월지상(光風霽月之相)*이오, 수파백련지용(水波白蓮之容)*이라. 두 사람이 놀라고 기이함을 마지 아니하여 어린 듯 바라보기를 반나절이나 하더니, 빨리 나아가 소년을 향하여 팔을 들어 절하여 가로대,

"소제 양인은 청운산 남녘 청운동에 있는 선비인데 한월백설(寒月白雪)과 천봉향기(千峯香氣)를 한 번 구경하염즉할새 우연히 배회하다가 현형의 읊은 글을 들으니 성음 문장이 태백과 상여보다 못하지 아니하니 공경하고 따르는 마음을 이기지 못하여 이에 이르나이다."

소년이 매우 만족스럽게 손을 들어 대답하였다.

"소제는 멀리서 온 사람이라 우연히 이 땅에 흘러들어 아름다운 계절을 당하여 헛되이 보내는 것이 아까운 고로 이곳을 배회하여 스스로 적막함을 한(恨)하였습니다. 천한 모습을 두 분이 찾아주시니 매우 감사하여이다."

– 작자 미상, '낙성비룡'

*광풍제월지상: 비 갠 뒤의 시원한 바람과 밝은 달 같은 인상.
*수파백련지용: 잔잔한 물결 속에 피어 있는 흰 연꽃 같은 모습.

윗글에 대한 설명으로 가장 적절한 것은?

① 작품 속의 인물이 사건의 경과를 관찰하며 전달하고 있다.
② 빈번한 장면 전환으로 긴박한 분위기를 조성하고 있다.
③ 대화와 요약적 서술을 통해 인물에 대한 정보를 드러내고 있다.
④ 공간적 배경을 자세히 묘사하여 인물 간 갈등 요인을 제시하고 있다.

06 ⊙과 의미가 같은 것은?

① 권토중래(捲土重來)　　② 금란지교(金蘭之交)
③ 백중지세(伯仲之勢)　　④ 청출어람(青出於藍)

[07~08] 다음 글을 읽고 물음에 답하시오.

2015

"사부는 어느 곳으로부터 오셨나이까?"
노승이 웃으며 대답하기를,
"평생 알고 지낸 사람을 몰라보시니 일찍이, '귀인은 잊기를 잘한다.'는 말이 옳소이다."
양 승상(양소유)이 자세히 보니 과연 얼굴이 익숙한 듯하였다. 문득 깨달아 능파 낭자를 돌아보며 말하기를,
"⊙ 내가 지난날 토번을 정벌할 때 꿈에 동정 용궁의 잔치에 참석하고 돌아오는 길에, 한 화상이 법좌에 앉아서 경을 강론하는 것을 보았는데 노승이 바로 그 노화상이냐?"
노승이 박장대소하고 가로되,
"옳도다, 옳도다. 비록 그 말이 옳으나 꿈속에서 잠깐 만난 일은 기억하고 십 년 동안 같이 살았던 것은 기억하지 못하니 누가 양 승상을 총명하다 하였는가?"
승상이 망연자실하여 말하기를,
"소유는 십오륙 세 이전에는 부모의 슬하를 떠난 적이 없고, 십육 세에 급제하여 곧바로 직명을 받아 관직에 있었으니, ⓛ 동으로 연나라에 사신으로 가고 토번을 정벌하러 떠난 것 외에는 일찍이 경사(京師)를 떠나지 아니하였거늘, 언제 사부와 함께 십 년을 상종하였으리요?"
노승이 웃으며 말하기를,
"상공이 아직도 춘몽을 깨지 못하였도다."
승상이 말하기를,
"사부는 어찌하면 저로 하여금 춘몽을 깨게 하실 수 있나이까?"
노승이 이르기를,
"이는 어렵지 않도다."
하고 손에 잡고 있던 지팡이를 들어 돌난간을 두어 번 두드렸다. 갑자기 네 골짜기에서 구름이 일어나 누각 위를 뒤덮어 지척을 분변하지 못하였다. 승상이 정신이 아득하여 마치 꿈 속에 있는 듯하다 소리를 질러 말하기를,
"사부는 어찌하여 정도(正道)로 소유를 인도하지 아니하고 환술(幻術)로써 희롱하시나이까?"
승상이 말을 마치지 못하여 구름이 걷히는데 노승은 간 곳이 없고 좌우를 돌아보니 팔 낭자도 간 곳이 없었다. 승상이 매우 놀라 어찌할 바를 모르는 중에 높은 대와 많은 집들이 한순간에 없어지고 자기의 몸은 작은 암자의 포단 위에 앉았는데, 향로에 불은 이미 사라지고 지는 달이 창가에 비치고 있었다.

ⓒ 자신의 몸을 보니 백팔 염주가 걸려 있고 머리를 손으로 만져 보니 갓 깎은 머리털이 가칠가칠하였으니 완연히 소화상의 몸이요 전혀 대승상의 위의가 아니니, 정신이 황홀하여 오랜 후에야 비로소 제 몸이 연화도량의 성진(性眞) 행자(行者)임을 깨달았다.

그리고 생각하기를, '처음에 스승에게 책망을 듣고 풍도옥(酆都獄)으로 가서 인간 세상에 환도하여 양가의 아들이 되었다가, ⓒ 장원급제를 하여 한림학사를 한 후 출장입상(出將入相), 공명신퇴(功名身退)하여 두 공주와 여섯 낭자로 더불어 즐기던 것이 다 하룻밤의 꿈이로다. 이는 필연 사부가 나의 생각이 그릇됨을 알고 나로 하여금 그런 ⓐ 꿈을 꾸게 하시어 인간부귀와 남녀 정욕이 다 허무한 일임을 알게 한 것이로다.'

성진이 서둘러 세수하고 의관을 정제하여 처소에 나아가니, 제자들이 이미 다 모여 있었다.

– 김만중, '구운몽'

07 윗글을 '현실–꿈–현실'의 구조로 볼 때 '현실'에 해당하는 것은?

① ㉠   ② ㉡
③ ㉢   ④ ㉣

08 ⓐ를 의미하는 한자성어로 적절하지 <u>않은</u> 것은?

① 동상이몽(同床異夢)   ② 남가일몽(南柯一夢)
③ 일장춘몽(一場春夢)   ④ 한단지몽(邯鄲之夢)

[09~10] 다음 글을 읽고 물음에 답하시오.   2014(인문)

정나라 어느 고을에 벼슬을 탐탁하게 여기지 않는 학자가 살았으니 북곽 선생이었다. 그는 나이 40에 손수 교정해 낸 책이 만 권이었고, 또 육경의 뜻을 부연해서 다시 저술한 책이 만오천 권이었다. 천자가 그의 행실을 가상히 여기고 제후가 그 명망을 존경하고 있었다.

그 고장 동쪽에는 동리자라는 미모의 과부가 있었다. 천자가 그 절개를 가상히 여기고 제후가 그 현숙함을 사모하여, 그 마을의 둘레를 봉해서 '동리과부지려'라고 정표해 주기도 했다. 이처럼 동리자가 수절을 잘 하는 부인이라 했는데 실은 슬하에 성이 다른 다섯 아들이 있었다.

어느 날 밤, 다섯 아들이 서로 지껄이기를,

"강 건너 마을에서 닭이 울고 강 저편 하늘에 샛별이 반짝이는데 방안에서 흘러나오는 말소리는 어찌도 그리 북곽 선생의 목청을 닮았을까."

하고, 다섯 놈이 차례로 문틈으로 들여다보았다. 동리자가 북곽 선생에게,

"오랫동안 선생님의 덕을 사모했는데 오늘 밤은 선생님 글 읽는 소리를 듣고자 하옵니다."

하고 간청하매, 북곽 선생은 옷깃을 바로잡고 점잖게 앉아서 시를 읊는 것이 아닌가.

원앙새는 병풍에 그려 있고
반딧불이 흐르는데 잠 못 이루어
저기 저 가마솥 세 발 솥은
무엇을 본떠서 만들었나. 홍이로구나.

다섯 놈이 서로 소곤대기를, "북곽 선생과 같은 점잖은 어른이 과부의 방에 들어올 리가 있나. 우리 고을의 성문이 무너진 데에 여우가 사는 굴이 있다더라. 여우란 놈은 천 년을 묵으면 사람 모양으로 둔갑할 수가 있다더라. 저건 틀림없이 그 여우란 놈이 북곽 선생으로 둔갑한 것이다." 하고 함께 의논했다.
"들으니 여우의 머리를 얻으면 큰 부자가 될 수 있고, 여우의 발을 얻으면 대낮에 그림자를 감출 수 있고, 여우의 꼬리를 얻으면 애교를 잘 부려서 남에게 예쁘게 보일 수 있다더라. 우리 저 놈의 여우를 때려잡아서 나누어 갖도록 하자."
다섯 놈이 방을 둘러싸고 우르르 쳐들어갔다. 북곽 선생은 크게 당황하여 도망쳤다. 사람들이 자기를 알아볼까 겁이 나서 모가지를 두 다리 사이로 쑤셔박고 귀신처럼 춤추고 낄낄거리며 문을 나가서 ㉠ 내닫다가 그만 들판의 구덩이 속에 빠져 버렸다. 그 구덩이에는 똥이 가득 차 있었다. 간신히 기어올라 머리를 들고 바라보니 뜻밖에 범이 길목에 앉아 있는 것이 아닌가. 범은 북곽 선생을 보고 오만상을 찌푸리고 구역질을 하며 코를 싸쥐고 외면을 했다.
"어허, 유학자여! 더럽다."

– 박지원, '호질'

---

09 윗글의 인물에 대한 설명으로 적절하지 <u>않은</u> 것은?
① 북곽 선생과 동리자는 사회적 평판과 실질적인 내용이 일치하지 않는다.
② 북곽 선생은 위기 상황에서 오히려 의연한 자세를 견지한다.
③ 다섯 아들은 미신이나 풍문으로써 실상을 왜곡하여 판단한다.
④ 범은 북곽 선생의 위선과 부패를 풍자하는 역할을 한다.

10 ㉠의 상황을 나타내는 데 가장 적절한 말은?
① 임기응변(臨機應變)　　② 호시탐탐(虎視耽耽)
③ 기사회생(起死回生)　　④ 설상가상(雪上加霜)

송도에 이생이란 사람이 있었는데 낙타교 부근에 살았다. 나이 열여덟에 풍채가 맑고 재주가 뛰어났다. 늘 국학에 다니면서 길가에서 시를 읽었다. 선죽리에는 명문가 최씨 댁의 처녀가 있었다. 열대여섯의 나이에 태도가 어여쁘며 수를 잘 놓고 시도 잘 지었다. 세상 사람들은 '풍류 많은 이씨 댁 아들, 현숙한 최씨 댁 처녀. 뛰어난 재주와 용모로써 배를 채울 만하구나.'라고 칭찬했다.

이생이 국학으로 가는 길은 늘 최씨 처녀의 집을 지나게 되었다. 그 집 북쪽 담장 밖에 수십 그루의 수양버들이 둘러 있어서 이생은 그 밑에서 쉬기도 하였다. 하루는 담장 안을 엿보았더니 아름다운 꽃이 활짝 피었고 벌과 새가 재재거리는데 그 옆에 작은 누각이 꽃 숲 사이로 은은히 보였다. 구슬발은 반쯤 가려지고 비단 장막이 낮게 드리워진 가운데 한 미인이 수를 놓다가 멈추고는 아래턱을 괴더니 시를 읊었다.

길 가는 저 분은 뉘 집 서생인지
푸른 깃 넓은 띠가 수양버들에 비치네.
언젠가 대청 안의 제비 된다면
㉠ 구슬발 나직이 걷고 담장을 넘어가리.

이생은 시 읊는 소리를 듣고 화답하고 싶어 안달이 났다. 그러나 담장이 높고 가파르며 안채가 깊숙한 곳에 있었으므로 그저 서운한 마음만 안고 그곳을 떠났다.

국학에서 돌아올 때 흰 종이 한 폭에다 시 세 수를 써서 기와 쪽에 매달아 담장 안으로 던져 보냈다. 최씨 처녀가 시녀 향아를 시켜 가져오게 하여 보니 곧 이생의 시였다. 두 번 세 번 읽어 보고는 마음에 기뻐하여 짧은 편지를 써 던지면서 "의심하지 마시고 날이 저물기를 기약하세요." 하였다.

날이 저물자 이생은 그녀의 말에 따라 그 집에 갔다. 문득 복숭아 꽃 한 가지가 담장을 넘어 흔들거리기에 다가가서 보니 그네 밧줄로 묶은 대나무 사다리가 내려져 있었다. 이생은 그것을 부여잡고 담을 넘었다. 마침 달이 동산에 떠오르고 꽃 그림자는 땅에 깔렸으며 맑은 향기가 퍼졌다. 이생은 신선이 사는 곳에 들어온 듯하여 마음이 은근히 기뻤지만 비밀스러운 일인지라 머리털이 삐죽삐죽 솟았다. 좌우를 둘러보니 여인이 꽃 숲 속에서 향아와 함께 꽃을 꺾어 화관을 만들고 있었다.

– 김시습, '이생규장전'

11 윗글의 남녀 주인공에 대한 설명으로 가장 적절한 것은?

① 이생은 일부러 최씨 처녀의 집을 거쳐 국학에 다녔다.
② 이생과 최씨 처녀는 재주와 용모가 뛰어나 칭송을 받았다.
③ 최씨 처녀는 향아를 시켜 이생에게 편지를 전하도록 했다.
④ 이생은 담장을 넘어가면서 기쁨에 넘쳐 두려움을 느끼지 못했다.

12 문맥상 ㉠에 담긴 의미로 가장 적절한 것은?

① 넓은 세상에 나가 재능을 발휘하여 이름을 드날리고 싶다.
② 규방의 구속에서 벗어나 내가 바라는 짝을 만나고 싶다.
③ 부모의 품을 뛰쳐나와 나 홀로 자유롭게 살고 싶다.
④ 나와 임 사이에 놓인 불신의 벽을 허물고 싶다.

Memo

문학 (수필·극)

[01~02] 다음 글을 읽고 물음에 답하시오. 2018

　　㉠ 모두들 요동 평야는 평평하고 광활하기 때문에 물줄기가 성내 울지 않는다고 말하지만, 이것은 모르고서 하는 소리다. 요하(遼河)가 울지 않는 것이 아니라, 다만 한밤중에 건너지 않았기 때문일 뿐이다. ㉡ 낮에는 능히 물을 볼 수 있는 까닭에 눈이 온통 위험한 데로만 쏠려서 바야흐로 부들부들 떨려 도리어 그 눈이 있음을 근심해야 할 판인데 어찌 물소리를 들을 수 있겠는가? 이제 내가 한밤중에 강물을 건너매, ㉢ 눈에 위태로움이 보이지 않자 위태로움이 온통 듣는 데로만 쏠려서 귀가 바야흐로 덜덜 떨려 그 걱정스러움을 견딜 수가 없었다.

　　내가 이제야 도를 알았다. ㉣ 마음이 텅 비어 고요한 사람은 귀와 눈이 탈이 되지 않고, 눈과 귀만을 믿는 자는 보고 듣는 것이 자세하면 자세할수록 더더욱 병통이 되는 것임을. 이제 내 마부가 말에게 발을 밟혀 뒷수레에 실리고 보니, 마침내 고삐를 놓고 강물 위에 떠서 안장 위에 무릎을 올려 발을 모으자, 한번 떨어지면 그대로 강물이었다. 강물로 땅을 삼고 강물로 옷을 삼고 강물로 몸을 삼고 강물로 성정을 삼아 마음에 한 번 떨어질 각오를 하고 나자 내 귓속에 마침내 강물 소리가 들리지 않았다. 무릇 아홉 번을 건넜으되 아무 걱정 없는 것이, 마치 앉은자리 위에서 앉고 눕고 기거하는 것만 같았다.

– 박지원, '일야구도하기'

 윗글에 대한 설명으로 가장 적절한 것은?

　① 화자의 경험을 바탕으로 삶의 이치를 제시하고 있다.
　② 구체적 지명을 활용하여 친밀감을 조성하고 있다.
　③ 설의적 표현을 통해 화자의 비통함을 강조하고 있다.
　④ 시간의 흐름에 따른 대상의 변화를 묘사하여 삶의 무상함을 드러내고 있다.

02　㉠~㉣ 중 윗글의 주제의식이 가장 선명하게 드러난 것은?

　① ㉠　　　　　　　　　　② ㉡
　③ ㉢　　　　　　　　　　④ ㉣

[03~04] 다음 글을 읽고 물음에 답하시오.

2017

　나는 겨울을 사랑한다. 겨울의 모진 바람 속에 태고의 음향을 찾아 듣기를 좋아하기 때문이다. 그러나 무어라 해도 겨울이 겨울다운 서정시는 ㉠ 백설(白雪), 이것이 정숙히 읊조리는 것이니, 겨울이 익어가면 최초의 강설(降雪)에 의해서 멀고 먼 동경의 나라는 비로소 도회에까지 고요히 고요히 들어오는 것인데, 눈이 와서 도회가 잠시 문명의 구각(舊殼)을 탈하고 현란한 백의를 갈아입을 때, 눈과 같이 이 넓고 힘세고 성스러운 나라 때문에 도회는 문득 얼마나 조용해지고 자그마해지고 정숙해지는지 알 수 없는 것이지만, 이때 집이란 집은 모두가 먼 꿈속에 포근히 안기고 ㉡ 사람들 역시 희귀한 자연의 아들이 되어 모든 것은 일시에 원시 시대의 풍속으로 탈환한 상태를 정(呈)한다.

　오, 천하가 얼어붙어서 찬 돌과 같이 딱딱한 겨울날의 한가운데, 대체 어디서부터 ㉢ 이 한없이 부드럽고 깨끗한 영혼은 아무 소리도 없이 한들한들 춤추며 내려오는 것인지 비가 겨울이 되면 얼어붙어서 눈으로 화한다는 것은 참으로 고마운 일이다.

　만일에 이 삭연(索然)한* 삼동이 불행히도 백설을 가질 수 없다면, 우리의 적은 위안은 더욱이나 그 양을 줄이고야 말 것이니, 가령 우리가 아침에 자고 일어나서 추위를 참으며 열고 싶지 않은 창을 가만히 밀고 밖을 한 번 내다보면, 이것이 무어랴. 백설애애(白雪皚皚)한 세계가 눈앞에 전개되어 있을 때, 그때 우리가 마음에 느끼는 것은 과연 무엇일까?

　말할 수 없는 환희 속에 우리가 느끼는 감상은 물론, 우리가 간밤에 고운 눈이 이같이 내려서 쌓이는 것도 모르고 이 아름다운 밤을 헛되이 자 버렸다는 것에 대한 후회의 정이요, 그래서 가령 우리는 어젯밤에 잘 적엔 ㉣ 인생의 무의미에 대해서 최후의 단안*을 내린 바 있었다 하더라도 적설을 조망하는 이 순간에만은 생의 고요한 유열(愉悅)*과 가슴의 가벼운 경악을 아울러 맛볼지니, 소리 없이 온 눈이 소리 없이 곧 가 버리지 않고 마치 하늘이 내리어 주신 선물인 것과 같이 순결하고 반가운 모양으로 우리의 마음을 즐겁게 하고, 또 순화시켜 주기 위해서 아직도 얼마 사이까지는 남아 있어 준다는 것은, 흡사 ㉤ 우리의 애인이 우리를 가만히 몰래 습격함으로써 경탄과 우리의 열락*을 더 한층 고조하려는 그것과도 같다고나 할는지!

– 김기림, '단념'

*삭연하다 : 외롭고 쓸쓸하다.
*단안(斷案) : 옳고 그름을 판단함. 혹은 어떤 사항에 대한 생각을 딱 잘라 결정함. 또는 그렇게 결정된 생각.
*유열 : 좋아하여 탐닉함.
*열락(悅樂): 기뻐하고 즐거워함.

03 **윗글에 대한 설명으로 가장 적절한 것은?**

① 중심소재를 비유를 통해 주관적으로 표현하고 있다.
② 짧은 문장으로 속도감 있게 묘사하고 있다.
③ 자연에서 사는 삶의 여유를 논리적으로 분석하고 있다.
④ 대화의 형식을 빌려 대상과의 친밀감을 부각하고 있다.

04 **㉡~㉤ 중에서 ㉠과 관련이 없는 것은?**

① ㉡　　　　　　　　　　② ㉢
③ ㉣　　　　　　　　　　④ ㉤

지난해 여름 장마가 개인 어느 날 봉선사로 운허 노사(耘虛老師)를 뵈러 간 일이 있었다. 한낮이 되자 장마에 갇혔던 햇볕이 눈부시게 쏟아져 내리고 앞 개울물 소리에 어울려 숲 속에서는 매미들이 있는 대로 목청을 돋우었다.

아차! 이때에야 문득 생각이 난 것이다. 난초를 뜰에 내놓은 채 온 것이다. 모처럼 보인 찬란한 햇볕이 돌연 원망스러워졌다. ㉠ 뜨거운 햇볕에 늘어져 있을 난초 잎이 눈에 아른거려 더 지체할 수가 없었다. 허둥지둥 그 길로 돌아왔다. 아니나 다를까, 잎은 축 늘어져 있었다. 안타까워하며 샘물을 길어다 축여 주고 했더니 겨우 고개를 들었다. 하지만 어딘지 생생한 기운이 빠져 버린 것 같았다.

나는 이때 온몸으로, 그리고 마음속으로 절절히 느끼게 되었다. 집착이 괴로움인 것을. 그렇다, 나는 난초에게 너무 집념해 버린 것이다. 이 집착에서 벗어나야겠다고 결심했다. 난을 가꾸면서는 산철-승가(僧家)의 유행기(遊行期)-에도 ㉡ 나그넷길을 떠나지 못한 채 꼼짝 못하고 말았다. 밖에 볼일이 있어 ㉢ 잠시 방을 비울 때면 환기가 되도록 들창문을 조금 열어 놓아야 했고, 분(盆)을 내놓은 채 나가다가 뒤미처 생각하고는 되돌아와 들여 놓고 나간 적도 한두 번이 아니었다. 그것은 정말 지독한 집착이었다.

며칠 후, ㉣ 난초처럼 말이 없는 친구가 놀러 왔기에 선뜻 그의 품에 분을 안겨 주었다. 비로소 나는 얽매임에서 벗어난 것이다. 날 듯 홀가분한 해방감. 삼 년 가까이 함께 지낸 '유정(有情)'을 떠나보냈는데도 서운하고 허전함보다 홀가분한 마음이 앞섰다. 이때부터 나는 하루 한 가지씩 버려야겠다고 스스로 다짐을 했다. 난을 통해 무소유(無所有)의 의미 같은 걸 터득하게 됐다고나 할까.

- 법정, '무소유'

05 윗글에 대한 설명으로 가장 적절한 것은?

① 현대 사회의 세태를 풍자적으로 그리고 있다.
② 일상의 경험을 통해 얻은 깨달음을 서술하고 있다.
③ 자연 속에서 사는 사람의 여유를 논리적으로 분석하고 있다.
④ 과거와 현재의 상황을 교차 서술하여 사건의 의미를 고찰하고 있다.

06 ㉠~㉣ 중 주제를 가장 잘 반영한 행동은?

① ㉠   ② ㉡
③ ㉢   ④ ㉣

모든 것을 아주 단념해 버리는 것은 용기를 요하는 일이다. 가계를 버리고 처자를 버리고 지위를 버리고 드디어 온갖 욕망의 불덩이인 육체를 몹쓸 고행으로써 벌하는 수행승의 생애는 바로 그런 것이다. 그것은 ⊙ 무(無)에 접하는 것이다.

그런데 이와는 아주 반대로 끝없이 새로운 것을 욕망하고 추구하고 돌진하고 대립하고 깨뜨리고 불타다가 생명의 마지막 불꽃마저 꺼진 뒤에야 끊어지는 생활 태도가 있다. 돈 후안이 그랬고 베토벤이 그랬고 '장 크리스토프'의 주인공이 그랬고 랭보가 그랬고 로렌츠가 그랬고 고갱이 그랬다.

이 두 길은 한 가지로 영웅의 길이다. 다만 그 하나는 ⓒ 영구한 적멸(寂滅)로 가고 하나는 그 ⓒ 부단한 건설로 향한다. 이 두 나무의 과실로 한편에 ② 인도의 오늘이 있고 다른 한편에 서양 문명이 있다.

– 김기림, '단념'

⊙~② 중 의미가 다른 것은?

① ⊙

② ⓒ

③ ⓒ

④ ②

가 천 대 학 교
적성고사 적중 예상 [기출 유형]

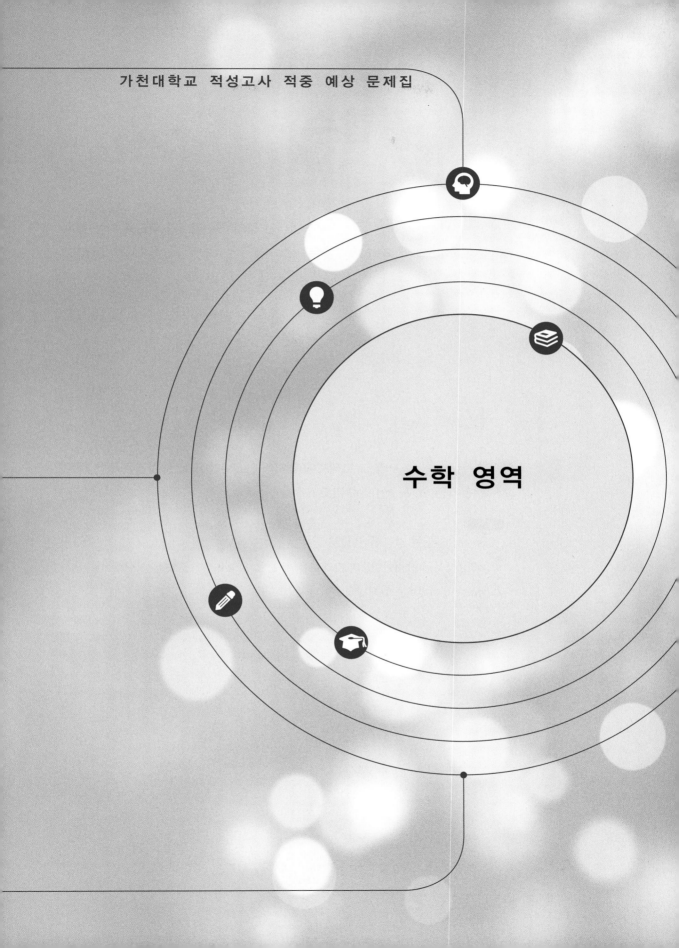

수 학 영역

가천대학교 적성고사 적중 예상 기출 유형

함수

01 곡선 $y=\sqrt{|x|+x}$ 과 직선 $y=x+k$가 만나는 점의 개수가 2가 되도록 하는 실수 k의 값이 α와 β일 때, $\alpha^2+\beta^2$의 값은?　2018

① 1

② $\frac{1}{2}$

③ $\frac{1}{3}$

④ $\frac{1}{4}$

02 함수 $f(x)=\dfrac{b}{x+a}+c$와 그 그래프에 대하여 [보기]에서 옳은 것만을 있는 대로 고른 것은?(단, a, b, c는 상수이고 $b\neq0$)　2018

> **보기**
>
> ㄱ. $x=b$, $y=c$는 점근선이다.
>
> ㄴ. $a>0$, $b>0$, $c>0$이면 f의 그래프는 제 1, 2, 3, 4사분면을 모두 지난다.
>
> ㄷ. $abc\neq0$이면 f는 일대일함수이다.

① ㄱ

② ㄴ

③ ㄷ

④ ㄴ, ㄷ

03 함수 $f(x) = \dfrac{-2}{x-1} + 2$에 대하여 <보기>에서 옳은 것만을 있는 대로 고른 것은?

2017 3월 모의

> **보기**
>
> ㄱ. 그래프는 점 $(1, 2)$에 대하여 대칭이다.
>
> ㄴ. 점근선의 방정식은 $x=1$, $y=2$이다.
>
> ㄷ. 함수 $f(x)$의 역함수를 $g(x)$라 할 때, $g(x) = 1 + \dfrac{-2}{x-2}$ 이다.

① ㄱ   ② ㄱ, ㄴ

③ ㄴ, ㄷ   ④ ㄱ, ㄴ, ㄷ

04 곡선 $y = \dfrac{bx+2}{x+a}$ 의 점근선의 방정식이 $x=1$, $y=2$일 때, 함수 $f(x) = \sqrt{ax+b}$ 의 정의역에 속하는 실수의 최댓값은?

2017 3월 모의

① 1   ② 2

③ 3   ④ 4

05 함수 $f(x) = \dfrac{(2a-1)x+1}{x-a}$ 의 그래프를 x축의 방향으로 b만큼, y축의 방향으로 2만큼 평행 이동한 그래프가 함수 $f(x)$의 역함수의 그래프와 같을 때, $a+b$의 값은?

2017 5월 모의

① 0   ② -1

③ -2 ④ -3

수열

01 수열 $\{a_n\}$의 첫째항부터 제 n항까지의 합 S_n이 $S_n = \dfrac{n}{n+1}$ 일 때, $a_4 + a_5 + a_6$ 의 값은?

2016

① $\dfrac{1}{42}$ ② $\dfrac{2}{35}$

③ $\dfrac{3}{28}$ ④ $\dfrac{4}{21}$

02 모든 항이 실수인 등비수열 $\{a_n\}$에 대하여 $a_1 = 12$, $a_5 a_9 = 18$일 때, $a_3 a_7$ 의 값은?

2016

① 9   ② 12

③ 27   ④ 36

03 등차수열 $\{a_n\}$에 대하여 $a_2=5$, $a_9=19$일 때, $a_1+a_2+a_3+\cdots+a_7+a_8$의 값은?

2015

① 80   ② 72

③ 64   ④ 56

04 수열 $\{a_n\}$이 $a_1=2$이고 모든 자연수 n에 대하여 $a_{n+1}=\dfrac{2a_n}{a_n+4}$을 만족시킬 때, a_{10}의 값은?

2015

① $\dfrac{2}{2^{10}-1}$ ② $\dfrac{1}{2^{10}-1}$

③ $\dfrac{1}{2^9-1}$ ④ $\dfrac{2}{2^9-1}$

05 다음 수열의 합은?   2014(인문)

$$-1, 3, 7, 11, \cdots, 75$$

① 740   ② 741

③ 777   ④ 814

06 수열 $\{a_n\}$이 $a_{n+1}-a_n=2n$, $a_{10}=95$를 만족시킬 때, a_{100}은? (단, $n \ge 1$)

2014(인문)

① 990   ② 995

③ 9900   ④ 9905

07 $\dfrac{1}{2\cdot 4}+\dfrac{1}{3\cdot 5}+\dfrac{1}{4\cdot 6}+\dfrac{1}{5\cdot 7}+\cdots$의 값은? 2014(자연)

① $\dfrac{1}{12}$ ② $\dfrac{5}{12}$

③ $\dfrac{7}{12}$ ④ $\dfrac{11}{12}$

08 등비수열 $\{a_n\}$에 대하여 $2a_2+a_3=a_4$, $\displaystyle\sum_{n=1}^{10} a_n=1023$일 때, a_{11}의 값은? 2014(자연)

① $2^{10}-1$ ② 2^{10}

③ $2^{11}-1$ ④ 2^{11}

01 $(\sqrt[4]{8})^{\frac{2}{3}} \times (\sqrt[6]{36})^{\frac{3}{2}}$의 값은?

2018

① $2\sqrt{3}$
② $4\sqrt{3}$
③ $3\sqrt{2}$
④ $9\sqrt{2}$

02 $\log_2\left(1+\frac{1}{2}\right)+\log_2\left(1+\frac{1}{3}\right)+\log_2\left(1+\frac{1}{4}\right)+\cdots+\log_2\left(1+\frac{1}{127}\right)$의 값은?

2018

① 6
② 7
③ 8
④ 9

03 $9^{\frac{3}{4}} \times 27^{-\frac{2}{3}}$의 값은?

2016 3월 모의

① $\dfrac{1}{3}$
② $\dfrac{1}{\sqrt{3}}$
③ $\sqrt{3}$
④ 3

04 이차방정식 $x^2-6x+2=0$의 서로 다른 두 실근을 $\log\alpha$, $\log\beta$라 할 때, $(\log_\alpha 10)^2 + (\log_\beta 10)^2$의 값은?

2017 5월 모의

① 2   ② 4

③ 6   ④ 8

05 두 수 a, b가 $36=9^a=24^b$를 만족시킬 때, $\dfrac{1}{a}+\dfrac{1}{b}$의 값은?

2016 모의 A세트

① $\dfrac{1}{2}$ ② 1

③ $\dfrac{3}{2}$ ④ 2

06 세 수 $a=\sqrt[3]{8}$, $b=2^{1.4142}$, $c=\dfrac{3}{\sqrt{3}}$의 대소 관계로 옳은 것은?

2016 모의 B세트

① $a<b<c$ ② $a<c<b$

③ $b<c<a$ ④ $c<a<b$

수열의 극한

01 그림과 같이 넓이가 1인 정삼각형에서 각 변을 삼등분하고, 각 변의 가운데 선분 위에 정삼각형을 그린 후 색칠하여 얻은 그림을 R_1이라 하자. 그림 R_1에서 다시 각 변을 삼등분하고, 각 변의 가운데 선분 위에 정삼각형을 그린 후 색칠하여 얻은 그림을 R_2라 하자. 이와 같은 과정을 계속하여 n번째 얻은 그림 R_n에 색칠되어 있는 부분의 넓이를 S_n이라 할 때, $\lim_{n \to \infty} S_n$의 값은? [2018]

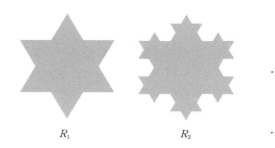

R_1 $\qquad$ R_2 $\qquad$ ...

① $\dfrac{14}{9}$ $\qquad$ ② $\dfrac{8}{5}$

③ $\dfrac{13}{8}$ $\qquad$ ④ $\dfrac{5}{3}$

02 $\lim_{n \to \infty} \left\{ n^2 \left(1 - \sqrt{1 - \dfrac{3}{n^2}} \right) \right\}$의 값은? [2018]

① $\dfrac{2}{3}$ $\qquad$ ② $\dfrac{3}{4}$

③ $\dfrac{4}{3}$ $\qquad$ ④ $\dfrac{3}{2}$

03 모든 항이 양수인 두 수열 $\{a_n\}$, $\{b_n\}$이 $\lim_{n \to \infty}(\sqrt{a_n n^2 + n} - \sqrt{b_n n^2 + 2})=1$을 만족 시킬 때, $\lim_{n \to \infty} a_n$의 값은?
2016

① $\dfrac{1}{4}$ ② 1

③ 2 ④ 4

04 수열 $\{a_n\}$이 $\sum_{n=1}^{\infty} a_n = 1$, $\sum_{n=1}^{\infty} n a_n = 2$를 만족시킬 때, $\sum_{n=1}^{\infty} n^2(a_n - a_{n+1})$의 값은?
2016

① 1 ② 2

③ 3 ④ 4

05 두 수열 $\{a_n\}$, $\{b_n\}$에 대하여 무한급수 $\sum_{n=1}^{\infty}(a_n + 2b_n - 2)$와 $\sum_{n=1}^{\infty}(2a_n + b_n - 1)$이 모두 수렴할 때, $\lim_{n \to \infty}(a_n + b_n)$의 값은?
2015

① -2 ② 0

③ 1 ④ 2

06 두 수열 $x_n = \dfrac{n-2}{2n+6}$, $y_n = \dfrac{7n^2+n+1}{3n^2-2}$ 에 대하여 $z_n = \dfrac{x_n+y_n+|x_n-y_n|}{2}$ 일 때, $\displaystyle\lim_{n\to\infty} z_n$의 값은? 2015

① $\dfrac{1}{2}$ 　　　　　　　　　② $\dfrac{7}{6}$

③ $\dfrac{7}{3}$ 　　　　　　　　　④ $\dfrac{17}{6}$

07 그림과 같이 원점과 점 $(1+\gamma,\ 1)$을 마주보는 꼭짓점으로 하는 직사각형이 있다. 그림과 같이 이전 단계의 직사각형의 짧은 변을 한 변으로 하는 정사각형을 시계 방향으로 반복하여 만든다. 각 정사각형의 중점을 $\mathrm{P}_n(x_n,\ y_n)$이라고 할 때, $\displaystyle\lim_{n\to\infty} y_{4n+1}$은? (단, $\gamma = \dfrac{\sqrt{5}-1}{2}$, $n=1,\ 2,\ 3,\ \cdots$) 2014(인문)

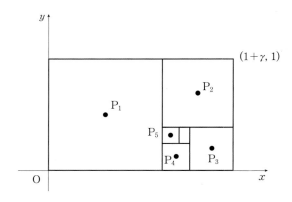

① $\dfrac{5-\sqrt{5}}{10}$ 　　　　　　　② $\dfrac{45-19\sqrt{5}}{10}$

③ $\dfrac{19\sqrt{5}-42}{2}$ 　　　　　　④ $\dfrac{2\sqrt{5}-3}{5}$

그림과 같이 한 변의 길이가 a인 정사각형의 내부에 한 변의 길이가 $\frac{1}{2}a$인 정사각형을 그리고 그 사각형의 내부에 한 변의 길이가 이전 사각형의 한 변의 길이의 $\frac{1}{2}$인 정사각형을 그리는 것을 반복한다. 첫 번째 사각형과 두 번째 사각형 사이의 넓이를 S_1, 세 번째 사각형과 네 번째 사각형 사이의 넓이를 S_2라고 한다. 같은 방법을 반복하여 n번째 영역의 넓이를 S_n이라고 할 때, $\sum\limits_{n=1}^{\infty} S_n$의 값은?

2014(인문)

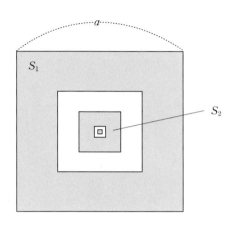

① $\frac{5}{6}a^2$ ② $\frac{4}{5}a^2$

③ $\frac{3}{4}a^2$ ④ $\frac{2}{3}a^2$

함수의 극한과 연속

01 다항함수 $f(x)$가 다음 조건을 만족시킬 때, $f(1)$의 값은? [2018]

> (가) $\displaystyle\lim_{x \to \infty} \frac{f'(x)}{x^2} = 3$
>
> (나) $\displaystyle\lim_{x \to 0} \frac{f'(x)}{x} = 2$
>
> (다) $f(0) = 0$

① 1   ② 2

③ 3   ④ 4

02 최고차항의 계수가 a인 이차함수 $f(x)$가 $x = 2$에서 최댓값을 갖는다.
$\displaystyle\lim_{x \to \infty} \frac{f(x+2) - f(x)}{ax + 1}$의 값은? [2018]

① 1   ② 2

③ 3   ④ 4

03 $\displaystyle\lim_{x \to 2-} \frac{-x^2 - x + 6}{|x - 2|}$의 값은? [2017]

① -5 ② 0

③ 1   ④ 5

04 양의 실수 a에 대하여 곡선 $y=\sqrt{a^2+1}\,x^2+1$에 접하고 기울기가 $\sqrt{2a}$인 직선이 y축과 만나는 점의 y좌표를 $h(a)$라 하자. $\displaystyle\lim_{x\to\infty}h(a)$의 값은?

2017

① 0

② $\dfrac{1}{2}$

③ 1

④ $\dfrac{3}{2}$

05 함수 $y=f(x)$의 그래프가 그림과 같다. 함수 $f(x)f(x-a)$가 실수 전체의 집합에서 연속이 되도록 하는 모든 실수 a의 값의 합은?

2017

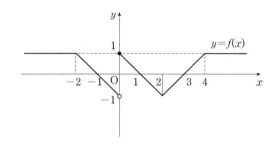

① -1

② 0

③ 1

④ 3

06 함수 $f(x)=\dfrac{x}{|x|}\ (x\neq 0)$와 $g(x)=x|x|$에 대하여, [보기]에서 옳은 것만을 있는 대로 고른 것은? 2016

ㄱ. $\lim\limits_{x\to 0}f(x)$가 존재한다.

ㄴ. $\lim\limits_{x\to 0}f(g(x))$가 존재한다.

ㄷ. $\lim\limits_{x\to 0}g(g(x))$가 존재한다.

① ㄱ   ② ㄱ, ㄴ

③ ㄴ, ㄷ   ④ ㄷ

07 함수 $f(x)$가 모든 양수 x에 대하여 부등식 $x^2-1<\dfrac{f(2x)}{4}<x^2+1$을 만족시킬 때, $\lim\limits_{x\to\infty}\dfrac{f(x)}{x^2}$의 값은? 2016

① 1   ② 2

③ 3   ④ 4

08 함수 $f(x)=\begin{cases} x^3+x & (x\le a)\\ -2x^2-x+5 & (x>a)\end{cases}$ 이 실수 전체의 집합에서 연속이 되도록 하는 실수 a의 값은? 2015

① -2 ② -1

③ 0   ④ 1

이차방정식 $ax^2+bx-15=0$의 두 근을 α, β라 하자. $\alpha>\beta$이고 $\lim\limits_{a\to 0}\alpha=3$일 때, b의 값은? (단, a, b는 양의 실수이다.)

2014(인문)

① 1 ② 2

③ 3 ④ 5

양의 실수 전체의 집합에서 연속인 함수 $f(x)$가 $(x-4)f(x)=2+\sqrt{x}-\sqrt{x+a}$ 를 만족시킬 때, $af(4)$의 값은? (단, a는 상수이다.)

2014(자연)

① 1 ② $\dfrac{3}{2}$

③ 2 ④ 12

다항함수의 미분법

01 다항함수 $f(x)$에 대하여 $f'(27)=\dfrac{1}{9}$일 때, $\displaystyle\lim_{x \to 3}\dfrac{f(x^3)-f(27)}{x-3}$의 값은?

2018

① $\dfrac{1}{9}$ 　　　　　② $\dfrac{1}{3}$

③ 3　　　　　④ 9

02 최고차항의 계수가 -1인 사차함수 $f(x)$가 다음 조건을 만족시킬 때, 닫힌구간 $\left[0,\ \dfrac{3}{2}\right]$에서 함수 $f(x)$의 최댓값은?

2018

> (개) 모든 실수 x에 대하여 $f(-x)=f(x)$이다.
>
> (내) 함수 $f(x)$는 극댓값 8을 갖는다.
>
> (대) 함수 $f(x)$는 극솟값 -1을 갖는다.

① $\dfrac{55}{8}$ 　　　　　② 7

③ $\dfrac{119}{16}$ 　　　　　④ 8

03 함수 $f(x)=2kx^3-3kx^2+2$의 극댓값과 극솟값의 차가 2일 때, 상수 k의 값은?
(단, $k>0$)

2017

① 1　　　　　　　　　　　　　② 2

③ 3　　　　　　　　　　　　　④ 4

04 함수 $f(x)=\begin{cases} x^2 & (x\geq0) \\ -x & (x<0) \end{cases}$ 에 대해 [보기]에서 옳은 것만을 있는 대로 고른 것은?

2017

보기

ㄱ. 함수 $f(x)$는 $x=0$에서 미분가능하다.

ㄴ. 함수 $xf(x)$는 $x=0$에서 미분가능하다.

ㄷ. 함수 $x^3f(x)$는 $x=0$에서 미분가능하다.

① ㄴ　　　　　　　　　　　　② ㄷ

③ ㄴ, ㄷ　　　　　　　　　　④ ㄱ, ㄴ, ㄷ

05 서로 다른 두 양의 정수 a, b에 대하여 함수 $f(x)=(2x-a)(2x-b)$에서 x의 값이 a에서 b까지 변할 때의 평균변화율을 $M(a, b)$라 하자. $M(a, b)<9$를 만족시키는 모든 순서쌍 (a, b)의 개수는? ☐2017

① 4
② 6
③ 8
④ 10

06 다항함수 $f(x)$의 그래프 위의 점 $(2, f(2))$에서의 접선의 기울기가 -2일 때,
$\displaystyle\lim_{h\to 0}\frac{f(2+2h)-f(2-3h)}{h}$의 값은? ☐2017

① -10
② -8
③ -6
④ -4

07 함수 $f(x)=\begin{cases} ax^2+b & (x \geq 1) \\ x^3-x & (x<1) \end{cases}$ 가 $x=1$에서 미분가능할 때, ab의 값은? (단, a, b는 상수이다.)

2016

① -1 ② -2

③ -3 ④ -4

08 다항함수 $f(x)$에 대하여 곡선 $y=x^3f(x)$ 위의 점 $(1, 2)$에서의 접선의 기울기가 2일 때, $f'(1)$의 값은?

2016

① -4 ② -1

③ 1 ④ 4

09 함수 $f(x)$가 $\lim\limits_{x \to 2} \dfrac{f(x-2)}{x^2-4}=1$을 만족할 때, $\lim\limits_{x \to 3} \dfrac{f(x-3)}{x^2-9}$의 값은?

2015

① $\dfrac{3}{2}$ ② 1

③ $\dfrac{2}{3}$ ④ $\dfrac{1}{3}$

10 이차함수 $f(x)=ax^2+bx+10$에 대하여 $\displaystyle\lim_{n\to\infty}\frac{n}{3}\left\{f\left(2+\frac{2}{n}\right)-f\left(2+\frac{4}{n}\right)\right\}=2$일 때, $f(4)$의 값은? 2015

① -10 ② -2

③ 1 ④ 8

11 그림과 같이 함수 $f(x)=x^3-2x$에 대하여 $x=-1,\ 1$에서의 접선을 각각 $l_1,\ l_2$라고 하자. 이때 두 직선 $l_1,\ l_2$는 평행하다. 두 직선 $l_1,\ l_2$ 사이의 거리는? 2015

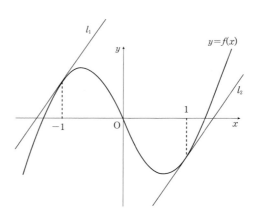

① $\dfrac{4\sqrt{2}}{3}$ ② $2\sqrt{2}$

③ $\dfrac{4\sqrt{3}}{3}$ ④ $2\sqrt{3}$

12 삼차함수 $f(x)=ax^3+bx$의 도함수 $y=f'(x)$의 그래프가 그림과 같다.
닫힌 구간 $[-4, 4]$에서 $f(x)$의 극댓값과 극솟값의 차는? (단, a, b는 상수이다.)

2014(인문)

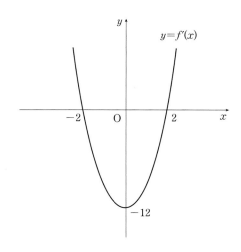

① 0   ② 16

③ 25   ④ 32

13 지상으로부터 높이 15m인 건물의 옥상에서 공을 비스듬히 위로 던진다. t초 후 공의 수평위치(x)와 수직위치(y)가 미터(m) 단위로 다음과 같이 주어질 때, 이 공이 최고 높이에 도달한 순간 수평방향의 공의 속력은?

2014(인문)

$$x(t)=15t-t^2, \ y(t)=15+10t-5t^2$$

① 9m/초   ② 10m/초

③ 13m/초   ④ 15m/초

다항함수의 적분법

01 원점을 지나는 곡선 $y=f(x)$ 위의 점 $(t, f(t))$에서의 접선의 기울기가 $-3t^2+4t-3$일 때, 방정식 $f(x)=0$의 모든 실근의 합은? $\boxed{2018}$

① -2 ② 0

③ 2 ④ 3

02 시각 $t=0$일 때 원점에서 출발하여 수직선 위를 움직이는 두 점 P, Q의 시각 t에서의 속도는 각각 $f(t)=3t^2-18t+24$, $g(t)=a$이다. 두 점 P, Q가 시각 $t=b(b>0)$에서 한 번만 만날 때, a의 값은? (단, a와 b는 상수) $\boxed{2018}$

① $-\dfrac{15}{4}$ ② -3

③ 3 ④ $\dfrac{15}{4}$

03 그림과 같이 좌표평면에 네 점 O(0, 0), A(4, 0), B(4, 8), C(0, 8)를 꼭짓점으로 하는 직사각형 OABC가 있다. 직사각형 OABC의 내부의 영역 중에서 부등식 $\begin{cases} y \geq x^3 \\ y \geq k \end{cases}$의 영역의 넓이를 S_1이라 하고, 부등식 $\begin{cases} y \leq x^3 \\ y \leq k \end{cases}$의 영역의 넓이를 S_2라 하자. $S_1 = S_2$일 때, 상수 k의 값은? (단, $0 < k < 8$)

$\boxed{2018}$

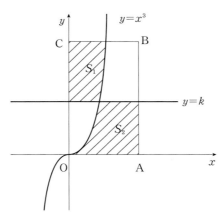

① $2\sqrt{2}$ ② 3

③ $3\sqrt{2}$ ④ $3\sqrt{3}$

04 다음 그림은 사차함수 $f(x)$의 도함수 $y=f'(x)$의 그래프이다. $f'(x)$가

$$\int_{-3}^{0} f'(x)dx = \int_{0}^{3} f'(x)dx = \int_{3}^{5} f'(x)dx = 0$$

을 만족시킬 때, [보기]에서 옳은 것만을 있는 대로 고른 것은?

(단, $-3<a<0<b<3<c<5$) 2018

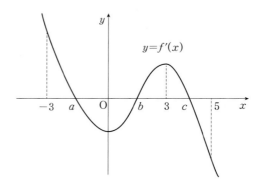

> **보기**
>
> ㄱ. $f(0)=0$이면 $f(a)f(b)f(c)<0$
>
> ㄴ. $-3 \le x \le 3$에서 함수 $f(x)$의 최솟값은 $f(-3)$이다.
>
> ㄷ. $\int_{a}^{b} |f'(x)|dx < \int_{b}^{c} f'(x)$ 이면, $f(c)>f(a)$이다.

① ㄱ   ② ㄴ

③ ㄱ, ㄷ   ④ ㄴ, ㄷ

05 원점을 지나는 곡선 $y=f(x)$ 위의 임의의 점 $(x, f(x))$에서의 접선의 기울기가 x^2-2x-3일 때, $f(x)$의 극솟값은? 2017

① -9 ② -3

③ 0 ④ 3

06 수직선 위를 움직이는 점 P가 원점에서 출발한 후 t초가 지났을 때, 이 점의 속도는 $v(t) = at^3$이다. 2초가 지난 후 점 P의 위치가 52일 때, 상수 a의 값은?

2017

① 4   ② 7

③ 10   ④ 13

07 다항함수 $f(x)$가 $f(2) = -1$을 만족시킬 때, 정적분
$\displaystyle\int_{-2}^{2} 2f(x)\{f(x) + (2x+4)f'(x)\}dx$의 값은?

2017

① 4   ② 8

③ 16   ④ 32

08 삼차함수 $f(x)$가 다음 조건을 만족시킬 때, $f'(1)$의 값은?

2017

> **보기**
>
> ㄱ. 함수 $f'(x)$는 $x=0$일 때 최댓값 1을 갖는다.
> ㄴ. $f(2) = f(0)$

① $\dfrac{1}{2}$ ② $-\dfrac{1}{2}$

③ $\dfrac{1}{4}$ ④ $-\dfrac{1}{4}$

09 최고차항의 계수가 1인 삼차함수 $f(x)$가 $x=0$에서 극솟값 1을 가질 때, 닫힌구간 $[0, 2]$를 n등분한 각 분점(양 끝점도 포함)을 차례대로 $0=x_0,\ x_1,\ x_2,\ \cdots,$ $x_n=2$라 하자.

함수 $f(x)$가 $\displaystyle\lim_{n\to\infty}\sum_{k=1}^{n}\frac{1}{n}f(x_k)=10$을 만족시킬 때, $f(2)$의 값은? 2017

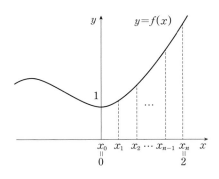

① 15

② 20

③ 26

④ 30

10 $\displaystyle\int_{-2}^{2}|x^3|dx$의 값은? 2016

① 0

② 2

③ 8

④ 16

11 곡선 $y = -x^2$와 점 $(0, p)$에서 이 곡선에 그은 두 접선으로 둘러싸인 부분의 넓이가 $\dfrac{9}{4}$일 때, p의 값은? (단, $p > 0$) 2016

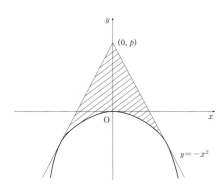

① $\dfrac{1}{2}$ ② $\dfrac{3}{2}$

③ $\dfrac{9}{4}$ ④ $\dfrac{27}{8}$

12 함수 $f(x) = x^3 - 3x^2 + 4x \displaystyle\int_0^1 f(t)\,dt$에 대하여 $\displaystyle\lim_{x \to 1} \frac{1}{x-1} \int_1^x f(t)\,dt$의 값은? 2015

① 0 ② 1

③ 2 ④ 3

13 이차항의 계수가 1인 이차함수 $y=f(x)$의 그래프가 그림과 같이 두 점 $(2014, 0)$, $(2015, 0)$에서 x축과 만난다. $y=f(x)$의 그래프와 두 점 $(2014, 0)$, $(2015, 0)$에서의 접선으로 둘러싸인 색칠한 부분의 넓이는?

2015

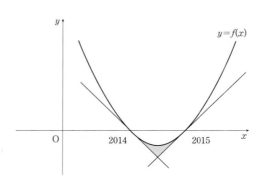

① $\dfrac{1}{24}$

② $\dfrac{1}{12}$

③ $\dfrac{1}{6}$

④ $\dfrac{1}{4}$

14 n차 다항함수 $f(x) = a_0 x^n + a_1 x^{n-1} + \cdots + a_{n-1}x + a_n$ 의 부정적분 $F(x)$의 최고차 항의 계수를 b_0라고 할 때, a_0와 b_0의 관계로 옳은 것은? <u>2014(인문)</u>

① $a_0 = (n+1)b_0$ ② $(n+1)a_0 = b_0$

③ $a_0 = (n-1)b_0$ ④ $(n-1)a_0 = b_0$

15 곡선 $y = x(x-1)(x-a)$와 x축으로 둘러싸인 두 부분의 넓이가 같도록 하는 모든 양수 a의 합은? <u>2014(인문)</u>

① 1.5 ② 2.5

③ 4 ④ 5

순열과 조합

01 $\left(x^2 - \dfrac{2}{x}\right)^n$ 의 전개식에서 상수항이 존재하도록 하는 자연수 n의 최솟값을 k라 하자. $n=k$일 때, 상수항의 값은? [2018]

① 1   ② 4

③ 6   ④ 12

02 자연수 11의 분할 중에서 숫자 5를 포함하고 홀수의 합으로만 나타내어지는 서로 다른 분할의 수는? [2017]

① 3   ② 4

③ 5   ④ 6

9^{13}의 일의 자리의 수를 a, 십의 자리의 수를 b, 백의 자리의 수를 c라 할 때, $a+b+c$의 값은?

2017

① 14
② 15
③ 16
④ 17

다섯 개의 수 $3, 4, 5, 6, 7$을 한 번씩 사용하여 일렬로 나열한 모든 다섯 자리 자연수의 합은?

2017

① 5555500
② 6666600
③ 7777700
④ 8888800

05 철수와 영희를 포함한 5명의 학생이 원탁에 일정한 간격으로 둘러앉으려고 한다. 철수와 영희가 이웃하지 않고 한 자리 건너서 앉는 방법의 수는? (단, 회전하여 이웃이 모두 일치하는 경우는 같은 것으로 본다.) 2017

① 9   ② 12

③ 16   ④ 24

06 $(1+2^6)\,{}_6C_0+(2+2^5)\,{}_6C_1+(2^2+2^4)\,{}_6C_2+2^3\cdot{}_6C_3$ 의 값은?   2015

① 256   ② 512

③ 640   ④ 729

07 $2\cdot1\cdot{}_{10}C_1+4\cdot3\cdot{}_{10}C_2+6\cdot5\cdot{}_{10}C_3+\cdots+20\cdot19\cdot{}_{10}C_{10}$ 의 값은? 2014(인문)

① 23040
② 46080
③ 51200
④ 102400

08 다음은 2013년도 수시 1차 적성고사가 실시된 가천대학교 건물들이다. 4명의 수험생이 적성고사에 응시해서 2명 이상이 같은 건물에서 시험을 치루는 경우의 수는? 2014(자연)

비전타워 세종관 아름관 웅지관

① 24가지
② 232가지
③ 244가지
④ 256가지

확률

01 흰 구슬 3개와 검은 구슬 3개가 들어 있는 항아리가 있다. 임의로 한 개의 구슬을 꺼내어 흰 구슬이면 항아리에 다시 넣고, 검은 구슬이면 바깥에 꺼내 놓는다. 반복하여 같은 방법으로 구슬을 꺼낼 때, 세 번째 꺼낸 구슬이 검은 색일 확률은?

2018

① $\dfrac{1}{3}$

② $\dfrac{3}{8}$

③ $\dfrac{79}{200}$

④ $\dfrac{161}{400}$

02 자연수 2310을 1보다 큰 세 자연수의 곱으로 나타내는 경우의 수는?
(단, 곱하는 순서는 생각하지 않는다.)

2018

① 24

② 25

③ 26

④ 27

03 A, A, B, B, C, C, C의 문자가 하나씩 적혀 있는 7장의 카드가 있다. 이 카드를 모두 한 번씩 사용하여 일렬로 임의로 나열할 때, A가 적힌 카드가 서로 이웃하지 <u>않게</u> 나열될 확률은? 2018

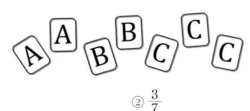

① $\dfrac{2}{7}$ ② $\dfrac{3}{7}$

③ $\dfrac{4}{7}$ ④ $\dfrac{5}{7}$

04 한 개의 주사위를 세 번 던질 때 나오는 눈의 수를 차례로 a, b, c라 하자. 세 수 a, b, c의 최댓값과 최솟값의 차가 2 이상일 확률은? 2017

① $\dfrac{2}{3}$ ② $\dfrac{3}{4}$

③ $\dfrac{4}{5}$ ④ $\dfrac{5}{6}$

05 어떤 선거에서 부부간의 투표 행태를 조사하였다. 남편 중 75%가 투표를 하였고, 부인 중 70%가 투표를 하였다. 또한, 투표한 남편의 부인 중 60%가 투표를 하였다. 임의로 선택한 한 부인이 투표를 하였을 때, 그녀의 남편이 투표를 했을 확률은? [2017]

① $\dfrac{5}{14}$

② $\dfrac{9}{14}$

③ $\dfrac{11}{14}$

④ $\dfrac{13}{14}$

06 축구공 3개, 농구공 1개를 서로 다른 두 개의 통에 남김없이 집어넣었다. 통이 넘어져 들어있던 공들이 모두 밖으로 나와 버렸다. 임의로 두 개의 통에 공을 모두 다시 집어넣었을 때 처음과 같은 배치로 공을 집어넣었을 확률은? (단, 공이 들어 있지 않은 통이 있을 수도 있다.) [2016]

① $\dfrac{1}{9}$

② $\dfrac{1}{8}$

③ $\dfrac{1}{6}$

④ $\dfrac{1}{3}$

세 주사위 A, B, C를 동시에 던져서 나오는 눈의 수를 각각 a, b, c 라 하자. $a < b < c$일 확률은? [2016]

① $\dfrac{16}{216}$

② $\dfrac{18}{216}$

③ $\dfrac{20}{216}$

④ $\dfrac{22}{216}$

철수와 영희가 각각 주사위를 한 번씩 던진다. 철수의 주사위 눈이 3의 배수이고 영희의 주사위 눈이 2의 배수일 때, 두 눈의 수가 2만큼 차이가 있을 확률은? [2015]

① $\dfrac{1}{36}$

② $\dfrac{1}{24}$

③ $\dfrac{1}{12}$

④ $\dfrac{1}{6}$

09 상자 안에 빨강, 노랑, 파랑색의 공이 각각 2개, 3개, 4개가 들어 있다. 이 상자에서 임의로 2개씩 공을 꺼내 A, B, C 세 사람에게 나누어 줄 때, 각 사람이 가진 2개의 공들의 색깔이 같을 확률은? 2014(인문)

① $\dfrac{1}{70}$　　　　　　　　　② $\dfrac{1}{42}$

③ $\dfrac{1}{35}$　　　　　　　　　④ $\dfrac{1}{21}$

10 남학생 수와 여학생 수가 같은 어느 고등학교의 모든 학생은 수리 A형과 B형 중 어느 한 유형을 선택했다고 한다. 전체 남학생 중 임의의 한 명이 수리 A형을 선택했을 확률은 $\dfrac{3}{5}$이고, 이 학교 학생 중에서 임의로 한 명을 선택할 때 이 학생이 수리 B형을 선택했을 확률은 $\dfrac{1}{4}$이다. 이 학교 학생 중에서 임의로 선택한 학생이 여학생이면서 수리 B형을 선택한 학생일 확률은? 2014(자연)

① $\dfrac{1}{20}$　　　　　　　　　② $\dfrac{1}{10}$

③ $\dfrac{1}{6}$　　　　　　　　　④ $\dfrac{1}{5}$

한 개의 주사위를 두 번 던질 때 나온 눈의 수를 차례로 a, b 라 할 때, $|a-b|$가 소수일 확률은?

2014(자연)

① $\dfrac{14}{36}$

② $\dfrac{15}{36}$

③ $\dfrac{16}{36}$

④ $\dfrac{17}{36}$

통계

01

$\dfrac{1}{4^{64}}\displaystyle\sum_{k=0}^{64}k^2\,_{64}\mathrm{C}_k 3^{64-k}$의 값은? 2018

① 268 ② 278

③ 288 ④ 298

02

어느 식당에서 예약 고객의 10%는 예약을 취소한다고 한다. 이 식당의 예약 고객 중 100명을 임의 추출하여 조사할 때, 예약을 취소하는 비율이 10% 이상 16% 이하일 확률은? (단, 다음의 표준정규분포표를 이용하여 계산하라.) 2018

z	$\mathrm{P}(0 \le Z \le z)$
0.5	0.19
1.0	0.34
1.5	0.43
2.0	0.48

① 0.43 ② 0.48

③ 0.52 ④ 0.57

03 어떤 식당의 예약 고객 중 예약을 지키지 않는 고객의 비율이 0.2라 한다. 이 식당의 예약 고객 중 400명을 임의 추출하여 조사할 때, 예약을 지키지 않는 고객의 비율이 0.19 이상 0.22 이하일 확률은?(단, 다음의 표준정규분포표를 이용하여 계산한다.)

2017

z	$P(0 \leq Z \leq z)$
0.5	0.1915
1.0	0.3413
1.5	0.4332
2.0	0.4772

① 0.3830   ② 0.4772

③ 0.5328   ④ 0.6826

04 흰 공 3개와 검은 공 3개가 들어 있는 주머니가 있다. 주머니에서 임의로 3개의 공을 꺼낼 때, 포함된 흰 공의 수를 확률변수 X라 하자. $E(2X-1)$의 값은?

2017

① 1   ② 2

③ 3   ④ 4

확률 변수 Y가 이항분포 $B\left(125, \dfrac{1}{5}\right)$을 따를 때 이차방정식

$$x^2 - V(Y)x + E(Y) = 0$$

을 만족하는 두 실근 α, β에 대하여 $|\beta - \alpha|$의 값은? 2016

① $5\sqrt{3}$　　　　　　　　　② 10

③ $10\sqrt{3}$　　　　　　　　④ 20

어느 제과점에서 만드는 과자 한 개의 무게는 평균이 80g이고 표준편차가 4g인 정규분포를 따른다고 한다. 이 과자를 4개씩 봉투에 넣어 판매할 때, 임의로 선택한 과자봉투의 무게가 332g 이상일 확률은? (단, 봉투 자체의 무게는 무시하고, 다음의 표준정규분포표를 이용하여 계산하라.) 2016

z	$P(0 \le Z \le z)$
0.5	0.19
1.0	0.34
1.5	0.43
2.0	0.48

① 0.02　　　　　　　　　② 0.07

③ 0.16　　　　　　　　　④ 0.31

전국 단위의 어느 수학경시대회에 응시한 학생들의 점수가 분산이 100인 정규분포를 따른다고 한다. 응시자 중 25명을 임의로 추출하여 조사한 결과 평균점수가 60.14점이었다고 한다. 응시자 전체의 평균점수에 대한 신뢰도 95%의 신뢰구간은?(단, Z가 표준정규분포를 따르는 확률변수일 때, $P(0 \le Z \le 1.96) = 0.4750$, $P(0 \le Z \le 2.58) = 0.4950$이다.) 2015

① [54.98, 65.30]   ② [56.22, 64.06]

③ [57.56, 62.72]   ④ [58.18, 62.10]

800칸으로 이루어진 직사각형 판이 있다. 두 개의 주사위를 동시에 던지는 시행을 1번 했을 때, 두 눈의 합이 7이면 5칸을 검정색으로 색칠하고 그렇지 않으면 1칸을 검정색으로 색칠하는 게임이 있다. 이 게임을 180번 시행했을 때, 800칸 중에서 40% 이상 검정색으로 색칠할 확률은? (단, 동일한 칸을 반복해서 색칠하지 않는다. 또한, 다음의 표준정규분포표를 이용하여 계산하라.) 2015

z	$P(0 \le Z \le z)$
0.5	0.1915
1.0	0.3413
1.5	0.4332
2.0	0.4772

① 0.0228   ② 0.0668

③ 0.1587   ④ 0.3085

확률변수 X의 확률분포표가 다음과 같다.

X	1	2	3	4	5	계
$P(X=x)$	$\dfrac{1}{10}$	a	$\dfrac{3}{10}$	$\dfrac{1}{10}$	b	1

$P(X^2-6X+8\leq0)=\dfrac{4}{5}$ 일 때, 확률변수 $3X+2$의 평균 $E(3X+2)$의 값은?

2014(인문)

① 10.1   ② 8.3

③ 5   ④ 4.7

갑과 을 두 사람이 주사위를 각각 한 번씩 던져 나오는 눈의 수가 클 때 이기는 게임을 한다. 이 게임을 140회 시행할 때, 갑이 70회 이상 이길 확률은? (단, 다음의 표준정규분포표를 이용하여 계산하라.)

2014(인문)

z	$P(0\leq Z\leq z)$
0.5	0.19
1.0	0.34
1.5	0.43
2.0	0.48
2.5	0.49

① 0.31   ② 0.16

③ 0.07   ④ 0.02

확률변수 X가 이항분포 $\mathrm{B}\left(40, \dfrac{1}{5}\right)$을 따를 때, $\displaystyle\sum_{x=0}^{40} x^2 \mathrm{P}(X=x)$의 값은?

(단, $x=0, 1, 2, \cdots, 40$) [2014(자연)]

① $\dfrac{32}{5}$ ② $\dfrac{64}{5}$

③ $\dfrac{352}{5}$ ④ $\dfrac{360}{5}$

가 천 대 학 교
적성고사 적중 예상 [기출 유형]

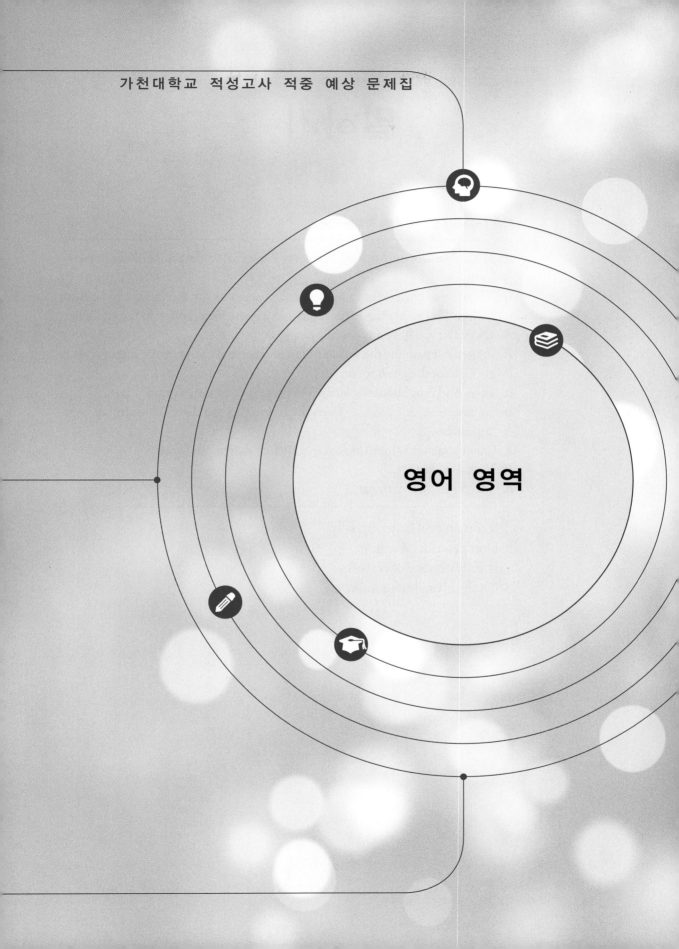

영어 영역

말하기

01 다음 대화에서 빈칸에 가장 적절한 것은? [2018]

A : Hello, Mr. Brown? I'm Kathy Benson. We spoke on the phone? Your house is lovely.

B : Thank you, but I want to make some changes as my son has moved out to college. I'd like to change his room into a guest room and redo the kitchen.

A : Okay. Do you have any specific plans?

B : I guess just painting the walls a different color and changing the carpet will be enough for the guest room.

A : I see. And how about the kitchen? What do you have in mind?

B : _____ Everything in it is outdated. I want all new appliances.

A : Then you may want to look at our kitchen design catalogue.

B : Yeah, I'd like to.

A : I'll go get it from my car.

① It couldn't get better, actually.

② Don't you love it as it is?

③ It really needs a lot of work.

④ It's already redone completely.

02

다음 대화에서 빈칸에 가장 적절한 것은?

A : Have you heard about *Jikji*?

B : Yes, I have. It is the oldest book that was printed with movable metal type.

A : Right. It is listed on the UNESCO Memory of the World Register. Do you know where *Jikji* is now?

B : I have no idea where it is. Maybe in the National Museum of Korea?

A : No. Unfortunately, it's in the National Library of France.

B : Really? How could that be?

A : A French diplomat bought and took it to France in the early 1900s, and later, it was donated to the library.

B : Oh, it is so sad that our precious cultural asset is in another country.

A: _____

① Tell me about it.　　　　② None of your business.

③ That's not going to happen!　　④ That's not what I meant.

03

다음 대화에서 빈칸에 가장 적절한 것은?

A : Speaking before an audience is really frightening to me. Do you know how to overcome the fear of public speaking?

B : Well, I think the most important thing is to think positively.

A : To think positively?

B : Yes. For example, I constantly tell myself that I'm capable of making the audience interested.

A : That's a good idea. What else?

B : I rehearse my speech a lot, visualizing myself standing in front of my listeners.

A : You mean practice makes perfect, right?

B : Exactly.

A : That sounds like an effective way to remove fear. _____

B : Good luck.

① Let's take another one.　　　② What's so good about it?

③ I'll try your ways.　　　　　④ You've got to be kidding.

04 다음 대화에서 빈칸에 가장 적절한 것은?

다음 대화에서 빈칸에 가장 적절한 것은?　　　　　　　　2017

A : Sue, do you have any paper for the copy machine? I need to copy this flyer.
B : Right here. What's it about?
A : It's for my missing dog. Last night my dog ran out of my house while the front door was left open, and she hasn't come back.
B : Oh, no! Have you reported it to the police? One of my friends found her missing dog with the help of the police.
A : Really?
B : Yeah. And someone might find your dog and take her to the police station.
A : Hmm, that makes sense. Can you copy this flyer while I'm going to the police station?
B : Sure. How many copies do you need?
A : One hundred should be enough.
B : Okay. _____

① I appreciate your advice.
② I'll get it done.
③ Don't mention it.
④ Let's figure out what to do first.

05 다음 대화에서 빈칸에 가장 적절한 것은?　　　　　　　　2016

A: Can I help you?
B: Yes. I'm not feeling well. I've been feeling sick since we boarded.
A: I'm really sorry to hear that. How do you feel sick?
B: I just feel cold and slightly dizzy.
A: Would you like me to get you a blanket?
B: Yes, that would be great. And can you bring a steaming hot towel as well?
A: No problem. Would you like me to make an announcement to see if there's a doctor on the plane?
B: That's very kind of you. However, it's not that serious.
A: All right. We'll be serving the in-flight meal soon. Do you think you can eat?
B: Well, _____ But maybe later.

① it sure was.　　　　　　　　② you'd better not.
③ probably not for the time being.　④ I hope you can get well soon.

06

다음 대화에서 빈칸에 가장 적절한 것은?

A: I envy you. You have a gift for English.

B: But you also get really good grades in English.

A: My grades are okay, but when I try to talk with foreigners, I have trouble making myself understood.

B: Then what do you think your problem is?

A: I think it's my pronunciation.

B: Actually, I've had the same experience.

A: Then you must know what I need to do to overcome the problem.

B: Well, I recommend that you listen carefully to native speakers and imitate their way of speaking.

A: I do try to imitate them, but it's not easy.

B: _____ Keep at it!

① I appreciate it.

② What's so good about it?

③ It takes a lot of practice.

④ The pleasure is all mine.

07

다음 대화에서 빈칸에 가장 적절한 것은?

A: Excuse me, young man. Can I ask a favor?

B: Sure. How can I help you?

A: I have to send this package to my daughter. But I can't write her address.

B: Oh, do you have her address with you?

A: Here it is. You know, I'm getting old, and I can't read well. I have such bad eyesight.

B: Don't worry. I'll write it down for you. Just a second, please.

A: _____ I didn't expect to meet such a sweet young man like you here.

B: You're all set now. Take it to the mailman over there.

① It's no wonder!

② You're telling me.

③ What a relief!

④ Feel free to ask me.

08 다음 대화에서 빈칸에 가장 적절한 것은? `2015`

A: I accidentally dropped my smartphone this morning, and now it's not working.
B: Oh, no! Have you tried taking out the battery and putting it back in?
A: Yeah, but nothing happened.
B: I think you'd better visit a customer service center.
A: I know, _____
  And the service center isn't open after I get off work.
B: Can't you go there during your lunch break?
A: No, it's too far from here.

① and I'm glad that nothing is decided yet.
② but I'm really tied up during office hours.
③ and how did you overcome it?
④ but I wonder if it really exists.

09 다음 대화에서 빈칸에 가장 적절한 것은? `2015`

A: Jack, what magazine are you reading?
B: It's an architecture magazine. Look at this tower. It's the NT Sky Tower.
A: It's beautiful and magnificent.
B: The reason it's famous is because of its unique spiral design and height. It's one of the tallest towers in the world.
A: Oh, it must have taken a long time to build it.
B: Right. It has an environmentally-friendly lighting system. They have installed only LED lights in the building to save energy.
A: Great! I hope to see it in person someday.
B: _____

① You're telling me.
② None of your business.
③ What's wrong with you?
④ How about calling off your reservation?

다음 대화에서 빈칸에 가장 적절한 것은? $\boxed{2014(인문)}$

A: Hello, my name is Bart Williams and I'm calling to confirm my appointment for tomorrow. It was originally scheduled for 2 o'clock, but I had to change the time.

B: Yes, Mr. Williams. I see here that you are scheduled to see the doctor at 3:30 in the afternoon. Be sure to bring your insurance card.

A: I heard that the main entrance to the building is under construction right now. _____

B: Certainly. From the parking lot, you can go around to the west side of the building. There is an entrance there. Go in that door and you will see the elevators on your right. We are on the 4th floor.

① Could you tell me another way to get into the building?
② When will the construction be finished?
③ I haven't been able to bring my insurance card.
④ The delivery hasn't arrived yet, has it?

11

다음 대화에서 빈칸에 가장 적절한 것은? $\boxed{2014(인문)}$

A: Your total comes to twenty-five dollars and fifty-three cents. Do you have a membership card with us yet? If you're a frequent shopper here, you might be interested in signing up.

B: No, I don't have one, but I do shop here quite often. I'm a very avid reader, so I'm always adding to my book collection. My shelves are nearly full.

A: _____ I can input the information and open an account for you right now. One of the advantages of being a member is that you can get a 5% discount on all of your purchases starting from today.

B: That's a great news. Thanks a lot!

① I'll take the charge of the new project.
② I don't think you're qualified.
③ We would need to convince him to sign.
④ Then if you have a moment, please complete this form.

12

다음 대화에서 빈칸에 가장 적절한 것은? 2014(인문)

A: I'm sorry to bother you, but can you assist me, please? I was on Emirates Flight 253 from Dubai and it appears that something has happened to my luggage. I've been waiting at the baggage claim area for over an hour and there is no sign of it.

B: If you had a connecting flight then it may have been left at your transfer location. But don't worry, most bags are traced within a matter of a few hours. If you go up to the 2nd floor you'll find the customer service desk, where a representative will take your details and file a report.

A: Thanks for your help. _____

B: Yes. At the top of the stairs, turn left and walk past the tourist information center. You'll find the traveler service desk near the security area.

① Are you looking for a security guard?
② Would it be quickest to just use the stairs over there?
③ What did the manager say about the connecting flight?
④ Would you please help me carry this baggage?

13

다음 대화에서 빈칸에 가장 적절한 것은? 2014(자연)

A: Wow, this project is taking a lot longer than I thought it would, but I guess it was necessary. After we finish the update, everyone's computers will run a lot faster.

B: Yes, and this software has a lot more features than the previous program. However, I don't think we're going to finish all of this before 5. _____

A: Well, I don't mind working late. It will only take a few more hours and then we would be done with it. What do you think?

B: Sorry, I won't be able to stay late. I have tickets to the opera for this evening and it starts at 7. I guess we'll have to finish up in the morning.

① I said I'd finished it.
② They got up a bit early for you.
③ I don't see how we can make all these deliveries before the day's end.
④ We still have a long way to go.

14 다음 대화에서 빈칸에 가장 적절한 것은?
2014(자연)

A: Three of our clients will be stopping by soon for a presentation, but I didn't have time to copy some materials for them.

B: Don't worry. Just give me the materials. I'll go upstairs and make copies of them and give them to you before the presentation.

A: Thanks. We're scheduled to start at two, so just give them to me before then. _____ There are so many documents to be handed out and I could really use an extra pair of hands.

B: Actually, my one o'clock meeting was cancelled today, so I have plenty of time to help out. Just give me a few minutes and then I'll join you in the conference room.

① Now, can you please describe a specific time during your career?
② Could you get me when I go there?
③ Also, if you aren't too busy, I'd appreciate some help.
④ Would you please fill me in after the meeting?

15 다음 대화에서 빈칸에 가장 적절한 것은?
2014(자연)

A: Hello, Steve and welcome to the sales division of Sifton Heavy Machinery Ltd. You need to attend an orientation organized by human resources and later you will begin training with Miss Jung, the sales director. _____

B: Yes. I'd like more details concerning my clients. What kind of companies will I be assigned to?

A: Well, our sales team has a variety of clients but these days, we're doing a lot of business with companies in China's ship building industry. Our clients there rely on Sifton to provide machinery so they can construct container ships and huge tankers.

① Does it seem overpriced compared to other devices?
② Would you like to ask me anything?
③ I have some bad news for you.
④ Have you seen the folder that was on this table earlier?

01 다음 글의 제목으로 가장 적절한 것은? 2018

Until well into the modern era, textiles were the world's primary manufactured product. Often woven with silver, gold, and silk, they were also the chief form of stored wealth for both rich and poor; most families wore their estate on their backs and hung it on their walls and windows. More to the point, people inherited these textile treasures from their parents; fashions would remain relatively unchanged for centuries, and all but the wealthiest possessed only a few items. Styles not only were static over time but were also rigidly divided by class. An inflexible social structure, reinforced by sumptuary laws, determined just who could wear what. In the mid-seventeenth century, however, the East India Company disrupted this age-old state of affairs, turning the worlds of English industry, trade, fashion, and social rank upside down in just a few decades. The Company's instrument in this commercial revolution was cotton.

*sumptuary law 사치 금지법

① 방직기술의 세대 간 전승
② 섬유와 사회 구조의 변화
③ 상류층의 패션 독점 효과
④ 동인도회사와 산업혁명의 도래

다음 글의 제목으로 가장 적절한 것은?

Easter Island was a typical Polynesian society in terms of its language, artifacts and main social institutions. Yet, with its writing and impressive statues, Easter Island seems to have exceeded the level of cultural development typical for Polynesian islands of its size. This may be connected to its extreme isolation, three thousand miles from the nearest inhabited land, freeing it from the endemic fighting that characterized most Polynesian island groups. Similarly, it has been argued that Britain's success during the eighteenth and nineteenth centuries stemmed from its island location. It was neither forced to defend itself by land nor tempted to seek extension of its boundaries. It therefore grew strong at the same time that continental countries were dissipating their energy and resources in ultimately pointless conflicts.

*endemic 고질적인
**dissipate 낭비하다

① 이스터 섬의 문화 발달 수준
② 폴리네시아 지역의 고질적 분쟁
③ 고립된 위치의 지정학적 이점
④ 영국과 유럽대륙의 정치적 갈등

03 다음 글의 제목으로 가장 적절한 것은?

As the zoo world repairs its reputation, a wonderful resource is being taken out of its curtain. For years, scientists studied the remains of dead animals at museums, examined lab animals closely, but simply overlooked the opportunities at their local zoos. Here they had a chance to study live animals at close range — growing, learning, resolving conflicts, building a home, winning a mate, parenting, and aging. Those who did take advantage of zoo studies laid legendary groundwork in the field of animal behavior. It was in a zoo setting, for instance, that the facial expressions of wolves were first studied in detail. Given the skittish nature of wolves, this subtle "language" would have been nearly impossible to decode in the wild. The panda was equally difficult to study in the wild. Its solitary habits and remote, forested habitats kept researchers from learning about reproduction — until the first panda cubs were born in zoos.

*skittish 겁이 많고 잘 놀라는
**solitary 혼자 있기 좋아하는

① 동물 연구의 변천 과정　　② 동물학에 대한 동물원의 기여
③ 실험실 동물 행태 연구의 중요성　　④ 늑대와 판다의 습성 비교

04 다음 글의 제목으로 가장 적합한 것은?

What have you done in the past that still weighs on you today? What do you feel guilty about? List every bad thing you have ever done from the time you were born until now. If you have a thought about something you have done, write it down. After you complete your list, throw it away. Acknowledging what you have done and putting it on paper will release much of your past. Past misdeeds are like heavy weights that slow you down. They lower your self-respect. Do whatever is necessary to free yourself from the past. If you have guilt for something, forgive yourself. If you have done something bad to someone, go back to the person and clean up what you have done. If the person is impossible to find or is no longer alive, write the person an unaddressed letter or talk to the person in your imagination. If there is something you have done that you don't want anyone to know about, tell someone. Tell several people.

① 자존심의 필요성　　② 죄의식을 없애는 방법
③ 일기와 편지의 필요성　　④ 상상력의 활용과 전망

05

다음 글의 제목으로 가장 적절한 것은? [2015]

There was a former colleague of mine who, at a recent meeting of the English Department, said that she thought it was now no longer important to teach Shakespeare because among other things he had a very feeble grasp of women. Now that seems to me as trifling an observation as can be made, but it does mean that, if you take this seriously, nobody's place in the whole canon is very secure. And this is both good and bad. John Donne's position was in the nineteenth century of no consequence at all. *The Oxford Book of English Verse* had only one poem of his. And now, of course, he was resurrected by Herbert Grierson and T. S. Eliot and he's one of the great figures of seventeenth-century poetry. But he wasn't always. This is true of music, too. Bach was eclipsed for two hundred years and rediscovered by Mendelssohn. This means that we are constantly reassessing the past.

*canon (고전) 주요 작품 목록
**resurrect 부활시키다

① 고전의 영원한 예술적 가치
② 여성에 대한 이해의 중요성
③ 문학과 음악 교육의 필요성
④ 예술가의 가치에 대한 재평가

06

다음 글의 제목으로 가장 적합한 것은? [2014(자연)]

Opportunities seem more valuable to us when they are less available. For example, two customers are observed by a salesperson to be interested in a certain appliance item: "I see you're interested in this model here, and I can understand why: it's a great machine at a great price. But, unfortunately, I sold it to another couple not more than 20 minutes ago. And, if I'm not mistaken, it was the last one we had." The customers show disappointment. Couldn't the salesperson check to be sure, one of them asks. "Well, that is possible, and I'd be willing to check," says the salesperson. "But do I understand that this is the model you want, and if I can get it for you at this price, you'll take it?" Once the scarce item has been magically "found," the principle of consistency takes over. Having committed themselves to the purchase, many customers actually buy it.

① 희소가치의 중요성
② 가전제품의 구매전략
③ 쇼핑의 에티켓
④ 실망한 고객에 대한 대처방법

빈칸 추론

01 다음 글의 빈칸에 들어갈 말로 가장 적절한 것은? [2018]

During the eighteenth century instrumental music was generally considered to be less important than vocal music, largely because of the role of words in ascribing meaning to musical sound. Kant, as late as 1790, in his *Critique of Judgement,* argued that instrumental music was "a mere divertissement of no serious consequence." However, the new concept of musical expression emerging at the turn of the century elevated instrumental music as most capable of expressing feelings beyond the limits of rational knowledge. In fact music's new status constituted a complete _____ of its lowly ranking among the arts during the Enlightenment period. More importantly, what had previously been seen as a disadvantage that music without words could not convey definite meanings now came to be perceived as its greatest advantage over all other forms of art.

*ascribe ~ to … …에 ~을 부여하다
**divertissement 여흥, 오락

① restoration
② inversion
③ immersion
④ retention

02

다음 글의 빈칸에 들어갈 말로 가장 적절한 것은? [2018]

Perhaps the most influential in determining authenticity of souvenirs is the meanings that the tourists themselves assign to their merchandise through a process of attribution of meaning. For most people, 'buying a souvenir is an act of acquisition of an object perceived as authentic.' However, according to a study, the perception of the souvenir vendors was that tourists really do not care if the design is traditional or contrived. The study concludes it is obvious that tourists understand that artificial and non-destination-specific items are not part of the craft tradition of local cultures, but rather such items are made specifically for tourists. Nonetheless, the souvenirs tourists take home are still a sort of trophy, which must reflect their image of the country visited it must look authentic, traditional, or primitive, because the authenticity of the artifact is _____.

*contrived 억지로 꾸민 듯한

① a vague abstraction that only the locals can naturally understand
② an outcome of the local tourist industry's attempts to sell out its traditional culture
③ an artificially manufactured illusion whose authenticity cannot be measured
④ a guarantee of the genuineness of one's experience abroad

다음 글의 빈칸에 들어갈 말로 가장 적절한 것은? [2017]

As a dancer, you can look at your _____ aging in constructive ways. Your chronological age doesn't necessarily correlate with your body's suitability for dance. Many people keep their bodies flexible and strong throughout their lives. Erik Bruhn throws positive light on the subject, too. When he was interviewed during one of PBS's "Dance in America" programs, he said that as you get older, you can still dance the younger roles in the classical ballets. Your insight into them sharpens, and as a result your performance becomes that much more powerful. When you're older you have greater wisdom and experience to draw on, which can enable you to more skillfully round the edges and fill the phrases of your dancing. That is, you can still maintain or improve your technique as you _____, but the best part is developing your ability to comprehend and feel what dancing is about.

*chronological age 생활 연령

① perform   ② rejuvenate
③ compete   ④ mature

다음 글의 빈칸에 들어갈 말로 가장 적절한 것은? `2017`

You are clinging, always clinging. Think about this seriously how you are continually holding on to memories of the past. You have a great meal at a restaurant, instantly put it on your list of favorites, and go back to it. You like a book by an author and get her other books. You try a particular strategy at work and it is successful, so you repeat it over and over. Think about how you use memory all the time. You experience something as good or bad by comparing it with some event you have stored in your memory, something you cling to. There is no question that this method simplifies life perhaps this is the reason you do it. But when too much of your life is run by memory and you don't even know it, _____. That's why the thrill of the rainbow or the green valley is so rare in your life.

① you are likely to forget the importance of having a routine
② you don't realize what a bless it has been all throughout your life
③ you lose the ability to experience life spontaneously
④ you have the problem of comparing your experiences to those of others

다음 글의 빈칸에 들어갈 말로 가장 적절한 것은? `2016`

Human beings have a deep capacity for isolationism, for splitting into groups that diverge from each other. In New Guinea, for instance, there are more than 800 languages, some spoken in areas just a few miles across yet as not understandable to those on either side as French and English. There are still 7,000 languages spoken on earth and the people who speak each one are remarkably resistant to borrowing words, traditions, rituals or tastes from their neighbors. "Whereas vertical transmission of cultural traits goes largely unnoticed, horizontal transmission is far more likely to be regarded with suspicion or even fierce anger," say the evolutionary biologists Mark Pagel and Ruth Mace. "Cultures, it seems, like to shoot messengers." People do their best to cut themselves off from the free flow of ideas, technologies and habits, _____.

*diverge 갈라지다

① endeavoring to bridge over differences
② lessening the capacity for divergence
③ interacting with each other for fear of vertical transmission
④ limiting the impact of cultural exchange

다음 글의 빈칸에 들어갈 말로 가장 적절한 것은?　2015

In 1974 the brilliant CalTech physicist and teacher Richard Feynman gave an address to his university's graduating class in which he unveiled his First Principle of Science: "You must not fool yourself — and you are the easiest person for you to fool!" As Feynman well knew, any scientist would be elated to make a breakthrough discovery, to unearth the Rosetta Stone of his or her field. For most, the motivation is not money, not fame, not the short-lived glory that comes with a major new find — it is to make a difference to human knowledge, to contribute new and lasting insight about things not understood before. And therein lies the rub, for so strong is the desire to make a breakthrough that it's easy to become fascinated by _____. Recent examples include polywater, cold fusion, and perhaps even the claims of ancient life on Mars.

*polywater 중합수

① the possibility of finding his or her true self
② a notion that is later shown to be dead wrong
③ the idea of attaining international acclaim
④ an impulse to deceive rival scientists

다음 글의 빈칸에 들어갈 말로 가장 적절한 것은?　2014(인문)

Consider an experiment conducted by Matthew McGlone. He wanted to test the hypothesis that nice-sounding statements make even dubious notions more believable. He gave students a list of rhyming sentences, such as "Woes unite foes," and asked them how accurately the sentences described human behavior. Then he asked the same students to judge the accuracy of nonrhyming statements, such as "Misfortunes unite foes." The result was that the students considered the rhyming statements more accurate. Later, when asked whether they agreed that financial success makes people healthier, nearly all of the students said no. But they regarded "Wealth makes health" as somehow more _____.
All this led the researcher to speculate that at O. J. Simpson's 1995 murder trial, the defense lawyer's repeated intonation of "If the glove doesn't fit, you must acquit" may have had its desired impact on the jurors.

*acquit 무죄를 선고하다

① suspicious　　　　　　　② prosaic
③ irrational　　　　　　　④ plausible

다음 글의 빈칸 (A), (B)에 들어갈 말로 가장 적절한 것은? `2014(인문)`

New ideas are usually presented just that way — as new. Different. Unlike what's gone before. Bad news! This doesn't give the listener or learner any grounding, context, or reason to believe they can tune in. We all need to feel some ownership of turf before we venture forth to a world that is unknown. "Turf" in this case means knowing that past information and experience, one's background, is valuable and useful in a new situation. New data creates major resistance since one doesn't know how to listen to it, to relate to or even imagine it. Thus, the safest way to discuss new information is to begin with ___(A)___ . To start with the familiar and then to add the new as variations from the old. To establish and remind one of *what* is, then show how it leads to ___(B)___ .

	(A)		(B)
①	what is known	......	*what could be*
②	what is unknown	......	*what must be*
③	what is imagined	......	*what must be*
④	what is unimagined	......	*what could be*

다음 글의 빈칸에 들어갈 말로 가장 적절한 것은? `2014(인문)`

Personal or professional success _____.
One person always dreamed of becoming a doctor, but never made it through medical school; she became a nurse instead. Another has struggled to overcome huge obstacles and has achieved her lifelong goal of becoming a nurse. The second will see life through the eyes of a successful person, while her colleague feels like a loser. Financial success, too, must be measured in light of the individual's expectations. Someone who dreams of wealth and has set his sights on earning a million dollars a year will be horribly disappointed with a $50,000-a-year salary. Another, who never dreamed of making half that much, might view that same $50,000 job as an achievement beyond his wildest imagination. He will think, "Life is great," and act accordingly.

① has nothing to do with the person's personality or expectations
② depends on how many colleagues you have
③ is inversely proportional to financial success
④ can't be measured on an absolute scale

다음 글의 빈칸에 들어갈 말로 가장 적절한 것은? 2014(자연)

Once you pick out some forms of exercise that sound fun, _____. There's nothing worse than using your daughter's little bike if you want to bicycle. The best way to decrease the joy of a sport is to use borrowed equipment. A bowling ball with holes spread too far to match your reach will keep you from being invited into the ladies' league. Golfing with your husband's golf clubs will slow up the game. If you are borrowing your daughter's bike, your brother's bowling ball, or your husband's clubs, you're telling yourself one thing — this activity is temporary. Make it a priority to have the right equipment, and make it belong to you.

*golf club 골프채

① be steady
② get the proper trainer
③ get the proper equipment
④ enjoy them with your family

다음 글의 빈칸 (A), (B)에 들어갈 말로 가장 적절한 것은? 2014(자연)

Like other measures, expressive style is often biased by cultural factors. For example, people from the American South tend to speak more slowly, in a southern drawl. It would be a ___(A)___ to equate this slow speech with the speech of a New Yorker who speaks slowly; for the New Yorker the unusual (slow) speech is probably revealing of personality, but for the southerner the slow speech is reflective of regional culture. Or, consider differences in gaze — people's patterns of looking. While white Americans in a conversation tend to look at their partners while listening but look away while speaking, African-Americans do relatively more looking while talking and relatively less looking while listening. If these ___(B)___ norms are not taken into account, then errors in personality assessment will occur. For example, a white person might assess a black person as less cooperative than he really is.

	(A)	(B)		(A)	(B)
①	mistake	······ cultural	②	practice	······ radical
③	blessing	······ expressive	④	rule	······ conservative

It is very common to think that youngsters have specific characteristics. For instance, many people say that youngsters are non-conformist, and that such non-conformity is expressed through their clothing, the music they listen to, and their limited dialogue with the adults who have some authority over them. They complain that these youngsters, born into a highly technological world, have created new languages such as textspeak, and that because of this, their oral and written abilities have decreased. However, many young people study and play classical instruments, and others win literary awards before the age of 20. Many of these youngsters are absolutely convinced that their parents are the model to follow and _____ — they may even dress as formally as their parents do.

① have indulged in rebellions against authority
② try to lead an independent life of their own
③ reveal their non-conformity
④ have never questioned authority

Memo

요약 추론

 다음 글의 내용을 한 문장으로 요약하고자 한다. 빈칸 (A), (B)에 들어갈 말로 가장 적절한 것은? [2014(인문)]

As a student, you will most often be asked to read different types of materials including written text and visuals. You might think that visuals like photographs, bar and line graphs, and diagrams are easier to read than written text, but this assumption is not accurate. In fact, you often have to pay more attention to visual images, not only because they are sometimes subtler than written text but also because you are not accustomed to reading them critically. While the process of understanding visuals may seem different from that of reading and understanding textual information, you are essentially doing the same kind of work. When you read a text, you translate letters, words, and sentences into concepts and ideas; when you read a visual image, you do the same kind of translation.

⇩

How to ___(A)___ visual texts is not so ___(B)___ as when you do the same kind of work with written texts.

	(A)		(B)
①	create	⋯⋯	accurate
②	translate	⋯⋯	symbolic
③	understand	⋯⋯	different
④	censor	⋯⋯	subtle

다음 글의 내용을 한 문장으로 요약하고자 한다. 빈칸 (A), (B)에 들어갈 말로 가장 적절한 것은?
[2014(자연)]

With increasing numbers of old people who are willing and able to work now marginalized in our society, the issue of mandatory retirement has been increasingly discussed. This discussion has been muted because serious consideration of working rights for all people able and willing to work implies major restructuring of the allocation of labor in an economy with already socially volatile levels of unemployment. Forcing people out of their workplaces solely on account of their age is arbitrary and unjust. Yet I think it is also unjust to require old people to work on the same terms as younger people. Old people should have different working rights. When they reach a certain age they should be allowed to retire and receive pension. If they wish to continue working, they should be allowed a more flexible and part-time schedule than most workers currently have.

*volatile: 폭발 직전의

⇩

When old people are able and willing to work, they should not only be ___(A)___ mandatory retirement but also be given ___(B)___ working rights.

	(A)		(B)
①	responsible for	……	flexible
②	afforded the opportunity of	……	same
③	endowed with	……	absolute
④	unrestricted by	……	proper

01 글의 흐름으로 보아, 주어진 문장이 들어가기에 가장 적절한 곳은? [2018]

> For example, each change in our historical conception of atomic structure was presented as the building on prior conceptions, and each scientist's contribution was conveyed as increased detail to the former model of the atom.

Professor Nancy W. Brickhouse conducted interviews with three science teachers. The first teacher viewed theories as truths uncovered through rigid experimentation, and, not surprisingly, the intent of instruction in this classroom was for students to learn the "truth." (①) Students' performance in science activities was evaluated solely by the outcome of the activity, not on the process. (②) The second teacher, on the other hand, thought of theories as tools to solve problems and, therefore, students used theories to explain observations and to resolve problems. (③) The third teacher viewed science as the accumulation of knowledge, which was a position clearly reflected in classroom instruction. (④) In summary, Brickhouse concluded that the teacher's science philosophies influence laboratory instruction, the way in which demonstrations are used, and instructional goals.

글의 흐름으로 보아, 주어진 문장이 들어가기에 가장 적절한 곳은? 2017

> Animals, however, have no expectations about mental capacity.

When people face real adversity disease, unemployment, or the disabilities of age affection from a pet takes on new meaning. (①) A pet's continuing affection becomes crucially important for those enduring hardship because it reassures them that their core essence has not been damaged. Thus pets are important in the treatment of depressed or chronically ill patients. (②) In addition, pets are used to great advantage with the institutionalized aged. In such institutions it is difficult for the staff to retain optimism when all the patients are deteriorating. (③) Children who visit cannot help but remember what their parents or grandparents once were and be depressed by their incapacities. (④) They do not worship youth. They have no memories about what the aged once were and greet them as if they were children. An old man holding a puppy can relive a childhood moment with complete accuracy. His joy and the animal's response are the same.

*adversity 역경
**deteriorate 악화되다

다음 글에서 전체 흐름과 관계 없는 문장은? 2016

The sooner you start financial planning, the better prepared you'll be to adapt your plans to changing personal circumstances, such as changing or losing a job, relocating to a new state, getting married, having children, or losing a spouse through divorce or death. However, it is important not to rush to make major financial decisions at these times, when you're most vulnerable. ① Postpone any action until you have had time to recover from the event and evaluate all your options carefully. ② This can be difficult because some financial salespeople will rush to contact you in these circumstances. ③ For example, when you have a child, you will find that insurance agents, financial planners, and stockbrokers actively encourage you to buy insurance and start investing in a college fund. ④ Therefore, you need to be aware of the practical importance of these objectives and not to put off your planning. Although these are valid objectives, don't be pushed into any expensive decisions.

다음 글에서 전체 흐름과 관계 <u>없는</u> 문장은?

People have long indulged in luxury foods from faraway places, combining the exotic with the local and purchased imports with homegrown staples. ① Exchange networks have long brought goods far from where they were produced for consumption. ② Sidney Mintz shows how the Industrial Revolution in England, supported by slave labor on Caribbean plantations, made sugar the mainstay of the masses in both locations and linked diverse populations together through the movements of goods and capital. ③ Chocolate was brought from Mexico to colonial Spain, where it quickly changed from a medicine to an elite drink and acceptable pre-mass beverage and then to a childhood snack, while simultaneously shifting from a beverage to a solid. ④ Chocolate and sugared food are used repeatedly in positive child contexts for rewards in American society, reinforcing the preference for these foods. None of these trajectories are simple; following the movements of global products like sugar, chocolate, or coffee would create weblike networks covering much of the globe.

*trajectory 경로

01 빈칸 (A), (B)에 들어갈 말로 가장 적절한 것은? 2017

Many scientists look on chemistry and physics as ideal models of what psychology should be like. After all, the atoms in the brain are subject to the same all-inclusive physical laws that govern every other form of matter.　(A)　, can we also explain what our brains actually do entirely in terms of those same basic principles? The answer is no, simply because even if we understood how each of our billions of brain cells work separately, this would not tell us how the brain works as an agency. The "laws of thought" depend not only upon the properties of those brain cells but also on how they are connected. And these connections are established not by the basic, "general" laws of physics, but by the particular arrangements of the millions of bits of information in our inherited genes. To be sure, "general" laws apply to everything.　(B)　, for that very reason, they can rarely explain anything in particular.

(A)	(B)
① Then	······ But
② Instead	······ Nonetheless
③ Likewise	······ In other words
④ On the contrary	······ Consequently

다음 글의 빈칸 (A), (B)에 들어갈 말로 가장 적절한 것은?　　　2016

The introduction of chemical fertilizers and high-yield seed varieties into the developing world, starting in the 1960s, is known today as the "green revolution." This revolution has had far-reaching consequences. It helped to lift hundreds of millions of people out of poverty and supported the historic revival of the Asian economies and the rapid industrialization of China and India.　(A)　, the green revolution's many other social and environmental side effects have made it hugely controversial. Its critics argue that it has caused massive environmental damage, destroyed traditional farming practices, increased inequality, and made farmers dependent on expensive seeds and chemicals provided by Western companies. Doubts have also been expressed about the long-term sustainability of chemically intensive farming.　(B)　, for better or worse, there is no question that the green revolution did more than just transform the world's food supply in the second half of the twentieth century; it transformed the world.

*sustainability (환경파괴 없는) 지속가능성

	(A)		(B)
①	However	……	But
②	Similarly	……	Nevertheless
③	Moreover	……	As a result
④	But	……	Instead

다음 글의 빈칸 (A), (B)에 들어갈 말로 가장 적절한 것은?   [2015]

Natural selection stresses survival in a hostile environment as fundamental to the prehistoric evolution of any adaptation. But if art is an adaptation, mere survival is a completely inadequate explanation for its existence. The reason is clear: artistic objects and performances are typically among the most ample, extravagant, and glittering creations of the human mind. The arts consume excessively brain power, physical effort, time, and precious resources. Natural selection,   (A)   , is economical: it weeds out inefficiency and waste. The organs and behaviors of animals are designed by natural selection to allow a species to survive and reproduce, making the most effective use of local resources. Evolution by natural selection is a severe accountant in the way it sorts out potential adaptations in terms of costs and benefits. How strange,   (B)   , to argue then for a Darwinian genesis of the arts of man, which so often tend toward lavish excess, costly far beyond any obvious adaptive benefits for survival.

	(A)		(B)
①	as a result	······	thus
②	for example	······	nonetheless
③	on the other hand	······	therefore
④	on the contrary	······	however

다음 글의 빈칸 (A), (B)에 들어갈 말로 가장 적절한 것은? 〔2014(인문)〕

During a total eclipse of the Sun, your pupil dilates; that is, it opens up wide. It does this to let in more light so you can see better in the dark. The Moon completely blocks the Sun's disk for a few minutes at most. Suddenly, when this phase of the eclipse ends, a small silver of the Sun is revealed.   (A)   the total light from the Sun is less than when it is not being eclipsed, each part of the Sun is still producing just as much light. In other words, even if you block 99 percent of the Sun's surface, that remaining 1 percent is still pretty bright — it's 4,000 times brighter than the full Moon. An eclipse is not like a filter, blocking the light from hitting your eyes. Any piece of the Sun exposed will still focus this harmful light onto your retina.   (B)   when the Sun becomes visible again, with your pupil dilated wide, all that light gets in and hits your retina — and it's then that sunlight can really and truly hurt your eye.

*retina (눈의) 망막

	(A)		(B)
①	Even though	······	So
②	Because	······	Consequently
③	If	······	Nonetheless
④	As	······	Otherwise

다음 글의 빈칸 (A), (B)에 들어갈 말로 가장 적절한 것은? 〔2014(자연)〕

When we behave irrationally, our behavior usually seems reasonable to us. When challenged, the mind says (to itself), "Why are these people giving me a hard time? I'm just doing what makes sense. Any reasonable person would see that!"   (A) , we naturally think that our thinking is fully justified. As far as we can tell, we are only doing what is right and proper and reasonable. Any fleeting thoughts suggesting that we might be at fault typically are overcome by more powerful self-justifying thoughts: "I don't mean any harm. I'm just! I'm fair! It's the others who are wrong!" It is important to recognize this nature of the human mind as its *natural state*.   (B) , humans don't have to learn self-justifying, self-serving, self-deceptive thinking and behavior. These patterns are innate in every one of us.

	(A)		(B)		(A)		(B)
①	In short	······	In other words	②	However	······	For example
③	In case	······	Otherwise	④	Nevertheless	······	In conclusion

어휘

 (A), (B)의 각 네모 안에서 문맥에 맞는 말로 가장 적절한 것은?　2018

The dominant idea today is that, because creativity resides within the individual, we best expose it by telling stories of those rare geniuses—the ones who made the Sistine Chapel, *Hamlet* or the light bulb. This model basically follows the declaration made by Thomas Carlyle in the 1840s: "The history of the world is but the biography of great men." The most common alternative to the lone-genius model (A) dismisses / places creativity in networks. See, for example, Herbert Spencer's retort to Carlyle that "the genesis of the great man depends" on a "long series of complex influences." "Before he can remake his society," Spencer wrote, "his society must make him." Rather than focus on the solitary hero snatching inspiration from the heavens, this concept emphasizes the long, meandering course of innovation. Instead of heroic individuals, it (B) prioritizes / trivializes heroic *cultures*—the courts of sixteenth-century Florence, say, or the coffee shops of Enlightenment London.

*retort 반론, 반박
**meandering (대화, 논의 등이) 두서없이 진행되는

	(A)		(B)
①	dismisses	……	prioritizes
②	dismisses	……	trivializes
③	places	……	prioritizes
④	places	……	trivializes

02

다음 글의 밑줄 친 부분 중, 문맥상 낱말의 쓰임이 적절하지 <u>않은</u> 것은?   2018

It is well known that emotional states affect food consumption, in terms of both what we choose to eat and its quantity. For example, we eat more when we are feeling emotional when compared with feeling ① <u>neutral</u>. We also tend to be drawn to sugary or fatty foods when we are feeling low, presumably because the taste feels good and perhaps also because of memories associated with such 'treats.' However, the sight, smell and taste of food is only half the explanation as to why we comfort-eat; research has shown that, even when these factors are ② <u>obliterated</u>, fatty foods can make us feel happier than non-fatty. On an evolutionary basis, it made sense for us to desire foods that would help us survive famine. It thus makes sense for the body to ③ <u>impair</u> some system whereby the stomach can send mood-enhancing signals to the brain on receipt of such fatty foods, in order to encourage us to keep eating such foodstuffs. Eating calorie-laden food has been made as ④ <u>rewarding</u> as possible for us so that our ancestors would have been motivated to undertake the huge effort to obtain such food.

03

(A), (B)의 각 네모 안에서 문맥에 맞는 말로 가장 적절한 것은?   2017

Educational debate gives students a chance to consider significant problems from many points of view. As debaters analyze the potential affirmative and negative cases, they begin to realize the complexity of most contemporary problems and to appreciate the worth of a (A) multivalued / unilateral orientation. As they debate both sides of a proposition, they learn not only that most contemporary problems have more than one side but also that even one side of a proposition embodies a considerable range of values. Sometimes at the start of an academic year, some debaters may, on the basis of a quickly formulated opinion, feel that only one side of a proposition is "right." After a few debates, however, they usually (B) refuse / request an assignment on the other side of the proposition. By the end of the year (or semester), after they have debated on both sides of the proposition, they learn the value of suspending judgement until they have collected and analyzed an adequate amount of evidence.

*embody 담다

	(A)	(B)		(A)	(B)
①	multivalued	…… refuse	②	multivalued	…… request
③	unilateral	…… refuse	④	unilateral	…… request

04 (A), (B)의 각 네모 안에서 문맥에 맞는 말로 가장 적절한 것은?

2016

John Keats, the nineteenth century Romantic poet, coined the term "negative capability" to describe the feeling of surrender to the words of the poet, whereby one must (A) manifest / subdue altogether one's own interpretation and clear the mind so that it is open completely to the poet's inventive poetic use of language such that one's sensibilities are possessed. Audiences in nineteenth century England and America who flocked to hear Charles Dickens reading extracts from his novels (B) abandoned / asserted their identities, much in the manner advocated by Keats, to be possessed by the world Dickens describes in his novels. They wept at the death of Little Nell, and grew angry at the brutal behavior of Wackford Squeers as though they were alive and the audience members were actually playing a part in the activities.

	(A)		(B)
①	manifest	……	abandoned
②	manifest	……	asserted
③	subdue	……	abandoned
④	subdue	……	asserted

(A), (B)의 각 네모 안에서 문맥에 맞는 말로 가장 적절한 것은? [2015]

As video became part of the day-to-day production and promotion of popular music during the 1980s, the initial response of many performers, fans and commentators was to argue that it was trivializing music. The construction of an image had become more (A) crucial / superficial than the production of sound and the ability of the listener to imagine their own images had been replaced by the promotional mechanisms of the industry. Many writers were quick to take issue with such an argument by pointing out that for centuries music has been associated with performance and spectacle. Sean Cubitt and Jody Berland both argued that the sounds and visuals of musical performance had actually become (B) permanently / temporarily separated with the introduction of the technologies of the gramophone, radio, photography and silent film. But even then the visual had not disappeared completely.

	(A)	(B)		(A)	(B)
①	crucial	...... permanently	②	crucial	...... temporarily
③	superficial	...... permanently	④	superficial	...... temporarily

(A), (B)의 각 네모 안에서 문맥에 맞는 말로 가장 적절한 것은? [2014(인문)]

According to research carried out by the University of Michigan, a good brain-training program can improve working memory and (A) boost / curb general problem-solving ability, which can raise general intelligence. In the study, after recording the subjects' mental agility with a variety of cognitive tests, the researchers gave the subjects a series of brain-training exercises. This mental workout was given to four groups, who repeated the exercises for 8, 12, 17, or 19 days. After the training the researchers re-tested the subjects' intelligence. Although the performance of the untrained group improved slightly, the trained subjects showed (B) significant / superficial improvement, which increased with time spent training. This suggests that a good brain-training program is an effective way to enhance intelligence levels.

*agility 기민함

	(A)	(B)		(A)	(B)
①	boost	...... significant	②	boost	...... superficial
③	curb	...... significant	④	curb	...... superficial

다음 글의 밑줄 친 부분 중, 문맥상 낱말의 쓰임이 적절하지 <u>않은</u> 것은? 2014(인문)

The ultimate life force lies in tiny cellular factories of energy, called mitochondria, that burn nearly all the oxygen we breathe in. But breathing has a ① <u>price</u>. The combustion of oxygen that keeps us alive and active sends out by-products called oxygen free radicals. They have Dr. Jekyll and Mr. Hyde characteristics. On the one hand, they help guarantee our survival. For example, when the body mobilizes to fight off infectious agents, it generates a burst of free radicals to ② <u>propagate</u> the invaders very efficiently. On the other hand, free radicals move uncontrollably through the body, attacking cells, turning their fats rancid, rusting their proteins, piercing their membranes and corrupting their genetic code until the cells become ③ <u>dysfunctional</u> and sometimes give up and die. These fierce radicals, built into life as both protectors and avengers, are the ④ <u>potent</u> agents of aging.

*oxygen free radical 활성산소
**rancid (기름기가 든 음식이) 산패(酸敗)한[맛이 변한]

(A), (B)의 각 네모 안에서 문맥에 맞는 말로 가장 적절한 것은? 2014(자연)

Do you think your blood must be extra tasty because you're the one who always gets bitten when no one else does? It turns out that mosquitoes do have preferences, but it is not tasty blood that attracts them to their target. It's all about how easy a person is to find. Two scents that are particularly (A) attractive / repellent to mosquitoes are carbon dioxide and lactic acid. Both of these chemicals are produced when you breathe or sweat. So, when you exercise, mosquitoes may zoom after you. That's because exercising causes your muscles to build up lactic acid. Also, your sweat (B) absorbs /emits carbon dioxide. But not everyone produces carbon dioxide and lactic acid at the same rate. Some people produce higher levels, so they are more likely to get bitten by mosquitoes.

	(A)	(B)		(A)	(B)
①	attractive	absorbs	②	attractive	emits
③	repellent	absorbs	④	repellent	emits

다음 글의 밑줄 친 부분 중, 문맥상 낱말의 쓰임이 적절하지 <u>않은</u> 것은? 2014(자연)

People may ① <u>misrepresent</u> themselves to interviewers when asked for their opinions or questioned about the products they use. Because of this potential source of ② <u>distortion</u>, some consumer psychologists believe that it is not fruitful to ask persons directly for their reactions or attitudes. They contend that the direct question being asked may differ from what the respondents actually heard. For example, by asking what brand of beverage a person drinks, we are, in effect, asking what kind of person he or she is. The respondent may not feel that consumer researchers are asking merely about beverage ③ <u>preference</u>. Rather, they are really asking: "Do you drink the cheap stuff or the expensive, high-status, snob-appeal brand?" Critics of the survey method say that we cannot ④ <u>conceal</u> true human motivations and feelings by asking direct questions that allow the respondents to distort their feelings.

어법

01 **(A), (B)의 각 네모 안에서 어법에 맞는 표현으로 가장 적절한 것은?** [2018]

Apocalypse Now, a film produced and directed by Francis Ford Coppola, gained popularity, and with good reason. The film is the adaptation of J. Conrad's novel *Heart of Darkness*, which is set in the African Congo at the end of the 19th century. Unlike the original novel, *Apocalypse Now* is set in Vietnam and Cambodia during the Vietnam War. The setting, time period, dialogue and other incidental details are changed but the fundamental story line and themes of Apocalypse Now are the same as (A) that / those of *Heart of Darkness*. Both describe a physical journey, reflecting the central character's mental and spiritual journey, down a river to confront the deranged Kurtz character, who represents the worst aspects of civilization. By giving *Apocalypse Now* a setting that was contemporary at the time of its release, audiences were able to experience and identify with its themes more easily than they (B) would be / would have if the film had been a literal adaptation of the novel.

*deranged 정상이 아닌

	(A)	(B)		(A)	(B)
①	that	…… would be	②	that	…… would have
③	those	…… would be	④	those	…… would have

02

다음 글의 밑줄 친 부분 중, 어법상 틀린 것은? `2018`

Psychologists who study ① giving behavior have noticed that some people give substantial amounts to one or two charities, while others give small amounts to many charities. Those who donate to one or two charities ② seek evidence about what the charity is doing and whether it is really having a positive impact. If the evidence indicates that the charity is really helping others, they make a substantial donation. Those who give small amounts to many charities are not so interested in whether ③ what they are doing help others psychologists call them warm glow givers. Knowing ④ what they are giving makes them feel good, regardless of the impact of their donation. In many cases the donation is so small $10 or less that if they stopped to think, they would realize that the cost of processing the donation is likely to exceed any benefit it brings to the charity.

03

(A), (B)의 각 네모 안에서 어법에 맞는 표현으로 가장 적절한 것은? `2017`

Sea anemones look to most of the world like the flowers of the sea. Perhaps this is their disguise. They are predators with tentacles equipped with stinging cells. They use their tentacles to defend themselves and to capture prey, such as small fish and shrimp. Each stinging cell has a sensory hair that, when touched, mechanically triggers the cell explosion, (A) what / which is a harpoon-like structure that attaches to the flesh of the aggressor or prey and injects a dose of poison. The poison paralyzes the prey and allows the anemone to move it to its mouth for digestion. (B) Finding / Found throughout the world's oceans and at various depths, anemones are related to corals and jellyfish. Anemones attach themselves to the sea bottom with an adhesive foot and tend to stay in the same spot until food runs out or a predator attacks. Then the anemones release themselves and use flexing motions to swim to a new location.

*tentacle 촉수
**harpoon 작살

	(A)		(B)
①	what	……	Finding
②	what	……	Found
③	which	……	Finding
④	which	……	Found

04 다음 글의 밑줄 친 부분 중, 어법상 틀린 것은?   2017

Perhaps the most prominent theme in existentialism is ① that of choice and responsibility for the consequences of the choices we make. Most existentialists believe that what differentiates human beings from other creatures ② is the freedom and the capacity to make choices. Existentialists believe that human beings do not have a fixed nature, or essence, as other animals and plants do. Each human being makes choices that create his or her own nature. Choice is therefore central to human existence, and it is inescapable; even avoidance or the refusal to choose is a choice. That freedom to choose must also be accompanied by commitment ③ to taking the responsibility to live with the consequences of those choices. Existentialists have argued that because individuals are free to choose their own path, they must accept the risk and responsibility of following their commitment ④ whichever it leads.

*existentialism 실존주의

05 (A), (B)의 각 네모 안에서 어법에 맞는 말로 가장 적절한 것은?   2016

Consumerism as a way of life demands a social imagination — an ability to project how we will look and feel once we own and use goods, or (A) [how / what] our families and friends will think of us once we do. Many people find this social tapestry woven of goods and fantasies an entertaining problem and means for self-expression. The market place is not merely the institution upon which we hang our economic survival, but a major source of meaning. The task of managing one's personal place within the constant flow of changes in fashion and personal styles can be a demanding yet enjoyable experience. Like a fish in water, an individual's personal and social identity is so bound up with the consumer culture (B) [as / that] it becomes difficult to reflect on the broader question of how we came to be in this aquarium.

*tapestry 여러 가지 색실로 그림을 짜 넣은 작품

	(A)	(B)		(A)	(B)
①	how	as	②	how	that
③	what	as	④	what	that

06 다음 글의 밑줄 친 부분 중, 어법상 틀린 것은?　　　2016

The rise of computer technologies and networking is due to collective action similar to ① one of other social movements, such as the environmental movement, the anti-tobacco movement, the movement against drinking and driving, or the women's movement, for example. While each has its own particular goals, for example, clean air, elimination of smoking in public places, reduced traffic accidents and deaths from drunk driving, or equality of opportunity, they all focus on correcting some situation ② to which they object or ③ changing the circumstances for a group that suffers some sort of social disadvantage. Similarly, advocates of computerization focus on the creation of a new world order ④ where people and organizations use state-of-the-art computing equipment and the physical limitations of time and space are overcome.

*state-of-the-art 최첨단의

07 다음 글의 밑줄 친 부분 중, 어법상 틀린 것은?　　　2015

Early humans evolved to survive on the plains of Africa. We had to respond quickly to threats, and for the most part those threats moved. Our eyes became sensitive to motion and, since rocks and trees aren't ① that threatening, ignored things that didn't move. That's why wild animals freeze when you surprise them in the woods. They know your eyes won't be drawn to them, because you're looking for motion. The same with video — our eyes go to the motion in the frame. ② Anything that doesn't move becomes invisible. This explains why it's so difficult to sit through the college graduation video where your friend set the camera on the tripod, ③ pointed it at the stage, and let it run. The speakers stand in one place and speak. The guests sit in their chairs. Everything's static. ④ Trying as we may to pay attention, our eyes wander, seeking wild animals, or anything that moves.

08

(A), (B)의 각 네모 안에서 어법에 맞는 표현으로 가장 적절한 것은?   2014(인문)

Every situation, properly (A) perceiving / perceived , becomes an opportunity. But you have to act on it if you're going to be successful. Distant pastures always look greener than those close at hand, but real opportunities are right where you are. You must take advantage of them when they appear. Success is not in your environment, in luck or chance, or in the help of others. Success is in yourself alone. Take a second look at (B) what / that appears to be someone's "good luck." You'll find not luck but preparation, planning and success-producing thinking. When you're prepared for opportunity, your chance for success is sure to come. The season of failure is the best time for sowing the seeds of success. Decide that this year will be your year for success and prepare for it to happen.

	(A)		(B)
①	perceiving	······	what
②	perceiving	······	that
③	perceived	······	what
④	perceived	······	that

다음 글의 밑줄 친 부분 중, 어법상 틀린 것은?   2014(인문)

The modern concept of packaging is based on the understanding that ① what really interests the consumer is not the brand, or the ingredients, or even the product itself. Essentially, the consumer is interested in the benefits he thinks he will get from using the product. Thus, a package of baby food might be more interesting to the potential purchaser — a mother who wants her child to be healthy — if ② it carried a picture of a baby bursting with good health, rather than a picture of the grain and milk from which the food was made, or a bowl of the prepared food. Finding out ③ what good effects consumers are looking for, and then ④ supply them, has become a central element in marketing strategy for mass-consumption products. Package design has become a major vehicle for implementing that strategy.

(A), (B)의 각 네모 안에서 어법에 맞는 표현으로 가장 적절한 것은?   2014(자연)

Piatigorsky, a Russian cellist, was having problems with one of his pupils. No matter how many times the master played a piece to show how it should sound, his student failed to make any significant progress; in fact, his playing seemed to deteriorate. It occurred to Piatigorsky that he was perhaps discouraging the young man by performing the pieces too well himself. He therefore began to introduce a few deliberate mistakes; miraculously, the pupil showed marked signs of improvement. This method of teaching continued for some weeks, with Piatigorsky (A) taking / taken pleasure in being free to play as badly as he pleased. The young man went on to perform with brilliant success at his graduation. Fighting through the crowd of well-wishers to congratulate his pupil, Piatigorsky heard someone ask the new graduate (B) that / what he thought of the great cellist. "As a teacher, he was excellent," the young man replied. "But as a cellist, lousy."

	(A)		(B)
①	taking	······	that
②	taken	······	that
③	taking	······	what
④	taken	······	what

11

다음 글의 밑줄 친 부분 중, 어법상 틀린 것은?   2014(자연)

Man differs from the lower animals because he preserves his past experiences. What happened in the past is ① lived again in memory. About what goes on today ② hangs a cloud of thoughts concerning similar things undergone in bygone days. With other animals, an experience perishes as it happens, and each new doing or suffering stands alone. But man lives in a world ③ which each occurrence is charged with echoes and reminiscences of what has gone before, where each event is a reminder of other things. Hence he lives not, like the beasts of the field, in a world of merely physical things, but in a world of signs and symbols. A flame is not merely something which warms or burns, but is a symbol of the enduring life of the household, of the abiding source of cheer, nourishment and shelter ④ to which man returns from his casual wanderings.

*reminiscence 회상, 추억

[01~02] 다음 글을 읽고 물음에 답하시오. `2015`

I can still remember listening to one of my professors lecture on the difference between "democratic" and "autocratic" families. In the democratic family, everyone was regarded as an equal. Therefore, obedience (from the children) was not ___(A)___, and disagreements were resolved with discussion, negotiation, and compromise. Cooperation and harmony were the hallmarks of a democratic family. 'How marvelous!' I thought. In contrast, the autocratic family was a hierarchy, with parents at the top. Children were punished if they disobeyed and were not allowed to make decisions for themselves. Compromise between parent and child was possible only on the parent's terms. "How awful!" I said to myself. I vowed I'd never, ever be a nasty old autocrat, and I tried my best, really I did.

For the first three or four years after Eric, my first son, was born, I regarded him as my ___(B)___. If he didn't like decisions I made, he rolled on the floor screaming and I reconsidered. I thought it unfair to make him obey, so he didn't. The result of this exercise, however, was not harmony. The result was ___(C)___. One night in a dream a wise-looking elderly gentleman appeared, calling himself the spirit of my future. He held a clear crystal ball, and while I gazed within, there appeared a vision of my family who was slightly older, all of us trussed up nicely in stainless steel straitjackets. I woke up screaming, bathed in sweat, and my life as a father was never again the same.

*truss up (움직이지 못하게) 꼭 묶다
**straitjacket 구속복(폭력적인 사람의 행동을 제압하기 위해 입히는 것)

01   (A), (B)의 빈칸에 가장 적절한 것은?

	(A)	(B)		(A)	(B)
①	appreciated	heir	②	ignored	substitute
③	mandatory	equal	④	reliable	superior

02   (C)의 빈칸에 가장 적절한 것은?

① revolution ② independence
③ anarchy ④ tolerance

At one time, managers were called bosses, and their job consisted of telling people what to do and then watching over them to be sure they did it. Bosses often reprimanded those who didn't do things correctly and acted stern. Many managers still behave that way. Perhaps you've witnessed such behavior. But today management is becoming more ___(A)___. Many managers are being educated to guide, train, support, motivate, and coach employees rather than to tell them what to do. For instance, managers at high-tech firms realize that workers often know more about technology than they do. Thus, most modern managers emphasize teamwork and cooperation rather than discipline and order giving. Managers in some high-tech firms tend to be friendly and generally treat employees as ___(B)___ rather than unruly workers.

*reprimand 질책하다

03 글의 제목으로 가장 적절한 것은?

① 직원의 행동 변화
② 기업경영의 성공과 실패
③ 규율과 질서의 유지
④ 경영자의 역할 변화

04 글의 빈칸 (A), (B)에 들어갈 말로 가장 적절한 것은?

	(A)		(B)
①	progressive	……	partners
②	regressive	……	managers
③	exclusive	……	subordinates
④	oppressive	……	bosses

In our efforts to be the good child, the uncomplaining employee, or the cooperative patient, many of us fall into the trap of trying to please people by going along with whatever they want us to do. At times we lose track of our own boundaries and needs, and the cost of this could be our life, both symbolically and literally. When we are unable to set healthy limits it causes distress in our relationships. But when we learn to say no about what we don't feel like doing in order to say yes to our true self, we feel empowered, and our relationships with others improve. So don't be afraid to say no. Try to catch yourself in the moment and use _____ to say what you really want to say.

 글의 제목으로 가장 적절한 것은?

① 행동학습의 문제점
② 거절의 필요성
③ 인간관계와 스트레스
④ 인간관계와 인내

 글의 빈칸에 들어갈 말로 가장 적절한 것은?

① your true voice
② traditional belief
③ cooperative relationship
④ our symbolic sense

Memo

Memo

가천대학교 적성고사 적중 예상 문제집

[모의고사]

가 천 대 학 교
적성고사 적중 예상 [모의고사]

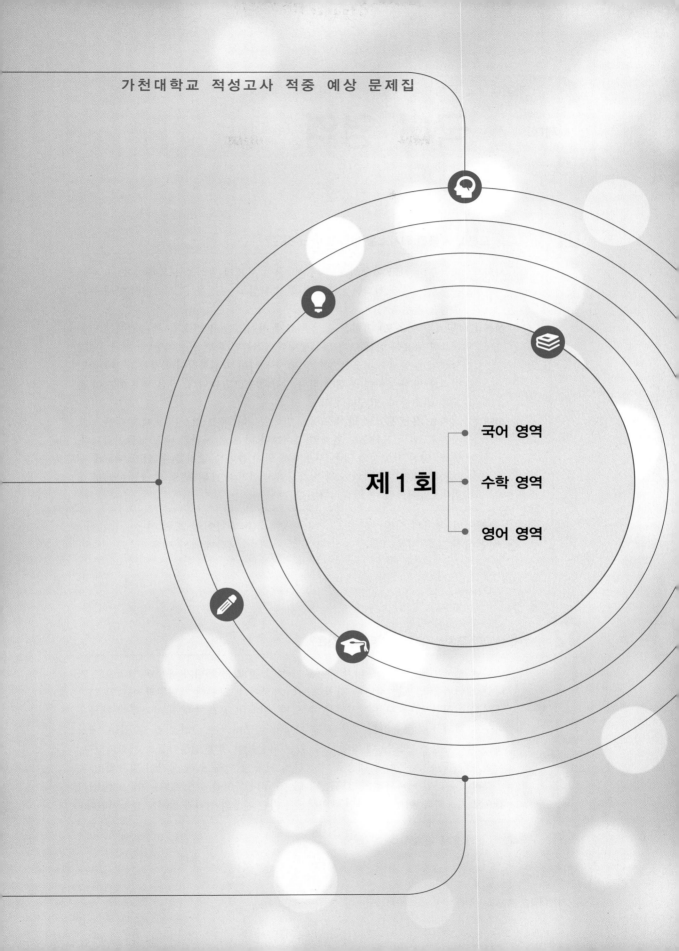

제 1 회

● 국어 영역

● 수학 영역

● 영어 영역

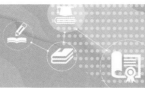

01 다음 토론에 사용된 의사소통 방법이 <u>아닌</u> 것은?

> 사회자 : 지금부터 전교 학생회장 선거 시 '결선 투표제 방식을 도입해야 한다.'라는
> 논제로 토론을 시작하겠습니다. 먼저 찬성 측 주장을 듣고 이어서 반대 측의
> 주장을 듣겠습니다.
> 찬성 1 : (단호한 어조로) 저희는 결선 투표제 방식 도입을 찬성합니다. 현재는 단순
> 히 1위 득표를 한 후보가 당선됩니다. (컴퓨터 화면을 보여주며) 최근 3년간
> 당선자의 실제 지지율은 30%를 넘지 못하여 학생회장이 학생들의 전폭적인
> 신뢰를 받지 못하는 문제가 점점 심각해지고 있습니다. 결선 투표제는 이 문
> 제를 해소할 수 있습니다.
> 반대 1 : 저희는 결선 투표제 방식 도입을 반대합니다. 우선 결선 투표제 방식은 투표
> 자가 두 번 투표하므로 현재의 방식보다 더 많은 시간과 비용이 들어갑니다.
> 둘째, 당선 가능성이 낮은 후보자가 쉽게 출마를 결정할 수 있기 때문에 후
> 보자의 난립을 가져와 오히려 학생회장 선거의 질을 (손을 위에서 아래로 내
> 리며) 떨어뜨릴 수 있습니다.

① 유행어와 속어의 사용
② 반언어적 표현 사용
③ 비언어적 표현 사용
④ 시각매체의 사용

02 ㉠~㉣의 고쳐쓰기가 가장 적절한 것은?

> 집단 지성은 곤충학자 휠러가 개체로는 보잘 것 없는 개미가 공동체 협업으로 커
> 다란 개미집을 만드는 장면을 관찰하는 ㉠과정이다. 그런데 개미뿐만 아니라 인간
> 에서도 이러한 집단 지성을 찾아볼 수 있다. 인터넷 공간 속에서 사람들이 생각을
> 나누고 결과물을 공유하는 것은 집단 지성이 ㉡구비되는 사례로 볼 수 있다. 예전
> 에는 백과사전을 만드는 데 참여할 수 있는 사람들이 몇몇 전문가들로 제한되었고,
> ㉢한 번 수록된 항목이나 내용을 수정하기 위해서는 꽤 오랜 시간이 필요하였다.
> ㉣그리고 온라인 백과사전을 만드는 데에는 누구나 참여할 수 있으며, 수정 또한 실시
> 간으로 가능하다. 이렇듯 온라인 백과사전은 집단 지성의 협업과 참여로 만들어진다.

① ㉠ : 과정이 필요하다
② ㉡ : 표기되는
③ ㉢ : 한번
④ ㉣ : 그래서

03 다음 만화의 (가)에 들어갈 내용으로 적절하지 <u>않은</u> 것은?

아롱이 : 버려야겠네.
다롱이 : 어디다 버리지?

아롱이 : 안녕! 어디가?
다롱이 : 의자 버리러, 너는?

아롱이 : 가만 있어봐……
다롱이 : 아아, 그렇지!

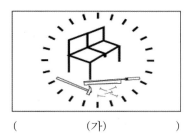

((가)   )

① 버리기 전에 다시 한 번 생각하세요.
② 혼자서는 어렵지만 둘이서는 쉽습니다.
③ 생각을 바꾸면 새로운 세상이 열립니다.
④ 남을 돕는 것은 도움 받는 것보다 행복합니다.

04 [보기]는 안은문장에 대한 설명이다. (   ) 안에 들어갈 알맞은 ◉로 적절한 것은?

> **보기**
> 안은문장 : 주어와 서술어가 두 번 이상 나타나는 겹문장으로, 다른 문장 속에 들어가 하나의 성분처럼 쓰이는 홑문장을 포함하고 있는 문장 ◉ (   )

① 민수는 성격이 좋은 학생이다.　　② 우리 집 정원에 장미꽃이 피었다.
③ 다예가 교실에서 소설책을 읽었다.　　④ 그는 갔으나 그의 예술은 살아 있다.

05 [보기]의 설명을 바탕으로 할 때, 용언의 활용이 바르지 <u>않은</u> 것은?

보기

'ㅂ' 불규칙 용언의 활용에서 어간의 'ㅂ'이 모음으로 시작하는 어미와 결합할 때, 대부분 'ㅂ'을 '우'로 적도록 규정하고 있다. 예를 들어 '쉽다'는 '쉬워, 쉬웠다'로 적고, '괴롭다'는 '괴로워, 괴로웠다'로 적는다. 다만, '곱다'와 같이 단음절 어간에 'ㅗ'가 포함된 경우, 어미 '-아'가 결합될 때는 '와'로 적는다.

① 맵다 : 매워, 매웠다　　　　　　　② 춥다 : 추워, 추웠다
③ 돕다 : 도와, 도왔다　　　　　　　④ 반갑다 : 반가와, 반가왔다

06 [보기]에서 맞춤법에 맞는 어휘를 선택하여 바르게 짝지은 것은?

보기

ㄱ-1. 그녀는 우승한 후 (으시대고 / <u>으스대고</u>) 있었다.
ㄱ-2. 찬바람이 부니 몸이 (<u>으시시</u> / 으스스) 추워진다.

ㄴ-1. 큰 시험을 (<u>치르고</u> / 치루고) 나니 몸살이 났다.
ㄴ-2. 그는 자물쇠로 서랍을 단단히 (잠갔다 / <u>잠궜다</u>).

ㄷ-1. 그는 책을 고르기 위해 책방에 (<u>들렀다</u> / 들렸다).
ㄷ-2. 어머니는 아들에게 잔치 음식을 (<u>들러</u> / 들려) 보냈다.

① ㄱ-1, ㄴ-1, ㄷ-1　　　　　　　② ㄱ-1, ㄴ-2, ㄷ-2
③ ㄱ-1, ㄴ-1, ㄷ-2　　　　　　　④ ㄱ-2, ㄴ-1, ㄷ-1

[07~08] 다음 글을 읽고 물음에 답하시오.

어떤 현상이 절대적이며 변화하지 않는다고 인식할 때, 우리는 일반적으로 이것을 '사실'로 받아들이게 된다. 그러나 자연과학에서의 '사실'은 전문적이고 유능한 과학자들이 동일한 현상을 여러 번 관찰하여 확인한 것으로 새로운 '사실'이 나올 때까지의 협약이다.

또한 '사실'일 것이라고 추측하는 것을 '가설'이라고 하는데, '과학적인 가설'은 실험을 통하여 옳고 그름을 입증할 수 있는 것만을 말하며, 이 가설이 반복적으로 검증되어 모순이 없을 때 '법칙'이 된다. '우주의 어느 곳에 지적(知的)인 생명체가 존재한다'라는 주장이 있다고 하자. 그러나 이 가설은 타당성 여부

에 관계없이 '추측'에 불과하다. 우주 어딘가에 지적인 생명체가 존재한다는 것을 단 한 번이라도 확인할 수 있다면 '사실'로 입증되겠지만, 현재의 과학 수준으로서는 우주에 지적인 생명체가 존재하는지의 여부를 확인하지 못한다. 따라서 이 주장이 잘못되었다는 것도 증명할 수 없다. 이와 같이 옳고 그름을 검증할 수 없는 주장은 과학적 가설이 아니다.

한편, 과학자가 어떤 가설이나 원리를 사실이라고 믿고 있다가도, 그렇지 않다는 확증을 발견하면 더 이상 '사실'이 되지 않는다. 원래의 가설이나 원리를 주장한 사람의 권위나 평판에 관계없이 단호하게 종래의 사실을 인정하지 않게 된다. 예를 들어, 그리스의 철학자 아리스토텔레스는 '물체의 떨어지는 속도는 무게에 비례한다'라고 주장하였다. 이 주장은 이천 년 이상 '사실'로 사람들에게 받아들여졌다. 그러나 갈릴레오는 이 사실에 의문을 가졌고, 여러 가지 관찰을 통해 물체의 떨어지는 속도는 무게와 상관없을 것이라는 추측을 하게 되었다. 결국 갈릴레오는 자유낙하 실험을 통해 자신의 가설을 입증하였다. 즉, 무게가 다른 두 개의 물체를 같은 높이에서 떨어뜨리면 같은 속도로 떨어진다는 것이다. 이처럼 과학적 정신에 입각하면 단 한 번의 실험으로도 '사실'을 바꿀 수 있다.

과학자는 연구 도중에 기존의 원리와는 다른 실험적인 결과를 얻을 때가 있다. 예상치 못한 실험의 결과가 지엽적이고 사소한 것일지라도 과학자는 소중히 여기고 받아들여야 한다. 또한 과학자는 자신이 보고자 한 것과 자신이 본 것을 구별하도록 노력해야 한다. 왜냐하면 과학자들도 다른 일반인들처럼, 많은 사람이 옳다고 인정하는 것에 끌리는 경향이 있기 때문이다.

자연과학적 이론은 고정된 것이 아니라 변할 수 있는 것이며, 다시 개정되고 정비되는 과정을 거치면서 발전한다. 예를 들어 '원자운동'의 경우 지난 수백 년 동안 새로운 사실들이 축적되었고 이를 바탕으로 이론은 계속 수정되었다. 이와 같은 이론의 수정은 자연과학의 약점이 아니라 오히려 강점이 되며, 수정과 보완을 거듭하면서 모순 없는 법칙이나 진리에 가까이 가게 된다. 그러므로 반대적 실험 사실에 직면할 때나 가설에 의해 새로운 관점을 갖게 될 수밖에 없을 때, 과학자들은 자신의 마음을 바꾸는 것을 주저해서는 안 된다. 믿음을 지키는 것보다 더 중요한 것은 믿음을 개선하는 것이다.

윗글의 내용과 일치하는 것은?

① '추측'은 타당성이 있어야 '사실'이 된다.
② 일반인들은 입증된 사실만을 받아들인다.
③ 자연과학 이론의 수정 가능성은 자연과학의 약점이다.
④ 공인된 사실도 새로운 '사실'이 나올 때까지의 '협약'일 뿐이다.

글쓴이의 궁극적 의도를 바르게 설명한 것은?

① 과학에서는 가설보다 원리가 가치 있는 것임을 제시하고자 하였다.
② 실험이나 가설에 의하지 않고도 과학 발전이 가능함을 밝히고자 하였다.
③ 실험 결과에 따라 과학적 가설을 받아들이는 과학자의 유연한 자세를 강조하고자 하였다.
④ 과학자는 과학뿐 아니라 다른 학문 분야의 지식도 존중할 필요가 있다는 것을 말하고자 하였다.

눈 내리는 겨울밤이 깊어갈수록
ⓐ 눈 맞으며 파도 위를 걸어서 간다.
쓰러질수록 파도에 몸을 던지며
가라앉을수록 눈사람으로 솟아오르며
이 세상을 위하여 울고 있던 사람들이
또 이 세상 어디론가 끌려가는 겨울밤에
굳어 버린 파도에 길을 내며 간다.
먼 산길 짚신 가듯 바다에 누워
넘쳐 버릴 파도에 푸성귀로 누워
서러울수록 ⓑ 봄눈을 기다리며 간다.
다정큼나무 숲 사이로 보이던 바다 밖으로
지난 가을 산국화도 몸을 던지고
칼을 들어 파도를 자를 자 저물었나니
단 한 번 인간에 다다르기 위해
살아갈수록 눈 내리는 파도를 탄다.
괴로울수록 홀로 넘칠 파도를 탄다.
어머니 손톱 같은 봄눈 오는 바다 위로
솟구쳤다 사라지는 우리들의 발.
사라졌다 솟구치는 우리들의 생(生).

– 정호승, '파도타기'

09 윗글의 표현상 특징으로 적절하지 <u>않은</u> 것은?

① 명사로 시행을 끝맺어 시적 여운을 주고 있다.
② 역동적 이미지를 활용하여 생동감을 자아내고 있다.
③ 감탄사를 사용하여 화자의 고조된 감정을 나타내고 있다.
④ 특정 시어를 반복적으로 제시하여 시적 의미를 강조하고 있다.

10 ⓐ와 ⓑ를 비교한 내용으로 가장 적절한 것은?

① ⓐ는 ⓑ와 달리, 화자의 인식을 전환시킨다.
② ⓐ는 ⓑ와 달리, 과거에 대한 향수를 담고 있다.
③ ⓑ는 ⓐ와 달리, 화자가 지향하는 바를 의미한다.
④ ⓑ는 ⓐ와 달리, 화자의 심리적 갈등을 유발한다.

[11~12] 다음 글을 읽고 물음에 답하시오.

슬프나 즐거오나 옳다 하나 외다* 하나
내 몸의 해올 일만 닦고 닦을 뿐이언정
그 밖의 여남은 일이야 분별할 줄 이시랴

〈제1수〉

내 일 망령된* 줄을 내라 하여 모를 것인가
이 마음 어리석기도 임 위한 탓이로세
아무가 아무리 일러도 임이 생각하여 보소서

〈제2수〉

추성(楸城)* 진호루(鎭胡樓) 밖에 울어 예는 저 시내야
므음 호리라* 주야에 흐르는가
임 향한 내 뜻을 조차 그칠 줄을 모르는가

〈제3수〉

뫼흔 길고 길고 물은 멀고 멀고
어버이 그린 뜻은 많고 많고 하고 하고
어디서 외기러기는 울고 울고 가느니

〈제4수〉

어버이 그릴 줄을 처음부터 알아마는
임금 향한 뜻도 하늘이 삼겨시니
진실로 임금을 잊으면 그 불효인가 여기노라

〈제5수〉
– 윤선도, '견회요(遣懷謠)'

*외다: 그르다, 잘못되다.
*망령된: 언행이 상식에서 벗어나 주책이 없는.
*추성(楸城): 지은이가 유배되었던 함경북도 경원.
*므음 호리라: 무엇을 하려고.

11 윗글에 나타난 표현상 특징으로 적절한 것은?

① 반어적 표현을 통해 시적 긴장감을 높이고 있다.
② 설의적 표현을 통해 화자의 의지를 드러내고 있다.
③ 점강적 표현을 통해 대상의 특성을 강조하고 있다.
④ 과장된 표현을 통해 현실 비판 의식을 나타내고 있다.

12 〈제3수〉와 〈제4수〉에 대한 이해로 적절한 것은?

① 〈제3수〉에는 과거의 공간이, 〈제4수〉에는 현재의 공간이 나타나고 있다.
② 〈제3수〉에는 화자의 고뇌하는 모습이, 〈제4수〉에는 유유자적하는 모습이 나타나고 있다.
③ 〈제3수〉와 〈제4수〉에는 화자가 동경하는 세계가 구체적으로 드러나고 있다.
④ 〈제3수〉와 〈제4수〉에는 대상의 속성에 빗대어 화자의 심정이 드러나고 있다.

[13~15] 다음 글을 읽고 물음에 답하시오.

> [앞의 줄거리] 채봉은 평양성 김 진사의 딸로, 꽃구경을 갔다가 서생인 장필성을 만나 서로 호감을 갖게 된다. 필성의 집에서 매파를 보내어 둘의 결혼을 승낙 받게 되는데 김 진사는 서울 사는 세도가 허 판서에게 돈을 주고 벼슬을 사며 그의 딸을 허 판서의 애첩으로 들여보내기로 약속하고 평양으로 내려온다.

"무엇이 그토록 좋아서 춤을 춘단 말입니까?"

"우선 허 판서 주선으로 과천 현감을 할 테지. 이제 채봉이가 그리로 들어가면 감(監)도 있고, 대신도 있은 즉 그 때엔 정경부인은 갈 데 없으니 이런 경사가 어디 있소. 두말 말고 데리고 올라 갑시다."

이씨 부인도 그 소리에는 귀가 솔깃하니,

"진사님께서도 기어코 하려고 드시면 전들 어떻게 하겠나이까만, 애기가 즐겨 들을지가 걱정이옵니다."

이때 채봉이는 추향을 데리고 앉아서 열녀전을 보다가 부친의 음성을 듣자, 추향을 데리고 나오다가 아버지와 어머니의 이야기가 자기의 혼사에 대한 말이라 걸음을 멈추고 서 있다가, 아버지와 어머니의 말을 역력히 들은 다음 이야기가 끝남을 기다려 아버지 앞에 나와 김 진사에게 날아갈 듯 절을 하더니

"아버님 먼 길에 안녕히 다녀오셨사오니까?"

김 진사는 채봉을 귀엽게 여겨서 채봉의 등을 어루만지며,

"오, 잘 있었느냐? 그래 글공부도 더 하고 바느질 솜씨도 더 익히었느냐?"

그러면서 이씨 부인을 쳐다보며 말하기를,

"여보, 참말 애기는 이제는 침선 같은 것은 배워도 소용이 없구료. 침모가 다 해다 바칠 테니 말이오."

김 진사는 다시 채봉을 바라보며 말하기를,

"아가, 너 재상의 소실이 좋으냐, 여염집 부인이 좋으냐? 아비 어미 부끄러워 말고 네 소원대로 말해 봐라."

채봉은 배운 바 학문도 있고, 김 진사 내외의 하는 말도 들은 바 있는지라 서슴지 않고 대답하더라.

"차라리 닭의 입이 될지언정 소의 뒤 되기는 원치 않사오니이다."

"허허, 네가 남의 별실 구경을 못 해서 그런 소리를 하는가 보다만, 세상에 더한 호강은 없느니라."

옆에서 듣고 있던 이씨 부인이 나서서 말하기를,

"그렇던 저렇던 우선 방으로 드십시오. 마루에서 무슨 이야기를 길게 하십니까?"

"들어갑시다. 아가 넌 네 방으로 가거라."

하고 채봉을 초당으로 내보내고 두 내외는 서울로 올라갈 의논을 하느라 부산하더라.

채봉은 자기 방으로 돌아와 추향을 보고 말하기를,

"추향아 이 일을 어쩌면 좋으냐?"

"글쎄올습니다. 진사님께서는 마음을 돌리실 것 같지 않은데, 마님께서 솔깃해 하시니요."

채봉은 묵묵히 앉아 생각에 잠겼다가 혼자 중얼거리더라.

"박명한 채봉이 이제부터 무한한 풍상을 겪으리로다."

하며, 두 줄기 눈물을 주루루 흘리니, 추향은 이 모양을 보고 채봉을 위로하더라.

"아가씨, 아가씨, 우지 마셔요. 어찌됐건 간에 좋은 경사인데 왜 우시오니까?"

이 말을 들은 채봉은 소리쳐 꾸짖더라.

"발칙한 것, 네가 어찌 내 귀에 그런 말을 들린단 말이냐? 이게 어찌 경사냐? 아무리 무식하기로서니 내 말을 들어 봐라. 옛 성현의 말씀이 '사람을 믿지 아니할진대 들이지 마라'하였으니 사람이 신의가 없으면 무엇에 쓴단 말이냐? 하물며 여자의 몸으로 누구에게든 한 번 허락한 다음에야 다시 딴 마음을 먹을 수 있단 말이냐? 너도 생각해 봐라. 전날 후원에서의 일은 네가 다 소개한 일인데 내가 어찌 딴 마음을

먹는단 말이냐?"

"아가씨의 뜻은 그러하오나 부모가 하시는 일을 자손된 도리에 어찌 거역을 한단 말씀이오니까?"

"여자의 마음이라는 것은 한 번 정한 일이 있으면 비록 천자의 위력으로도 빼앗을 수 없는데 부모님께서 어찌 하신단 말이냐?"

하고 추향의 귀에다 입을 대고 무어라 한참 속삭이더니,

"추향아, 아무리 생각해도 그리 할 수밖에 없으니 나는 어떻게 하던지 가다가 중로(中路)에서 몸을 피할 터이니 너는 어멈하고 뒤를 밟아 오너라."

추향이 고개를 까딱까딱하고

"그러하시면 진사님과 마님께서는 마음이 오죽하시겠습니까? 그러나 아가씨 생각이 그러하시면 시키는 대로 하지요."

– 작자 미상, '채봉감별곡'

13 윗글에 대한 설명으로 적절한 것은?

① 구어체로 서민의 삶을 진솔하게 드러내고 있다.
② 등장인물의 대화를 통해 사건을 전개해 나가고 있다.
③ 역순행적인 구성으로 독자의 흥미를 유발시키고 있다.
④ 구체적 배경을 제시하여 작품의 사실감을 더해주고 있다.

14 윗글에 나타난 채봉의 태도와 가장 거리가 먼 것은?

① 자신의 사랑을 끝까지 지키려 한다.
② 자신의 사리 판단에 의해서 삶을 선택하려고 한다.
③ 자신에게 다가올 운명에 대해 서글퍼하고 있다.
④ 자식된 도리를 다하지 못하게 될 것을 안타까워하고 있다.

15 윗글을 읽은 반응으로 적절하지 않은 것은?

① 김 진사의 행동을 통해 당시 타락한 사회상을 엿볼 수 있군.
② 채봉이 겪는 갈등의 근본 원인은 김 진사의 이기심에 있다고 볼 수 있군.
③ 이씨 부인은 채봉이 겪는 갈등 상황을 완화해 주는 역할을 하고 있다고 볼 수 있군.
④ 추향은 채봉이 처한 상황을 안타까워하면서도 도덕적 선택에 대해서는 다른 견해를 갖고 있군.

자동차 속에서 이인국 박사는 들고 나온 석간을 펼쳤다. 일면의 제목을 대강 훑고 난 그는 신문을 뒤집어 꺾어 삼면으로 눈을 옮겼다. / '북한 소련 유학생 서독으로 탈출'

바둑돌 같은 굵은 활자의 제목. 원편 전단을 차지한 외신 기사. 손바닥만한 사진까지 곁들여 있다.

그는 코허리에 내려온 안경을 올리면서 눈을 부릅떴다. 그의 시각은 활자 속을 헤치고 머릿속에는 아들의 환상이 뒤엉켜 들이차 왔다. 아들을 모스크바로 유학시킨 것은 자기의 억지에서였던 것만 같았다.

출신 계급, 성분, 어디 하나나 부합될 조건이 있었단 말인가. 고급 중학을 졸업하고 의과 대학에 입학된 바로 그 해다.

이인국 박사는 그때나 지금이나 자기의 처세 방법에 대하여 절대적인 자신을 가지고 있다.

"애, 너 그 노어 공부를 열심히 해라."

"왜요?" / 아들은 갑자기 튀어나오는 아버지의 말에 의아를 느끼면서 반문했다.

"야 원식아, 별 수 없다. 왜정 때는 그래도 일본말이 출세를 하게 했고 이제는 노어가 또 판을 치지 않니. 고기가 물을 떠나서 살 수 없는 바에야 그 물 속에서 살 방도를 궁리해야지. 아무튼 그 노서아 말 꾸준히 해라."

아들은 아버지 말에 새삼스러이 자극을 받는 것 같진 않았다.

"내 나이로도 인제 이만큼 뜨내기 회화쯤은 할 수 있는데, 새파란 너희 낫세로야 그걸 못 하겠니?"

"염려 마세요, 아버지……." / 아들의 대답이 그에게는 믿음직스럽게 여겨졌다.

이인국 박사는 심각한 표정으로 말을 이었다.

"어디 코 큰 놈이라구 별것이겠니, 말 잘해서 진정이 통하기만 하면 그것들두 다 그렇지……."

이인국 박사는 끝내 스텐코프 소좌의 배경으로 요직에 있는 당 간부의 추천을 받아 아들의 소련 유학을 결정짓고야 말았다.

[A]
> "여보, 보통으로 삽시다. 거저 표나지 않게 사는 것이 이런 세상에선 가장 편안할 것 같아요. 이제 겨우 죽을 고비를 면했는데 또 쟤까지 그 '높이 드는' 복판에 휘몰아 넣으면 어쩔라구……."
> "가만있어요, 호랑이가 굴에 가야 새끼를 잡는 법이오. 무슨 세상이 되든 할 대로 해 봅시다."
> "그래도 저 어린것을 어떻게 노서아까지 보낸단 말이오."
> "아니, 중학교 야들도 가지 못해 골들을 싸매는데, 대학생이 못 가 견딜라구."
> "그래도 어디 앞일을 알겠소……."
> "괜한 소리, 쟤가 소련 바람을 쏘이구 와야 내게 허튼 소리 하는 놈들도 찍소리를 못할 거요. 어디 보란 듯이 다시 한 번 살아 봅시다."

아들의 출발을 앞두고, 걱정하는 마누라를 우격다짐으로 무마시키고 그는 아들의 유학을 관철하였다.

'흥 혁명 유가족두 가기 힘든 구멍을 이인국의 아들이 뚫었으니 어디 두구 보자…….'

그는 만장의 기염을 토하며 혼자 중얼거리고는 희망에 찬 미소를 풍겼다.

그 다음해에 사변이 터졌다.

잘 있노라는 서신이 계속하여 왔지만 동란 후 후퇴할 때까지 소식은 두절된 대로였다.

마누라의 죽음은 외아들을 사지로 보낸 것 같은 수심에도 그 원인이 있었다고 그는 생각하고 있다.

이인국 박사는 신문 다치키리(스크랩) 속에 채워진 글자를 하나도 빼지 않고 다 훑어 내려갔다. 그러나 아들의 이름에 연관되는 사연은 한마디도 없었다.

'이 자식은 무얼 꾸물꾸물하느라고 이런 축에도 끼지 못한담. …… 사태를 판별하고 임기응변의 선수를 쓸 줄 알아야지, 멍추 같이…….' / 그는 신문을 포개어 되는 대로 말아 쥐었다.

'개천에서 용마가 난다는데 이건 제 애비만도 못한 자식이야.' / 그는 혀를 찍찍 갈았다.

'어쩌면 가족이 월남한 것조차 모르고 주저하고 있는 것이나 아닐까. 아니 이제는 그쪽에도 소식이 가서 제게도 무언중의 압력이 퍼져 갈 터인데……역시 고지식한 놈이 아무래도 모자라…….'
그는 자동차에서 내리자 건가래침을 내뱉었다.
'독또오루 리, 내가 책임지고 보장하겠소. 아들을 우리 조국 소련에 유학시키시오.'
스텐코프의 목소리가 고막에 와 부딪는 것만 같았다.

– 전광용, '꺼삐딴 리'

16 윗글의 서술 태도에 대한 설명으로 가장 적절한 것은?

① 작품 밖의 서술자가 사건 내용을 객관적인 입장에서 관찰하고 있다.
② 서술자가 중심인물의 내면 심리를 드러내는 데 초점을 맞추고 있다.
③ 작품의 주인공이 직접 체험한 사건을 고백하듯이 차분하게 서술하고 있다.
④ 작품의 주변 인물이 카메라의 눈처럼 작중 상황을 외면적으로 묘사하고 있다.

17 윗글과 관련하여 삽화를 그려 보았다. 사건 발생 순서에 따라 바르게 배열한 것은?

① Ⓐ ⇨ Ⓑ ⇨ Ⓓ ⇨ Ⓒ
③ Ⓒ ⇨ Ⓓ ⇨ Ⓑ ⇨ Ⓐ
② Ⓐ ⇨ Ⓒ ⇨ Ⓓ ⇨ Ⓑ
④ Ⓓ ⇨ Ⓐ ⇨ Ⓒ ⇨ Ⓑ

18 [A]에 대한 설명으로 적절하지 <u>않은</u> 것은?

① 아내는 남편의 결정을 못마땅하게 여기고 있다.
② 남편은 우격다짐으로 자신의 의지를 관철시키고 있다.
③ 아내는 다가올 사태를 애써 낙관적으로 바라보고 있다.
④ 남편은 세태 변화를 핑계로 아내의 동의를 종용하고 있다.

[19~20] 다음 글을 읽고 물음에 답하시오.

사람은 저마다 저다운 마음의 안경을 쓰고 인생을 바라본다. 그 안경의 빛깔이 검고 흐린 사람도 있고 맑고 깨끗한 사람도 있다. 검은 안경을 쓰고 인생을 바라보느냐? 푸른 안경을 통해서 인생을 내다보느냐? 그것은 마음에 달린 문제다. 불평의 안경을 쓰고 인생을 내다보면 보고 듣고 경험하는 것이 모두 불평 투성이요, 감사의 안경을 쓰고 세상을 바라보면 인생에서 축복하고 싶은 것이 한없이 많을 것이다.

똑같은 달을 바라보면서도 바라보는 사람의 마음에 따라서 혹은 슬프게 혹은 정답게 혹은 허무하게 느껴진다. 행복의 문제도 마찬가지다. 인간의 육체를 쓰고 사는 정신인 이상, 또 남과 더불어 살아갈 수밖에 없는 사회적 존재인 이상, 누구든지 먹고살기 위한 의식주와 처자(妻子)와 친구와 명성과 사회적 지위가 필요함은 말할 것도 없다. ㉠ 돈, 건강, 가정, 명성, 쾌락 등은 행복에 필요한 조건이다. 이런 조건을 떠나서 우리는 결코 행복할 수 없다. 그러나 행복의 조건을 갖추었다고 곧 행복해지는 것은 아니다. 행복하다는 것은 행복의 조건을 갖는다는 것과는 엄연히 구별해야 할 별개의 문제다. 집을 지으려면 ㉡ 돌과 나무와 흙이 필요하지만 그런 것을 갖추었다고 곧 집이 되는 것이 아님과 마찬가지의 논리다.

행복에 있어서 제일 중요한 것은 스스로 행복하다고 느끼는 것이다. ㉢ 행복감을 떠나서 행복이 달리 있을 수 없다. 아무리 돈이 많고 명성이 높고 좋은 가정을 갖고 재능이 뛰어나다고 하더라도, 그 사람이 스스로 행복하다고 느끼지 않는다면 어떻게 할 도리가 없는 것이다. 얼마든지 행복할 수 있는 조건을 가지면서도 불행한 사람, 또 그와 반대로 행복할 수 있는 조건은 별로 갖지 못하면서도 사실상 행복한 사람을 우리는 세상에서 가끔 본다. 전자의 불행은 어디서 유래하며 후자의 비밀은 어디에 있을까.

[A]

"㉣ 항산(恒産)이 없으면 항심(恒心)이 없다."
고 맹자는 말했다. 그러나 맹자는 다시, 선비는 항산이 없어도 항심이 있다고 단언했다. 맹자의 '항산'이란 말을 '행복의 조건'이란 말로 바꾸고, '항심'이란 말을 행복이란 말로 옮겨 놓아도 별로 의미에 큰 차이는 없을 것이다. 행복의 조건을 갖추지 못하면 행복할 수 없다. 그러나 선비는 행복의 조건을 못 갖추어도 행복할 수 있다. 이것이 맹자의 행복의 논리다.

행복의 조건이 행복의 객관적 요소라고 한다면, 행복감은 행복의 주관적 요소다. 행복은 이 두 가지 요소의 종합에 있다.

행복해질 수 있는 충분한 조건을 가지면서도 행복해지지 못하는 비극의 원인은 어디에 있으며, 또 행복해질 만한 조건은 별로 갖추지 못하면서도 행복을 누리는 비결은 무엇일까? 맹자의 표현을 빌려서 말한다면 항산이 없더라도 항심이 있을 수 있음은 어찌된 까닭일까? 그것은 요컨대 마음의 문제다. / '사람은 자기가 결심하는 만큼 행복해질 수 있다.'
고 링컨은 말했다. 행복이 마음의 문제라고 한다면 마음의 어떠한 문제일까?

– 안병욱, '행복의 메타포'

19 [A]에 대한 설명으로 적절하지 <u>않은</u> 것은?

① 대립적인 두 상황을 초래한 근본적 원인을 밝히고 있다.
② 일반적 통념을 반박하여 주장의 타당성을 납득시키고 있다.
③ 두 요소를 대비한 후 문제 제기를 통해 한 요소의 중요성을 부각시키고 있다.
④ 성현(聖賢)의 말이 지닌 현대적 의미를 해석하여 이야기 전개에 활용하고 있다.

20 밑줄 친 ㉠~㉤ 중에서 의미하는 바가 <u>다른</u> 것은?

① ㉠　　　　　② ㉡　　　　　③ ㉢　　　　　④ ㉣

Memo

01 등차수열 $\{a_n\}$과 등비수열 $\{b_n\}$은 다음 조건을 만족시킨다.

> (가) $a_1=2$, $b_1=2$
> (나) $a_2=b_2$, $a_4=b_4$

a_5+b_5의 값은? (단, 수열 $\{b_n\}$의 공비는 1이 아니다.)

① 8 ② 10

③ 12 ④ 14

02 $\log_2 3+\log_2 6-\log_2 9$의 값은?

① -3 ② -1

③ 0 ④ 1

03 두 유리함수 $y=\dfrac{ax+1}{2x-6}$, $y=\dfrac{bx+1}{2x+6}$ 의 그래프가 직선 $y=x$에 대하여 대칭일 때, $b-a$의 값을 구하시오. (단, a, b는 상수이다.)

① 8   ② 10

③ 12   ④ 14

04 $\lim\limits_{n\to\infty} n(\sqrt{n^2+1}-n)$의 값은?

① $\dfrac{1}{2}$ ② 1

③ $\dfrac{3}{2}$ ④ 2

함수 $f(x) = \begin{cases} \dfrac{6x^2+ax+2}{x-1} & (x \neq 1) \\ b & (x = 1) \end{cases}$ 이 실수 전체의 집합에서 연속이 되도록

하는 두 상수 a, b에 대하여 a^2+b^2의 값은?

① 60   ② 70

③ 80   ④ 90

06

수열 $\{a_n\}$의 첫째항부터 제 n항까지의 합 S_n이 $S_n=n^2+6n$일 때, a_5의 값은?

① 15   ② 20

③ 25   ④ 30

07 두 함수 $f(x)=2x+1$, $g(x)=x-3$에 대하여 $(f \circ g^{-1})(x)=ax+b$라 할 때, 두 상수 a, b의 곱 ab의 값은?

① 8   ② 10

③ 12   ④ 14

08 다항함수 $f(x)$가 다음 조건을 만족시킨다.

> (가) $\displaystyle\lim_{x \to \infty} \frac{f(x)-2x^2}{x^2-1}=2$
>
> (나) $\displaystyle\lim_{x \to 1} \frac{f(x)-2x^2}{x^2-1}=2$

$f'(5)$의 값은?

① 35   ② 40

③ 45   ④ 50

09 수열 $\{a_n\}$에 대하여 급수 $\sum_{n=1}^{\infty}\left(\dfrac{9}{2}-a_n\right)$이 수렴할 때, $\lim_{n\to\infty}(8a_n+7)$의 값은?

① 36　　　　　　　　　　② 43

③ 50　　　　　　　　　　④ 57

10 $a=\sqrt[3]{2}$, $b=\sqrt[4]{3}$ 일 때, 등식 $6=a^x b^y$이 성립한다. 두 유리수 x, y의 합 $x+y$의 값은?

① 6　　　　　　　　　　② 7

③ 8　　　　　　　　　　④ 9

11 $\lim\limits_{n\to\infty}\dfrac{a\times 4^{n+1}+3^{n+1}}{4^n+3^n}=6$일 때, 상수 a의 값은?

① $\dfrac{1}{2}$ ② 1

③ $\dfrac{3}{2}$ ④ 2

12 등차수열 $\{a_n\}$에 대하여 $a_1=1$, $a_2+a_4=18$이다.

$$S_n=\sum_{k=1}^{n}a_k$$

라 할 때, $\lim\limits_{n\to\infty}(\sqrt{S_{n+1}}-\sqrt{S_n})$의 값은?

① $\sqrt{2}$ ② $2\sqrt{2}$

③ $3\sqrt{2}$ ④ $4\sqrt{2}$

13 그림과 같이 삼차함수 $y=f(x)$가
$$f(-1)=f(1)=f(2)=0, \ f(0)=2$$
를 만족시킬 때, $\displaystyle\int_0^2 f'(x)\,dx$의 값은?

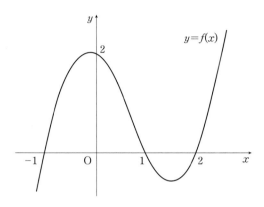

① -2　　　　　　　　　　　② -1

③ 0　　　　　　　　　　　　④ 1

14 모든 항이 양의 실수인 수열 $\{a_n\}$이
$$a_1=k, \ a_n a_{n+1}+a_{n+1}=ka_n^2+ka_n \ (n\geq 1)$$
을 만족시키고, $\displaystyle\sum_{n=1}^{\infty} a_n=5$일 때, 실수 k의 값은? (단, $0<k<1$)

① $\dfrac{5}{6}$　　　　　　　　　　② $\dfrac{4}{5}$

③ $\dfrac{2}{3}$　　　　　　　　　　④ $\dfrac{1}{2}$

15 확률변수 X의 확률분포를 표로 나타내면 다음과 같다.

X	-4	0	4	8	합계
$P(X=x)$	$\dfrac{1}{5}$	$\dfrac{1}{10}$	$\dfrac{1}{5}$	$\dfrac{1}{2}$	1

$E(3X)$의 값은?

① 6

② 8

③ 10

④ 12

16 함수 $f(x)=x(x+2)(x+4)$에 대하여 함수 $g(x)=\displaystyle\int_2^x f(t)dt$는 $x=\alpha$에서 극댓값을 갖는다. $g(\alpha)$의 값은?

① -29

② -30

③ -31

④ -32

그림과 같이 합동인 정삼각형 2개와 합동인 등변사다리꼴 6개로 이루어진 팔면체가 있다. 팔면체의 각 면에는 한 가지의 색을 칠한다고 할 때, 서로 다른 8개의 색을 모두 사용하여 팔면체의 각 면을 칠하는 경우의 수는? (단, 팔면체를 회전시켰을 때 색의 배열이 일치하면 같은 경우로 생각한다.)

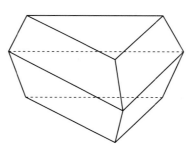

① 6520

② 6620

③ 6720

④ 6820

18 다음 조건을 만족시키는 음이 아닌 정수 a, b, c, d의 모든 순서쌍 (a, b, c, d)의 개수는?

(가) $a+b+c+3d=10$

(나) $a+b+c \leq 5$

① 18

② 20

③ 22

④ 24

19 함수 $f(x)=x^2+ax$에 대하여 $\lim\limits_{h \to 0} \dfrac{f(1+h)-f(1)}{2h}=6$일 때, 상수 a의 값은?

① 9　　　　　　　　　　② 10

③ 11　　　　　　　　　　④ 12

20 확률변수 X가 이항분포 $\mathrm{B}(n,\,p)$를 따르고 $\mathrm{E}(3X)=18$, $\mathrm{E}(3X^2)=120$일 때, n의 값은?

① 14　　　　　　　　　　② 16

③ 18　　　　　　　　　　④ 20

01 다음 글에서 전체 흐름과 관계<u>없는</u> 문장은?

Dr. John Ross was well-known for helping his patients. Many of his patients were poor farmers, and they could not always afford to pay Dr. Ross's small fee. ① The doctor reluctantly accepted vegetables, eggs, or even a simple "thank you" in payment. ② One winter afternoon, he went to a house to see a child with a fever. The girl's family had run out of the firewood they needed to keep their tiny house warm. ③ Dr. Ross grabbed a spare blanket from his car and told the father to bathe his daughter's forehead with cool water. Then Dr. Ross left to take care of other patients. ④ After setting a broken leg, delivering a baby, and cleaning an infected finger, he returned to the sick child's house with a load of firewood. He built a fire for the little girl and her family.

*deliver 출산을 돕다

02 다음 글의 주제로 가장 적절한 것은?

Do animals have a sense of fairness? Researchers decided to test this by paying dogs for "giving their paw." Dogs were asked repeatedly to give their paw. Researchers measured how fast and how many times dogs would give their paw if they were not rewarded. Once this baseline level of paw giving was established, the researchers had two dogs sit next to each other and asked each dog in turn to give a paw. Then one of the dogs was given a better reward than the other. In response, the dog that was being "paid" less for the same work began giving its paw more reluctantly and stopped giving its paw sooner. This finding raises the very interesting possibility that dogs may have a basic sense of fairness, or at least a hatred of inequality.

*paw 동물의 발

① 동물 실험의 장, 단점
② 개가 가지고 있는 공평에 대한 개념
③ 보상과 공평에 대한 새로운 생각
④ 개들에게 행해지는 반복학습의 효과

03 다음 글의 밑줄 친 부분 중, 어법상 틀린 것은?

You're buying a used car, moving into a new apartment, or determining ① which doctor should treat your cancer. These are times when you need to get directly to the core of an issue. "② Ask general questions gets you little valuable information, and may even yield misleading responses," says Julia Minson, a scholar at the University of Pennsylvania. The best way is ③ to ask probing questions that suppose there are problems. Let's say someone is selling a used music player. An example of a general question is "What can you tell me about it?" A positive-assumption question is "There aren't any problems with it, right?" But a negative-assumption question such as "What problems ④ have you had with it?" will get the most honest response.

04 다음 글의 빈칸에 들어갈 말로 가장 적절한 것은?

Anne Mangen at the University of Oslo studied the performance of readers of a computer screen compared to readers of paper. Her investigation indicated that reading on a computer screen involves various strategies from browsing to simple word detection. Those different strategies together lead to poorer reading comprehension in contrast to reading the same texts on paper. Moreover, there is an additional feature of the screen: hypertext. Above all, a hypertext connection is not one that you have made yourself, and it will not necessarily have a place in your own unique conceptual framework. Therefore, it may not help you understand and digest what you're reading at your own appropriate pace, and it _____.

*detection 찾기, 탐색

① should improve your reading skills
② must be another way
③ will give you reading tips
④ may even distract you

05 빈칸 (A), (B)에 들어갈 말로 가장 적절한 것은?

Teachers at Stone Mountain State College(S.M.S.C.) give higher grades than teachers at other colleges in the state college system. More than one-third of the undergraduate grades awarded in the spring semester 2005 were A's, and only 1.1 percent were F's. The percentage of A's awarded to graduate students was even higher; almost two-thirds were A's. The students, of course, may be happy because they received high grades. ___(A)___, evidence suggests that this trend is having negative consequences. When they applied to a graduate or professional school, they got disadvantages because the admission offices believed an A from S.M.S.C. is not equal to an A from other universities. Grade inflation, ___(B)___, may hurt a student from S.M.S.C. who intends to apply to a graduate or professional school.

	(A)		(B)
①	Moreover	······	for example
②	In addition	······	nevertheless
③	However	······	therefore
④	Although	······	On the other hand

06 (A), (B)의 각 네모 안에서 문맥에 맞는 말로 가장 적절한 것은?

Elephant Butte Reservoir is the 84th largest man-made lake in the United States and the largest in New Mexico by total surface area. It is the only place in New Mexico where one can find pelicans resting alongside the lake. The reservoir is also part of the largest state park in New Mexico, Elephant Butte Lake State Park. Elephant Butte Reservoir (A) deprives / derives its name from an island in the lake, a flat-topped, eroded volcanic core in the shape of an elephant. The reservoir is part of the Rio Grande Project, a project to provide power to south-central New Mexico and west Texas. There has been a decrease in the water level because of years of (B) drought / flood. However, fishing is still a popular recreational activity on the reservoir, which mainly contains different types of bass.

	(A)		(B)			(A)		(B)
①	deprives	······	drought		②	deprives	······	flood
③	derives	······	drought		④	derives	······	flood

07 (A), (B)의 각 네모 안에서 어법에 맞는 표현으로 가장 적절한 것은?

Fear of sharks has kept many pool swimmers from testing the ocean water. Especially, the 1975 blockbuster movie *Jaws*, (A) featuring / featured a series of shark attacks in a small beach community, provided vivid images that convinced many people that ocean swimming should be left to the big fish. However, the actual chance of being attacked by a shark is very small. You take a greater risk while driving to and from the beach. According to the International Shark Attack File, the low number of shark attacks indicates that these big fish do not feed on humans by nature. Most shark attacks are simply due to mistaken identity. In 2007, there were 71 reported shark attacks on humans worldwide and only one death, (B) that / which is significantly lower than the 2007 death rate for bee stings and snake bites.

	(A)		(B)			(A)		(B)
①	featuring	······	that		②	featuring	······	which
③	featured	······	that		④	featured	······	which

08 다음 글의 빈칸에 들어갈 말로 가장 적절한 것은?

If you ask someone to name three sports, most likely he or she will be able to answer with ease. After all, nearly everyone has an idea about what types of activities are regarded as sports and which are not. Most of us think we know what sports are. However, the line drawn between examples of sports, leisure, and play is not always clear. In fact, devising a definition that establishes clear and clean parameters around what types of activities should be included and excluded is _____. Activities that are regarded as play today may gain the status of sport in the future. For example, many people once played badminton in their backyards but this activity was hardly considered a sport. Since 1992, however, badminton has been an Olympic sport!

① often not necessary
② done with ease
③ relatively difficult to do
④ required by sportsmen

다음 글의 빈칸에 들어갈 말로 가장 적절한 것은?

W: Ryan, did you go to the student council meeting?

M: Yes, we talked about the festival booths. We'll only have twenty booths this year.

W: That's far less than we had last year.

M: Selling food is not allowed starting from this year. Maybe that's why fewer clubs are running booths.

W: Really? Why isn't it allowed?

M: Because, last year, some students and parents complained about the garbage and smell from all the food.

W: _____ They love the festival's food.

M: I know, but I agree that selling food should not be allowed.

W: How come?

M: The festival should be about students' activities, not about food.

① I'm so glad to hear that.

② Who cares about the festival's food?

③ I can't wait to have the festival's food!

④ Oh, many students will be disappointed.

다음 대화에서 빈칸에 가장 적절한 것은?

M: Honey, here is an interesting article.

W: What's it about?

M: It's about school homework. It says that homework should be banned.

W: I don't understand. Why does the writer think so?

M: He says students study all day at school, so giving them homework can make them stressed out.

W: But doing homework is a good way to review what students learned at school.

M: According to the article, students need time to relax and play with their friends after school.

W: That makes sense. But I'm worried that students will play computer games all day long if they have no homework to do.

M: _____

W: I think giving them homework is necessary.

M: I agree. That might be helpful for students.

① I'm worried about that, too.

② Doing homework takes too much time.

③ Students want some time with their friends.

④ Teachers should reduce the amount of homework.

가 천 대 학 교
적성고사 적중 예상 [모의고사]

가천대학교 적성고사 적중 예상 문제집

제 2 회

- 국어 영역
- 수학 영역
- 영어 영역

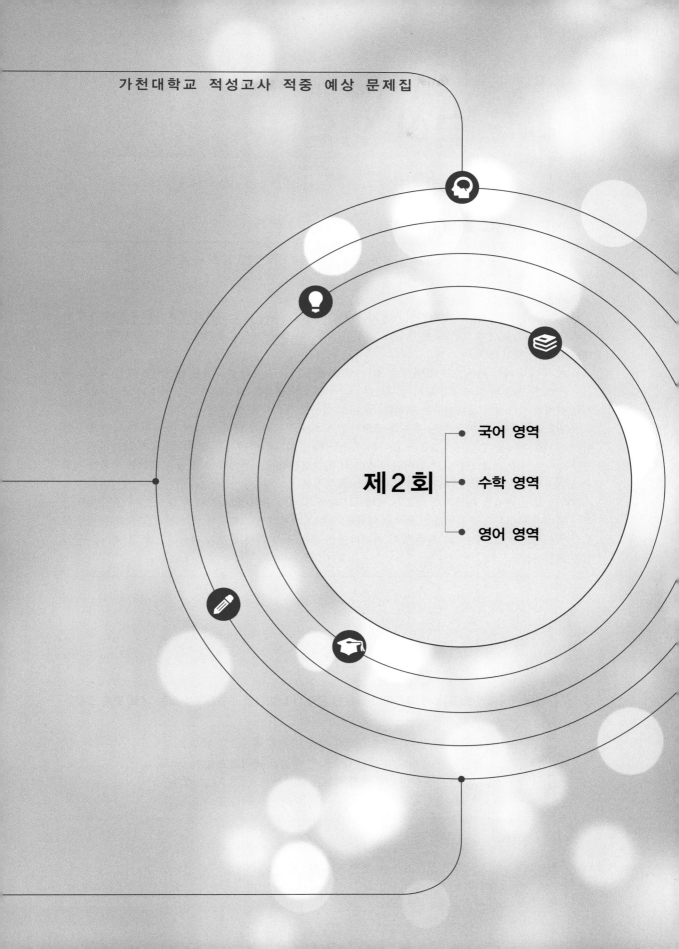

[01~02] 다음을 읽고 물음에 답하시오.

[작문 과제] 학급 친구들을 대상으로 '깨끗한 교실 환경 만들기'에 대한 글을 써 보자.

[과제의 초고]

교실은 우리가 학교에서 가장 많이 사용하는 공간이다. ㉠ 특히 교실 뒤편의 쓰레기통 주변이 가장 지저분한 것 같다. 그런데 요즘 들어 교실이 많이 더러워져서 생활하는 데 불편함이 많다. 쓰레기통이 있는데도 왜 그런 것일까?

이는 '깨진 유리창 이론'으로 설명할 수 있다. 이 이론은 건물의 깨진 유리창을 방치하면 깨진 지점을 중심으로 더 큰 파손이 일어나게 된다는 것이다. ㉡ 즉 사소한 문제를 해결하지 않고 내버려 두면 더 큰 문제로 이어질 가능성이 높아진다는 말이다. ㉢ 나도 실수로 유리창을 깬 경험이 있다.

교실에서 친구들 중 한두 명이 휴지를 쓰레기통에 제대로 버리지 않고 멀리서 대충 던지고 가면 주변이 쓰레기로 지저분해진다. 이것을 보고 다른 친구들 역시 휴지를 쓰레기통에 제대로 넣지 않기 시작하면 가랑비에 옷이 젖는 줄 모른다는 말처럼 주변이 점점 지저분해지는 것이다. 이처럼 쓰레기통 주변이 지저분해지는 이유는 사소한 문제를 해결하지 않고 ㉣ 방치했다.

그러면 교실 환경을 깨끗하게 만들기 위해서는 어떻게 해야 할까? 무엇보다도 교실은 나 혼자만의 공간이 아니라 우리들의 공간이라는 생각을 가지고 작은 쓰레기라도 그때그때 줍는 것이 중요하다. 아울러 쓰레기통 주변이 더 이상 지저분한 곳이 아니라는 느낌을 주기 위해 화분을 놓거나 산뜻한 벽지를 붙일 것을 제안한다.

[과제의 초고]에서 글쓴이가 활용한 글쓰기 방법만을 [보기]에서 있는 대로 고른 것은?

> **보기**
> ㄱ. 문제를 제기하고 문제에 대한 해결 방안을 제시하고 있다.
> ㄴ. 동일한 문제 상황에 대한 대조적인 의견을 제시하고 있다.
> ㄷ. 속담을 사용하여 글쓴이의 의도를 효과적으로 드러내고 있다.
> ㄹ. 현상을 설명할 수 있는 이론을 제시하여 설득력을 높이고 있다.

① ㄱ, ㄴ   ② ㄴ, ㄷ

③ ㄷ, ㄹ   ④ ㄱ, ㄷ, ㄹ

02 ㉠~㉣을 고쳐쓰기 위한 방안으로 적절하지 <u>않은</u> 것은?

① ㉠은 글의 흐름을 고려하여 뒤의 문장과 위치를 바꾼다.
② ㉡은 문장의 접속 관계를 고려하여 '그러나'로 수정한다.
③ ㉢은 글의 통일성을 고려하여 삭제한다.
④ ㉣은 문장 성분의 호응을 고려하여 '방치했기 때문이다'로 고친다.

03 [보기]의 ㉠과 ㉡에 해당하는 사례로 적절하지 <u>않은</u> 것은?

> **보기**
>
> 단어들은 의미를 중심으로 관계를 맺고 있다. 의미가 같거나 비슷한 둘 이상의 단어가 맺는 의미 관계를 ㉠ <u>유의 관계</u>, 둘 이상의 단어에서 의미가 서로 짝을 이루어 대립하는 의미 관계를 ㉡ <u>반의 관계</u>, 한 쪽이 의미상 다른 쪽을 포함하거나 다른 쪽에 포함되는 의미 관계를 상하 관계라 한다.

	㉠	㉡
①	옷 : 의복	밤 : 낮
②	서점 : 책방	기쁨 : 슬픔
③	걱정 : 근심	학생 : 남학생
④	분명하다 : 명료하다	숨기다 : 드러내다

04 [보기]의 ㉠~㉣을 고치기 위한 의견으로 적절하지 <u>않은</u> 것은?

> **보기**
>
> 고등학교 졸업 후 반 년 만에 선생님께 연락드린 후 댁으로 찾아갔다. 선생님 댁으로 가는 언덕길이 ㉠ <u>가파라서</u> 힘들었지만 오랜만에 선생님을 뵙는다는 생각에 마음만은 가벼웠다. 대문 밖에 나와 기다리시던 선생님께서는 ㉡ <u>너무 반가워하시며</u> 내 손을 잡아 주셨다. 앞뜰의 ㉢ <u>꽃에</u> 물을 주시던 사모님께서도 반겨주셨다. 사모님께서는 반가운 제자가 왔다고 ㉣ <u>살찐 생선</u>으로 끓인 먹음직한 찌개로 저녁상을 차려 주셨다. 나는 대학 생활의 시작이 성공적이었다고 선생님께 말씀드렸다. 선생님께서는 잔잔한 미소를 지으며 내 이야기에 귀를 기울여 주셨다.

① ㉠의 기본형 '가파르다'는 '르'불규칙 용언이므로 '가팔라서'로 고쳐야 해.
② ㉡에서 '너무'는 부정적인 어감을 지니고 있으므로 '무척'으로 바꾸는 것이 좋겠어.
③ ㉢의 대상은 움직임이 없는 것이기에 '-에'가 아니라 '-에게'로 바꾸는 것이 좋겠어.
④ ㉣의 '살찐'은 동사이기에, 의미에 맞게 형용사인 '살진'으로 바꾸어야겠어.

05 [보기]의 설명에 해당하는 단어로 적절한 것은?

> **보기**
> 긍정적 의미(A)와 부정적 의미(B)로 결합된 대등 합성어의 경우 어순은 대체로 'A+B형'이나 'B+A형'으로 고정되어 있다. 그러나 일부 어휘의 경우에는 어순이 상호 교체되어 쓰이기도 한다.

① 사생(死生)　　② 빈부(貧富)　　③ 화복(禍福)　　④ 곡직(曲直)

06 [보기]와 유사한 어법상의 **잘못**이 나타나는 것은?

> **보기**
> 그 선수의 장점은 경기의 흐름을 잘 읽고 다른 선수들에게 공을 잘 보내 준다.

① 그것이 요즈음 학생들에게 많이 읽혀지고 있는 책이다.
② 어머니께서 공부하는 나에게 간식으로 사과와 귤 두 개를 주셨다.
③ 축산 농가를 위해서 식사할 때마다 우유 한 컵씩 드셔서 건강합시다.
④ 무엇보다 중요한 것은 인간이 문명의 이기를 자신을 위하여 슬기롭게 사용해야 한다.

[07~08] 다음 글을 읽고 물음에 답하시오.

인간이 언어를 사용하는 행위는 근본적으로 의사소통을 하기 위한 것이다. 발화는 말하는 사람의 측면에서 보면 자신의 생각을 표현하는 행위지만, 표현 그 자체가 목적이 되는 것은 아니다. 언어를 사용하는 행위가 실제로는 다른 궁극적인 목적을 달성하기 위한 수단이고 과정일 때가 많다. 그 궁극적인 목적이란, 무엇보다도 말하는 사람이 듣는 사람의 마음을 움직여 의도했던 반응을 도출해 내려고 하는 것이다. 이런 과정에 따라 듣는 사람의 심리에 영향을 끼치는 일을 감화(感化)라 한다. 말하는 사람이 듣는 사람에게 무엇인가 기대하는 바가 있다면, 그것은 이러한 감화의 과정을 거친 뒤에야 비로소 그 성취를 기대할 수 있는 것이다.

이제 '말하는 사람'과 '듣는 사람', 그리고 현실 세계 등의 상호 관계를 중심으로 언어의 기능에 관하여 생각해 보기로 하자.

첫째, 표현의 기능을 들 수 있다. 이는 언어가 말하는 사람과 관련되는 상황이다. 말하는 사람은 현실 세계에 대한 자신의 판단이라든가 다른 섬세한 감정까지도 언어로 표현하게 된다. 이는 말하는 사람의 심리 내용에 따라 다시 몇 가지로 나누어 볼 수 있다.

① 이 금은 무게가 5g이다.　　　　② 어서 출발하시지요.
③ 이 책은 참 재미있다.　　　　　④ 철수는 공부하지 않은 것 같다.

이들의 기능은 각각 다르다. 순서대로 살펴본다면, ①은 말하는 사람의 사실적인 판단, ②는 듣는 사람에 대한 말하는 사람의 태도, ③은 지시 대상에 대한 말하는 사람의 태도, ④는 자신의 판단에 대한 확신성 여부 등을 표현한 것이다.

둘째, 듣는 사람으로 하여금 특정 행동을 하도록 하는 기능을 들 수가 있다. 이는 말하는 사람의 마음을 표현한다는 점에서 첫째 것과 다르지는 않으나, 특히 듣는 사람에게 감화 작용을 하여 실제 행동에 ⊙옮기도록 한다는 점이 다르다.

① 어서 학교에 가거라.　　　　　　　　　　② 여기는 금연 장소입니다.

①은 명령으로, 특정 행동을 하도록 듣는 사람에게 직접 작용하는 것이고, ②는 담화의 형식만으로만 보면 단순한 서술(敍述)이지만, 이 또한 "금연하라."와 같은 명령문의 기능도 하고 있는 것이다. 언어의 이러한 기능을 감화적 기능이라고 한다.

셋째, 단순히 친교적인 기능만으로 언어를 사용하는 일이 있다.

"날씨 참 사납군요."(폭우를 보면서)　　　　　"진지 잡수셨습니까?"(인사치레로)

등과 같은 인사말들이 대표적인 예가 되는데, 이런 말들은 단순히 언어를 통해 친밀한 관계를 확인하는 행위로서, 원만한 사회생활을 유지하는 데 윤활유와 같은 기능을 한다.

넷째, 표출적 기능으로 사용되는 경우도 있다. 가령, 놀라거나 위험할 때, 현장에 듣는 사람이 있거나 없거나 관계없이,

"아이구, 아파!"　　　　　　　　　　　　"에그머니나!"

등과 같은 소리가 무심코 나오는 경우가 있는데, 이는 언어를 기호(記號) 이전의 용법으로 거의 본능적으로 사용하는 것이다. 이때에는 표현 의도도 듣는 사람도 없으니, 기대하는 반응도 있을 수 없다. 표현 의도와 전달 의도가 없는 것은 표현이 아니다. 따라서, 이것은 다만 표출된 것일 뿐이며, 표현된 것과는 구별된다.

다섯째, 지식과 정보의 보존 기능을 들 수 있다. 우리는 언어를 통해서 지식을 보존하고 축적해 간다. 과거에는 오직 문자 표기만으로 지식 정보를 저장하거나, 공간과 시간을 초월하여 다른 사람들에게 전달할 수 있었지만, 현대에 들어와서는 음성을 보존하는 일도 가능해졌다. 이 보존 기능은 언어의 전달 기능과도 밀접히 관련되어 있다.

07 윗글의 내용과 일치하지 않는 것은?

① 인간은 언어를 통해 지식을 축적할 수 있다.
② 언어의 기능은 담화의 형식에 의해 결정된다.
③ 언어는 원만한 인간관계를 유지하는 데 도움을 주기도 한다.
④ 언어 사용에는 표현 의도와 전달 의도가 없는 경우도 있다.

08 윗글을 바탕으로 강의를 하고자 한다. 그 계획으로 적절하지 않은 것은?

① 각 언어 기능의 중요도를 평가해 보도록 한다.
② 언어의 기능을 항목별로 정리한 자료를 배부한다.
③ 개념을 충실하게 이해할 수 있도록 구체적인 예를 든다.
④ 일상생활에서 다양한 사례를 수집하는 과제를 부여한다.

[09~10] 다음 글을 읽고 물음에 답하시오.

알룩조개에 입 맞추며 자랐나
눈이 바다처럼 푸를뿐더러 까무스레한 네 얼굴
가시내야 / 나는 발을 얼구며 / 무쇠다리를 건너온 함경도 사내

바람 소리도 호개*도 인젠 무섭지 않다만
어두운 등불 밑 안개처럼 자욱한 시름을 달게 마시련다만
어디서 흉참한 기별이 뛰어들 것만 같애
두터운 벽도 이웃도 못 미더운 북간도 술막

온갖 방자의 말을 품고 왔다 / 눈포래를 뚫고 왔다
가시내야 / 너의 가슴 그늘진 숲속을 기어간 오솔길을 나는 헤매이자
술을 부어 남실남실 술을 따르어 / 가난한 이야기에 고이 잠거 다오

네 두만강을 건너왔다는 석 달 전이면
단풍이 물들어 천 리 천 리 또 천 리 산마다 불탔을 겐데
그래두 외로워서 슬퍼서 치마폭으로 얼굴을 가렸더냐
두 낮 두 밤을 두루미처럼 울어 울어
불술기* 구름 속을 달리는 양 유리창이 흐리더냐

차알싹 부서지는 파도 소리에 취한 듯
때로 싸늘한 웃음이 소리 없이 새기는 보조개
가시내야 / 울 듯 울 듯 울지 않는 전라도 가시내야
두어 마디 너의 사투리로 때 아닌 봄을 불러줄게
손때 수줍은 분홍 댕기 휘 휘 날리며 / 잠깐 너의 나라로 돌아가거라

이윽고 얼음길이 밝으면
나는 눈포래 휘감아치는 벌판에 우줄우줄 나설 게다 / 노래도 없이 사라질 게다
자욱도 없이 사라질 게다

– 이용악, '전라도 가시내'

*호개 : 호가(胡歌). 만주인들의 노랫소리.   *불술기 : '기차'의 함경도 방언.

09 윗글의 표현상 특징으로 가장 적절한 것은?

① 원경에서 근경으로 시선을 이동하며 대상을 묘사하고 있다.
② 동일하거나 유사한 어구를 반복하여 운율감을 형성하고 있다.
③ 수미상관 기법을 사용하여 통일성 있는 시상을 전개하고 있다.
④ 명령형 어미를 활용하여 대상에 대한 우월감을 드러내고 있다.

10 윗글의 '전라도 가시내'에 대한 설명으로 알맞지 않은 것은?

① 전라도 어느 어촌 출신이다.   ② 타향에서 외로움을 느끼고 있다.
③ 고향을 어쩔 수 없이 떠났다.   ④ 일제에 대한 저항 정신이 강하다.

[11~13] 다음 글을 읽고 물음에 답하시오.

산수간(山水間) 바위 아래 **띠집**을 짓노라 하니
그 모른 **남들**은 웃는다 한다마는
어리고 **향암***의 뜻에는 내 분(分)인가 하노라.

〈제1수〉

보리밥 픗나물을 **알마초** 먹은 후에
바위 끝 물가에 **슬카지** 노니노라
그 남은 여남은 일이야 부러워할 줄이 있으랴.

〈제2수〉

잔 들고 혼자 앉아 │ 먼 산 │을 바라보니
그리던 임이 온다 반가움이 이러하랴
말씀도 웃음도 아녀도 못내 좋아 하노라.

〈제3수〉

내 성(性)이 게으르더니 하늘이 아셔서
인간만사(人間萬事)를 한 일도 아니 맡겨
다만당 다툴 이 없는 강산(江山)을 지키라 하시도다.

〈제5수〉
– 윤선도, '만흥(漫興)'

*향암 : 시골 사람을 낮추어 이르는 말.

11 윗글의 표현 방식에 대한 설명으로 가장 적절한 것은?
① 어조에 변화를 주어 시의 분위기를 바꾸고 있다.
② 시각적 이미지를 활용하여 계절의 변화를 나타내고 있다.
③ 대조적 의미의 시구를 사용하여 주제 의식을 강조하고 있다.
④ 대상을 다양한 관점으로 묘사하여 생동감을 드러내고 있다.

12 〈제3수〉에서 │ 먼 산 │에 대한 화자의 인식으로 가장 적절한 것은?
① 자족감을 주는 친화적 공간이다.
② 인격 수양에 도움을 주는 공간이다.
③ 살아온 지난 삶을 반성하는 공간이다.
④ 현실에 존재하지 않는 이상적 공간이다.

13 [보기]를 참고하여 윗글을 감상한 내용으로 적절하지 <u>않은</u> 것은?

> **보기**
>
> 　이 작품은 작가가 병자호란 때 임금을 모시지 않았다는 죄목으로 유배되었다가 풀려난 뒤, 고향인 전라도 해남에 은거할 때 지은 연시조이다. 작가는 혼탁한 정치적 상황으로 인해 정적들로부터 숱하게 탄핵과 모함을 받아 수십 년 간이나 유배와 낙향을 반복했다. 이러한 영향으로 작가는 은둔의 삶을 추구하면서 순 우리말을 잘 살린 작품을 다수 창작하였다.

① 작가가 은둔하면서 살아가는 모습은 '띠집'과 '보리밥 풋나물'에서 짐작할 수 있겠군.

② '남들'에는 작가를 탄핵하고 모함했던 정적들이 포함될 수 있겠군.

③ 작가가 유배와 낙향을 반복하면서 세상 물정에 어두워져 '향암' 같은 존재가 되었겠군.

④ '알마초', '슬카지' 등과 같은 순 우리말을 잘 살린 작품이군.

[14~15] 다음 글을 읽고 물음에 답하시오.

　하루 종일 푸른 산 더운 볕에 위 아래로 펼쳐진 밭이며 너른 들에 혹시라도 콩알이 있을 법하니 한 번 주우러 가 볼거나.

　이때 장끼 한 마리 당홍대단* 두루마기에 초록궁초* 깃을 달아 흰 동정 씻어 입고 주먹 같은 옥관자에 꽁지 깃털 만신 풍채 장부 기상 좋을씨고. 까투리의 치장을 볼라치면 잔누비 속저고리 폭폭이 잘게 누벼 위 아래로 고루 갖추어 입고 아홉 아들과 열두 딸을 앞세우고 뒤세우며,

　"어서 가자, 바삐 가자! 질펀한 너른 들에 줄줄이 퍼져서 너희는 저 골짜기 줍고 우리는 이 골짜기 줍자꾸나. 알알이 콩을 줍게 되면 사람의 공양을 부러워하여 무엇하랴. 하늘이 낸 만물이 모두 저 나름의 녹(祿)이 있으니 한 끼의 포식도 제 재수라."

하면서, 장끼와 까투리가 들판에 떨어져 있는 콩알을 주우러 들어가다가, 붉은 콩 한 알이 덩그렇게 놓여 있는 것을 장끼가 먼저 보고 눈을 크게 뜨며 말하기를,

　"어허, 그 콩 먹음직스럽구나! 하늘이 주신 복을 내 어찌 마다하랴? 내 복이니 어디 먹어 보자."

　옆에서 이 모양을 지켜보고 있던 까투리는, 어떤 불길한 예감이 들어서,

　"아직 그 콩 먹지 마오. 눈 위에 사람 자취가 수상하오. 자세히 살펴보니 입으로 훌훌 불고 비로 싹싹 쓴 흔적이 심히 괴이하니, 제발 덕분 그 콩일랑 먹지 마오."

　"자네 말은 미련하기 그지없네. 이때를 말하자면 동지섣달 눈 덮인 겨울이라. 첩첩이 쌓인 눈이 곳곳에 덮여 있어 천산에 나는 새 그쳐 있고, 만경에 사람의 발길이 끊겼는데 사람의 자취가 있을까 보냐?"

까투리도 지지 않고 입을 연다.

"사리는 그럴 듯 하오마는 지난 밤 꿈이 크게 불길하니 자량하여 처사하오*."

그러자 장끼가 또 하는 말이,

"내 간밤에 한 꿈을 얻으니 황학(黃鶴)을 빗겨 타고, 하늘에 올라가 옥황상제께 문안드리니 상제께서 나를 보시고는 산림처사를 봉하시고, 만석고(萬石庫)에서 콩 한 섬을 내주셨으니, 오늘 이 콩 하나 그 아니 반가운가? 옛 글에 이르기를 '주린 자 달게 먹고 목마른 자 쉬 마신다.' 하였으니, 어디 한 번 주린 배를 채워 봐야지."

- 중략 -

장끼 고집 끝끝내 굽히지 아니하니 까투리 할 수 없이 물러났다. 그러자 ㉠ 장끼란 놈 얼룩 장목* 펼쳐 들고 꾸벅꾸벅 고개짓하며 조츰조츰 콩을 먹으러 들어가는구나. 반달 같은 혓부리로 콩을 꽉 찍으니 두 고패 둥그러지며 머리 위에 치는 소리 박랑사중에 저격시황하다가 버금수레 맞히는 듯* 와지끈 뚝딱 푸드드득 푸드드득 변통 없이 치었구나.

이 꼴을 본 까투리 기가 막히고 앞이 아득하여,

"저런 광경 당할 줄 몰랐던가, 남자라고 여자 말 잘 들어도 패가(敗家)하고 계집 말 안 들어도 망신하네." 하면서, ㉡ 위 아래 넓은 자갈밭에 자락 머리 풀어 헤치고 당글당글 뒹굴면서 가슴 치고 일어나 앉아 잔디풀을 쥐어뜯어 가며 애통해 하고 두 발을 땅땅 구르면서 성을 무너뜨릴 듯이 대단히 절통해 한다.

– 작자 미상, '장끼전'

*당홍대단 : 중국에서 나는 붉은 비단 저고리

*초록궁초 : 엷고 무늬가 둥근 초록색 비단의 한 가지

*자량하여 처사하오 : 스스로 헤아려 일을 처리하오

*장목 : 꿩의 꽁지깃

*박랑사중에 ~ 맞히는 듯 : 장량이 박랑사중(중국 하남성에 있는 땅 이름)에서 사람을 시켜 진시황을 저격했으나 진시황은 맞지지 못하고 그 다음 수레를 맞혀 실패하였다는 고사를 이용한 표현.

14 윗글에 나타난 장끼의 태도에 대한 설명으로 적절하지 않은 것은?

① 상황을 자신에게 유리한 쪽으로만 해석하고 있다.

② 다른 사람의 권세에 의지하여 허세를 부리고 있다.

③ 상대방의 견해를 무시하며 시종일관 고집을 부리고 있다.

④ 눈앞의 이익에 급급해서 상황을 올바로 파악하지 못하고 있다.

15 ㉠, ㉡의 표현상의 차이에 대한 설명으로 적절한 것은?

① ㉠은 동물의 특성을 살려서 표현하고 있으나 ㉡은 동물을 의인화하여 표현하고 있다.

② ㉠에는 서술자의 주관이 개입되어 있으나 ㉡에는 객관적 상황만이 드러나 있다.

③ ㉠은 비장한 어조가 두드러지지만 ㉡은 해학적 어조가 두드러진다.

④ ㉠은 인물의 성격을 직접적으로 제시하고 있으나 ㉡은 간접적으로 제시하고 있다.

아주머니가 먼저 노파 얘기를 꺼냈기 때문에 나는 자연스럽게 노파의 이상한 도리질에 대해 물을 수가 있었다.

"할머니께서 제가 몹시 못마땅하셨나 보죠. 말씀은 안 하셨지만 제가 안방에 있는 내내 고개를 젓고 계셨어요."

"벌써 이십오 년 동안이나 그러고 계신 걸요."

"이십오 년 동안이나!"

나는 기가 막혀서 벌린 입을 못 다물었다.

"네, 이십오 년 동안이나 허구한 날 자는 시간만 빼놓고……."

나는 아주머니의 눈이 젖어 오는 것처럼 느꼈으나, 말씨는 침착하고 고즈넉했다.

- 중략 -

그것은 육이오 동란 통에 발작한 증세였다. 동란 당시 젊은 면장이던 그녀의 남편은 미처 피난을 못 가서 숨어 살아야 했다. 처음엔 집에 숨어 있었지만 새로 득세한 패들의 기세에 심상치 않은 살기가 돌기 시작하고부터는 집에 숨겨 놓는다는 게 암만해도 불안했다.

어느 야밤을 타 그녀는 남편을 집에서 이십 리쯤 떨어진 광덕산 기슭의 산촌인 그녀의 친정으로 피신을 시켰다. 시어머니와 그녀만이 알게 감쪽같이 그 일은 이루어졌다. 어떻게 된 게 세상은 점점 더 못되게만 돌아가 이웃끼리도 친척끼리도 아무개가 반동이라고 서로 고자질하는 짓이 성행해, 피비린내 나는 끔찍한 일이 이 마을 저 마을에 하루도 안 일어나는 날이 없었다. 끔찍한 나날이었다. 이렇게 되자 그녀는 시어머니까지도 못 미더워지기 시작했다. 어리숙하고 고지식하기만 해 생전 남을 의심할 줄 모르는 시어머니가 행여 누구 꼬임에 빠져 남편이 가 있는 곳을 실토하면 어쩌나 싶어서였다. 시어머니 같은 사람이 살 세상이 아니었다.

그녀는 공부 못하는 아이에게 구구셈을 익혀 주듯이 끈질기게 허구한 날 시어머니에게 '모른다'를 가르쳤다.

"어머님은 그저 모른다고만 그러세요. 세상없는 사람이 물어도 아범 있는 곳은 그저 모른다고 그러셔야 돼요. 난리 나던 날 집 나가고 나선 어떻게 됐는지 모른다고 딱 잡아떼셔야 돼요. 입 한번 잘못 놀려 사람 목숨이 왔다 갔다 하는 세상이에요. 큰댁 식구들이나 작은댁 식구들이 물어도 그저 모른다고 그러셔야 돼요. 이쁜이 할머니가 물어도, 개똥이 할머니가 물어도 그저 모른다고 그러셔야 돼요. 아무도 믿으시면 안 된다구요. 네, 아셨죠? 어머님."

그녀는 힘차게 도리질까지 곁들여 가며 거듭거듭 이 '모른다'를 교습했다. 시어머니는 늘상 겁먹고 외로운 얼굴을 해 가지고 혼자 있을 때도 "몰라요, 난 몰라요." 하며, 역시 도리질까지 해가며 열심히 연습을 하는 것이었다.

난리가 났다고는 하지만 순박하던 마을 사람들이 무슨 도척*의 영신이라도 씐 것처럼 서로 죽이고 죽는 것 외에는 대포 소리 한 번 제대로 난 적이 없던 마을에 별안간 비행기가 날아와 기총소사와 폭탄을 쉴 새 없이 퍼붓고 앞산 뒷산에서 총소리가 며칠 계속해 콩 볶듯이 나더니만 이어서 죽은 듯한 정적이 왔다. 집 속에 쥐 죽은 듯이 처박혔던 마을 사람들이 하나 둘 조심조심 고개를 내밀었다간 재빨리 움츠러들었다. 아직은 서로의 대화를 꺼리고 있었다. 빨갱이가 물러갔다는 증거도 안 물러갔다는 증거도 없었다. 그쪽에 붙어서 세도 부리던 패거리들의 모습은 안 보였지만 인민위원회가 쓰던 이장집 마당 깃대꽂이엔 아직도 그쪽 기가 펄럭대고 있었으니 말이다.

이런 어중간하고 모호한 때에 벌써 성질이 급한 남편은 야밤을 타서 집에 돌아와 있었다. 서울이 이미 수복됐는데 제까짓 것들이 여기서 버텨 봤댔자 며칠을 더 버티겠느냐는 거였다.

텃밭엔 이미 김장 배추를 간 뒤였지만 울타리엔 기름이 잘잘 흐르는 애호박이 한창 잘 열 찬바람내기였다. 아침 이슬을 헤치며 뒤란으로 애호박을 따러 나갔던 시어머니가 별안간 찢어지는 소리를 냈다.

"몰라요, 몰라요. 정말 난 모른단 말예요."

소름이 쪽 끼치고 간담이 서늘해지는 처참한 비명이었다. 그녀도 뛰어나가고 그녀의 남편까지도 엉겁결에 뛰어나갔다. 잠깐 아무도 분별력이 없었다. 저만치 뒷간 모퉁이에 패잔병인 듯싶은 지치고 남루한 인민군이 서너 명 일제히 총부리를 시어머니에게 겨누고 있었다. 그들도 놀란 것 같았다. 그들은 처음부터 누굴 해치려고 나타났다기보다는 그냥 시어머니와 마주쳤거나 마주친 김에 옷이나 먹을 것을 달랄 작정이었는지도 모른다. 그런데 그들이 무슨 말을 걸기도 전에 시어머니는 그 자리에 꼼짝도 못 하고 못박힌 채 고개만 미친 듯이 저으며 "몰라요, 난 몰라요."를 딴사람같이 드높고 쇳된 소리로 되풀이했다. 패잔병 중 한 사람의 눈에 살기가 번뜩이는가 하는 순간 총이 그녀의 남편을 향해 난사됐다. 그녀의 남편은 처참한 모습으로 나동그라지고 그들도 어디론지 도망쳤다. 이런 일은 일순에 일어났다.

그 후 거의 실성하다시피 한 시어머니를 오랫동안 극진히 봉양한 끝에 어느만큼 회복은 됐지만 그때 뒷간 모퉁이에서 죽길 기를 쓰고 흔들어 대던 도리질만은 그때 같은 박력만 가셨다 뿐 멈출 줄 모르는 고질병이 되고 말았다. 그래서 도리도리 할머니라는 이 동네 명물 할머니가 됐다.

아주머니는 이런 얘기를 조금도 수다스럽지 않고 담담하고 고즈넉하게 했다.

"이젠 고쳐 드려야겠다는 생각보다 도와 드려야겠다는 생각뿐이에요."

"도와 드리다니요? 어떻게요?"

"당신 임의로는 못 하시는 일이고, 얼마나 힘이 드시겠어요. 삼시 잡숫는 거라도 정성껏 잡숫게 해 드리고 몸 편케 보 살펴 드리고, 뭐, 그런 거죠. 대사업을 완수하시고 돌아가시는 날까지 그거야 못 해 드리겠어요."

치매(癡呆)가 된 채 허구한 날 도리질이나 해대는 걸 '대사업'이라고 하는 아주머니의 농담에 웃으려다 말고 입을 다물었다. 아주머니의 태도가 조금도 농담 같지 않아서였다. 정말 대사업을 힘껏 보필하는 이의 사명감과 긍지로 아주머니의 얼굴이 은은히 빛나 보이기까지 했다. 나는 어쩌면 이 아주머니야말로 대사업을 하고 있는 게 아닌가 하는 생각이 들면서 ㉠등골에 전율이 지나갔다.

– 박완서, '겨울 나들이'

*도척 : 춘추 시대의 큰 도적. 몹시 악한 사람을 비유함.

16 윗글에 대한 설명으로 적절하지 않은 것은?

① 서술자는 다양한 각도에서 사건의 의미를 분석하고 있다.
② 여러 번 반복되는 말을 통해 시대적 분위기를 보여 주고 있다.
③ 작중 인물의 회상을 통해서 과거의 사건이 드러나고 있다.
④ 서술자의 의문과 오해가 풀려 가는 방향으로 이야기가 전개되고 있다.

17 밑줄 친 ㉠을 통해 드러내고자 한 '나'의 심리와 가장 가까운 것은?

① 모골이 오싹해 질 정도로 두려움이 스쳐 지나갔다.
② 무엇이 무엇인지 분간할 수 없을 만큼 혼란스러웠다.
③ 새로운 것을 발견하게 된 흥분으로 온몸이 짜릿했다.
④ 경의를 표하고 싶을 정도로 숙연하게 감동에 젖어 들었다.

18 윗글을 읽은 학생들이 '할머니의 도리질'에 대해 보인 반응으로 적절하지 <u>않은</u> 것은?

① 이십오 년 동안이나 도리질을 하면서 힘들게 살 수밖에 없었던 할머니가 참 불쌍해.

② 아들의 죽음이 자기 탓이라고 여기는 데서 오는 자책감이 무의식적으로 드러난 것이 아닐까?

③ 아들의 죽음이 너무나 충격적인 일이라 그것을 사실로 인정할 수 없다는 강한 부정으로 받아들여져.

④ 자신에게 '모른다'는 연습을 시켜 결과적으로 아들을 죽음으로 몰고 가게 한 며느리에 대하여 반감을 나타내는 행동으로 보여.

[19~20] 다음 글을 읽고 물음에 답하시오.

어느 날, 나는 좀 심심해서 나의 ㉮ <u>손과 발</u>이 쓴 일기를 들추어보았다. 다음은 같은 날에 쓴 두 녀석의 일기를 몇 곳 대조해 본 것이다.

a월 a일

손 : 오늘도 하루 종일 쉬지 않고 움직였다. 만년필 하나만을 움직인 것만 해도 다섯 시간이 넘는다. 나는 하필 사람의 손으로 태어났을까? 발이란 놈은 여전히 편하다. 도대체 이 녀석이 하는 일은 무엇일까? 이따금 걸어다니는 일 이외에는 그저 가죽옷이나 입고 거드럭거리기나 하면 그만 아닌가?

발 : 오늘도 하루 종일 쉬지 않고 버티었다. 주인의 체중은 무려 63kg. 나는 하필 사람의 발이 되었을까? 손이란 놈은 여전히 편하다. 도대체 이 녀석이 하는 일은 무엇일까? 제깟 놈이 뭔데 내가 온종일 떠받치고 살아야 하는가?

a월 b일

손 : 웬 날씨가 이리도 무더울까? 온종일 발가벗은 몸으로 햇볕에 탔다. 여인네들은 더러 시원한 장갑으로 햇볕을 막아 주기도 하지만 우리 주인은 그럴 줄도 모른다. 발이란 놈이 부럽다. 온종일 시원한 양말로 몸을 가리고 그늘 속에서만 지낸다.

발 : 웬 날씨가 이리도 무더울까? 하루 종일 한증막 같은 구두 속에서 숨이 막혔다. 그 흐르는 땀, 그 고린내, 이제는 정말이지 참을 수가 없다. 헌데 손이란 놈은 무슨 팔자인가. 대낮에도 벌거벗고 시원스레 나돌아 다녔다.

이 두 녀석의 일기를 대조해 읽으면서 나는 퍽 한심스러운 생각이 들었다. 세상 살기가 여간 힘든 게 아닌 줄을 알겠다.

– 정진권, '손과 발의 일기'

19 ㉔와 [보기]의 ㉠의 태도를 평가한 것으로 적절한 것은?

> **보기**
>
> 　이른바 ㉠ 규중칠우(閨中七友)는 부인네 방 가온데 일곱 벗이니 (중략) 일일(一日)은 칠위 모혀 침선의 공을 의논하더니 척 부인이 긴 허리를 자히며 이르되,
> 　"제우(諸友)는 들으라, 나는 세명지 굵은 명지 백저포(白紵布) 세승포(細升布)와, 청홍녹라(靑紅綠羅) 자라(紫羅) 홍단(紅緞)을 다 내어 펼쳐 놓고 남녀의(男女衣)를 마련할 새, 장단 광협(長短廣狹)이며 수품 제도(手品制度)를 나 곧 아니면 어찌 이루리오. 이러므로 의지공(衣之功)이 내 으뜸되리라."
> 　교두 각시 양각(兩脚)을 빨리 놀려 내다라 이르되,
> 　"척 부인아, 그대 아모리 마련을 잘 한들 버혀 내지 아니하면 모양 제되 되겠느냐. 내 공과 내 덕이니 네 공만 자랑마라."
> 　세요 각시 가는 허리 구붓기며 날랜 부리 두루혀 이르되,
> 　"양우(兩友)의 말이 불가하다. 진주(眞珠) 열 그릇이나 꿴 후에 구슬이라 할 것이니, 재단(裁斷)에 능소능대(能小能大)하다 하나 나 곧 아니면 작의(作衣)를 어찌 하리오."
> 　　　　　　　　　　　　　　　　– 작자 미상, '규중칠우쟁론기(閨中七友爭論記)'

① [보기]의 ㉠은 남을 의식하여 자신의 약점을 감추고 있다.
② [보기]의 ㉠은 자기 공로를 드러내기 위해 남을 폄하하고 있다.
③ ㉔는 남과 비교하여 자신의 장점을 드러내고 있다.
④ ㉔는 불만스럽지만 주인의 처사를 수긍하고 있다.

20 윗글과 그 주제가 유사하면서 다음 밑줄 친 부분의 표현 방식이 나타나 있는 것은?

> 　수필에서는 윗글과 같이 사물의 입장에서 그들의 입을 통해 주제를 드러내는 경우도 있지만, 인간의 입장에서 사물의 장점 또는 단점을 거론하여 교훈적 의미를 제시하는 경우도 있다.

① 비로봉 동쪽은 아낙네의 살결보다도 흰 자작나무의 수해(樹海)였다. 설 자리를 삼가, 구중심처(九重深處)가 아니면 살지 않는 자작나무는 무슨 수중 공주(樹中公主)이던가!
② 온 겨울의 어둠과 추위를 다 이겨내고, 봄의 아지랑이와 따뜻한 햇볕과 무르익은 그윽한 향기를 온 몸에 지니면서, 너, 보리는 이제 모든 고초와 사명을 다 마친 듯이 고요히 머리를 숙이고, 성자(聖者)인 양 기도를 드린다.
③ 나무는 물과 흙과 태양의 아들로, 물과 흙과 태양이 주는 대로 받고, 후박(厚薄)과 불만족(不滿足)을 말하지 아니한다. 나무는 이웃 친구의 처지에 눈 떠 보는 일도 없다. 소나무는 소나무대로 스스로 족하고, 진달래는 진달래대로 스스로 족하다.
④ 나무들에게는 한때의 요염(妖艶)을 자랑하는 꽃이 바랄 수 없는 높고 깊은 품위가 있고, 우리 사람에는 도저히 찾아볼 수 없는 점잖고 너그럽고 거룩하기까지 한, 범할 수 없는 위의(威儀)가 있다. 우리 사람은 이러한 나무 옆에 서면 참말 비소(卑小)하고 보잘것없는 존재이다.

01 두 수열 $\{a_n\}$, $\{b_n\}$에 대하여

$$\sum_{k=1}^{11} a_k = 4, \quad \sum_{k=1}^{11} b_k = 24$$

일 때, $\sum_{k=1}^{11}(5a_k + b_k)$의 값은?

① 40

② 44

③ 48

④ 52

02 세 수 $A = \sqrt[3]{\dfrac{1}{4}}$, $B = \sqrt[4]{\dfrac{1}{6}}$, $C = \sqrt[3]{\sqrt{\dfrac{1}{15}}}$ 의 대소 관계를 바르게 나타낸 것은?

① $B < C < A$

② $C < A < B$

③ $B < A < C$

④ $A < C < B$

03 두 함수 $f(x)=x^2-1$, $g(x)=\sqrt{x+3}+1$에 대하여 $(f\circ g)(1)$의 값은?

① 8

② 10

③ 12

④ 14

04 수열 $\{a_n\}$이 모든 자연수 n에 대하여 부등식

$$2n^3+2n \leq a_n \leq 2n^3+5n+1$$

을 만족시킬 때, $\displaystyle\lim_{n\to\infty}\dfrac{a_n}{5n^3}$의 값은?

① $\dfrac{1}{2}$

② $\dfrac{2}{5}$

③ $\dfrac{3}{5}$

④ $\dfrac{7}{10}$

05 함수 $f(x)=2x^2+5x$ 에 대하여 $\displaystyle\lim_{h\to 0}\frac{f(4+h)-f(4)}{3h}$ 의 값은?

① 3

② 5

③ 7

④ 9

06 $\log_2\dfrac{2}{3}-\log_2\dfrac{2\sqrt{2}}{3}+\log_2 8\sqrt{2}$ 의 값은?

① $\log_2 6$

② 3

③ $\log_2 10$

④ $\log_2 12$

07 다섯 개의 양수 $a, x, b, 2x, c$가 이 순서대로 등차수열을 이룰 때, $\dfrac{c}{a}$의 값은?

① $\dfrac{7}{2}$　　　　　　　　　　② 4

③ $\dfrac{9}{2}$　　　　　　　　　　④ 5

08 수열 $\{a_n\}$이 $\displaystyle\sum_{k=1}^{n}\dfrac{a_k}{k}=n^2+3n$을 만족시킬 때, $\displaystyle\sum_{n=1}^{\infty}\dfrac{1}{a_n}$의 값은?

① $\dfrac{1}{2}$　　　　　　　　　　② $\dfrac{2}{3}$

③ $\dfrac{5}{6}$　　　　　　　　　　④ 1

09 자연수 1, 2, 3, 4, 5, 6, 7, 8에서 어느 두 수의 합도 9가 되지 않는 서로 다른 4개의 수를 뽑아 네 자리의 자연수를 만들려고 한다. 이때, 만들 수 있는 네 자리의 자연수의 개수는?

① 304　　　　　　　　　　　　② 344

③ 384　　　　　　　　　　　　④ 424

10 $_{10}C_0 + {_{10}C_2} + {_{10}C_4} + {_{10}C_6} + {_{10}C_8} + {_{10}C_{10}}$ 의 값은?

① 64　　　　　　　　　　　　② 128

③ 256　　　　　　　　　　　　④ 512

11 함수 $f(x)$가

$$f(x) = \begin{cases} x^2 & (x \neq 1) \\ 2 & (x = 1) \end{cases}$$

일 때, 옳은 것만을 보기에서 있는 대로 고르면?

ㄱ. $\displaystyle\lim_{x \to 1-} f(x) = \lim_{x \to 1+} f(x)$

ㄴ. 함수 $g(x) = f(x-a)$가 실수 전체의 집합에서 연속이 되도록 하는 실수 a가 존재한다.

ㄷ. 함수 $h(x) = (x-1)f(x)$는 실수 전체의 집합에서 연속이다.

① ㄱ   ② ㄴ

③ ㄴ, ㄷ   ④ ㄱ, ㄷ

12 두 상수 a, b에 대하여 $\displaystyle\lim_{x \to 2} \frac{x^2 - x - a}{x - 2} = b$일 때, $a + b$의 값은?

① 4   ② 5

③ 6   ④ 7

13 수열 $\{a_n\}$은 $a_1+a_2=8$이고, $\sum\limits_{k=2}^{n}a_k-\sum\limits_{k=1}^{n-1}a_k=2n^2+2$ $(n\geq2)$를 만족시킨다. $\sum\limits_{k=1}^{10}a_k$의 값은?

① 776

② 786

③ 796

④ 806

14 함수 $f(x)=\lim\limits_{n\to\infty}\dfrac{ax^n}{1+x^n}$ $(x>0)$에 대하여 $\sum\limits_{k=1}^{10}f\left(\dfrac{k}{5}\right)=33$이다. 상수 a의 값은?

① 2

② 4

③ 6

④ 8

15 어느 지역의 1인 가구의 월 식료품 구입비는 평균이 45만원, 표준편차가 8만 원인 정규분포를 따른다고 한다. 이 지역의 1인 가구 중에서 임의로 추출한 16가구의 월 식료품 구입비의 표본평균이 44만 원 이상이고 47만 원 이하일 확률을 아래 표준정규분포표를 이용하여 구한 것은?

z	$P(0 \leq Z \leq z)$
0.5	0.1915
1.0	0.3413
1.5	0.4332
2.0	0.4772

① 0.3830

② 0.5328

③ 0.6915

④ 0.8185

16 함수 $f(x)=x^3+x-1$의 역함수를 $g(x)$라 할 때, $\int_1^9 g(x)dx$의 값은?

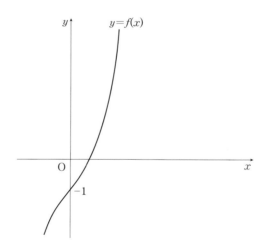

① $\dfrac{51}{4}$

② $\dfrac{53}{4}$

③ $\dfrac{55}{4}$

④ $\dfrac{57}{4}$

17 14명의 학생이 특별활동 시간에 연주할 악기를 다음과 같이 하나씩 선택하였다.

피아노	바이올린	첼로
3명	5명	6명

14명의 학생 중에서 임의로 뽑은 3명이 선택한 악기가 모두 같을 때, 그 악기가 피아노이거나 첼로일 확률은?

① $\dfrac{17}{31}$

② $\dfrac{19}{31}$

③ $\dfrac{21}{31}$

④ $\dfrac{23}{31}$

18 두 사건 A, B에 대하여

$$P(A \cap B^c) = P(A^c \cap B) = \frac{1}{6}, \ P(A \cup B) = \frac{2}{3}$$

일 때, $P(A \cap B)$의 값은? (단, A^c은 A의 여사건이다.)

① $\dfrac{1}{12}$

② $\dfrac{1}{6}$

③ $\dfrac{1}{4}$

④ $\dfrac{1}{3}$

19 곡선 $y=x^3+2$ 위의 점 $\mathrm{P}(a, -6)$에서의 접선의 방정식을 $y=mx+n$이라 할 때, 세 수 a, m, n의 합은?

① 26   ② 28

③ 30   ④ 32

20 서로 구별되지 않는 공 10개를 A, B, C 3명에게 남김없이 나누어 주려고 한다. A가 공을 3개만 받도록 나누어 주는 경우의 수는? (단, 1개의 공도 받지 못하는 사람이 있을 수 있다.)

① 4   ② 6

③ 8   ④ 10

01 다음 글에서 전체 흐름과 관계<u>없는</u> 문장은?

It is said that you never forget your first love. ① But you should, because memories of it can destroy your relationships for life. ② Sociologists found that the happiness of young love can become an real standard by which all future romances are judged. ③ According to a report, the best way to make sure long-term happiness in a relationship is not to stick to your first love. ④ People with a more practical view of relationships tend to have more successful long-term ones. Because they don't try to recreate the strong passion they once shared with a past lover.

02 다음 글의 주제로 가장 적절한 것은?

Every leader starts in his inner circle, the comfort zone. This is the place where we operate from what we are comfortable with, where we know well what we are capable of and can consistently achieve expected outcomes and results. The goal of the next zone is to push out beyond that area and begin to learn new things. This is known as the learning zone. In a new environment or area, we have to adapt and learn to perform in new ways. Beyond the learning zone lies the courage zone. In this zone, we continue to learn, but the learning curve is steeper because we are challenged to accomplish greater and more difficult things that take a fair amount of courage to achieve. The outermost circle is known as the performance zone — because once we have mastered the new learning and mustered the courage to experiment with all the new knowledge, we will really start to perform differently from before.

*muster 발휘하다

① 지도자에게 요구되는 학습능력들　　② 새로운 것을 학습할 때의 단계들
③ 훌륭한 지도자가 지녀야 할 덕목들　　④ 지도자가 거쳐야 할 여러 영역들

03

다음 글의 밑줄 친 부분 중, 어법상 틀린 것은?

We often spend our childhood years ① to test our physical limits by doing all kinds of team sports. When we become high school students, we go so far as ② to engage in two or three team sports. That's because we have enough physical strength. By the time we reach adulthood, however, very few of us can compete at the elite level, even though more than half of us still enjoy ③ playing sports. That is, we're finding we're not as physically strong as we used to be. Naturally, we move away from team sports requiring collision, such as football, soccer, or basketball, and toward sports that offer less risk of physical injury or stress on the body. Actually, many people ④ turn to sports for individuals. Thus, team sports become more difficult to organize in an adult world.

04

다음 글의 빈칸에 들어갈 말로 가장 적절한 것은?

Many predators direct their initial attack at the head of their prey. Some prey species have taken advantage of this tendency by evolving false heads located at their posterior end. Individuals of the species *Thecla togarna*, for example, possess a false head with dummy antennae at the tips of their hindwings. Upon landing, the butterfly moves its hindwings, and thereby the dummy antennae up and down while keeping the true antennae motionless. *Thecla togarna*'s second trick occurs at the instant of landing when the butterfly quickly turns so that its false head points in the direction of previous flight. An approaching predator is thus confronted with a prey that flutters off in the direction opposite to that expected. Experimental tests have demonstrated that markings associated with false heads misdirect the attacks of avian predators and _____ of the prey.

*avian 조류의

① leave the trace   ② reduce the population
③ decrease the chance of survival   ④ increase the possibility of escape

05 빈칸 (A), (B)에 들어갈 말로 가장 적절한 것은?

The process of job advancement in the field of sports is often said to be shaped like a pyramid.　(A)　, at the wide base are many jobs with high school athletic teams, while at the narrow tip are the few, highly desired jobs with professional organizations. Thus there are many sports jobs altogether, but the competition becomes increasingly tough as one works their way up. The salaries of various positions reflect this pyramid model.　(B)　, high school football coaches are typically teachers who are paid a little extra for their afterclass work. But coaches of the same sport at big universities can earn more than $1 million a year, causing the salaries of college presidents to look small in comparison. One degree higher up is the National Football League, where head coaches can earn many times more than their best-paid campus counterparts.

	(A)		(B)
①	For instance	······	Nevertheless
②	That is	······	For example
③	However	······	In addtion
④	Even though	······	Therefore

06 (A), (B)의 각 네모 안에서 문맥에 맞는 말로 가장 적절한 것은?

Even an (A) instinct / extinct language can be brought back to life, if conditions are right. There must be people who want the language back. Also, there must be written or audio-recorded material of the language in some form. This has happened with an Aboriginal language of South Australia called Kaurna. Its last native speaker died in 1929, but in the 1980s a group of people decided that they wanted their language back. "The language isn't dead," the leader of the group said, "it's only sleeping." Fortunately, material survived from the nineteenth century, so that a linguist was able to make a fresh (B) description / prescription and help the Kaurna people start learning the language again. It's taught in schools now, and some day, perhaps, some children will start learning it as their mother tongue.

*Aboriginal 호주 원주민의

	(A)		(B)		(A)		(B)
①	extinct	······	description	②	extinct	······	prescription
③	instinct	······	description	④	instinct	······	prescription

07

(A), (B)의 각 네모 안에서 어법에 맞는 표현으로 가장 적절한 것은?

Deep within the jungle of the southeast Indonesian province of Papua lives the Korowai tribe. Until their discovery by a Dutch man in 1974, the Korowai had hardly any contact with the outside world. The Korowai are still self-sufficient, (A) producing / produced almost everything themselves. Korowai families have their own gardens nearby, in which they cultivate sweet potatoes and vegetables. They live off whatever nature provides in their immediate surroundings. They raise pigs as a means of exchange and dogs for hunting. The Korowai people live in houses high up in the trees. The houses protect families not only against a mass of mosquitoes below (B) and / but against annoying neighbors and evil spirits.

	(A)		(B)			(A)		(B)
①	producing	……	and		②	producing	……	but
③	produced	……	and		④	produced	……	but

08

다음 글의 빈칸에 들어갈 말로 가장 적절한 것은?

Give children options and allow them to _____ — on how much they would like to eat, whether they want to eat or not, and what they would like to have. For example, include them in the decision-making process of what you are thinking of making for dinner — "Lisa, would you like to have pasta and meatballs, or chicken and a baked potato?" When discussing how much they should eat during dinner, serve them a reasonable amount; if they claim they are still "hungry" after they are through, ask them to wait five to ten minutes, and if they continue to feel hunger, then they can have a second plate of food. These are fantastic behaviors that, when taught properly, teach brilliant self-confidence and self-control.

① have as much as they want
② enjoy the food at the table
③ make their own decisions
④ ask themselves some questions

09

다음 글의 빈칸에 들어갈 말로 가장 적절한 것은?

M: Hello. Gretchen's Boxed Meals Express. How may I help you?

W: Hi. I'd like to place an order.

M: Okay. What would you like?

W: I want to order some lunches. How much is a chicken sandwich?

M: They're seven dollars each. How many do you want?

W: I'll take ten, and do you have salads?

M: We do. You can get a green salad for just three dollars this week.

W: Then I'll add ten green salads, please.

M: So ten chicken sandwiches and ten green salads, right?

W: Yes. And I also have a ten percent discount coupon.

M: Okay. Please tell me the coupon code.

W: J-D-1-4.

M: Thanks. I've taken ten percent off the total. Where would you like them delivered?

W: _____ I'll pay with my credit card.

① In two different bags, please.

② At ten o'clock sharp.

③ 13 Elizabeth St., please.

④ You can find me at 714-555-5160.

10 다음 대화에서 빈칸에 가장 적절한 것은?

W: Mike, have you seen *Another Cosmos*?

M: No, but I hear it's a great science fiction movie.

W: Yeah. It got a lot of good reviews on the Internet. What about going to the movie together?

M: _____

W: Why? Don't you like science fiction movies?

M: Actually, I'm waiting for the movie to come out on DVD.

W: Well, isn't it better to watch it on the large screen in the theater?

M: It's really uncomfortable to watch a movie in the theater. There's not enough leg room for me.

W: Yeah. My brother says a similar thing. He complains that the space between the seats is too small for him.

M: That's what I'm saying. When I watch DVDs at home, I can stretch my legs out on the couch.

① Thanks, but I'd rather not.

② Why not? I'd love to.

③ You just read my mind.

④ I was about to ask you the same thing.

가 천 대 학 교
적성고사 적중 예상 [모의고사]

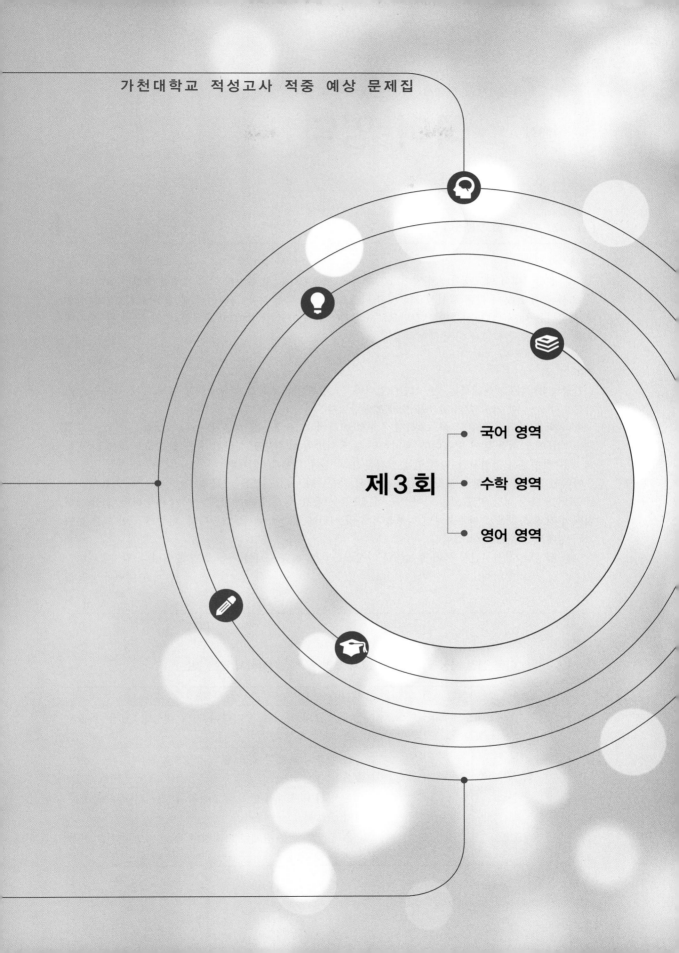

가천대학교 적성고사 적중 예상 문제집

제 3 회

- 국어 영역
- 수학 영역
- 영어 영역

[01~02] 다음을 읽고 물음에 답하시오.

[과제 수행 기록]

오늘 선생님께서 학교생활에서 일어나는 문제를 개선하기 위한 건의문 쓰기 과제를 주셨다. 교지의 설문 조사 결과를 보니 짧은 점심시간에 대한 학생들의 불만이 많았다. 그래서 교장 선생님께 건의할 사항을 생각나는 대로 썼다. 하지만 그것만으로는 설득력이 부족한 것 같아서 '문제점, 원인, 요구 사항, 기대 효과'의 순으로 건의문을 다시 작성하였다.

[학생의 글]

안녕하십니까? 저는 3학년 5반 이민수입니다. 늘 저희들의 행복한 학교생활을 위해 애써 주시는 것에 감사드리며 ㉠ 한 가지 건의 말씀을 드리고자 합니다.

우리 학교 학생들은 점심식사를 하다가 수업 시간에 늦는 경우가 많습니다. ㉡ 학생들은 평소에 수업 태도 때문에 지적을 많이 받습니다. 왜냐하면 학생 식당이 한 학년만 식사할 수 있을 정도로 작아 가장 늦게 먹는 학생들은 점심시간 60분 안에 식사를 마치기 어렵기 때문입니다.

이러한 불편을 해소하기 위한 방안을 생각해 봤습니다. 점심시간을 10분 더 늘려 주시면 좋겠습니다. ㉢ 그런데 학생 식당 옆에 있는 가사실을 식당으로 사용할 수 있도록 개방해 주시기 바랍니다. 교장 선생님께서 건의 사항을 들어주신다면 학생들이 수업 시간에 늦는 일은 ㉣ 없습니다. 이렇게 되면 학습 분위기 구성에도 도움이 될 것입니다.

교장 선생님, 점심시간을 늘려 주시거나 가사실을 개방해 주시기를 거듭 요청 드립니다. 감사합니다.

2016년 6월 20일
3학년 이민수 올림

01 다음 점검 사항을 고려하여 고쳐 쓰려 할 때, 적절하지 <u>않은</u> 것은?

점검 사항	점검 내용
글의 목적에 맞는 예상 독자를 설정하였는가?	㉠에는 글의 목적을 고려하여 건의 대상인 '교장 선생님께'를 넣는 것이 좋겠어. ················· ①
문단의 구성과 문장의 흐름은 자연스러운가?	㉡은 내용의 흐름상 필요 없는 문장이므로 삭제하는 것이 좋겠어. ················· ②
	㉢은 앞의 내용과의 연결을 고려하여 '그래서'로 수정하는 것이 좋겠어. ················· ③
문장의 호응은 적절한가?	㉣은 문장의 호응 관계를 고려하여 '없을 것입니다'로 바꾸는 것이 좋겠어. ················· ④

02 '과제 수행 기록'과 '학생의 글'을 참고할 때, 학생이 글을 쓰는 과정에서 활용한 주요 전략으로 가장 적절한 것은?

① 독자의 이해를 돕기 위해 매체 자료를 활용한다.
② 글을 쓰는 목적이 효과적으로 드러나도록 글을 구성한다.
③ 주장을 효과적으로 전달하기 위해 다양한 비유를 사용한다.
④ 주장의 근거를 뒷받침하기 위해 학교 관계자의 말을 인용한다.

03 문장 쓰기 과정에서 어휘의 선택이 적절한지를 판단하는 과제를 수행하였다. <u>잘못</u> 해결한 것은?

• 한바탕 논쟁을 <u>벌렸다</u>. (×) ·· ①
• 급히 먹다가 목이 <u>메었다</u>. (○) ·· ②
• 그는 <u>두터운</u> 옷을 입었다. (×) ·· ③
• 그는 약속을 <u>잃어</u> 버렸다. (○) ·· ④

[보기]는 학생이 부모님과 나눈 대화이다. 다음의 발표 내용에 부합하지 <u>않는</u> 것은?

전자 제품에 붙은 이 라벨은 제품이 에너지를 얼마나 소비하는지를 1등급부터 5등급까지 표시한 겁니다. 에너지 소비 효율 등급은 제품 간의 비교를 통해 상대적으로 정해집니다. 그래서 등급 기준은 품목마다 다르고, 같은 품목이라 하더라도 제품의 용량이나 크기에 따라 달라집니다.

에너지 소비 효율 등급 기준은 소비 전력량 외에도 제품의 기술 개발 수준과 시장 점유율 등을 고려하여 정해집니다. 그런데 시간이 지나 기술이 발전하거나, 소비 효율이 높은 제품들의 시장 점유율이 높아지면서 1등급 제품이 많아지게 되면, 이전보다 강화된 등급 기준을 정하게 됩니다. 그래서 새로운 기준이 적용되는 시점부터 생산된 제품은 같은 모델이라 하더라도 그 이전에 생산된 제품과 등급이 다를 수 있습니다.

에너지 소비 효율 등급의 표시는 소비자로 하여금 에너지 소비 효율이 높은 제품을 구입해 쓰도록 유도하여, 생산자와 판매자도 에너지 소비 효율이 높은 제품을 생산하고 판매하게 됩니다.

보기

어머니 : 이 라벨이 붙은 거 많이 봤는데, 뭘 표시한 거지?

학 생 : 에너지 소비 효율 등급인데요, 에너지 소비 효율 등급은 제품이 에너지를 얼마나 소비하는지를 등급으로 나누어 표시한 거예요. ·····················①

이 표시는 생산자나 판매자가 에너지 소비가 적은 제품을 만들어 팔게끔 유도하는 효과도 있어요. ······②

어머니 : 그럼, 어떤 기준으로 등급을 정하는 건데?

학 생 : 소비 전력량이 기준인데요, 그 기준을 정할 때는 해당 제품을 만드는 기술 수준과 시장 점유율 등도 함께 고려해요. ·······························③

아버지 : 이건 고모네 집에 있는 것과 똑같은 모델인데 등급이 다른 것 같네.

학 생 : 비슷해 보여도 다른 모델일 거예요. 동일한 모델에 대해 등급이 달라지는 경우는 없거든요. ·······································④

05 [보기]를 고친 이유에 따라 짝지은 결과로 적절한 것은?

> **보기**
>
> (가) 지원이의 꿈은 국어 교사가 되고 싶다.
>   → 지원이의 꿈은 국어 교사가 되는 것이다.
> (나) 인간은 한편으로는 자연에 순응하면서, 다른 한편으로는 이용하면서 살아왔다.
>   → 인간은 한편으로는 자연에 순응하면서, 다른 한편으로는 자연을 이용하면서 살아왔다.
> (다) 형은 어떤 사람이든지 만나고 싶어 한다.
>   → 어떤 사람이든지 형을 만나고 싶어 한다.

	문장의 중의성	주어와 서술어 간의 불호응	필요한 문장 성분 누락
①	(가)	(나)	(다)
②	(나)	(가)	(다)
③	(나)	(다)	(가)
④	(다)	(가)	(나)

06 문장 성분상, [보기]와 같은 유형의 잘못을 범한 것은?

> **보기**
>
> 나는 어제 사람들이 커다란 나무 밑에서 맛있게 먹고 있는 것을 보았다.

① 대통령은 선수촌에 금메달을 딴 선수들을 치하했다.
② 집회는 관중도 못 미친 데다 관중들의 이탈이 잦아 어수선한 분위기였다.
③ 남자가 적당한 운동으로 건강을 유지하는 동안, 피부 관리로 아름다움을 가꿨다.
④ 그 수영장은 수강생이 많은데, 거기에서는 수강생들이 오면 건강에 따라 조정해 줘.

[07~08] 다음 글을 읽고 물음에 답하시오.

인체나 규모가 큰 소재들을 다루는 큰 작품을 만들기 위한 예비적인 단계로 조각가들은 조그맣게 축소된 조각을 점토나 밀랍으로 만들어 본다. 그것을 '마케트'라 부른다. 그런데 이 작은 마케트들은 조각가가 작품을 구상하는 데 매우 쓸모가 있다. 특히 조각이 가지고 있는 서로 다른 두 개의 공간인 실공간(Positive space)과 허공간(Negative space)의 변화를 보는 데에 안성맞춤이다.

조각에서 실공간이란 작품이 차지하고 있는 실재의 공간을 뜻하고 허공간이란 작품에 실재하는 것은 아니지만 작품이 이루어내는 조형적인 가상공간을 말한다. 쉽게 말해 알베르토 자코메티의 '개'에서 개의 몸과 사지(四肢)가 차지하는 부피는 실공간이 되고 몸과 바닥 사이, 사지 사이의 공간 등은 허공간이 되는 셈이다. 노자가 말하던 그릇과 수레바퀴의 빈 공간처럼 이 허공간은 조각을 이루는 중요한 요소가 된다. 그것은 이 허공간에 어떤 다른 물체가 놓여 그 공간을 훼방 놓고 있다면 어떨까를 상상해 보면 금방 알 수 있다.

조각에 필요한 것이 이 실공간이나 허공간만은 아니다. 한 점의 조각이 제대로 보이기 위해서는 그것을 포용할 수 있는 넉넉한 공간이 있어야 한다. 예를 들면 피라미드가 아무 것도 거치적거리는 것이 없는 사막이 아니라 피라미드보다 높은 산에 둘러싸여 있다면 어떻게 보일까를 상상해 보면 금방 이해가 될 것이다. 오늘날 도시 여기저기에 있는 빌딩 앞의 조각들의 일부는 바로 이런 자신들의 터전을 빼앗겨 버리고 있다. 때문에 사방 팔방에서 바라보아야 하는 조각을 제한된 방향에서밖에 볼 수 없게 만들어 버렸다. 조각이 살 수 있는 공간이 잠식되어 버린 것이다. 그럴 경우 조각은 환조라기보다는 부조에 가깝게 되어 버린다.

조각은 입체다. 그러나 조각이 공간을 차지하고 있는 입체라는 이 간단한 생각을 조각가들이 깨달은 것은 그렇게 오래되지 않았다. 조각이 건축에 종속된 것이 아니라 독립된 영역으로 자리잡는 데도 오래 걸렸지만 회화와는 다르다는 것을 인식하는 데도 오래 걸렸다. 미켈란젤로는 이에 대해 회화가 구도상의 문제에서 부조의 효과에 접근할 때는 매우 우수한 작품으로 평가받을 수 있지만 부조가 회화적인 효과를 내려고 든다면 그것은 훌륭하지 못하다고 한 적이 있다. 이는 회화란 평면 위에 3차원의 효과를 내기 위한 것이기 때문에 부조 같은 입체감을 가져도 괜찮겠지만, 그러나 부조가 평면적인 회화를 흉내 내는 것은 넌센스라는 뜻이다. 실제로 르네상스 시대 이후에도 대다수의 조각가들은 입체가 아니라 표면의 효과가 얼마나 그럴 듯한가에 매달렸다.

조각이 표면 효과가 아니라 입체 효과를 내야 한다는 사실을 정확히 인식한 사람은 로댕이었다. 영화 〈까미유 끌로델〉에서도 로댕은 끌로델이 만들고 있는 작품을 보고 '표면을 보지 말고 윤곽을 보라.'고 말한다. 로댕은 인체의 각 부분을 단순한 평면으로 생각지 않고 내부에 있는 볼륨이 터져 나올 듯이 표현할 때에야만 인체가 단순한 표면적인 형태가 아니라 꽃과 같이 밖으로 피어나는 생명체가 될 수 있다고 말했다.

07 윗글의 내용과 일치하지 않는 것은?

① 조각은 건축과는 별도의 영역이며 회화와도 구별된다.
② 자코메티의 '개'는 조각의 공간 이해에 적합한 작품이다.
③ 피라미드를 조각품으로 감상할 때 공간 배치가 잘못되었다.
④ 조각가들이 조각의 특성을 파악하기까지는 오랜 시간이 걸렸다.

08 윗글을 바탕으로 [보기]의 (가), (나)를 감상했을 때, 적절하지 않은 것은?

보기
(가)   (나)

① (가)를 (나)와 같은 환경에 배치하였다면 건물에 종속된 느낌을 주었을 거야.
② (나)는 건물과 나무로 둘러싸여 작품의 허공간이 제대로 살지 못하고 있어.
③ (가)는 넓은 공원에 배치함으로써 작품의 입체성이 더욱 살아나는 것 같아.
④ (나)는 허공간보다 실공간이 강해서 작품의 이미지가 오히려 더 강렬한 것 같아.

[09~11] 다음 글을 읽고 물음에 답하시오.

(가) 1.

[A]
타박 타박 타박녀야
너 어디로 울며 가니?
영영 가버린 어머니를 찾아
슬피 울며 타박타박 걸어가는 타박녀

　내 나이 어렸을 제 ⊙ 어머니의 무릎을 베고, 혹은 코콜* 앞에 앉아 어머니로부터 들은 이야기로 말하면, 달 속의 계수나무와 옥토끼의 이야기를 비롯하여 견우·직녀 이야기, 천태산 마고할미 이야기, 구미호 이야기, 장사 이야기, 그리고 유충렬전, 조웅전, 장화홍련전, 심청전 등 고담책 이야기며, 이밖에도 이루 들 수 없을 정도로 많은 이야기를 들었지마는 그 가운데서 슬프기로는 타박녀 이야기가 으뜸이었다. 어디선가, 타박녀의 흐느끼는 울음소리 귓가에 들리는 듯하면, 타박타박 걸어가는 타박녀의 뒷모습이 눈앞에 서언하여, 나는 이 슬픈 환상 때문에 얼마나 울었는지 모른다.
　그러나 나도 어느 사이에 어머니를 잃은 타박녀가 되었구나. 더욱이 나는 어머니와 함께 눈물도 동심도 다 잃어버린 세상에서 ⓛ 가없은 고아가 되고 말았구나!

2.
　내 나이 어렸을 때 우리들이 타관에 나와 단칸방 셋방살이로 돌아다니고 있을 때의 일이었다. 어떤 날 나는 어머니에게
　"어머니는 내가 이 다암에 커서 무엇이 되기를 바라나?"
　그때나 지금이나 다소 과대망상증을 가진 나는 자못 자신만만하다는 듯이 어머니의 소원을 물었다. 순간 ⓒ 어머니의 눈은 빛나셨다. 내 신념에 움직이신 듯. 그리고 은근한 어조로,
　"강릉 군수가 되어 주렴."
　이것은 어머니의 향수. ⓔ 고향으로 돌아가시고 싶은 간절한 심정이시리라. 그러나 비단옷 이 아니고는 돌아가시기를 원치 않으신다는 슬픈 결심이기도 하다. 아아, 어머니는 드디어 고향 길을 못 밟으시고 저 세상으로 가신 지 오래니 내 이제 강릉 군수를 한들 무엇하리.

　　– 김동명, '어머니'

*코콜 : 고콜. 난방과 조명 기능을 하는 장치

(나) 쟁반 위 붉은 감 이 고와도 보이나다
　　유자(柚子)가 아니어도 품엄 직도 하다마는
　　품어 가 반길 이 없을세 이를 ⓐ 슬퍼하노라

　　– 박인로, '조홍시가'

09 (가)의 첫머리에 [A]를 배치한 의도로 적절한 것끼리 묶인 것은?

> ㄱ. 독자의 흥미와 관심을 유발한다.
> ㄴ. 대상에 대한 비판적 태도를 암시한다.
> ㄷ. 글쓴이의 처지를 비유적으로 드러낸다.
> ㄹ. 향토적이고 토속적인 분위기를 강조한다.

① ㄱ, ㄴ   ② ㄱ, ㄷ   ③ ㄴ, ㄷ   ④ ㄴ, ㄹ

10 ㉠~㉣ 중, (나)의 ⓐ'슬퍼하노라'에 나타난 화자의 심리와 가장 유사한 것은?

① ㉠   ② ㉡   ③ ㉢   ④ ㉣

11 윗글에서 [보기]의 설렁탕 과 같은 기능을 하는 것은?

> **보기**
>
> 아들이 아버지 없는 어려운 살림에서도 무사히 대학을 졸업하는 날, "뭘 먹을래?"라는 물음에 아들은 "설렁탕."이라고 대답한다. '아들이 엄마의 지갑 사정을 생각해 주는 걸까? 왜 하필 설렁탕 을……. 그렇구나, 너도 그렇게나 설렁탕을 좋아하던 아버지에게 네 졸업을 자랑하고 싶었구나.' 식탁을 마주하고 우리는 둘 다 쉽게 수저를 들지 못했다.

① 코콜   ② 단칸방   ③ 비단옷   ④ 붉은 감

  사람들은 아버지를 난쟁이라고 불렀다. 사람들은 옳게 보았다. 아버지는 난쟁이였다. 불행하게도 사람들은 아버지를 보는 것 하나만 옳았다. 그 밖의 것들은 하나도 옳지 않았다. 나는 아버지, 어머니, 영호, 영희, 그리고 나를 포함한 다섯 식구의 모든 것을 걸고 그들이 옳지 않다는 것을 언제나 말할 수 있다. 나의 〈모든 것〉이라는 표현에는 〈다섯 식구의 목숨〉이 포함되어 있다. 천국에 사는 사람들은 지옥을 생각할 필요가 없다. 그러나 우리 다섯 식구는 지옥에 살면서 천국을 생각했다. 단 하루라도 천국을 생각해 보지 않은 날이 없다. 하루하루의 생활이 지겨웠기 때문이다. 우리의 생활은 전쟁과 같았다. 우리는 그 전쟁에서 날마다 지기만 했다. 그런데도 어머니는 모든 것을 잘 참았다. 그러나 그날 아침 일만은 참기 어려웠던 것 같다.
  "통장이 이걸 가져왔어요."
  내가 말했다. 어머니는 조각마루 끝에 앉아 아침식사 하고 있었다.
  "그게 뭐냐?"
  "철거 계고장예요."
  "기어코 왔구나!"
  어머니가 말했다.
  "그러니까 집을 헐라는 거지? 우리가 꼭 받아야 할 것 중의 하나가 이제 나온 셈이구나!"
  어머니는 식사를 중단했다. 나는 어머니의 밥상을 내려다보았다. 보리밥에 까만 된장, 그리고 시든 고추 두어 개와 조린 감자.
  나는 어머니를 위해 철거 계고장을 천천히 읽었다.

- 중략 -

  어머니는 대문 기둥에 붙어 있는 알루미늄 표찰을 떼기 위해 식칼로 못을 뽑고 있었다. 내가 식칼을 받아 반대쪽 못을 뽑았다. 영호는 어머니와 내가 하는 일이 못마땅한 모양이었다. 그러나 마음에 드는 일이 우리에게 일어나 주기를 바랄 수는 없는 일이었다. 어머니는 무허가 건물 번호가 새겨진 알루미늄 표찰을 빨리 떼어 간직하지 않으면 나중에 괴로운 일이 생길 것이라는 것을 알고 있었다. 어머니는 손바닥에 놓인 표찰을 말없이 들여다보았다. 영희가 이번에는 어머니의 손을 잡아끌었다.
  "너희들이 놀게 되지만 않았어도 난 별 걱정을 안 했을 것이다."
  어머니가 말했다.
  "스무날 안에 무슨 뾰족한 수가 생기겠니. 이제 하나하나 정리를 해야지."
  "입주권을 팔려고 그래요?"
  영희가 물었다.
  "팔긴 왜 팔아!"
  영호가 큰 소리로 말했다.
  "그럼 아파트 입주할 돈이 있어야지."
  "아파트 안 가."
  "그럼 어떻게 할 거야?"
  "여기서 그냥 사는 거야. 이건 우리 집이야."
  영호는 성큼성큼 돌계단을 올라가 아버지의 부대를 마루 밑에 놓았다.
  "한 달 전만 해도 그런 이야길 하는 사람이 있었다."
  아버지가 말했다. 어머니가 내준 철거 계고장을 막 읽고 난 참이었다.
  "시에서 아파트를 지어 놨으니까 얘긴 그걸로 끝난 거다."

"그건 우릴 위해서 지은 게 아녜요."

영호가 말했다.

"돈도 많이 있어야 되잖아요?"

영희는 마당가 팬지꽃 앞에 서 있었다.

"우린 못 떠나. 갈 곳이 없어. 그렇지 큰오빠?"

"어떤 놈이든 집을 헐러 오는 놈은 그냥 놔두지 않을 테다."

영호가 말했다.

"그만 둬."

내가 말했다.

"그들 옆엔 법이 있다."

아버지 말대로 모든 이야기는 끝나 버린 것이나 마찬가지였다.

- 조세희, '난쟁이가 쏘아 올린 작은 공'

12 윗글에 대한 설명으로 적절한 것은?

① 한 인물의 시각을 통해 사건을 서술하고 있다.

② 이야기 속에 또 하나의 이야기가 포함되어 있다.

③ 중심이 되는 인물을 집중적으로 부각시키고 있다.

④ 인물의 심리 묘사에 초점을 맞추어 서술하고 있다.

13 윗글을 바탕으로 '나'가 나이가 들어 [보기]와 같이 지난날을 회상한다고 할 때, 그 내용으로 적절하지 <u>않은</u> 것은?

> 보기
>
> 　그날 아침 통장이 철거 계고장을 내게 가져다주었지. 내가 어머니에게 계고장을 내밀자 어머니는 충격을 받으셨던지 아침 식사를 중단하시는 것이었어. 마을 사람들은 소리치며 동사무소 앞으로 몰려갔지. 나는 동사무소 앞에서 아버지를 만났어. ⓐ 집에 돌아왔을 때, 어머니는 앞날을 걱정하며 집을 떠날 생각을 하고 계셨어. 영희는 마당 끝에 서서 걱정만 하고 있었지. ⓑ 영호는 그 집을 떠날 수 없다고 큰 소리치며 흥분했어. ⓒ 나도 참을 수가 없어서 떠날 수 없다고 아버지께 말씀 드렸지. ⓓ 하지만 아버지께서는 어쩔 수 없는 현실임을 알고 계셨어. 그 때는 지금 생각해도 하루하루가 참 힘겨웠던 시절이었지.

① ⓐ
② ⓑ
③ ⓒ
④ ⓓ

14 [보기]의 ⓐ의 관점에서 윗글을 감상한 것은?

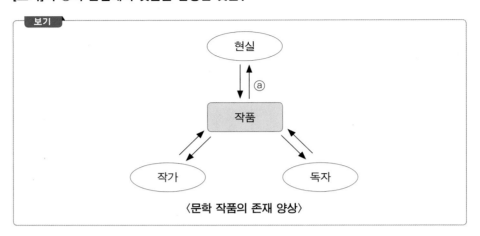

〈문학 작품의 존재 양상〉

① 이 작품에는 우리 사회의 소외 계층에 많은 관심을 보였던 작가의 세계관이 반영되어 있다.
② 이 작품의 특징으로는 다양한 상징적 소재를 동원했다는 점과 간결한 문장을 구사했다는 점을 들 수 있다.
③ 이 작품은 영호네 가족을 둘러싼 소외 계층의 삶을 다루었다는 점에서, 우리 사회의 문제점에 대해 생각하게 한다.
④ 이 작품은 산업화, 도시화가 급격히 진행되던 시대를 배경으로 하여 당시 우리 사회가 지닌 구조적 모순을 반영한 것이다.

[15~16] 다음 글을 읽고 물음에 답하시오.

　제승(諸僧)이 어찌 대적(大賊)의 흉계를 알리요. 행여 분부를 어길까 염려하여 그 백미로 즉시 음식을 장만하며, 일변 절 안에 머무는 잡인을 다 보내니라. 기약한 날에 길동이 제적(諸賊)에게 분부하되,
　"내 절에 가 이리이리 하리니 너희 등은 뒤를 좇아와 이리이리 하라."
하고, 장대한 하인 십여 인을 거느리고 해인사로 향하니라. 이때 제승이 동구 밖에 나와 기다리는지라. 길동이 들어가 분부 왈,
　"절안 제승이 노소 없이 하나도 빠지지 말고 일제히 절 뒤 벽계(碧溪)로 모이라. 오늘은 너희와 함께 종일 먹고 마시며 놀리라."
하니, 중들이 먹기도 위할 뿐더러 분부를 어기면 행여 죄 있을까 저어하여 일시에 수천 제승이 벽계로 모이니 절 안은 텅 비었는지라. 길동이 좌상에 앉고 제승을 차례로 앉힌 후에 각각 상을 받아 술도 권하며 즐기다가 이윽하여 식상(食床)을 들이거늘, 길동이 소매로부터 모래를 내어 입에 넣고 씹으니 돌 깨지는 소리에 제승이 혼비백산(魂飛魄散)하는지라. 길동이 대로(大怒) 왈,
　"내 너희로 더불어 즐긴 후에 공부하렸더니 이 중놈들이 나를 수이 보고 음식의 부정함이 이 같으니 가히 통분한지라."
　데리고 갔던 하인을 호령하여,

"제승을 일제히 결박하라."

재촉이 성화같은지라. 하인이 일시에 달려들어 제승을 결박할새 어찌 일분 사정이 있으리오. 이때 제적이 동구 사면에 매복하였다가 이 기미를 탐지하고 ㉠ 일시에 달려들어 고(庫)를 열고 수만금 재물을 제 것 가져가듯이 우마(牛馬)에 싣고 간들 사지를 요동치 못하는 중들이 어찌 막으리오. 다만 입으로 원통하다 하는 소리 동중(洞中)이 무너지는 듯하더라.

이때 절 안에 한 목공이 있어 이 중에 참여치 아니하고 절을 지키다가 난데없는 도적이 들어와 고를 열고 제 것 가져가듯이 하매, 급히 도망하여 합천 관가에 가 이 연유를 아뢰니, 합천 사또 대경(大驚), 일변 관인(官人)을 보내며, 또 일변 관군(官軍)을 일으켜 쫓는지라. 모든 도적이 재물을 싣고 우마를 몰아 나서며 멀리 바라보니 수천 군사 풍우같이 몰려오매 티끌이 하늘에 닿는 듯 하더라. 제적이 크게 겁을 먹고 갈 바를 알지 못하고 도리어 길동을 원망하는지라. 길동이 웃으며 왈,

"너희가 어찌 나의 비계(祕計)를 알리요? 염려 말고 남쪽 대로(大路)로 가라. 내 저 오는 관군을 북쪽 소로(小路)로 가게 하리라."

하고, 법당에 들어가 중의 장삼을 입고, 고깔을 쓰고, 높은 봉에 올라 관군을 불러 외쳐 왈,

"도적이 북편 소로로 갔사오니 이리로 오지 말고 그리 가 잡으소서."

하며, 장삼 소매를 날려 북편 소로를 가리키니, 관군이 오다가 남로(南路)를 버리고 노승의 가리키는 대로 북편 소로로 가거늘, 길동이 내려와 축지법을 행하여 제적을 인도하여 돌아오니 제적이 치하 분분하더라.

– 허균, '홍길동전(洪吉童傳)'

15 윗글에 대한 설명으로 적절한 것은?

① 시간의 흐름에 따라 사건을 전개하고 있다.
② 인물의 심리 변화를 중심으로 서술하고 있다.
③ 등장인물이 직접 자신의 체험을 이야기하고 있다.
④ 배경 묘사를 통해 주제를 상징적으로 드러내고 있다.

16 ㉠에서 중들이 처한 상황을 나타내는 말로 알맞은 것은?

① 오월동주(吳越同舟)　　　　② 속수무책(束手無策)
③ 암중모색(暗中摸索)　　　　④ 호시탐탐(虎視眈眈)

다음 글을 읽고 물음에 답하시오.

돌에
그늘이 차고,

따로 몰리는
소소리 바람*.

앞섰거니 하야
꼬리 치달리여 세우고,

종종다리 꺼칠한
산새 걸음걸이.

여울지어
수척한 흰 물살. ⎤
                   ⎟ [A]
갈갈이   ⎟
손가락 펴다. ⎦

멎은 듯
새삼 돋는 빗낯.

붉은 잎잎
소란히 밟고 간다.

– 정지용, '비'

17 **[보기]는 위 시를 산문으로 서술한 것이다. 위 시의 내용과 <u>달라진</u> 것은?**

> **보기**
>
> ㉠ 구름이 끼고 찬바람이 불더니 비가 내리기 시작한다. 빗방울은 여기저기서 서로 다투듯이 쏟아져 내린다. ㉡ 산새는 빗소리에 놀라 날갯짓을 하며 종종걸음으로 비를 피하고 있다. ㉢ 땅에 떨어진 빗물은 여울을 이루며 흘러가고 있다. ㉣ 잠시 주춤했던 빗방울은 다시 붉은 꽃잎에 후두둑 후두둑 소리를 내며 떨어진다.

① ㉠   ② ㉡   ③ ㉢   ④ ㉣

18 **이미지를 중심으로 감상할 때, [A]에 대한 학생들의 반응으로 적절한 것은?**

① 시각적 이미지와 의인화의 방법을 통해 대상의 모습을 생동감 있게 표현했군.
② 청각적 이미지를 의미를 지닌 말로 표현하고 있군.
③ 색채어를 활용하여 시각적 이미지가 더욱 선명하게 느껴지도록 표현하고 있군.
④ 시각적 이미지를 후각적 이미지로 변용한 공감각적 표현을 통해 이미지를 참신하게 형상화했군.

[19~20] **다음 글을 읽고 물음에 답하시오.**

옛날 어느 곳에 가재와 굼벵이가 서로 이웃해서 살았다. 그런데 가재는 수염이 있는 대신 눈이 없고, 굼벵이는 눈이 있는 대신 수염이 없었다. 그래서 겉으로는 "이 위엄 있는 수염, 어험.", "이 밝은 눈은 어떻고?" 하며, 서로 제 것을 자랑했지만, 가재는 굼벵이의 밝은 눈이 탐났고, 굼벵이는 가재의 위엄 있는 수염이 부러웠다.

그러다가 어느 날 그들은 그 수염과 눈을 바꾸기로 했다. 먼저 굼벵이가 제 눈을 빼서 가재에게 주었다. 가재가 굼벵이의 밝은 눈을 받아 달고 보니, 세상은 더 없이 환하고, 저의 수염은 더욱더 위엄 있게 보였다. 그래서 가재는 저의 그 위엄 있는 수염을 굼벵이에게 줄 생각이 없어졌다. 굼벵이는 가재가 그 수염을 선뜻 내주지 않자, "왜 이렇게 꾸물대는가?" 하고 다그쳤다. 그러자 가재는 "눈도 없는 놈이 수염은 달아서 무얼 해?" 하고는 그냥 가 버렸다.

옆에서 이 광경을 지켜 본 개미는 굼벵이의 하는 짓과 그 당하는 꼴이 너무도 우스워서, 그만 웃고웃고 하다가 허리가 잘룩해졌다.

- 중략 -

내가 이 글을 쓴 것은 굼벵이의 무지와 경박을 비웃으려는 게 아니었다. 가재의 배신과 모순을 질타(叱咤)하려는 것도 아니었다. 다소 그런 뜻이 없는 것은 아니지만, 그보다는 개미의 간악한 편파성을 꾸짖자는 것이 주된 목적이었다. 개미는 가재의 잘못을 질타했어야 한다. 보복이 두려워 그러지 못했다면, 굼벵이의 어리석음도 비웃지 말았어야 한다. 그래야 공평하지 않은가?

그러나 이제는 더 꾸짖을 용기가 나질 않는다. 아니, 앞에서 몇 마디 꾸짖은 것도 오히려 취소하고 싶은 심정이다.

지금 개미란 놈이 어떻게 알고 찾아와, 나에게 삿대질을 하며, 고래고래 소리를 치고 있다. "이봐요, 정 선생. 내가 당신에게 보복할 만한 힘이 없다고 해서, 이렇게 나를 매도하는 거요? 호랑이가 나처럼 했어도 이럴 거요?"

내 발이 저리니 어떻게 더 개미를 꾸짖겠는가? '너에게서 나온 것은 너에게로 돌아간다.'는 옛말이 있다. 내가 개미를 꾸짖은 말이 나를 꾸짖는 말로 돌아오다니, 참으로 말의 어려움을 알겠다. 그럼 어찌할까? 호랑이를 꾸짖을 수 있는 용기를 가질 때까지는 꾸짖는 일을 삼갈 수밖에 없다.

—정진권, '개미론'

19 윗글을 활용하여 설득하는 글을 쓰려 할 때, 그 대상으로 가장 적절한 것은?

① 어떤 일이든 부정적으로만 생각하는 사람
② 실천은 하지 않으면서 말만 앞세우는 사람
③ 남을 속여서 자신의 이익만을 추구하는 사람
④ 자신의 허물은 묻어둔 채 남의 허물을 탓하는 사람

20 윗글을 읽고 [보기]와 같이 정리할 때, ⓐ에 들어갈 내용으로 적절한 것은?

> 보기
>
> • 집필 목적 : 개미의 간악한 편파성을 꾸짖고자 함
> • 전환의 계기 : (ⓐ   )
> • 결과 : 자신의 태도를 반성함

① 대상의 장점을 파악함.　　　　　② 대상을 세밀하게 관찰함.
③ 대상과 자신의 차이점을 깨달음.　④ 대상과 자신의 공통점을 발견함.

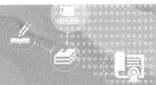

01 $2^a = 3^{1-a}$일 때, 6^{3a}의 값은?

① 8   ② 27

③ 64   ④ 125

02 1과 2사이에 n개의 수를 넣어 만든 등차수열

$$1, \ a_1, \ a_2, \ \cdots, \ a_n, \ 2$$

의 합이 24일 때, n의 값은?

① 14   ② 15

③ 16   ④ 17

03 $\lim\limits_{n \to \infty} \dfrac{1}{\sqrt{n^2+n+1} - \sqrt{n^2-n+1}}$ 의 값은?

① 1   ② 2

③ 3   ④ 4

04 $a>0$, $a \neq 1$일 때, $\dfrac{\sqrt{a}}{\sqrt[3]{a}} \times \sqrt{\sqrt[3]{a}}$ 를 간단히 하면?

① $\sqrt[6]{a}$ ② $\sqrt[3]{a}$

③ $\sqrt{a}$ ④ $\sqrt[4]{a^3}$

05 일차함수 $f(x)=2x+a$에 대하여 $f^{-1}(4)=1$, $f^{-1}(8)=b$일 때, b의 값은?

① 1 　　　　　② 3

③ 5 　　　　　④ 7

06 수열 $\{a_n\}$에 대하여 $\sum_{n=1}^{\infty}\left(a_n-\dfrac{3n+1}{n+1}\right)=1$일 때, $\lim_{n \to \infty}(a_n^2+2a_n)$의 값은?

① 12 　　　　　② 13

③ 14 　　　　　④ 15

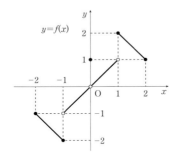
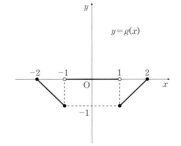

07 무리함수 $y=\sqrt{ax}$ 의 그래프를 x축의 방향으로 1만큼, y축의 방향으로 -2만큼 평행이동한 그래프가 원점을 지난다. 상수 a의 값은?

① -7 ② -4

③ -1 ④ 2

08 $-2\leq x\leq 2$에서 정의된 두 함수 $y=f(x)$와 $y=g(x)$의 그래프가 그림과 같을 때, [보기]에서 옳은 것만을 있는 대로 고른 것은?

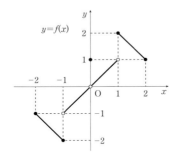
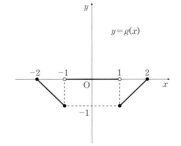

보기

ㄱ. $\lim\limits_{x\to-1}g(f(x))=-1$

ㄴ. 함수 $g(f(x))$는 $x=0$에서 연속이 아니다.

ㄷ. 방정식 $g(f(x))=-\dfrac{1}{2}$의 실근이 1과 2사이에 적어도 하나 존재한다.

① ㄱ ② ㄷ

③ ㄴ, ㄷ ④ ㄱ, ㄴ, ㄷ

09 함수 $y=f(x)$의 그래프가 그림과 같다.

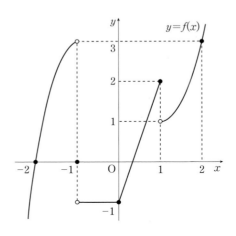

$(f \circ f)(1)$의 값은?

① 0   ② 1

③ 2   ④ 3

10 공비가 3인 등비수열 $\{a_n\}$의 첫째항부터 제 n항까지의 합 S_n이 $\lim\limits_{n \to \infty} \dfrac{S_n}{3^n} = 5$를 만족시킬 때, 첫째항 a_1의 값은?

① 6   ② 8

③ 10   ④ 12

11 한 개의 동전을 400번 던질 때, 앞면이 나온 횟수를 확률변수 X라 하자. $\mathrm{P}(X \leq k) = 0.9772$를 만족시키는 상수 k의 값을 오른쪽 표준정규분포표를 이용하여 구하면?

z	$\mathrm{P}(0 \leq Z \leq z)$
1	0.3413
2	0.4772
3	0.4987

① 200

② 210

③ 220

④ 230

12 두 실수 a, b에 대하여 함수

$$f(x) = \lim_{n \to \infty} \frac{-a|x| - |x|^n + b}{|x|^n + 1}$$

가 모든 실수 x에서 연속일 때, [보기]에서 옳은 것만을 있는 대로 고른 것은?

> **보기**
>
> ㄱ. $a - b = 1$
>
> ㄴ. 함수 $f(x)$의 최솟값은 -1이다.
>
> ㄷ. $a < 1$일 때, 함수 $f(x)$의 그래프는 x축과 만나지 않는다.

① ㄱ

② ㄷ

③ ㄱ, ㄴ

④ ㄱ, ㄷ

13

두 사건 A, B가 서로 독립이고,

$$P(A)=\frac{1}{4},\ P(A\cup B)=\frac{1}{2}$$

일 때, $P(B^c|A)$의 값은? (단, B^c은 B의 여사건이다.)

① $\dfrac{1}{6}$　　　　　　　　② $\dfrac{1}{3}$

③ $\dfrac{1}{2}$　　　　　　　　④ $\dfrac{2}{3}$

다항함수 $f(x)$가 모든 실수 x에 대하여

$$\int_1^x f(t)dt = xf(x)-3x^4+2x^2$$

을 만족시킬 때, $f(0)$의 값은?

① 1　　　　　　　　② 2

③ 3　　　　　　　　④ 4

15 체력단련장에서 사용하는 운동기구에는 그림과 같이 운동 관련 정보 안내 화면이 3개 있다. 한 화면이 최소 1가지, 최대 2가지의 정보를 동시에 보여줄 수 있다. 다섯 가지 정보인 속도, 거리, 시간, 심장 박동수, 칼로리 소모량을 동시에 모두 보여줄 수 있는 방법의 수는? (단, 한 화면에서 두 정보의 위치는 고려하지 않는다.)

① 89   ② 90

③ 91   ④ 92

16 등식 $x^5y^3 = 5^{15}$ 을 만족시키는 양의 실수 x, y에 대하여 $m\log_5 x + 15\log_5 y$가 일정한 값을 가질 때, 실수 m의 값은?

① 15   ② 20

③ 25   ④ 30

어느 고등학교의 3학년 학생들을 대상으로 주거형태를 조사한 결과 A형과 B형 두 가지였다. 주거형태가 B형인 남학생의 수는 주거형태가 A형인 여학생수의 2배이고, 주거형태가 A형인 학생 중 여학생의 비율은 40%이다. 3학년 학생 중 임의로 한명을 뽑았더니 남학생이었다. 이 학생의 주거형태가 A형일 확률은?

① $\dfrac{1}{7}$ ② $\dfrac{2}{7}$

③ $\dfrac{3}{7}$ ④ $\dfrac{4}{7}$

0을 한 개 이하 사용하여 만든 세 자리 자연수 중에서 각 자리의 수의 합이 3인 자연수는 111, 120, 102, 201이다. 0을 한 개 이하 사용하여 만든 다섯 자리 자연수 중에서 각 자리의 수의 합이 5인 자연수의 개수는?

① 14 ② 15

③ 16 ④ 17

19

함수 $f(x)=x^4-16x^2$에 대하여 다음 조건을 만족시키는 모든 정수 k값의 제곱의 합은?

(가) 구간 $(k, k+1)$에서 $f'(x)<0$이다.
(나) $f'(k)f'(k+2)<0$

① 16 　　　　　　　　　② 17
③ 18 　　　　　　　　　④ 19

20

곡선 $y=x^2$ 위의 점 $(-2, 4)$에서의 접선이 곡선 $y=x^3+ax-2$에 접할 때, 상수 a의 값은?

① -7 　　　　　　　　② -5
③ -3 　　　　　　　　④ -1

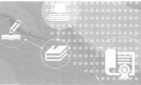

01 다음 글에서 전체 흐름과 관계없는 문장은?

① There is no way that we two-legged creatures can keep up with many four-legged animals in a head-to-head sprint, but in recent years, some anthropologists have suggested that the human species has evolved in such a way as to be built for marathon running. ② It is the number one priority to control one's pace during the course of marathon. ③ Researchers from Harvard University and the University of Utah point to our long legs and short arms as being suited to running — necessary for our early hunter-gatherer lifestyle on the African savannah. ④ More specifically, the scientists highlight the abundance of tendons in our legs used little in walking but essential for running; our large leg joints for shock absorption; and our relative lack of body hair for minimizing rises in body temperatures. These characteristics demonstrate that the human body as a whole is comparatively well suited to endurance running compared to other animals.

*tendon 힘줄

02

다음 글의 주제로 가장 적절한 것은?

Let me give you a piece of advice that might change your mind about being courageous. Suppose that your doctor said that you have six months to live and recommended that you do everything you ever wanted to do. What would you do? Have you always wanted to sky dive, or climb cliffs, or maybe live alone in the woods for a month but been afraid you might be harmed? What difference would it make if you now attempted it? You'd almost certainly live through it and it would enrich the time you had left. Wouldn't it be nice to go out saying you had faced all your fears? Why do you wait till you have a death sentence? If it's that important to you, do it now.

*death sentence 사형 선고

① Wait for the right time to be brave.
② Do not hesitate to do whatever is important to you.
③ The popularity of extreme sports is increasing.
④ There are some ways to deliver a death sentence.

03

다음 글의 밑줄 친 부분 중, 어법상 틀린 것은?

Children are ① much more resistant to giving something to someone else than to ② help them. One can observe this difference clearly in very young children. Even though one-and-a-half-year-olds will support each other in difficult situations, they are not willing ③ to share their own toys with others. The little ones even defend their possessions with screams and, if necessary, blows. This is the daily experience of parents ④ troubled by constant quarreling between toddlers. There was no word I heard more frequently than "Mine!" from my daughters when they were still in diapers.

*toddler (걸음마를 배우는) 아기

04 다음 글의 빈칸에 들어갈 말로 가장 적절한 것은?

Have you been abroad? Do you travel a lot? Then you know what I'm talking about. Wherever you go on this globe, you can get along with English. Either most people speak it anyhow, or there is at least somebody around who can communicate in this language. But then, you realize that mostly there's something you may find odd about the way English is used there. If you are abroad, English is likely to be somewhat different from the way you speak it. Well, if you stay there, wherever that is, for a while, you'll get used to this. And if you stay there even longer, you may even pick up some of these features and begin to sound like the locals. What this example teaches us is: English is _____

① a difficult language to master.   ② changing over time.
③ a must-learn language.   ④ no longer just "one language."

05 빈칸 (A), (B)에 들어갈 말로 가장 적절한 것은?

There is a contrast principle in human perception that affects the way we see the difference between two things that are presented one after another.   (A)   , each student in the psychophysics laboratory takes a turn sitting in front of three buckets of water — one cold, one at room temperature, and one hot. After placing one hand in the cold water and one in the hot water, the student is told to place both in the lukewarm water simultaneously. Then something surprising happens.   (B)   both hands are in the same bucket, the hand that was in the cold water feels as if it is now in the hot water, while the one in the hot water feels as if it is in cold water. The point is that the same thing can be made to seem very different, depending on the nature of the event that precedes it.

*lukewarm 미지근한

	(A)		(B)
①	However	……	Besides
②	Thus	……	thereby
③	For example	……	Even though
④	Therefore	……	Although

06 (A), (B)의 각 네모 안에서 문맥에 맞는 말로 가장 적절한 것은?

Fishing is the most obvious ocean-based economic activity. People in many coastal areas make their living by fishing, and fish and shellfish make up a (A) major / minor part of their diet. In fact, about one billion people worldwide rely on fish as their main source of animal protein. In terms of fishing as an economic activity, the largest segment of world fisheries is commercial fishing. Fish caught by commercial fishermen include salmon, tuna, shellfish and other edible species such as squid. Consumers are used to buying these seafoods in grocery stores, restaurants, and village markets around the world. However, the supply is not (B) limited / infinite. As the world's population swells, the demand for fishing products puts intense pressure on fish populations. The worldwide catch of ocean fish swelled from 81 million tons in 2003 to 148 million tons in 2010.

	(A)		(B)			(A)		(B)
①	major	······	limited		②	major	······	infinite
③	minor	······	limited		④	minor	······	infinite

07 (A), (B)의 각 네모 안에서 어법에 맞는 표현으로 가장 적절한 것은?

In a study, 211 women signed up for a sixteen-week weight-loss program. All participants were randomly (A) separated / separating into three groups: long-term public commitment, short-term public commitment, and no public commitment. Those in the long-term group wrote their names and weight-loss goals on index cards that were publicly displayed in the fitness center for the full sixteen weeks of the program. Those in the short-term group did the same, but the cards were displayed for only the first three weeks. Those in the no-public-commitment group did not fill out cards. At the conclusion of the study, the effect of long-term public commitment was evident. At the sixteen-week mark, the long-term group had, on average, (B) exceeded / been exceeded their goals by about 102%, while the short-term group achieved an average of 96% success and the no-commitment group reached only 88%.

	(A)		(B)			(A)		(B)
①	separated	······	exceeded		②	separated	······	been exceeded
③	separating	······	exceeded		④	separating	······	been exceeded

08

다음 글의 빈칸에 들어갈 말로 가장 적절한 것은?

There was a series of experiments about factors which affect the way of people's behaviors. In the first of the experiments, commuters gave more money to a charity collector at the top of an escalator than to one at the bottom. In another experiment 60 volunteers were asked to give out an amount of hot chilli sauce to be eaten by a stranger who they were told disliked hot food. Those who had been taken up to a stage dished out less than half the amount than those who had been taken down to an orchestra pit. And in a third, people were less likely to inflict punishment on another person after they ascended steps — and were crueler after they went down stairs. The link between _____ _____ may sound unlikely, but psychologists say there are plenty of clues linking the two in real life.

① anonymity and cruelty
② how others see us and how we treat them
③ where we are and how we behave
④ the people we know and where we meet them

09

다음 글의 빈칸에 들어갈 말로 가장 적절한 것은?

M: Sarah, what are you listening to?
W: [*Pause*] Sorry, Chris. What did you say?
M: I asked what you were listening to.
W: Oh, I'm listening to Psy's *Gangnam Style*.
M: I watched the music video online, too. Isn't it sensational?
W: Yeah, it is. Now I am a big fan of his music. Actually I'd like to go to his concert, but the ticket is too expensive.
M: You can get it cheap through group shopping.
W: What do you mean by 'group shopping'?
M: If more than 50 people buy tickets together, you can get them cheaper.
W: Really? Then, what should I do?
M: I saw an online group shopping event. _____
W: That's a good idea.

① What do you think?　　② Haven't you checked out already?
③ What makes you enjoy his music?　　④ Why don't you join it?

10 다음 대화에서 빈칸에 가장 적절한 것은?

W: Hey, Brian! What are you going to do this afternoon?

M: I'm thinking of going shopping for a jacket.

W: Why don't you buy one online?

M: Online? I don't think it's a good idea.

W: The prices are much lower online, aren't they?

M: Yeah, but you can't try the clothes on to see if they fit you.

W: That makes sense. I once returned the pants I bought online because they were too small.

M: Plus, you have to wait for the clothes to be delivered.

W: You're right. I don't like waiting.

M: I also don't want to give out my personal information online.

W: I see your point. Maybe I should think twice before buying clothes on the Internet.

M: _____

① That's what I'm talking about!

② I will let you know my favorite online shop.

③ Let's go to the computer lab and shop.

④ I am totally against you this time.

가 천 대 학 교
적성고사 적중 예상 [모의고사]

제 4 회

- 국어 영역
- 수학 영역
- 영어 영역

가천대학교 적성고사
2018년 3월 시행

[01~02] 다음은 학급에서 이루어진 학생의 발표이다. 물음에 답하시오.

여러분은 '미리내'라는 이름을 들어 보신 적이 있습니까? (친구들의 반응을 확인하며) 저는 오늘 미리내 가게란 곳을 소개하며 우리가 함께 작은 나눔을 실천해 볼 것을 권유하기 위해 이 자리에 섰습니다.

미리내 가게란, 가게를 이용한 손님이 계산을 하면서 누군가 다른 사람의 음식값이나 비용을 '미리내' 줄 수 있는 가게입니다. 쉽게 말해 어떤 손님이 본인 것과 함께 추가 금액을 미리 지불해 놓으면 다른 사람이 그 음식을 먹을 수 있습니다. '미리내'는 미리 낸다는 의미의 이름이지만, '은하수'의 방언이기도 합니다. 별이 외롭게 혼자서만 반짝이는 게 아니라 수많은 별들이 함께 모여 밤하늘을 가득 수놓듯, 미리내 가게도 수많은 '우리들'이 모여 서로를 위한 나눔을 실천한다는 의미를 담고 있습니다. 잠시 인터뷰를 보시겠습니다.

(인터뷰를 본다)
기자 : 미리내 가게에선 감동적이고 인상적인 사례들이 아주 많을 것 같은데, 가장 기억에 남는 경우를 말씀해 주실 수 있나요?
주인 : 그럼요. 어느 날 청소년 학생 하나가 매장 밖에서 계속 안쪽을 들여다보고 있었어요. 마침 미리내 쿠폰이 있었기에 들어와서 먹으라고 하자 그 학생은 너무 고마워하며 잘 먹고 갔죠. 며칠 후 여성 고객분이 오셔서 식사를 한 뒤 미리내 기부를 하겠다고 하시는 거예요. 어떻게 이 운동을 알고 계신가 물었어요. 그러자 며칠 전에 자기 아들이 여기서 식사를 무료로 맛있게 먹고 갔다고 하시더라고요. 그러면서 아들이 자신도 배가 고픈 누군가에게 도움을 주고 싶다고 이야기하더래요. 아들에게서 스스로 다른 누군가를 돕고 싶다는 말을 처음 듣게 되었다며 아들의 변화에 어머니도 동참하고 싶으셔서 들르게 되었다고 말씀하셨어요.

(인터뷰를 본 뒤)
잘 보셨습니까? 미리내 가게는 거의 모든 분야에서 우리 모두가 누구나 누릴 수 있고 기부할 수 있는 문화를 만들어 가고 있는 것입니다. 누구나 기부를 받는 대상이 될 수 있고, 누구나 기부하는 주체가 될 수 있다는 것이 이 가게의 가장 큰 장점입니다. 우리 조상들로부터 물려받은 품앗이 정신의 또 다른 모습이라고도 볼 수 있습니다. 함께 사는 세상은 가장 작은 관심 하나로부터 시작되기 때문에, 이 사랑의 실천이 우리의 공동체 구현에 큰 힘을 발휘할 거라 믿습니다. 여러분도 가까운 미리내 가게에 들러 다른 사람을 위한 작은 기부를 시작해 보는 건 어떻겠습니까?

01 학생의 발표의 목적으로 가장 적절한 것은?

① 미리내 가게에 대한 정보 전달
② 미리내 가게의 활성화 방안 건의
③ 미리내 가게를 통한 기부 실천의 권유
④ 미리내 가게를 바라보는 인식 전환의 당부

02 학생의 발표에 대한 설명으로 적절하지 <u>않은</u> 것은?

① 발표의 흐름이 잘 드러나도록 발표 순서를 알려주고 있다.
② 중심 화제에 대한 말뜻을 간략히 소개하고 있다.
③ 의문형 진술로 청중의 반응을 확인하고 주제를 강조하고 있다.
④ 공적인 발표 상황임을 고려하여 격식체의 화법을 구사하고 있다.

[03~05] 다음은 ○○시 도서관 홈페이지에 올릴 건의문의 초고이다. 물음에 답하시오.

○○ 도서관 관장님께. 안녕하십니까? 저는 □□ 고등학교 학생 △△△입니다. ○○ 도서관은 소장하고 있는 도서가 다양하여 학교 과제를 위한 자료 수집도 편리하고 열람실 환경도 매우 쾌적하여 우리 지역 청소년들이 많이 이용하는 공간입니다. ⊙ 그럼에도 불구하고 저도 방과 후나 주말에 도서관에 가서 수행 평가 자료도 찾고, 시험 기간에는 열람실에서 늦은 시각까지 공부를 하기도 합니다. 지역 시민들에게 항상 깨끗하고 편안한 도서관 환경을 제공해 주셔서 대단히 감사드립니다.

그런데 도서관 3층에 있는 노트북 열람실의 경우 좌석수가 50석이 채 되지 않아서 이용에 불편함이 많습니다. 지난주에도 인터넷 강의를 수강하고 싶어서 노트북 열람실을 ⓒ 방문하는데 대기자 수가 너무 많아서 이용하지 못했습니다. 이에 노트북 열람실과 관련하여 불편한 사항을 관장님께 건의드리기 위해 글을 쓰게 되었습니다.

노트북 ⓒ 열람실에 가 보면 이용자 대부분이 공무원 시험이나 취직 시험 등을 준비하는 성인들입니다. 이분들 중에 상당수는 하루 종일 노트북 열람실을 이용하는 경우가 많습니다. 아침 일찍 자리를 확보해 놓지 않으면 이 열람실을 이용하기가 매우 어려운 실정입니다. 그러므로 중·고등학교 청소년 전용 노트북 열람실을 따로 만들어 주셨으면 합니다. 공간 확보가 어려워 따로 전용실을 만들기가 힘들다면 기존의 노트북 열람실 일부를 청소년 전용 열람 공간으로 활용하는 방안도 있을 것입니다. 아니면 청소년들의 노트북 열람실 이용 시간이 주로 방과 후나 저녁 시간대이므로 특정 시간에만 ⓔ 항시적으로 전용 구역을 마련해 주는 것도 좋은 방안이 될 것이라고 생각합니다.

최근에는 학교 과제로 UCC를 제작하거나 프레젠테이션을 위한 발표문을 만드는 등 컴퓨터를 활용해야 하는 일들이 많고, 노트북으로 인터넷 강의를 수강하는 경우도 있어서 청소년들이 도서관에서 노트북 열람실을 이용하는 비율이 점차 늘어나고 있습니다.

이러한 청소년들을 위해 도서관 내에 청소년 전용 노트북 열람실 좌석 수를 점차적으로 확대해 주시기를 간절히 기대합니다. 건의 내용을 읽어 주셔서 대단히 감사드립니다.

03 윗글에 나타난 쓰기 전략에 대한 설명으로 적절하지 <u>않은</u> 것은?

① 인사말, 건의자, 건의문을 쓰게 된 이유를 먼저 제시하고 있다.
② 자신의 이용 경험을 언급하면서 건의 내용을 설명하고 있다.
③ 건의 내용을 실현하기 위한 몇 가지 방안을 제안하고 있다.
④ 객관적 자료를 활용하여 최근의 이용률 변화를 밝히고 있다.

04 윗글의 표현 방식으로 적절하지 <u>않은</u> 것은?

① 높임 표현을 사용하여 정중하게 의견을 전달하고 있다.
② 물음과 응답을 교차로 제시하면서 독자의 관심을 높이고 있다.
③ 건의하고자 하는 내용이 명확히 드러나도록 글을 표현하고 있다.
④ 글을 마치면서 건의 내용을 요약하고 감사의 말을 전하고 있다.

05 ⊙~㉣의 고쳐 쓰기가 적절하지 <u>않은</u> 것은?

① ⊙ : 접속어의 사용이 적절하지 않으므로 '그래서'로 바꾼다.
② ㉡ : 시제의 사용이 적절하지 않으므로 '방문했는데'로 바꾼다.
③ ㉢ : 조사의 사용이 적절하지 않으므로 '열람실로'로 바꾼다.
④ ㉣ : 어휘의 사용이 적절하지 않으므로 '한시적으로'로 바꾼다.

 06 ⊙~㉢에서 설명하는 음운 변동의 예가 바르게 짝지어진 것은?

> ⊙ 한 음운이 다른 음운으로 바뀌는 음운 변동
> ㉡ 한 음운이 탈락하여 없어지는 음운 변동
> ㉢ 두 개의 음운이 결합하여 제3의 음운으로 줄어드는 음운 변동

	⊙	㉡	㉢
①	달+님[달림]	크+어[커]	밭+이[바치]
②	국+밥[국빱]	삶+도[삼도]	닳+지[달치]
③	밥+만[밤만]	가+아서[가서]	젊+다[점따]
④	솜+이불[솜니불]	쌓+고[싸코]	입+학[이팍]

 07 ⊙과 ㉡이 속한 문장 성분에 대한 설명으로 적절하지 <u>않은</u> 것은?

> • 그분께서 ⊙ <u>일본으로</u> 출장을 가셨다.
> • 여기에는 ㉡ <u>우리가 좋아하는</u> 그림이 많다.

① ⊙은 용언을 수식하는 부속 성분의 부사어이다.
② ㉡은 체언을 수식하는 부속 성분의 관형어이다.
③ ⊙과 ㉡은 한 자리 서술어에 필수적이지 않은 문장 성분이다.
④ ⊙과 달리 ㉡은 두 자리 서술어에 필수적인 경우가 있는 문장 성분이다.

08

[보기]에 나타난 중세 국어의 특징을 분석한 내용으로 적절하지 <u>않은</u> 것은?

> **보기**
>
> 　孔子(공ᄌ) ㅣ 曾子(증ᄌ)ᄃ려 닐러 ㉠ 글ᄋ샤ᄃᆡ 몸이며 얼굴이며 머리털이며 ᄉᆞᆯ흔 父母(부모)ᄭᅴ 받ᄌᆞ온 거시라 敢(감)히 헐워 샹히오디 아니 홈이 효도㉡읫 비르소미오 몸을 셰워 道(도)를 行(ᄒᆡᆼ)ᄒᆞ야 ㉢ 일홈을 後世(후셰)예 베퍼 ㉣ 뻐 父母(부모)ᄅᆞᆯ 현뎌케 홈이 효도의 ᄆᆞᆺ춤이니라
>
> [현대어 풀이] 공자가 증자에게 일러 가로되, 몸이며 모습이며 머리털이며 살은 부모 님께 받은 것이라 감히 헐어서 상하게 하지 아니함이 효도의 시작이요. 몸을 세워 도를 행하여 이름을 후세에 베풀어 부모님을 드러나게 함이 효도의 마침이다.

① ㉠ : '-시-'의 형태가 현대 국어와 달리 표현되었다.
② ㉡ : 현대 국어의 관형격 조사와 차이가 있었다.
③ ㉢ : 'ㅎ' 종성 체언이 사용되었다.
④ ㉣ : 어두에 합용 병서가 사용되었다.

[09~10] 다음 글을 읽고 물음에 답하시오.

　유교 윤리는 기본적으로 인간을 인간답게 하는 덕성인 인(仁)을 중심으로 한 덕의 윤리이긴 하지만 행위자가 당면한 구체적 상황에서 행위자를 특정한 행동으로 인도하는 지침으로도 운용되어야 한다. 따라서 인의 정신을 견지(堅持)하면서도 상황 적합성을 고려해서 특정 행위를 지정해 줄 명시화 절차가 요구된다. 이런 관점에서 유교 윤리에서는 상황에의 적합성에 의거해 시시비비(是是非非)를 가려 줄 도덕 판단이 필요한데, 이를 의(義)라 한다. 그러나 의는 지극히 직관적이고, 주관적인 편향성에서 자유로울 수 없는 까닭에 오랜 시행착오와 사회적 합의를 거쳐 체계적으로 확립된 것이 예(禮)이다. 예란 공동체의 지혜가 집약되고 오랜 세월을 거쳐 정선된 전통으로서 사회적으로 인정된 공공의 규범이라 할 수 있다.

　유교 윤리에서 예의 개념은 그 핵심적인 역할뿐만 아니라 사회 현실에서 갖는 지배적인 영향력으로 인해 특별히 주목할 만한 가치가 있다. 예의 기본적 의미는 규칙이라는 개념에 의거한다. 학자들의 연구에 따르면, 예의 가장 오랜 용례는 종교 의식과 관련된다. 어원적으로도 예(禮)는 '보일 시(示)'와 '굽이 높은 그릇 풍(豊)'이 결합된 글자로, '시'는 하늘이 길흉(吉凶)을 인간에게 보여 주는 것을 말하고, '풍'은 고대 제사에서 사용하는 제기(祭器)를 뜻한다. 즉 예라는 명칭은 신을 섬기는 종교적 의식에서 유래한 것으로, 혼령들을 섬기고 축복을 빌기 위해 제사의 형식과 절차와 같은 규칙을 따르는 것을 의미했다. 이후 시간이 흐르면서 예는 종교 의식을 넘어서 일상생활에서의 행위 지침이 되는 규칙들을 포함하게 되어 모든 사

회적 관행과 관습을 포괄하는 광범위한 개념으로 쓰였다. 특히 공자는 예의 범위를 문화의 전 영역으로 확장하였으며, 행위의 우아하고 품위 있는 형식을 의미하는 것으로까지 보았다. 이와 같은 과정을 통해 유교에서 예는 종교적이고 도덕적인 차원만이 아니라 심미적인 차원으로 확장되었다.

예의 개념 속에 함축되어 있는 핵심은 예가 규칙에 의해 인도되는 행위라는 것이며, 이와 관련된 주요 물음은 그러한 규칙이 수정 가능한지의 여부이다. 이를 규명하기 위해서는 앞에서 이야기한 것처럼 예의 개념이 의(義)의 개념과 관련되어 있음을 다시 상기해야 한다. 즉 시시비비를 가려 줄 도덕 판단인 의의 관점에서 옳고 합당하다고 생각되는 것이라면 행위의 본보기가 되는 규칙인 예로 수용될 수 있다. 이런 이유로 예는 과거의 관습이나 용례에 의해 전폭적으로 결정되는 것이 아니다. 이는 '예(禮)는 의(義)의 구체적 표현'이라는 『주역』의 언급과 상통한다.

09 윗글에 대한 설명으로 가장 적절한 것은?

① '의'와 '예'를 상호 보완 관계로 설명하고 있다.

② 유교 윤리 안에서 '의'가 가진 윤리적인 기능을 구체적인 사례를 들어 설명하고 있다.

③ '예'의 개념이 사회에 따라 어떻게 다르게 나타나는지 설명하고 있다.

④ '예'의 기원에 대한 설명을 통해 '예'와 '의'의 차이점을 부각하고 있다.

10 윗글의 내용에 대한 이해로 가장 적절한 것은?

① '의'는 행위의 도덕적인 차원에만 관련되지만, '예'는 행위의 심미적 차원에만 관련된다.

② '의'가 주관적이고 직관적인 도덕 판단이라면, '예'는 공동체의 객관적인 관습적 규칙이다.

③ '의'가 상황 적합성을 판단 기준으로 삼기 때문에, '인'을 통해 보완될 필요가 있다.

④ '예'는 종교적인 의식에서 유래한 것으로, 일상적인 행위 규칙과는 무관하다.

[11~12] 다음 글을 읽고 물음에 답하시오.

유전자 가위 기술은 기존의 의학적 방법으로 치료가 어려운 다양한 난치성 질환에서 문제가 되는 유전자를 제거하거나 정상적으로 기능하도록 편집하여 근원적인 치료를 할 수 있는 기술이다. 그렇다면 유전자 가위는 무엇일까? 유전자 가위는 DNA를 자를 수 있는 기능을 가진 효소를 쓰임에 맞게 변형해서, 자르고자 하는 표적 DNA 염기 서열을 인식하여 특정한 위치에서 DNA를 자를 수 있도록 구성된 인공 효소를 말한다. 지금까지 개발된 유전자 가위는 1세대 징크 핑거 뉴클레이스(ZFN), 2세대 탈렌(TALEN), 3세대 크리스퍼(CRISPR-Cas9)이다. 이들은 표적 DNA에서 절단하고자 하는 염기 서열을 인식하는 ㉠인식부와 해당 부위를 자르는 절단부가 결합된 구조로 되어 있다.

ZFN의 인식부를 이루는 단백질인 징크 핑거는 원래 아프리카발톱개구리의 유전자를 연구하던 과학자들이 발견한 것이다. ZFN이 표적 염기 서열을 인식하기 위해서는 해당 부위와 결합해야 하는데, 징크 핑거 모티프*는 한 모티프당 3쌍의 염기 서열과 결합할 수 있다. ZFN은 징크 핑거 모티프의 결합 부위의 아미노산 배열을 표적 DNA의 자르고자 하는 부위에 맞춰 직접 설계하고 제작한다는 점에서 설계가 복잡하고 비용이 비싸다는 단점이 있다.

탈렌은 식물을 감염시키는 병원체의 단백질에서 발견된 TALE 단백질을 인식부로 이용하고, Fok I 제한 효소를 결합시켜 절단부로 활용한다. 탈렌은 ZFN처럼 3쌍의 염기를 한 단위로 인식하는 방식이 아니라 1쌍의 염기를 각각 끊어서 인식한다. 탈렌을 구성하는 아미노산 서열은 절단하고자 하는 DNA 서열과 대응하기 때문에 탈렌의 아미노산 서열만 바꾸면 DNA의 원하는 부위를 자를 수 있는 장점이 있다.

크리스퍼는 박테리아의 방어 체계에서 유래한 것으로 외부에서 침입한 바이러스 유전자를 절단함으로써 박테리아를 보호하는 기능을 가진다. 박테리아는 바이러스에 감염되면 대부분이 죽지만 일부가 살아남게 되면 그 바이러스 DNA의 일부를 자신의 유전자에 저장해 놓는다. 그 후 재감염이 일어나면 저장해 놓았던 바이러스의 유전 정보를 전사하여 가이드 RNA가 만들어지고, 여기에 Cas9라는 단백질이 결합하여 RNA의 염기 서열과 짝을 이루는 DNA를 잘라 낸다. 이때 잘려 나가는 DNA는 RNA의 원본인 바이러스의 유전 정보이다. 크리스퍼는 잘라야 하는 DNA를 구분하는 가이드 RNA를 포함하는 CRISPR과 DNA를 절단하는 Cas9의 복합체이다. 크리스퍼는 그 자체가 유전자를 절단하는 기능을 지니며 별도의 제한 효소와의 융합 과정이 필요 없다. 또한 가이드 RNA가 표적 염기 서열을 인식하는데, 크리스퍼 복합체에서 Cas9에 결합하는 가이드 RNA를 원하는 서열로 설계할 수 있다. 따라서 3세대 기술은 연구자가 원하는 부위의 DNA만 정확하게 잘라 낼 수 있고, 이전 세대의 기술보다 제작이 간편하고 비용이 적게 든다.

*모티프 : 여러 가지 단백질의 아미노산 배열에 나타나는 작은 구조 부분

11 윗글의 내용으로 적절하지 <u>않은</u> 것은?

① 유전자 가위 기술은 기존의 의학적 방법으로 치료가 어려운 다양한 난치성 질환에서 문제가 되는 유전자에 직접 조치를 취하는 기술이다.
② 유전자 가위는 표적 DNA에서 자르고 싶은 염기 서열을 인식하는 인식부와 해당 부위를 자르는 절단부가 결합된 구조로 되어 있다.
③ 모든 유전자 가위는 인식부와 절단부를 결합시키는 별도의 과정을 필요로 한다.
④ 모든 유전자 가위가 절단부로 Fok I 제한 효소를 사용하는 것은 아니다.

12 ㉠에 대한 설명으로 가장 적절한 것은?

① ZFN과 탈렌은 모두 표적 DNA에서 세 쌍의 염기를 한 단위로 인식한다.
② ZFN과 탈렌은 모두 표적 염기 서열에 맞추어 인식부의 아미노산 서열을 바꾼다.
③ 크리스퍼와 ZFN은 모두 인식부의 아미노산이 표적 염기 서열을 인식한다.
④ 크리스퍼와 탈렌은 모두 표적 염기 서열에 맞추어 인식부의 서열을 바꾼다.

[13~14] 다음 글을 읽고 물음에 답하시오.

(가)　　바람도 없는 공중에 수직의 파문을 내이며 고요히 떨어지는 오동잎은 누구의 발자취입니까

　　　지리한 장마 끝에 서풍에 몰려가는 무서운 검은 구름의 터진 틈으로 언뜻언뜻 보이는 푸른 하늘은 누구의 얼굴입니까

　　　꽃도 없는 깊은 나무에 푸른 이끼를 거쳐서 옛 탑 위의 고요한 하늘을 스치는 알 수 없는 향기는 누구의 입김입니까

　　　㉠ 근원은 알지도 못할 곳에서 나서 돌뿌리를 울리고 가늘게 흐르는 작은 시내는 구비구비 누구의 노래입니까

　　　연꽃 같은 발꿈치로 가이없는 바다를 밟고 옥 같은 손으로 끝없는 하늘을 만지면서 떨어지는 날을 곱게 단장하는 저녁놀은 누구의 시입니까

　　　㉡ 타고 남은 재가 다시 기름이 됩니다 그칠 줄을 모르고 타는 나의 가슴은 누구의 밤을 지키는 약한 등불입니까

　　　　　　　　　　　　　　　　　　　　　　　　　　　　　– 한용운, '알 수 없어요'

(나) 아베요 아베요
　　　내 눈이 티눈인 걸
　　　아베도 알지러요.
　　　등잔불도 없는 제사상에
　　　축문*이 당한기요.
　　　㉢ 눌러 눌러
　　　소금에 밥이나마 많이 묵고 가이소.
　　　윤사월 보릿고개
　　　아베도 알지러요.
　　　간고등어 한 손이믄
　　　아베 소원 풀어 드리련만
　　　저승길 배고폴라요.
　　　소금에 밥이나마 많이 묵고 묵고 가이소.
　　　여보게 만술 아비
　　　니 정성이 엄첩다*
　　　이승 저승 다 다녀도
　　　인정보다 귀한 것 있을락꼬.
　　　㉣ 망령(亡靈)도 응감(應感)하여, 되돌아가는 저승길에
　　　니 정성 느껴느껴 세상에는 굵은 밤이슬이 온다.

　　　　　　　　　　　　　　　　　　　　　　– 박목월, '만술(萬述) 아비의 축문(祝文)'

*축문 : 제사 때에 읽어 신명(神明)께 고하는 글.
*엄첩다 : '대견하다'의 경상도 방언.

13 (가)와 (나)에 대한 설명으로 가장 적절한 것은?

① (가)와 달리 (나)는 역설법을 활용하여 대상을 강조하고 있다.
② (나)와 달리 (가)는 직유법을 활용하여 대상을 구체화하고 있다.
③ (가)와 (나) 모두 음성 상징어를 활용하여 시적 생동감을 얻고 있다.
④ (가)와 (나) 모두 색채어를 활용하여 시상을 전개하고 있다.

14 ㉠~㉢의 감상으로 적절하지 <u>않은</u> 것은?

① ㉠ : 존재의 근원을 알 수 없다는 좌절감을 느낄 수 있군.
② ㉡ : 절대자에 대한 희생의지를 강조하고 있군.
③ ㉢ : 격식을 제대로 갖출 수 없는 가난한 생활을 엿볼 수 있군.
④ ㉣ : 이승과 저승 사이의 교감을 느낄 수 있군.

[15~16] 다음 글을 읽고 물음에 답하시오.

(가) 서경(西京)이 아즐가 서경이 셔울히마르는
　　　위 두어렁셩 두어렁셩 다링디리
　　닷곤되 아즐가 닷곤되 쇼셩경 고외마른*
　　　위 두어렁셩 두어렁셩 다링디리
　　여히므론 아즐가 ㉠ <u>여히므론 질삼뵈 브리시고</u>
　　　위 두어렁셩 두어렁셩 다링디리
　　괴시란되 아즐가 괴시란되 우러곰 좃니노이다
　　　위 두어렁셩 두어렁셩 다링디리

　　구스리 아즐가 구스리 바회예 디신들
　　　위 두어렁셩 두어렁셩 다링디리
　　긴힛돈 아즐가 긴힛돈 그츠리잇가 나는
　　　위 두어렁셩 두어렁셩 다링디리
　　즈믄 히를 아즐가 ㉡ <u>즈믄 히를 외오곰 녀신들</u>*
　　　위 두어렁셩 두어렁셩 다링디리
　　신(信)잇돈 아즐가 신잇돈 그츠리잇가 나는
　　　위 두어렁셩 두어렁셩 다링디리

― 작자 미상, '서경별곡(西京別曲)'

(나) ㉢ <u>청산(靑山)은 내 뜻이오 녹수(綠水)는 님의 정(情)이</u>
　　녹수 흘너간들 청산이야 변(變)홀손가
　　㉣ <u>녹수도 청산을 못 니져 우러 예어 가는고</u>

― 황진이

*고외마른 : 사랑합니다만은.
*녀신들 : 살아간들.

15 (가)와 (나)에 대한 설명으로 가장 적절한 것은?

① (가)와 달리 (나)는 선경 후정의 방식을 통해 주제를 형상화하고 있다.
② (나)와 달리 (가)는 과거를 회상하며 시상을 전개하고 있다.
③ (가)와 (나) 모두 구체적 지명을 사용하여 현실감을 주고 있다.
④ (가)와 (나) 모두 설의적 표현을 사용하여 화자의 의지를 드러내고 있다.

16 ㉠~㉣의 감상으로 적절하지 <u>않은</u> 것은?

① ㉠ : 화자가 여성이라는 사실을 유추할 수 있군.
② ㉡ : 일어나지 않은 사건을 가정하고 있군.
③ ㉢ : '청산'과 '녹수'는 변하지 않는 사랑을 나타내는 소재로 볼 수 있군.
④ ㉣ : 화자의 기대감과 애절함을 동시에 표현하고 있군.

[17~18] 다음 글을 읽고 물음에 답하시오.

천지가 개벽한 이후로 이 땅에 아직 나라의 칭호가 없었고, 군신의 칭호도 없었다. 이때 아도간(我刀干)·여도간(汝刀干)·피도간(彼刀干)·오도간(五刀干)·유수간(留水干)·유천간(留天干)·신천간(神天干)·오천간(五天干)·신귀간(神鬼干) 등 구간*이 있었다. 이 추장들이 백성을 아울러 다스렸으니, 모두 백 호에 칠만 오천 명이었다. 대부분이 저마다 산과 들에 모여 살았고 ㉠ 우물을 파서 마시고 밭을 갈아서 먹었다.

후한의 세조(世祖) 광무제(光武帝) 건무(建武) 18년 임인년(A.D. 42년) 3월 계욕일(禊浴日)*에 그들이 살고 있는 북쪽 구지봉(龜旨峯)—이는 산봉우리의 이름인데, 마치 십붕(十朋)*이 엎드려 있는 형상이므로 이렇게 부른다.—에서 사람들을 부르는 것 같은 ㉡ 이상한 소리가 났다. 그래서 무리 이삼백 명이 그곳으로 모여들었다. 사람의 소리 같았지만 형체는 보이지 않고 소리만 들렸다.

"여기에 사람이 있는가?"
구간이 말했다.
"우리가 있습니다."
또 소리가 들려왔다.
"내가 있는 곳이 어디인가?"
구간이 다시 대답했다.
"구지봉입니다."
또 소리가 들려왔다.
"하늘에서 나에게 이곳에 내려와 새로운 나라를 세워 임금이 되라고 명하셨기 때문에 내가 일부러 온 것이다. 너희들이 모름지기 봉우리 꼭대기의 흙을 파내면서

거북아, 거북아,
네 목을 내밀어라.
만약 내밀지 않으면
구워 먹겠다.

라고 노래 부르고 춤을 추면, 대왕을 맞이하여 기뻐 춤추게 되리라."

구간은 그 말대로 하면서 모두 기쁘게 노래하고 춤을 추었다. 얼마 후 하늘을 우러러보니 ㉢ 자줏빛 새끼줄이 하늘에서 내려와 땅에 닿았다. 줄 끝을 살펴보니 붉은색 보자기로 싼 금합(金盒)*이 있었다. 그것을 열어 보니 해처럼 둥근 ㉣ 황금 알 여섯 개가 들어 있었다.

사람들은 모두 놀라고 기뻐서 허리를 굽혀 백 번 절하고, 얼마 후 다시 금합을 싸안고 아도간의 집으로 가져와 탑 위에 두고 제각기 흩어졌다.

12일이 지나고 이튿날 새벽에 여러 사람이 다시 모여 합을 열어 보니 여섯 개의 알은 어린아이로 변해 있었는데, 용모가 매우 빼어났다. 그들을 평상에 앉혀 절하며 축하하고 지극히 공경했다. 그들은 나날이 자라서 열흘 남짓 되자 키가 아홉 자나 되어 은(殷)나라의 탕왕(湯王)* 같았고, 얼굴은 용과 같아 한(漢)나라의 고조(高祖)*와 같았고, 눈썹의 여덟 색채가 요(堯)임금*과 같았고, 눈동자가 겹으로 된 것이 순(舜)임금*과 같았다.

그달 보름에 즉위했는데 세상에 처음으로 나타났다고 하여 이름을 수로(首露) 혹은 수릉(首陵)—죽은 후의 시호—이라 했다. 나라를 대가락(大駕洛) 또는 가야국(伽倻國)이라 부르니, 바로 여섯 가야 중 하나이다. 나머지 다섯 사람도 각각 다섯 가야의 임금이 되었다.

– 작자 미상, '가락국 신화'

*구간 : 가야국 초기에 있었던 아홉 부족의 우두머리.
*계욕일 : 액(厄)없애기 위해 물가에서 목욕하고 술을 마시는 날.

*십붕 : 거북.
*금합 : 금으로 만든 둥글넓적하며 뚜껑이 있는 그릇.
*탕왕 : 중국 은나라의 초대 왕.
*고조 : 한나라의 초대 왕이었던 유방을 말함.
*요임금, 순임금 : 성군의 상징.

17 윗글에 대한 감상으로 적절하지 <u>않은</u> 것은?

① 하늘에서 내려온 신을 왕으로 삼으려는 건국 과정을 그리고 있군.
② 전형적인 영웅 일대기 중심의 고난 극복 과정을 그리고 있군.
③ 상징적인 의미를 통해 새로운 세상에 대한 염원을 표현하고 있군.
④ 고대인들의 주술적인 힘에 대한 믿음이 반영되어 있군.

18 ㉠~㉣에 대한 이해로 가장 적절한 것은?

① ㉠ : 비극적 상황을 해결하기 위한 결정적인 실마리이다.
② ㉡ : 소망을 이루고자 하는 의지가 담긴 백성들의 행위이다.
③ ㉢ : 인물들 간의 갈등을 유발하는 매개체이다.
④ ㉣ : 왕이 하늘의 혈통이라는 집단적 자긍심의 표현이다.

화도 나고 고국산천이 그립기도 하여서 훌쩍 뛰어나왔다가 오래간만에 고향을 둘러보고 벌이를 구경도 할 겸 서울로 올라가는 길이라 한다.

"고향에 가시니 반가워하는 사람이 있습디까?"

나는 탄식하였다.

"반가워하는 사람이 다 뭐기오? 고향이 통 없어졌더마."

"그렇겠지요. 구 년 동안이면 퍽 변했겠지요."

"변하고 무어고 간에 아무것도 없더마. 집도 없고, 사람도 없고, 개 한 마리도 얼씬을 않더마."

"그러면 아주 폐동이 되었단 말씀이오?"

"흥, 그렇구마. 무너지다가 담만 즐비하게 남았더마. 우리 살던 집도 터야 안 남았겠는기오? 암만 찾아도 못 찾겠더마. 사람 살던 동리가 그렇게 된 것을 혹 구경했는기오?"

하고 그의 짜는 듯한 목은 높아졌다.

"썩어 넘어진 서까래, 둘둘 구르는 주추는! 꼭 무덤을 파서 해골을 헐어 젖혀 놓은 것 같더마. 세상에 이런 일도 있는기오? 백여 호 살던 동리가 십 년이 못 되어 통 없어지는 수도 있는기오? 후!"

하고 그는 한숨을 쉬며 그때의 광경을 눈앞에 그리는 듯이 멀거니 먼 산을 보다가 내가 따라준 술을 꿀꺽 들이켜고,

"참! 가슴이 터지더마, 가슴이 터져."

하자마자 굵직한 눈물 두어 방울이 뚝뚝 떨어진다.

나는 그 눈물 가운데 음산하고 비참한 조선의 얼굴을 똑똑히 본 듯싶었다.

이윽고 나는 이런 말을 물었다.

"그래, 이번 길에 고향 사람은 하나도 못 만났습니까?"

"하나 만났구마, 단지 하나."

"친척 되시는 분이던가요?"

"아니구마, 한 이웃에 살던 사람이구마."

하고 그의 얼굴은 더욱 침울해진다.

- 중략 -

"암만 사람이 변하기로 어쩌 그렇게도 변하는기오? 그 숱 많던 머리가 훌렁 다 벗어졌더마. 눈은 폭 들어가고 그 이들이들하던 얼굴빛도 마치 유산을 끼얹은 듯하더마."

"서로 붙잡고 많이 우셨겠지요."

"눈물도 안 나오더마. 일본 우동집에 들어가서 둘이서 정종만 한 열 병 따려 누이고 헤어졌구마."

하고 가슴을 짜는 듯이 괴로운 한숨을 쉬더니만 그는 지난 슬픔을 새록새록이 자아내어 마음을 새기기에 지치었음이러라.

"이야기를 다 하면 무얼 하는기오?"

하고 쓸쓸하게 입을 다문다. 내 또한 너무도 참혹한 사람살이를 듣기에 쓴 물이 났다.

"자, 우리 술이나 마저 먹읍시다."

하고 우리는 서로 주거니 받거니 한 되 병을 다 말리고 말았다. 그는 취흥에 겨워서 우리가 어릴 때 멋모르고 부르던 노래를 읊조리었다.

볏섬이나 나는 전토는 / 신작로가 되고요-
말마디나 하는 친구는 / 감옥소로 가고요-
담뱃대나 떠는 노인은 / 공동묘지 가고요-
인물이나 좋은 계집은 / 유곽으로 가고요-

– 현진건, '고향(故鄕)'

19 윗글에 대한 설명으로 가장 적절한 것은?

① 공간의 이동에 따른 서술자의 다양한 관점이 드러나 있다.
② 인물 간의 대화를 통해 사건의 반전을 암시하고 있다.
③ 서술자가 인물의 현실적인 상황을 요약적으로 제시하고 있다.
④ 상징적 소재의 반복적 활용에 따라 인물의 가치관이 드러나 있다.

20 [보기]를 참고로 하여 윗글을 감상한 내용으로 적절하지 <u>않은</u> 것은?

> **보기**
>
> 현진건의 '고향'에는 1920년대 일제 강점기 조선의 피폐함과 일제의 수탈을 피해 고향을 버렸던 사람들의 비극적인 삶이 사실적으로 나타나 있다. 작가는 '고향'을 통해 일본의 폭력적인 식민 지배가 낳은 폐단을 고발하고 식민 지배의 직접적인 피해 계층은 조선 민중이라는 사실을 집약적으로 드러내고자 하였다.

① '그'는 고향이 더 이상 삶의 터전이 될 수 없음을 알고 있군.
② '그'는 '그 처녀'와의 재회를 통해 공동체와의 갈등을 극복하는 계기를 마련했군.
③ '그'가 부른 노래는 서로의 유대감을 형성할 수 있는 민족의 정서를 담고 있군.
④ '그'가 겪은 시련은 당시 조선인의 수난과 고통을 사실적으로 보여주고 있군.

01 $\left(\sqrt[5]{9} - \dfrac{1}{\sqrt[5]{27}}\right)\left(\sqrt[5]{27} + \dfrac{1}{\sqrt[5]{9}}\right)$의 값은?

① $\dfrac{8}{3}$　　　　　　　　　② 3

③ $\dfrac{10}{3}$　　　　　　　　　④ $\dfrac{11}{3}$

02 곡선 $y = 2x^2 + 1$ 위의 점 $(1, 3)$에서의 접선의 y절편은?

① 0　　　　　　　　　② $-\dfrac{1}{2}$

③ -1　　　　　　　　　④ -2

03 좌표평면 위의 두 점 $A(\log 4, \log\sqrt{6})$, $B(4, \log\sqrt{300})$을 지나는 직선의 기울기는?

① $\dfrac{1}{4}$　　　　　　　　　　② $\dfrac{1}{2}$

③ 2　　　　　　　　　　　　④ 4

04 $\displaystyle\lim_{n\to\infty}\dfrac{2^{2n+1}+3}{2^{2n-1}}$의 값은?

① 1　　　　　　　　　　　② 2

③ 3　　　　　　　　　　　④ 4

05 함수 $f(x) = \begin{cases} \dfrac{a\sqrt{x+1}-b}{x-2} & (x>2) \\ x^3-3 & (x\le 2) \end{cases}$ 이 $x=2$에서 연속일 때, a의 값은?

① $\sqrt{2}$

② $2\sqrt{2}$

③ $\sqrt{3}$

④ $2\sqrt{3}$

06 $\displaystyle\int_0^1 |2x-1|\,dx$ 의 값은?

① $\dfrac{1}{2}$

② 1

③ $\dfrac{3}{2}$

④ 2

07

그림은 집합 $X=\{1, 2, 3, 4\}$에서 X로의 함수 f를 나타낸 것이다.
함수 $g : X \rightarrow X$가 $(f \circ g)(2)=4$, $(g \circ f)(3)=4$를 만족시킬 때,
$(g \circ f)(1)+(f \circ g)(3)$의 값은?

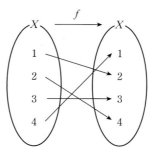

① 2
② 3
③ 4
④ 5

확률변수 X에 대하여 $\mathrm{E}(2X+1)=5$, $\mathrm{E}(2X^2+1)=25$일 때, $\mathrm{V}(2X+1)$의 값은?

① 8
② 16
③ 32
④ 40

09 직선 $y=ax+1$이 함수 $y=\sqrt{-3x-1}-1$의 그래프와 만나도록 하는 실수 a의 최댓값은?

① 3 ② 4

③ 6 ④ 9

10 함수

$$f(x)=\begin{cases} x & (x<1) \\ (x-2)^2 & (1\le x<3) \\ -x^2+8x-14 & (3\le x<5) \\ -x+6 & (5<x) \end{cases}$$

에 대하여 함수 $y=f(x)$의 그래프가 다음 그림과 같을 때, $f'(a)$의 값이 존재하는 자연수 a의 개수는? (단, $a\le 6$)

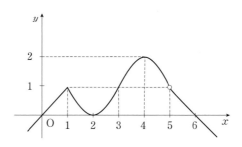

① 1 ② 2

③ 3 ④ 4

11 다섯 명의 학생이 임의로 가위, 바위, 보 중 하나를 낼 때, 이기는 사람이 한 명 또는 두 명일 확률은?

① $\dfrac{2}{27}$

② $\dfrac{1}{9}$

③ $\dfrac{4}{27}$

④ $\dfrac{5}{27}$

12 등차수열 $\{a_n\}$이

$$a_7 + a_{13} = 4a_{11}, \quad \sum_{k=1}^{20} a_k = 10$$

을 만족시킬 때, a_9의 값은?

① 1

② 2

③ 3

④ 4

13

이차함수 $y=x^2+2x-2$의 그래프가 x축과 두 점 P, Q에서 만난다.
P, Q의 x좌표를 각각 a, b라고 할 때,
$\sum_{n=1}^{\infty} \dfrac{1}{a^n} - \sum_{n=1}^{\infty} b^n$의 값은? (단, $a<b$)

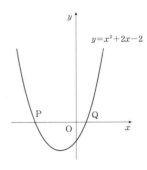

① -1 ② -2

③ -3 ④ -4

14

그림과 같이 7개의 숫자 1, 1, 2, 2, 3, 3, 3이 하나씩 적혀 있는 7장의 카드에서 5장의 카드를 택해 일렬로 나열하여 다섯자리의 자연수를 만들 때, 짝수의 개수는?

1	1	2	2	3	3	3

① 32 ② 34

③ 36 ④ 38

15 함수 $f(x)=\dfrac{1}{2}x^3+\dfrac{1}{2}x$의 역함수를 $g(x)$라 할 때, 두 곡선 $y=f(x)$, $y=g(x)$로 둘러싸인 부분의 넓이는?

① $\dfrac{1}{2}$ ② $\dfrac{3}{4}$

③ 1 ④ $\dfrac{5}{4}$

16 두 함수 $f(x)=\begin{cases}\dfrac{2}{x-1} & (x\neq1) \\ 2 & (x=1)\end{cases}$,

$g(x)=x^2+ax+b$에 대하여 함수 $f(x)g(x)$가 실수 전체의 집합에서 연속일 때, $g(-1)$의 값은? (단, a, b는 상수)

① 1 ② 2

③ 3 ④ 4

17 사과, 배, 귤을 파는 과일 가게에서 중복을 허락하여 n개의 과일을 사는 경우의 수가 36일 때, n의 값은? (단, 각 종류의 과일은 충분히 많고, 사지 않은 과일의 종류가 있을 수 있으며 같은 종류의 과일은 서로 구별하지 않는다.)

① 6

③ 8

② 7

④ 9

18 어떤 사람이 자기 집에서 직장까지 차를 몰고 가는데 걸리는 시간이 평균 40분, 표준편차가 5분인 정규분포를 따른다고 한다. 이 사람이 집에서 아침 8시 15분에 출발하였을 때, 아침 9시까지 직장에 도착할 수 있을 확률은? (단, 옆의 표준정규분포표를 이용하여 계산한다.)

z	$P(0 \le Z \le z)$
0.5	0.1915
1.0	0.3413
1.5	0.4332
2.0	0.4772

① 0.6915

③ 0.9104

② 0.8413

④ 0.9332

19 공비가 양수인 등비수열 $\{a_n\}$의 첫째항부터 제 n항까지의 합을 S_n이라 하자.

$a_3=128$, $a_{10}=32a_5$일 때, $S_n\leq2019$를 만족시키는 모든 자연수 n의 값의 합은?

① 15

② 21

③ 28

④ 36

20 확률변수 X가 정규분포 $N(100,\ \sigma^2)$을 따르고 $P(95\leq X\leq100)=0.23$일 때, $P(X\geq105)$의 값은?

① 0.23

② 0.25

③ 0.27

④ 0.29

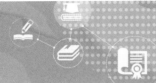

제4회

영어 영역

01 다음 대화에서 빈칸에 가장 적절한 것은?

A : Brian, we're finally in Manhattan!

B : Yeah, Mom. There are so many places to see!

A : Oh, there's the Museum of Natural History over there. Let's cross the street.

B : Hmm... [Pause] okay, Mom.

A : Are you sending a text message?

B : Well... yes. Actually I'm writing a message to Cindy.

A : You're always doing that. Why don't you stop doing it while walking?

B : But, look around, Mom. Most people are looking at their mobile phones while walking around.

A : It's a dangerous habit, though. Do you see the sign next to the crosswalk?

B : Yes. It says "_____!"

A : That means pedestrians should not look down on their phone.

B : Hmm... you're right. I'll keep that in mind.

① Keep Off

② Heads Up

③ Keep Along the Right Lane

④ Loitering Might Block the Way

02 다음 글의 제목으로 가장 적절한 것은?

Here's an interesting thought. If glaciers started reforming, they have a great deal more water now to draw on Hudson Bay, the Great Lakes, the hundreds of thousands of lakes of Canada, none of which existed to fuel the last ice sheet so they would grow very much quicker. And if they did start to advance again, what exactly would we do? Blast them with TNT or maybe nuclear missiles? Well, doubtless we would, but consider this. In 1964, the largest earthquake ever recorded in North America rocked Alaska with 200,000 megatons of concentrated might, the equivalent of 2,000 nuclear bombs. Almost 3,000 miles away in Texas, water sloshed out of swimming pools. A street in Anchorage fell twenty feet. The quake devastated 24,000 square miles of wilderness, much of it glaciated. And what effect did all this might have on Alaska's glaciers? None.

*slosh 철벅철벅 튀다

① The Firmness of Glaciers
② The Comparison of Earthquakes and Nuclear Bombs
③ The History of Earthquake in North America
④ The Formation Process of Glaciers

03 다음 글의 빈칸에 들어갈 말로 가장 적절한 것은?

Tom dislikes his navigation system, even though he agrees that at times it would be useful. But he has no way to interact with the system to tailor it to his needs. Even if he can make some high-level choices "fastest," "shortest," "most scenic," or "avoid toll road" he can't discuss with the system why a particular route is chosen. He can't know why the system thinks route A is better than route B. Does it take into account the long traffic signals and the large number of stop signs? And what if two routes barely differ, perhaps by just a minute out of an hour's journey? He isn't given alternatives that he might well prefer despite a slight cost in time. The system's methods remain hidden so that even if Tom were tempted to trust it, the silence and secrecy promotes distrust, just as top-down business decisions made without ＿＿＿＿＿＿＿＿＿ are distrusted.

① conflict   ② competition
③ consistence   ④ collaboration

04 다음 글의 빈칸에 들어갈 말로 가장 적절한 것은?

How can we maintain excitement, interest, and aesthetic pleasure for a lifetime? I suspect that part of the answer will come from the study of things that stand the test of time, such as some music, literature, and art. In all these cases, the works are rich and deep, so that there is something different to be perceived in each experience. Consider classical music. For many it is boring and uninteresting, but for others it can indeed be listened to with enjoyment over a lifetime. I believe that this lastingness derives from the richness and complexity of its structure. The music interleaves multiple themes and variations, some simultaneous, some sequential. Human conscious attention is limited by what it can attend to at any moment, which means that consciousness is restricted to a limited subset of the musical relationships. As a result, each new listening focuses upon a different aspect of the music. The music is never boring _____. I believe a similar analysis will reveal similar richness for all experiences that last: classical music, art, and literature.

*aesthetic pleasure 미적 쾌감
**interleave (특히 얇은 막 같은 것을) 끼우다

① due to its profound theme that lasts long
② because it never fails to inspire listeners deeply
③ due to the well-knit uniform structure
④ because it is never the same

(A), (B)의 각 네모 안에서 문맥에 맞는 말로 가장 적절한 것은?

The extremely widespread view that the market only produces low quality mass culture is based on a misunderstanding of the way the market works. The market is an institution which responds to demand; if low quality art is asked for, it produces low quality art but if high quality art is asked for, it produces high quality art. There is no reason to assume that such a demand for high quality culture is (A) existent / non-existent . In reality, we observe that there are indeed persons spending money to enjoy good art. A case in point is the many art festivals (including film festivals) where art of the highest quality is performed. Some of these festivals cater for a small minority of lovers of a particular art form such as modern music, which does not find a sufficiently large audience in the established artistic venues. The market thus does not require a mass audience. The general and wildly popular statement that "the market produces bad art" is (B) supportable / insupportable .

*cater for -의 요구를 충족시키다
**venue 장소

	(A)		(B)
①	existent	⋯⋯	supportable
②	existent	⋯⋯	insupportable
③	non-existent	⋯⋯	supportable
④	non-existent	⋯⋯	insupportable

06 다음 글의 밑줄 친 부분 중, 문맥상 낱말의 쓰임이 적절하지 <u>않은</u> 것은?

The economic and technical forces that first led to language standardization and mass literacy have continued to ① gain momentum. Now that economic relationships are instantaneous and global, national vocabularies have grown still larger in scope. One of the domains of our national vocabulary is ② international. Basic literacy in the contemporary world requires knowledge of certain terms known by ③ literary people everywhere in the world, no matter what language they speak. This core lexicon of modern education includes basic words from world history, world cultures, geography, and the physical and biological sciences. Taught in all national educational systems, and not ④ confined to any particular national language, it is the most broadly shared literate vocabulary in the world.

*literacy 읽고 쓸 수 있는 능력
**lexicon 어휘

07 이메일에 관한 다음 글의 내용과 일치하는 것은?

In the early 1990s, when e-mail first began gaining popularity, it was exciting to receive messages from other people and fun to write them back, knowing that our replies would reach them instantly. At some point, e-mail shifted from being a new way of communicating to being an automated work assigner. It became the way people would give us our daily tasks. Soon, our bosses and coworkers were sending us messages such as, "I need the changes to these documents right away," "Where is my report?" and "You didn't get back to my previous e-mail message." E-mail became a little dictator. Now, the first thing people do when they arrive at work is to read their e-mail messages. We all knew from the start that e-mail was meant to be a communication mechanism, but we didn't think it would become another demanding part of our job. Many people now use e-mail to structure their workday, even though they already know what their job is.

① 이메일이 처음 등장했을 때, 사람들은 당황했다.
② 이메일의 효용성은 여전히 소통수단에 있다.
③ 오늘날 많은 직장인들은 이메일에 얽매여 있다.
④ 이메일이 또 하나의 어려움이 되리라는 것은 충분히 예측 가능했다.

08 다음 글의 밑줄 친 부분 중, 어법상 틀린 것은?

After a problem which needs to be solved ① has been recognized, the process of defining and representing the problem may proceed with processes such as analogical thinking. ② To form an appropriate representation, a problem solver must often try out several different perspectives on a problem before finding ③ them that give insight to a solution path. One way in which a variety of representations can be found is through analogical thinking. When an analogous problem can be identified, then the solution of the present problem is partly a matter of mapping one element onto another. For example, mapping involves comparing the problems for similarity in structure and ④ identifying their parallel elements. The solution of one problem then can guide the process of solving a novel one through this analogical mapping process.

*analogous 유사한

09 글의 흐름으로 보아, 주어진 문장이 들어가기에 가장 적절한 곳은?

However, this is NOT the mark of an effective academic writer.

It takes no special talent to create academic writing that is complex. All you have to do is throw a lot of big words at your topic, create overly complex sentences, dump information all over the page, and use subject-specific jargon. Anybody can do this. (①) Textbooks and academic journals are often filled with this kind of writing. (②) An effective academic writer, like an effective teacher, makes complex things seem simple. In your academic writing, always seek clarity and simplicity. (③) The purpose of writing is not to show how smart you are, how much you know, or how many big words you can use. (④) It is to transmit an idea or convey meaning in the most efficient and effective way possible.

*jargon 전문 용어

다음 대화에서 빈칸에 가장 적절한 것은?

A : Come on in, Patty. Have a seat.

B : Thanks, Mr. Williams. I was wondering if you'd graded our math exams yet. I'm curious to know my grade.

A : Yes, I have. Let me find yours.

B : I was disappointed with my grade on the last exam.

A : Well, you got a really high grade this time. You did a great job.

B : Really? I can't believe it!

A : You did a lot better than before. Your grade is one of the highest in the class.

B : _____

A : I'm happy for you. How did you study for the exam?

B : Well, I reviewed my notes from class a lot. And I bought a workbook to get extra practice solving problems.

A : Oh, I see. Now I get how you improved so much.

B : Yes. I'll study the same way for the next exam. Now I feel confident I can do well.

A : I'm happy to hear that.

① What a vain effort I made!

② I bet you couldn't do it better than this.

③ Wow, my hard work paid off.

④ I should have studied much harder.

Memo

가 천 대 학 교
적성고사 적중 예상 [모의고사]

가천대학교 적성고사 적중 예상 문제집

제 5 회

국어 영역

수학 영역

영어 영역

가천대학교 적성고사
2018년 5월 시행

[01~02] 다음은 학급에서 이루어진 학생의 발표이다. 물음에 답하시오.

여러분은 '미리내'라는 이름을 들어 보신 적이 있습니까? (친구들의 반응을 확인하며) 저는 오늘 미리내 가게란 곳을 소개하며 우리가 함께 작은 나눔을 실천해 볼 것을 권유하기 위해 이 자리에 섰습니다.

미리내 가게란, 가게를 이용한 손님이 계산을 하면서 누군가 다른 사람의 음식값이나 비용을 '미리내' 줄 수 있는 가게입니다. 쉽게 말해 어떤 손님이 본인 것과 함께 추가 금액을 미리 지불해 놓으면 다른 사람이 그 음식을 먹을 수 있습니다. '미리내'는 미리 낸다는 의미의 이름이지만, '은하수'의 방언이기도 합니다. 별이 외롭게 혼자서만 반짝이는 게 아니라 수많은 별들이 함께 모여 밤하늘을 가득 수놓듯, 미리내 가게도 수많은 '우리들'이 모여 서로를 위한 나눔을 실천한다는 의미를 담고 있습니다. 잠시 인터뷰를 보시겠습니다.

(인터뷰를 본다)

기자 : 미리내 가게에선 감동적이고 인상적인 사례들이 아주 많을 것 같은데, 가장 기억에 남는 경우를 말씀해 주실 수 있나요?

주인 : 그럼요. 어느 날 청소년 학생 하나가 매장 밖에서 계속 안쪽을 들여다보고 있었어요. 마침 미리내 쿠폰이 있었기에 들어와서 먹으라고 하자 그 학생은 너무 고마워하며 잘 먹고 갔죠. 며칠 후 여성 고객분이 오셔서 식사를 한 뒤 미리내 기부를 하겠다고 하시는 거예요. 어떻게 이 운동을 알고 계신가 물었어요. 그러자 며칠 전에 자기 아들이 여기서 식사를 무료로 맛있게 먹고 갔다고 하시더라고요. 그러면서 아들이 자신도 배가 고픈 누군가에게 도움을 주고 싶다고 이야기하더래요. 아들에게서 스스로 다른 누군가를 돕고 싶다는 말을 처음 듣게 되었다며 아들의 변화에 어머니도 동참하고 싶으셔서 들르게 되었다고 말씀하셨어요.

(인터뷰를 본 뒤)

(청중을 바라보며) 잘 보셨습니까? 미리내 가게는 거의 모든 분야에서 우리 모두가 누구나 누릴 수 있고 기부할 수 있는 문화를 만들어 가고 있는 것입니다. 누구나 기부를 받는 대상이 될 수 있고, 누구나 기부하는 주체가 될 수 있다는 것이 이 가게의 가장 큰 장점입니다. 우리 조상들로부터 물려받은 품앗이 정신의 또 다른 모습이라고도 볼 수 있습니다. 함께 사는 세상은 가장 작은 관심 하나로부터 시작되기 때문에, 이 사랑의 실천이 우리의 공동체 구현에 큰 힘을 발휘할 거라 믿습니다.

01 다음은 발표자의 말하기 전략을 평가한 표이다. 적절하지 <u>않은</u> 것은?

	말하기 전략	반영 여부	
		예	아니오
①	멋진 인용구를 이용하여 발표를 시작해야겠어.		√
②	구체적 발표를 위해 나의 경험을 소개해야겠어.	√	
③	발표 주제에 적절한 시청각 자료를 준비해야겠어.	√	
④	반언어적, 비언어적 표현으로 전달 효과를 높여야겠어.	√	

02 다음 조건을 만족하는 ㉠의 말로 가장 적절한 것은?

> • 의문형의 형식을 띨 것.
> • 발표의 주제와 관련한 내용일 것.

① 여러분, 미리내 가게의 나눔 실천 운동에 대해 어떻게 생각하십니까?

② 여러분, 어려움을 겪는 미리내 가게의 든든한 후원자가 되지 않으시겠습니까?

③ 여러분, 따뜻한 이웃 사랑의 미리내 가게의 창업주가 되는 것은 어떻겠습니까?

④ 여러분, 가까운 미리내 가게에서 다른 사람을 위한 작은 기부를 시작해 보는 건 어떻겠습니까?

[03~05] 다음은 학생이 쓴 기사문의 초고이다. 물음에 답하시오.

우리 학교 미술 동아리 '동그라미' 부원 20명은 지난 13일, ○○시에서 '자원 순환 마을 조성 사업'의 일환으로 실시하는 우리 마을 벽화 그리기 봉사 활동에 참여하였다. 평소에도 우리 학교 담벼락과 교실 복도 등에 벽화 그리기 작업을 많이 해 온 미술 동아리 학생들이 그 활동 영역을 넓혀 마을 벽화 그리기 프로젝트에 동참한 것이다.

○○시는 자원 순환 마을 조성 사업을 통해 주민들과 학생들이 직접 마을의 자원 순환 실태를 알아보고 개선 방안을 모색하는 기회를 제공하고 있다. ㉠ 하지만 쓰레기 무단 투기 등으로 위생 관리가 부족한 자원 수거함과 기존 수거함들을 ㉡ 보존하고 주민과 학생들이 함께하는 나눔 장터 축제, 마을 자원 순환 지도 및 에코백 제작, 우리 마을 벽화 그리기 프로젝트 등을 운영하고 있다.

[A] ┌ 우리 마을 벽화 그리기 프로젝트에 자원 봉사자로 참여한 우리 학교 학생들은 오전에는 프로젝트에 참여한 중 · 고등학생 및 대학생들과 함께 벽화에 그릴 내용을 논의하고 역할을 분담하였다. 이후 외벽을 정리하고 배경색을 칠하는 작업을 실시하였다. 오후에는 본격적으로 벽화 그리기가 시작되었는데 우리 학교 미술 동아리 학생들은 △△동 주민 센터 근처의 담벼락에 벽화를 그렸다. 각자 └ 맡은 부분에 밑그림을 그리고 채색하는 작업들을 진행했다.

이곳 담벼락은 인근에 위치한 식당과 주택가 주민들이 무단 투기한 음식물 쓰레기 및 생활 쓰레기로 인해 악취가 심하게 나서 ㉢ 지나가는 주민들이 항상 눈살을 찌푸리는 공간이었다. 하지만 벽화가 완성된 후 그 담벼락은 하루 만에 전혀 다른 공간으로 ㉣ 탈바꿈되어졌다. 도시의 삭막한 아스팔트와 자연과의 경계를 명확하게 드러내던 무미건조한 회색의 지저분한 담벼락은 학생들의 손길을 거쳐서 아름다운 색으로 물들었다. 이곳은 이제 더 이상 시민들에게 외면받는 공간이 아니라 시민들의 쉼터이며 문화의 공간으로 거듭나게 될 것이다. 벽화로 인해서 마을의 이미지가 변화하고 문화 공간으로 거듭난 곳이 전국적으로 여러 군데 있다. 부산의 감천 문화 마을이나 통영에 위치한 동피랑 벽화 마을도 벽화 그리기 사업으로 인해서 문화 마을로 이미지가 바뀐 곳들이다.

우리 마을 벽화 그리기 사업은 봉사 활동을 통해 기쁨과 보람을 나누는 기회를 가졌다는 점에서 좋은 행사였다.

03 윗글에 나타난 쓰기 전략에 대한 설명으로 적절하지 <u>않은</u> 것은?

① 첫 문장에서 봉사활동의 내용을 요약 제시해야겠어.
② 앞으로 변화할 마을 공간에 대한 기대를 덧붙여야겠어.
③ 행사에 참여한 구성원들의 소감을 생생하게 전달해야겠어.
④ 유사한 프로젝트가 진행된 지역에 관한 내용을 일부 소개해야겠어.

04 [A]의 내용 구성 방법으로 적절하지 <u>않은</u> 것은?

① 봉사 활동의 동기를 구체적으로 제시하였다.
② 봉사 활동의 과정을 상세하게 기술하였다.
③ 시간적 순서에 따라 내용을 제시하였다.
④ 사건의 내용을 객관적으로 기술하였다.

05 ㉠~㉣의 고쳐 쓰기가 적절하지 <u>않은</u> 것은?

① ㉠ : 접속어의 사용이 부적절하므로 '또한'으로 바꾼다.
② ㉡ : 어휘의 사용이 적절하지 않으므로 '보수'로 바꾼다.
③ ㉢ : 시제의 사용이 적절하지 않으므로 '지나가던'으로 바꾼다.
④ ㉣ : 불필요한 피동 표현이므로 '탈바꿈하였다'로 바꾼다.

06 ㉠~㉢에서 설명하는 음운 변동의 예가 바르게 짝지어지지 <u>않은</u> 것은?

> ㉠ 한 음운이 다른 음운으로 바뀌는 음운 변동
> ㉡ 한 음운이 탈락하여 없어지는 음운 변동
> ㉢ 두 개의 음운이 결합하여 제3의 음운으로 줄어드는 음운 변동

	㉠	㉡	㉢
①	밥+만[밤만]	크+어[커]	닳+지[달치]
②	밭+이[바치]	삶+도[삼도]	쌓+고[싸코]
③	입+학[이팍]	가+아서[가서]	국+밥[국빱]
④	달+님[달림]	젊+다[점따]	놓+지[노치]

07 ㉠과 ㉡의 문장 성분에 대한 설명으로 가장 적절한 것은?

> • 그분께서 ㉠ 일본으로 출장을 가셨다.
> • 여기에는 ㉡ 우리가 좋아하는 그림이 많다.

① ㉠과 ㉡은 뒤의 체언을 수식하는 문장 성분이다.
② ㉠과 ㉡은 체언에 격조사가 붙은 부속 성분이다.
③ ㉠이 속한 문장 성분은 서술어의 자릿수에 관계없이 항상 부속 성분이다.
④ ㉡이 속한 문장 성분은 서술어의 자릿수에 관계없이 항상 부속 성분이다.

08 [보기]의 내용을 이해한 것으로 적절하지 <u>않은</u> 것은?

> **보기**
> ㉠ 일훔을 後世예 베퍼 (이름을 후세에 베풀어)
> ㉡ 빈 틴길 아디 몯ᄒ며서 (배 타기를 알지 못하면서)
> ㉢ 됴흔 고즈란 ᄑ디 말오 (좋은 꽃일랑 팔지 말고)
> ㉣ 내 太子를 셤기ᅀᆞ보ᄃᆡ (내가 태자를 섬기되)

① ㉠ : 목적격 조사 '을'이 붙어서 목적어가 실현되었다.
② ㉡ : 체언에 목적격 조사 없이 목적어가 실현되었다.
③ ㉢ : 명사구에 보조사 'ᄋ란'이 붙어서 목적어가 실현되었다.
④ ㉣ : 명사절에 목적격 조사 '를'이 붙어 목적어가 실현되었다.

[09~10] 다음 글을 읽고 물음에 답하시오.

건축은 그것이 지닌 기능과 목적으로 인해 '순수 예술'과 대비되는 '응용 예술'로 불려 왔다. 근대 건축 미학의 대부분의 시기에도 건축미가 기능이나 목적과 얼마나 밀접한 관련이 있는가가 논란의 대상이 되어 왔으며, ㉠ 건축의 예술성에 대한 논란이 계속되어 왔다.

근대 미학의 범주 내에서 '미의 순수성'에 대한 엄밀한 규정은 칸트의 견해를 따르는 경우가 많다. 칸트에게 '미'라는 것은 불순한 것을 배제하고 순수미를 추출하는 것을 의미하는데, 특히 '목적 없는 합목적성'은 근대 미학에서 미의 지표가 되었다. 칸트에 따르면, 미가 목적을 가지는 한 그러한 미는 관심 혹은 개념을 가진 것이 되어 그로부터 행해지는 미적 판단은 순수성을 상실하게 된다. 그런 의미에서 칸트가 언급한 '합목적성'이란 특정한 목적으로부터 벗어나 상상력과 지성이 자유롭게 나타나고, 이것이 조화롭게 어울리는 것을 의미한다.

칸트는 '독립적인 미'를 참된 예술적 판단의 대상이라고 정리했다. 가령 꽃이나 새, 조개껍데기와 같은 자연물의 문양, 가사나 주제가 없는 음악 등이 이러한 미에 해당한다. 그러나 용도를 가지고 있는 상태에서 만들어지거나 음미되는 아름다움은 '의존적 미'라고 보았다. 의존적 미는 특정한 목적에 따르는 부수적인 아름다움이기 때문에 이를 음미하는 배경은 순수할 수 없으며, 이런 관점에서 건물은 독립적인 미를 지닌 것으로 볼 수 없다. 또 '목적 없는 합목적성'이라는 원칙에 비추어 보더라도, 건물은 목적, 즉 용도에 함몰되어 있는 대표적인 것이었다. 따라서 칸트는 기존의 예술 분류에 따라 건축을 예술에 포함시키기는 했으나 가구 제조와 같은 수준으로 보았던 것이다.

한편 헤겔은 예술이 시, 음악, 회화, 조각, 건축으로 이루어져 있다고 생각했다. 그리고 이러한 순서를 바로 예술의 위계라고 여겼다. 헤겔에게 중요한 가치의 잣대는 정신이냐 물질이냐 하는 것이었다. 헤겔은 시, 음악, 회화를 가장 높은 단계의 예술인 낭만적 단계의 예술로 보았다. 특히 시는 소리를 조직하여 단어와 음성을 만든 후 이를 투사하는 예술로서, 정신이 물질을 압도한 가장 높은 단계의 예술로 평가했다. 또 조각은 정신이 물질을 통해 감각적으로 표현된 것이라고 평가하면서 고전적 예술로 분류하였다. 그리고 건축은 정신이 물질에 비해 덜 발달된 상태에서 무질서한 물질의 세계인 자연을 조작해야 하므로, 가장 낮은 단계인 상징적 단계의 예술로 분류했다. 헤겔은, 건축이란 인간의 정신이 그대로 체화된 결과물이 아니며 설령 인간의 마음이 투영되었다고 해도 끝까지 물질로 남아 있다고 보았기 때문이다.

09 윗글의 ⊙에 대한 설명으로 가장 적절한 것은?

① 칸트와 헤겔은 둘 다 건축을 음악에 비해 낮은 단계의 예술로 평가하였다.
② 칸트는 건축의 아름다움을 의존적인 미라고 보고, 건축의 예술성을 부정하였다.
③ 헤겔은 건축을 물질에 인간의 정신이 온전히 체화된 결과로 보고, 상징적 예술로 분류했다.
④ 칸트와 헤겔은 건축의 예술성을 판단할 때, 같은 기준을 제시했다.

10 윗글에 대한 이해로 가장 적절한 것은?

① 칸트에게는 건물이 꽃이나 새 등의 자연물의 문양보다 더 예술적이다.
② 칸트의 '합목적성'이란 어떤 것이 목적이나 용도에 적합한 것을 의미한다.
③ 헤겔에서 예술의 위계를 정하는 기준은 작품 안에서 정신과 물질 사이의 관계이다.
④ 헤겔에서 시가 낭만적 예술인 이유는 소리와 의미가 서로 조화롭게 어울리기 때문이다.

[11~12] 다음 글을 읽고 물음에 답하시오.

공유 경제란 자신이 소유하고 있는 재화에 대한 접근권이나 사용권을 타인과 공유·교환·대여함으로써 새로운 가치를 창출해 내는 경제 시스템이다. 그리고 특정 자원을 가진 사람들과 해당 자원이 필요한 사람들을 연결하는 협력적 소비가 공유 경제의 작동 원리이자 핵심 가치이며 철학이다. 예컨대 공유 경제를 통해 재화를 대여 받는 사람은 자주 사용하지 않는 상품 및 서비스에 대한 지출을 줄일 수 있어 소비자의 효용이 증대되며, 사회 전체적으로는 자원을 절약하고 재화의 추가 생산에 따르는 각종 환경 문제를 예방할 수 있다. 이러한 측면에서 공유 경제 원리는 사회적 기여도가 높다.

2000년대 이후로 공유 경제에 대한 논의는 제러미 리프킨과 로런스 레시그에 의해 진행되고 있다. 제러미 리프킨은 인터넷 사용이 확대되면서 물리적 공간이 가상공간으로 대체됨에 따라 재화의 거래가 인터넷상에서 이루어지며, 재화의 교환 가치는 공유 가치로 변화하는 새로운 시대로 접어들었다고 주장한다. 이는 재화를 직접 구매하여 독점적으로 소유하기보다는 재화를 사용할 수 있는 권리를 구매하는 구조로 경제 환경이 변한다는 것을 의미한다. 이렇게 재화를 다른 사람과 공유함에 따라, 재화의 실제 가치는 줄어들지 않고 오히려 더 많은 가치를 생산하는 시스템이 공유 경제라고 설명한다. 이는 소유의 경제가 끝나고 공유 경제 시대가 시작된다는 선언이기도 하다.

공유 경제가 확산되는 이유는 크게 두 가지이다. 먼저 2000년대 미국에서 시작된 세계 경제 위기 과정을 거치면서 구매력 저하로 인해 잠재적 소비자들이 새로운 제품의 구매보다는 협력적 소비에 관심을 가지게 되었다. 그리고 인터넷에 쉽게 접속할 수 있게 하는 스마트 기기의 대중화가 수요자와 공급자의 시간적·공간적 거리를 단축시켜 공유 경제의 확산에 결정적 역할을 했다. 즉 일반인 누구나 스마트 기기를 활용하여 언제 어디서나 쉽게 공유 재화와 플랫폼*에 접근할 수 있는 ㉠ 인터넷 기반 공유 경제 생태계가 조성된 것이다. 이로 인해 공유 경제 시장에서 수요와 공급의 범위는 특정 공동체나 지역 사회 중심에서 국제적인 시장으로 확대되었다.

공유 경제가 확산됨에 따라 수요자와 공급자 간의 신뢰 형성 과정도 바뀌고 있다. 과거에는 수요자가 공급자의 재화를 직접 확인하면서 수요자와 공급자 간의 신뢰가 형성되었지만 최근에는 누리 소통망(SNS) 등을 통해 다른 수요자가 공급자에 대해 내린 평판을 조회할 수 있게 되어 간접적인 신뢰 확인이 가능해졌다. 다시 말해서 인터넷 기반의 공유 경제 플랫폼을 통해 전혀 모르는 낯선 사람들과 거래하는 것에 대한 위험을 점차 덜 느끼게 된 것이다.

*플랫폼(platform) : 다양한 종류의 시스템이나 서비스를 제공하기 위해 공통적이고 반복적으로 사용하는 기반 모듈. 어떤 서비스를 가능하게 하는 일종의 '토대'라고 할 수 있음.

11 윗글에 대한 설명으로 적절하지 <u>않은</u> 것은?

① 공유 경제가 미래에 가져올 사회적 변화를 예상하면서 대응책을 모색하고 있다.
② 공유 경제 확산의 이유를 역사적인 관점에서 찾아내고 있다.
③ 공유 경제의 특징을 기존의 자본주의 경제와의 비교를 통해 드러내고 있다.
④ 공유 경제 개념을 정의하고 그것의 핵심적 성격을 협력적 소비로 규정하고 있다.

12 ㉠에 대한 설명으로 적절하지 <u>않은</u> 것은?

① 인터넷은 재화의 교환가치를 공유 가치로 변화시키는 데 중요한 역할을 하였다.
② 스마트 기기의 대중화는 수요자와 공급자 간의 시간적, 공간적 거리를 단축시켰다.
③ 누리 소통망은 수요자와 공급자 상호간의 신뢰 확인 방법을 변화시켰다.
④ 인터넷에서 익명의 수요자와 재화의 소유권을 공유함으로써 협력적 소비가 가능해졌다.

[13~14] 다음 글을 읽고 물음에 답하시오.

(가) ㉠ 문 열자 선뜻!
　　먼 산이 이마에 차라.

　　우수절(雨水節) 들어
　　바로 초하루 아침,

　　새삼스레 눈이 덮인 멧부리와
　　서늘옵고 빛난 이마받이하다.

　　얼음 금 가고 바람 새로 따르거니
　　흰 옷고름 절로 향기로워라.

　　㉡ 옹숭거리고 살아난 양이
　　아아 꿈같기에 설어라.

　　미나리 파릇한 새순 돋고
　　옴짓 아니 기던 고기 입이 오물거리는,

　　꽃 피기 전 철 아닌 눈에
　　핫옷 벗고 도로 춥고 싶어라.

　　　　　　　　　　　　　　　　－ 정지용, '춘설(春雪)'

(나) 아리랑 전장포 앞바다에
　　웬 눈물방울 이리 많은지
　　각이도 송이도 지나 안마도 가면서
　　반짝이는 반짝이는 우리나라 눈물 보았네
　　© 보았네 보았네 우리나라 사랑 보았네
　　재원도 부남도 지나 낙월도 흐르면서
　　한 오천 년 떠밀려 이 바다에 쫓기운
　　자그맣고 슬픈 우리나라 사랑들 보았네
　　꼬막 껍질 속 누운 초록 하늘
　　못나고 뒤엉긴 보리밭 길 보았네
　　보았네 보았네 멸치 덤장 산마이 그물 너머
　　바람만 불어도 징징 울음 나고
　　손가락만 스쳐도 울음이 배어 나올
　　서러운 우리나라 앉은뱅이 섬들 보았네
　　② 아리랑 전장포 앞바다에
　　웬 설움 이리 많은지
　　아리랑 아리랑 나리꽃 꺾어 섬 그늘에 띄우면서

- 곽재구, '전장포 아리랑'

13 **(가)와 (나)에 대한 설명으로 가장 적절한 것은?**

① (가)와 달리 (나)는 설의적 표현을 사용하여 주제의식을 강조하고 있다.
② (나)와 달리 (가)는 선경 후정의 방식을 통해 시상을 전개하고 있다.
③ (가)와 (나) 모두 반어적 표현을 활용하여 대상의 이중성을 부각하고 있다.
④ (가)와 (나) 모두 도치의 방식으로 시상을 마무리하여 시적 여운을 조성하고 있다.

14 **⊙~②의 감상으로 적절하지 않은 것은?**

① ⊙ : '먼 산'이 바로 눈앞에 있는 것 같은 효과를 얻고 있군.
② © : 겨울을 보낸 대상에게 또 다시 닥친 시련을 표현하고 있군.
③ © : 오랜 기간 이어져 내려온 우리 민족의 삶과 애환을 드러내고 있군.
④ ② : '나리꽃'을 꺾어 띄우며 설움 많은 우리 민족의 삶을 위로하고 있군.

[15~16] 다음 글을 읽고 물음에 답하시오.

(가) 평생에 원ᄒᆞᄂᆞ니 다만 충효(忠孝)쑌이로다
　　 ⊙ 이 두 일 말면 금수(禽獸) ㅣ나 다ᄅᆞ리야
　　 ᄆᆞᄋᆞ매 ᄒᆞ고져 ᄒᆞ야 십재 황황(十載遑遑)*ᄒᆞ노라

〈제1수〉

　　 계교(計較)* 이ᄅᆞ터니 공명이 느저셰라
　　 부급 동남(負笈東南)*ᄒᆞ야 여공불급(如恐不及)*ᄒᆞᄂᆞᆫ 뜻을
　　 ⓒ 세월이 물 흘ᄋᆞ듯 ᄒᆞ니 못 이룰가 ᄒᆞ야라

〈제2수〉
　　　　　　　　　　　　　　　　　　　　　 – 권호문, '한거십팔곡(閑居十八曲)'

(나) 청산(靑山)아 웃지 마라 백운(白雲)아 조롱(嘲弄) 마라
　　 ⓒ 백발(白髮) 홍진(紅塵)*에 내 즐겨 ᄃᆞ니더냐
　　 ⓔ 성은(聖恩)이 지중(至重)ᄒᆞ시니 갑고 가려 ᄒᆞ노라

　　　　　　　　　　　　　　　　　　　　　　　　　　　　 – 정구

*십재 황황: (마음이 급하여) 십 년을 허둥지둥함.
*계교: 서로 견주어 봄.
*부급 동남: 책을 지고 동남으로 스승을 찾아다님.
*여공불급: (남들이) 하라는 대로 어떤 일을 이루지 못할까 마음을 졸임.
*홍진: 번거롭고 속된 세상을 비유적으로 이르는 말.

15 (가)와 (나)에 대한 설명으로 가장 적절한 것은?

① (가)와 달리 (나)는 의인화된 대상에게 말을 건네며 시상을 전개하고 있다.
② (나)와 달리 (가)는 색채 대비를 통해 대상을 구체적으로 표현하고 있다.
③ (가)와 (나) 모두 역설적 인식을 바탕으로 세태에 대한 비판적 태도를 부각하고 있다.
④ (가)와 (나) 모두 직유법을 활용하여 대상을 구체화하고 있다.

16 ⊙~ⓔ의 감상으로 적절하지 <u>않은</u> 것은?

① ⊙ : 화자는 충과 효를 최고의 이상적인 가치로 여기고 있군.
② ⓒ : 공명을 이루지 못할까 걱정하는 마음을 직접적으로 제시하고 있군.
③ ⓒ : '백발', '홍진'은 화자의 미래 상황을 드러내는 소재이군.
④ ⓔ : 자신의 상황을 합리화하는 화자의 모습을 볼 수 있군.

⊙ 현부는 아주 침착하고 도량이 컸다. 그의 어머니가 요광성이 품에 들어오는 꿈을 꾸고 임신을 하였는데, 태어났을 때 관상쟁이가 보고 말하기를,

ⓒ "등은 산과 같고 거기에 별들이 아롱아롱 무늬를 이루었으니 신령스러운 관상임이 분명하다."

라고 하였다. 장성하자 주역의 이치를 깊이 연구하여 우주의 모든 변화의 원리를 터득하였고, 또한 갖가지 신선이 방술을 배웠다. 그는 천성이 씩씩함을 좋아하여 언제나 갑옷을 입고 다녔다.

임금이 그의 명성을 듣고 심부름꾼을 보내어 불렀으나 거만하게 돌아보지도 않고 노래를 부르기를,

ⓒ "진흙 속에서 노니는 재미가 끝이 없는데, 벼슬살이를 내가 왜 바라겠는가?"

하고 웃기만 하고 대꾸하지 않았다. 그래서 결국 그를 불러들이지 못했다.

그 뒤 춘추 전국 시대 송나라 원왕 때 예저(預且)라는 어부가 그를 사로잡아 강제로 임금에게 바치려 하였다. 그때 그가 검은 옷에 수레를 타고 왕의 꿈에 나타나서 '나는 청강에서 보낸 사자인데 왕을 뵙고자 한다.'라고 하였다. 이튿날 과연 예저가 그를 데리고 와서 왕께 뵈었다. 왕은 매우 기뻐하며 그에게 벼슬을 주려 하였다. 그가 말하기를,

"신이 이 자리에 온 것은 예저의 강압에 의한 것이요, 또한 왕께서 덕이 있다는 말을 들어서일 뿐이니, 벼슬은 제 본심이 아닙니다. 왕께서는 어찌 저를 붙잡아 두고 보내지 않으려 하십니까?"

하였다.

ⓔ 왕이 그를 보내주려 하는데 위평(衛平)이 은밀히 눈짓하여 말렸다. 그래서 그를 수형승에 임명하였고, 얼마 뒤 벼슬을 올려 도수사자에 제수하였다. 다시 발탁하여 태사령을 삼고, 나랏일의 대소를 막론하고 모두 그에게 물어본 뒤에 시행하였다.

왕이 일찍이 장난말로 이르기를,

"그대는 신명의 후손으로 길흉화복에 밝은 자인데, 왜 스스로 미리 자신의 앞길을 도모하지 못하고 예저의 술책에 빠져서 과인에게 붙들린 신세가 되었는가?"

하니, 현부가 아뢰기를,

"아무리 밝은 눈으로도 보지 못하는 것이 있고, 아무리 명철한 지혜로도 헤아리지 못하는 일이 있는 것입니다."

라고 아뢰니, 왕이 크게 웃었다. 그 후 그가 어디에서 생을 마쳤는지 아는 사람이 없다. 지금도 벼슬아치들 사이에는 그의 덕을 사모하여 황금으로 그의 모양을 주조해서 차고 다니는 사람이 있다.

－ 이규보, '청강사자현부전(清江使者玄夫傳)'

17 **윗글에 대한 설명으로 적절하지 않은 것은?**

① 사물의 의인화로 인간이 추구해야할 가치를 전달하고 있다.
② 초월적인 인물의 등장으로 주인공의 운명이 결정되어 있다.
③ 인물이 처해있는 구체적인 상황으로 주제의식을 부각하고 있다.
④ 인물의 일대기적 구성으로 내용을 전개하고 있다.

18 **㉠~㉣에 대한 이해로 가장 적절한 것은?**

① ㉠ : 현부의 외모와 성격을 직접적으로 제시하고 있다.
② ㉡ : 현부의 태생에 반영된 위태로운 시대적 상황을 보여주고 있다.
③ ㉢ : 현부의 비현실적인 태도와 신비로움을 부각하고 있다.
④ ㉣ : 현부의 관직 진출이 타의에 의한 것임을 알려주고 있다.

[앞의 줄거리] 일제 강점기에 만주로 이주한 '그'의 가족은 광복이 되자 서울을 거쳐 북에 있는 고향으로 가려 했지만 삼팔선이 그어져서 서울에서 살게 된다. 가난 때문에 집에서 쫓겨날 처지인 '그'에게 '그'의 친구는 집을 마련해 주기로 마음대로 약속을 하고 '그'는 어쩔 수 없이 친구를 만나러 간다.

지전 묶음을 청년의 호주머니 속에 억지로 넣어 주고 돌아선다.

넣어 준 돈을 청년은 다시 드러내 부르쥐고 뒤를 쫓는다.

"여보!"

친구의 옷자락을 붙든다.

"누구야! 왜 붙들어? 바쁜 사람을……."

"인줘요."

"주다니, 멀 줘?"

"잠바 말이에요."

"당신 정신 있소? 물건을 팔구 돈까지 지갑에 넣구 다니다가 딴생각을 허구선…… 이건 누굴 바지저고리만 다니는 줄 알아? 맘대루 물건을 팔았다 물렀다……."

몸부림을 처 청년의 붙든 손을 떨구고 떨어진 손을 와락 붙들어 이마빼기가 맞닿으리만치 정면으로 딱 당기어 세우고 눈을 흘기며 가슴을 밀어젖힌다.

"이러단 좋지 못해 괜히……."

밀어젖힌 대로 물러난 청년을 더 맞잡이를 할 용기를 잃는다. 멍하니 친구를 바라보고만 섰더니 어처구니없는 듯이 뭐라고 혼자 중얼거리며 그대로 쥐고 있던 돈을 세어 보고 집어넣는다.

무서운 판이었다. ㉠ 총소리 없는 전쟁 마당이다. 친구는 이 마당의 이러한 용사이었던가. 만나기조차 무서워진다.

[중략 부분 줄거리] 친구와 헤어진 '그'는 살 집을 구하지 못하고 어머니와 함께 고향인 북으로 가기 위해 서울역으로 간다. 그곳에서 '그'와 어머니는 고향 사람을 만난다.

"이북으루요? 아이구, 갈렴 마르우. 잘사는 사람은 잘살아두 못사는 사람은 거기 가두 못살아요. 돈 있는 사람 덴답과 집들을 다 떼슴 멀 허갔소. 없던 사람들이 당사*들을 해서 그만침은 또 다 잡아 놨는데…… 우리두 그런 당살 했음 돈 잡았디요. 우리 옥순이 아바진 그런 당사엔 눈두 안 뜨구 피익픽 웃기만 허디요. 그러니 살기는 어려워만 가구 좀 허믄 그르케 힘든 국경(국경)을 넘어오갔소?"

"아이구 우리 아와 신통히두 같구나. 만주서 같이 나온 사람들은 야미* 당사들을 해서 돈 모은 사람들이 많은데 ㉡ 우리 아가 그런 건 피익픽 웃디 밥을 굶으맨서두. 거기두 고롬 그르쿠나 거저. 살기가 같을 바에야 멀 허레 ㉢ 그 끔즉헌 국경을 넘어간."

"그르믄요. 아이, 여기두 고롬 살기가 그르케 말째우다레 잉이? 머 광다부[廣木] 한 자에 삼십 원 헌다, 사십 원 헌다 허더니."

"우리 가제 와선 그르케두 했단다. 어즈께레 옛날인데 멀 그르네. ㉣ 거기 집은 어드르니 그른데 얻긴 쉬우니?"

"쉽다니요! 발라요. 거지 집이라구 우명헌 건 내만 놓문 홀떡홀떡 허디요. 그르기 어디 빈간이 있게 그르우? 만주서 나와 집 찾는 사람두 있디요? 제 집 쬐께 나서 어디 빈간이나 있을까 허구 돌아가는 사람두 있디요? 머 촌이나 골이나 딱 같습두다. 난이에요, 난."

"여기두 그르탄다. 우린 집을 못 얻구 한디에서 내내 살았단다. 밥이라군 밀가루 떡만 먹구."

"여기두 고롬 그르케 집이 없어요! 것두 같수다레 고롬?"

"글쎄 네 말을 들으니께니 집 없는 것까지 신통두 허게 같구나 참."

– 계용묵, '별을 헨다'

*당사 : '장사'의 방언.
*야미 : 뒷거래.

19 윗글에 대한 설명으로 가장 적절한 것은?

① 대화를 통해 인물이 처한 현실에 대한 정보를 전달하고 있다.
② 빈번한 장면 전환으로 암울한 시대상을 나타내고 있다.
③ 서로 다른 시각 차이를 대비하여 사건의 의미를 풍자하고 있다.
④ 인과관계에 따른 서사 구조로 긴박한 위기 상황을 조성하고 있다.

20 [보기]를 참고하여 ㉠~㉣을 감상한 내용으로 적절하지 않은 것은?

> 보기
>
> 1945년 광복 이후 우리나라는 이데올로기의 대립 및 급격한 사회변화와 함께 정치적 상황, 윤리적 가치관 등에서 여러 가지 혼란한 모습들이 나타났다. 이로 인해 고국을 떠나 해외로 갔던 동포들이 귀국하기도 했지만 이데올로기의 대립에 의한 남북 분단은 민족 간의 이동을 어렵게 했다. 계용묵의 '별을 헨다'는 이러한 시대적인 상황을 사실적으로 반영하고 있다.

① ㉠ : 해방기의 각박하고 냉혹한 사회적인 분위기를 드러내고 있군.
② ㉡ : 궁핍하고 어려운 현실적 삶에 대한 걱정을 드러내고 있군.
③ ㉢ : 이데올로기 대립으로 남북 간의 이동이 어려워졌다는 사실을 드러내고 있군.
④ ㉣ : 삼팔선을 넘는 행위가 고향에 대한 향수 때문이라는 인식을 드러내고 있군.

01 $\log_2(\sqrt{2}+\sqrt{4}+\sqrt{6})+\log_2(\sqrt{2}+\sqrt{4}-\sqrt{6})$의 값은?

① 1 ② $\dfrac{3}{2}$

③ $\dfrac{5}{2}$ ④ 3

02 함수 $f(x)=\sqrt{ax+b}$와 그 역함수 $f^{-1}(x)$에 대하여 $f(5)=8$, $f^{-1}(5)=2$일 때, $a+b$의 값은? (단, $a\neq0$, b는 상수)

① 1 ② 3

③ 6 ④ 12

03 함수 $f(x) = 2x^3 - 3x + 5$에 대하여,

$\lim\limits_{h \to 0} \dfrac{f(1+2h) - f(1)}{h}$ 의 값은?

① -3 ② 0

③ 3 ④ 6

04 수열 $\{a_n\}$에 대하여

$$\sum_{k=1}^{22}(2a_k+1)^2 = 32, \quad \sum_{k=1}^{22} a_k(2a_k+1) = 3$$

일 때, $\sum\limits_{k=1}^{22} a_k$의 값은?

① 1 ② 2

③ 3 ④ 4

두 사건 A와 B는 서로 독립이고 $\mathrm{P}(A\cap B)=\dfrac{1}{3}$, $\mathrm{P}(B^c)=\dfrac{1}{3}$을 만족시킬 때, $\mathrm{P}(A\cup B)$의 값은? (단, B^c는 B의 여사건이다.)

① $\dfrac{1}{3}$ ② $\dfrac{1}{2}$

③ $\dfrac{2}{3}$ ④ $\dfrac{5}{6}$

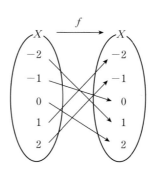 그림은 집합 $X=\{-2,\ -1,\ 0,\ 1,\ 2\}$에서 X로의 함수 f를 나타낸 것이다. 함수 $f(a)$ $f^{-1}(b)=0$을 만족시키는 두 수 a, b의 모든 순서쌍 $(a,\ b)$에 대하여 a^2+b^2의 최솟값은?

① 0 ② 1

③ 2 ④ 5

07 자연수 n에 대하여 x에 대한 이차방정식

$$x^2 - 3^n x + (2^n - 1) = 0$$

의 서로 다른 두 실근을 a_n, b_n이라 할 때,

$\sum\limits_{n=1}^{\infty} \dfrac{a_n b_n}{a_n + b_n}$ 의 값은?

① $\dfrac{1}{3}$ ② $\dfrac{1}{2}$

③ $\dfrac{2}{3}$ ④ $\dfrac{3}{2}$

08 $\lim\limits_{x \to \infty} 4x(\sqrt{9x+a} - 3\sqrt{x})^2 = 3$일 때, 양수 a의 값은?

① $\sqrt{3}$ ② $2\sqrt{3}$

③ $3\sqrt{3}$ ④ $4\sqrt{3}$

09 함수 $y = f(x)$의 그래프가 그림과 같고, $g(x)=x^2+a$이다. 함수 $f(x)g(x)$가 $x=0$에서 연속일 때, 상수 a의 값은?

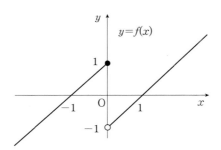

① $-\dfrac{1}{4}$

② $-\dfrac{1}{2}$

③ 0

④ $\dfrac{1}{2}$

10 첫째 항이 1인 수열 $\{a_n\}$이 모든 자연수 n에 대하여

$$\sum_{k=1}^{n} \frac{a_{k+1}-a_k}{a_k a_{k+1}} = \frac{3n}{3n+1}$$

를 만족시킨다. 수열 $\{a_n\}$의 첫째 항부터 제 n항까지의 합을 S_n이라 할 때, $\displaystyle\lim_{n \to \infty} \frac{a_{2n}a_{2n+1}}{S_n}$의 값은? (단, $a_n \neq 0$)

① 12

② 16

③ 20

④ 24

11 $16^2 \times \left(\dfrac{1}{2}\right)^{-2}\left(\dfrac{1}{\sqrt{2}}\right)^{m}$의 값이 자연수가 되도록 하는 모든 자연수 m의 개수는?

① 10   ② 11

③ 20   ④ 21

12 삼차함수 $f(x)$가 다음 조건을 만족시킬 때,

> **조건**
>
> (가) $f'(3) < f'(0) < 0$
>
> (나) $\displaystyle\int_0^1 f(x)dx < 0 < \int_0^2 f(x)dx$

<보기>에서 옳은 것만을 있는 대로 고른 것은?

> **보기**
>
> ㄱ. $f\left(-\dfrac{3}{2}\right) - f\left(-\dfrac{1}{2}\right) > 0$
>
> ㄴ. 함수 $f'(x)$는 극솟값을 갖는다.
>
> ㄷ. 방정식 $f(x) = 0$의 서로 다른 실근의 개수는 3이다.

① ㄱ   ② ㄱ, ㄷ

③ ㄴ, ㄷ   ④ ㄱ, ㄴ, ㄷ

13 다항함수 $f(x)$가

$$\frac{d}{dx}\{2xf(x)+x^2f'(x)\}=12x^2-x$$

를 만족시킬 때, $f(1)$의 값은?

① $\dfrac{1}{2}$ 　　　　　② $\dfrac{2}{3}$

③ $\dfrac{5}{6}$ 　　　　　④ 1

14 곡선 $f(x)=x^2-3$와 $y=2|x|$로 둘러싸인 부분의 넓이는?

① 18 　　　　　② 12

③ 9 　　　　　④ 6

15 모든 항이 양수인 등비수열 $\{a_n\}$의 첫째항부터 제 n항까지의 합을 S_n이라 하자. $8S_{40}=15S_{10}$일 때, $\dfrac{S_{60}-S_{20}}{S_{10}}$의 값은?

① $\dfrac{15}{32}$

② $\dfrac{15}{16}$

③ 2

④ $\dfrac{32}{15}$

16 1부터 7까지의 자연수가 하나씩 적혀 있는 7장의 카드가 있다. 이 카드를 모두 한 번씩 사용하여 일렬로 나열할 때, 홀수가 적혀 있는 카드는 작은 수부터 크기 순서로 왼쪽부터 나열하는 경우의 수는?

① 120

② 150

③ 180

④ 210

17 두 학생 A, B를 포함한 5명의 학생이 그림과 같이 정육각형 모양의 탁자에 배열된 6개의 의자에서 한 개의 의자는 비워 두고 앉으려고 한다. A 또는 B와 이웃한 옆 자리에 빈 의자가 있도록 5명의 학생이 모두 의자에 앉는 경우의 수는? (단, 회전하여 일치하는 것은 같은 것으로 본다.)

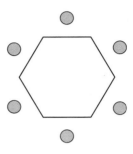

① 60

② 72

③ 84

④ 96

18 좌표평면 위의 두 점 A(0, 0), B(10, 0)이 있다. 한 개의 주사위를 2번 던져 나오는 눈의 수를 차례로 a, b라 할 때, 점 C의 좌표를 (a, b)라 하자. 삼각형 ABC의 넓이가 18 이상인 이등변삼각형일 확률은?

① $\dfrac{1}{6}$

② $\dfrac{1}{9}$

③ $\dfrac{1}{12}$

④ $\dfrac{1}{18}$

19 정규분포 $N(100,\ 1)$을 따르는 모집단에서 크기가 n_1인 표본을 임의추출하여 구한 표본평균을 $\overline{X_1}$, 크기가 n_2인 표본을 임의추출하여 구한 표본평균을 $\overline{X_2}$라 하자.

$P(\overline{X_1}\geq101)=P(\overline{X_2}\geq102)$가 성립할 때, $\dfrac{n_1}{n_2}$의 값은?

① $\dfrac{1}{4}$　　　　　　　　　　② $\dfrac{1}{2}$

③ 2　　　　　　　　　　　　④ 4

20 모평균이 50, 모표준편차가 4인 정규분포를 따르는 모집단에서 크기가 16인 표본을 임의추출하여 구한 표본평균을 $\overline{X}$라 할때, $P(\overline{X}\leq k)=0.9772$를 만족시키는 상수 k의 값은? (단, 옆의 표준정규분포표를 이용하여 계산한다.)

z	$P(0\leq Z\leq z)$
0.5	0.1915
1.0	0.3413
1.5	0.4332
2.0	0.4772

① 51　　　　　　　　　　② 52

③ 53　　　　　　　　　　④ 54

01

다음 대화에서 빈칸에 가장 적절한 것은?

A : Pat, You have a puzzled look on your face. Is there something wrong?

B : No, Ted. I'm just feeling a little down.

A : Why? Are you sick?

B : No. It's because of my psychology class. I'm never able to understand what the professor is talking about.

A : Do you complete the assigned readings before class?

B : No. I've been really busy with my internship at the magazine company recently.

A : Well, if you want to be able to get what the professor is talking about, it's vital to get yourself ready for the classes by doing all the assigned reading before class.

B : You're right. I have to admit I haven't been preparing enough for the classes.

A : _____. Just prepare more, and you'll be able to understand the professor better.

① No problem. You've already prepared a lot

② That's not what I meant

③ Looks like you had a great time

④ It's never too late to change

02

다음 글의 제목으로 가장 적절한 것은?

The economic and technical forces that first led to language standardization and mass literacy have continued to gain momentum. Now that economic relationships are instantaneous and global, national vocabularies have grown still larger in scope. One of the domains of our national vocabulary is international. Basic literacy in the contemporary world requires knowledge of certain terms known by literate people everywhere in the world, no matter what language they speak. This core lexicon of modern education includes basic words from world history, world cultures, geography, and the physical and biological sciences. Taught in all national educational systems, and not confined to any particular national language, it is the most broadly shared literate vocabulary in the world.

*literacy 읽고 쓸 수 있는 능력 **lexicon 어휘

① Language Standardization by Technology
② Growing Necessity of Basic Literacy
③ Core Lexicon and Mass Literacy
④ Establishment of International Educational System

03

다음 글의 빈칸에 들어갈 말로 가장 적절한 것은?

Endangered pandas, blue whales, rhinos, and chimpanzees generally make the headlines because they are the most appealing or visible ＿＿＿＿＿＿＿. Most preservation money is spent on these species. Interest in less appealing species is often difficult to stir, but many less conspicuous species are important components of natural systems, even keystone species. Many inconspicuous species are vital to human welfare. An adult frog, for example, can eat its weight in insects every day. In India, sharp declines in the frog populations may be partly responsible for higher rates of insect damage on crops and for an increase in malaria, a serious and sometimes fatal disease transmitted by mosquitos, a main component of the frog's diet. Losing species, therefore, is not just an aesthetic tragedy. It can have profound environmental, economic, and health consequences. Protecting species, regardless of how appealing they are, is vital to sustainability.

*conspicuous 눈에 띄는 **aesthetic 미적인

① predators   ② emblems
③ victims   ④ legendaries

04 다음 글의 빈칸에 들어갈 말로 가장 적절한 것은?

How can we maintain excitement, interest, and aesthetic pleasure for a lifetime? I suspect that part of the answer will come from the study of things that stand the test of time, such as some music, literature, and art. In all these cases, the works are varied and deep, so that there is something different to be perceived in each experience. Consider classical music. For many it is boring and uninteresting, but for others it can indeed be listened to with enjoyment over a lifetime. I believe that this lastingness derives from _____. The music interleaves multiple themes and variations, some simultaneous, some sequential. Human conscious attention is limited by what it can attend to at any moment, which means that consciousness is restricted to a limited subset of the musical relationships. As a result, each new listening focuses upon a different aspect of the music. The music is never boring because it is never the same.

*aesthetic pleasure 미적 쾌감
**interleave (특히 얇은 막 같은 것을) 끼우다

① the irresistible attraction of classics
② the richness and complexity of its structure
③ listeners' attentive appreciation of the meaning of artistic works
④ the multiple and profound life experiences

(A), (B)의 각 네모 안에서 문맥에 맞는 말로 가장 적절한 것은?

A growing segment of humankind has come to see war as simply (A) inconceivable / unavoidable. Nuclear weapons have turned war between superpowers into a mad act of collective suicide, and therefore forced the most powerful nations on earth to find alternative and peaceful ways to resolve conflicts. Simultaneously, the global economy has been transformed from a material-based economy into a knowledge-based economy. Previously the main sources of wealth were material assets such as gold mines, wheat fields and oil wells. Today the main source of wealth is knowledge. And whereas you can conquer oil fields through war, you cannot acquire knowledge that way. Hence as knowledge became the most important economic resource, the profitability of war declined and wars became increasingly (B) restricted / spread to those parts of the world where the economies are still old-fashioned material-based economies.

	(A)		(B)
①	inconceivable	⋯⋯	restricted
②	inconceivable	⋯⋯	spread
③	unavoidable	⋯⋯	restricted
④	unavoidable	⋯⋯	spread

다음 글의 밑줄 친 부분 중, 문맥상 낱말의 쓰임이 적절하지 <u>않은</u> 것은?

Even though many of our memories are vivid and some may even be accurate, most of what we remember of our daily lives is neither exact nor rich in detail. There is overwhelming neuropsychological evidence that evolution did not design our memories to be video cameras ① <u>precisely</u> recording our daily experiences. For example, a key memory system in the brain is specifically structured to ② <u>detract</u> from experience unconscious rules and abstractions that allow organisms to deal with the ever-changing world that surrounds them in an expedient and self-serving manner. There is also evidence that we may ③ <u>change</u> our memories, if only a little, each time we recall them. The ④ <u>fluidity</u> of memory may reflect the challenges inherent in engineering brains able to make life-and-death decisions at a moment's notice in noisy, uncertain, and ever-changing environments. Memory is about survival, not accuracy.

*expedient 편의주의적인

07 **온실가스 흡수원에 대한 다음 글의 내용과 일치하지 <u>않는</u> 것은?**

A carbon sink is a natural feature that absorbs or stores more carbon than it releases. The value of carbon sinks is that they can help create equilibrium in the atmosphere by removing excess CO_2. One example of a carbon sink is a large forest. However, the planet's major carbon sink is its oceans. Since the Industrial Revolution began in the eighteenth century, CO_2 released during industrial processes has greatly increased the proportion of carbon in the atmosphere. Carbon sinks have been able to absorb about half of this excess CO_2, and the world's oceans have done the major part of that job. They absorb about one-fourth of humans' industrial carbon emissions, doing half the work of all Earth's carbon sinks combined. Like kitchen sinks, the ocean sinks can fill up though. Clearly, the oceans do not have an infinite capacity to absorb carbon. As their absorption capacity weakens, the buildup of CO_2 and other so-called greenhouse gases in the atmosphere increases, the result being a worldwide warming of the climate.

*equilibrium 평형상태

① 온실가스 흡수원은 대기의 평형 상태를 유지시킨다.
② 바다는 숲보다 더 많은 양의 탄소를 흡수하고 저장한다.
③ 바다는 산업공정 중 배출된 탄소 배출물의 1/2을 흡수한다.
④ 기후 온난화는 바다의 제한된 탄소 흡수 능력과 관계있다.

08 다음 글의 밑줄 친 부분 중, 어법상 틀린 것은?

It has ① long been the responsibility of the marketers of cities and towns to promote them as possible travel destinations by developing a brand image. First the marketers' responsibility was to assess the city for possible places and also people of interest. These places and people were then photographed and information ② written about their history and stories, which was then communicated, first using print and now digitally. This branded image was both developed and then controlled by marketers. The ease of taking and posting photographs along with visitors posting and sharing travel stories ③ have changed the branding process by taking control away from the marketing department. For example, visitors posting travel images online have meant that the city is no longer in control of ④ what sites are defined as worth visiting. Those charged with increasing tourism must still develop a promotional strategy, but it will be based on encouraging visitors to co-brand along with the professionals.

09 글의 흐름으로 보아, 주어진 문장이 들어가기에 가장 적절한 곳은?

In the absence of spoken language, other animals have to rely on their senses to detect sensory cues or the emotional states of others.

Curiously, for all the value we ascribe to our ability to speak, language could have a dulling effect on the rest of our perceptions. Humans have developed and refined a communication system that can convey extremely specific information. (①) It's possible that as a result we have become less reliant on our other senses for gleaning information from our surroundings. (②) If I can verbalize my anxiety, what need have you to focus on my body language, smells, or other physical or psychological signs that might accompany these feelings? (③) If I tell you that I've just placed some fresh strawberries on the kitchen table, why should you have to detect their presence by sense of smell? (④) It's one key reason why we may be less perceptive than many other animals.

*ascribe ~ to ~이 …에 있다고 여기다
**glean 조금씩 수집하다

10 다음 대화에서 빈칸에 가장 적절한 것은?

A : Mr. Kim, how's the preparation for the school talent show going?

B : Everything is going smoothly, Ms. Han. The whole school is excited about the show.

A : Great. Have you sent out the invitations to the parents?

B : Yes, I sent them out yesterday.

A : Good. Have you found a place to rent sound equipment?

B : Yes, I've already found one.

A : Sounds good. And I love the posters hung all over the school.

B : Ms. Park's art students made them. They'll decorate the stage, too.

A : Wonderful! Please don't hesitate to ask me for any help. As the principal, I'd like to help out.

B : Actually, I need three judges for the talent show. Could you be one of them?

A : Sure, I'd be glad to. Thank you for asking me.

B : ＿＿＿＿＿＿＿＿＿＿＿, Principal Han.

① I'm the one who should say thank you
② I'll do it then
③ Then maybe next time
④ You should have asked me in advance

Memo

가천대학교 적성고사 최단기 완성!

- ☑ **기출유형 제시** → 국어·수학·영어 기출문제를 세부 영역별로 재배열하여 단계 학습이 가능하도록 구성

- ☑ **모의고사 문제** → 적성고사 출제 유형에 따른 맞춤형 모의고사 문제 5회 제공

- ☑ **특별비법 제시** → 단기완성이 가능하도록 쉽고 빠른 시험준비 특별비법 전수

- ☑ **친절한 해설** → 수험생의 수준과 눈높이를 고려하여 자학자습이 가능한 해설 수록

쇼핑몰 http://www.cmass21.net/
블로그 http://blog.naver.com/bosungabi

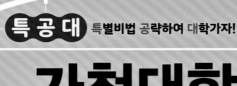

특 공 대 특별비법 공략하여 대학가자!

가천대학교 적성고사

기출 유형 모의고사

적중 예상 문제집

학지입시연구회 편저

GACHON UNIVERSITY
가천대학교·1939

UNIVERSITY

정답 및 해설

씨마스

특 공 대 특별비법 공략하여 대학가자!

가천대학교 적성고사

기출 유형 모의고사

적중 예상 문제집

학지입시연구회 편저

GACHON UNIVERSITY
가천대학교·1939

UNIVERSITY

정답 및 해설

씨마스

[기출 유형]

- 국어 영역

- 수학 영역

- 영어 영역

기출 유형 국어 영역

화법

[01] 무대 연출 부탁(생략된 발화의 의도 파악)

정답 ①

출제의도 대화의 맥락을 살펴 정확한 내용이 제시되지 않은 발화의 의도를 파악할 수 있다.
특별비법 대화의 정확한 내용을 파악하기 위해서는 특정 발화만이 아니라 대화의 전후 내용을 살펴야 한다.

문제 풀이 ㉠은 선배의 질문에 잠시 머뭇거리면서 생각을 떠올리는 상황에 쓰인 것이다. 따라서 자신을 낮추는 것도 아니며, 선배의 말에 호응하는 것도 아니다.

오답 풀이 ② 어렵다는 거절의 말을 할 때 말끝을 흐리는 것이므로 '우회적으로 거절하고 있다.'는 설명은 알맞다.

③ '아닌데' 하면서 말을 끝맺지 못하고 있는 것은 부정은 하지만 그 부정이 확정적이지 않다는 것을 의미한다. 그러므로 '타협의 여지를 남기고 있다.'는 설명은 적절하다.

④ '좋아!'라고 '!'까지 한 표현은 확정적인 결정을 하였다는 의미이므로 '부탁을 승낙'한 것이라는 설명이 알맞다.

[02] 모의 면접 상황의 대화

정답 ②

출제의도 질문과 답변의 내용을 정확하게 파악할 수 있다.
특별비법 선택지의 내용이 면접자와 면접 대상자의 질문과 응답의 내용에 부합하는지를 파악해야 한다.

문제 풀이 면접 대상자는 의도에서 벗어난 대답을 한 적도 없고, 면접자 또한 대상자에게 수정할 기회를 주고 있지도 않다.

오답 풀이 ① 면접자는 4번째 질문에서 대상자의 재능을 '입증할 만한 것'을 요구하고 있다.

③ 면접자의 첫 질문인 '상상력을 통해 미적 쾌감을 얻었던 작품'에 대한 답으로 면접 대상자는 최인호 씨의 '타인의 방'을 들면서 그 이유도 말하고 있다.

④ 면접자가 여행과 작가가 그리 연관되어 보이지 않는다고 하자 면접 대상자는 여행을 통해 세상에 대한 시야를 넓힐 수 있다고 밝히고 있다.

[03] 소방관의 인터뷰

03

정답 ④

출제의도 말하기 방식을 파악할 수 있다.
특별비법 인터뷰 식의 화법에 관한 문제로 인터뷰를 하기 전 사전 조사와 준비, 이를 바탕으로 주고받는 화법의 특징을 파악해야 한다.

문제 풀이 학생은 자신이 궁금한 점을 전문직 종사자에게 묻는 것으로 오히려 전문가의 의견을 경청하고 있기 때문에 ④와 같은 '전문가 견해에 대한 반박'은 대화에서 나오지 않는다.

[04] 소방관 인터뷰(말하기 방식 파악)

04

정답 ④

출제의도 말하기 방식을 파악할 수 있다.
특별비법 인터뷰 식의 화법에 관한 문제로 인터뷰를 하기 전 사전 조사와 준비, 이를 바탕으로 주고받는 화법의 특징을 파악해야 한다.

문제 풀이 학생이 자신이 궁금해하는 점을 전문직 종사자에게 묻는 장면으로서 전문가의 의견을 경청하고 있기 때문에 ④와 같은 '전문가 견해에 대한 반박'은 대화에서 나오지 않는다.

작문

[01~02] 글쓰기 계획, 고쳐쓰기

01

정답 ②

출제의도 글쓰기 계획에 따른 내용인지를 확인할 수 있다.
특별비법 제시문을 읽고 작문 과정에서 계획한 내용을 반영한 항목을 찾는 문제이다. 따라서 주어진 내용이 제시문에 적용되었는지를 확인해야 한다.

문제 풀이 제시문의 2단락에서 '청소년기의 우정의 힘'을 말하고 있으므로 ⓑ의 '친구의 중요성'이 반영되었다. 또 3단락에서 '친구를 사귀는 좋은 방법은 무엇일까요?'라고 하면서 그 내용을 설명하고 있으므로 ⓒ의 '친구를 사귈 수 있는 방법'이 반영되어 있음을 알 수 있다. 따라서 ⓑ, ⓒ를 제시한 ②가 정답이다.
오답 풀이 ⓐ의 '친구의 개념 설명'이나 ⓓ의 '친구와 관련된 글쓴이의 경험'은 나타나 있지 않다.

02

정답 ④

출제의도 적절한 고쳐쓰기를 할 수 있다.
특별비법 글의 전체적인 내용을 파악한 뒤에 제시된 부분을 확인하여 바르게 고쳐 쓴 것인지를 파악해야 한다.

문제 풀이 ㄹ에서 '친밀감'은 '느끼다'와 호응하지만 '관심'은 '느끼다'와 호응하지 않으므로 '관심을 갖고 친밀감을 느낍니다.'로 수정해야 한다. 따라서 정답은 ④이다.
오답 풀이 ① ㄱ의 문장에서는 '수행하는 것'의 목적어가 없어 내용이 불분명하므로 '세 가지 과제를'을 삽입해야 한다.
② ㄴ '완전'이 '앞서다' 앞에 쓰이는 것은 유행어로 쓰는 것이기 때문에 '월등히'로 수정하는 것이 알맞다.
③ '-는데'를 붙여 쓸 때는 '① 절에서 어떤 일을 설명하거나 묻거나 시키거나 제안하기 위하여 그 대상과 상관되는 상황을 미리 말할 때, ② 해할 자리에 쓰여, 어떤 일을 감탄하는 뜻을 넣어 서술함으로써 그에 대한 청자의 반응을 기다리는 태도를 나타낼 때, ③ 일정한 대답을 요구하며 물어보는 뜻을 나타낼 때'의 세 가지 경우뿐이다. 이에 비하여 '곳'이나 '장소', '일'이나 '것', '경우'의 뜻을 나타낼 때는 '데'가 의존명사로 쓰여

앞말과 띄어 써야 한다. ⓒ의 '맺는데'의 '데'는 '경우'의 뜻으로 쓰인 의존명사이므로 띄어 쓰는 것이 맞다.

[03~04] '천문과학 동아리'가 체험한 '천문 · 항공 우주 과학 체험 교실'을 소개하는 기사문

03　　　　　　　　　　　　　　　　　정답 ①

출제의도　특정 사항에 대한 설명의 적절성을 파악할 수 있다.
특별비법　선택지의 내용을 설명하고 있는 내용에 대비하여 적절한 지를 파악한다.

문제 풀이 주어진 기사문은 1단락에서 글의 소재를 소개하고 있고, 2단락에서 체험 프로그램 내용을, 3단락에서 체험 참여 학생의 소감을, 4단락에서 체험 참여 동아리 부원들의 초등학생 대상 봉사를, 5단락에서 체험 프로그램의 의의와 전망을 설명하고 있다. 이와 같이 이 기사문 어디에서도 체험 과정의 문제점 및 해결 방안을 말하고 있지는 않다.
오답 풀이 ② 체험 활동에 대한 의의와 가치는 5단락에서 구체적으로 설명하고 있다.
③ 체험 내용과 체험에 참가한 학생의 반응은 3단락에서 참여 학생의 인터뷰를 통해 구체적으로 밝히고 있다.
④ 체험 활동의 주체와 장소는 1단락에서, 체험 프로그램명은 전체 프로그램명은 1단락에서, 세부 프로그램명들은 2단락에서 구체적으로 소개하고 있다.

04　　　　　　　　　　　　　　　　　정답 ②

출제의도　고쳐쓰기가 적절한지를 파악할 수 있다.
특별비법　선택지에 고쳐 쓴 부분을 주어진 문장에 적용하여 적절한지를 파악한다.

문제 풀이 ⓒ의 '초등할생들의'는 '~을 안내하는'과 호응하지 못한다. 내용상 '~에게 ~을 안내하는'이 되어야 한다. 따라서 ⓒ은 '초등학생들이'가 아니라 '초등학생들에게'로 고치는 것이 알맞다. 만약에 선택지처럼 '초등학생들이'로 고치려면 이어지는 내용이 '초등학생들이 천체 망원경을 조작할 수 있도록 방법을 안내하는'이 되어야 한다.
오답 풀이 ① 이어지는 내용으로 보았을 때 이미 체

험 활동을 참가하고 난 뒤에 이를 기사문으로 작성한 것이다. 따라서 참여할 예정이라는 ⓐ은 맞지 않고 '참여한 것이다'가 알맞다.
③ '개발'은 '땅이나 천연자원, 지식, 지능, 산업, 새로운 물건' 등 겉으로 드러낼 수 있는 것을 발달시키거나 발전시킬 때 쓰는 말이고, 능력과 같이 겉으로 드러내기 애매한 경우에는 '슬기나 재능, 사상 따위를 일깨워 준다'는 의미의 '계발(啓發)'을 쓴다.
④ ⓔ은 앞의 내용을 이어받아 이를 더욱 확대하는 내용을 더하고 있다. 그러므로 앞의 말을 부정하는 접속어 '그럼에도 불구하고'는 적절하지 않고, 앞의 말을 그대로 이어받는 '그리고'가 알맞다.

[05~06] 글쓰기 방안, 고쳐쓰기

05　　　　　　　　　　　　　　　　　정답 ④

출제의도　글에서 개요의 적용 여부를 파악할 수 있다.
특별비법　선택지 내용을 제시문에서 확인해야 한다.

문제 풀이 '우리는 공동체 내에서 개인의 이익을 우선하고 공동체의 화합을 방해하는 돌출 행위를 하는 사람보다는 공공의 이익을 우선하고 포용력을 발휘하는 사람을 더 신뢰하며 지지하여 왔다.'는 3단락의 내용에서 '평판과 관련한 사회적 관습을 제시'하여 논지를 강화하고 있다. 따라서 ③의 설명은 적절하다.
오답 풀이 (나) 학생의 초고에는 중간 1의 '평판이 사회적으로 형성되는 과정'에 대한 서술이 나타나 있지 않고(①), '전문가의 의견'(②)이나 '설문 조사'(③) 또한 나타나 있지 않다.

06　　　　　　　　　　　　　　　　　정답 ③

출제의도　고쳐쓰기의 적절성을 파악할 수 있다.
특별비법　선택지의 고쳐쓰기 방안을 글에 적용하여 적절한지를 파악해야 한다.

문제 풀이 ⓒ의 '깨뜨리다'나 ③에서 수정 방안으로 제시한 '깨트리다'는 복수 표준어이다. 따라서 ⓒ은 맞춤법에 어긋나지 않은 표현이다.

> **개요** • 건강 불평등 격차에 대한 의견 → 문제점 분석/해결 방안 → 기대 효과 제시
> **자료 1** • 국가 기준 : 건강 불평등 격차 조사 결과를 보여 준다.
> *우리나라 : 전체 순위는 176개국 중 38위로 비교적 상위권이지만 고소득 국가 중에서는 중하위권.
> *일본 · 미국 : 같은 고소득 국가 중 일본은 17위로 상위권(격차 낮음), 미국은 46위로 하위권(격차 높음) 수준이다. 건강 불평등 격차는 사회 통합 방해 요인이므로 국제기구는 그 해결방안을 국가 보건 정책에 반영하도록 권고하고 있다.
> **자료 2** • 지역 기준 : 건강상태에 영향을 미치는 4가지 요인들의 측정값이 지역에 따라 어떠한 차이를 나타내는지 보여주는 표이다. 대도시에서 중소도시, 농어촌 도시로 갈수록 그 측정값이 낮아지고 있다. 즉 지역 간 건강 불평등 상황을 보여 주고 있는 것이다.

07
정답 ③

출제의도　개요의 맥락을 이해하고 적용할 수 있다.
특별비법　문제에서 제시하고 있는 부분에 대해서만 집중해야 한다. 그렇지 않은 부분에 대해 지나치게 깊이 추측할 필요는 없다. 선지를 하나씩 주어진 개요, 자료와 대조해 본다.

문제 풀이 ▶ [자료 2]를 통해서는 녹지가 부족한지 알 수 없기 때문에 그로 인해 문제가 생겨 공원을 조성해야 한다는 주장에 대한 근거가 부족하다.

오답 풀이 ▶ ① [자료 1]은 국가 간 건강 불평등 격차에 대한 조사 결과이다. WHO와 OECD 등 주요 국제기구들이 건강 불평등 해결 방안을 국가 보건 정책에 반영하도록 권고하고 있다고 했다는 것은 그것이 바람직하지 않은 일임을 알 수 있게 한다. 이것은 ㉠ 서론 부분에서 의견 제시로 사용할 수 있다.
② [자료 1]에서 '건강 불평등 격차는 사회 통합을 방해하는 요인이 되기도 한다'라고 제시하고 있다. 이는 '문제점 분석'이라는 점에서 ㉡에 해당한다.
④ [자료 2]는 지역 간 건강 불평등 격차에 대한 구체적인 자료이다. 이 격차를 줄인다는 것은 지역 주민들이 보다 평등한 건강 상태를 유지할 수 있다는 것이다. 구체적인 해결 방안이 나오지 않았더라도 보다 건강한 생활을 할 수 있다는 기대 효과를 제시할 수는 있다.

08
정답 ①

출제의도　한글 맞춤법과 접속사를 올바르게 사용할 수 있다.
특별비법　선지 내용을 보고 확실히 아는 것부터 지워나가는 것이 수월하다. 평소에 맞춤법을 조금씩 공부하고 실생활에 적용해 보는 연습이 필요하다.

문제 풀이 ▶ '옛'은 관형사로 조사인 '부터'와 같이 쓸 수 없다. 따라서 명사인 '예'로 바꿔야 한다. 참고로 명사인 '옛날'로 쓰면 '옛날부터'로 사용 가능하다.
오답 풀이 ▶ ② ㉡ '그러나'는 앞의 내용과 반대의 내용을 서술할 때 쓴다. 여기에서는 같은 입장에서 서술하고 있으므로 생략하거나 '그리고', '또한'으로 써야 한다.
③ ㉢ '일수록'은 '이(서술격 조사)+-ㄹ수록(연결어미)'으로 이루어진 것이다. 조사는 앞말에 붙여 쓰는 것이므로 '견딘 것일수록'으로 붙여 써야 한다. [-ㄹ수록 : 일의 어떤 정도가 더하거나 덜하게 되는 조건이 됨을 나타내는 연결어미.]
④ ㉣ '~하고 있다'는 진행의 의미가 담겨 있다. 그러려면 '조선 시대 왕실'이 지금도 유지되고 있고 소광리 금강송도 쓰고 있어야 한다. 하지만 그렇지 않으므로 과거형인 '사용했다'로 수정해야 한다.

09
정답 ④

출제의도　개요에 맞게 글을 쓸 수 있다.
특별비법　글쓰기의 원리(일관성, 통일성, 응집성)를 고려하여 정답을 찾는다.

문제 풀이 ▶ 결론은 요약 및 정리를 하는 단계이지 ㉢과 같이 새로운 문제를 거론하는 단계가 아니다. 만약에 이와 같은 내용을 제시하려면 ㉣보다는 ㉡에서 그 원인으로 제시한 뒤에 ㉢의 '도서관 이용의 활성화 방안'에 포함시키는 것이 좋다.

10
정답 ②

출제의도　조건에 맞게 글을 쓸 수 있다.
특별비법　조건에 어긋나는 부분이 있는 선지를 소거하는 방식으로 정답을 찾는다.

문제 풀이 주어진 [조건] 중 '1학년 학생의 어려움이 언급된 것'은 ①과 ②이고, '구체적인 운영 계획이 언급된 것'은 '프로그램은 매주 수요일 방과 후 시청각실에서 진행됩니다.'라고 한 ②이다. 따라서 정답은 ②이다.
오답 풀이 ① [조건] '1학년 학생의 어려움'은 언급되어 있으나 '운영 계획'이 없다.
③ [조건] '운영 계획'만 언급되고 '1학년 학생의 어려움'은 언급되지 않았다.
④ [조건] 두 가지 모두 충족되지 못했다.

11
정답 ②

출제의도 문법에 맞게 글을 쓸 수 있다.
특별비법 문법 지식을 바탕으로 선지를 검토한다.

문제 풀이 ② 문장 구조상 피동형인 '나뉘어'가 아닌 능동형 '나누어'를 쓰는 것이 맞다. 따라서 '나누다'를 '분류하다'로 바꾸더라도 피동형 '분류되다'가 아닌 능동형 '분류하다'로 써야 한다.
오답 풀이 ① '으로'는 방향이나 경로, 재료, 도구, 방법 이유 등을 나타내는 조사인데, '에'는 '앞말이 목표나 목적 대상의 부사어임을 나타내는 격 조사'이므로 '책에'로 하는 것이 알맞다.
③ 주어 '해야 할 일은'에 맞추어 서술어를 '것이 급선무다'에서 '것이다'로 바꾸어야 한다.
④ '배상'은 손해에 대하여 책임지는 것이므로 문장의 내용에 어울리지 않는다. '어떤 것에 대한 대가로 갚음'을 의미하는 '보상'으로 바꾸어 써야 한다.

[12~14] 개요 수정, 이어지는 내용 쓰기, 고쳐쓰기

12
정답 ③

출제의도 글을 쓰기 위해 개요를 작성할 수 있다.
특별비법 글쓰기의 원리(일관성, 통일성, 응집성)를 고려하여 정답을 찾는다.

문제 풀이 개요를 잘 살펴보면 '1'의 '나'와 '2'의 '나'가 대응 관계에 있다는 것을 알 수 있다. '나. 홈페이지에 대한 학생들의 낮은 참여도'에 대한 '해결 방안'이 '나. 학생 참여를 유도할 수 있는 홈페이지 개선'이다.

이러한 구조를 깨뜨리지 않으려면 ⓒ에는 '홈페이지를 통한 의사소통의 무관심'에 대한 '해결 방안'이 자리해야 한다. ③은 그러한 내용이 아니다.

13
정답 ①

출제의도 글을 읽고 문맥을 파악하여 다음에 올 내용을 추측할 수 있다.
특별비법 빈칸이 글 말미에 있고, 또 문맥상 말하는 이가 전달하고자 하는 핵심 내용일 가능성이 높으므로 발화 내용 전체를 이해하는 것이 중요하다.

문제 풀이 주어진 내용은 전체에 걸쳐 욕의 부정적인 면을 거론했다. 그런데 ①과 같이 결론에서 갑자기 욕의 효용을 언급하는 것은 글의 일관성, 통일성, 응집성을 모두 해친다.

14
정답 ③

출제의도 문법에 맞는 표현을 쓸 수 있다.
특별비법 문법 지식을 바탕으로 선지를 검토한다.

문제 풀이 ⓒ '싶은 데에'가 잘못된 표현인 것은 맞다. 그러나 조사 '-에'를 빼고 어미 '-ㄴ데'를 앞으로 붙여서 '싶은데'로 바꾸어야 한다.

문법

정답 ③

출제의도　어휘에 나타나는 음운 변동을 구분할 수 있다.
특별비법　음운 변동을 상세하게 구분하여 각각에서 일어나는 현상을 구분해야 한다.

문제 풀이　'넓적하다[넙쩌카다]'는 '넓'의 받침 'ㄼ'과 'ㅂ' 가운데 앞의 'ㄹ'이 탈락하여 [넙]이 되고(탈락), 다시 받침 'ㅂ'의 영향으로 'ㅈ'이 된소리 'ㅉ'이 되어 [쩌]가 되었으며(교체), 다시 받침 'ㄱ'과 다음의 'ㅎ'이 'ㅋ'이 되었다(축약). '삯일[상닐]'은 '삯'의 받침 'ㄳ'과 'ㅅ'에서 'ㅅ'이 탈락하여 [삭]이 되고(탈락), 다시 '일'과 만나면서 'ㄴ'이 첨가되어 [닐]이 된 뒤에(첨가), 'ㄴ'의 영향으로 앞말의 받침 'ㄱ'이 'ㅇ'이 되어 [상]이 되었다(교체). 이로 보면 이 두 말에게 공통적으로 나타나는 음운 변동은 '교체'와 '탈락'이다.

오답 풀이　① 음운 첨가는 'ㄴ'이 첨가된 '삯일'에만 나타난다.
② '넓적하다'는 탈락, 교체, 축약, '삯일'은 탈락, 첨가, 교체가 나타난다. 따라서 두 어휘 모두 세 번의 음운 변동이 나타난다.
④ '삯일'은 'ㅅ'이 탈락되었지만 'ㄴ'이 첨가되어 결과적으로는 음운의 수가 줄지도 늘지도 않았다. 그런데 '넓적하다'는 'ㄹ'이 탈락한데다가 'ㄱ'과 'ㅎ'이 합해져서 'ㅋ'이 됐기 때문에 음운이 두 개나 줄어들었다.

참고　음운 변동

어떤 말을 발음하면서 특정한 조건에서 소리가 (표기와) 달라지는 현상으로 대체로 교체, 탈락, 축약, 첨가의 네 가지로 구분한다.
1. 교체 : 두 음운이 만나 한 음운이 같거나 비슷한 음운으로 바뀌는 현상. '음절의 끝소리 규칙, 자음동화(비음화, 유음화), 된소리되기, 구개음화'가 이에 속한다.
2. 탈락 : 두 음운이 만나 한 음운이 발음되지 않는 현상. 자음군 단순화, 'ㄹ' 탈락, 'ㅎ' 탈락, 'ㅏ/ㅓ' 탈락, 'ㅡ' 탈락이 이에 속한다.
3. 축약 : 두 음운이 만나 한 음운으로 합쳐지는 현상. 거센소리되기, 모음 축약이 이에 속한다.
4. 첨가 : 두 음운이 만나 두 음운 사이에 어떤 음운이 추가되는 현상. 'ㄴ' 첨가, 사이시옷 소리(된소리, 'ㄴ' 첨가, 'ㄴㄴ' 첨가)가 이에 속한다.

02

정답 ④

출제의도　문장에서 시제를 구분할 수 있다.
특별비법　문장의 내용이 진행인지 완료인지를 구분해야 한다.

문제 풀이　④의 ㉠ '창희가 소설을 읽고 있다.'는 진행의 상황만을 나타내고 있다. 그런데 ㉡의 '창희가 말을 타고 있다.'는 창희가 말에 올라 승마라는 행동을 계속한다는 의미도 되고, 창희가 말이라는 존재에 올라타는 행동을 다 해서 완전하게 말에 오른 상황을 나타내기도 한다. 따라서 진행상도, 완료상도 모두 내포하고 있다.

오답 풀이　① ㉠의 믿고 있다는 옛날부터 지금까지 계속해서 믿고 있음을 나타내기 때문에 진행상이기보다는 완료상이라 할 수 있다. 이에 비해 ㉡은 물을 마시는 행위를 진행하는 중임을 나타낸다.
② ㉠과 ㉡ 모두 진행 상황을 나타내고 있다.
③ ㉠은 양말을 신는 행위를 계속 하고 있다는 진행상과 벗고 있는 게 아니라 신고 있다는 완료상을 의미하기도 한다. 이에 비해 ㉡은 뛰는 행위를 지속하고 있는 진행상만을 나타낸다.

정답 ③

출제의도　합성 어휘의 형성 방식을 구분할 수 있다.
특별비법　어휘가 합성될 때 어근끼리 만인지, 아니면 접사가 쓰였는지를 파악해야 한다.

문제 풀이　'병따개'는 '병 + 따- + -개'로 분석할 수 있는데, '병'은 어근으로 하나의 단어이며, '따-'는 '따다'라는 동사의 어근이고, '-개'는 '그러한 행위를 하는 간단한 도구'의 뜻을 더하고 명사를 만드는 접미사이므로 ㉠의 '어근'과 '어근+접미사'가 결합된 것에 해당한다. '볶음밥'은 '볶- + -음 + 밥'으로 분석되는데, '볶다'란 동사의 어근 '볶-'에 명사를 만드는 접미사 '-음', 그리고 단독 명사 '밥'이 결합된 말로 ㉡의 '어근+접미사'와 '어근'이 결합된 것에 알맞은 예이다. '나들이'는 '나- + 들- + -이'로 분석되는데 '나다'의 어간 '나-'에 '들다'의 어간 '들-'이 결합된 뒤에 명사를 만드는 접미사 '-이'가 결합된 형태로, ㉢의 '어근+어근'에 '접미사'가 결합된 것에 해당한다.

오답 풀이　'찜질'은 '찜'이란 명사에 '-질'은 '결합되는 말 그것과 관계된 일'의 뜻을 더하는 접미사로 합성어가 아닌 파생어이다. 따라서 ㉠, ㉡, ㉢ 어디에도 해당되지 않는다.

04
정답 ①

출제의도　중세 국어의 문법을 알 수 있다.
특별비법　현대어 풀이에 나타난 사항을 통하여 그 문법적 사항을 파악하는 것이 좋다.

문제 풀이　'석보상절'에 쓰인 '니왜'는 '이'라는 체언에 비교격 조사 '와'와 주격 조사 'ㅣ'가 합쳐진 '왜'가 쓰인 것이다. 즉, 접속 조사로 '와'가 쓰였는데, 이는 현대 국어에도 쓰이고 있다. 따라서 현대 국어에 쓰인지 않는 접속 조사가 쓰였다는 ①의 설명은 적절하지 못한 말이다.
오답 풀이　② 선행하는 체언의 받침 유무에 따라서 '와/과'를 구분하여 쓰고 있다.
③ '믈와'는 현대 국어에서 '물과를'로 옮길 수 있는데, 이는 접속 조사로 이어질 때 마지막 체언 다음에는 현대 국어에서 접속 조사를 쓰지 않는 것과는 달리 쓰고 있음을 알 수 있다. 또, '짜콰'은 '땅'을 의미하는 '쌓'에 접속 조사 '과'에 관형어 구실을 하게 하는 격조사 '의'에 해당하는 'ㅅ'이 결합한 것이다. 이로 볼 때 중세 국어에서 체언이 나열될 때 접속 조사가 마지막 체언과 결합하기도 했다는 ③의 설명은 적절하다.
④ '하늘콰'의 '콰'는 'ㅎ + 과'이므로 설명은 적절하다.

05
정답 ①

출제의도　사잇소리 현상을 구분할 수 있다.
특별비법　주어진 사잇소리 현상을 정확하게 이해한 뒤에 선택지의 사례를 구분해야 한다.

문제 풀이　사이시옷의 발음을 설명할 수 있는 단어는 '만둣국, 아랫니, 뒷일, 북엇국, 뒷윷, 고갯짓, 깻잎, 뱃머리'이다. '예삿말, 머릿말, 전셋방'은 원래 사이시옷이 들어가는 단어가 아니다. 이들은 '예사말, 머리말, 전세방'으로 사이시옷의 발음을 설명할 수 없는 단어들이다.

06
정답 ③

출제의도　형태소를 알고 구분할 수 있다.
특별비법　형태소와 단어의 정의를 알고 그 사례를 구분할 수 있어야 한다.

문제 풀이　'예쁘게'는 '예쁘-+-게'로 형태소가 분석되므로 2개의 형태소이면서 1개의 단어인 예에 해당한다. 따라서 정답은 ③이다.
오답 풀이　① '가을이'는 조사 '이'를 포함한 '가을+이'로 분석되기 때문에 2개의 형태소이면서 2개의 단어가 맞다.
② '되어'는 '되-+-어'로 형태소가 분석이 되지만 어미는 단어가 아니기 때문에 '되어'는 1개의 단어에 해당한다.
④ '물들었다'는 '물+들-+-었-+-다'의 구성으로 4개의 형태소가 결합한 1개의 단어이다.

07
정답 ②

출제의도　겹문장의 형성을 파악할 수 있다.
특별비법　홑문장과 홑문장을 결합시킬 때 중복되는 내용이 무엇인지를 파악해야 한다.

문제 풀이　㉢은 ㉠과 ㉡의 두 문장이 결합한 겹문장이다. 이 과정에서 ㉠이 ㉡에 관형절로 안겨 있는 구조이다. 그리고 ㉠의 주어가 생략되어 버렸다. "향기가 좋은 꽃이 방안에 가득하다." 역시 "꽃이 향기가 좋다"+"꽃이 방안에 가득하다."→"향기가 좋은 꽃이 방안에 가득하다."로 구성되어 ㉢과 동일한 모습을 띠고 있다.
오답 풀이　④의 예시문은 관형절로 안기면서 홑문장의 부사어가 생략된 구조이다.

08
정답 ①

출제의도　중세 국어를 이해할 수 있다.
특별비법　중세 국어 자료와 현대어 번역 자료를 정확하게 대조해야 한다.

문제 풀이　'ᄆᆞᅀᆞᆶ'은 '마을'을 뜻하는 ㅎ종성 체언 'ᄆᆞᅀᆞㅎ'이 목적격 조사와 결합한 것이기 때문에 목적격 조사는 'ᄋᆞᆯ'이 맞다. 따라서 정답은 ①이다.
[오답풀이] ③ '오ᄂᆞᆫ'에서 'ᄂᆞᆫ'의 초성 'ㄴ'은 이어 적기에 따라 표기된 것이다.

오답 풀이 ▶ '가온딧'의 'ㅅ'은 중세 국어의 관형격 조사 중 하나로서 현대 국어에서는 더 이상 쓰이지 않는다.

09 **정답** ②

출제의도 주어진 조건에 맞는 품사를 찾을 수 있다.
특별비법 주어진 조건이 의미하는 것이 무언인지를 명확하게 파악해야 한다.

문제 풀이 ▶ 주어진 조건 첫 번째는 '어미 활용을 하는 품사'인데, 그에 해당하는 품사는 '동사'와 '형용사', '서술격 조사(이다)'이고 주어진 문장에서는 '간직하고, 있는, 이다' 세 개이다. 이 가운데 두 번째 조건인 '다른 말과의 문법적 관계 표시'에 해당하는 것은 서술격 조사인 '이다'뿐이다. 따라서 정답은 ②이다.

10 **정답** ③

출제의도 관용어의 종류별 쓰임과 그 사례를 구분하여 활용할 수 있다.
특별비법 문장 성분으로서 관용어가 어떻게 쓰이며, 어떤 종류가 있는지를 정확하게 이해해야 한다.

문제 풀이 ▶ ㉢의 '다른'은 용언인 형용사 '다르다'의 어미가 변형되어 형성된 말인 것은 맞지만 이미 널리 쓰여 관형사로서의 지위를 갖게 되었다. 때문에 관형사의 종류 셋째의 예인 ㉢에 쓰이기보다는 ㉠의 예문에 해당하는 것이라고 해야 한다. 따라서 정답은 ③이다.
오답 풀이 ▶ ① '새'는 관형사이기 때문에 ㉠에 예문으로 쓰일 수 있다.
② 관형어로 쓰인 '도시의'는 '도시'라는 명사에 '의'라는 조사가 결합되어 쓰인 것이기 때문에 ②의 설명이 정확하다.
④ '우리'는 품사로는 명사인데 뒤에 오는 '학교'라는 명사를 수식하고 있기 때문에 관형어로 쓰인 것이다. 따라서 ④의 설명은 정확한 내용이다.

11 **정답** ①

출제의도 문장 성분(서술어의 자릿수)과 중의적 의미를 지닌 문장을 파악할 수 있다.
특별비법 문장 간의 호응 관계를 파악하면서, 내용상 명확하지 않은 의미가 있는지를 살펴야 한다.

문제 풀이 ▶ ①의 ㉠은 '닮았다'는 서술어에 필요한 '주어(민수가)'와 '닮은 비교 대상(민수와)'이 제대로 갖추어져 있다. 그리고 ㉡은 다른 의미를 찾을 수 없고 명확한 하나의 의미만을 지닌 문장이다.
오답 풀이 ▶ ② ㉠에서 '무엇을'이라는 목적어가 부당하게 생략되었고, ㉡은 '전부'가 모두 안 온 건지, 또는 일부만 온 것인지가 명확하지 않다.
③ ㉠은 친형제가 아닌데 친형제로 삼았다는 것은 문법적으로는 틀리지 않아도 내용적으로 맞지 않아, '친형제처럼 여겼다' 정도로 해야 한다. 또 ㉡은 학생들이 선생님을 보고 싶은 것인지, 선생님이 학생들을 보고 싶은 것인지가 명확하지 않은 중의적 문장이다.
④ ㉠, ㉡ 모두 올바른 예에 해당하지 않는다.

12 **정답** ①

출제의도 음운의 변동에 대해 알 수 있다.
특별비법 발음을 써 보고 기본형과 달라진 점을 비교해 보고 달라졌다면 어떻게 달라졌는지 추측, 판단해 본다.

문제 풀이 ▶ 권력[궐력] → 교체, 외곬[외골] → 탈락, 솜이불[솜니불] → 'ㄴ' 첨가
오답 풀이 ▶ ② *국물[궁물] 'ㄱ'이 'ㅁ' 앞에서 'ㅇ'으로 변함.【자음동화 : 음절의 끝 자음이 그 뒤에 오는 자음을 만날 때 어느 한 쪽이 다른 쪽 자음을 닮아서 그와 비슷하거나 같은 소리로 바뀌거나 양쪽이 서로 닮아서 두 소리가 모두 바뀌는 현상. ㄱ, ㄷ, ㅁ 은 ㄴ, ㅁ 앞에서 [ㅇ, ㄴ, ㅁ]으로 발음한다.】【여덟[여덜] - 자음군 단순화】【생산량[생산냥] - 자음동화의 예외 : 다음과 같은 단어들은 'ㄹ'을 [ㄴ]으로 발음한다. - 의견란[의견난], 임진란[임진난] 생산량[생산냥], 결단력[결딴녁], 동원령[동원녕] 상견례[상견녜], 횡단로[횡단노], 이원론[이원논]】
③ 국밥[국빱] - 된소리되기, 않는[안는] - 음절 끝소리 규칙, 예사말[예사말]
④ 절약[저략] - 연음, 닳아[달아](음절 끝소리 규칙) → [다라](연음), 신여성[신녀성] 첨가

참고 **음운의 변동 – 교체, 탈락, 첨가, 축약**

[교체]
1. 음절의 끝소리 규칙 : 받침소리로는 'ㄱ, ㄴ, ㄷ, ㄹ, ㅁ, ㅂ, ㅇ'의 7개 자음만 발음한다. 7개 자음 이외의 받침이 7개 자음 중 하나로 바뀌어 발음되는 현상이 음절의 끝소리 규칙이다. 예 꽃-[꼳]
2. 연음법칙 : 자음으로 끝나는 말 뒤에 모음으로 시작하는 조사, 어미, 접미사가 올 때 앞 음절의 종성이 그대로 뒤 음절의

초성으로 옮겨가는 현상이다. **예** 앞+이-[아피]

3. 자음동화 : 음절의 끝 자음이 뒤의 자음을 만나서 그와 비슷하거나 같은 소리로 바뀌거나 두 소리가 모두 바뀌는 현상이다. **예** 학+문-[항문], 닫+는-[단는]

4. 구개음화 : 끝소리 'ㄷ, ㅌ'이 모음 'ㅣ'를 만나 [ㅈ, ㅊ]으로 바뀌는 현상이다. **예** 굳+이-[구지]

5. 된소리되기 : 안울림소리 + 안울림소리 → 뒤의 소리가 된소리로 발음 (안울림소리 : ㄴ, ㄹ, ㅁ, ㅇ을 제외한 자음) **예** 믿+고 → 믿꼬

– 끝소리 'ㄴ, ㅁ'인 용언 어간 + 예사소리로 시작되는 활용 어미 → 된소리 **예** 넘+고 → 넘꼬

6. 두음법칙 : 원칙적으로 한자어에만 적용

[탈락]

1. 자음군 단순화 : 음절의 끝에 두 개의 자음이 올 때 하나의 자음이 탈락하는 현상 **예** 값 –[갑], 넋-[넉]

2. 음운의 탈락

① 자음 탈락 : · 'ㄹ'이 'ㄴ, ㄷ, ㅅ, ㅈ' 앞에서 탈락 **예** 바늘+질 =바느질

• 'ㅎ'이 모음 앞에서 탈락 **예** 좋+은 = 좋은[조은]

② 모음 탈락 : · 'ㅡ'로 끝나는 용언이 '아/어'와 결합할 때 탈락 **예** 크(다)+어=커

• '아(야)/어(여)'로 끝나는 용언이 '아/어'와 결합할 때 탈락하는 동음 탈락 **예** 고프(다)+아=고파

[첨가]

1. 사잇소리 현상 : 합성어를 발음할 때 된소리로 소리나거나 'ㄴ'소리가 덧나는 것 **예** 귓밥-[귀빱], 아랫니-[아랜니]

[축약]

① 자음축약 : 두 개의 자음이 하나의 자음으로 줄어드는 현상 **예** 먹히다-[머키다]

② 모음축약 : 두 개의 모음이 하나의 모음으로 줄어드는 현상 **예** 되+어 → 돼, 보+아 → 봐

13

정답 ②

출제의도 품사를 구분할 수 있다.

특별비법 품사의 역할에 대해 이해할 수 있어야 한다. ㉠에서 ㉣까지 품사를 분석해 보고 해당 품사에 대한 이해를 바탕으로 선지의 적절성을 판단해야 한다.

문제 풀이 관형사 '이'에는 조사가 붙을 수 없지만 부사 '빨리'에는 '빨리는, 빨리도, 빨리만'과 같이 조사가 붙을 수 있다.

오답 풀이 ① ㉠과 ㉡은 관형사이다. 문장 성분은 관형어로 같다.

③, ④ ㉢과 ㉣은 모두 부사로 활용을 하지 않는다.

참고 품사

'체언(명사, 대명사, 수사)'을 수식하는 것은 '관형사', 조사가 붙지 않고 주로 '용언(동사, 형용사)'을 수식하는 것은 '부사'이다.

14

정답 ②

출제의도 겹문장과 홑문장을 분석할 수 있다.

특별비법 겹서술어 개수, 주어 개수를 분석해 본 후 겹문장인지 홑문장인지를 구분해야 한다. 그 이후에 겹문장이면 어떠한 구성으로 되어 있는지 분석해야 한다.

㉠ 나는 (빨간(장미가 빨갛다) 장미를) 꺾었다. : 관형절을 안은문장 (관형어 역할)

㉡ 홑문장(서술어 1개) ['만났다'라는 서술어는 두 개의 주어가 필요하므로 철수와 영호를 한 문장의 주어로 볼 수 있다. 반면 '철수와 영호는 부산에 도착했다.'는 '철수가 부산에 도착했다 /영호가 부산에 도착했다'로 나뉠 수 있기 때문에 겹문장이자 이어진 문장으로 볼 수 있다.]

㉢ (그는 아무 준비 없이) 집을 나갔다. : 부사절을 안은문장(부사 역할)

㉣ 홑문장(서술어 1개)

㉤ 우리는 (선생님께서 퇴근하셨다)는 사실을 알았다 : 명사절을 안은문장(주어 역할)

문제 풀이 ㉠은 관형절을 안은문장, ㉢은 부사절을 안은문장, ㉤은 명사절을 안은문장이다. 따라서 정답은 ②이다.

오답 풀이 ① ㉠은 관형절을 안은문장이지만 ㉡은 복수주어, 서술어가 1개로 이루어진 홑문장이고 ㉣은 주어, 서술어가 1개로 이루어진 홑문장이다.

③ ㉢은 부사절을 안은문장이지만 ㉡은 복수주어, 서술어가 1개로 이루어진 홑문장이고 ㉣은 주어, 서술어가 1개로 이루어진 홑문장이다.

④ ㉤은 명사절을 안은문장이지만 ㉡은 복수주어, 서술어가 1개로 이루어진 홑문장이고 ㉣은 주어, 서술어가 1개로 이루어진 홑문장이다.

15

정답 ①

출제의도 불규칙 용언의 활용 양상을 이해한다.

특별비법 언뜻 보면 'ㅅ' 불규칙 활용에 대한 지식을 요구하는 문제 같지만, 실제로는 불규칙 활용의 전반적인 양상과 국어 문법에 관한 기본 지식을 묻는 문제이다. 해당 지식들을 바탕으로 선지를 검토하면 된다.

문제 풀이 선택지 가운데 어간의 모습만이 불규칙하게 변하는 것은 '깨닫고', '깨달아', '깨들으면' 등으로 변하는 ① '깨닫다'이다.

오답 풀이 ② '러' 불규칙[어미 '어'가 '러'로 변화]으로 어미가 바뀐 경우이다.

③ 'ㅎ' 불규칙[어미 '아/어'와 결합하여 'ㅐ'로 변화, 또는 'ㄴ, ㄹ, ㅁ, 모음' 앞에서 'ㅎ' 탈락]으로 어간과 어미 둘 다 바뀐 경우이다.

④ 'ㅕ' 불규칙['하다' 용언 다음에 나오는 '어'가 '여'로 변화(하여, 해)]으로 어미가 바뀐 경우이다.

16
정답 ③

출제의도 어법에 맞는 문장을 쓸 수 있다.
특별비법 우리말 어법 지식을 바탕으로 선지를 검토한다.

문제 풀이 ③은 어법적으로 틀린 부분이 없다.

오답 풀이 ① 문장 내 '현재'란 말이 쓰였으므로 과거형 선어말 어미가 쓰인 '반장이었다'를 '반장이다'로 바꾸어야 한다.

② '에게'는 '사람이나 동물 따위를 나타내는 체언 뒤에 붙어' 쓰이는 조사이므로 '나무에게 물을 주었다'에서 '에게'는 사물에 쓰이는 '에'로 바꾸어 '나무에 물을 주었다'로 써야 한다.

④ '개통되다'라는 서술어의 주체가 생략되었으므로 '도로'라는 주체를 추가하여 '도로 공사가 언제 끝나서 도로가 언제 개통될지는 아무도 모른다.'라고 해야 한다.

17
정답 ①

출제의도 로마자 표기법에 맞게 표기할 수 있다.
특별비법 로마자 표기법에 대한 지식을 바탕으로 선지를 검토한다.

문제 풀이 ①의 '신문로'는 [신문노]로 발음되기 때문에 'Sinmunlo'가 아니라 'ㄹ'의 'l' 대신에 'n'을 써서 'Sinmunno'로 표기해야 한다.

18
정답 ①

출제의도 합성어와 합성어의 분류에 대해 이해할 수 있다.

특별비법 지문의 설명을 그대로 적용하여 선지를 검토한다.

문제 풀이 '마소'는 '말'+'소'의 구조를 가지는 병렬 합성어이고, '집안'은 '집'+'안'의 구조를 가지는 종속 합성어이다. 그러므로 정답은 ①이다.

오답 풀이 ② 둘 다 병렬 합성어이다.

③ '소나무'는 종속 합성어, '우짖다'는 병렬 합성어이다.

④ 둘 다 종속 합성어이다.

19
정답 ①

출제의도 피동 표현에 대해 이해할 수 있다.
특별비법 목적어와 주어를 뒤바꾸었을 때 어색해지는 문장을 찾으면 된다.

문제 풀이 ①의 '영수가 꾸중을 들었다.'를 피동형으로 바꾸면 '꾸중이 영수에게 들렸다'가 되는데 이는 문법적으로 맞지 않다. 따라서 정답은 ①이다.

오답 풀이 ②의 피동문은 '아기가 철수에게 업혔다.'이다.

③의 피동문은 '도둑이 경찰에게 잡혔다.'이다.

④의 피동문은 '온 마을이 폭풍에 휩쓸렸다.'이다.

20
정답 ④

출제의도 한글 맞춤법을 알고 올바르게 쓸 수 있다.
특별비법 맞춤법 지식을 바탕으로 선지를 검토한다.

문제 풀이 ④ '뻐꾸기'는 맞춤법에 맞는 올바른 표기이다.

오답 풀이 ① '오뚝이'가 옳은 표기이다.

② '홀쭉이'가 옳은 표기이다.

③ '꿀꿀이'가 옳은 표기이다.

[01~02] 과학 – 원자핵의 반감기

지문해설 • 이 글은 원자의 기본적인 특징을 중심으로 원자핵의 반감기를 설명하고 있다.

주제 원자핵의 반감기
구성 • 1단락 : 중성자와 양성자의 결합으로 형성된 지구의 다양한 원소
• 2단락 1 : 서로 잡아당기는 핵력 때문에 뭉치는 양성자와 중성자
• 2단락 2 : 양성자가 많으면 핵의 크기가 커서 핵력이 미치지 않아 핵이 불안정해질 때 이를 안정적으로 만드는 중성자
• 3단락 1 : 핵에서 양성자나 중성자가 튀어나와 다른 원자로 바뀌는 핵붕괴
• 3단락 2 : 특정 원소의 원자 수가 원래 수의 반으로 줄어드는 데 걸리는 시간인 반감기

01

정답 ③

출제의도 제시문의 내용을 사실적으로 확인할 수 있다.
특별비법 선택지의 내용을 제시문에서 확인할 수 있어야 한다.

문제 풀이 지문은 원자의 핵은 양성자와 중성자로 구성되어 있으며, 이들 양성자와 중성자가 핵 바깥으로 튀어나가 그 수가 줄어드는 것을 핵붕괴라고 설명하고 있다. 따라서 원자의 구성 요소 및 핵붕괴의 원리에 대해 설명하고 있다는 ③의 설명은 적절한 것이다.

오답 풀이 ① 핵붕괴를 통해 특정 원소의 원자 수가 원래 수의 반으로 줄어드는 '반감기'를 설명하고 있을 뿐 지구에 미치는 영향을 말하고 있지는 않다.
② 원소의 변화에 대해 말하고 있을 뿐 원소의 형성이나 소멸을 말하고 있지 않다.
④ 3단락 처음에서 '원자핵은 다른 입자와의 충돌로 원자 번호, 질량수 등이 다른 별개의 원소의 원자핵으로 변환되기도 한다.'고 말하면서 원소가 다른 원소로 바뀜을 말하고 있지만 그 문제점이라든가 해결 방안을 말하고 있지는 않다.

02

정답 ④

출제의도 제시문의 내용을 바르게 이해할 수 있다.
특별비법 선택지의 내용을 제시문에서 확인해야 한다.

문제 풀이 마지막 3단락 끝에서 원자핵의 '반감기'에 대해 설명하고 있다. 2단락 마지막에서 "원소는 중성자의 수가 많을수록 무거워진다."고 말했고, 중성자가 빠져나가는 것이 핵붕괴이며, 절반이 빠져나가는 것이 반감기라고 하였다. 즉, 무거운 원소가 가벼운 원소로 바뀌는 것을 말하고 있지 않은 것이다. 따라서 ④의 설명은 적절한 내용이 아니다.

오답 풀이 ① 2단락의 "양성자들은 같은 전하를 띠므로 전기적인 반발력이 상호 간에 작용한다. 그러나 양성자와 중성자 같은 소립자들은 짧은 거리에서 서로 강하게 잡아당기는 핵력이 작용하기 때문에 양성자와 중성자는 서로 뭉친다."로 알 수 있다.
② 2단락의 "원자 번호가 커도 원자핵이 안정적인 것이 있다. 그것은 중성자 수가 양성자 수보다 많기 때문이다."로 알 수 있다.
③ 2단락의 "원자핵은 다른 입자와의 충돌로 ~ 핵 안에서 중성자가 양성자로 바뀌기도 하고 때로는 핵자*인 양성자나 중성자가 원자에서 튀어나오기도 한다."로 알 수 있다.

[03~04] 인문 – 자연어 처리 기술

지문해설 • 이 글은 인간의 자연적으로 발생되어 쓰이고 있는 언어를 컴퓨터가 이해할 수 있도록 여러 가지 지식 및 기술을 연구하는 자연어 처리 기술을 설명하고 있다. 자연어 문장은 각각의 역할을 가진 여러 개의 단어로 구성되어 있기 때문에 형태소 분석기(문법 규칙, 언어 사용 통계 등)나 구문 분석기(역할과 수식 관계) 등을 통해 그 관계를 분석할 필요가 있다. 또 맥락에 따라 의미가 바뀔 수 있으므로 동음이의어에 의한 중의성을 해결하는 의미 분석기와 대화 상황과 관계 등을 분석하는 담화 분석기도 사용된다. 이러한 자연어 처리 기술은 정보의 분류와 검색 등에 많이 쓰인다.

주제 자연어 처리 기술의 방법과 쓰임

03

정답 ④

출제의도 글의 설명 방식을 파악할 수 있다.
특별비법 글쓴이가 말하고자 하는 바를 어떻게 설명하고 있는지를 파악해야 한다.

문제 풀이 인용 방식이 지문 내에 포함되어 있지 않

기 때문에 정답은 ④가 된다.

오답 풀이 '자연어'에 대한 개념을 정의하고 있으며 (①), '나는 파리가 좋아. 그곳에 다시 가고 싶어.'라는 예시를 통해 독자의 이해를 돕고 있다(②). 한편 자연어와 인공어의 차이를 대조하고 있다(③).

04
정답 ③

출제의도 글의 내용을 파악할 수 있다.
특별비법 선택지 내용을 글을 읽을 때 바로 확인해야 한다.

문제 풀이 주어, 목적어, 서술어 등 문장의 구조를 파악하는 데 쓰이는 것은 '구문 분석기'이다. 따라서 정답은 ③이다. 형태소 분석기는 띄어쓰기 방식, 사전, 언어 사용 통계 등을 활용하여 형태소를 분석하는 데 쓰인다.

[05~06] [과학] 지방산

지문해설 · 지방산의 여러 종류와 형태, 구조를 설명하면서 그 중 한 가지인 알파 리놀렌산의 역할을 설명하고 있는 글이다.

주제 지방산의 종류와 역할
구성 · 1단락 : 지방산의 종류와 종류에 따른 구조
· 2단락 : 지방산 사슬에서의 마지막 탄소인 오메가 탄소
· 3단락 : 광합성에 필요한 오메가-3 지방산의 일종인 알파 리놀렌산

05
정답 ②

출제의도 내용의 일치 여부를 파악할 수 있다.
특별비법 이러한 문제는 선택지의 내용을 제시문을 읽기 전에 보고 제시문을 읽을 때 이를 확인해야 한다.

문제 풀이 1단락의 마지막 문장인 '뻣뻣한 포화 지방산이 달려 있으면 고체가 되고, 유연한 불포화 지방산이 달려 있으면 액체가 된다.'로 보아 ②의 내용은 제시문의 내용과는 반대되는 서술이다.
오답 풀이 ① 1단락의 마지막 문장인 '뻣뻣한 포화 지방산이 달려 있으면 고체가 되고, 유연한 불포화 지방산이 달려 있으면 액체가 된다.'로 확인할 수 있다.
③ 2단락의 첫 문장인 '지방산 사슬의 길이는 탄소 6개에서 22개까지인데 사슬의 마지막 탄소, 즉 꼬리의 맨 끝에

붙은 탄소를 오메가 탄소라고 부른다.'로 확인할 수 있다.
④ 마지막 3단락의 끝 '알파 리놀렌산은 ~ 엽록소가 빛의 광자를 붙잡아 포도당을 합성하는 데 반드시 필요한 물질이다.'로 확인할 수 있다.

06
정답 ④

출제의도 글을 읽고 글의 내용에 적합한 대상을 파악할 수 있다.
특별비법 글의 내용을 필요로 하는 사람이 어떤 사람인지를 확인해야 한다.

문제 풀이 이 글은 지방산에 대해 설명하고, 광합성의 과정에 지방산이 어떤 역할을 하는지를 알려주고자 한다. 이러한 정보를 필요로 하는 독자로는 ④의 독자가 가장 적합하다.

[07~08] [사회] 지구 지역화 이론

지문해설 · 근대화 이론은 낙후된 것, 지역적인 것이 점점 서구화되게 될 것이라 가정한다. 그러나 지구 지역화 이론은 이러한 가정을 비판한다. 이를테면 낙후된 소수민족의 문화가 서구, 미국의 힘에 의해 그들의 문화처럼 변모하게 될 것이라는 가정을 비판하는 것이다. 그 둘의 문화는 서로 영향을 주는 것이며 그 결과는 지역별로 여러 가지 형태로 나타난다고 보는 것이다. 물론 그렇다고 두 문화가 대등한 위치에서 상호 영향을 주는 것은 아니다. 지구화는 지구 지역화 뿐만 아니라 '지구 성장화'라는 또 다른 내용을 담고 있기 때문이다. 지구 성장화란 세계적 차원에서의 성장을 꾀하는 것이다. 저개발 국가들의 노동을 받아들여 성장의 동력을 마련하고 그들 나라에 선진국의 영향력을 증대시킬 수 있는 것이 그 대표적 예이다. 그런데 한국은 과거 주요 노동력 수출국에서 수입국으로 변모해 가고 있으나 영토의 절대 주권을 내세워 노동 이주에 대한 철저한 통제 정책을 펼치고 있다. 현재 시점에서는 경직된 통제 정책에서 벗어나 유연하게 대처해야 한다.

주제 지구 지역화, 지구 성장화의 두 축을 가진 지구화와 그에 따른 한국 정책 변화의 필요성
지문요약 · 지구 지역화 이론은 '낙후되고 지역적인 것이 서구나 미국처럼 변모될 것이다'라는 가정을 비판한다. 지구 지역화는 지구적인 것과 지역적인 것이 상호 침투한다고 본다.(대등한 위치를 의미하는 것은 아니다.) 지구 성장화란 국민 국가, 기업, 조직

들이 자신들의 권력, 영향력, 이윤을 지구적으로 성장시키는 것이다. 저개발 국가 노동력의 선진국 유입이 그 예이다. 한국은 경직된 통제정책에서 벗어나 유연하게 대처하여 지구적 질서 재편에 발맞출 필요가 있다.

단락요지 • 1단락 : 지구 지역화 이론의 개념
• 2단락 : 지구 성장화의 개념과 한국의 정책 변화 필요성

07
정답 ③

출제의도 설명 방법들에 대해 파악할 수 있다.
특별비법 선지에서 설명 방법들에 대해 나오고 있기 때문에 지문이 어떠한 방법으로 논지를 전개하고 있는지를 파악해야 한다.

문제 풀이 지문에서는 지구 지역화 이론, 지구 성장화 등에 대해 구체적으로 설명하고 있다. 그리고 이를 바탕으로 한국의 정책 변화 필요성까지 주장하고 있다. 어떤 일이나 사물의 뜻을 명백히 밝혀 규정하는 것을 '정의'라고 하므로 지구 지역화 이론, 지구 성장화 등에 대한 구체적 설명은 '정의'가 이루어진 것이며 이를 바탕으로 이루어지고 있는 정책 변화 필요성 주장은 '논지'라고 할 수 있다. 그렇기 때문에 개념을 정의하여 자신의 논지를 펴고자 하는 논의의 전제로 삼고 있다는 ③이 이 글에 대한 적합한 설명이라고 할 수 있다.

오답 풀이 ① 저개발 국가 노동력의 유입에 대한 얘기가 나오기는 하지만 구체적 사례가 나왔다고 보기는 어렵다. 또한 분류는 일정한 기준에 의해 나누는 것이므로 여러 개의 사례가 나와야 가능하다.
② 해당 지문은 전반적으로 지구 지역화 이론에 대해 설명하고 있는 것이기 때문에 이론들을 비교 서술한다는 것은 옳지 않다.
④ 특정 학자의 견해는 언급되고 있지 않다.

08
정답 ②

출제의도 글의 내용을 이해할 수 있다.
특별비법 제시문의 내용을 있는 그대로 정확히 이해할 수 있어야 한다. 선지를 하나씩 지문에서 확인해 보아야 한다.

문제 풀이 지구 지역화 이론에서는 지구적인 것과 지역적인 것이 상호 침투, 지역별로 여러 가지 형태로 나타난다고 본다. 그러나 이러한 상호 침투 현상을 비판한 적은 없다. 무조건 낙후되고 지역적인 것이 서구나 미국처럼 변모할 것이라는 가정을 비판했을 뿐이다.

오답 풀이 ① 2단락 6번째 줄의 '선진국들에서 저개발 국가들의 노동을 받아들이는 이유는 유입된 노동력이 성장의 동력이 될 수 있으며'에 언급되어 있다.
③ 1단락 마지막 부분에 보면 지구화는 지구 지역화와 지구 성장화라는 두 축을 가지고 있다고 언급되어 있다. 즉, 이 두 가지 축을 다 고려해야 한다는 것을 의미한다.
④ 지문 제일 마지막 '현재 시점에서는 경직된 통제 정책에서 벗어나 유연하게 대처할 필요가 있다.'에 언급되고 있다.

[09~10] [과학] 노화와 칼로리 섭취량 사이의 관계

지문해설 • 인간의 칼로리 섭취와 노화는 수명과 관련이 있다는 실험 결과를 제시하고 그 실험의 문제점과 의의를 서술하고 있다.

주제 노화와 칼로리 섭취량 사이의 관계
지문요약 • 미국의 축산학자 클라이브 메인 맥케이는 송어 양식을 위한 최적의 사료를 개발하기 위해 다양한 실험을 수행했다. 그러던 중 단백질 자체보다는 칼로리가 수명 연장과 관계가 있을 것이라 추측하고 이를 검증하기 위해 쥐를 대상으로 한 실험을 진행했다. 젖을 뗀 어린 쥐들을 사료의 차이를 둔 세 그룹으로 나눠 실험했다. 그 결과 처음 두 주 동안 칼로리 제한없이 먹이고 이후에 저칼로리 사료를 먹은 그룹의 평균 수명이 가장 길었고 원하는 대로 모든 먹이를 준 그룹의 평균 수명이 가장 짧았다. 결과를 통해 그는 인간의 칼로리 섭취와 노화는 수명과 관련이 있다는 결론을 내렸다. 그의 실험은 사용한 쥐들이 유전적으로 표준화된 쥐가 아니라는 점, 털이 비단결 같은 쥐가 실제로 젊은 것인지 알 수 없다는 점, 쥐가 아닌 다른 동물에 섣불리 적용하기 어렵다는 점이 문제가 되었지만 노화학 분야에서 다양한 방식의 실험 연구를 불러일으켰다는 의의가 있다.

단락요지 • 1단락 : 칼로리가 수명 연장과 관계가 있을 것이라 추측한 맥케이의 송어 실험
• 2단락 : 인간의 칼로리의 섭취와 노화, 그리고 수명의 관계는 연관 관계가 있다는 세 그룹 실험 결과
• 3단락 : 다양한 방식의 실험 연구를 불러일으킨 노화학

09
정답 ①

출제의도 글의 서술 방식에 대해 이해할 수 있다.
특별비법 선지의 내용을 지문에 하나하나 적용해 보면서 적절한 것을 찾을 수 있어야 한다. 확실히 아니라고 생각하는 선지는 하나씩 지워나가는 것이 필요하다.

문제 풀이 전반적으로 축산학자 클라이브 메인 맥케이의 실험 결과를 통해 그의 주장과 문제점들을 설명

하고 있다. 그러므로 구체적 실험을 소개하여 글을 전개하고 있다는 ①번의 설명은 적절하다.

오답 풀이 ② 용어들에 대한 설명은 언급되고 있지 않다.
③ 축산학자 클라이브 메인 맥케이의 실험과 그의 주장에 대해 설명하고 있으므로 유사한 이론들을 분석, 통합하고 있다는 설명은 적절하지 않다.
④ '원리'라는 것은 사물의 근본이 되는 이치를 말한다. 해당 지문에서는 이러한 과학적 원리를 이용하고 있지는 않다. 축산학자의 가설에 의한 구체적인 실험이 진행되었을 뿐이다.

10
정답 ②

출제의도 글의 내용을 이해할 수 있다.
특별비법 선지의 내용을 지문의 내용에서 찾아서 일치여부를 확인할 수 있어야 한다.

문제 풀이 쥐 실험 결과 초기부터 칼로리를 제한한 그룹은 평균수명 26.4개월로 수명이 두 번째로 길었다.
오답 풀이 ① 3단락 4번째 줄에 '그가 사용한 쥐들이 유전적으로 표준화된 생쥐가 아니라는 점'이라고 언급되어 있다.
③ 칼로리 제한 없이 먹인 그룹의 평균수명이 17개월로 가장 짧았다.
④ 3단락 제일 마지막에 '노화학이라 불리게 된 학제적 연구 속에서 다양한 방식의 실험 연구를 불러일으켰다.'라고 언급되어 있다.

[11~12] [사회] 법의 이념 3가지

지문해설 • 법의 이념 3가지에 대해 설명하고 있는 글이다. 구조적으로 전형적인 설명문의 형식을 따르고 있어 파악하기 어렵지 않다.

주제 법의 이념 3가지 - 정의, 합목적성, 법적 안정성
지문요약 • 법의 이념에는 정의, 합목적성, 법적 안정성이 있다. 정의는 법이 추구하는 궁극적인 이념으로, 일반적으로 평등이 정의의 본질이라고 여겨지는데, 평등을 정의하는 것은 쉽지 않다. 합목적성은 '목적에 맞도록 방향을 설정하는 것'을 의미하며, 오늘날에는 개인의 이익과 사회의 공공복리를 동시에 증진시키는 것을 목적으로 한다. 법적 안정성이란 사회생활이 법에 의하여 보장받아 안정되게 이루어지고 있음을 의미한다. 법적 안정성이 유지되려면 법이 잘 유지되고, 내용상 명확하고 실현가능하며, 국민의 법의식과 합치하여야 한다.

11
정답 ③

출제의도 글을 읽고 내용을 이해할 수 있다.
특별비법 선지를 읽고 본문의 내용을 통해 해당 진술의 정오를 판별한다.

문제 풀이 제시문의 '그런데 정의의 본질이 ~ 정하기란 쉽지 않다.'로 보았을 때 ③의 '정의의 본질인 평등의 의미는 구체적 상황에서도 명확히 정해진다.'는 내용은 알맞지 않다.
오답 풀이 ①은 '그런데 법을 적용하려고 할 때 ~ 법의 이념이다.'로, ②는 '합목적성은 시대와 사회의 지배적 가치관에 따라 다른데'로, ④는 '법적 안정성이 유지되려면 ~ 합치되어야 한다.'로 각각 알 수 있다.

12
정답 ②

출제의도 글을 읽고 내용을 정확하게 이해할 수 있다.
특별비법 평균적 정의와 배분적 정의를 설명한 부분을 제대로 이해했다면 쉽게 해결할 수 있는 문제이다. 해당 부분을 자세히 읽어 보면 어렵지 않게 정답을 골라낼 수 있을 것이다.

문제 풀이 ⊙ '평균적 정의'는 '모든 인간을 동등하게 취급하는' 것이고, ⓒ '배분적 정의'는 '능력 및 공헌도에 따라 차등 대우하는' 것이다. [보기]의 a~d 중에서 a와 d는 모든 인간을 동등하게 취급하는 정의에 해당하므로 ⊙ '평균적 정의'라 할 수 있고, b와 c는 '능력 및 공헌도에 따라 차등 대우하는 정의'에 해당하므로 ⓒ '배분적 정의'라 할 수 있다. 따라서 정답은 ②이다.

[13~14] [과학] 소화

지문해설 • 간이 일반적으로 알려진 해독 기능 외에 영양분을 저장하고 합성하는 기능도 수행한다는 사실을 설명하고 있는 글이다.

주제 소화의 과정
지문요약 • 몸이 흡수할 수 있을 정도의 작은 입자로 음식물을 분해하는 과정을 '소화'라고 한다. 소화는 음식물이 분해하는 입안, 소장, 대장을 통과하는 전 과정에 걸쳐 일어나는데, 이때 영양분이 필요 이상으로 초과 흡수되었을 경우에는 포도당의 일부가 글리코겐의 형태로 간에 저장된다. 간은 이와 같이 독소 분해 뿐 아니라 각종 영양분을 저장하고 합성하는 창고와 같은 기능도 수행한다.

13

출제의도 글을 읽고 내용을 이해할 수 있다.
특별비법 선지를 읽고 본문의 내용을 통해 해당 진술의 정오를 판별한다.

문제 풀이 '펩신이 분비되면서 연동 운동이 일어나는' 소화 기관은 '위'이므로 '소장'에서 일어난다고 한 ④는 잘못된 내용이다.

14

정답 ②

출제의도 설명하는 글을 읽고 글에 사용된 설명 방식을 이해할 수 있다.
특별비법 선지의 진술이 어떤 의미인지만 안다면 정답을 골라낼 수 있는 문제이다.

문제 풀이 [A]는 음식물이 '입안 → 식도 → 위 → 소장 → 대장 → 배설'까지의 소화 현상을 진행 과정에 따라 알기 쉽게 설명하고 있다. 따라서 정답은 ②이다.

[15~16] [사회] 조선의 통치 기구

지문해설 · 국사교과서를 옮겨 놓은 글이다. 사실 나열 위주의 글이므로, 문단별 요지만 파악해도 내용이 쉽게 정리될 것이다.

주제 조선의 통치 기구와 권한
지문요약 • 조선의 통치 기구는 최고 기구인 의정부, 그 아래 6조, 기타 사헌부, 사간원, 홍문관, 승정원, 의금부 등이 있었다. 전국을 8도로 나누어 관찰사로 하여금 다스리게 하고, 도 아래 부, 목, 군, 현에는 수령을 파견하여 다스리게 하는 방식으로 지방행정을 실시하였다. 관리의 등용은 과거, 음서, 천거를 통하여 이루어졌다. 이렇게 선발된 관리들은 상피제와 서경제도 등을 통하여 관리되었다.

15

정답 ③

출제의도 글을 읽고 내용을 이해할 수 있다.
특별비법 글의 내용 가운데 선지의 정오를 판별할 수 있는 부분을 찾는다.

문제 풀이 제시문의 '고려와 달리 모든 군현에 수령을 파견하여 국가가 전국의 주민을 직접 장악하였다.'

라는 설명으로 보았을 때, '조선의 지방관 제도는 고려 시대의 것을 그대로 계승하였다.'는 ③의 설명은 적절하지 못하다.
오답 풀이 ① '국가의 정책은 국왕이 중심이 되어 의정부와 6조의 고관들이 회의나 경연에서 협의하여 이를 결정하였다.'로 확인할 수 있다.
② '전국을 8도로 나누어 관찰사로 하여금 다스리게 하였고, 도 아래 부, 목, 군현에 수령을 파견하였다.'로 확인할 수 있다.
④ '인사 관리 제도는 ~ 서경 제도를 두었다.'로 확인할 수 있다.

16

정답 ③

출제의도 글을 읽고 내용을 이해할 수 있다.
특별비법 선지로 제시된 4개 부서의 기능에 대해 설명한 부분을 찾아 읽으면서 정답을 찾는다.

문제 풀이 [보기]는 제시문의 '국왕의 정책에 대해 비판하거나 자문하는 언론 기능의 기관으로 사헌부, 사간원, 홍문관의 3사를 두었다.'와 같은 내용을 진술한 것이다. 따라서 정답은 ③이다.

[17~18] [과학] 생물 종의 성쇠

지문해설 · 생물 종들의 성쇠에 대해 설명하고 있는 글이다. 지구의 역사와 함께 시간 순서대로 설명을 전개해 나가는 것이 특징이다.

주제 지구에서 생물과 인류의 조상이 출현
지문요약 • 선캄브리아대 초기에는 단세포 원핵생물이 출현하였고, 원핵생물들은 광합성을 했기 때문에 바다에 산소가 축적되기 시작하였다. 고생대의 바다에는 보다 다양한 생물이 살게 되었으며, 육상 생물도 번성하기 시작하였다. 중생대의 바다에는 두족류가 풍부하게 서식하였고, 육지에는 겉씨식물이 번성하였다. 신생대에는 수륙 분포와 기후, 생물종 등이 오늘날과 거의 비슷하였다. 말기에는 빙하기가 도래해 많은 생물들이 멸종하는 한편, 인류의 조상이 출연하였다.

17

정답 ④

출제의도 글을 읽고 내용을 이해할 수 있다.

특별비법 글의 내용 가운데 선지의 정오를 판별할 수 있는 부분을 찾는다.

문제 풀이 ▶ '적응하여 진화하거나, 적응하지 못하고 멸종하였다'로 보아 ④의 설명이 알맞지 않음을 알 수 있다.
오답 풀이 ▶ ① '광합성을 하는 원핵생물의 출현으로 바다에 산소가 축적되기 시작하였으며'로 확인할 수 있다.
② '대기 중의 산소량이 점차 늘어나면서 생물이 육지로 올라오기 시작해 ~ 번성하였다.'로 확인할 수 있다.
③ '기후가 갑자기 ~ 멸종했다.'로 확인할 수 있다.

18   정답 ②

출제의도 글을 읽고 내용 전개 방식을 파악할 수 있다.
특별비법 글의 전체 구조와 문단별, 부분별 요지를 파악하는 작업을 통해 전개 방식을 쉽게 알 수 있다.

문제 풀이 ▶ ②는 '청소년기 → 청년기 → 장년기'의 시간 순서로 내용을 전개하고 있다. 이는 제시문이 '선캄브리아대 → 고생대 → 중생대 → 신생대'의 시간 순서로 전개되고 있는 방식과 같다. 따라서 정답은 ②이다.
오답 풀이 ▶ ① '현관 → 거실 → 주방 / 온돌방'으로 이동되는 공간적 전개이다.
③ 개별적 사실(심한 과장, 가끔의 거짓말)로부터 일반적 사실(신뢰하기 힘든 사람)을 도출해내는 귀납적 전개이다.
④ 원칙을 제시하고, 그 원칙에 따른 개별적 사실들을 제시하는 방식의 전개이다.

문학 (현대시)

[05~06] (가) 최승호, '북어' / (나) 한용운, '님의 침묵'

(가) 작품해설 • 이 시는 식료품 가게의 말라비틀어진 '북어'를 묘사하면서 비판적으로 생각하고 용기 있게 말하는 능력을 잃어버린 무기력한 현대인들을 비판하고 있다.

주제 비판 정신과 삶의 지향성을 잃은 현대인에 대한 비판
구성 • 1~8행 : 가게에 진열된 '북어'의 모습 묘사
• 9~19행 : '북어'를 통해 무기력한 현대인 비판
• 20~23행 : 비판의 대상이 된 화자 자신
이해의 핵심 ① 비판의 주체가 비판의 대상으로 반전되는 상황적 아이러니가 나타남. ② 시적 대상을 생생히 묘사함으로써 추상적 주제를 시각적 이미지로 형상화함.
표현상의 특징 • 의인법 : '북어'에 인격을 부여하여 표현함으로써 시적 대상을 넘어서 현실을 직시하는 능력을 상실하고 무비판적으로 무기력하게 살아가는 현대인의 모습을 형상화함.
• 시각적 이미지 : 시적 대상인 '북어'를 생생하게 묘사함으로써 현대인의 무기력한 모습에 대한 비판이라는 추상적 주제를 구체적으로 형상화함.
• 상황적 아이러니 : 비판적 주체인 화자가 비판의 대상으로 반전됨으로써 자신을 포함한 현대인의 무기력한 삶의 모습을 반성하고 비판함.
북어와 현대인 • 자갈처럼 딱딱한 혀 → 말의 변비증을 앓는 사람들, 무덤 속의 벙어리
• 말라붙고 짜부라진 눈 → 빛나지 않는 막대기 같은 사람들
• 빳빳한 지느러미 → 헤엄쳐 갈 데 없는 사람들

(나) 작품해설 • 이 시는 '만남은 헤어짐을, 헤어짐은 만남을 전제한다.'라는 불교의 윤회 사상을 바탕으로 절망적인 이별의 슬픔을 극복하고 그것을 새로운 만남에 대한 희망으로 역전시킨 구조로 독자에게 감동을 주고 있다. 화자는 임이 현실적으로는 떠났지만, 새로운 만남의 의지와 확신이 화자의 마음속에 있는 한 임은 반드시 돌아올 것이라는 믿음을 보인다. 때문에 화자는 '갔지만 반드시 다시 만나리라는 확신이 있는 임'이라면, 내 주위에 머물면서 잠시 나와 대화를 멈춘 상태에 있는 것과 다를 바가 없기 때문에 '님의 침묵'이라고 표현하고 있는 것이다.

주제 임에 대한 영원한 사랑
구성 • 기(1~4행) – 이별 : 이별의 상황 인식
• 승(5~6행) – 슬픔 : 이별 후의 고통과 슬픔
• 전(7~8행) – 희망 : 고통과 슬픔을 극복하려는 의지와 희망
• 결(9~10행) – 다짐 : 임에 대한 영원한 사랑의 다짐(재회에 대한 믿음)
이해의 핵심 ① 역설적 표현을 통해 주제를 부각함. ② 불교적 비유와 고도의 상징이 돋보임. ③ 여성적 어조와 경어체를 사용함.

④ 역전의 구조
전반부 – '임'이 떠나감[슬픔과 절망감] → '그러나'[시상의 전환] → 후반부 – 재회의 확신[슬픔의 극복]

01
정답 ①

출제의도　작품을 종합적으로 감상할 수 있다.
특별비법　작품에 대한 전체적인 이해를 바탕으로 선택지 내용을 확인해야 한다.

문제 풀이　(가)는 북어를 통해 무기력한 현대인을 비판하다가 20행의 '느닷없이'를 기점으로 비판의 대상이 화자 자신도 포함됨을 드러내고 있다. 또, (나)는 임과의 이별로 인한 절망감을 토로하다 7행의 '그러나'를 통하여 시상을 전환하여 이별의 고통을 극복하고 만남을 기약하며 재회에 대한 믿음을 드러내고 있다. 즉, 이 두 작품은 모두 특정 시어를 기점으로 해서 시상을 전환하여 새로운 인식이 드러나게 하고 있다. 따라서 ①의 설명은 적절한 내용이다.
오답 풀이　② (나)에는 임을 떠나보낸 상실감이 드러나지만 (가)와 (나) 두 작품 모두에 과거의 기억을 회상하는 장면이 나타나 있지 않다.
③ (가)에서는 현대인의 무기력함을 비판적으로 드러내고, (나)에서는 '님은 갔지마는 나는 님을 보내지 아니하였습니다.'라는 역설적 표현이 쓰였다. 그러나 (가)와 (나) 두 작품 모두 반어적 표현은 쓰이지 않았다.
④ (가)는 '셈이다', '있었다', '딱딱했다' 등 묘사적 태도로 현대인의 무기력한 상황을 드러내고 있을 뿐, 명령적 어조도 청자에 대한 태도 변화 요구도 드러나 있지 않다. (나)는 여성적 어조와 경어체를 사용하여 이별한 대상에 대한 절실한 사랑과 재회에 대한 믿음을 드러내고 있다.

02
정답 ②

출제의도　시구의 함축적 의미를 파악할 수 있다.
특별비법　작품의 전체적 의미에서 각 시구가 어떤 역할을 하는지를 파악해야 한다.

문제 풀이　말의 변비증을 앓는 벙어리는 북어를 통하여 하고자 하는 말도 못하거나 아예 없는 현대인들의 무기력함을 비판하는 표현이다. 따라서 특정 세대라고 제한을 한 ②의 설명은 적절하지 않다.
오답 풀이　① 말라비틀어진 북어가 하나가 아니라 일 개 분대로 나란히 꼬챙이에 꿰어져 있다는 표현으

로 시적 대상인 현대인의 무기력한 모습이 획일적으로 모두 같음을 알 수 있다.
③ 푸른 산 속에서 대비되는 색인 붉은 단풍나무가 잘 보이듯 화자의 곁을 떠난 임을 확연하게 인식함을 드러내고 있다.
④ 이별을 했다고 운다는 것은 이별을 인정하는 것이기 때문에 이별의 슬픔을 다시 만날 것이라는 희망으로 바꾸겠다는 의지를 표현한 것이다.

[03~04]　(가) 윤제림, '내 친구의 집은 어디인가' / (나) 정일근, '흑백 사진-7월'

(가) 작품해설 • 이 시는 친구의 부고를 듣고 찾아간 영안실에서 친구와 어울리던 과거를 떠올리며 비애감에 젖는 화자의 쓸쓸한 심정을 독백적 어조의 절제된 시어와 표현으로 형상화하고 있다. 회상의 매개체인 '사내아이, 화장실 타일 벽, 떨어지는 낙엽들'은 자연스런 극의 오버랩처럼 시상 전개의 연결 고리가 되어 화자의 정서를 입체감 있게 형상화하고 있다. "짜식, 정말 치사한 놈이네!"라는 말은, 과거의 어느 날에 놀다가 먼저 가 버린 친구를 향해 던진 화자의 말이기도 하지만, 현재의 상황에서 화자를 두고 먼저 죽어 버린 친구에게 던지는 화자의 말로도 해석되는 절묘함이 있어 이 시의 감동을 더해 준다.

주제　친구의 죽음에 대한 안타까움과 비애
구성　• 1행 : 영안실에서 상복을 입은 사내아이를 통해 친구를 떠올림.
• 2행 : 화장실 타일 벽에서 어린 시절에 친구와 가지고 놀던 고누판을 떠올림.
• 3행 : 떨어지는 낙엽을 딱지처럼 느끼며 친구의 목소리를 들음.
이해의 핵심　① 과거의 사건을 산문적인 호흡의 독백을 대화 형식으로 제시하여 유년시절의 기억을 환기시킴. ② 특정 소재를 통해 과거를 회상(사내아이, 타일 벽, 낙엽)함.

(나) 작품해설 • 이 시는 유년 시절의 한때인 아름다운 여름의 풍경을 떠올리고 있다. 다양한 이미지를 통해 제시되는 자연과 동화된 화자의 모습은 평화로운 유년의 기억을 더욱 아름답게 보이게 한다. 특히 마지막 행 '7월은 더위를 잊은 채 깜박 잠이 들었다'에서는 어린 시절의 '나'가 마치 7월 그 자체가 된 것처럼 전이가 이루어져 자연과 하나가 된 모습을 그리고 있다. 자연에 대한 감각적인 묘사와 더불어 유년기의 여름 풍경에서 평화로운 분위기를 느낄 수 있는 작품이다.

주제 아름다웠던 유년 시절에 대한 회상과 그리움
구성 • 처음 ~ 한 그루 : 유년 시절의 아름다운 여름 풍경
• 달아나지 마 ~ 끝 : 오수에 빠져 자연에 동화된 화자의 모습
이해의 핵심 ① 노래를 의인화(착한 노래들도 물고기들과 함께 큰 강으로 헤엄쳐 가버리면)하여 시각을 청각적으로 전이시킨 표현이 돋보임. ② 촉각의 미각화(과수원을 지나온 달콤한 바람), 청각의 시각화(점점 무거워져 오는 눈꺼풀 위로 멀리 누나가 다니는 분교의 풍금소리 쌓이고) 등 공감각적인 심상이 두드러짐. ③ 제목(흑백사진)으로 시각적 감각과 어린 시절의 향수가 주는 시대적 특징을 강조함.

03
정답 ②

출제의도 두 작품의 공통점을 파악할 수 있다.
특별비법 두 작품이 주제를 형상화할 때 어떤 표현 방식을 주로 사용하고 있는지를 확인해야 한다.

문제 풀이 (가)와 (나)의 작품 간의 공통점을 파악하는 문제이다. (가)에서 화자는 친구의 장례식장에서 옛 친구와의 추억을 떠올리고 있다. (나)에서 화자는 '내 유년의 7월'의 한때인 아름다운 여름의 풍경을 노래하고 있다. 따라서 답은 ②번 "화자의 경험을 바탕으로 주제를 형상화하고 있다."이다.

04
정답 ③

출제의도 시구의 함축적 의미를 파악할 수 있다.
특별비법 작품 전체의 주제를 중심으로 시구의 의미를 파악해야 한다.

문제 풀이 작품을 종합적으로 이해했는지 묻는 문제이다. (나)는 자연과 동화된 화자의 모습을 그리고 있다. 따라서 ③의 '미루나무'는 '경외감'의 대상이라 할 수 없다.
오답 풀이 ① '제집 뒷간으로 내빼더니 영 소식이 없던 날의 고누판이 어른거렸습니다.'를 통해 ㉠은 '영사막'의 역할을 하고 있음을 알 수 있다.
② ㉡에서는 화자를 두고 집으로 가버린 친구이자 먼저 이 세상을 떠난 친구에 대한 화자의 원망과 아쉬움을 느낄 수 있다.
④ "분교의 풍금 소리 쌓이고" 등의 공감각적인 이미지를 통해 잠이 드는 화자의 상태를 표현하고 있다.

[05~06] 백석, '국수'

지문해설 • 이 시는 국수를 만들어 먹으며 마을이 즐거움으로 들뜨던 겨울날의 추억과, 국수의 수수한 맛을 닮은 마을 사람들의 소박한 심성, 그리고 국수와 함께 면면히 이어져 온 공동체의 역사에 관해 이야기한 작품이다. 시인은 우리 민족의 문화와 정신적 전통이 말살당할 위험에 처해 있던 일제 강점기 말 상황에서, 옛 농촌 마을의 평화롭고 정겨운 모습에 대한 그리움을 국수라는 음식을 매개로 드러낸 것이다.

주제 옛 농촌 공동체의 평화롭고 순박한 삶
구성 • 1연 : 국수와 관련하여 떠올린 농촌 공동체의 모습과 전통
• 2연 : 국수의 수수한 맛과 그에 어울리는 것들
• 3연 : 국수에 깃든 우리 민족의 소박한 심성
이해의 핵심 평안도 방언을 통한 토속적 정서 강화, 다양한 감각적 이미지를 활용한 생동감 있는 표현, 특정 문장 구조의 반복적 사용 등이 특징적인 작품이다.

05
정답 ①

출제의도 작품에 쓰인 표현을 파악할 수 있다.
특별비법 작품을 세세히 읽으면서 시인이 주제를 형상화하고 있는 방식이 어떤 것인지를 확인해야 한다.

문제 풀이 화자는 '국수'를 '아버지와 같이 오는 것' '반가운 것' 등으로 표현하고 있는데 이는 '국수'를 화자 자신이 기다리는 반가운 사람으로 의인화한 것이다. 시인은 이러한 의인화 표현으로 '국수'의 오랜 역사적 전통과 의미를 환기한다. 따라서 ①이 정답이다.
오답 풀이 수미상관, 영탄조, 형태적 안정감은 찾아볼 수 없으므로 ②, ③, ④는 답이 아니다.

06
정답 ④

출제의도 작품 이해의 적절성을 파악할 수 있다.
특별비법 작품 속에서 화자가 노래하는 내용을 통해 시인이 말하고자 하는 바가 무엇인지를 파악해야 한다. 이때 시인이 이와 같은 내용을 왜 제시했는지를 생각하면서 답지를 보면 문제를 쉽게 해결할 수 있다.

문제 풀이 시인은 고향에서 가족과 함께 '국수'를 해 먹는 일에 대한 추억을 서술함으로써, 가족과 고향 사람들로 이루어지는 공동체에 대한 그리움을 표현하고 있다. 따라서 ④가 정답이다.

오답 풀이 ① 이 작품은 몽환적인 내용이 아니라 국수를 만들어 먹는 구체적인 내용을 담고 있다.

② 이 작품은 겨울에 국수를 해 먹는 내용으로 계절의 변화가 드러나지 않고 있다.

③ 시대적 배경은 일제 강점기라 할 수 있지만 작품 안에서 이를 파악할 수 있게 하는 내용은 없다.

[07~09] (가) 윤동주, '쉽게 씌어진 시' / (나) 신석정, '꽃덤불'

> **(가) 작품해설**・이 시는 '부끄러움'의 이미지를 상징적으로 형상화하고 있다. 그 부끄러움은 학문과 현실 사이의 괴리감, 시를 쓰는 자신과 시 사이의 거리감 등에서 오는 것이다. 그래서 시적 화자는 소외 의식과 내적 갈등을 일으킨다. 그러나 그는 부끄러워하지만 결코 절망하지는 않는다. 결국 식민지 시대에 조국을 떠나와 일본에 살면서 시나 쓰고 있는 자신의 무기력함을 자책하고 자아를 성찰하여 자신의 갈 길을 정립하고자 한 작품이다.

주제 자아성찰과 현실 극복의 의지
구성 ・1~2연 : 부자유스러운 현실에 대한 회의와 어쩔 수 없는 운명적 괴로움
・3~7연 : 무기력한 자신의 반성적 성찰
・8~10연 : 새롭게 인식한 현실 극복 의지와 내면적 자아의 화합 노래
이해의 핵심 ① 주로 서술에 의한 심상의 제시, ② 시각적 심상을 지닌 상징어의 대립, ③ 두 개의 자아의 대립과 화해를 통해 시상을 전개함.

> **(나) 작품해설**・광복 직후의 혼란스러운 상황 속에서 지나간 과거(일제 강점기)를 돌아보며, 우리가 가졌던 삶의 다양한 태도와 모습들을 생각해 보고, 더 나은 세계를 이루고 싶은 기대와 희망을 드러내고 있는 작품이다. 일제 강점하의 고통에서 벗어나 광복을 맞이하였으나 완전한 독립을 이루지 못한 시대적 상황과 이데올로기의 대립으로 인해 혼란에 빠진 민족의 현실을 걱정하는 시인의 고뇌가 잘 드러나 있다. 그러므로 화자가 지향하는 공간이자, 이 시의 제목인 '꽃덤불'은 우리가 새롭게 수립해야 할 바람직한 민족 국가의 모습을 의미한다고 볼 수 있다.

주제 완전한 독립 국가 수립에 대한 염원
구성 ・1연 : 일제하에서의 지하 독립 투쟁
・2연 : 일제하에서의 조국 독립에의 의지와 노력
・3연 : 애국 투사의 죽음과 방랑, 변절, 전향한 이들에 대한 안타까움

・4연 : 지난 일제 식민지 36년이 지나감 – 일제 강점의 종식
・5연 : 새로운 민족 국가 건설에의 소망과 기대
이해의 핵심 ① 어둠[태양을 등진 곳, 달, 밤, 헐어진 성터, 겨울밤]과 밝음[태양, 봄, 꽃덤불]의 대립적 이미지 사용 ② 태양을 진 곳, 헐어진 성터 등의 표현을 통해 조국광복 이전 일제강점기의 시련과 고난을 드러냄.

07 **정답** ①

출제의도 서로 다른 시에 나타난 공통점을 파악할 수 있다.
특별비법 시를 구성하는 여러 가지 요소 가운데 어떤 것이 공통점으로 추출될지 알 수 없으므로 시에 대한 종합적인 이해가 필요하다.

문제 풀이 (가)의 화자는 자신의 삶을 '부끄러운 일'이라면서 무기력한 삶을 반성하고 '시대처럼 올 아침을 기다리는 최후의 나'라고 노래하고 있다. 이는 내면적 자아와 현실적 자아가 화해함을 '최초의 악수'로 표현하여 미래에 대한 의지를 내보이고 있는 것이다. (나)의 화자는 '가슴을 쥐어뜯지 않았느냐?'라고 하면서 반성을 통해 '오는 봄엔 분수처럼 쏟아지는 태양을 안고'와 같은 미래를 소망하고 있다. 이로 보아 (가), (나) 화자는 모두 반성을 통하여 미래의 희망을 기대하고 있다.
오답 풀이 ② '시'에 대한 시인의 고뇌가 있는 (가)에는 해당사항이 있다고 할 수 있을지 모르나, (나)에서 언어에 대한 시인의 사명감을 찾아보기는 힘들다.
③ 적어도 (다)에서는 무기력함이나 타협은 찾아보기 힘들다. 오히려 새 시대에 대한 열망과 기대감이 느껴진다.
④ (가)와 (나) 모두에서 허무감의 정서는 발견되지 않는다.

08 **정답** ②

출제의도 시어의 의미에 대해 심층적으로 이해할 수 있다.
특별비법 시어의 깊은 의미를 이해해야 해결할 수 있는 문제이다. 비유나 상징과 같이 의미를 이면에 숨기는 수법, 작중 화자가 처한 상황이나 심리적 상태 등을 고려하는 것이 시어의 의미를 파악하는 데에 도움이 될 것이다.

문제 풀이 ㉡ '침전'은 '액체 속에 있는 물질이 밑바닥에 가라앉음' 또는 '기분 따위가 가라앉음'이라는 의미이므로 '적극적인 삶의 의지'를 말한 ②의 설명은 알맞지 않다. 오히려 '일제 치하라는 현실의 구속된 상황'을 나타낸다고 보는 것이 적절하다.

정답 ④

출제의도 시어의 상징적 의미에 대해 이해할 수 있다.
특별비법 어려운 문제로 생각될 수도 있으나, 실제로는 시어가 하나이고, 작품의 맥락 속에서 이해하기가 그렇게 까다롭지도 않다.

문제 풀이 (가)에서 '아침'은 '시대처럼 올'이란 말에서도 알 수 있듯이 화자가 바라마지 않는 상황, 즉 조국의 새로운 시대(광복)를 의미한다. ⓓ '꽃덤불'이 상징하는 바는 '아침'을 기다리는 '나'가 마주잡는 손이기 때문에 '새로운 민족 국가(외부 세력에 의한 영향력에서 해방된 조국)'라고 할 것이다. 따라서 시인이 바라는 진정한 조국 광복의 모습은 ⓓ에서 찾을 수 있다.

오답 풀이 ⓐ는 '일제 치하'를, ⓑ는 '빼앗긴 조국'을 상징하고, ⓒ는 '일제로부터 해방은 되었지만 여전히 외부 세력의 힘이 위력을 발휘하는 현실'을 나타내는 시어라고 할 수 있다.

[10~12] (가) 이용악, '오랑캐꽃' / (나) 황지우, '겨울-나무로부터 봄-나무에로'

(가) 작품해설 • 시의 창작연간을 바탕으로 이 작품을 저항시로 간주하는 견해가 있다. 그러한 견해에 따르면, 시에 등장하는 오랑캐꽃은 우리 민족을 상징한다. 시에 따르면 오랑캐꽃은 오랑캐가 아니면서 오랑캐꽃으로 불리고 있는데, 이러한 처지가 일제 강점기 당시에 만주 등지에 유랑을 했던 우리 민족의 상황과 유사하다고 볼 소지가 있다. 실제로 시인 이용악은 식민치하의 우리 민족, 특히 간도 유이민들이 겪었던 비참한 생활실상을 밝히고, 그 유이민들이 고국에 돌아와서도 소외되어 궁핍한 삶을 살아가는 모습을 보고 느끼는 좌절감을 표현한 작품을 많이 남겼다.

주제 유민들의 비극적인 삶과 비애
구성 • 1연 : 고려 군사에 쫓겨 간 오랑캐
• 2연 : 세월이 덧없이 흘러감
• 3연 : 오랑캐꽃에 대한 한없는 연민과 슬픔
표현상의 특징 서사적인 표현방식을 사용하였고, 간접화법을 통해 시간의 경과를 드러내고 있다. 의인화와 유사어휘 반복 사용 또한 특징적이다.

(나) 작품해설 • 억압적이고 혹독한 현실을 자신의 힘으로 견디어 내고, 희망의 꽃을 피워내는 나무의 생명력을 상승적이고 역동적인 이미지로 노래하고 있는 시이다. 겨울-나무에서 봄-나무로의 변화의

과정에 대한 형상화를 통해 새로운 탄생의 과정을 보여 주고 있다. 작품에서 가장 중요한 소재는 나무라 할 수 있는데, 자신의 힘으로 겨울-나무에서 봄-나무로의 변화를 이루어 내는 작품 속의 나무를 깨어 있는 민중들을 가리키는 것이라고 보는 견해가 있다.

주제 외적 시련을 극복한 나무의 생명력
구성 • 1~3행 : 주체적인 존재로서의 나무의 자립성과 생명력
• 4~9행 : 시련과 고난을 겪는 나무의 모습
• 10~14행 : 부조리한 현실에 저항하는 나무의 모습
• 15~20행 : 부조리한 현실을 이겨 내려는 나무의 치열한 극복 과정
• 21~23행 : 치열한 노력의 결과로 부조리한 현실을 이겨 낸 나무의 모습
표현상의 특징 의인화와 함께 상징적, 대립적 시어를 사용하였다. 직설적이고 의지적인 어조로 노래하면서 '마침내, 끝끝내'와 같은 부사어의 나열과 쉼표의 사용을 통해 화자의 감동과 놀라움을 나타내고 있다.

정답 ①

출제의도 시를 읽고 작품에 대한 종합적인 이해를 바탕으로 서로 다른 시들을 비교할 수 있다.
특별비법 선지를 보면 주로 표현 방식의 공통점에 대해 언급하고 있다는 사실을 알 수 있으므로, 표현 방식 위주로 작품을 살펴보며 비교·검토해 본다.

문제 풀이 (가)는 자연물인 '오랑캐꽃'을 의인화하여 화자가 꽃에게 말을 건네는 방식으로 시를 전개하고 있으며, (나)는 자연물인 '나무'가 겨울에서 봄으로 가면서 성장해 가는 과정을 고난을 극복해 나가는 의지적 인간의 모습으로 형상화하고 있다. 따라서 정답은 ①이다.

오답 풀이 ②, ③은 (가)에만 해당한다.
④ 둘 다 관련이 없다.

정답 ③

출제의도 시를 읽고 작품 속의 시적 대상이 형상화되어 있는 양상을 이해한다.
특별비법 (가)는 시종일관 시적 대상인 오랑캐꽃을 다루고 있는 시이므로, 작품을 자세히 읽는 것만으로도 문제 해결에 필요한 정보를 얻을 수 있을 것이다.

문제 풀이 (가)에서는 시적 대상인 오랑캐꽃에 대한 분노는 찾아볼 수 없으므로 ③의 설명은 알맞지 않다.

오답 풀이 ① '너의 뒷모양'이라는 표현에서 확인할 수 있다.

② '돌볼 새 없이 갔단다'라는 표현에서 확인할 수 있다.

④ '서사'에서 확인할 수 있다.

12

정답 ②

출제의도 시를 읽고 작품에 나타난 시적 표현에 대해 이해한다.

특별비법 시 전체의 내용을 파악함과 동시에 밑줄 친 부분의 전후 맥락을 잘 살핀다.

문제 풀이 (나)는 겨울이라는 시련을 극복하며 성장하는 '나무'를 통하여 인간이 부조리한 현실을 극복할 수 있다는 것을 표현한 작품이라고 보았을 때, '대가리'라는 비속어를 사용했다고 해도, 이는 비하를 위해서가 아니라 험한 시련을 견디는 꿋꿋한 서민의 굴하지 않는 모습을 역동적으로 표현한 것으로 보아야 한다. 따라서 ②의 설명은 알맞지 않다.

[13~14] 박재삼, '울음이 타는 가을 강'

작품해설 · 제삿날 큰집을 찾아가는 과정에서 친구의 사랑 이야기를 통해 서러움과 슬픔이 폭발한다. 이러한 서러움의 정체가 결국은 인간의 유한성이었음이 강물의 흐름(자연)을 통해 드러나고 있다. 이 시는 인간의 유한성에 대한 서러움을 친구의 사랑 이야기, 강물의 흐름을 통해 표현하고 있다.

주제 인생의 유한성과 서러움의 정서

구성 • 1연 : 친구의 사랑 이야기를 통한 서러움의 정서 표출

• 2연 : '노을에 물든 가을 강'을 통한 화자의 서러움의 정서 심화

• 3연 : 소멸되는 유한성으로 인해 절정에 이르는 화자의 서러움의 정서

이해의 핵심 '물'의 이미지가 청각적 심상을 통해 소멸성을 드러내는 한편, '해 질 녘 울음이 타는'으로 대표되는 '불'의 이미지는 시각적 심상을 통해 소멸성을 부각시키고 있는 것이다.

• '물[청각]'의 이미지 : '울음이 타는 가을 강', '산골 물 소리', '바다', '소리 죽은 가을 강'

• '불[시각]'의 이미지 : '가을 햇볕', '제삿날 큰집에 모이는 불빛', '해 질 녘 울음이 타는(저녁 노을)'

13

정답 ①

출제의도 작품의 표현 방식에 대해 이해할 수 있다.

특별비법 작품을 읽을 때 어떠한 방식으로 표현하고 있는지를 잘 살펴보고 선지의 설명을 작품에 하나씩 대입하여 보면서 적절한 설명을 찾을 수 있어야 한다.

문제 풀이 감각적 이미지는 사람의 오감(시각, 청각, 촉각, 후각, 미각)에 대한 것이다. 이 작품에서는 물의 이미지, 불의 이미지를 통해 시각적, 청각적 이미지를 많이 사용하였다. 특히 '해 질 녘 울음이 타는 가을 강'을 통해서는 시각적 이미지를 통해 화자의 서러움의 폭발을 잘 드러내고 있다.

오답 풀이 ② 음성 상징어는 소리나 모양을 흉내 낸 말이다. 이러한 음성 상징어는 나타나지 않고 있다.

③ '큰집'이라는 장소 등만 제시되어 있지 구체적인 지명은 드러나 있지 않다.

④ 역설적인 표현은 모순된 표현을 말한다. 이 작품에서는 일관되게 서러움이 드러나고 있기 때문에 역설적인 표현은 드러나고 있지 않다. [역설적 표현의 예 : 결별이 이룩하는 축복, 찬란한 슬픔의 봄]

14

정답 ④

출제의도 시의 내용을 해석할 수 있다.

특별비법 시의 전체적인 흐름과 그 내용을 이해할 수 있어야 한다. 시 속의 화자의 입장이 되어 볼 수 있어야 한다.

문제 풀이 ㉣은 바다에 도착해서 곧 소멸될 강의 유한성과 그에 대한 서러움이 드러나고 있다. 이 작품에는 자신의 과오에 대한 언급 자체가 없다.

오답 풀이 ① 한 자리에 못 앉아 있다는 것은 무언가 불안정함을 나타낸다.

② 점차 슬픔, 서러움이 고조되어 결국 눈물이 남을 표현하고 있다.

③ 해 질 녘이라는 시간적 배경, 등성이의 가을 강이 보이는 위치라는 공간적 배경이 드러나고 있다.

문학(고전시가)

[01~02] 이광명, '북찬가'

작품해설 • 이 작품은 이광명이 유배 생활의 억울함을 하소연하면서 홀로 계시는 어머니를 그리워하고 염려하며 지은 유배 가사이다. 작가는 벼슬에 뜻이 없어 시골에 숨어 살고 있었는데, 큰아버지가 역모로 처형된 뒤 25년이 지나 나주괘서(羅州掛書)의 변으로 큰아버지의 조카라는 이유만으로 귀양을 가게 되었다. 아버지 없이 자란 작가는 유배지에서 어머니를 그리며 봉양하지 못하는 안타까움과 울분을 절절하게 읊었다. 이 작품은 일반적인 유배 가사와는 달리 유배 생활의 억울함은 드러나지만 임금에 대한 충의는 나타나지 않고, 대신 어머니를 향한 애절한 그리움만이 나타나 있다.

주제 유배지에서 어머니를 그리워함.

구성 • 서사 : 홀어머니만을 의지해 살아온 자신의 기구한 삶
• 본사 1 : 노모와 작별해야 하는 슬픔
• 본사 2 : 유배의 노정과 그로 인한 소회
• 본사 3 : 노모에 대한 염려와 울분
• 결사 : 자신의 신세에 대한 한탄과 성은에 대한 기대

이해의 핵심 ① 일반적인 유배 가사에 드러나는 임금에 대한 충의 사상이 전혀 나타나지 않음. ② 제목 '북찬가(北竄歌)'는 '북쪽으로 숨은(유배된) 노래'라는 의미임. ③ 비유적인 표현과 구체적 묘사, 고사의 인용을 통해 유배지에서의 고통스러운 화자의 처지를 드러냄. ④ 자연물을 활용해 귀향에 대한 소망을 드러냄.

작품해석 • 겨울철 찬바람은 들이치고 사방이 산에 둘러싸인 골짜기에
(주변은) 해묵은 얼음이요 이른 가을에 눈이 오네.
모든 풀이 다 시들어버리거든 곡식이 가득 찰 수 없네.
귀리밥도 못 이어 먹으니 쌀밥이야 구경할 수 있겠는가.
나물도 (부족해) 굶주리거니 어육(魚肉)을 생각할 수 있겠는가.
가죽옷으로 여름 나고 베옷으로 한겨울 추위 어찌 견딜까.
상서로운 별천지에 산과 바다에서 얻은 진귀한 음식 어디 두고 험난하고 접근하기 어려운 살기 어려운 곳에서 만물(유배 전에 누리던 것들)을 그리워하는가. (중략)
누추한 흙집에 두문불출하고 홀로 있으니
파리 모기는 창을 뒤덮고 벼룩 굼벵이는 벽을 가득 채웠는데
앉은 곳에 해 지고 누운 자리 밤을 새와
잠자는 시간 외에는 한숨만 쉬고 한숨 끝에 눈물 난다.
밤마다 꿈에 보니 꿈을 생시로 돌리고 싶다.
머리가 하얗게 센 자애로운 얼굴(어머니) 못 보거든
기러기발에 서신을 보내는 것이 잦아지는데
기다린들 연락 올까 오노라면 한 달이 넘네.
못 볼 때는 기다리지만 보면 시원할까.
노친(어머니) 소식을 나 모를 제 내 소식 노친 알까.
많은 산과 물로 막힌 길 괴롭고 고통스런 생각들 누가 헤아려 줄까.

묻노라 밝은 달아 양지(어머니 계신 곳)에 비추고 있느냐.
따르고 싶구나 뜨는 구름 남쪽 하늘(어머니 계신 곳)로 가는구나.
흐르는 냇물 되어 (어머니의) 집 앞에 둘러 흐르고 싶다.
나는 듯 새가 되어 창 앞에 가 노닐고 싶다.
내 마음을 헤아려보니 어머니의 마음은 말해 무엇 할까.
여의주 잃은 용이요 키 없는 배 아닌가.
가을바람의 낙엽같이 어디에 가서 정박할까(머물 곳이 없음).
문중의 여러 집안들도 다 파산하고 친척들도 뿔뿔이 흩어져 달아나거나 숨으니
어디든 방황해도 갈 곳이 전혀 없네.
어느 때에 주무시며 무엇을 잡숫고 계시는고.

정답 ④

출제의도 시구가 나타내는 바를 파악할 수 있다.
특별비법 고어 표현을 정확하게 이해할 수 있어야 한다.

문제 풀이 ⓓ는 작가가 있는 곳을 밝히는 달빛이 작가가 있는 유배지와 어머니가 계식 고향 두 곳에 모두 비추는가를 말한 것으로 고향에 계신 노모에 대한 그리움을 표현한 것이다.

오답 풀이 ① '삭풍'은 북쪽에서 불어오는 한겨울의 찬 바람을 뜻한다. 또한 '스산은 욱인 골'은 '사방이 산으로 막힌 골짜기'라는 뜻이기 때문에 이 구절은 노모가 살고 있는 고향 풍경이 아니라 작가가 귀양 간 북쪽의 삭막하고 험한 모습을 묘사한 것임을 알 수 있다.
② 귀보리는 귀리로 식용도 하지만 짐승의 사료로 많이 쓰이는 곡물이다. ⓑ는 이런 곡물로 지은 밥도 계속 이어서 먹지 못할 만큼 살기 어려움을 표현한 구절이기 때문에 작가가 익숙했던 생활일 수는 없다.
③ ⓒ는 '기다리는 소식이 올 것인가?'라는 의문을 표현한 부분으로 '오더라도 한 달이 넘네'라는 표현에서 자신이 유배된 곳이 험지여서 고향 소식을 받기가 매우 어려움을 드러낸 것이다.

정답 ③

출제의도 시어(소재)의 함축적 의미를 파악할 수 있다.
특별비법 각 시어가 어떤 역할을 하는지를 파악해야 한다.

문제 풀이 ⓔ과 ⓕ의 '내'와 '새'는 작가가 있는 유배지를 떠나는 존재들이다. 화자는 이런 두 존재를 보고 유배에 얽매이지 않고 고향에 가고 싶은 자신의 소망을 드러내고 있다.

㉠의 '해는' 작가가 그나마 유배지에서 추위를 조금이나마 덜 수 있게 해 주는 존재이고, ㉡의 '길'은 세상과 소통할 수 있는 존재로 어머니와도 소통할 수 있겠지만 사방이 막혀 그러지 못함을 나타내고 있다.

[03~04] (가) 상진, '감군은(感君恩)' / (나) 맹사성, '강호사시가'

(가) 작품해설•4장의 이 악장은 각 장마다 "일간명월이 역군은이샷다"라는 후렴구로 알 수 있듯이 임금의 은덕을 칭송하고 임금에 대한 일편단심의 충성을 맹세하는 것으로, 바다·태산 등 각 장마다 독특한 비교로써 이를 표현하고 있다. 후렴구를 제외한 노래 가사는 4구로 되어 있다. 대부분의 다른 악장은 거의 한시에 토를 단 정도인 데 비해, 이 노래는 우리말 노래로서 어느 정도 틀이 잡힌 노래이다.

주제 임금의 은덕 송축
구성 • 1~2장 : 바다와 같이 깊고 태산과 같이 높은 왕의 덕택
• 3장 : 다 갚을 수가 없는 왕의 은택
• 4장 : 일편단심으로 충성을 다하겠다는 다짐
• 후렴 : 축원 - 만세 동안이나 복을 누리라.
이해의 핵심 ① 임금의 은덕을 극단적인 대상과 비교하여 과장적으로 찬미함. ② 작가는 상진(尙震)으로 널리 알려졌으나, '정도전' 혹은 '하윤'으로 보는 견해가 있음. ③ 후렴구 중 '역군은(亦君恩)이샷다.'는 맹사성의 '어부사시사'와 송순의 '면앙정가' 등 여러 작품에도 쓰임.

작품해석 • 1장 - 사해 바다의 깊이는 닻줄로 잴 수 있겠지만 / 임금님의 은덕은 어떤 줄로 잴 수 있겠습니까? / 끝없는 복을 누리시며 만수무강하십시오. / 끝없는 복을 누리시며 만수무강하십시오. / 밝은 달빛 아래에서 낚싯대를 드리우며 지내는 것도 역시 임금님의 은혜이시도다.
• 2장 - 태산이 높다고 하지만 하늘의 해에 미치지 못하듯이 / 임금님의 높으신 은덕은 그 하늘과 같이 높으십니다. - 후렴 -
• 3장 - 아무리 넓은 바다라고 할지라도 배를 타면 건널 수 있겠지만 / 임금님의 넓으신 은택은 한평생을 다한들 갚을 수 있겠습니까? - 후렴 -
• 4장 - 일편단심뿐이라는 것을 하늘이시여 아소서. / 백골이 가루가 된다한들 단심이야 변할 수 있겠습니까? - 후렴 -

(나) 작품해설•이 연시조는 강호에서 자연을 즐기며 한가롭게 지내는 삶을 노래하며 이를 임금의 은혜와 결부시켜 표현한 조선 전기 강호가도의 대표적 작품이다. 이 작품은 자연 속에서의 즐거움을 각 계절마다 한 수씩 읊으며 안분지족하는 은사(隱士)의 모습을 보여 준다. 각 연의 끝 구절인 '역군은이샷다'는 임금에 대한 신하의 충의(忠義) 사상과 태평성대를 구가하는 사대부들의 소망을 반영한 것이다.

주제 강호에서 자연을 즐기며 임금의 은혜에 감사함.
구성 • 춘사(春詞) : 흥겹고 한가한 풍류적 생활
• 하사(夏詞) : 강바람을 맞으며 초당에서 한가롭게 지내는 강호 생활
• 추사(秋詞) : 작은 배를 타고 고기를 잡으며 소일하는 즐거움
• 동사(冬詞) : 설경을 완상하며 유유자적하는 삶의 모습
이해의 핵심 ① 계절에 따라 한 수씩 읊고, 대유법, 대구법, 의인법을 구사함. ② 각 연마다 형식을 통일하여 안정감을 드러내고 주제를 효과적으로 부각함. ③ 우리나라 최초의 연시조이자, 강호가도(江湖歌道)의 선구적 작품임.

03 정답 ②

출제의도 작품을 이해할 수 있다.
특별비법 두 작품의 공통점과 차이점을 파악해야 한다.

문제 풀이 (나)에는 사계절을 각각 한 수씩 노래하였지만, (가)는 사계절과 관계 없이 바다의 깊이와 넓이, 그리고 태산의 높이와 임금의 은택을 비교하여 강조하는 방법을 사용하였다.

오답 풀이 ① 두 작품 모두 각 연의 마지막 행에서 '역군은(亦君恩)이샷다.'를 반복하여 자신의 현재의 삶이 임금의 은혜임을 예찬하고 있다.
③ (가)는 각 연마다 의문형 어미를 사용하여 임금의 은택이 깊고 넓음을 강조하였다. 바다의 깊이나 태산의 높음을 자로 잴 수 있지만 임금의 은혜는 잴 수 없으며, 아무리 넓은 바다라도 '소정'으로 건널 수 있지만 임금의 은혜는 이생에서 갚을 수 없음을 설의법으로 표현하였다.
④ (나)의 작자는 조선 전기 사대부로서 당대를 태평성대로 여기고자 하는 유교적 충의 사상을 잘 표현하였다.

04 정답 ②

출제의도 시어의 함축적 의미를 파악할 수 있다.
특별비법 선택지의 내용을 작품에 대입하여 시어의 의미가 적절한지를 파악해야 한다.

문제 풀이 ㉠은 바다 깊이를 잴 수 있고, ㉡은 태산과 비교하는 도구이다. 태산은 하늘보다 낮지만 임금의 은혜와 덕망은 하늘같이 높다. 여기서 '하늘'은 태산과 임금의 은혜와 덕을 비교하는 대상이다.
오답 풀이 ① 〈문제 풀이〉 참고
③ ㉢ '금린어'는 안주로 술을 마시는 데 활용한 소재

이다.
④ ㉣ '고기'는 '고기'마다 살져 있는 가을의 풍요로움
이 드러나 있다.

[05~07] 작자 미상, '상사별곡'

작품해설 • 이 작품은 다양한 이본이 존재하고 각 본
마다 분량과 내용이 차이가 나지만, 대체로 남녀 사
이의 순수한 연정을 중심 내용으로 삼고 있다. '상
사별곡'은 '사미인곡'과 같은 충의(忠義)라는 기존
의 이념의 질곡에서 벗어나 시종일관 남녀 간의 사
랑을 노래했다는 점에서 일반 가사와 변별되며, 바
로 그러한 점이 이 작품의 의의라고 여겨진다.

주제 임과의 이별로 인한 슬픔과 임에 대한 그리움
구성 • 1~4행 : 독수공방의 서러움과 임에 대한 그리움
• 5~8행 : 임과의 재회에 대한 염원
• 9~12행 : 예기치 못한 이별로 인한 절망적 심정
• 13~16행 : 임과의 이별로 인한 신세 한탄
• 17~20행 : 임과의 단절로 인한 괴로움
작품해석 • 인간(이) 이별(하는) 온갖 일 중에 독수공방이 더
욱 서럽다.
(임을) 그리워하면서도 보지 못하는 이 나의 심정을 누가 알겠
는가.
(마음속에) 맺힌 시름과 허튼 근심을 다 내팽개쳐 던져두고
자나깨나 깨나자나 임을 못 보니 가슴이 답답하다.
(임의) 앳된 얼굴과 고운 목소리가 눈에 암암하고 귀에 쟁쟁하다.
보고 싶구나 임의 얼굴, 듣고 싶구나 임의 목소리
비나이다 하느님께 임이 생기라고 비나이다.
전생과 금생에 무슨 죄로 우리 둘이 생겨나서
잊지 말자(고 한) 처음 약속과 죽지 말자고 한 백년 기약
천금같이 믿었는데 세상일에 장애물이 많구나.
천금과 주옥이 내 귀 밖의 일이고 세상일의 한 부분을 내가 관
계하겠는가.
근원이 흘러서 물이 되고 깊고 깊고 다시 깊고
사랑이 모여서 산이 되어 높고 높고 다시 높고
무너질 줄 모르는데 끊어질 줄 어떻게 알겠는가.
하루아침에 낭군을 이별한 뒤에 소식조차 딱 끊어지니
(임이) 오늘 올까 내일 올까 그리운 지도 오래 되었다.
세월이 저절로 가니 잘 생기고 환한 얼굴이 은발이 되어
아무 일도 해 놓은 것이 없이 헛되이 늙는구나.
이별이 불이 되어 (나의) 간장을 태우는구나.
나며 들며 빈 방 안에 다만 한숨뿐이로다.
인간(이) 이별하는 온갖 일 중에 나 같은 사람이 또 있을까.
바람이 불어 구름 되어 구름이 끼어 저문 날에 나며 들며 빈 방
으로 오락가락(하다가) 혼자 앉아서
임 계신 데 바라보니 내가 임을 그리워하고 생각하는 것이 헛된
일이로구나.
임 없이 빈 방을 지키는 여인이 홀로 임을 그리워하는 것이 예
로부터 이러한가?
내가 사랑하는 것 같이 임도 나를 생각하는가?

나를 사랑하다가 (어떻게) 남을 사랑하시는가?
겹겹이 겹쳐진 푸른 산을 들어간들 어느 낭군이 날 찾겠는가.

05
정답 ②

출제의도 노래하는 화자의 처지와 태도를 파악할 수 있다.
특별비법 이 노래의 화자가 처한 상황과 노래 속에 나타
난 화자의 태도가 어떤 것인지를 확인할 수 있어야 한다.

문제 풀이 이 노래의 화자는 임과의 이별을 슬퍼하
며 독수공방의 외로운 신세를 한탄하고 있다. 화자는
아직도 임의 모습이 눈에 암암하고 그 목소리가 귀에
쟁쟁하여 오동추야 밝은 달에 임을 다시 만나게 되기
를 안타깝게 기다리고 있다. '겹겹이 겹쳐진 푸른 산을
들어가면 어느 낭군이 나를 찾을 수 있겠는가, 산은 첩
첩 고개 되고 물은 흘러 소가 되니 한번 이별하면 찾을
수 없다'는 신세 한탄이다. 정답은 ②이다.

06
정답 ③

출제의도 주어진 표현 방식의 특징을 파악할 수 있다.
특별비법 시에 쓰이는 다양한 표현 기법을 정확하게 구
별할 수 있어야 한다.

문제 풀이 [보기]의 밑줄 친 '시비(柴扉)예 거러 보
고, 정자애 안자 보니'에 쓰인 표현 기교는 동일한 문법
적 구조를 지닌 구절을 반복하여 리듬을 주면서 의미
를 강조해 주는 대구법(對句法)이다. ㉠, ㉡, ㉣ 모두 이
와 같은 대구법이 사용되었다. 그러나 ㉢에는 직유법
(이슬 같은 이 인생이)과 설의법(무삼 일로 생겨난고)
이 사용되었을 뿐 대구법은 사용되지 않았다. 따라서
정답은 ③이다.

07
정답 ④

출제의도 시어가 가리키는 대상을 파악할 수 있다.
특별비법 작품 속에서 말하고 있는 주체인 '화자'와 화자
가 기다리는 '대상'을 정확하게 구분할 수 있어야 한다.

문제 풀이 이 노래의 화자는 임과의 이별을 슬퍼하
며 독수공방하는 여인이다. 이때 ⓐ '어린 양자'와 ⓑ
'임', ⓒ '낭군'은 모두 '그리운 임'을 말한다. 그러나 ⓓ

'공방미인'은 '그리운 임'을 기다리며 독수공방하는 화자 자신을 가리킨다. 따라서 정답은 ④이다.

[08~10] 윤선도, '만흥'

> **지문해설·** 자연 속에서 사는 삶에 대한 만족스러움과 즐거움을 노래하고 있다.

[주제] 자연 속 삶의 즐거움
[구성] •1수 : 자연 속에서 살고자 함.
• 2수 : 자연 속에서 먹고 즐기니 부러울 것이 없음.
• 3수 : 님이 온 것보다도 더 좋은 자연
• 4수 : 자연에서 누리는 한가로움
[작품해설] •1수 자연 속 바위 아래 띠집을 짓고자 하니
그 뜻을 모르는 남들은 비웃겠지만
부족한 나의 생각에는 그것이 내 분수인가 하노라
2수 보리밥과 풋나물을 적당히 먹은 후에
바위 끝 물가에서 실컷 노니노라
이외의 다른 일이야 부러워할 일이 있겠는가
3수 잔 들고 혼자 앉아 먼 산을 바라보니
그리던 님이 온들 반가움이 이와 같겠느냐
말도 없고 웃지도 않지만 마냥 좋아 하노라
4수 누가 이러한 자연 속 삶이 삼정승보다 낫다고 하더니 황제라고 이만큼 좋겠는가
이제와 생각해 보니 소부 허유가 영리하구나.
아마도 자연에서 누리는 한가로움은 비할 데가 없을 것이다.

08

[정답] ④

> **출제의도** 옛말을 해석할 수 있다.
> **해결 방법** 시가 등을 통해 옛말을 자주 접하면서 익숙해지도록 학습해 놓아야 한다. 글의 맥락 속에서 의미를 유추할 수 있어야 한다.

> [문제 풀이] ⓔ의 '누고셔'는 ④의 '누워서'가 아니라 '누가'라는 의미이다.

09

[정답] ③

> **출제의도** 작품의 주제를 이해할 수 있다.
> **특별비법** 선지의 내용을 바탕으로 작품을 읽어 지나치게 깊이 해석하지 않도록 주의해야 한다.

> [문제 풀이] 이 작품은 자연 속 삶의 즐거움이 얼마나 큰 것인지에 대해 표현하고 있다.

[오답 풀이] ① 보리밥과 풋나물로 그 삶이 궁핍하다 말할 수는 있으나 그것에 대해 힘들어하거나 극복하려는 태도는 전혀 보이지 않는다.
② 한가롭게 자연을 즐기고 있음을 보여줄 뿐 화자의 근면함을 보여주는 부분은 없다.
④ 4수의 '만승이 이만하랴'는 부분을 통해 자연 속 삶이 황제보다도 나을 것이라고 여기고 있다.

10

[정답] ①

> **출제의도** 보기의 내용을 이해하고 본문의 내용과 비교, 분석할 수 있다.
> **특별비법** '소부 허유', '이제'와 같이 어휘로 축약되어 나타나는 고사에 대해 이해할 수 있어야 한다.

> [문제 풀이] 본문에서 소부와 허유는 영리하다는 표현으로 그들의 선택이 옳았다고 말하고 있다. 백이와 숙제는 수양산에 들어가 고사리를 캐먹으면서 지냈다. [보기]에서는 그조차도 주나라 곡식이라면서 끝까지 절개를 지키지 못한 그들의 선택이 잘못 되었음을 비판하고 있다. 따라서 정답은 ①이다.

 [참고] **성삼문 '수양산 바라보며'**

[작품해석] 수양산을 바라보면서 백이와 숙제를 한스럽게 생각하노라
굶어 죽을지라도 고사리를 캐먹는 것이 옳은 일인가?
비록 풀일지라도 그것이 누구의 땅에서 났더냐?
[주제] 굳은 절개와 지조
[작품의 핵심] 중의적인 표현 – 수양산
① 수양대군 ② 중국의 수양산

[11~12] (가) 작자 미상, '서동요' / (나) '서동 설화'

> **작품해설·** 백제의 서동(薯童 : 백제 무왕(武王)의 어릴 때 이름)이 신라 제26대 진평왕 때 지었다는 한국 최초의 4구체 향가로, 선화 공주의 비행을 발설하여 왕궁에서 쫓겨나게 함으로써 마침내 자기의 아내로 맞을 수 있게 한 일종의 참요이다. 내용적으로는 자신의 잠재적 갈망과 욕구를 상대방의 것으로 전도시킨 것이 특징이며, 형식적으로는 4구체의 민요 형식에 의한 직설적인 표현이 두드러지는데, 후대의 10구체 향가에 비하면 초보적인 표현 단계를 벗어나지 못한 것으로 평가된다.

주제 선화공주의 은밀한 사랑
표현상의 특징 감정을 꾸밈없이 표현한 것이 특징이다.
현대어 해석 선화공주님은
남몰래 사귀어 두고
서동 방을
밤에 몰래 안고 가다

11

정답 ③

출제의도 배경 설화가 있는 시가 작품을 설화와 함께 종합적으로 이해할 수 있다.
특별비법 배경설화가 제시되어 있기 때문에 작품의 화자, 화자가 처한 상황 등을 쉽게 알 수 있어 어렵지 않게 해결할 수 있는 문제이다.

문제 풀이 (나)의 '동요가 퍼져 대궐에까지 들리니 왕이 노하여 공주를 귀양보내게 했다.'는 언급으로 보아 '서동요'는 선화 공주가 귀양 가기 전에 지어져 아이들에 의해서 불리었다는 것을 알 수 있다. 따라서 ③의 내용은 알맞지 않다.

12

정답 ①

출제의도 고전 작품 속에 등장하는 과거 표기에 대해 이해할 수 있다.
특별비법 과거 표기 방식에 대한 이해가 있어야만 풀 수 있는 문제로 생각될 수 있으나, 실제로는 문맥 등을 통한 추측으로도 해결할 수 있다.

문제 풀이 ㉠ '그스지'는 ①의 '그다지'가 아니라 '남들이 모르게'라는 뜻이다.

[13~14] (가) 작자 미상, '정읍사' / (나) 작자 미상, '사모곡'

(가) 작품해설 • 현전하는 유일한 백제의 가요이자 한글로 기록되어 전하는 최고(最古)의 노래이다. 노래의 전문이 실린 곳은 1493년에 편찬된 〈악학궤범〉으로 이 노래가 고려 시대를 거쳐 조선 시대에도 불리어져서 국문으로 표기된 것으로 보인다. 멀리 행상 나간 남편의 안전을 기원하는 아내의 간절한 마음을 노래한 작품으로, 후렴구를 빼고 작품을 읽으면 오늘날 시조와 어느 정도 유사한 맥을 지니고 있다고 보고 시조의 원형으로 보기도 한다.

주제 행상 나간 남편의 안전 기원

구성 • 1장 : '달'에 남편의 안녕을 청원, 천지신명에의 기원
• 2장 : 남편에 대한 야행침해(夜行侵害) 염려, 남편의 안녕 기원
• 3장 : 남편의 무사 귀가를 기원, 남편의 편안함을 간구
표현상의 특징 비유가 많이 사용되었으며, 애틋하고 간절한 정서가 두드러진다.
작품해석 • 달님이시여, 높이높이 돋으시어
멀리멀리 비춰 주소서.
(어긔야 어강됴리)
(아으 다롱디리)
시장에 가 계신가요?
(어긔야) 위험한 곳을 디딜까 두렵습니다.
(어긔야 어강됴리)
(어긔야) 어느 곳에서나 놓으십시오.
(어긔야 어강됴리)
당신 가시는 곳 저물까 두렵습니다.

(나) 작품해설 • 어머니의 절대적 사랑의 가치와 의미를 칭송한 고려 가요이다. 6구체 단련으로 되어 있고, 고려의 장가 가운데 가장 짧다. '악장가사', '시용향악보', '안상금보' 등에 실려 전해지며, 이 노래를 백제시대의 '목주가'로 추정하는 견해도 있다. 어버이의 사랑을 농기구에 비유하고 있는데, 이를 바탕으로 작자의 신분을 농민 계층으로 추정하기도 한다.

주제 어머니의 절대적인 사랑 예찬
구성 • 기 : 호미와 낫 비교
• 서 : 어머니와 아버지의 사랑 비교
• 결 : 어머니의 사랑 예찬
표현상의 특징 고려가요의 일반적 형식과 달리 비연체로 되어 있는 점이 특이하다. 비유가 사용되었으며, 여음구를 제외하면 시조의 3장 6구의 형식과 비슷하고, 감탄적 어구는 향가의 낙구와 비슷하다.
작품해석 • 호미도 날(刀)이지만
낫같이 들 리도 없습니다.
아버님도 어버이시지만
(위 덩더둥셩)
어머님같이 사랑하실 이 없어라.
아아, 임이시여!
어머님같이 사랑하실 이 없어라.

13

정답 ③

출제의도 시를 읽고 작품에 대한 종합적인 이해를 바탕으로 서로 다른 시들을 비교할 수 있다.
특별비법 선지를 보면 주로 표현 방식의 공통점에 대해 언급하고 있다는 사실을 알 수 있으므로, 표현 방식 위주로 작품을 살펴보며 비교 · 검토해 본다.

문제 풀이 (가)와 (나) 모두 작품 속에서 계절 변화는 나타나지 않기 때문에 ③의 설명은 알맞지 않다.

오답 풀이 ①은 (가)의 '어긔야 어강됴리 / 아으 다롱디리'와 (나) '위 덩더둥셩'로, ②는 (가)의 '아으'와 (나)의 '아소'로, ④는 (가)의 '돌'과 (나)의 '호미'와 '낟'으로 각각 그 설명을 확인할 수 있다.

14

정답 ①

출제의도 시를 읽고 시적 대상의 다층적 의미에 대해 이해할 수 있다.

특별비법 각각 해당 작품에서 핵심이라 할 수 있는 시적 대상으로, 해당 시적 대상을 이해하지 못하면 작품 전체의 이해가 어려울 정도의 작품 내 위상을 갖는다. 이는 곧 작품을 이해했다면 해당 시적 대상을 쉽게 이해할 수 있다는 뜻이기도 하다. 작품에 대한 이해를 바탕으로 선지를 검토한다.

문제 풀이 ㉠ '돌'은 화자의 소원을 들어줄 수 있는 신령스러운 존재이며, ㉡ '님'은 화자의 처지를 바꾸어 줄 수 있는 존재로, 둘의 공통점은 모두 화자가 자신의 바라는 바를 들어달라고 부르며 호소하는 대상이라는 것이다. 따라서 정답은 ①이다.

문학 (현대소설)

[01~03] 김정한, '산거족'

작품해설 • 이 소설은 마삿등의 판자촌에 사는 황거칠이라는 한 인물을 통해 서민들의 생존권을 빼앗는 가진 자들의 악행을 고발하고, 불의에 항거하는 정의로운 행동과 열악한 삶을 개선하려는 노력을 보여 준 작품이다. 주인공 황거칠 씨는 패배는 할지언정 자신의 뜻을 굽히지 않고 생존권을 침해하려는 강자와 맞서 싸우는 인물로, 이를 통해 작가는 불합리한 사회 구조와 부당한 권력에 대해 비판을 가하고 있다. 또한 보호로서의 법이 아닌 착취로서의 법만을 적용받는 마삿등 주민들의 모습을 통해 법과 인륜, 권력과 정의에 대한 문제를 제기하고 있다.

주제 소외당한 사람들의 생존 문제와 부조리한 현실에 대한 저항

구성 • 발단 : 마삿등에 사는 황거칠과 마을 주민들은 식수 문제를 해결하기 위해 힘을 모아 함께 수도를 판다.

• 전개 : 어느 날 호동팔이 나타나 자신의 형이 국가로부터 땅을 사들였다고 소유권을 주장하며 산 수도를 강제로 철거한다.

• 위기 : 황거칠과 산 주민들은 다른 산을 찾아 새 수도를 연결한다. 하지만 그 산이 자기 것이라는 다른 유력자가 나타난다.

• 절정 : 황거칠은 끝까지 항거할 것을 다짐하며 신문에 호소하고 탄원서까지 제출하며 사태에 맞선다.

• 결말 : 총선이 겹치자 재판은 중단되고, 시청 직원이 황거칠에게 그의 할아버지, 아버지의 공로에 대한 감사장을 전달하러 온다. 황거칠은 더욱 마음을 다잡아 투쟁할 것을 다짐한다.

이해의 핵심 ① 방언을 사용하여 생생한 현장감을 줌. ② 정의를 추구하는 개인의 의지가 보편적 집단 의지로 승화됨.

01

정답 ②

출제의도 작품에 대한 설명의 적절성을 파악할 수 있다.
특별비법 작품의 주제를 중심으로 구조와 등장인물을 살펴야 한다.

문제 풀이 인물의 회상이 과거와 현재의 사건을 연결시키는 부분은 윗글에 나타나지 않기 때문에 정답은 ②이다.

오답 풀이 ① '못사는 사람들에게는 ~ 걱정꺼리가 생겼다'에서 상황이나 인물의 심리를 설명해주는 서술자의 목소리가 드러나 있음을 알 수 있다.

③ 황거칠 개인이 맞서 싸우는 모습이 구체적으로 드러나 현실에 대항하는 개인의 의지가 돋보인다고 할 수 있다.

④ '산 수도'를 매개로한 인물 사이의 갈등 요인이 분명하게 드러난다.

02

정답 ②

출제의도 작품 일부의 성격을 파악할 수 있다.
특별비법 사건의 흐름을 중심으로 주어진 부분의 의미를 파악해야 한다.

문제 풀이 [A]는 사건의 흐름을 중단하고 인물의 인상을 고대 사설조의 어투를 빌어 묘사하고 있는 장면이다.
오답 풀이 액자 구성도 아니고(①), 인물이 희화되어 나타나 있지도 않으며(③), 인물에 대한 비판적 표현이 간접적이고 비유적이지 직접적이 아니다(④). 오히려 사건전개와 거리가 생기면서 다른 사건이 개입되지 못하고 서사적 흐름이 지연되어 있다.

03

정답 ④

출제의도 핵심 소재의 성격을 파악할 수 있다.
특별비법 '산 수도'가 등장인물들에게 각각 어떤 의미를 가지는지를 파악해야 한다.

문제 풀이 '산 수도'는 전체 사건 전개의 핵심 소재로 ④와 같이 '빠른 장면 전환을 유도하는 대상'은 아니다.
오답 풀이 이 작품의 핵심적인 소재인 '산 수도'는 서민들의 생존권과 직결되어 있고(①), 국유지인 산에 새로운 우물을 파 연결한 수도이며(②), 나가서 주제적 차원에는 불합리한 권력과 착취에 대한 문제를 제기하게 한 소재이다(③).

[04~06] 오상원, '모반'

작품해설 • 이 소설은 해방 직후의 정치적 혼란기를 배경으로, 한 테러리스트의 고뇌와 그 극복 과정을 그리고 있다. '민'에게 대(大)를 위해서 소(小)를 버리라는 비밀 결사는 사회 정의를 추구하는 집단이면서 도리어 그 사회에 속한 개인의 주체성을 무시하는 비인간적인 모습을 보여준다. '평범한 인간들을 한 사람이라도 더 사랑하겠다'고 외치는 '민'의 모습을 통해 작가는 폭력이 만연하는 혼란스러운 시대의 모든 사람들에게 휴머니즘이라는 가장 기본적인 삶의 방향을 제시하고 있다.

주제 정치적 혼란과 사회적 폭력 속에서의 인간성 회복 추구
제목 '모반'의 의미 1. '민'이 활동한 비밀 결사는 기존의 사회

체제에 대한 도전이자 개혁 의지의 표현이라는 점에서 '모반'
2. '민'이 비밀 결사를 탈퇴하는 것은 결사의 입장에서 조직의 강령을 어기고 배반하는 것이라는 점에서 '모반'
3. 결사의 관점에서 암살의 대상이 된 부패한 자들은 사회에 해악을 끼치고 국가 기강을 흔드는 점에서 '모반'

등장인물 • 민 : 주인공. 동창생의 권유로 비밀 결사에 가담. 암살 지령을 이행하나, 어머니의 죽음과 테러리스트로 몰린 한 청년의 비극이 계기가 되어 조직을 이탈한다.(조직의 폭력성과 비인간성에 회의를 느낌)
• 세모진 얼굴 : 민과 대립하는 반동 인물. 개인의 양심이나 인간성보다 조직의 목표를 중시하는 비정한 인물
• 소녀 : 누명 쓴 청년의 여동생으로, 정치적 혼란으로 인해 가정의 평화를 빼앗기고 두려움에 떨고 있는 순박한 인물
구성 • 발단 : 4279년 늦가을, 암살을 모의하는 청년들이 선술집에 앉아 있다.
• 전개 : 암살 사건이 일어나고 범인은 체포되었으나 진범이 아님을 주장한다.
• 위기 : '민'은 자기가 저지른 암살에 대해 갈등한다.
• 절정 : '민'은 동료의 설득과 위협에도 불구하고 비밀 결사를 탈퇴하려 한다.
• 결말 : '민'은 비밀 결사를 탈퇴함으로써 비로소 자신의 참모습을 찾게 된다.

줄거리 평범한 회사원이던 민은 중학교 동창인 세모진 얼굴의 권유로 비밀 결사에 가담한다. 암살을 결행하기로 한 날, 민의 어머니가 위독한 상태에 빠지지만 그는 암살 현장에 나갔고, 어머니는 동료의 손을 아들의 손이라고 믿고 잡은 채 세상을 떠난다. 민은 차츰 자신의 행위를 후회한다. 이후 민은 두 번째 암살을 결행하는데, 그가 암살 대상자를 쏘고 달아나면 동료들이 지나던 청년 하나를 때려 눕혀 범행 누명을 씌우는 계획이었다. 암살은 성공하였지만 민은 누명을 쓴 청년에게 가책을 느끼게 되고, 그 집을 찾아가 청년의 여동생에게 병으로 위독하다는 어머니의 약값을 건네준다. 그리고 민은 동료들의 협박을 뿌리치고 비밀 결사를 떠난다.

이해의 핵심 ① 플래시백 기법(연속되는 장면의 순간적인 변화)이나 몽타주 기법(각기 다른 장면들을 이어 붙여 새로운 장면 구성) 등 영화적인 표현 기법들이 쓰임. ② 영화적 표현 장치들은 작품이 사용하고 있는 과거 회상(역전 구성)이나 의식의 흐름 기법 등과 연관되어 연속적이며 빠른 템포, 사건의 긴박감 형성, 감정의 고조 등을 표현하는 데에 주요한 역할을 함. ③ 해방 직후의 정치적 혼란기의 집과 사무실을 시공간적 배경으로 함.

04

정답 ②

출제의도 작품의 서술상의 특징을 파악할 수 있다.
특별비법 선택지에 서술되어 있는 서술 방식을 작품에서 확인해야 한다.

문제 풀이 제시된 부분은 '민'이 암살 지령을 받아 준비하는 과정과 암살 후에 일어난 일, 즉 다른 청년이 범인으로 대신 잡힌 일, 그리고 모함을 받은 청년의 여동

생을 민이 찾아간 일을 서술하고 있다. 이로 보았을 때 인물이 암살을 실행하기 전과 후의 상황에 초점을 맞추고 있다는 ②의 설명은 적절한 설명이다.

오답 풀이 ① 주어진 작품이 '민'이라는 인물의 우울한 상황(암살에 대한 고민, 자신 때문에 범인으로 몰린 청년과 그 여동생에 대한 고뇌 등)을 제시하고는 있지만 특정 색채를 통해 인물이 처한 상황을 짐작하게 하고 있지는 않다.
③ 암살 대상이 된 인물의 이야기, 알살 지령과 그에 대한 민의 행동, 암살을 준비하는 과정, 암살 후의 모습, 범인으로 몰린 청년 여동생을 찾은 민의 모습 등 연속적인 장면 전환을 보여 주는 것은 맞다. 그러나 이를 통하여 다양한 시각을 보여 주는 것이 아니라 인간성 상실의 우울함에 대한 시각만이 드러나 있다.
④ 주어진 부분 내용으로 볼 때 현재 진행되는 내용을 보여 주고 있을 뿐이고, 갈등은 주인공 '민'이 테러가 옳은 행동인지를 스스로 갈등하고 있을 뿐이다.

 05

정답 ④

출제의도 특정한 상황과 행동의 의미를 파악할 수 있다.
특별비법 주어진 부분의 천후 상황을 연결하여 그 의미를 파악해야 한다.

문제 풀이 ㉣에서 낯선 청년(민)이 눈물을 흘린 것은 자신이 저지른 일을 대신 뒤집어쓰고 체포된 청년과 청년의 여동생, 그리고 아픈 어머니의 모습을 보고 테러를 저지른 것과 혐의를 뒤집어씌운 것을 후회하는 참회의 의미를 담은 것이라 할 수 있다. 따라서 '원망과 분노가 표현된 것'이라는 ④의 설명은 적절한 내용이라 하기 어렵다.

오답 풀이 ① ㉠은 정쟁(政爭)의 정도가 가열해져 가고 있다는 것이므로 정치·사회적으로 더 불안하고 혼란한 상황이 되어가고 있다는 설명이 적절하다.
② ㉡의 '왜? 왜? 왜? 하는 질문'은 암살을 지시받은 '민'이 한 말이 아니라 암살을 자신 없어 하는 민에게 하는 암살 지시자의 행위이다. 암살에 동의하지 못하고 갈등하는 인물에 대한 질책의 의미라고 해야 하지 갈등하는 그의 내면심리라고 하기는 어렵다.
③ ㉢은 모함을 받은 청년의 여동생이 '민'을 신문기자로 보아 자신의 오빠가 죄가 없음을 써서 오빠의 억울함을 널리 알릴 수 있지 않을까 하는 기대로 흘리는 눈물로 보아야 한다. 따라서 소녀의 억울하고 불안한 마음이 드러났다고 하기는 어렵다.

06

정답 ③

출제의도 작품을 전체적으로 이해할 수 있다.
특별비법 작품을 전체적으로 이해한 뒤에 각 선택지의 내용을 확인해야 한다.

문제 풀이 암살을 제시받은 민이 잔신을 가지지 못하는 모습을 보이자 암살을 지시하는 세모진 얼굴의 '왜? 왜? 왜? 하는 질문'과 그 이후에 일어난 둘 사이의 민의 어머니에 대한 대화는 갈등을 유발하는 현장의 현장감을 강화시켜 주고 있다.

오답 풀이 ① 병치란 나란히 둔다는 말이다. 그런데 이 주어진 내용은 하나의 사건과 그로 인한 일들을 순차적으로 제시하고 있다. 따라서 서로 다른 장소에서 일어난 사건을 나란히 제시하고 있는 것이 아니다.
② 주어진 작품에서는 사투리나 비속어가 쓰이지 않았다.
④ 주어진 부분에서 비현실적 공간은 제시되지 않았다.

[07~09] 황순원, '독 짓는 늙은이'

작품해설 • 이 작품은 전지적 작가 시점의 소설로, 인간의 내면세계에 자리잡고 있는 삶에 대한 애착과, 급변하는 사회에서 전통적 가치 체계가 무너지는 가운데 우리의 전통에 대한 집념을 그려냈다.

주제 사라져 가는 것을 일으켜 세우려는 한 노인의 집념과 좌절
구성 • 발단 : 아내가 조수와 함께 달아난 것을 알고 분노하는 송 영감

• 전개 : 송 영감은 자신의 병과 당손이(송 영감의 아들)의 문제로 고심하며 독을 빨리 지어내려 이를 악묾.
• 위기 : 빨리 독을 마무리해야 한다는 조급한 마음과 달리 송 영감은 병들어 눕는 횟수가 늘어가고 보다 못한 앵두나무집 할머니는 당손이를 부유한 집에 보내자고 함.
• 절정 : 독을 굽던 송 영감은 자신의 독들만 터져나가는 것을 보고 마침내 쓰러짐.
• 결말 : 당손이를 보내고서 가마 속에 들어가 죽음을 맞는 송 영감
• 에필로그 : 아이가 자라서 가마를 찾자 속죄의 마음으로 온 어머니와 재회함.

이해의 핵심 대화에 따른 장면 제시는 없고, 인물의 내면세계에 대한 설명적 진술이나 서사적 묘사로써 이끌어 나가고 있다.

 07

정답 ④

출제의도 등장인물의 행위가 가지는 의미를 파악할 수

있다.

특별비법 등장인물의 행위에는 어떤 생각이 담겨 있는지를 파악해야 한다.

문제 풀이 ㉠의 앵두나뭇집 할머니는 죽어가는 송 영감과 혼자 남을 당손이를 안타깝게 생각하고, 당손이를 부유한 집에 입양 보낼 수 있도록 돕는 인정 많은 인물이다. 그러므로 ④번이 정답이다.

오답 풀이 ①은 당손이를 부유한 집에 입양 보낼 수 있도록 한 점에서, ②는 당손이와의 대화가 등장조차 하지 않는다는 점에서, ③은 앵두나뭇집 할머니와는 관련이 없는 행동이라는 점에서 모두 소설의 내용과 맞지 않는다.

08 〔정답 ①〕

출제의도 작품의 서술 방식을 파악할 수 있다.
특별비법 작가가 등장인물을 어떤 방식으로 바라보며 서술하고 있는지를 파악해야 한다.

문제 풀이 황순원의 '독 짓는 늙은이'는 전지적 작가 시점의 작품으로 작품 밖의 전지적인 서술자가 인물의 내면 심리를 전달하고 있다. 그러므로 정답은 ①이다.

오답 풀이 ② 1인칭 주인공 시점에 대한 설명이다.
③ 3인칭 관찰자 시점의 설명이므로 오답이다.
④ 작품 밖의 서술자가 논평으로 개입하지 않으므로 오답이다.

09 〔정답 ③〕

출제의도 작품 감상에 대한 적절성을 판단할 수 있다.
특별비법 이와 같은 문제를 해결할 때에는 작품의 의미를 생각하면서, 그 의미가 작품에서 어떻게 구현되고 있는지를 살펴야 한다.

문제 풀이 [A]는 송 영감이 독 굽는 가마 안에서 최후를 맞이하는 부분이다. 이 장면은 송 영감의 장인 정신과 비극적 상황을 초월하고자 하는 비장한 태도를 보여 준다. 이처럼 이 작품은 송 영감을 통하여 '사라져 가는 것을 일으켜 세우려는 한 노인의 집념과 좌절'을 보여 줄 뿐 '부정적 시대적 상황이나 그에 대한 저항 의식을 드러내지는 않는다. 따라서 ③이 정답이다.

[10~12] 이태준, '달밤'

작품해설 • 1930년대 서울 성북동을 배경으로 우둔하고 천진한 황수건이 각박한 세상사에 부딪혀 아픔을 겪는 모습을 1인칭 관찰자 시점으로 서술한 작품이다.

주제 세상에 적응하지 못하고 살아가는 못난이 황수건에 대한 연민

줄거리 성북동으로 이사 온 '나'는 황수건이라는 사람을 만나게 된다. 그리고 곧 그가 못난이라는 것을 알게 된다. 서울에서 못난이들은 거의 거리에 나와 행세를 못하기 때문에 그는 가장 순박한 시골의 정취를 돋워 준다. 이런 황수건은 학교에서 일했었고 지금은 신문 보조 배달을 하고 있다는 것 등을 '나'에게 주절거리곤 했다. '나'는 그와 지껄이기가 좋았다.

10 〔정답 ④〕

출제의도 글의 내용을 잘 파악할 수 있다.
특별비법 지문의 내용과 선지의 내용을 비교하여 일치여부를 파악할 수 있어야 한다.

문제 풀이 황수건이 신문 배달을 하나 보조 배달이라는 것만 제시되고 있을 뿐 형을 대신해서 배달을 하는지는 알 수 없기 때문에 ④는 적절하지 않다.

오답 풀이 ① 지문 첫 번째 줄에 제시되어 있다.
② 지문 마지막에 '나는 그와 지껄이기가 좋았다'라고 제시되어 있다.
③ 지문에서 중략 이후에 바로 삼산학교에서 일을 보다가 어떤 선생하고 뜻이 덜 맞아 나왔다는 것이 나와 있다.

11 〔정답 ④〕

출제의도 어휘의 의미를 파악할 수 있다.
특별비법 정확한 어휘의 뜻을 모르더라도 앞뒤 문맥 등 글의 맥락상 어휘의 의미를 유추할 수 있어야 한다.

문제 풀이 ㉣의 '반편'은 지능이 보통 사람보다 모자라는 사람을 낮잡아 이르는 말이다.

오답 풀이 ① '사람이 많이 살고 상공업이 발달한 번잡한 지역'을 말한다. 같은 말로 '도회지(都會地)'가 있으며 앞에 나온 '서울'과 같은 맥락으로 이해할 수 있다.
② '합비'는 안 입었지만 신문을 들고 온 것을 보고 신

문배달부임을 알았음을 통해 그것이 오늘날 유니폼과 같은 것임을 알 수 있다.
③ 오늘날의 '짱구'와 같은 것으로 이마나 뒤통수가 남달리 크게 튀어나온 머리통을 말한다.

12

정답 ③

출제의도 작품의 서술상 특징을 파악할 수 있다.
특별비법 지문의 전체적인 흐름을 이해하고 그 서술 흐름을 선지를 바탕으로 파악할 수 있어야 한다. 선지의 내용을 지문에 각각 대입하여 확인해야 한다. 이런 문제의 경우 처음 지문을 읽기 전에 문제를 먼저 대충 파악해 두고 생각하면서 지문을 읽으면 시간을 보다 절약할 수 있다.

문제 풀이 이 작품은 황수건의 모습을 1인칭 관찰자 시점으로 서술하고 있기 때문에 ③이 적절한 답이다.
오답 풀이 ① 인물에 대한 관찰 서술이 주된 흐름일 뿐 빈번한 장면 전환은 이루어지고 있지 않다.
② 서술자는 '나'로 고정되어 있다.
④ 1인칭 관찰자 시점이기 때문에 서술자 또한 작품의 등장 인물 중 하나일 뿐 인물들의 심리를 자세하게 알 수는 없다. 그러기 위해서는 전지적 작가 시점이 되어야 한다

[13~15] 이기형, '고향'

작품해설 • 한국문학사에서 사회주의적 리얼리즘에 입각하여 쓰인 소설 가운데 최고로 평가되는 작품이다. 이 작품은 브나로드 운동이 한창이던 시기에 나왔지만, 브나로드 주창자들과는 달리 문화 운동으로서의 농민 계몽이 아니라 경제 투쟁으로서의 농민 운동을 강조한다. 이른바 혁명적 프롤레타리아의 이데올로기를 바탕에 깔고 노동 쟁의 양상·소작 쟁의 양상, 그리고 양자(兩者)의 결합 양상, 프롤레타리아 계급의 지도자상을 보여주는 데 역점을 두고 있다. 다소 도식적이고 작위적인 면모가 많고, 지도자 역할을 하는 등장인물들의 행동이 지나치게 이상화되어 있다는 비판을 받기도 하지만, 농민들의 생활상 묘사만큼은 생생하다는 평가이다.

주제 난관을 극복해 나가는 농민들의 의식 성장
구성 • 발단 : 농민과 마름의 대립
• 전개 : 청년회의 충돌, 갑숙의 가출, 두레 조직, 갑숙과 경호의 공장 취직
• 위기 : 수재(水災), 경호·갑숙의 갈등
• 절정 : 소작료 삭감 투쟁

• 결말 : 동트는 새벽, 장래의 희망과 동지애
표현상의 특징 리얼리즘에 입각한 소설답게 사실적인 묘사가 돋보인다.

13

정답 ④

출제의도 소설을 읽고 작품 속의 등장인물에 대해 파악할 수 있다.
특별비법 선지의 정오는 모두 발췌 제시된 작품 속의 내용을 통해 판별해낼 수 있다. 제시문을 꼼꼼하게 읽는 것이 필요하다.

문제 풀이 안승학은 처음에는 단호한 어조로 자신감을 나타냈지만 갈수록 위축되는 모습을 보인다. 따라서 '자신감으로 일관하고 있다.'는 ④의 설명은 적절하지 못하다.

14

정답 ②

출제의도 생소한 표현의 의미를 문맥을 통해 추론해낼 수 있다.
특별비법 밑줄 친 부분의 전후 맥락을 파악한 뒤 선지를 검토한다.

문제 풀이 '코를 떼고'는 관용적으로 '핀잔만 받고'라는 의미로 쓰인다. 그러므로 정답은 ②이다.

15

정답 ③

출제의도 소설을 읽고 등장인물들의 심리상태를 파악할 수 있다.
특별비법 대화가 이루어지는 상황과 등장인물들의 성격 등을 바탕으로 두 사람의 대화를 상상하면서 읽는다.

문제 풀이 이 작품에 등장하는 '김희준'은 주인공으로 동경 유학생 출신이며, 농민 공동체 형성을 위해 노력하는 농촌 운동가로 농민을 결속시켜 안승학과 대결한다. 반면 '안승학'은 서울 민 판서 집의 마름으로 새롭게 부상(浮上)한 신흥 세력이며, 농민 착취의 전형적 인물이다. 제시된 부분이 [A]에서 희준은 안승학에게 계속 추궁하는데 안승학은 단호한 태도로 이를 거부하고 있다. 따라서 정답은 ③이다.
오답 풀이 ①, ②, ④ 모두 본문에 나타난 희준과 안승학의 태도와는 다르다.

[16~18] 황순원, '나무들 비탈에 서다'

> **작품해설** • 전쟁을 통해 상처를 입은 젊은 세대의 내면을 섬세하게 그려내고 있는 소설로, 작가 황순원의 장편소설가로서의 역량이 발휘되기 시작한 작품으로 평가된다. 전쟁의 상처를 다루는 소설이라 언뜻 보기에는 전쟁이 작중 모든 갈등의 근원인 것 같지만, 실질적으로 비극의 근원이 되는 것은 등장인물들이 저마다 지닌 자의식의 상처이다. 인간 내면과 외부세계가 충돌했을 때 빚어질 수 있는 비극을 다룬다는 점에서, 흔한 전후소설에 머물지 않고 보다 넓은 보편성을 획득했다 할 수 있다.

주제 젊은이들의 정신적 방황과 갈등을 통해 본 인간 구원의 문제

구성 • 발단 : 6·25 전쟁이 끝날 무렵, 수색 중인 동호, 현태, 윤구가 겪는 최전방의 상황은 무고한 사람을 살해할 정도로 비참하다.

• 전개 : 전쟁 직후, 동호는 숙을 늘 생각하면서도 술집 여자인 옥주와 만나다가 자살하고 만다.

• 위기 : 전쟁 후, 현태, 윤구, 숙은 제각기 전쟁의 상처를 안은 채 살아가고 있지만 각자 위태하기 짝이 없다.

• 절정 : 숙은 현태에게 겁탈 당하여 현태의 아이를 갖는다.

• 결말 : 현태는 자신이 드나들던 술집 작부가 자살하는 것을 방조한 혐의로 감옥으로 가게 되고, 숙은 현태의 아이를 낳겠다고 결심한다.

표현상의 특징 리얼리즘과 실존주의에 기반한 담담한 서술이 돋보인다.

16

정답 ④

출제의도 소설을 읽고 내용을 이해할 수 있다.
특별비법 제시된 발췌 부분을 제대로 이해하는 것이 우선이고, 보충적으로 필요한 정보는 선지를 읽고 개별적으로 다시 찾아서 읽음으로써 해결하면 된다.

문제 풀이 '그런데 여섯째 집에서 그들의 긴장을 한층 자극시키는 일이 생겼다.'라는 서술로 '현태는 여섯째 집에서 여인을 발견하였다.'는 ④의 서술이 내용과 일치한다는 것을 알 수 있다.
오답 풀이 ① 수색 대원들은 산 중허리를 넘어서 왔다.
② 수색 대원들은 중압감과 긴장감에 억눌려 있었다.
③ 동호는 압박감에서 벗어나지 못하고 있었다.

17

정답 ④

출제의도 소설을 읽고 작품의 표현상 특징을 파악할 수

특별비법 작품 전체가 아닌 특정 부분의 표현상 특징을 파악하는 것이므로 해당 부분을 자세히 살펴보는 것만으로도 쉽게 문제를 해결할 수 있다.

문제 풀이 [A]는 적과 교전 중인 곳에서 마을을 수색하는 긴장된 상황을 '동호'의 입장에서 서술하고 있다. 그러므로 이는 ④와 같이 '현실로부터 벗어나려는 내면의 의지'라기보다는 언제 습격을 받을지도 모른다는 압박감의 표현이라고 할 수 있다. 따라서 ④가 정답이다.
오답 풀이 ① 유리가 부서져 들어오는 것은 동적인 이미지이다.
② 유릿조각이 몸에 들어박히거나, 전신에 소름이 끼치는 촉각적 묘사가 나타나 있다.
③ '유리'가 인물의 현재 심리를 드러내는 사물이다.

18

정답 ②

출제의도 단어의 의미를 문맥을 통하여 파악할 수 있다.
특별비법 밑줄 친 부분의 전후 맥락을 잘 살펴 의미를 추론해 본다.

문제 풀이 ㉡의 '괴괴하다'는 '쓸쓸할 정도로 아주 고요하다'라는 뜻이다. 이 말은 겉으로는 어떤 사람도 없는 전쟁터의 마을을 수색하는 상황을 나타내는 표현이다. '이상야릇하다'라는 의미와는 어울리지도 않는다.

문학(고전소설)

[01~02] 작가 미상, '최고운전'

작품해설 • 이 작품은 신라 말의 대학자 최치원(崔致遠)의 일생을 허구적으로 형상화한 전기적 영웅 소설이다. 당나라에 당했던 설움을 최치원의 행위를 통해 당나라에 대한 우리 민족의 우월성을 드러내어 정신적으로 극복하고 보상받고자 하는 당대 민중들의 심리를 반영하고 있다.

주제 최치원을 통한 우리 민족의 문화적 자긍심 고취

구성 • 발단 : 금돼지에게 납치되었다가 돌아온 최충의 부인이 여섯 달 만에 치원을 낳고 치원은 금돼지의 자식이라며 버려지게 된다.

• 전개 : 치원의 글 읽는 소리를 들은 중국 황제는 두 학사를 보내 실력을 겨루게 하지만 치원을 당해 내지 못한다.

• 위기 : 치원은 나 승상의 딸을 아내로 삼는 것을 조건으로 중국 황제가 보낸 석함 안의 물건을 알아맞히는 시를 짓는다.

• 절정 : 중국에 도착한 치원은 황제의 간계를 물리치고 중원의 학자들과 문장을 겨루어 이긴다. 이때 황소의 난이 일어나 격문을 지어 항복을 받으니 신하들이 치원을 죽이려고 유배를 보낸다.

• 결말 : 유배지에서 몇 차례의 위기를 극복한 치원은 신라로 돌아와 가야산에 들어가 신선이 된다.

등장인물 • 최고운(최치원) : 중국 황제를 문자로 굴복시키는 신라의 영웅. 중국 황제의 문제를 맞혀 나 승상의 딸 운영과 결혼함.

• 나운영 : 최고운의 처이자 나 승상의 딸. 아버지와 남편의 갈등을 해결하는 효성스럽고 지혜로운 인물

• 나업(승상) : 최고운의 장인으로 신라의 재상. 가문을 위해 치원을 사위로 맞아들인 후 그의 능력을 인정함.

• 중국 황제 : 신라를 업신여기는 인물. 치원과 적대하다 나중에 그의 능력을 인정함.

이해의 핵심 ① 다양한 전래 민담 화소들이 복합적으로 구성됨. ② 한문 경구의 인용과 한시의 삽입이 나타남. ③ 한족(당나라)에 대립하는 민족의식이 반영됨. ④ 전기 소설에서 영웅 소설로 전환되는 과정을 전형적으로 보여 줌.

01

정답 ①

출제의도 작품에 대한 이해가 적절한지를 파악할 수 있다.
특별비법 작품의 흐름을 정확하게 파악해야 한다.

문제 풀이 주어진 부분의 내용은 최치원이 중국 황제가 낸 석함 속 물건 알아맞히기 문제를 풀어내는 이야기이다. 주어진 내용으로 보아 치원은 석함의 안을 보지 못하는데도 중국 황제조차 몰랐던 내용까지 알아내 시로 짓는다. 따라서 '함 속의 내용물을 알고 있었다'는 ①의 설명은 적절한 내용이다.

오답 풀이 ② 황제에게 바친 시는 승상이 지은 것이 아니라 치원이 지은 것이다.

③ 승상이 신라왕에게 전달한 것은 치원이 지은 중국 황제의 문제에 대한 답을 적은 시일뿐이다. 왕이 어찌 알게 되었냐는 물음에 사위인 치원이 지었음을 말했을 뿐, 추천하지는 않았다.

④ 치원은 중국 황제가 낸 문제의 답을 맞힌 것일 뿐이지 맞서 싸운 것이 아니다.

02

정답 ②

출제의도 사자성어의 쓰임을 이해할 수 있다.
특별비법 고사성어의 쓰임을 정확하게 파악하여 지시된 부분의 내용을 고사성어로 연결할 수 있어야 한다.

문제 풀이 벽에 붙인 종이에 쓰인 글씨가 마치 살아 움직여 용과 뱀이 꿈틀거리는 것 같다는 ㉠은 '용이 살아 움직이는 것같이 아주 활기 있는 필력을 비유적으로 이르는 말'인 '용사비등(龍蛇飛騰)'과 잘 어울린다.

오답 풀이 ① 계란유골(鷄卵有骨) : 달걀에도 뼈가 있다는 뜻으로, 운수가 나쁜 사람은 모처럼 좋은 기회를 만나도 역시 일이 잘 안됨을 이르는 말.

③ 화사첨족(畵蛇添足) : 뱀을 다 그리고 나서 있지도 아니한 발을 덧붙여 그려 넣는다는 뜻으로, 쓸데없는 군짓을 하여 도리어 잘못되게 함을 이르는 말. ≒사족.

④ 화룡점정(畵龍點睛) : 무슨 일을 하는 데에 가장 중요한 부분을 완성함을 비유적으로 이르는 말. 용을 그리고 난 후에 마지막으로 눈동자를 그려 넣었더니 그 용이 실제 용이 되어 홀연히 구름을 타고 하늘로 날아올라갔다는 고사에서 유래한다.

[03~04] 작자 미상, '소현성록'

작품해설 • 17세기에 창작되어 조선 후기에 널리 읽힌 이 소설은 한 가문의 3대에 걸친 이야기가 서술되어 있다. 주요 등장인물은 제1대 현성, 월영, 제2대인 운경, 운성, 운명, 수빙, 소황후, 제3대 세명, 세광 등이다. 이 소설은 가문 간 혹은 가문 내의 사건들을 누대에 걸쳐 전개시키는 장편 가문 소설의 특징을 잘 나타내 준다.

주제 가문의 명예와 부모에 대한 효도, 부부의 예절 등을 중시하는 가문의 이야기

줄거리 제1대 주인공 소현성은 화 소저, 석 소저, 여 소저와

차례로 혼인을 하고 많은 자식을 두게 된다. 이들 부부는 서로 갈등을 빚기도 하고 한편으로 그 갈등을 현명하게 해결하기도 하는데, 작품에 그 과정이 생생하게 담겨 있다. 제2대 인물들 중 운경은 위 소저와의 혼인 이후에 야기되는 고난과 그 극복 과정이, 운성은 형 소저, 명현 공주, 소영 등과의 혼인 과정에서 고난 및 혼인 이후의 부인 간 갈등이, 임 소저, 이 소저를 비롯한 많은 부인을 둔 운명은 혼인 과정에서 겪는 고난 및 혼인 이후의 부인 간 갈등이, 수빙은 혼인 이후의 시련이 등장한다. 이러한 혼인 과정에서의 문제, 혼인 이후의 문제 등은 부부간의 문제를 넘어 가문 간의 문제와도 연관되며, 이를 통해 이야기가 확장된다. 이 소설은 제3대 인물들의 행적을 마지막으로 마무리된다.

이해의 핵심 ① 영웅적 인물의 가정 내 사건(혼사 장애, 처처 갈등)에 초점을 맞춰 사건이 전개됨. ② 가정 내 인물의 부정적 성격이 갈등의 원인이 됨. ③ 다양한 가정 내 갈등을 통해 '효, 부부 간 예절, 가문의 명예'를 지키는 모습을 보여줌. ④ 비슷한 유형의 사건의 반복을 통해 장편화함.

03

정답 ④

출제의도 작품에 대한 설명의 적절성을 파악할 수 있다.
특별비법 작품의 주제를 중심으로 구조와 등장인물을 살펴야 한다.

문제 풀이 제시된 작품 〈중략〉 다음의 "각설. 산서 안무현 출신의 재상 한 사람이 있었는데, 이름이 이원기였다. 이원기는 사람이 맑고 깨끗하고 성품이 강직하고 곧았으며 뛰어난 재주로 인해 명성이 자자하였다. 일찍이 과거에 급제하여 벼슬이 이부상서에 오르자 그 명망이 세상에 요란하였는데, 오래전부터 앓고 있던 병이 침노하여 드디어 벼슬을 버리고 고향에 돌아와 여생을 마쳤다."는 부분을 보았을 때 ④의 '인물의 내력과 과거행적을 요약해서 제시하고 있다.'는 설명이 알맞음을 알 수 있다.

04

정답 ③

출제의도 작품의 내용을 파악할 수 있다.
특별비법 작품의 내용을 정리하여 선택지 내용에 대입해야 한다.

문제 풀이 "이옥주는 산서 안무현 출신의 재상이었던 '이원기'의 딸이다. 이원기는 벼슬이 이부상서에 오르자 그 명망이 세상에 요란하였는데, 지병이 악화되어 고향으로 돌아와 여생을 마쳤다. 이어서 부인 여 씨도 죽고 이옥주는 11살의 고아가 되었다. 며칠 후에는 도

적이 들어와 집을 차지하고 소굴로 만드는 바람에 집을 잃고 거리로 나서게 되었다. 부모가 도둑을 만나 죽은 것은 아니다.

[05~06] 작자 미상, '낙성비룡'

작품해설 • 이 소설은 어려서 부모가 죽고 고아로 자란 주인공 이경모가 구원자를 만나고 다시 위기를 겪고 이를 극복하여 승리자가 되는 파란만장한 영웅의 이야기를 담고 있다. 줄거리나 주제, 표현, 형식에 있어 다른 영웅 소설과 비교할 때 독창적인 점은 없지만, 섬세한 인물 성격 묘사와 순 우리말 표현이 특징적이다. 특히 주인공이 인물됨을 알아보는 장인 될 사람을 만나거나, 주인공이 '잠꾸러기'에다 '먹보'로 나타나 독특한 면모를 보이는데, 이는 '소대성전'과 일치하는 부분이며 주인공의 뛰어난 성품과 스스로의 학업에의 정진 등을 통해 드러난다는 점에서는 독특하다고 할 수 있다.

주제 먹보에 잠꾸러기인 이경모의 고난 극복과 승리
줄거리 명나라 정통 연간(正統年間) 북경 유화촌에 이주현이라는 선비가 있었다. 그의 부인 오씨가 어느 날 큰 별이 방안에 떨어졌다가 황룡이 되어 승천하는 꿈을 꾸고 잉태한 뒤, 18개월 만에 아들을 낳아 문성이라고 이름을 지었다. 경모는 어려서 부모를 잃은 뒤 유모의 손에 자라다가 남의 집에 머슴살이를 하며 떠돌아다닌다. 그러다 퇴임 재상 양승상의 눈에 띄어 의탁하게 된다. 그러나 승상이 죽자 한 부인으로부터 심한 박대를 견디지 못한 그는 청운사로 들어가 학업을 닦아 장원급제를 하게 된다. 마침 번왕이 모반하여 쳐들어오자 그는 원수가 되어 이를 평정하고 평원왕에 봉해져서 양 승상의 딸과 해로하게 된다.

이해의 핵심 ① 외양 묘사를 통해 인물의 비범함을 부각시키고 있다. ② 요약적 서술과 장면 제시를 교차하여 변화를 주고 있다. ③ 각 장면에서 인물의 행동과 심리가 매우 현실감 있게 사실적으로 묘사되었다.

05

정답 ③

출제의도 작품에 대한 이해의 적절성을 파악할 수 있다.
특별비법 작품에서 내용의 전개가 이루어지는 형태를 파악해야 한다.

문제 풀이 이 작품은 임강수와 유백문이 청운산 주변을 거닐다가 글 읽는 맑고 청아한 소리에 이끌리어 이경모를 만나게 되는 과정 등을 대화와 요약적 서술을 통해 드러내고 있다. 그러므로 정답은 ③이다.

오답 풀이 ① 이 작품은 전지적 작가 시점으로 주인

공 1인칭 시점이 아니다. 그러므로 작품 속의 인물이 사건의 경과를 관찰하며 전달하고 있는 것은 아니다.
② 이 작품에서 빈번한 장면의 전환은 없다.
④ 공간적 배경 묘사가 인물의 성격이나 갈등과는 무관하게 서술되었다.

06
정답 ③

출제의도 한자성어의 의미를 정확하게 파악할 수 있다.
특별비법 한자성어의 의미를 알아야 한다.

문제 풀이 '우열을 가릴 수 없다'는 의미의 사자성어는 ③ '백중지세(伯仲之勢)'이다. 그러므로 답은 ③이다.
오답 풀이 ① 권토중래(捲土重來): 어떤 일에 실패한 뒤 힘을 길러 다시 그 일을 시작함.
② 금란지교(金蘭之交): 친구 사이에 매우 두터운 정.
④ 청출어람(靑出於藍): 제자가 스승보다 나음.

[07~08] 김만중, '구운몽'

작품해설 • 육관대사의 '성진'이 하룻밤 꿈속에서 '양소유'로 환생하여 양가의 아들이 되고 장원급제하여 한림학사를 한 뒤 두 공주, 여섯 낭자와 함께 즐기다가 인간의 부귀영화가 일장춘몽과 같음을 깨닫는 내용인 것이다.

주제 일장춘몽, 인생무상
줄거리 양승상(양소유)가 노승을 만났으나 알아 보지 못한다. 이에 노승이 '춘몽을 깨지 못하였도다'라고 말하고 양승상은 노승에게 자신을 꿈에서 깨게 할 수 있냐고 묻는다. 그러자 노승은 지팡이를 두드려 양승상의 꿈을 깨게 한다. 그제야 양승상은 자신이 연화도량의 성진 행자임을 깨닫는다. 그리고 인간 부귀와 남녀 정욕이 다 허무한 일임을 알게 된다.
작품의 핵심 현실과 꿈의 세계가 교차하는 환몽 구조를 이루고 있다.(현실-꿈-현실)

07
정답 ③

출제의도 작품의 내용을 이해할 수 있다.
특별비법 글의 전체적인 흐름을 이해할 수 있도록 해야 한다. 인물의 대화에 집중해 본다. 양소유와 노승의 대화와 그로 인한 작품 속 변화에 주목한다.

문제 풀이 본문의 내용을 보면 성진이 노승에게 자

신의 꿈(춘몽)을 깨게 할 수 있냐고 묻는다. 그 이후에 '승상이 말을 마치지 못하여 구름이 걷히는데~'라는 부분부터 성진이 꿈에서 현실로 돌아온 것임을 알 수 있다. 그렇기 때문에 그 현실의 자신 모습을 묘사한 ©부분이 현실에 해당하는 것이다.
오답 풀이 ㉠, ㉡, ㉣ 모두 꿈속에 있었던 일들이다.

08
정답 ①

출제의도 작품의 흐름을 이해할 수 있다.
특별비법 한자성어를 단순 암기하는 것이 아니라 그 내용을 이해하고 주어진 작품 내용에 적용해 볼 수 있어야 한다.

문제 풀이 여기에서의 '꿈'은 온갖 부귀영화의 부질없음을 느끼게 하는 매개체이다. 그렇기 때문에 같은 자리에 자면서 다른 꿈을 꾼다는 '동상이몽'은 적절한 한자성어가 아니다.
오답 풀이 ②, ③, ④번은 모두 꿈과 같이 헛된 한때의 부귀영화, 그러한 부귀영화의 덧없음을 말하고 있다.

[09~10] [문학] [고전소설] 박지원, '호질'

작품해설 • 조선 후기에 박지원이 지은 한문 단편소설이다. 조선 후기 유학자 계급의 위선을 통렬하게 풍자하고 있는 작품으로, 일종의 우언(寓言)으로서 대화 형식에 의해 서술자의 의도를 은밀하게 드러내고 있는 것이 특징이다. 형식적으로는 전기체를 탈피하였으며, 표현에 있어서도 동음어를 교묘하게 활용하고 민담과 전설을 삽입하면서 생략과 압축을 구사하여 매우 화려한 면이 있다고 하겠다.

주제 양반 계급의 허위의식 비판
구성 • 1부: 범이 창귀들을 불러 먹이를 의논하는데, 창귀들이 의사, 무당, 선비를 먹이로 추천했으나, 거짓된 자들이므로 맛이 없을 것이라고 한다.
• 2부: 존경받는 선비 북곽 선생과 열녀로 알려진 동리자가 정을 통하다가 들켜 달아나는 과정에서 북곽 선생이 똥구덩이에 빠진다.
• 3부: 구덩이에서 나온 북곽 선생이 범과 마주치고, 범은 선비들의 잘못된 형식 논리, 인의도 없고 잔혹한 인간의 소행 등을 장황하게 꾸짖는다.
표현상의 특징 대화 형식을 통해 서술자의 의도를 은밀하게 드러내고 있으며, 동음어를 교묘하게 활용하고 민담과 전설을 삽입하면서 생략과 압축을 구사하고 있다.

09

출제의도 소설을 읽고 작품 속의 등장인물에 대해 파악할 수 있다.

특별비법 선지의 정오는 모두 발췌 제시된 작품 속의 내용을 통해 판별해낼 수 있다. 제시문을 꼼꼼하게 읽는 것이 필요하다.

문제 풀이 ▶ 제시된 내용에 따르면 북곽 선생은 당황하여 도망치다가 똥이 가득 찬 구덩이 속에 빠진다. 위기 상황에서 의연한 자세를 견지하는 것과는 거리가 멀다. 따라서 정답은 ②이다.

10

정답 ④

출제의도 고사성어를 알고 이를 올바르게 활용할 수 있다.

특별비법 밑줄 친 부분의 상황을 파악한 뒤, 고사성어 지식을 바탕으로 선지를 검토한다.

문제 풀이 ▶ ㉠은 북곽 선생이 도망가다가 똥구덩이에 빠진 다음에 다시 범을 만나는 상황으로, ④ '설상가상(雪上加霜)'이라 할 만하다. '설상가상'은 눈 위에 또 서리가 덮인다는 뜻으로, 난처한 일이나 불행이 잇따라 일어남을 이르는 말이다.

오답 풀이 ▶ ① 그때그때 처한 형편에 맞추어 그 자리에서 결정하거나 처리한다는 뜻이다.
② 범이 눈을 부릅뜨고 먹이를 노려본다는 뜻으로, 기회를 노리고 가만히 형세를 살핀다는 뜻이다.
③ 거의 죽을 뻔하다가 다시 살아난다는 뜻이다.

[11~12] 김시습, '이생규장전'

작품해설 • 조선 초기에 김시습이 지은 한문소설. 원본은 전하지 않고 일본 동경에서 목판본으로 간행된 작자의 소설집 '금오신화'에 실려 있다. 전반부에서는 살아 있는 남녀 간의 사랑을 다루고 후반부에서는 산 남자와 죽은 여자의 사랑을 다룬 애정소설이다. 특히 산 사람과 죽은 사람의 사랑을 다루었다는 점을 주목해 명혼소설로 분류하기도 한다. 명나라 구우의 '전등 신화'의 영향을 받았으나 단순한 모방은 아니고 여러 설화 작품에서 모티프를 빌려 왔으며, 구성이나 주제 면에서 독창성을 충분히 발휘하였기 때문에 완전한 창작 소설로 평가된다.

주제 죽음을 초월한 남녀 간의 사랑

구성 • 발단 : 이생과 최랑의 만남과 사랑
• 전개 : 이생 부모의 반대로 인한 일시적 이별, 부모의 반대를 극복한 결혼
• 위기 : 홍건적의 난으로 인한 최랑의 갑작스런 죽음
• 절정 : 살아 있는 이생과 죽은 최랑의 재회
• 결말 : 이생과 최랑의 영원한 이별

표현상의 특징 한문 문어체를 사용하고 있으며 시를 삽입함으로써 등장인물의 심리를 표현하는 것이 특징이다.

11

정답 ②

출제의도 소설을 읽고 등장인물을 이해할 수 있다.

특별비법 등장인물들에 주목하면서 작품을 읽고 선지를 검토한다.

문제 풀이 ▶ 작품의 첫 부분에 '나이 열여덟에 풍채가 맑고 재주가 뛰어났다.'와 '열대여섯의 나이에 태도가 어여쁘며 수를 잘 놓고 시도 잘 지었다. 세상 사람들은 '풍류 많은 이씨 댁 아들, 현숙한 최씨 댁 처녀. 뛰어난 재주와 용모로써 배를 채울 만하구나.'라고 칭찬했다.'로 ②의 '이생과 최씨 처녀는 재주와 용모가 뛰어나 칭송을 받았다.'는 내용을 확인할 수 있다. 따라서 정답은 ②이다.

오답 풀이 ▶ ①은 국학의 학생인 이생이 국학에 가는 길목에 있는 최씨 처녀의 집 담장 밖 수양버들 밑에서 쉬다 갔다고 하였을 뿐, 그녀의 집을 거쳐 간 것은 아니다.
③ 최씨 처녀는 이생의 시를 향아에게 가져오게 한 뒤 답장은 자신이 직접 밖으로 던졌다.
④ '마음이 은근히 기뻤지만 비밀스러운 일인지라 머리털이 삐죽삐죽 솟았다.'라고 한 것으로 보아 이생은 두려움을 느끼고 있었다.

12

정답 ②

출제의도 소설을 읽고 작품 속에 나타난 우회적 표현의 진의를 파악한다.

특별비법 제시문으로 발췌된 부분의 내용을 이해하는 것과 동시에 전후의 맥락을 잘 살펴 정답을 찾는다.

문제 풀이 ▶ 최씨 처녀가 읊은 시는 자기 집에 있으면서 담 밖으로 지나가는 이생을 보고 그를 따르고 싶다는 뜻을 표현한 것으로 볼 수 있다. 따라서 ㉠은 ②에서 말한 바와 같이 규방에서 벗어나 배필을 찾고 싶다는 뜻이 담겨 있다고 할 수 있다.

문학(수필·극)

[01~02] 박지원, '일야구도하기'

> **작품해설** · 이 수필은 연암 박지원이 청나라에의 여정과 견문을 기록한 기행 수필집인 『열하일기』에 수록된 글이다. 이 글에는 큰 강물을 건너면서 겁을 먹게 되는 것은 강물의 흐름이나 소리만을 염두에 두기 때문이라는 것을 깨닫는 과정이 잘 그려져 있다. 작가는 이를 통해 사물에 대한 정확한 인식에 도달하기 위해서는 눈과 귀를 통해 지각된 외물(外物)에 영향을 받지 말아야 하며, 사물을 이성적으로 바라볼 필요가 있다는 깨달음이 그것이다. 작가는 이를 통해 외물에 쉽게 흔들리지 않는 삶을 사는 자세가 필요하다고 역설하고 있다.

[주제] 외물(外物)에 현혹되지 않는 삶의 자세
[구성] · 기 : 듣는 이의 마음가짐에 따라 강물 소리가 달라짐.
· 승 : 외물(外物)에 현혹되기 쉬운 인간들
· 전 : 외물에 현혹되지 않고 마음을 평정하면 사나운 강물에도 익숙해짐을 깨달음
· 결 : 인생의 바른 태도와 세인(世人)들에 대한 경계
[이해의 핵심] ① 구체적인 경험을 바탕으로 자연스럽게 결론을 이끌어 냄. ② 치밀하고 예리한 관찰력으로 사물의 본질을 꿰뚫어 봄.

정답 ①

출제의도 글에 대한 설명을 적절성을 파악할 수 있다.
특별비법 선택지 내용을 제시문에서 확인할 수 있어야 한다.

문제 풀이 작가는 제시문에서 "이제 내가 한밤중에 강물을 건너매, 눈에 위태로움이 보이지 않자 위태로움이 온통 듣는 데로만 쏠려서 귀가 바야흐로 덜덜 떨려 그 걱정스러움을 견딜 수가 없었다."라고 자신이 겪은 경험을 말하고 있다. 그런 연후에 "내가 이제야 도를 알았다."라고 하며 그 경험을 통해 깨달은 것이 있음을 말하고 있는 것이다. 즉, 작가는 이러한 경험을 통하여 깨달은 삶의 이치를 이 글에서 제시하고 있는 것이다. 따라서 ①이 설명은 이 글에 대해 적절하게 설명하고 있는 것이다.

오답 풀이 ② 이 글에는 '요동 평야'와 '요하'라는 구체적인 지명이 제시되어 있다. 작가는 이러한 지명을 통하여 독자에게 친밀감을 조성하고 있는 것이 아니라 글의 내용이 자신이 직접 경험한 내용임을 드러내고 있는 것이다.

③ 작가는 '어찌 물소리를 들을 수 있겠는가?'라는 설의적 표현을 통해 자신의 경험을 극적으로 전달하고 있을 뿐이지, 비통함을 강조하고 있지 않다.

④ 이 글은 낮과 밤이라는 현상으로 인한 시각과 청각으로 인해 일어나는 대상인 요하를 인식하는 감각의 변화를 통하여 삶의 무상함이 아니라 삶의 이치를 깨달음을 나타내고 있다.

정답 ④

출제의도 글의 주제를 파악할 수 있다.
특별비법 글의 주제를 명확하게 파악한 뒤에 그에 합당한 내용을 찾아야 한다.

문제 풀이 이 글의 주제는 '외물(外物)에 현혹되지 않는 삶의 자세'이다. 따라서 이러한 주제를 가장 잘 드러내는 언급은 ㉣의 '마음이 텅 비어 고요한 사람은 귀와 눈이 탈이 되지 않고, 눈과 귀만을 믿는 자는 보고 듣는 것이 자세하면 자세할수록 더욱 병통이 되는 것'이다.

참고 『열하일기』

[전체 해설] 총 26편으로 구성되었으며, 각 편은 다시 수많은 작품들로 구성된다. '압록강 → 북경 → 열하 → 북경'의 여정을 일기체 형태로 썼지만, 북경에서 머무른 시기에 견문한 것은 잡록(雜錄)의 형식을 빌리는 등 파격적인 모습을 보인다. 일기 형식의 기록은 그날그날의 행적을 적는 데는 적합하지만, 한 가지 주제를 집중적으로 부각하기는 어렵다. 따라서 『열하일기』는 주제별로 견문기, 기행문, 사상적 단상(斷想), 수필, 소설 등 다양한 형식으로 구성되어 있다.

[전체 구성] · 서문(序文) : 풍습과 관습이 치란(治亂)에 관계되고, 성곽, 건물, 경작과 목축, 도기를 만드는 일과 쇠를 주조하는 일 등 이용후생에 관계되는 일체의 방법을 거짓 없이 기록함.
· 본문(本文) : 여정에 따라 견문과 감상을 기록함.
1. 도강록(渡江錄) : 압록강에서 요양까지 15일간의 여정으로, 건축 제도를 중심으로 이용후생에 관심을 보임. '통곡할 만한 자리'를 수록함.
2. 성경잡지(盛京雜識) : 십리하(十里河)에서 소흑산까지 5일간의 여정으로, 개인적으로 만난 평민들의 이야기를 중심으로 기록함.
3. 일신수필(馹汛隨筆) : 신광녕에서 산해관에 이르는 9일간의 여정으로, 중국의 여러 제도에 관해 기록함.
4. 관내정사(關內程史) : 산해관에서 연경까지 11일간의 여정으로, 백이(伯夷)·숙제(叔齊) 이야기와 한문 소설 '호질(虎叱)'을 수록함.
5. 막북행정록(漠北行程錄) : 연경에서 열하까지 5일간의 여정으로, 피서 간 황제를 쫓아 열하로 가는 동안 겪은 고생을 기술함.
6. 태학유관록(太學留館錄) : 열하의 태학에 머물면서 학자들과 문물 제도, 지전설(地轉說) 등에 관해 토론한 내용을 기록함.
7. 환연도중록(還燕道中錄) : 열하에서 다시 연경으로 돌아오

는 6일간의 여정으로, 특히 교량과 도로 등 교통 제도에 관해 서술함.

[03~04] 김진섭, '백설부'

> **작품해설 ·** 이 수필은 '눈'을 소재로 사색과 감상을 드러내고 있다. 글쓴이는 생활에 지친 사람들에게 눈이 안겨 주는 기쁨과 즐거움, 눈 내리는 광경의 아름다움과 눈이 쌓여 새하얗게 변한 세상의 아름다움을 예찬하고 있다. 눈이 내리는 모습과 내리고 난 후의 순화된 설경을 갖가지 감상을 덧붙여 다양한 비유를 통해 생동감 있게 표현하였으며, 풍부한 어휘 구사와 유려한 문체가 돋보인다.

주제 우리에게 위안을 가져다주는 눈에 대한 예찬

구성 • 눈을 좋아하는 사람들

• 겨울의 서정시인 백설 – 1단락
• 백설이 주는 위안 – 2~4단락
• 백설의 단명함
• 강설의 아름다움
• 적설의 아름다움
• 더욱 아름다운 눈의 세계
• 도회에서의 눈의 체험

이해의 핵심 ① 대상을 주관적으로 파악하여 독창적인 의미를 부여함. ② 다양한 비유를 통해 대상을 제시함. ③ 만연체, 한문 투의 어려운 문장을 구사하여 장중한 느낌을 줌. ④ 의인법, 과장법, 은유법 등 다양한 표현 방법과 호흡이 긴 만연체의 문장을 사용함.

정답 ①

출제의도 작품에 대한 설명의 적절성을 파악할 수 있다.
특별비법 중심 소재인 '눈'에 대한 표현을 중심으로 작품을 파악해야 한다.

문제 풀이 이 글은 눈이 내리는 경관과 눈이 덮인 세계에 대한 화자의 주관적 감상을 통해 '눈'에 대한 예찬적 태도를 드러내고 있다. 따라서 정답은 ① "중심소재를 비유를 통해 주관적으로 표현하고 있다."이다.

정답 ③

출제의도 중심 소재에 대한 표현을 구분할 수 있다.
특별비법 '눈'에 대한 표현이 가지는 의미를 파악해야 한다.

문제 풀이 구절의 의미를 이해했는지 묻는 문제로, ㉢ '인생의 무의미에 대해서 최후의 단안'은 중심 소재인 '눈'과 관련이 없는 것이다. 따라서 정답은 ③이다.

오답 풀이 ① ㉡은 '눈'의 영향에 관한 화자의 주관적 감상이 드러나고 있다.

② ㉢의 '한없이 부드럽고 깨끗한 영혼'은 '눈'의 비유적 표현이다.

④ ㉣의 '우리의 애인이 우리를 가만히 몰래 습격함'은 '눈'이 내리는 것을 비유적으로 표현한 것이다.

[05~06] 법정, '무소유'

> **작품해설 ·** 이 수필은 인간의 진정한 행복은 '소유'가 아니라 '버림'을 통해 얻을 수 있다는 깨달음을 담고 있다. 이 작품을 통해 글쓴이는 '버려야 얻을 수 있다'는 역설적 깨달음을 제시하고 있다. 이를 위해 난초를 키우던 자신의 구체적 체험을 소개하며 독자의 공감을 불러일으키고 있다. 또한 개인의 체험을 바탕으로 한 인식을 사회와 세계사로 확장하여 통찰하는 모습을 보여 주고 있다.

주제 진정한 자유와 무소유의 참된 의미

구성 • 1~2단락 : 얻어 온 난초를 애지중지 기름.

• 3~4단락 : 난초 때문에 허둥지둥 돌아옴.
• 5~6단락 : 집착을 깨닫고 난초를 친구에게 줌.
• 7~10단락 : 무소유의 가치를 깨달음.

05

정답 ②

출제의도 글의 대한 설명의 적절성을 확인할 수 있다.
특별비법 글에서 글쓴이가 말하고자 하는 바를 어떻게 전달하는 지를 파악해야 한다.

문제 풀이 이 수필은 글쓴이가 난초를 기르면서 가졌던 집착과 이를 깨닫고 그 집착에서 벗어나는 과정을 서술하면서 '무소유의 가치'를 독자에게 전달하고 있다. 즉 글쓴이는 난초를 기르다 친구에게 준 '일상의 경험을 통해 얻은 깨달음을 서술'하고 있는 것이다. 따라서 정답은 ②이다.

오답 풀이 ① 글에서는 현대 사회의 세태를 풍자적으로 그리고 있지 않다.

③ 글쓴이는 '자연 속'에서 살고 있지도 않고, '여유'에 대하여 말하고 있지도 않다.

④ 이 글에는 '과거와 현재의 상황'이 제시되어 있지 않다

06 　　　　　　　　　　　　　　　정답 ④

출제의도　글의 핵심 정보를 파악할 수 있다.
특별비법　이 작품의 주제는 '무소유를 통한 자유의 깨달음'이다. 따라서 이러한 주제가 드러난 답을 고르면 문제를 해결할 수 있다.

문제 풀이 ▷ 이 글의 제목이면서 주제인 '무소유'와 관련된 내용은 서술자자 자신의 '난'을 친구에게 주었다고 서술하고 있는 ㉣이다.
오답 풀이 ▷ ㉠, ㉡, ㉢의 경우, 모두 화자가 '난'에 '집착'하는 모습이라고 할 수 있다.

---

[07]　김기림, '단념'

작품해설 • 평범한 사람들처럼 적당히 단념하는 삶을 살아서는 안 되고 모든 것을 단념하든지 끝없이 욕망을 갖는 삶을 살아가는 것이 진정한 삶이라고 이야기 한다.

주제　진정한 삶의 자세
줄거리　모든 것을 단념해 버리는 것은 용기를 요하는 일이다. 이와 반대로 끝없이 새로운 것을 욕망하고 추구하고 돌진하고 대립하고 깨뜨리고 불타다가 생명의 마지막 불꽃마저 꺼진 뒤에야 끊어지는 생활 태도가 있다. 이 두 길은 모두 영웅의 길이다. 다만 영구한 적멸인지 부단한 건설인지에 대한 차이가 있다.
단락요지　• 1단락 : 모든 것을 단념하는 삶 – 용기가 필요.
• 2단락 : 끝없이 새로운 것을 욕망하는 생활태도
• 3단락 : 두 가지 삶에 대한 태도는 모두 영웅의 길

07 　　　　　　　　　　　　　　　정답 ③

출제의도　문맥에 따른 어구의 의미를 파악할 수 있다.
특별비법　전체적 흐름을 파악한 후 앞뒤 문장, 단락의 내용을 바탕으로 어구의 의미를 파악할 수 있어야 한다.

문제 풀이 ▷ ㉢의 부단한 건설은 2단락에서 말하고 있는 끝없이 새로운 것을 욕망하는 태도에 해당한다.
오답 풀이 ▷ ㉠, ㉡, ㉣은 모두 모든 것을 아주 단념해 버리는 삶과 같은 맥락에서 이해할 수 있다.

기출 유형 ## 수학 영역

함수

01

정답 ④

출제 의도 절댓값 기호를 포함한 무리함수의 그래프를 그리고, 직선과의 위치 관계를 파악할 수 있다.

특별 비법 절댓값 기호를 포함한 함수는 절댓값 안이 0이 되는 x값을 기준으로 구간을 나눈 후 함수를 구한다.

문제 풀이

곡선 $y=\sqrt{|x|+x}=\begin{cases} y=\sqrt{2x} & (x\geq0) \\ y=0 & (x\leq0) \end{cases}$ 이다.

즉, 곡선 $y=\sqrt{|x|+x}$의 그래프는 아래와 같이 그려진다.

직선 $y=x+k$와 두 점에서 만나기 위해서는

① $y=\sqrt{|x|+x}$와 $y=x+k$가 접할 때,

② $y=x+k$가 원점을 지날 때

두 가지 경우가 존재한다.

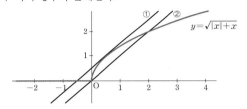

①의 경우,

$y=\sqrt{|x|+x}$와 $y=x+k$가 $x>0$에서 접한다. 따라서

$\sqrt{2x}=x+k \Rightarrow x^2+2(k-1)x+k^2=0$은 중근을 가진다.

판별식 $D/4=(k-1)^2-k^2=0$이므로, $\therefore k=\dfrac{1}{2}$

②의 경우,

$y=x+k$가 $(0, 0)$을 지나므로, $\therefore k=0$

즉, α와 β가 $\dfrac{1}{2}$, 0이므로

$\therefore \alpha^2+\beta^2=\dfrac{1}{4}$

02

정답 ③

출제 의도 유리함수의 성질을 이용하여 문제를 해결할 수 있다.

특별 비법 $y=\dfrac{k}{x-p}+q(k\neq0)$의 그래프는 점 (p, q)에 대하여 대칭이고, 점근선의 방정식은 $x=p$, $y=q$이다. 또한, 일대일대응은 $x_1\neq x_2$이면, $f(x_1)\neq f(x_2)$이고, 공역과 치역이 같아야 한다.

ㄱ. 함수 $f(x)=\dfrac{b}{x+a}+c$의 점근선은 $x=-a$, $y=c$이다. (거짓)

ㄴ. $a>0$, $b>0$, $c>0$이면 $f(x)=\dfrac{b}{x+a}+c$의 그래프는 다음과 같다.

즉, 함수 $f(x)$는 제 1, 2, 3 사분면만을 지난다. (거짓)

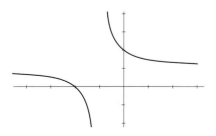

ㄷ. $abc\neq0$이므로 함수 $f(x)$는 유리함수이고, 유리함수는 서로 다른 두 x_1, x_2에 대하여 함숫값이 $f(x_1)\neq f(x_2)$이므로 일대일대응 함수이다. (참)

03　　　　　　　　　　　　　　　정답 ④

출제의도　유리함수의 성질을 이용하여 문제를 해결할 수 있다.

특별비법　$y=\dfrac{k}{x-p}+q\,(k\neq0)$의 그래프는 점 (p, q)에 대하여 대칭이고 점근선의 방정식은 $x=p$, $x=q$이다.

문제 풀이

ㄱ. ㄴ. 유리함수의 기본 성질에 의해 옳다.

ㄷ. $x=\dfrac{-2}{y-1}+2$라고 놓고 정리하면 $y=1+\dfrac{-2}{x-2}$

따라서 모두 옳다.

04　　　　　　　　　　　　　　　정답 ②

출제의도　유리함수와 무리함수의 성질을 이용하여 문제를 해결할 수 있다.

특별비법　$y=\dfrac{k}{x-p}+q\,(k\neq0)$의 점근선의 방정식은 $x=p$, $x=q$이고 무리함수 $y=\sqrt{ax+b}$의 정의역은 $ax+b\geq0$을 만족해야 한다.

문제 풀이

$$y=\dfrac{bx+2}{x+a}=\dfrac{b(x+a)-ab+2}{x+a}=b+\dfrac{2-ab}{x+a}$$

$\therefore a=-1$, $b=2$

$f(x)=\sqrt{-x+2}$이므로 $-x+2\geq0$, $x\leq2$를 만족해야 한다.

따라서 정의역에 속하는 실수의 최댓값은 2이다.

05　　　　　　　　　　　　　　　정답 ④

출제의도　유리함수와 역함수의 성질을 이용하여 문제를 해결할 수 있다.

특별비법　유리함수를 평행 이동한 함수와 역함수를 구하고 계수를 비교한다.

문제 풀이

$$\dfrac{(2a-1)x+1}{x-a}=\dfrac{(2a-1)(x-a)+1+a(2a-1)}{x-a}$$

$$=(2a-1)+\dfrac{2a^2-a+1}{x-a}$$

$f(x)$의 역함수를 $f^{-1}(x)$라 하면

$$f^{-1}(x)=a+\dfrac{2a^2-a+1}{x-(2a-1)}=\dfrac{ax+1}{x-2a+1}　　　\cdots\cdots ①$$

$f(x)$를 x축의 방향으로 b만큼, y축의 방향으로 2만큼 평행 이동한 그래프를 $g(x)$라고 하면

$$g(x)=2+\dfrac{(2a-1)(x-b)+1}{x-(a+b)}$$

$$=\dfrac{2x-2(a+b)+(2a-1)(x-b)+1}{x-(a+b)}$$

$$=\dfrac{(2a+1)x+(1-2ab-2a-b)}{x-a-b}　　　\cdots\cdots ②$$

①과 ②에 의하여

$a=2a+1$이므로 $a=-1$

$-a-b=-2a+1$에서 $a+b=2a-1=-3$

수열

01

정답 ③

출제의도 수열의 합을 구할 수 있다.

특별비법 $\sum\limits_{k=n}^{m} a_k$ (단, $n>1$)는 $\sum\limits_{k=1}^{m} a_k - \sum\limits_{k=1}^{n-1} a_k$로 구할 수 있다.

문제 풀이

$a_4+a_5+a_6$를 첫째항인 a_1부터의 합으로 나타내면
$(a_1+a_2+a_3+a_4+a_5+a_6)-(a_1+a_2+a_3)$이므로
$a_4+a_5+a_6=S_6-S_3$이라 할 수 있다.

$\therefore S_6-S_3=\dfrac{6}{7}-\dfrac{3}{4}=\dfrac{3}{28}$

02

정답 ④

출제의도 등비수열의 일반항을 이용하여 수열의 곱을 구할 수 있다.

특별비법 첫째항이 a이고 공비가 r인 등비수열의 일반항은 $a_n=ar^{n-1}$이다.

문제 풀이

첫째항이 a이고 공비가 r인 등비수열의 일반항은
$a_n=ar^{n-1}$이므로 $a_1=a=12$, $a_5 a_9=a^2 r^{12}=18$
따라서 $r^{12}=\dfrac{18}{12^2}=\dfrac{1}{8}$에 의해 $r^4=\dfrac{1}{2}$

$\therefore a_3 a_7=a^2 r^8=12^2\times\left(\dfrac{1}{2}\right)^2=36$

03

정답 ①

출제의도 등차수열의 합을 구할 수 있다.

특별비법 첫째항이 a이고, 공차가 d인 등차수열의 합은 $S_n=\dfrac{n\{2a+(n-1)d\}}{2}$로 구할 수 있다.

문제 풀이

등차수열 a_n의 첫째항을 a, 공차를 d라 하자.
이때, $a_2=5$, $a_9=19$이므로 $a+d=5$, $a+8d=19$라 할 수 있고, 두 식을 연립하면 $a=3$, $d=2$
따라서 $a_1+a_2+a_3+\cdots+a_8$을 등차수열의 합을 구하는 공식으로 구하면 $S_8=\dfrac{8(6+7\times2)}{2}=80$

04

정답 ①

출제의도 주어진 조건에서 특정한 항의 값을 구할 수 있다.

특별비법 $a_{n+1}=\dfrac{ra_n}{pa_n+q}$ 형태의 식은 양변에 역수를 취하여 $\dfrac{1}{a_n}=b_n$으로 놓고 b_n을 구한 다음 이를 이용하여 a_n을 구한다.

문제 풀이

$a_{n+1}=\dfrac{2a_n}{a_n+4}$에서 양변에 역수를 취한 후 정리하면

$\dfrac{1}{a_{n+1}}=\dfrac{2}{a_n}+\dfrac{1}{2}$

이때 $b_n=\dfrac{1}{a_n}$이라 하면 $b_{n+1}=2b_n+\dfrac{1}{2}$,

$b_{n+1}+\alpha=2(b_n+\alpha)$라 하면 $\alpha=\dfrac{1}{2}$

따라서 $b_{n+1}+\dfrac{1}{2}=2\left(b_n+\dfrac{1}{2}\right)$이므로 $b_n+\dfrac{1}{2}$은 첫째항이

$b_1+\dfrac{1}{2}=\dfrac{1}{a_1}+\dfrac{1}{2}=\dfrac{1}{2}+\dfrac{1}{2}=1$이고,

공비가 2인 등비수열이다.

$\therefore b_n+\dfrac{1}{2}=2^{n-1}$이므로 $b_n=\dfrac{1}{a_n}=2^{n-1}-\dfrac{1}{2}=\dfrac{2^n-1}{2}$

따라서 $a_n=\dfrac{2}{2^n-1}$이므로 $a_{10}=\dfrac{2}{2^{10}-1}$

05

정답 ①

출제의도 등차수열의 합을 구할 수 있다.

특별비법 첫째항 a와 제n항 l을 알 때, 등차수열의 합은 $S_n=\dfrac{n(a+l)}{2}$로 구한다.

문제 풀이

주어진 수열은 첫째항이 -1이고 공차가 4인 등차수열이므로 일반항을 구하면 $a_n=-1+(n-1)\times4=4n-5$이다. 마지막 항이 75이므로 $75=4n-5$를 정리하면 20번째 항이라는 것을 알 수 있다. 따라서 수열의 합은 첫째항이 -1이고 마지막 항이 75인 등차수열의 20번째 항까지의 합이다.

$\therefore S_n=\dfrac{20(-1+75)}{2}=740$

06

출제의도 수열의 성질을 이용하여 특정한 항의 값을 구할 수 있다.

특별비법 $a_{n+1}=a_n+f(n)$이면 $a_n=a_1+\sum_{k=1}^{n-1}f(k)$임을 이용한다.

문제 풀이

$a_{n+1}-a_n=2n$은 연속하는 두 항의 차가 $2n$이므로

$a_n=a_1+\sum_{k=1}^{n-1}2k$

이때, $a_{10}=95$이므로

$a_{10}=a_1+\sum_{k=1}^{9}2k$

$95=a_1+2\times\dfrac{9\times10}{2}$ $\therefore a_1=5$

$\therefore a_{100}=5+\sum_{k=1}^{99}2k=5+2\times\dfrac{99\times100}{2}=9905$

07

출제의도 분수꼴로 된 수열의 합을 구할 수 있다.

특별비법 분수꼴로 된 수열의 합은 먼저, 규칙을 찾아 a_n을 구하고, 부분분수로 변형한다. 그 후, 자연수를 차례로 대입하여 합의 꼴로 나타내어 계산한다.

문제 풀이

$\dfrac{1}{2\cdot4}+\dfrac{1}{3\cdot5}+\dfrac{1}{4\cdot6}+\dfrac{1}{5\cdot7}\cdots$은

$\sum_{k=1}^{\infty}\dfrac{1}{(k+1)(k+3)}$으로 나타낼 수 있다.

무한급수를 부분합의 극한으로 나누어 나타내면

$\lim_{n\to\infty}\sum_{k=1}^{n}\dfrac{1}{(k+1)(k+3)}=\lim_{n\to\infty}\dfrac{1}{2}\sum_{k=1}^{n}\left(\dfrac{1}{k+1}-\dfrac{1}{k+3}\right)$

$\therefore \lim_{n\to\infty}\dfrac{1}{2}\left\{\left(\dfrac{1}{2}-\dfrac{1}{4}\right)+\left(\dfrac{1}{3}-\dfrac{1}{5}\right)+\cdots\left(\dfrac{1}{n+1}-\dfrac{1}{n+3}\right)\right\}$

$=\lim_{n\to\infty}\dfrac{1}{2}\left\{\dfrac{1}{2}+\dfrac{1}{3}-\dfrac{1}{n+2}-\dfrac{1}{n+3}\right\}=\dfrac{5}{12}$

08

출제의도 등비수열의 합을 구할 수 있다.

특별비법 첫째항이 a, 공비가 r인 등비수열 a_n에서, n항까지의 합 $S_n=\dfrac{a(r^n-1)}{r-1}$이다.

문제 풀이

$2a_2+a_3=a_4$를 첫째항과 공비로 나타내어 정리하면

$2ar+ar^2=ar^3$, $r^2-r-2=(r+1)(r-2)$이므로

$r=-1$ 또는 2

이때 $\sum_{n=1}^{10}a_n=1023$이려면 $r=-1$이 될 수 없으므로 $r=2$

$\sum_{n=1}^{10}a_n=\dfrac{a(2^{10}-1)}{2-1}=1023$이므로 $a=1$

따라서 첫째항이 1이고 공비가 2이므로 $a_n=2^{n-1}$

$\therefore a_{11}=2^{10}$

지수와 로그

01

정답 ①

출제 의도 지수법칙을 이용하여 계산 문제를 해결할 수 있다.
특별 비법 $\sqrt[m]{a^n}=a^{\frac{n}{m}}$, $(a^m)^n=a^{mn}$ 임을 이용한다.

문제 풀이

$$(\sqrt[4]{8})^{\frac{2}{3}}\times(\sqrt[6]{36})^{\frac{3}{2}}=(2^{\frac{3}{4}})^{\frac{2}{3}}\times(6^{\frac{2}{6}})^{\frac{3}{2}}=2^{\frac{1}{2}}\times6^{\frac{1}{2}}$$
$$=\sqrt{2}\times\sqrt{6}=2\sqrt{3}$$

$$\therefore 2\sqrt{3}$$

02

정답 ①

출제 의도 로그의 성질을 이용하여 계산 문제를 해결할 수 있다.
특별 비법 $\log_x a+\log_x b=\log_x ab$ 임을 이용한다.

문제 풀이

$$\log_2\left(1+\frac{1}{2}\right)+\log_2\left(1+\frac{1}{3}\right)+\log_2\left(1+\frac{1}{4}\right)+\cdots$$
$$+\log_2\left(1+\frac{1}{127}\right)$$
$$=\log_2\left(\frac{3}{2}\right)+\log_2\left(\frac{4}{3}\right)+\log_2\left(\frac{5}{4}\right)+\cdots+\log_2\left(\frac{3}{127}\right)$$
$$=\log_2\left(\frac{3}{2}\times\frac{4}{3}\times\frac{5}{4}\times\cdots\times\frac{128}{127}\right)=\log_2\frac{128}{2}$$
$$=\log_2 64=6$$

03

정답 ②

출제 의도 지수의 성질을 이용하여 계산 문제를 해결할 수 있다.
특별 비법 $(a^b)^c=a^{bc}$, $a^b\times a^c=a^{b+c}$ 임을 이용한다.

문제 풀이

$$9^{\frac{3}{4}}\times27^{-\frac{2}{3}}=3^{2\times\frac{3}{4}}\times3^{3\times\left(-\frac{2}{3}\right)}$$
$$=3^{\frac{3}{2}}\times3^{-2}=3^{\frac{3}{2}-2}$$
$$=3^{-\frac{1}{2}}=\frac{1}{\sqrt{3}}$$

04

정답 ④

출제 의도 로그의 성질과 이차방정식의 근의 성질을 이용하여 문제를 해결할 수 있다.
특별 비법 $\log_a b=\dfrac{1}{\log_b a}$ (단, $a>0$, $b>0$, $a\neq1$, $b\neq1$)

문제 풀이

근과 계수와의 관계에 의해서
$$\log\alpha+\log\beta=6,\ \log\alpha\log\beta=2$$
$$(\log_\alpha 10)^2+(\log_\beta 10)^2=\left(\frac{1}{\log\alpha}\right)^2+\left(\frac{1}{\log\beta}\right)^2$$
$$=\frac{(\log\alpha)^2+(\log\beta)^2}{(\log\alpha\log\beta)^2}$$
$$=\frac{(\log\alpha+\log\beta)^2-2\log\alpha\log\beta}{(\log\alpha\log\beta)^2}$$
$$=\frac{6^2-2\times2}{2^2}=\frac{32}{4}=8$$

05

정답 ③

출제 의도 로그의 성질을 이용하여 계산 문제를 해결할 수 있다.
특별 비법 $\log_x a+\log_x b=\log_x ab$, $\log_x a^c=c\log_x a$ 임을 이용한다. (단, $x>0$, $x\neq1$, $a>0$, $b>0$, $c>0$)

문제 풀이

방정식 양변에 밑이 10인 log을 취하면 $\log 36=a\log 9$,
양변을 $a\log 36$으로 나누면 $\dfrac{1}{a}=\dfrac{\log 9}{\log 36}$

이와 같은 방법으로 정리하면 $\log 36=b\log 24$,
양변을 $b\log 36$으로 나누면 $\dfrac{1}{b}=\dfrac{\log 24}{\log 36}$

$$\therefore \frac{1}{a}+\frac{1}{b}=\frac{\log 9}{\log 36}+\frac{\log 24}{\log 36}=\frac{\log 9+\log 24}{\log 36}$$
$$=\frac{\log 216}{\log 36}=\frac{3\log 6}{2\log 6}=\frac{3}{2}$$

06

출제의도   지수의 성질을 이용하여 수의 대소 관계를 파악할 수 있다.

해결공식   밑이나 지수를 통일하여 수를 비교한다.

문제 풀이

a와 c를 정리하면

$a = \sqrt[3]{8} = \sqrt[3]{2^3} = 2 = 4^{\frac{1}{2}}$

$c = 3 \times \dfrac{1}{\sqrt{3}} = 3 \times 3^{-\frac{1}{2}} = 3^{1-\frac{1}{2}} = 3^{\frac{1}{2}}$

따라서 $c < a$

a와 b를 비교하면 $a = 2^1$이고 $b = 2^{1.4142}$이므로 $a < b$

$\therefore c < a < b$

수열의 극한

01

정답 ②

출제 의도   도형의 넓이를 무한등비급수로 표현하고 넓이를 계산할 수 있다.

특별 비법   첫 항이 a, 공비가 r (단, $|r|<1$)인 등비수열의 무한등비급수의 값은 $\lim\limits_{n \to \infty} S_n = \dfrac{a}{1-r}$ 이다.

문제 풀이

정삼각형의 한 변 길이를 삼등분하여 얻어진 정삼각형은 한 변의 길이가 기존 정삼각형의 $\frac{1}{3}$ 배이므로 넓이는 $\frac{1}{9}$ 배이다.

n번째 도형 R_n의 넓이를 S_n이라 하자.

도형 R_1에서 넓이가 1인 정삼각형의 한 변의 길이를 3등분하여 만들어진 정삼각형의 넓이는 $\frac{1}{9}$이고, 정삼각형 3개가 만들어졌으므로,

$S_1 = 1 + \left(\frac{1}{9}\right) \times 3$이다.

도형 R_2에서 넓이가 $\frac{1}{9}$인 정삼각형의 한 변을 삼등분하여 새로 그린 정삼각형 한 개의 넓이는 $\left(\frac{1}{9}\right)^2$이고, 12개의 삼각형이 만들어지므로

$S_2 = S_1 + \left(\frac{1}{9}\right)^2 \times 12 = S_1 + \left(\frac{1}{9}\right)^2 \times 3 \times 4$이다.

마찬가지로 도형 R_3에서 넓이가 $\left(\frac{1}{9}\right)^2$인 정삼각형의 한 변을 삼등분하여 새로 그린 정삼각형 한 개의 넓이는 $\left(\frac{1}{9}\right)^3$이고, 48개의 삼각형이 만들어지므로

$S_3 = S_2 + \left(\frac{1}{9}\right)^3 \times 48 = S_2 + \left(\frac{1}{9}\right)^3 \times 3 \times 4^2$이다.

따라서 $S_n - S_{n-1} = \frac{1}{3}\left(\frac{4}{9}\right)^{n-1}$ $(n \geq 2)$이고,

$S_n = 1 + \sum\limits_{k=1}^{n} \frac{1}{3}\left(\frac{4}{9}\right)^{k-1}$이다.

즉,

$\lim\limits_{n \to \infty} S_n = \lim\limits_{n \to \infty} \left\{ 1 + \sum\limits_{k=1}^{n} \frac{1}{3}\left(\frac{4}{9}\right)^{k-1} \right\} = 1 + \dfrac{\frac{1}{3}}{1 - \frac{4}{9}} = \dfrac{8}{5}$

02

정답 ④

출제 의도 $\infty \times 0$ 꼴의 수열의 극한을 구할 수 있다.

특별 비법   수열의 극한이 $\sqrt{\ }$ 가 포함된 $\infty \times 0$ 꼴로 주어진 경우, 분모를 1로 보고 분자를 유리화하여 정리한다.

$\lim\limits_{n\to\infty}\left\{n^2\left(1-\sqrt{1-\dfrac{3}{n^2}}\right)\right\}$에서 분자를 유리화하면

$\lim\limits_{n\to\infty}\left\{n^2\left(1-\sqrt{1-\dfrac{3}{n^2}}\right)\right\}$

$=\lim\limits_{n\to\infty}\dfrac{n^2\left(1-\sqrt{1-\dfrac{3}{n^2}}\right)\left(1+\sqrt{1-\dfrac{3}{n^2}}\right)}{\left(1+\sqrt{1-\dfrac{3}{n^2}}\right)}$

$=\lim\limits_{n\to\infty}\dfrac{n^2\left\{1-\left(1-\dfrac{3}{n^2}\right)\right\}}{\left(1+\sqrt{1-\dfrac{3}{n^2}}\right)}=\dfrac{3}{\left(1+\sqrt{1-\dfrac{3}{n^2}}\right)}$

$=\dfrac{3}{2}$ $\therefore \dfrac{3}{2}$

---

03   정답 ①

출제의도   주어진 조건을 만족하는 a_n의 극한을 구할 수 있다.

특별비법   부정형으로 주어진 극한이 $\sqrt{}$ 를 포함하고 $\infty-\infty$ 꼴인 경우, 분모를 1로 보고 분자를 유리화하여 정리한다.

문제 풀이

$\lim\limits_{n\to\infty}\left(\sqrt{a_nn^2+n}-\sqrt{b_nn^2+2}\right)=1$은 $\infty-\infty$ 꼴의 극한이므로 분모를 1이라 생각하고 분자와 분모에 $\sqrt{a_nn^2+n}+\sqrt{b_nn^2+2}$ 를 곱하여 정리하면

$\lim\limits_{n\to\infty}\dfrac{(a_n-b_n)n^2+n-2}{\sqrt{a_nn^2+n}+\sqrt{b_nn^2+2}}=1$

이제부터는 $\dfrac{\infty}{\infty}$ 꼴의 극한이 되고, 극한값이 존재하므로 분자와 분모의 최고차항의 차수가 같아야 한다.

따라서 $a_n-b_n=0$이 되므로 $a_n=b_n$

$\lim\limits_{n\to\infty}\dfrac{(a_n-b_n)n^2+n-2}{\sqrt{a_nn^2+n}+\sqrt{b_nn^2+2}}$

$=\lim\limits_{n\to\infty}\dfrac{n-2}{\sqrt{a_nn^2+n}+\sqrt{a_nn^2+2}}=\lim\limits_{n\to\infty}\dfrac{1}{2\sqrt{a_n}}=1$

$\therefore \lim\limits_{n\to\infty}a_n=\dfrac{1}{4}$

---

04   정답 ③

출제의도   무한급수의 값을 구할 수 있다.

특별비법   주어진 무한급수를 초항부터 전개한 후 변형하면 쉽게 문제를 해결할 수 있다.

문제 풀이

주어진 무한급수를 전개하면 다음과 같이 나타낼 수 있다.

$\sum\limits_{n=1}^{\infty}n^2(a_n-a_{n+1})$

$=\lim\limits_{n\to\infty}\{1^2(a_1-a_2)+2^2(a_2-a_3)+\cdots+n^2(a_n-a_{n+1})\}$

$=\lim\limits_{n\to\infty}[a_1+(2^2-1^2)a_2+\cdots+\{n^2-(n-1)^2\}a_n]$

이 무한급수를 일반항을 이용해 값을 구하면 다음과 같다.

$\sum\limits_{n=1}^{\infty}\{n^2-(n-1)^2\}a_n=\sum\limits_{n=1}^{\infty}(2n-1)a_n=2\sum\limits_{n=1}^{\infty}na_n-\sum\limits_{n=1}^{\infty}a_n$

$=2\times2-1=3$

---

05   정답 ③

출제의도   무한급수의 수렴 조건을 이용하여 주어진 수열의 극한을 구할 수 있다.

특별비법   무한급수 $\sum\limits_{n=1}^{\infty}a_n$가 수렴하면, $\lim\limits_{n\to\infty}a_n=0$이다.

문제 풀이

무한급수 $\sum\limits_{n=1}^{\infty}(a_n+2b_n-2)$와 $\sum\limits_{n=1}^{\infty}(2a_n+b_n-1)$이 수렴하므로 $\lim\limits_{n\to\infty}(a_n+2b_n-2)=0$, $\lim\limits_{n\to\infty}(2a_n+b_n-1)=0$

$\lim\limits_{n\to\infty}(a_n+2b_n-2)+\lim\limits_{n\to\infty}(2a_n+b_n-1)=0$

$\lim\limits_{n\to\infty}(3a_n+3b_n-3)=0$

$3\lim\limits_{n\to\infty}(a_n+b_n)=3$

$\therefore \lim\limits_{n\to\infty}(a_n+b_n)=1$

06

정답 ③

출제의도 주어진 수열의 관계를 파악하고 이를 이용하여 문제를 해결할 수 있다.

특별비법 $\dfrac{\infty}{\infty}$ 의 극한은 분모의 최고차항으로 분자, 분모를 나누어서 구한다.

문제 풀이

$x_n = \dfrac{n-2}{2n+6}$, $y_n = \dfrac{7n^2+n+1}{3n^2-2}$ 에서

$x_n - y_n = \dfrac{(n-2)(3n^2-2)-(7n^2+n+1)(2n+6)}{(2n+6)(3n^2-2)}$ 이고,

이를 정리하면 $x_n - y_n = \dfrac{-11n^3-50n^2-10n-2}{(2n+6)(3n^2-2)} < 0$

따라서 모든 실수 x 에 대하여 $x_n < y_n$ 이고

$|x_n - y_n| = -x_n + y_n$ 이므로

$z_n = \dfrac{x_n+y_n+|x_n-y_n|}{2} = \dfrac{2y_n}{2} = y_n$

따라서 $\lim\limits_{n\to\infty} z_n = \lim\limits_{n\to\infty} y_n = \lim\limits_{n\to\infty} \dfrac{7n^2+n+1}{3n^2-2}$ 이고,

$\dfrac{\infty}{\infty}$ 꼴이므로 분모의 최고차항인 n^2 으로 분자와 분모를 나눈다.

$\therefore \lim\limits_{n\to\infty} \dfrac{7n^2+n+1}{3n^2-2} = \lim\limits_{n\to\infty} \dfrac{7+\dfrac{1}{n}+\dfrac{1}{n^2}}{3-\dfrac{2}{n^2}} = \dfrac{7}{3}$

07

정답 ①

출제의도 무한등비급수의 합을 구할 수 있다.

특별비법 첫째항이 a, 공비가 r인 등비수열 a_n 에서, $\sum\limits_{n=1}^{\infty} a_n$ $= \lim\limits_{n\to\infty}\sum\limits_{k=1}^{n} a_k = \lim\limits_{n\to\infty} \dfrac{a(1-r^n)}{(1-r)}$ 이다. 이때, 공비 r이 $-1 < r < 1$ 의 범위일 때, $\lim\limits_{n\to\infty} r^n = 0$ 이므로 $\sum\limits_{n=1}^{\infty} a_n = \dfrac{a}{1-r}$ 가 성립한다.

문제 풀이

각 정사각형의 한 변의 길이를 l_n 이라 하자.
큰 직사각형의 y좌표가 1이므로 $l_1 = 1$
또한 큰 직사각형의 x좌표가 $1+\gamma$ 이므로 $l_2 = 1+\gamma-1 = \gamma$
같은 방법으로 그림을 통해 유추하면
$l_3 = 1-l_2 = 1-\gamma$, $l_4 = l_2 - l_3 = \gamma-(1-\gamma) = 2\gamma-1$

이때, $\gamma = \dfrac{\sqrt{5}-1}{2}$ 이므로 $2\gamma+1 = \sqrt{5}$

양변을 제곱하여 정리하면 $\gamma^2 + \gamma - 1 = 0$

이를 이용하여 각 변의 길이를 다시 정리하면

$l_1 = 1$, $l_2 = \gamma$, $l_3 = 1-\gamma = \gamma^2$,

$l_4 = l_2 - l_3 = \gamma - \gamma^2 = \gamma(1-\gamma) = \gamma \times \gamma^2 = \gamma^3$

$\therefore l_k = \gamma^{k-1}$

각 정사각형의 한 변의 길이를 이용하여 y_{4n+1} 을 구해보면,

$y_1 = \dfrac{1}{2}$, $y_5 = l_4 + \dfrac{l_5}{2}$, $y_9 = l_4 + l_8 + \dfrac{l_9}{2}$, $\cdots$

일반항으로 나타내면

$\lim\limits_{n\to\infty} y_{4n+1} = \sum\limits_{k=1}^{\infty} l_{4k} + \lim\limits_{n\to\infty} \dfrac{l_{4n+1}}{2}$

이때, $\lim\limits_{n\to\infty} \dfrac{l_{4n+1}}{2} = \lim\limits_{n\to\infty} \dfrac{\gamma^{4n}}{2}$ 이고 $0 < \gamma < 1$ 이므로

$\lim\limits_{n\to\infty} \dfrac{l_{4n+1}}{2} = 0$

따라서 $\lim\limits_{n\to\infty} y_{4n+1} = \sum\limits_{k=1}^{\infty} l_{4k}$

l_{4n} 은 첫째항이 $l_4 = \gamma^3$ 이고 공비가 γ^4 인 무한등비급수이므로 공식을 이용하여 구하면

$\sum\limits_{k=1}^{\infty} l_{4k} = \dfrac{\gamma^3}{1-\gamma^4}$

위에서 구한 $\gamma^2 + \gamma - 1 = 0$ 을 이용하면

$\gamma^2 = 1-\gamma$, $\gamma^3 = \gamma(1-\gamma) = \gamma - \gamma^2 = 2\gamma-1$,

$\gamma^4 = \gamma(2\gamma-1) = 2\gamma^2 - \gamma = 2-3\gamma$

따라서 $\dfrac{\gamma^3}{1-\gamma^4} = \dfrac{2\gamma-1}{1-(2-3\gamma)} = \dfrac{2\gamma-1}{3\gamma-1}$ 이고,

$\gamma = \dfrac{\sqrt{5}-1}{2}$ 을 대입하면 $\dfrac{5-\sqrt{5}}{10}$

$\therefore \lim\limits_{n\to\infty} y_{4n+1} = \dfrac{5-\sqrt{5}}{10}$

08

정답 ②

출제의도 도형의 넓이가 무한등비급수를 이루는 것을 알고 그 합을 구할 수 있다.

특별비법 첫째항이 a, 공비가 r인 등비수열 a_n 에서, $\sum\limits_{n=1}^{\infty} a_n$ $= \lim\limits_{n\to\infty}\sum\limits_{k=1}^{n} a_k = \lim\limits_{n\to\infty} \dfrac{a(1-r^n)}{(1-r)}$ 이다. 이때, 공비 r이 $-1 < r < 1$ 의 범위일 때, $\lim\limits_{n\to\infty} r^n = 0$ 이므로 무한등비급수의 합 $\sum\limits_{n=1}^{\infty} a_n =$ $\dfrac{a}{1-r}$ 로 간단히 구할 수 있다.

첫 번째 사각형의 한 변의 길이가 a이고 두 번째 사각형의 한 변의 길이가 $\frac{1}{2}a$이므로

$$S_1 = a^2 - \left(\frac{a}{2}\right)^2 = a^2\left(1 - \frac{1}{4}\right) = \frac{3}{4}a^2$$

또한 세 번째 사각형의 한 변의 길이가 $\frac{1}{2^2}a$이고,

네 번째 사각형의 한 변의 길이가 $\frac{1}{2^3}a$이므로

$$S_2 = \left(\frac{a}{2^2}\right)^2 - \left(\frac{a}{2^3}\right)^2 = \frac{a^2}{16} - \frac{a^2}{64} = \frac{3}{64}a^2$$

같은 방법으로 n번째 영역의 넓이를 구하면

$$S_n = \frac{3}{4}a^2\left(\frac{1}{16}\right)^{n-1}$$

따라서 S_n은 첫째항이 $\frac{3}{4}a^2$이고 공비가 $\frac{1}{16}$인 무한등

비급수이므로 $\displaystyle\sum_{n=1}^{\infty} S_n = \dfrac{\frac{3}{4}a^2}{1 - \frac{1}{16}} = \frac{4}{5}a^2$

함수의 극한과 연속

 01

정답 ②

출제 의도 함수의 극한의 성질을 이용해서 함수를 구할 수 있다.

특별 비법 함수 $f(x)$와 $g(x)$가 다항함수일 때, $\displaystyle\lim_{x\to\infty}\frac{f(x)}{g(x)}$가 $\frac{\infty}{\infty}$ 꼴이고, 극한값이 존재하면 $f(x)$와 $g(x)$의 최고차항의 차수는 동일하다. 또한, $\displaystyle\lim_{x\to a}\frac{f(x)}{g(x)}$가 $\frac{0}{0}$ 꼴이고, 극한값이 존재하면 $f(x)$와 $g(x)$를 각각 인수분해 하여 공통인수를 소거한다.

조건 (가)에서

$\displaystyle\lim_{x\to\infty}\frac{f'(x)}{x^2}=3$을 만족하므로, $f'(x)$의 최고차항은 $3x^2$이다.

$f'(x) = 3x^2 + ax + b$라 하면,

조건 (나)에서

$\displaystyle\lim_{x\to 0}\frac{f'(x)}{x}=2$로 극한값이 존재하고 분모는 0으로 수렴하므로, $\displaystyle\lim_{x\to 0}(f'(x)) = b = 0$이다.

즉, $f'(x) = 3x^2 + ax$에서

$\displaystyle\lim_{x\to 0}\frac{f'(x)}{x} = \lim_{x\to 0}\frac{3x^2 + ax}{x} = \lim_{x\to 0}(3x + a) = 2$이므로,

$a = 2$이다.

조건 (다)에서

$f(x) = \displaystyle\int f'(x)\,dx = \int 3x^2 + 2x\,dx = x^3 + x^2 + C$이고,

$f(0) = 0$이므로 적분상수 $C = 0$이다.

즉, $f(x) = x^3 + x^2$,

$\therefore f(1) = 2$

 02

정답 ④

출제 의도 이차함수 성질을 활용하여 함수의 극한값을 구할 수 있다.

특별 비법 함수 $f(x)$가 이차함수일 때, 이차항의 계수가 양수이면 $f(x)$는 최솟값을 가지며 꼭짓점의 y좌표 값과 동일하다. 이차함수의 계수가 음수이면 $f(x)$는 최댓값을 가지고 역시 꼭짓점의 y좌표 값과 같다.

문제 풀이

이차함수 $f(x)$가 최댓값을 가지므로, 최고차항 계수 a는 $a<0$이다. 또한, 최고차항의 계수가 음수인 이차함수는 꼭짓점에서 최댓값을 가지므로 꼭짓점의 x좌표는 $x=2$이다.

즉, $f(x)=a(x-2)^2+k$로 나타낼 수 있다.

즉, $f(x+2)=a(x+2-2)^2+k=ax^2+k$이므로

$$\lim_{x\to\infty}\frac{f(x+2)-f(x)}{ax+1}=\lim_{x\to\infty}\frac{ax^2+k-\{a(x-2)^2+k\}}{ax+1}$$

$$=\lim_{x\to\infty}\frac{4ax-4a}{ax+1}=\frac{4a}{a}=4 \quad \therefore \ 4$$

판별식

$$D=2a-4(\sqrt{a^2+1})(1-k)=0.$$

$$\therefore \ k=-\frac{a}{2\sqrt{a^2+1}}+1$$

즉, 직선의 y축 절편 $f(a)$는 $k=-\frac{a}{2\sqrt{a^2+1}}+1$이다.

$$\therefore \lim_{a\to\infty}f(a)=\lim_{a\to\infty}\left(-\frac{a}{2\sqrt{a^2+1}}+1\right)$$

$$=\lim_{a\to\infty}\left(-\frac{1}{2\sqrt{1+\frac{1}{a^2}}}+1\right)=-\frac{1}{2}+1=\frac{1}{2}$$

---

 03 정답 ④

출제 의도 함수의 극한을 구할 수 있다.

특별 비법 $\frac{0}{0}$ 꼴이면서 분수식인 경우에는 인수분해 한 뒤 약분하여 극한을 구한다.

$$\lim_{x\to a+}|x-a|=\lim_{x\to a+}(x-a), \ \lim_{x\to a-}|x-a|=\lim_{x\to a-}-(x-a)$$

임에 주의한다.

문제 풀이

$\lim_{x\to2-}|x-2|=\lim_{x\to2-}-(x-2)$이므로

$$\lim_{x\to2-}\frac{-x^2-x+6}{|x-2|}=\lim_{x\to2-}\frac{-(x+3)(x-2)}{-(x-2)}$$

$$=\lim_{x\to2-}(x+3)=5$$이다.

---

04 정답 ②

출제 의도 $\frac{\infty}{\infty}$ 꼴의 함수의 극한을 구할 수 있다.

특별 비법 이차함수 $f(x)$와 접선의 방정식 $g(x)$에서 $f(x)=g(x)$의 판별식이 0임을 이용하여 y절편을 구한다.

문제 풀이

곡선을 $f(x)=(\sqrt{a^2+1})x^2+1$이라 하자. 곡선에 접하는 접선의 방정식을 $g(x)$라 하면, 기울기가 $\sqrt{2a}$이므로 $g(x)=(\sqrt{2a})x+k$라 하자.

이차방정식 $f(x)-g(x)=0$,

즉, $\{(\sqrt{a^2+1})x^2+1\}-\{(\sqrt{2a})x+k\}$

$=(\sqrt{a^2+1})x^2-(\sqrt{2a})x+(1-k)=0$에서

---

05 정답 ②

출제 의도 함수가 연속할 조건을 알고 문제를 해결할 수 있다.

특별 비법 함수 $f(x)$가 $x=a$에서 연속이려면, 다음 조건을 만족해야 한다.

1) $f(a)$가 존재

2) $\lim_{x\to a}f(x)$가 존재 $\left(\lim_{x\to a+}f(x)=\lim_{x\to a-}f(x)\right)$

3) $f(a)=\lim_{x\to a}f(x)$

문제 풀이

$f(x)$는 $x=0$에서 불연속이다.

즉, $f(x)f(x-a)$가 실수 전체에 대해 연속이려면 $x=0$, $x=a$에서 연속이어야 한다.

먼저, $x=a$에서 연속이려면

$$\lim_{x\to a+}f(x)f(x-a)=\lim_{x\to a+}f(x)\times1=\lim_{x\to a+}f(x)$$

$$\lim_{x\to a-}f(x)f(x-a)=\lim_{x\to a+}f(x)\times(-1)=-\lim_{x\to a-}f(x)$$에서

$$\lim_{x\to a+}f(x)=-\lim_{x\to a-}f(x)$$이다.

즉, $\lim_{x\to a+}f(x)=\lim_{x\to a-}f(x)=0$이거나 $x=a$의 좌극한 값과 우극한 값이 절댓값은 같고 부호는 달라야 한다.

I) $\lim_{x\to a+}f(x)=\lim_{x\to a-}f(x)=0$인 경우

해당하는 점은 $a=1,\ -1,\ 3$이다.

i) $a=1$일 때, $x=0$에서 연속이어야 하므로

$$\lim_{x\to0+}f(x)f(x-1)=\lim_{x\to0+}1\times f(x-1)=\lim_{x\to-1+}f(x)=0$$

$$\lim_{x\to0-}f(x)f(x-1)=\lim_{x\to0-}(-1)\times f(x-1)$$

$=-\lim_{x\to-1-}f(x)=0$에서 $x=0$에서 좌극한 값과 우극한 값이 같고

$x=0$에서의 함숫값은

$f(0)f(0-1)=f(0)f(-1)=0$이므로 연속이다. (가능)

ii) $a=-1$일 때, $x=0$에서 연속이어야 하므로

$\displaystyle\lim_{x\to0+}f(x)f(x+1)=\lim_{x\to0+}1\times f(x+1)=\lim_{x\to1+}f(x)=0$

$\displaystyle\lim_{x\to0-}f(x)f(x+1)=\lim_{x\to0-}(-1)\times f(x+1)$

$\displaystyle=-\lim_{x\to1-}f(x)=0$에서 $x=0$에서 좌극한 값과 우극한 값이 같고

$x=0$에서의 함숫값은 $f(0)f(0+1)=f(0)f(1)=0$이므로 연속이다. (가능)

iii) $a=3$일 때, $x=0$에서 연속이어야 하므로

$\displaystyle\lim_{x\to0+}f(x)f(x-3)=\lim_{x\to0+}1\times f(x-3)=\lim_{x\to-3+}f(x)=1$

$\displaystyle\lim_{x\to0-}f(x)f(x-3)=\lim_{x\to0-}(-1)\times f(x-3)$

$\displaystyle=-\lim_{x\to-3-}f(x)=-1$에서 $x=0$에서 좌극한 값과 우극한 값이 다르므로 연속하지 않는다. (모순)

Ⅱ) $\displaystyle\lim_{x\to a+}f(x)=-\lim_{x\to a-}f(x)$인 경우

해당하는 점은 $a=0$이다.

$x=0$에서 연속이어야 하므로

$\displaystyle\lim_{x\to0+}f(x)f(x-0)=\lim_{x\to0+}1\times1=1$

$\displaystyle\lim_{x\to0-}f(x)f(x-0)=\lim_{x\to0-}(-1)\times(-1)=1$로

$x=0$에서의 좌극한 값과 우극한 값이 같고

$x=0$에서의 함숫값은 $f(0)f(0)=1$이므로 $x=0$에서 연속이다. (가능)

즉, 가능한 a는 $a=1,\ -1,\ 0$이므로

∴ $0+1+(-1)=0$이다.

06   정답 ④

출제의도   함수의 연속 조건을 이용하여 문제를 해결할 수 있다.

특별비법 $f(x)$가 $x=a$에서 연속이려면 다음 조건을 모두 만족해야 한다.

ⅰ) $f(a)$가 존재

ⅱ) $\displaystyle\lim_{x\to a}f(x)$가 존재

ⅲ) $\displaystyle f(a)=\lim_{x\to a}f(x)$

문제 풀이

함수 $f(x)=\dfrac{x}{|x|}$, $g(x)=x|x|$에 대하여 다음 보기의 참, 거짓을 판별해 보자.

ㄱ. $f(x)=\begin{cases}1 & (x\geq0) \\ -1 & (x<0)\end{cases}$이므로

$\displaystyle\lim_{x\to0+}f(x)=\lim_{x\to0+}1=1$

$\displaystyle\lim_{x\to0-}f(x)=\lim_{x\to0-}(-1)=-1$

따라서 $\displaystyle\lim_{x\to0}f(x)$가 존재하지 않는다.

ㄴ. $\displaystyle\lim_{x\to0}g(x)=0$이므로 $\displaystyle\lim_{x\to0}f(g(x))=\lim_{x\to0}f(x)$이고, ㄱ에 의하여 $\displaystyle\lim_{x\to0}f(x)$가 존재하지 않으므로 $\displaystyle\lim_{x\to0}f(g(x))$도 존재하지 않는다.

ㄷ. $g(g(x))=x|x|^3$이고, 연속함수이므로 $\displaystyle\lim_{x\to0}g(g(x))$는 존재한다.

따라서 옳은 것은 ㄷ뿐이다.

07   정답 ①

출제의도   함수 극한의 대소 관계를 이용하여 문제를 해결할 수 있다.

특별비법   함수 $f(x),\ h(x),\ g(x)$가 $f(x)<h(x)<g(x)$를 만족하고 $\displaystyle\lim_{x\to a}f(x)=\lim_{x\to a}g(x)=L$이면 $\displaystyle\lim_{x\to a}h(x)=L$이다.

문제 풀이

$x^2-1<\dfrac{f(2x)}{4}<x^2+1$에서 $t=2x$로 치환하면

$\left(\dfrac{t}{2}\right)^2-1<\dfrac{f(t)}{4}<\left(\dfrac{t}{2}\right)^2+1$

각 항에 $\dfrac{4}{t^2}$를 곱하여 정리하면 $1-\dfrac{4}{t^2}<\dfrac{f(t)}{t^2}<1+\dfrac{4}{t^2}$

이때 $\displaystyle\lim_{t\to\infty}\left(1-\dfrac{4}{t^2}\right)=\lim_{t\to\infty}\left(1+\dfrac{4}{t^2}\right)=1$이므로

$\displaystyle\lim_{t\to\infty}\dfrac{f(t)}{t^2}=1$이고 t를 x로 바꾸면 $\displaystyle\lim_{x\to\infty}\dfrac{f(x)}{x^2}=1$

08   정답 ④

출제의도   연속함수의 정의를 알고 있고, 이를 이용하여 문제를 해결할 수 있다.

특별비법 $f(x)$가 $x=a$에서 연속이려면 다음의 조건을 만족해야 한다.

ⅰ) $f(a)$가 존재

ⅱ) $\displaystyle\lim_{x\to a}f(x)$가 존재

ⅲ) $\displaystyle f(a)=\lim_{x\to a}f(x)$

함수 $f(x)=\begin{cases} x^3+x & (x \le a) \\ -2x^2-x+5 & (x>a) \end{cases}$ 이 실수 전체의 집합에서

연속이 되려면 $x=a$에서 함숫값과 극한값이 같아야 한다.

$x=a$에서의 함숫값은 $f(a)=a^3+a$이고

$x=a$에서의 좌극한과 우극한을 각각 구해보면

$\lim\limits_{x \to a+} f(x)=\lim\limits_{x \to a+}(-2x^2-x+5)=-2a^2-a+5,$

$\lim\limits_{x \to a-} f(x)=\lim\limits_{x \to a-}(x^3+x)=a^3+a$

따라서 $x=a$에서 연속이려면

$a^3+a=-2a^2-a+5$

따라서 $a^3+2a^2+2a-5=(a-1)(a^2+3a+5)=0$이므로

$a=1$

09

정답 ④

출제의도 함수의 극한을 구할 수 있다.

특별비법 $\dfrac{0}{0}$ 꼴이면서 분수식일 경우에는 인수분해한 다음 약분하여 극한을 구한다.

문제 풀이

이차방정식 $ax^2+bx-15=0$의 두 근이 α, β이고, $\alpha > \beta$

이므로 $\alpha=\dfrac{-b+\sqrt{b^2+60a}}{2a}$

따라서 $\lim\limits_{a \to 0} \alpha = \lim\limits_{a \to 0} \dfrac{-b+\sqrt{b^2+60a}}{2a}=3$

분자를 유리화하여 정리하면

$\lim\limits_{a \to 0} \dfrac{(-b+\sqrt{b^2+60a})(-b-\sqrt{b^2+60a})}{2a(-b-\sqrt{b^2+60a})}=3$

$\lim\limits_{a \to 0} \dfrac{-60a}{-4ab}=\dfrac{15}{b}=3$

$\therefore b=5$

10

정답 ②

출제의도 함수의 연속 조건을 정확히 이해하고 이를 이용하여 문제를 해결할 수 있다.

특별비법 $f(x)$가 $x=a$에서 연속이려면 다음 조건을 만족해야 한다.

ⅰ) $f(a)$가 존재

ⅱ) $\lim\limits_{x \to a} f(x)$가 존재

ⅲ) $f(a)=\lim\limits_{x \to a} f(x)$

문제 풀이

$(x-4)f(x)=2+\sqrt{x}-\sqrt{x+a}$ 를 정리하여

$f(x)=\dfrac{2+\sqrt{x}-\sqrt{x+a}}{x-4}$ 로 나타낼 수 있다.

양의 실수 전체의 집합에서 연속이므로

$f(4)=\lim\limits_{x \to 4} f(x)$

따라서 $\lim\limits_{x \to 4} \dfrac{2+\sqrt{x}-\sqrt{x+a}}{x-4}$ 에서 $x=4$일 때,

분모가 0이 되므로 분자도 0이다.

따라서 $2+\sqrt{4}-\sqrt{4+a}=0$이므로 $a=12$

$\lim\limits_{x \to 4} \dfrac{2+\sqrt{x}-\sqrt{x+12}}{x-4}$ 에서

분자를 유리화하면

$\lim\limits_{x \to 4} \dfrac{(2+\sqrt{x}-\sqrt{x+12})(2+\sqrt{x}+\sqrt{x+12})}{(x-4)(2+\sqrt{x}+\sqrt{x+12})}$

$=\lim\limits_{x \to 4} \dfrac{4}{(\sqrt{x}+2)(2+\sqrt{x}+\sqrt{x+12})}$

$=\dfrac{4}{(\sqrt{4}+2)(2+\sqrt{4}+\sqrt{16})}=\dfrac{1}{8}$

$\therefore f(4)=\lim\limits_{x \to 4} f(x)=\dfrac{1}{8}$ 이므로 $af(x)=12 \times \dfrac{1}{8}=\dfrac{3}{2}$

다항함수의 미분법

01

정답 ③

출제 의도 미분계수의 정의를 이용하여 문제를 해결할 수 있다.

특별 비법 미분계수의 정의에 의해
$$\lim_{x \to a} \frac{f(x) - f(a)}{x - a} = f'(a)$$이다.

문제 풀이

$$\lim_{x \to 3} \frac{f(x^3) - f(27)}{x - 3}$$
$$= \lim_{x \to 3} \frac{(f(x^3) - f(27))(x^2 + 3x + 9)}{(x - 3)(x^2 + 3x + 9)}$$
$$= \lim_{x \to 3} \frac{f(x^3) - f(27)}{x^3 - 27} \times (x^2 + 3x + 9)$$
$$= f'(27) \times 27 = \frac{1}{9} \times 27 = 3 \quad \therefore 3$$

02

정답 ③

출제 의도 주어진 조건을 통해 함수를 구하고, 제한된 범위에서 함수의 최댓값을 구할 수 있다.

특별 비법 함수 $f(x)$가 $x = a$에서 극값을 가질 때, $f'(a) = 0$을 만족하고, $x = a$ 중심으로 $f'(x)$의 부호가 달라야 한다. 또한 함수 $f(x)$가 $f(-x) = f(x)$를 만족하면, $f(x)$는 y축 대칭인 함수이다. 특히, $f(x)$가 다항함수일 경우 x차수가 짝수인 항으로만 구성된다.

문제 풀이

사차함수 $f(x)$의 최고차항 계수가 -1이므로
$f(x) = -x^4 + ax^3 + bx^2 + cx + d$라 하자.
조건 (가)에서 모든 실수 x에 대하여 $f(-x) = f(x)$을 만족하므로 $a = 0$, $c = 0$이다.
즉, $f(x) = -x^4 + bx^2 + d$이고, $f'(x) = -4x^3 + 2bx$이다.
$f'(x) = -4x^3 + 2bx = -4x\left(x^2 - \frac{b}{2}\right) = 0$을 만족하는 x에서 극값을 가진다.
$x = 0$에서 $f'(x)$ 부호가 $-$에서 $+$로 바뀌므로 극솟값을 가지고, $x = \pm\frac{\sqrt{2b}}{2}$ ($b \geq 0$)에서 $f'(x)$ 부호가 $+$에서 $-$로 바뀌므로 극댓값을 가진다.
즉, 조건 (나)에서 함수 $f(x)$의 극댓값이 8이므로
$f\left(\pm\frac{\sqrt{2b}}{2}\right) = \frac{b^2}{4} + d = 8$이고, 조건 (다)에서 함수 $f(x)$의 극솟값이 -1이므로 $f(0) = d = -1$이다. 즉,

$f\left(\frac{\sqrt{2b}}{2}\right) = \frac{b^2}{4} - 1 = 8$이므로 $b = 6$.
따라서 함수 $f(x) = -x^4 + 6x^2 - 1$은 $x = 0$에서 극솟값 -1, $x = \pm\sqrt{3}$에서 극댓값 8을 가진다. 닫힌구간 $\left[0, \frac{3}{2}\right]$에서 $x = \pm\sqrt{3}$은 이 구간에 속하지 않으므로
최댓값은 $x = \frac{3}{2}$에서 가진다.
$$\therefore f\left(\frac{3}{2}\right) = \frac{119}{16}$$

03

정답 ②

출제 의도 도함수를 파악하여 함수의 극댓값과 극솟값을 구할 수 있다

특별 비법 도함수 $f'(x)$에서, $f'(a) = 0$이고 $x = a$의 좌우에서 $f'(x)$의 부호가 $+$에서 $-$로 바뀌면 함수 $f(x)$는 $x = a$에서 극댓값을 가지고, $f'(x)$의 부호가 $-$에서 $+$로 바뀌면 함수 $f(x)$는 $x = a$에서 극솟값을 가진다.

문제 풀이

$f'(x) = 6kx(x - 1)$이므로 $x = 0$, 1에서 $f'(x) = 0$이다.
$k > 0$이므로, $x = 0$의 좌우에서 $f'(x)$의 부호가 $+$에서 $-$로 바뀌므로 $f(x)$는 $x = 0$에서 극댓값을 가진다.
또한, $x = 1$의 좌우에서 $f'(x)$의 부호가 $-$에서 $+$로 바뀌므로 $f(x)$는 $x = 1$에서 극솟값을 가진다.
$f(0) = 2$, $f(1) = -k + 2$이므로
극댓값과 극솟값의 차는
$f(0) - f(1) = 2 - (-k + 2) = k = 2$이다.
따라서 $k = 2$이다.

04

정답 ③

출제 의도 함수가 미분가능하기 위한 조건을 알고 있다.

특별 비법 함수 $f(x)$가 $x = a$에서 미분 가능하려면 $f(x)$는 $x = a$에서 연속이어야 한다. 또, $x = a$에서 미분가능하려면 $\lim_{x \to a+} f'(x) = \lim_{x \to a-} f'(x)$를 만족해야 한다.

문제 풀이

ㄱ. 함수 $f(x) = \begin{cases} x^2 & (x \geq 0) \\ -x & (x < 0) \end{cases}$에서
$f(x)$는 $x = 0$에서 연속이나,
$\lim_{x \to 0+} f'(x) = \lim_{x \to 0+} 2x = 0$, $\lim_{x \to 0-} f'(x) = \lim_{x \to 0-} -1 = -1$로
$x = 0$에서의 좌미분계수와 우미분계수가 다르다.
즉, 미분가능하지 않다. (거짓)

ㄴ, ㄷ에서, $g(x)=x^n f(x)$라 하면 (단, $n \geq 1$)

$g(x)=\begin{cases} x^{n+2} & (x \geq 0) \\ -x^{n+1} & (x < 0) \end{cases}$ 이다.

$\lim_{x \to 0-} \dfrac{g(x)-g(0)}{x} = \lim_{x \to 0-} -x^n = 0$

$\lim_{x \to 0+} \dfrac{g(x)-g(0)}{x} = \lim_{x \to 0+} x^{n+1} = 0$ 이다.

따라서 $g(x)$는 $n \geq 1$일 때 미분가능하므로 ㄴ과 ㄷ 모두 $x=0$에서 미분가능하다. (참)

05

정답 ①

출제 의도   평균변화율의 정의를 이용하여 문제를 해결할 수 있다.

특별 비법   함수 $f(x)$에서 x값이 a에서 b까지 변할 때의 평균변화율은 $\dfrac{f(b)-f(a)}{b-a}$ 이다.

문제 풀이

$a \neq b$이고, $f(x)=(2x-a)(2x-b)$에서

$f(b)=(2b-a)b=2b^2-ab$,

$f(a)=a(2a-b)=2a^2-ab$이다.

즉, 평균변화율 $M(a, b) = \dfrac{f(b)-f(a)}{b-a}$

$= \dfrac{(2b^2-ab)-(2a^2-ab)}{b-a} = \dfrac{2(b^2-a^2)}{b-a} = 2(b+a)$이다.

$2(b+a)<9$를 만족하는 서로 다른 양의 정수 a, b의 순서쌍은 $(1, 2)$, $(1, 3)$, $(2, 1)$, $(3, 1)$로 총 4개이다.

06

정답 ①

출제 의도   미분계수의 정의를 알고, 이를 이용하여 주어진 값을 구할 수 있다.

특별 비법 $\lim_{h \to 0} \dfrac{f(a+\alpha h)-f(a)}{\beta h} = \dfrac{\alpha}{\beta} f'(a)$

문제 풀이

미분계수의 정의에 의하여

$\lim_{h \to 0} \dfrac{f(2+2h)-f(2-3h)}{h} = 5f'(2)$이고

곡선 위의 한 점에서의 접선의 기울기는 그 점의 X좌표의 미분계수와 같으므로 $f'(2)=-2$이다.

$\therefore 5f'(2)=-10$이다.

07

정답 ①

출제의도   함수가 미분가능하기 위한 조건을 알고 있다.

특별비법   함수 $f(x)$가 $x=a$에서 미분가능하려면 $f(x)$는 $x=a$에서 연속이어야 한다. 또, $x=a$에서 미분가능하면 $\lim_{x \to a+} f'(x) = \lim_{x \to a-} f'(x)$를 만족해야 한다.

문제 풀이

함수가 $x=1$에서 미분이 가능하려면 $x=1$에서 연속이어야 한다.

따라서 $f(1)=\lim_{x \to 1} f(x)$이다. $f(1)=a+b$이고,

$\lim_{x \to 1} f(x) = \lim_{x \to 1-}(x^3-x)=0$이므로 $a+b=0$

또한 $x=1$에서 미분이 가능해야 하므로

$\lim_{x \to 1+} f'(x) = \lim_{x \to 1-} f'(x)$이어야 한다.

$f'(x)=\begin{cases} 2ax & (x \geq 1) \\ 3x^2-x & (x < 1) \end{cases}$이므로

$\lim_{x \to 1+} f'(x) = \lim_{x \to 1+} 2ax = 2a$,

$\lim_{x \to 1-} f'(x) = \lim_{x \to 1-} (3x^2-x)=2$가 되어 $2a=2$

따라서 $a=1$, $b=-1$ 이므로 $ab=-1$

08

정답 ①

출제의도   다항함수의 접선의 기울기를 구할 수 있다.

특별비법   함수 $f(x)$의 도함수가 $f'(x)$일 때 $y=f(x)$ 위의 점 (x_1, y_1)에서의 접선의 기울기는 $f'(x_1)$이다.

문제 풀이

$x^3 f(x)=g(x)$라 하면 $g'(x)=3x^2 f(x)+x^3 f'(x)$이다.

$(1, 2)$는 곡선 위의 점이므로 $g(1)=f(1)=2$를 만족한다.

또한 $(1, 2)$에서의 접선의 기울기가 2이므로 $g'(1)=2$를 만족한다. $g'(1)=3f(1)+f'(1)=2$이므로 $f'(1)=-4$

09

정답 ③

출제의도   미분계수의 식을 응용하여 주어진 문제를 해결할 수 있다.

특별비법   미분계수의 정의에 의해 $\lim_{x \to a} \dfrac{f(x)-f(a)}{x-a} = f'(a)$이다.

함수 $f(x)$가 $\lim\limits_{x \to 2} \dfrac{f(x-2)}{x^2-4}=1$을 만족하고, $x \to 2$일 때,

분모가 0이므로 분자도 0이어야 한다.

따라서 $f(0)=0$이고, $x-2=t$로 치환하면

$$\lim\limits_{x \to 2} \dfrac{f(x-2)}{x^2-4}=\lim\limits_{t \to 0} \dfrac{f(t)}{t(t+4)}$$

$\therefore \lim\limits_{t \to 0} \dfrac{f(t)-f(0)}{t-0} \times \lim\limits_{t \to 0} \dfrac{1}{t+4}=\dfrac{1}{4}f'(0)=1$이므로

$$f'(0)=4$$

$\lim\limits_{x \to 3} \dfrac{f(x-3)}{x^2-9}$ 을 $x-3=t$로 치환하여 나타내면

$$\lim\limits_{t \to 0} \dfrac{f(t)}{t(t+6)}$$

$\therefore \lim\limits_{t \to 0} \dfrac{f(t)-f(0)}{t-0} \times \lim\limits_{t \to 0} \dfrac{1}{t+6}=\dfrac{1}{6}f'(0)=\dfrac{2}{3}$

10 　　　　　정답 ②

출제의도 미분계수의 식을 응용하여 주어진 문제를 해결할 수 있다.

특별비법 $\lim\limits_{x \to 0} \dfrac{f(a+\alpha x)-f(a)}{\beta x}=\dfrac{\alpha}{\beta}f'(a)$임을 이용한다.

$\lim\limits_{n \to \infty} \dfrac{n}{3}\left\{f\left(2+\dfrac{2}{n}\right)-f\left(2+\dfrac{4}{n}\right)\right\}=2$에서 $\dfrac{1}{n}=t$로

치환하여 정리하면 $\lim\limits_{t \to 0} \dfrac{f(2+2t)-f(2+4t)}{3t}=2$이고,

분자에 $f(2)$를 더하고 빼서 정리하면

$$\lim\limits_{t \to 0} \dfrac{f(2+2t)-f(2)}{3t}-\dfrac{f(2+4t)-f(2)}{3t}=2$$

이때, 미분계수의 정의에 의해

$\dfrac{2}{3}f'(2)-\dfrac{4}{3}f'(2)=-\dfrac{2}{3}f'(2)=2$이므로 $f'(2)=-3$

따라서 $f'(x)=2ax+b$이므로 $f'(2)=4a+b=-3$

$\therefore f(4)=16a+4b+10=4(4a+b)+10=-12+10=-2$

11 　　　　　정답 ②

출제의도 주어진 점에서 접선의 방정식을 구할 수 있으며, 두 직선 사이의 거리를 구할 수 있다.

특별비법 점 (x_1, y_1)을 지나고 기울기가 m인 직선의 방정식은 $y-y_1=m(x-x_1)$으로 구할 수 있다.

$f'(x)=3x^2-2$이므로 $x=-1$에서의 접선의 기울기는

$$f'(-1)=3-2=1$$

이때 $y=1$

따라서 $(-1, 1)$에서의 접선의 방정식은 $y=x+2$

또한, $x=1$에서의 접선의 기울기는 $f'(1)=1$이고, 이때

$y=-1$이므로 $(1, -1)$에서의 접선의 방정식은 $y=x-2$

따라서 두 직선 사이의 거리는 $(-1, 1)$에서 $y=x-2$까지의 거리이다.

점과 직선 사이의 거리를 d라 하면

$$d=\dfrac{1+1+2}{\sqrt{1+1}}=2\sqrt{2}$$

12 　　　　　정답 ④

출제의도 도함수의 성질을 이용하여 함수의 개형을 파악할 수 있다.

특별비법 미분가능한 함수 $f(x)$에서 $f'(x)=0$이고, $x=a$의 좌우에서 $f'(x)$의 부호가 양(+)에서 음(−)으로 바뀌면 $f(x)$는 $x=a$에서 극대이고, $f'(x)$의 부호가 음(−)에서 양(+)으로 바뀌면 $f(x)$는 $x=a$에서 극소이다.

그래프를 통해 $f'(x)$가 x축과 $x=2$에서 만난다는 것을 알 수 있다. 즉 $f'(x)=k(x+2)(x-2)$라 나타낼 수 있으며 y절편이 -12이므로 $(0, -12)$를 지난다.

y절편의 좌표값을 대입하면 $-12=-4k$

따라서 $k=3$이고, 정리하면 $f'(x)=3(x+2)(x-2)$

$f'(x)=3x^2-12$를 부정적분하여 $f(x)$로 나타내면

$f(x)=x^3-12x+c$이고,

문제에서 주어진 $f(x)$와 비교하면 $a=1$, $b=-12$, $c=0$

따라서 $f(x)=x^3-12x$

이때, 그래프의 $x=-2$, $x=2$에서 $f'(x)=0$이고, $x=-2$일 때 $f'(x)>0$에서 $f'(x)<0$으로 바뀌므로 $x=-2$에서 극댓값을 갖는다는 것을 알 수 있다.

마찬가지로 $x=2$일 때 $f'(x)<0$에서 $f'(x)>0$으로 바뀌므로 $x=2$에서 극솟값을 갖는다.

$\therefore f(-2)=16$, $f(2)=-16$

극댓값과 극솟값의 차이는 $16-(-16)=32$

13

정답 ③

출제의도 위치, 속도, 가속도의 관계를 구할 수 있다.
특별비법 점 P의 시간에 따른 위치가 $f(t)$로 주어질 때, 시각 t에서의 속도는 $f'(t)$이다.

문제 풀이

시간에 따른 수평방향 위치는 $x(t)=15t-t^2$

시간에 따른 수직방향 위치는 $y(t)=15+10t-5t^2$

이때, 최고 높이에 도달한 순간 공의 수평 방향 속력은 $y'(t)=0$을 만족하는 t에서의 $x'(t)$

따라서 $y'(t)=10-10t$이므로 공은 $t=1$일 때 최고 높이에 도달한다.

따라서 $x'(t)=15-2t$이므로 $x'(1)=15-2=13$

다항함수의 적분법

01

정답 ②

출제 의도 미분계수가 주어졌을 때, 부정적분을 통해 함수를 구할 수 있다.
특별 비법 $y=f(x)$ 위의 한 점 $(t, f(t))$에서의 접선의 기울기는 미분계수 $f'(t)$와 같다.

문제 풀이

$y=f(x)$ 위의 점 $(t, f(t))$에서의 접선의 기울기가 $-3t^2+4t-3$이므로

$f(x)=\int -3x^2+4x-3\,dx=-x^3+2x^2-3x+C$이다.

$y=f(x)$가 원점을 지나므로 $C=0$.

즉, $f(x)=-x^3+2x^2-3x$에서 $f(x)=0$을 만족하는 실근은 $-x^3+2x^2-3x=-x(x^2-2x+3)=0$에서 $x=0$이다.

∴ 즉, $f(x)=0$의 모든 실근의 합은 0

02

정답 ④

출제 의도 위치, 속도, 가속도 사이의 관계를 이해하고 문제를 해결할 수 있다.
특별 비법 시각 t에서의 두 점 P, Q의 속도가 각각 $f(t)$와 $g(t)$로 주어졌을 때, 두 점 P, Q의 위치는 각각을 부정적분한 $F(t)$, $G(t)$와 같다.

문제 풀이

두 점 P, Q의 시각 t에서의 속도는 각각

$f(t)=3t^2-18t+24$, $g(t)=a$이므로 시각 t에서의

점 P의 위치 $F(t)$는

$F(t)=\int f(t)dt=t^3-9t^2+24t+C_1$이고,

점 Q의 위치 $G(t)$는

$G(t)=\int g(t)dt=at+C_2$이다.

이때 두 점 P, Q는 원점에서 출발하였으므로 $C_1=C_2=0$이다.

즉, 두 점 P, Q가 시각 $t=b(b>0)$에서 한 번만 만나므로

$t^3-9t^2+24t=at$에서

$t^3-9t^2+24t-at=t(t^2-9t+24-a)=0$이므로

$t^2-9t+24-a=0$은 중근을 가진다.

즉, $D=(-9)^2-4\times(24-a)=0$, $a=\dfrac{15}{4}$이다.

∴ $a=\dfrac{15}{4}$

03

정답 ②

출제 의도 정적분을 이용하여 넓이를 구할 수 있다.
특별 비법 구간 $x=a$에서 $x=b$까지 두 함수 $f(x)$, $g(x)$로 둘러싸인 부분의 넓이는 $\int_a^b |f(x)-g(x)|dx$이다.

문제 풀이

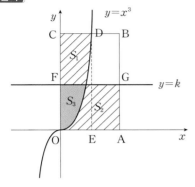

그림과 같이 직선 $\overline{BC}$와 $y=x^3$의 교점을 D, 점 D에서 x축으로 내린 수선의 발을 점 E, $y=k$와 y축의 교점을 F, 직선 $\overline{AB}$와 $y=k$의 교점을 G라 하자.
B(4, 8), C(0, 8)이므로 점 D는 $y=x^3$와 $y=8$의 교점이다. ∴ D(2, 8), C(2, 0)
$y=x^3$와 $y=k$로 둘러싸인 부분을 S_3이라 할 때, $S_1=S_2$이므로 $S_1+S_3=S_2+S_3$이다.
S_1+S_3는 $x=0$에서 $x=2$까지 $y=x^3$와 $y=8$로 둘러싸인 넓이이므로
$S_1+S_3=\int_0^2 8-x^3 dx=\left[8x-\frac{1}{4}x^4\right]_0^2=12$이다.
즉, S_2+S_3가 12이므로
$S_2+S_3=4\times k=12$. ∴ $k=3$이다.

04

정답 ③

출제 의도 도함수 $f'(x)$가 주어졌을 때, 조건을 활용하여 적분을 통해 함수 $f(x)$를 구할 수 있다.
특별 비법 $\int_a^b f(x)dx=0$일 때, $f(x)$를 부정적분한 함수를 $F(x)$라 하면 $F(a)=F(b)$이다.

문제 풀이

문제에서, $\int_{-3}^0 f'(x)dx=\int_0^3 f'(x)dx=\int_3^5 f'(x)dx=0$이므로
$f(-3)=f(0)=f(3)=f(5)$이다.

또한, $x=a$, $x=c$에서 극댓값을, $x=b$에서 극솟값을 가지므로 함수 $f(x)$는 다음과 같은 개형을 가진다.

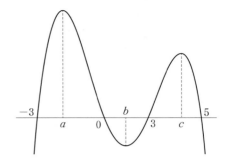

ㄱ. $f(0)=0$이면 $f(a)>0$, $f(b)<0$, $f(c)>0$이므로
$f(a)f(b)f(c)<0$이다. (참)
ㄴ. $-3\le x\le 3$에서 함수 $f(x)$의 최솟값은 $f(b)$이다.
(거짓)
ㄷ. $\int_a^b |f'(x)|dx<\int_b^c f'(x)dx$이면
$\int_0^3 f'(x)dx=0$에서
$\int_0^b |f'(x)|dx=\int_b^3 |f'(x)|dx$이므로
$\int_a^0 |f'(x)|dx=f(a)-f(0)$
$\int_3^c f'(x)dx=f(c)-f(3)$이다.
즉, $f(0)=f(3)$이므로 $f(c)>f(a)$이다. (참)

05

정답 ①

출제 의도 적분과 미분의 관계를 활용하여 문제를 해결할 수 있다.
특별 비법 곡선 $y=f(x)$의 임의의 점 $(x, f(x))$의 접선의 기울기는 $f'(x)$이다.

문제 풀이

$f(x)=\int f'(x)dx=\int (x^2-2x-3)dx=\frac{x^3}{3}-x^2-3x+C$이다.
원점을 지나므로 $C=0$, $f(x)=\frac{x^3}{3}-x^2-3x$이다.
$f'(x)=x^2-2x-3=(x-3)(x+1)$에서 $x=-1$일 때 극댓값, $x=3$일 때 극솟값을 갖는다.
∴ $f(3)=9-9-9=-9$

정답 ④

출제 의도 위치, 속도, 가속도의 관계를 구할 수 있다.

특별 비법 점 P의 시간에 따른 속도가 $v(t)$로 주어질 때, 시각 a에서의 위치 $f(a)$는 $f(a)=\int_0^a v(t)dt$이다.

문제 풀이

t초 후 점 P의 위치를 $f(t)$라 하자.

$t=2$초 후의 점 P의 위치는 $f(2)=\int_0^2 v(t)dt=52$이므로

$$f(2)=\int_0^2 at^3 dt=\left[\frac{a}{4}t^4\right]_0^2=\frac{a}{4}(2^4-0)=52$$

$\therefore 4a=52$ $\therefore a=13$

정답 ②

출제 의도 함수의 미분과 적분을 활용하여 문제를 해결할 수 있다.

특별 비법 미분가능한 함수 $f(x)$, $g(x)$에서 $\{f(x)g(x)\}'=f'(x)g(x)+f(x)g'(x)$이고, $\int f'(x)g(x)+f(x)g'(x)dx=f(x)g(x)$이다.

문제 풀이

$\int_{-2}^2 2f(x)\{f(x)+(2x+4)f'(x)\}dx$

$=\int_{-2}^2 2\{f(x)\}^2+(2x+4)2f(x)f'(x)dx$이다.

$2\{f(x)\}^2+(2x+4)2f(x)f'(x)=\{(2x+4)\{f(x)\}^2\}'$이므로

$\int_{-2}^2 2\{f(x)\}^2+(2x+4)2f(x)f'(x)dx$

$=\left[(2x+4)\{f(x)\}^2\right]_{-2}^2=(2\times2+4)\times(-1)^2=8$

$\therefore 8$

08

정답 ③

출제 의도 이차함수의 성질과 도함수를 활용하여 문제를 해결할 수 있다.

특별 비법 $f(x)$가 삼차함수일 때, $f'(x)$는 이차함수이므로 조건 ㄱ에서 이차함수의 꼭짓점의 성질을 이용한다. 이차항의 계수가 양수일 때 꼭짓점에서 최솟값을, 이차항의 계수가 음수일 때 꼭짓점에서 최댓값을 가진다.

문제 풀이

$f(x)$가 삼차함수이므로, $f'(x)$는 이차함수이다.

조건 ㄱ에서 $f'(x)$는 $x=0$일 때 최댓값 1을 가지므로 이차항의 계수를 a라 하면 $a<0$이고 꼭짓점이 $(0, 1)$이므로 $f'(x)=ax^2+1$이다.

즉, $f(x)=\int(ax^2+1)dx=\frac{a}{3}x^3+x+c$ (단, c는 적분상수)

이고 조건 ㄴ에서 $f(0)=f(2)$이므로

$f(0)=c$, $f(2)=\frac{8a}{3}+2+c$에서 $\therefore a=-\frac{3}{4}$.

따라서 $f'(1)=a+1=\frac{1}{4}$

09

정답 ④

출제 의도 정적분과 급수의 관계를 이용하여 문제를 해결할 수 있다.

특별 비법 $\lim_{n\to\infty}\sum_{k=1}^n \frac{b-a}{n}f\left(a+\frac{b-a}{n}k\right)=\int_a^b f(x)dx$

문제 풀이

최고차항의 계수가 1인 삼차함수 $f(x)$가 $x=0$에서 극솟값 1을 가지므로, $f'(0)=0$이다.

즉, 도함수는 이차함수이고 $f(x)$가 $x=0$에서 극솟값을 가지므로 $f'(x)=3x(x+a)$ $(a>0)$이다.

$\therefore f(x)=x^3+\frac{3}{2}ax^2+1$

즉, $\lim_{n\to\infty}\sum_{k=1}^n \frac{1}{n}f(x_k)=\lim_{n\to\infty}\sum_{k=1}^n \frac{1}{n}f\left(\frac{2k}{n}\right)$

$=\lim_{n\to\infty}\frac{1}{2}\sum_{k=1}^n \frac{2}{n}f\left(\frac{2k}{n}\right)=\frac{1}{2}\int_0^2 f(x)dx$

$=\frac{1}{2}\left[\frac{x^4}{4}+\frac{a}{2}x^3+x\right]_0^2=\frac{1}{2}(6+4a)=3+2a=10$

$\therefore a=\frac{7}{2}$

즉, $f(x)=x^3+\frac{21}{4}x^2+1$이므로

$f(2)=8+21+1=30$이다.

10

정답 ③

출제의도 기함수, 우함수의 성질을 알고, 이를 이용하여 정적분을 간단히 할 수 있다.

특별비법 함수 $f(x)$가 기함수, 함수 $g(x)$가 우함수이면 $\int_{-a}^a f(x)dx=0$, $\int_{-a}^a g(x)dx=2\int_0^a g(x)dx$이다.

$|x^3|$는 우함수이므로 $\int_{-2}^{2}|x^3|dx$를 우함수의 성질에 의하여 $2\int_{0}^{2}x^3dx$라 할 수 있다.

$$\therefore \int_{-2}^{2}|x^3|dx=2\int_{0}^{2}x^3dx=2\left[\frac{1}{4}x^4\right]_{0}^{2}=2\times4=8$$

11 **정답 ③**

출제의도 정적분을 이용하여 넓이를 구할 수 있다.

특별비법 두 점 $x=a$, $x=b$를 교점으로 갖는 두 함수 $f(x)$, $g(x)$로 둘러싸인 부분의 넓이는 $\int_{a}^{b}\{f(x)-g(x)\}dx$로 구할 수 있다. (단, $a\leq x\leq b$에서, $f(x)\geq g(x)$)

문제 풀이

곡선과 직선의 접점의 좌표를 $(t,\ -t^2)$이라 하면 접점에서의 접선의 기울기는 $-2t$가 되므로 접선의 방정식은 $y+t^2=-2t(x-t)$이고, 이 직선이 점 $(0, p)$를 지나므로 대입하면 $p+t^2=2t^2$

따라서 $t=\pm\sqrt{p}$ 이므로 접점은 $(\sqrt{p}, -p)$, $(-\sqrt{p}, -p)$이고, 두 접선은 $y=2\sqrt{p}\,x+p$, $y=-2\sqrt{p}\,x+p$

이때, 곡선과 두 접선으로 둘러싸인 부분의 넓이는 y축에 대하여 대칭이므로

$$2\int_{0}^{\sqrt{p}}\{(-2\sqrt{p}\,x+p)+x^2\}dx$$

$$\therefore \frac{9}{4}=2\int_{0}^{\sqrt{p}}\{(-2\sqrt{p}\,x+p)+x^2\}dx$$

$$=2\left[-\sqrt{p}\,x^2+px+\frac{1}{3}x^3\right]_{0}^{\sqrt{p}}$$

$$=\frac{2}{3}(\sqrt{p})^3$$

$(\sqrt{p})^3=\frac{27}{8}$이므로 $p=\frac{9}{4}$

12 **정답 ②**

출제의도 정적분으로 정의된 함수의 극한을 구할 수 있다.

특별비법 $f(x)$의 한 부정적분을 $F(x)$라 하면 $F'(x)=f(x)$이다. 따라서 $\lim\limits_{x\to a}\dfrac{1}{x-a}\int_{a}^{x}f(t)dt=\lim\limits_{x\to a}\dfrac{F(x)-F(a)}{x-a}$이고, 미분계수의 정의에 의해 $\lim\limits_{x\to a}\dfrac{F(x)-F(a)}{x-a}=F'(a)=f(a)$이다.

문제 풀이

$f(x)=x^3-3x^2+4x\int_{0}^{1}f(t)dt$에서 $\int_{0}^{1}f(t)dt=a$라 하면

$f(x)=x^3-3x^2+4ax$

따라서 $f(t)=t^3-3t^2+4at$이고,

이를 $\int_{0}^{1}f(t)dt=a$에 대입하면 $\int_{0}^{1}(t^3-3t^2+4at)dt=a$

정적분하여 정리하면 $\frac{1}{4}-1+2a=a$이므로

$a=\frac{3}{4}$이 되어 $f(x)=x^3-3x^2+3x$

$$\therefore \lim_{x\to1}\frac{1}{x-1}\int_{1}^{x}f(t)dt=f(1)=1-3+3=1$$

13 **정답 ②**

출제의도 정적분을 이용하여 그래프의 평행이동의 성질에 따라 주어진 영역의 넓이를 구할 수 있다.

특별비법 여러 그래프로 둘러싸인 부분의 넓이는 평행이동을 해도 변하지 않는다.

문제 풀이

$f(x)=(x-2014)(x-2015)$라 할 수 있고, $x-2014=t$로 치환하면 $f(t)=t(t-1)$이다. 따라서 $x=2014$에서의 접선은 $t=0$에서, $x=2015$에서의 접선은 $t=1$에서의 접선과 같다.

따라서 $f(t)$의 그래프, $t=0$에서의 접선, $t=1$에서의 접선으로 둘러싸인 넓이를 구하면 된다.

$f'(t)=2t-1$이므로 $f'(0)=-1$이고 $t=0$에서의 접선은 $y=-t$가 된다.

또한 $f'(1)=1$이므로 $t=1$에서의 접선은 $y=t-1$이다.

두 그래프 $y=-t$와 $y=t-1$이 만나는 점의 x좌표는 $\frac{1}{2}$이다.

따라서 구하려는 넓이는

$$\int_{0}^{\frac{1}{2}}\{f(t)-(-t)\}dt+\int_{\frac{1}{2}}^{1}\{f(t)-(t-1)\}dt$$

$$=\int_{0}^{\frac{1}{2}}t^2dt+\int_{\frac{1}{2}}^{1}(t^2-2t+1)dt$$

$$=\left[\frac{1}{3}t^3\right]_{0}^{\frac{1}{2}}+\left[\frac{1}{3}t^3-t^2+t\right]_{\frac{1}{2}}^{1}$$

$$=\frac{1}{24}+\frac{1}{24}=\frac{1}{12}$$

14

출제의도 부정적분을 할 수 있다.

특별비법 $f(x)=x^n$일 때, $\int f(x)dx=\dfrac{1}{n+1}x^{n+1}+C$로 구할 수 있다.

문제 풀이

$f(x)=a_0x^n+a_1x^{n-1}+\cdots+a_{n-1}x+a_n$의 부정적분은

$F(x)=\dfrac{a_0}{n+1}x^{n+1}+\dfrac{a_1}{n}x^n+\cdots+a_nx+C$

이때, 최고차항은 x^{n+1}이고, 계수는 $\dfrac{a_0}{n+1}$

따라서 $b_0=\dfrac{a_0}{n+1}$이고 정리하면 $a_0=(n+1)b_0$

15

정답 ②

출제의도 정적분의 개념을 이해하여 주어진 부분의 넓이를 구할 수 있다.

특별비법 a, b, c가 실수이고 $a<b<c$를 만족할 때 삼차함수 $y=k(x-a)(x-b)(x-c)$가 구간 $[a, c]$에서 연속이고 곡선 $y=f(x)$와 x축으로 둘러싸인 두 부분의 넓이가 같으면 $\int_a^c f(x)dx=0$이다.

문제 풀이

$a<1$일 때, 곡선과 x축으로 둘러싸인 부분이 $0<x<a$ 범위에서는 위쪽, $a<x<1$ 범위에서는 아래쪽에 위치하게 된다. 이때, 두 부분의 넓이가 같으므로

$\int_0^1 x(x-1)(x-a)dx=0$

$\int_0^1 \{x^3-(a+1)x^2+ax\}dx=\left[\dfrac{1}{4}x^4-\dfrac{a+1}{3}x^3+\dfrac{a}{2}x^2\right]_0^1$

$=\dfrac{1}{6}a-\dfrac{1}{12}$

$\therefore \dfrac{1}{6}a-\dfrac{1}{12}=0$이므로 $a=\dfrac{1}{2}$

$a>1$일 때, 곡선과 x축으로 둘러싸인 부분이 $0<x<1$ 범위에서는 위쪽, $1<x<a$ 범위에서는 아래쪽에 위치하게 된다.

이때, 두 부분의 넓이가 같으므로 $\int_0^a x(x-1)(x-a)dx=0$

$\int_0^a (x^3-(a+1)x^2+ax)dx=\left[\dfrac{1}{4}x^4-\dfrac{a+1}{3}x^3+\dfrac{a}{2}x^2\right]_0^a$

$=\dfrac{1}{6}a^3-\dfrac{1}{12}a^4=0$

$\therefore \dfrac{1}{6}-\dfrac{1}{12}a=0$이므로 $a=2$

따라서 모든 a의 합은 $\dfrac{1}{2}+2=\dfrac{5}{2}=2.5$

순열과 조합

01

정답 ④

출제 의도 이항정리를 이용하여 상수항을 구할 수 있다.

특별 비법 $(a+b)^n=\sum_{r=0}^{n} {}_n C_r a^n b^{n-r}$이고, 상수항은 x의 차수가 0인 항이다.

문제 풀이

$\left(x^2-\dfrac{2}{x}\right)^n$의 각 항의 일반항은 ${}_n C_r (x^2)^r \left(\dfrac{-2}{x}\right)^{n-r}$이고, 각 항의 x의 차수는 $3r-n$이다.

x의 차수가 0인 상수항이 존재하려면 $3r-n=0$이 가능해야 하므로 n은 3의 배수이다. 즉, 자연수 n의 최솟값 k는 3이다.

즉, $\left(x^2-\dfrac{2}{x}\right)^3$에서

상수항은 ${}_3 C_1 (x^2)^1 \left(\dfrac{-2}{x}\right)^2=12$이다.

02

정답 ②

출제 의도 자연수를 분할하는 방법의 수를 구할 수 있다.

특별 비법 자연수 A를 숫자 B를 포함하여 분할하는 경우의 수 = 자연수 A-B를 분할하는 경우의 수이다.

문제 풀이

자연수 11을 숫자 5를 포함한 홀수로만 분할하는 방법은 $11-5=6$을 홀수로만 분할한 경우의 수와 같다.

$6=5+1=3+3=3+1+1+1=1+1+1+1+1+1$

따라서 총 분할의 경우의 수는 4가지이다.

03

정답 ①

출제 의도 이항정리를 활용하여 문제를 해결할 수 있다.

특별 비법 $a^n=(p+q)^n=\sum_{r=0}^{n} {}_n C_r p^r q^{n-r}$ 꼴로 나타내어 이항정리를 활용한다.

문제 풀이

$9^{13}=(-1+10)^{13}$이므로 이항정리를 이용하면

$-{}_{13}C_0+{}_{13}C_1 10-{}_{13}C_2 10^2+{}_{13}C_3 10^3-\cdots+{}_{13}C_{13}10^{13}$

$=-1+130-7800+286000-7150000+\cdots+10^{13}$

$=129+278200+\cdots$ 이다.

즉, $a=9$, $b=2$, $c=3$

$\Rightarrow a+b+c=14$이다.

리이다.

나머지 3명이 앉는 경우의 수는 남은 3자리를 일렬로 배열하는 경우와 같으므로 $3!=6$가지이다.

즉, $2\times3\ne12$가지이다.

04

정답 ②

출제 의도 조건을 만족하는 사건의 경우의 수를 구할 수 있다.

특별 비법 3, 4, 5, 6, 7 숫자를 한 번씩 사용하여 만든 다섯 자리 자연수 중 특정 자리에 특정 숫자가 오는 자연수의 개수는 $(5-1)!$임을 이용한다.

문제 풀이

만든 다섯 자리 수 중에서 일의 자리의 수가 3이 되는 경우는 $4!=24$개다. 마찬가지로 일의 자리의 수가 4, 5, 6, 7인 경우도 각각 24개씩이다.

따라서 1의 자리의 합은

$(3+4+5+6+7)\times24=600$.

같은 방법으로 다섯 자리 수의 10자리 수, 100자리 수, $\cdots$, 10000자리 수를 각각 합하면

$(3+4+5+6+7)\times24\times10=6\times10^3$, $\cdots$, 6×10^6이다.

즉, 모두 합하면 6666600이다.

05

정답 ②

출제 의도 조건을 만족하는 경우의 수를 구할 수 있다.

특별 비법 철수의 자리를 하나로 고정한 뒤, 영희가 앉을 수 있는 자리의 경우를 판단한다. 원순열에서 어느 한 자리를 고정하게 되면 더 이상 원순열이 아닌, 나머지 자리를 일렬로 배열하는 순열과 같다.

문제 풀이

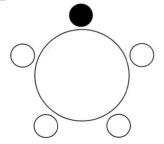

철수의 자리를 다음과 같이 하나로 고정하면, 영희는 철수와 한 자리 건너 앉아야 하므로 올 수 있는 자리는 2자

06

정답 ④

출제의도 주어진 수열의 합을 이항정리로 간단히 정리할 수 있다.

특별비법 $(a+b)^n=\sum_{r=0}^{n}{}_{n}C_{r}a^{n-r}b^r$ 을 이용한다.

문제 풀이

$(1+2^6){}_6C_0+(2+2^5){}_6C_1+(2^2+2^4){}_6C_2+2^3{}_6C_3$ 을 전개하여 나타내면

${}_6C_0+2{}_6C_1+2^2{}_6C_2+2^3{}_6C_3+2^4{}_6C_2+2^5{}_6C_1+2^6{}_6C_0$

이때, ${}_6C_0={}_6C_6$, ${}_6C_1={}_6C_5$, ${}_6C_2={}_6C_4$ 와 같으므로

${}_6C_0+2{}_6C_1+2^2{}_6C_2+2^3{}_6C_3+2^4{}_6C_2+2^5{}_6C_1+2^6{}_6C_0$

$={}_6C_0+2{}_6C_1+2^2{}_6C_2+2^3{}_6C_3+2^4{}_6C_4+2^5{}_6C_6+2^6{}_6C_6$

${}_6C_0+2{}_6C_1+2^2{}_6C_2+2^3{}_6C_3+2^4{}_6C_4+2^5{}_6C_5+2^6{}_6C_6$

$=(1+2)^6=729$

07

정답 ④

출제의도 주어진 급수를 이항정리를 이용하여 정리할 수 있다.

특별비법 $(a+b)^n=\sum_{r=0}^{n}{}_{n}C_{r}a^{n-r}b^r$ 을 이용한다.

문제 풀이

$2\cdot1\cdot{}_{10}C_1+4\cdot3\cdot{}_{10}C_2+\cdots+20\cdot19\cdot{}_{10}C_{10}$ 을 규칙을 찾아 정리하면 $\sum_{k=1}^{10}k(2k-1){}_{10}C_k$

다시 쓰면 $\sum_{k=1}^{10}2k(2k-1){}_{10}C_k\cdot1^{2k-2}$

1을 x로 치환하면 $\sum_{k=1}^{10}2k(2k-1){}_{10}C_k\cdot x^{2k-2}$

이때, $f(x)=(1+x^2)^{10}$이라 하면, 이항정리에 의하여

$(1+x^2)^{10}=\sum_{k=0}^{10}{}_{10}C_k x^{2k}$

이때, 양변을 x에 대하여 미분하면

$$f'(x)=\sum_{k=1}^{10}2k\,{}_{10}\mathrm{C}_k x^{2k-1}$$

한 번 더 미분하면 $f''(x)=\sum_{k=1}^{10}2k(2k-1)\,{}_{10}\mathrm{C}_k x^{2k-2}$

위의 식들을 정리하면

$2\cdot1\cdot{}_{10}\mathrm{C}_1+4\cdot3\cdot{}_{10}\mathrm{C}_2+\cdots+20\cdot19\cdot{}_{10}\mathrm{C}_{10}$은

$x=1$일 때의 $\sum_{k=1}^{10}2k(2k-1)\,{}_{10}\mathrm{C}_k\cdot x^{2k-2}$ 이고,

이는 $x=1$일 때의 $f''(x)$와 같다.

따라서 $f(x)=(1+x^2)^{10}$이므로 양변을 x에 대하여 미분하여 $f''(x)$를 구해보면 $f''(x)=20(19x^2+1)(1+x^2)^8$

$x=1$을 대입하면 $f''(x)=102400$

08

출제의도 주어진 조건을 만족하는 경우의 수를 구할 수 있다.

특별비법 경우의 수가 크면 여사건을 이용한다.

문제 풀이

4명의 수험생이 적성고사에 응시해서 2명 이상이 같은 건물에서 시험을 치르는 경우의 수를 구하려면 모든 경우의 수에서 반대 경우의 수를 빼야 한다.

모든 경우의 수는 4가지 건물에서 중복을 허락하여 4개를 뽑는 경우이므로 ${}_4\Pi_4=4^4=256$

이때, 주어진 사건의 여사건의 경우의 수는 4명이 모두 다른 건물에서 적성고사를 치루는 경우의 수이므로

${}_4\mathrm{P}_4=4\times3\times2\times1=24$

따라서 모든 경우의 수는 $256-24=232$

확률

01

출제 의도 주어진 조건을 여러 가지 경우로 나누어 구할 수 있다.

특별 비법 세 번의 시행을 통해 뽑은 공의 색을 순서쌍으로 나타낼 때, (흰, 흰, 검), (흰, 검, 검), (검, 흰, 검), (검, 검, 검)의 경우로 나누어 확률을 구한다.

문제 풀이

세 번의 시행을 통해 뽑은 공의 색을 순서쌍으로 나타낼 때, 세 번째 공은 반드시 검은색이어야 하므로 (흰, 흰, 검), (흰, 검, 검), (검, 흰, 검), (검, 검, 검) 4가지 사건의 경우로 나눌 수 있다.

임의로 한 개의 구슬을 꺼내어 흰색 슬이면 항아리에 다시 넣고 검은색 슬이면 바깥에 꺼내므로

1. (흰, 흰, 검)일 경우,

   처음 흰색 공을 뽑을 확률은 $\dfrac{3}{6}$,

   두 번째 시행서 흰색 공을 뽑을 확률은 $\dfrac{3}{6}$,

   세 번째 시행서 검은색 공을 뽑을 확률은 $\dfrac{3}{6}$이므로

   $\left(\dfrac{3}{6}\right)^3=\dfrac{1}{8}$이다.

2. (흰, 검, 검)일 경우,

   처음 흰색 공을 뽑을 확률은 $\dfrac{3}{6}$,

   두 번째 시행서 검은색 공을 뽑을 확률은 $\dfrac{3}{6}$,

   세 번째 시행서 검은색 공을 뽑을 확률은 $\dfrac{2}{5}$이므로

   $\dfrac{3}{6}\times\dfrac{3}{6}\times\dfrac{2}{5}=\dfrac{1}{10}$이다.

3. (검, 흰, 검)일 경우,

   처음 검은색 공을 뽑을 확률은 $\dfrac{3}{6}$,

   두 번째 시행서 흰색 공을 뽑을 확률은 $\dfrac{3}{5}$,

   세 번째 시행서 검은색 공을 뽑을 확률은 $\dfrac{2}{5}$이므로

   $\dfrac{3}{6}\times\dfrac{3}{5}\times\dfrac{2}{5}=\dfrac{3}{25}$이다.

4. (검, 검, 검)일 경우,

   처음 검은색 공을 뽑을 확률은 $\dfrac{3}{6}$,

   두 번째 시행서 검은색 공을 뽑을 확률은 $\dfrac{2}{5}$,

   세 번째 시행서 검은색 공을 뽑을 확률은 $\dfrac{1}{4}$이므로

   $\dfrac{3}{6}\times\dfrac{2}{5}\times\dfrac{1}{4}=\dfrac{1}{20}$이다.

즉, $\dfrac{1}{8}+\dfrac{1}{10}+\dfrac{3}{25}+\dfrac{1}{20}=\dfrac{79}{200}$이다.

0 2

출제 의도 집합의 분할을 계산할 수 있다.

특별 비법 주어진 수를 소인수분해한 뒤, 소인수를 3개로 분할하는 경우의 수를 구한다.

문제 풀이

$2310 = 2 \times 3 \times 5 \times 7 \times 11$이므로 2310을 1보다 큰 세 자연수의 곱으로 나타내는 방법은 서로 다른 5개의 숫자 2, 3, 5, 7, 11을 세 개로 분할하는 경우의 수와 같다.

1개, 1개, 3개로 분할한 경우 ${}_5C_1 \times {}_4C_1 \times {}_3C_3 \times \dfrac{1}{2!} = 10$가지이다.

1개, 2개, 2개로 분할한 경우 ${}_5C_1 \times {}_4C_2 \times {}_2C_2 \times \dfrac{1}{2!} = 15$가지이다.

즉, 25가지이다.

0 3

출제 의도 여사건을 이용하여 확률을 계산할 수 있다.

특별 비법 사건의 확률을 p라 할 때, 주어진 사건의 확률을 구하기에 복잡할 경우, 여사건의 확률이 $1-p$임을 이용한다.

문제 풀이

A가 적힌 카드가 서로 이웃하지 않게 나열될 확률은 $1-$(A가 적힌 카드가 이웃할 확률)이다.

전체 경우의 수는

A가 2장, B가 2장, C가 3장으로 같은 것이 있는 7장의 카드를 나열하는 방법 수이므로

$\dfrac{7!}{2! \times 2! \times 3!} = 210$가지이다.

이때, A와 A가 서로 이웃할 경우의 수는

(A, A), B, B, C, C, C를 나열하는 경우의 수이므로

$\dfrac{6!}{2! \times 3!} = 60$가지이다.

즉, A가 적힌 카드가 서로 이웃하지 않게 나열될 경우의 수는 $210-60=150$가지이다.

즉, $\dfrac{150}{210} = \dfrac{5}{7}$

0 4

출제 의도 주어진 조건을 만족하는 사건이 일어날 확률을 구할 수 있다.

특별 비법 사건의 확률을 p라 할 때, 주어진 사건의 확률을 구하기에 복잡할 경우, 여사건의 확률이 $1-p$임을 이용한다.

문제 풀이

주어진 사건의 여사건은 최댓값 M과 최솟값 m의 차이가 1 이하이므로 여사건의 확률을 구한다.

$M-m=0$을 만족하는 순서쌍 (a, b, c)는 $(1, 1, 1)$, $\cdots$, $(6, 6, 6) = 6$가지.

$M-m=1$을 만족하는 순서쌍 (m, M)은 $(1, 2)$, $\cdots$, $(5, 6) = 5$가지이다.

ⅰ) $(m, M) = (1, 2)$을 만족하는 순서쌍 (a, b, c)는
$(1, 1, 2)$, $(1, 2, 1)$, $(2, 1, 1)$, $(1, 2, 2)$, $(2, 1, 2)$,
$(2, 2, 1)$로 6가지이다.

ⅱ) 마찬가지로 $M-m=1$인 각 경우에 대하여 6가지가 가능하다.

따라서 M, m의 차이가 1 이하인 경우의 수는

$6+5\times6=36$이고 전체 경우의 수는 6^3이므로

여사건의 확률은 $\dfrac{36}{6^3} = \dfrac{1}{6}$이다.

즉, 주어진 사건의 확률은 $1-\dfrac{1}{6} = \dfrac{5}{6}$이다.

0 5

출제 의도 조건부 확률을 이용하여 문제를 해결할 수 있다.

특별 비법 $\mathrm{P}(B|A) = \dfrac{\mathrm{P}(A \cap B)}{\mathrm{P}(A)}$임을 이용한다.

문제 풀이

부부 중 남편이 투표하는 사건을 A, 부인이 투표하는 사건을 B라 하자.

즉, $\mathrm{P}(A) = 0.75$, $\mathrm{P}(B) = 0.7$이고 $\mathrm{P}(B|A) = 0.6$이므로

$0.6 = \mathrm{P}(B|A) = \dfrac{\mathrm{P}(A \cap B)}{\mathrm{P}(A)} = \dfrac{\mathrm{P}(A \cap B)}{0.75}$

$\Rightarrow \mathrm{P}(A \cap B) = 0.45$이다.

구하고자 하는 확률은

$\mathrm{P}(A|B) = \dfrac{\mathrm{P}(A \cap B)}{\mathrm{P}(B)} = \dfrac{0.45}{0.7} = \dfrac{9}{14}$.

출제의도 주어진 조건을 여러 가지 경우로 나누어 확률을 구할 수 있다.

특별비법 축구공 3개, 농구공 1개가 두 통에 들어가는 경우를 나누어 생각한다.

문제 풀이

임의의 두 통을 A, B라 하자. 축구공 3개, 농구공 1개가 두 통에 들어가는 경우를 나누어 생각해보면 다음과 같다.

ⅰ) A에 0개, B에 4개의 공이 들어간 경우

A	B
	축, 축, 축, 농

ⅱ) A에 1개, B에 3개의 공이 들어간 경우

A	B
축	축, 축, 농
농	축, 축, 축

ⅲ) A에 2개, B에 2개의 공이 들어간 경우

A	B
축, 축	축, 농
축, 농	축, 축

ⅳ) A에 3개, B에 1개의 공이 들어간 경우

A	B
축, 축, 축	농
축, 축, 농	축

ⅴ) A에 4개, B에 0개의 공이 들어간 경우

A	B
축, 축, 축, 농	

따라서 모든 경우의 수는 8가지이므로 밖으로 나온 공을 처음과 같은 배치로 집어넣을 확률은 $\dfrac{1}{8}$

07 정답 ③

출제의도 주어진 조건을 만족하는 경우의 수를 찾아 확률을 구할 수 있다.

특별비법 a, b, c 중 가장 작은 값인 a의 눈의 수를 정하고 그 때 주어진 조건을 만족하는 b, c의 값을 구한다.

문제 풀이

나오는 눈의 모든 경우의 수는

$6^3 = 216$

나오는 눈의 수가 $a < b < c$를 만족하는 경우의 수는 서로 다른 눈의 숫자가 나오는 경우의 수와 같다.

따라서 $a < b < c$를 만족하는 경우의 수는

$_6C_3 = 20$

따라서 구하는 확률은 $\dfrac{20}{216}$

08 정답 ④

출제의도 조건부확률을 이용하여 문제를 해결할 수 있다.

특별비법 $\mathrm{P}(B|A) = \dfrac{\mathrm{P}(A \cap B)}{\mathrm{P}(A)}$ 임을 이용한다.

문제 풀이

철수의 주사위 눈이 3의 배수이고 영희의 주사위 눈이 2의 배수일 사건을 A라 하고, 두 눈의 차가 2일 사건을 B라고 하자.

철수의 주사위가 3의 배수가 나오는 경우는 3, 6 두 가지이고, 영희의 주사위가 2의 배수가 나오는 경우는 2, 4, 6 세 가지이므로

$\mathrm{P}(A) = \dfrac{2}{6} \times \dfrac{3}{6} = \dfrac{1}{6}$

이때 두 눈의 차가 2인 경우는 철수가 6, 영희가 4인 한 가지 경우이므로

$\mathrm{P}(A \cap B) = \dfrac{1}{36}$

구하려고 하는 확률은 철수의 주사위 눈이 3의 배수이고 영희의 주사위 눈이 2의 배수일 때, 두 눈의 차가 2일 확률이므로 $\mathrm{P}(B|A)$

$\therefore \mathrm{P}(B|A) = \dfrac{\mathrm{P}(A \cap B)}{\mathrm{P}(A)} = \dfrac{\dfrac{1}{36}}{\dfrac{1}{6}} = \dfrac{1}{6}$

09 정답 ②

출제의도 사건이 일어날 각각의 경우를 확률로 나타낼 수 있다.

특별비법 발생할 수 있는 모든 경우를 구하고 각 경우의 확률을 계산한 후 더한다.

각 사람이 가진 2개의 공들의 색깔이 같을 경우를 생각해보면, 첫 번째로 세 사람이 서로 다른 색의 공을 갖는 경우와, A, B, C 중 두 사람이 4개의 파란공을 2개씩 나누어 갖는 경우이다.

첫 번째 경우인 세 사람이 서로 다른 색의 공을 갖는 경우를 표로 나타내보자.

	A	B	C
경우 1	빨강, 빨강	노랑, 노랑	파랑, 파랑
경우 2	빨강, 빨강	파랑, 파랑	노랑, 노랑
경우 3	노랑, 노랑	빨강, 빨강	파랑, 파랑
경우 4	노랑, 노랑	파랑, 파랑	빨강, 빨강
경우 5	파랑, 파랑	빨강, 빨강	노랑, 노랑
경우 6	파랑, 파랑	노랑, 노랑	빨강 빨강

총 6가지 경우이다. 각각의 경우를 확률로 나타내면

경우 1 : $\dfrac{2}{9} \times \dfrac{1}{8} \times \dfrac{3}{7} \times \dfrac{2}{6} \times \dfrac{4}{5} \times \dfrac{3}{4} = \dfrac{1}{420}$

경우 2 : $\dfrac{2}{9} \times \dfrac{1}{8} \times \dfrac{4}{7} \times \dfrac{3}{6} \times \dfrac{3}{5} \times \dfrac{2}{4} = \dfrac{1}{420}$

경우 3 : $\dfrac{3}{9} \times \dfrac{2}{8} \times \dfrac{2}{7} \times \dfrac{1}{6} \times \dfrac{4}{5} \times \dfrac{3}{4} = \dfrac{1}{420}$

경우 4 : $\dfrac{3}{9} \times \dfrac{2}{8} \times \dfrac{4}{7} \times \dfrac{3}{6} \times \dfrac{2}{5} \times \dfrac{1}{4} = \dfrac{1}{420}$

경우 5 : $\dfrac{4}{9} \times \dfrac{3}{8} \times \dfrac{2}{7} \times \dfrac{1}{6} \times \dfrac{3}{5} \times \dfrac{2}{4} = \dfrac{1}{420}$

경우 6 : $\dfrac{4}{9} \times \dfrac{3}{8} \times \dfrac{3}{7} \times \dfrac{2}{6} \times \dfrac{2}{5} \times \dfrac{1}{4} = \dfrac{1}{420}$

따라서 세 사람이 서로 다른 색의 공을 가질 확률은

$\dfrac{1}{420} \times 6 = \dfrac{1}{70}$

두 번째로 A, B, C 중 두 사람이 4개의 파란공을 2개씩 나누어 갖는 경우를 표로 나타내보자.

	A	B	C
경우 1	파랑, 파랑	파랑, 파랑	빨강, 빨강
경우 2	파랑, 파랑	파랑, 파랑	노랑, 노랑
경우 3	빨강, 빨강	파랑, 파랑	파랑, 파랑
경우 4	노랑, 노랑	파랑, 파랑	파랑, 파랑
경우 5	파랑, 파랑	빨강, 빨강	파랑, 파랑
경우 6	파랑, 파랑	노랑, 노랑	파랑, 파랑

총 6가지 경우이다. 각각의 경우를 확률로 나타내면

경우 1 : $\dfrac{4}{9} \times \dfrac{3}{8} \times \dfrac{2}{7} \times \dfrac{1}{6} \times \dfrac{2}{5} \times \dfrac{1}{4} = \dfrac{1}{1260}$

경우 2 : $\dfrac{4}{9} \times \dfrac{3}{8} \times \dfrac{2}{7} \times \dfrac{1}{6} \times \dfrac{3}{5} \times \dfrac{2}{4} = \dfrac{1}{420}$

경우 3 : $\dfrac{2}{9} \times \dfrac{1}{8} \times \dfrac{4}{7} \times \dfrac{3}{6} \times \dfrac{2}{5} \times \dfrac{1}{4} = \dfrac{1}{1260}$

경우 4 : $\dfrac{3}{9} \times \dfrac{2}{8} \times \dfrac{4}{7} \times \dfrac{3}{6} \times \dfrac{2}{5} \times \dfrac{1}{4} = \dfrac{1}{420}$

경우 5 : $\dfrac{4}{9} \times \dfrac{3}{8} \times \dfrac{2}{7} \times \dfrac{1}{6} \times \dfrac{2}{5} \times \dfrac{1}{4} = \dfrac{1}{1260}$

경우 6 : $\dfrac{4}{9} \times \dfrac{3}{8} \times \dfrac{3}{7} \times \dfrac{2}{6} \times \dfrac{2}{5} \times \dfrac{1}{4} = \dfrac{1}{420}$

따라서 A, B, C 중 두 사람이 4개의 파란공을 2개씩 나누어 갖는 경우의 확률은 $3 \times \dfrac{1}{1260} + 3 \times \dfrac{1}{420} = \dfrac{1}{105}$

$\therefore \dfrac{1}{70} + \dfrac{1}{105} = \dfrac{1}{42}$

10 정답 ①

출제의도 사건이 일어날 각각의 경우를 확률로 나타낼 수 있다.

특별비법 여러 가지 조건이 있는 경우, 표로 나타내어 한눈에 정리하면 쉽게 해결할 수 있다.

남학생과 여학생의 수가 같으므로 각각 X명이라고 가정하고 모든 경우의 수를 표로 나타내보자.

	남학생	여학생	총합
A형	a	b	$a+b$
B형	$X-a$	$X-b$	$2X-(a+b)$
총합	X	X	$2X$

전체 남학생 중 임의의 한 명이 수리 A형을 선택했을 확률은 $\dfrac{a}{X} = \dfrac{3}{5}$ 이고, 정리하면 $a = \dfrac{3X}{5}$

학교 학생 중에서 임의로 한 명을 선택할 때 이 학생이 수리 B형을 선택했을 확률은 $\dfrac{2X-(a+b)}{2X} = \dfrac{1}{4}$ 이고, 정리하면 $(a+b) = \dfrac{3X}{2}$

$a = \dfrac{3X}{5}$ 을 대입하면 $b = \dfrac{9X}{10}$

따라서 이 학교 학생 중에서 임의로 선택한 학생이 여학생이면서 수리 B형을 선택한 학생일 확률은

$\dfrac{X-b}{2X} = \dfrac{X - \dfrac{9X}{10}}{2X} = \dfrac{1}{20}$

11

정답 ③

출제의도 주어진 조건을 만족하는 경우의 수를 파악하고, 확률로 나타낼 수 있다.

특별비법 $|a-b|$가 소수일 경우는 $|a-b|=2$, $|a-b|=3$, $|a-b|=5$일 때이다.

문제 풀이

ⅰ) $|a-b|=2$일 때, $(a, b)=(1, 3)$, $(2, 4)$, $(3, 5)$, $(4, 6)$, $(6, 4)$, $(5, 3)$, $(4, 2)$, $(3, 1)$이므로 총 8가지 경우가 있다.

ⅱ) $|a-b|=3$일 때, $(a, b)=(1, 4)$, $(2, 5)$, $(3, 6)$, $(6, 3)$, $(5, 2)$, $(4, 1)$이므로 총 6가지 경우가 있다.

ⅲ) $|a-b|=5$일 때, $(a, b)=(1, 6)$, $(6, 1)$이므로 총 2가지 경우가 있다.

따라서 $|a-b|$가 소수일 경우의 수를 구하면

$8+6+2=16$

총 경우의 수는 36가지이므로 $|a-b|$가 소수일 확률은 $\frac{16}{36}$이다.

통계

01

정답 ①

출제 의도 이항분포의 정의를 이용하여 문제를 해결할 수 있다.

특별 비법 확률 변수 X의 확률질량함수가

$P(X=x)={}_nC_x p^x q^{n-x}(p+q=1, x=0, 1 \cdots n)$라 할 때, 이를 이항분포라 하고 $B(n, p)$로 나타낸다. 또한,

$E(x)=\sum_{x=0}^{n} x \times {}_nC_x p^x q^{n-x}=np$이고,

$V(x)=npq=E(x^2)-\{E(x)\}^2$이다. 이때,

$E(x^2)=\sum_{x=0}^{n} x^2 \times {}_nC_x p^x q^{n-x}$이다.

문제 풀이

$\frac{1}{4^{64}} \sum_{k=0}^{64} k^2 \, {}_{64}C_k 3^{64-k}$에서

$\sum_{k=0}^{64} k^2 \, {}_{64}C_k 3^{64-k} \times \frac{1}{4^{64}}=\sum_{k=0}^{64} k^2 \, {}_{64}C_k \left(\frac{1}{4}\right)^k \left(\frac{3}{4}\right)^{64-k}$

이다. 이는 이항분포 $B\left(64, \frac{1}{4}\right)$에서의 $E(x^2)$를 의미한다.

$E(x^2)=V(x)+\{E(x)\}^2$이고,

$V(x)=npq=64\left(\frac{1}{4}\right)\left(\frac{3}{4}\right)=12$,

$E(x)=np=64\left(\frac{1}{4}\right)=16$이므로

$E(x^2)=V(x)+\{E(x)\}^2=12+256=268$이다.

02

정답 ②

출제 의도 표본비율의 확률분포를 정규분포를 이용하여 구할 수 있다.

특별 비법 모비율을 p, 표본비율을 $\hat{p}$라 할 때,

$E(\hat{p})=p$, $V(\hat{p})=\frac{pq}{n}$, $\sigma(\hat{p})=\sqrt{\frac{pq}{n}}$ (단, $q=1-p$)

문제 풀이

예약을 지키지 않는 고객의 비율을 p라 할 때, 100명 중 예약을 지키지 않는 고객의 비율을 $\hat{p}$이라 하자.

$E(\hat{p})=p=0.1$

$V(\hat{p})=\frac{0.1 \times 0.9}{100}=\left(\frac{3}{100}\right)^2$이므로

표본비율 $\hat{p} \sim N\left(0.1, \left(\frac{3}{100}\right)^2\right)$을 따른다.

즉, $P(0.1 \leq \hat{p} \leq 0.16)$

$=P\left(\frac{0.1-0.1}{0.03} \leq Z \leq \frac{0.16-0.1}{0.03}\right)=P(0 \leq Z \leq 2)$

$=0.48$

03

출제 의도　표본비율의 확률분포를 정규분포를 이용하여
구할 수 있다.

특별 비법　모비율을 p, 표본비율을 $\hat{p}$라 할 때,

$\mathrm{E}(\hat{p})=p$, $\mathrm{V}(\hat{p})=\dfrac{pq}{n}$, $\sigma(\hat{p})=\sqrt{\dfrac{pq}{n}}$ (단, $q=1-p$)

문제 풀이

예약을 지키지 않는 고객의 비율을 p라 할 때, 400명 중
예약을 지키지 않는 고객의 비율을 $\hat{p}$이라 하자.

$\mathrm{E}(\hat{p})=p=0.2$

$\mathrm{V}(\hat{p})=\dfrac{0.2\times0.8}{400}=\left(\dfrac{2}{100}\right)^2$이므로

표본비율 $\hat{p}\sim\mathrm{N}\left(0.2,\left(\dfrac{2}{100}\right)^2\right)$을 따른다.

즉, $\mathrm{P}(0.19\leq\hat{p}\leq0.22)$

$=\mathrm{P}\left(\dfrac{0.19-0.2}{0.02}\leq Z\leq\dfrac{0.22-0.2}{0.02}\right)=\mathrm{P}(0.5\leq Z\leq1)$

$=0.1915+0.3413=0.5328$

04

출제 의도　이산확률변수에서 평균을 구할 수 있다.

특별 비법　$\mathrm{E}(aX+b)=a\mathrm{E}(X)+b$ 임을 이용한다.

문제 풀이

6개의 공 중에서 3개의 공을 뽑을 때, 뽑은 흰 공의 개수를
X라 하고 그때의 확률을 $\mathrm{P}(X)$라 하면

$\mathrm{P}(0)=\dfrac{{}_3\mathrm{C}_3}{{}_6\mathrm{C}_3}=\dfrac{1}{20}$,

$\mathrm{P}(1)=\dfrac{{}_3\mathrm{C}_1\,{}_3\mathrm{C}_2}{{}_6\mathrm{C}_3}=\dfrac{9}{20}$,

$\mathrm{P}(2)=\dfrac{{}_3\mathrm{C}_2\,{}_3\mathrm{C}_1}{{}_6\mathrm{C}_3}=\dfrac{9}{20}$,

$\mathrm{P}(3)=\dfrac{{}_3\mathrm{C}_3}{{}_6\mathrm{C}_3}=\dfrac{1}{20}$이다.

	$X=0$	$X=1$	$X=2$	$X=3$
$\mathrm{P}(X)$	$\dfrac{1}{20}$	$\dfrac{9}{20}$	$\dfrac{9}{20}$	$\dfrac{1}{20}$

즉,

$\mathrm{E}(X)=0\times\dfrac{1}{20}+1\times\dfrac{9}{20}+2\times\dfrac{9}{20}+3\times\dfrac{1}{20}=\dfrac{3}{2}$이므로

$\mathrm{E}(2X-1)=2\mathrm{E}(X)-1=2.$

05

출제의도　이항분포 $\mathrm{B}(n,p)$를 따르는 확률변수 X의 평균
과 분산을 구할 수 있다.

특별비법　확률변수 X가 이항분포 $\mathrm{B}(n,p)$를 따를 때,
$\mathrm{E}(X)=np$, $\mathrm{V}(X)=np(1-p)$이다.

문제 풀이

확률변수 Y가 이항분포 $\mathrm{B}\left(125,\dfrac{1}{5}\right)$을 따르므로

$\mathrm{E}(Y)=125\times\dfrac{1}{5}=25$, $\mathrm{V}(Y)=125\times\dfrac{1}{5}\times\dfrac{4}{5}=20$

따라서 이차방정식 $x^2-\mathrm{V}(Y)x+\mathrm{E}(Y)=0$에 대입하여
정리하면 $x^2-20x+25=0$이고, 이차방정식의 두 실근
이 α, β이므로 근과 계수의 관계에 의하여

$\alpha+\beta=20$, $\alpha\beta=25$

곱셈공식에 의하여 $(\beta-\alpha)^2=(\beta+\alpha)^2-4\alpha\beta$이므로

$(\beta-\alpha)^2=20^2-4\times25=300$

$\therefore\beta-\alpha=\sqrt{300}=10\sqrt{3}$

06

출제의도　이항분포와 정규분포 간의 관계를 이용하여 문
제에서 주어진 확률을 구할 수 있다.

특별비법　모집단이 정규분포 $\mathrm{N}(m,\sigma^2)$을 따르면 표본평
균 $\overline{X}$는 정규분포 $\mathrm{N}\left(m,\dfrac{\sigma^2}{n}\right)$을 따른다. 또한 모집단이 정
규분포를 따르지 않더라도 표본의 크기 n이 충분히 크면 표
본평균 $\overline{X}$는 근사적으로 정규분포 $\mathrm{N}\left(m,\dfrac{\sigma^2}{n}\right)$을 따른다.

문제 풀이

과자 한 개의 무게를 X라 하면 X는 평균이 80g이고
표준편차가 4g이므로 $\mathrm{N}(80,4^2)$을 따른다.

임의로 뽑힌 4개의 과자의 평균을 $\overline{X}$라 하면, 표본집단
$\overline{X}$는 $\mathrm{N}(80,2^2)$을 따른다.

이때, 임의로 선택한 과자봉투의 무게가 332g 이상이려
면 과자 한 개의 무게는 평균 83g 이상이어야 한다.

$\therefore\mathrm{P}(\overline{X}\geq83)=\mathrm{P}\left(Z\geq\dfrac{83-80}{2}\right)=\mathrm{P}(Z\geq1.5)$

$=0.5-\mathrm{P}(0\leq Z\leq1.5)$

$=0.5-0.43=0.07$

07

정답 ②

출제의도 이항분포를 통해 정규분포를 구할 수 있고, 정규분포와 표준정규분포 간의 관계를 이용하여 문제에서 요구하는 확률을 구할 수 있다.

특별비법 모집단이 정규분포 $N(m, \sigma^2)$을 따르면 표본평균 $\overline{X}$는 정규분포 $N\left(m, \dfrac{\sigma^2}{n}\right)$을 따른다. 또한 모집단이 정규분포를 따르지 않더라도 표본의 크기 n이 충분히 크면 표본평균 $\overline{X}$는 근사적으로 정규분포 $N\left(m, \dfrac{\sigma^2}{n}\right)$을 따른다.

문제 풀이

수학경시대회 점수를 X라 하고 평균을 m이라 하면 X는 분산이 100인 정규분포를 따르므로 $N(m, 10^2)$을 따른다. 임의로 뽑힌 25명을 표본이라 하면, 표본집단 $\overline{X}$는 $N(m, 2^2)$을 따른다. 이때, 표본집단의 평균점수가 60.14이므로 $m=60.14$이다.

모평균과 표본평균의 차를 구해보면

$|\overline{X}-m| \leq 1.96 \times \dfrac{10}{\sqrt{25}} = 3.92$이므로

신뢰구간은 $60.14-3.92 \leq m \leq 60.14+3.92$

$\therefore 56.22 \leq m \leq 64.06$

08

정답 ③

출제의도 이항분포와 정규분포의 관계를 파악하여 문제를 해결할 수 있다.

특별비법 어떤 시행이 이항분포 $B(n, p)$를 따를 때 평균은 np, 분산은 $np(1-p)$이고 이를 정규분포로 나타내면 $N(np, npq)$이다. (단, $q=1-p$)

문제 풀이

5칸을 검정색으로 칠하는 횟수를 X라 하면, 1칸을 검정색으로 칠하는 횟수는 $180-X$이다.

800칸 중 40% 이상을 칠하려면 320칸 이상을 칠해야 한다. $5X+(180-X) \geq 320$을 만족하는 X의 범위는 $X \geq 35$이므로, 5칸을 검정색으로 칠하는 횟수가 35회 이상이어야 한다.

이때, 두 개의 주사위를 동시에 던지는 시행에서 두 눈의 수의 합이 7일 확률은 $\dfrac{6}{36}=\dfrac{1}{6}$이고, 180번 시행하므로 확률변수 X는 이항분포 $B\left(180, \dfrac{1}{6}\right)$을 따르고, 정규분포 $N(30, 5^2)$을 따른다.

따라서 800칸 중 40% 이상을 칠할 확률은

$P(X \geq 35) = P\left(Z \geq \dfrac{35-30}{5}\right) = P(Z \geq 1)$이고

그 값은 다음과 같다.

$P(Z \geq 1) = 0.5 - P(0 \leq Z \leq 1)$
$= 0.5 - 0.3413 = 0.1587$

09

정답 ①

출제의도 확률질량함수의 성질을 이용하여 주어진 문제를 해결할 수 있다.

특별비법 확률분포표가 다음과 같을 때 $\sum\limits_{k=1}^{n} p_k = 1$이다.

X	x_1	x_2	x_3	$\cdots$	x_n	합계
$P(X=x)$	p_1	p_2	p_3	$\cdots$	p_n	1

문제 풀이

$P(X=1)+P(X=2)+\cdots+P(X=5)=1$이므로

$\dfrac{1}{10}+a+\dfrac{3}{10}+\dfrac{1}{10}+b=1$

$\therefore a+b=\dfrac{5}{10}$

이때, $P(X^2-6X+8 \leq 0)=\dfrac{4}{5}$이고, 이를 정리하면

$P(2 \leq X \leq 4) = P(X=2)+P(X=3)+P(X=4)$

$\therefore a+\dfrac{3}{10}+\dfrac{1}{10}=\dfrac{4}{5}$, $a=\dfrac{4}{10}$, $b=\dfrac{1}{10}$

a, b를 이용하여 $E(X)$를 구해보면

$E(X) = 1 \times \dfrac{1}{10} + 2 \times \dfrac{4}{10} + 3 \times \dfrac{3}{10} + 4 \times \dfrac{1}{10} + 5 \times \dfrac{1}{10}$

$= \dfrac{27}{10}$

$\therefore E(3X+2) = 3E(X)+2 = 3 \times \dfrac{27}{10} + 2 = \dfrac{101}{10} = 10.1$

10

정답 ④

출제의도 이항분포와 정규분포 간의 관계를 구하여 문제를 해결할 수 있다.

특별비법 어떤 시행이 이항분포 $B(n, p)$를 따를 때 평균은 np, 분산은 $np(1-p)$이고 이를 정규분포로 나타내면 $N(np, npq)$이다. (단 $q=1-p$)

문제 풀이

주사위가 나오는 모든 경우의 수는 $6 \times 6 = 36$

갑이 이길 경우 갑과 을의 주사위 눈의 순서쌍은 다음과 같다.

$(6, 1), (6, 2), (6, 3), (6, 4), (6, 5)$

$(5, 1), (5, 2), (5, 3), (5, 4)$

$(4, 1), (4, 2), (4, 3)$

$(3, 1), (3, 2)$

$(2, 1)$

따라서 경우의 수는 $5 + 4 + 3 + 2 + 1 = 15$

즉 갑이 이길 확률은 $\dfrac{15}{36} = \dfrac{5}{12}$

이기는 횟수를 X라 하면 X는 이항분포 $B\left(140, \dfrac{5}{12}\right)$를 따르며 정규분포로 나타내면 $N\left(\dfrac{700}{12}, \left(\dfrac{70}{12}\right)^2\right)$이라 할 수 있다. 이때, 70회 이상 이길 확률은 $P(X \geq 70)$이므로 표준정규분포 $N(0, 1^2)$을 따를 때의 확률로 표준화시키면

$$P\left(Z \geq \dfrac{70 - \dfrac{700}{12}}{\dfrac{70}{12}}\right) = P(Z \geq 2)$$

$\therefore P(Z \geq 2) = 0.5 - P(0 \leq Z \leq 2) = 0.5 - 0.48 = 0.02$

11 정답 ③

출제의도 이항분포의 평균과 분산을 구할 수 있다.

특별비법 확률변수 X가 이항분포 $B\left(4, \dfrac{1}{5}\right)$을 따를 때

$\displaystyle\sum_{x=0}^{40} x^2 P(X=x) = E(X^2)$이고, $V(X) = E(X^2) - \{E(X)\}^2$

이므로 $\displaystyle\sum_{x=0}^{40} x^2 P(X=x) = V(X) + \{E(X)\}^2$이다.

문제 풀이

$B\left(40, \dfrac{1}{5}\right)$이므로

$E(X) = 40 \times \dfrac{1}{5} = 8$, $V(X) = 40 \times \dfrac{1}{5} \times \dfrac{4}{5} = \dfrac{32}{5}$

이때, $\displaystyle\sum_{x=0}^{40} x^2 P(X=x) = V(X) + \{E(X)\}^2$

$\therefore \displaystyle\sum_{x=0}^{40} x^2 P(X=x) = \dfrac{32}{5} + 8^2 = \dfrac{352}{5}$

기출 유형

영어 영역

말하기

01

정답 ③

A : 안녕하세요, Mr. Brown인가요? 저는 Kathy Benson입니다. 저희 통화한 적 있지요? 당신의 집은 정말 멋져요.

B : 감사합니다. 그런데 제 아들이 대학에 가면서 집을 나가서 집에 변화를 좀 주고 싶어요. 그의 방을 손님방으로 바꾸고 부엌을 다시 바꾸려고 해요.

A : 좋아요. 자세한 계획이 있으신가요?

B : 벽을 다른 색으로 칠하고 카펫을 바꾸는 것 정도면 손님방에는 충분할 것 같아요.

A : 알겠습니다. 부엌은요? 생각해 두신 게 있나요?

B : _____. 모든 게 구식이에요. 모든 가전을 새로 하고 싶어요.

A : 그러면 저희 부엌 디자인 카탈로그를 보시는 게 좋겠어요.

B : 네, 그럴게요.

A : 지금 차에서 가져올게요.

① 사실, 그보다 좋을 순 없어요.
② 그대로 정말 좋지 않나요?
③ 정말 할 일이 많아요.
④ 이미 전부 다 다시 했어요.

주제 집의 인테리어를 바꾸려는 사람과 인테리어 업자의 대화

핵심 표현 redo ~을 다시 하다, ~의 장식을 바꾸다 outdated 시대에 뒤진, 구식의 appliance 가전제품

구문 해설
• What do you have in mind?
have something in mind는 '머릿속에 생각하는 것이 있다'는 의미의 숙어이다.

출제의도 대화의 흐름을 이해하여 빈칸에 들어갈 적절한 문장을 고를 수 있다.
특별비법 빈칸의 앞뒤 문장의 내용을 보고 빈칸에 들어갈 내용을 파악한다.

문제 풀이 빈칸 뒤에 오는 문장은 모든 것이 구식이며 전부 다 새로 바꾸고 싶다는 내용이다. ①과 ②의 선택지는 '지금 그대로 좋다'는 내용이기 때문에 알맞지 않고, ④ 선택지는 '이미 전부 다시 했다'는 내용의 문장이므로 적절하지 않다. 그러므로 정답은 ③이다.

정답 ①

A : *Jikji*에 대해 들어보았니?
B : 응, 들어보았어. 그건 이동 가능한 금속 활자로 인쇄된 가장 오래된 책이야.
A : 맞아. 그건 UNESCO 세계 기록 유산에 올랐어. 현재 *Jikji*가 어디에 있는지 아니?
B : 전혀 모르겠어. 아마 국립 중앙 박물관에 있지 않을까?
A : 아냐. 안타깝게도 그건 프랑스 국립 도서관에 있어.
B : 정말? 어떻게 그럴 수 있어?
A : 1900년대 초반 프랑스 외교관이 그걸 사서 프랑스로 가지고 갔고, 이후에 도서관에 기증했어.
B : 아, 우리의 소중한 문화유산이 다른 나라에 있다니 정말 슬픈 일이야.
A : 그러니까 말이야.

① 그러니까 말이야.
② 너랑 상관없는 일이야.
③ 그럴 일은 절대로 없을 거야.
④ 그런 말이 아니었어.

주제 한국의 문화유산 직지가 프랑스에 있음에 대해 안타까워하는 내용의 대화

핵심 표현 diplomat 외교관, 사절 asset 자산, 유산

출제의도 대화의 내용을 이해하고, 빈칸에 들어갈 알맞은 문장을 선택할 수 있다.
특별비법 대화하는 인물들이 공유하는 의견이 무엇인지 파악하면 답을 고르기 쉬워진다.

문제 풀이 현재 대화하고 있는 두 사람은 모두 직지가 한국이 아닌 프랑스에 있음에 대해 슬퍼하고 있다. 빈칸에 들어갈 A의 말은 B의 의견에 동의하는 내용의 말이 들어가는 것이 적절하기 때문에 ①이 알맞다. 나머지 선택지들은 B의 의견에 반대하거나 B의 말이 틀리다고 말하고 있기 때문에 대화의 흐름에 알맞지 않다.

B : 응. 예를 들어, 나는 지속적으로 내가 관객들이 흥미를 느끼도록 할 수 있다고 나 자신에게 말을 해.
A : 좋은 생각이다. 또 어떤 방법이 있어?
B : 관객들 앞에 선 내 모습을 떠올리면서 발표 연습을 많이 해.
A : 연습하면 완벽해진다는 말이구나, 그치?
B : 정확해.
A : 두려움을 없애는 효과적인 방법인 것 같아. 네 방식을 시도해 볼게.
B : 잘 되길 바라.

① 또 하나 더 해 보자.
② 그건 뭐가 그렇게 좋아?
③ 네 방식을 시도해 볼게.
④ 장난치지 마.

주제 대중 앞에서 말하는 것에 대한 두려움을 극복하는 방법에 대한 대화
핵심 표현 audience 관객, 청중 frightening 무서운, 소름끼치는 overcome 극복하다 constantly 지속적으로 be capable of ~을 할 수 있다 rehearse 연습하다, 시연하다 visualize 시각화하다, 마음에 떠올리다

구문 해설
• I rehearse my speech a lot, visualizing myself standing in front of my listeners.
visualizing은 앞의 문장 전체를 꾸며주고, standing은 myself만을 꾸며준다. –ing의 다양한 용법을 알 수 있다.

출제의도 대화의 흐름을 이해하고 빈칸에 들어갈 내용을 추론할 수 있다.
특별비법 대화의 주제가 되는 고민이나 문제가 무엇인지 파악하고, 이를 해결하기 위해 상대가 제시하는 방법에 대해 집중하여 답을 추론한다.

문제 풀이 대중 앞에서 말하는 것에 대한 두려움으로 고민인 A에 대해 B는 자신이 사용하는 여러 가지 방식을 해결책으로 추천해 주고 있다. A도 이 방식들을 듣고 효과적일 것이라고 생각하고 있다. 때문에 정답은 ③이다.

정답 ③

A : 청중들 앞에서 말하는 건 내게 정말 무서운 일이야. 대중 앞에서 말하는 것에 대한 두려움을 어떻게 극복할 수 있는지 아니?
B : 음, 내 생각에 가장 중요한 건 긍정적으로 생각하는 거야.
A : 긍정적으로 생각하는 것?

정답 ②

A : Sue, 복사기에 쓸 용지가 혹시 있니? 나 이 전단지를 복사해야 해.
B : 여기. 어떤 전단지야?
A : 잃어버린 내 개를 찾는 내용이야. 어젯밤 정문이 열려있는 동안 내 개가 집을 뛰쳐나가서 아직 돌아오지 않았어.

B : 그런 일이! 경찰에 신고했어? 내 친구 중 하나가 경찰의 도움으로 잃어버린 개를 찾았어.

A : 정말?

B : 응. 그리고 누군가 네 개를 찾아 경찰서에 데려다 줬을지도 몰라.

A : 흐음, 그거 말이 된다. 내가 경찰서에 다녀오는 동안 이 전단지 좀 복사해 줄 수 있니?

B : 그래. 몇 장이나 필요해?

A : 100장 정도면 충분해.

B : 알겠어. 내가 해 둘게.

---

① 조언 고마워.
② 내가 해 둘게.
③ 별말씀을.
④ 무엇을 먼저 할지 생각해 보자.

주제 잃어버린 개를 찾는 것에 대한 대화

핵심 표현 flyer 전단지

구문 해설

• Last night my dog ran out of my house while the front door was left open, and she hasn't come back.

leave open은 '열어두다', left open은 '문이 열려 있는 동안'을 의미한다. have p.p.는 과거의 행동이 지금까지 이어지는 시제이기 때문에 아직 강아지가 돌아오지 않았음을 의미한다.

출제의도 대화의 내용을 파악하여 빈칸에 들어갈 내용을 추론한다.

특별비법 대화 지문에서는 특히 대화의 흐름과 어조를 이해하는 것과 빈칸 앞뒤 문장의 맥락을 확인하는 것이 중요하다.

문제 풀이 B는 A가 잃어버린 개를 찾는 전단지 100장을 복사해달라고 부탁하자 '알겠어.'라고 말하며 협조적인 태도를 취하고 있다. 따라서 이러한 내용에 부합하는 적절한 대답은 ②이다. get something done은 '무언가를 완성시키다', '끝내다'라는 뜻이다. ④와 같이 개를 잃어버린 상황에서 당장 무엇을 할지 생각해보는 선택지는 상황상 답일 것 같은 생각도 할 수 있다. 하지만 지문의 맥락을 보면 그렇지 않음을 알 수 있다.

---

05 정답 ③

A : 도와드릴까요?

B : 네, 몸 상태가 안 좋아서요. 우리가 탑승하고 나서부터 아팠어요.

A : 아프시다니 안타깝네요. 어떻게 아프세요?

B : 으슬으슬 춥고 살짝 어지러워요.

A : 담요를 가져다 드릴까요?

B : 네, 그렇게 해주신다면 좋겠어요. 그리고 아주 뜨거운 수건 하나도 가져다주시겠어요?

A : 그럼요. 이 비행기 안에 의사가 있는지 알아보게 안내 방송을 해 드릴까요?

B : 매우 친절하시네요. 하지만, 그렇게 심각한 정도는 아니에요.

A : 알겠습니다. 곧 기내 음식을 제공할 예정입니다. 음식을 드실 수 있으시겠어요?

B : 글쎄요, 지금은 아닌 것 같아요. 다음으로 미룰게요.

---

① 물론이죠.
② 그러지 않는 게 좋겠어요.
③ 지금은 아닌 것 같아요.
④ 쾌차하시길 바라요

주제 몸 상태가 좋지 않은 비행기 탑승객과 승무원의 대화

핵심 표현 board 탑승하다 slightly 약간 dizzy 어지러운 announcement 안내 방송

구문 해설

• I've been feeling sick since we boarded.

현재완료 진행형으로 과거에 시작된 상태나 행동이 현재까지 진행 중이라는 의미로 쓰였다.

• Would you like me to make an announcement to see if there's a doctor on the plane?

상대방의 의견이나 허락을 구하는 정중한 표현이다.

출제의도 대화 내용을 파악하고 빈칸에 들어갈 내용을 추론할 수 있다.

특별비법 빈칸에 들어갈 내용은 앞에 오는 질문에 대한 대답이므로 상대방의 질문이 무엇인지 정확히 해석하여 답변을 유추하면 된다.

문제 풀이 비행기 안에서 몸 상태가 안 좋은 승객에게 승무원이 기내식을 권유하자 지금 당장 먹지 않겠다고 말하는 상황이므로 ③이 정답이다.

 정답 ③

A : 나는 네가 부러워. 너는 영어에 재능이 있어.

B : 하지만 너도 영어에서 좋은 성적을 받잖아.

A : 내 점수는 괜찮은 편이야, 하지만 내가 외국인과 대화하려면, 나는 내 의사를 전달하지 못하는 것 같아.

B : 그러면 네 문제가 무엇이라고 생각하니?

A : 발음이 문제라고 생각해.

B : 사실, 나도 똑같은 경험을 한 적 있어.

A : 그러면 내가 이 문제를 이겨내려면 무엇을 해야 하는지 너는 알겠구나.

B : 흠, 나는 네가 원어민들의 말을 주의 깊게 듣고 그들이 말하는 방식을 흉내 내는 것을 추천해.

A : 물론 그들을 흉내 내려고 노력하지, 하지만 쉽지 않아.

B : 연습이 많이 필요할 거야. 계속해봐!

① 감사합니다.
② 그것의 좋은 점은 무엇이니?
③ 연습이 많이 필요할 거야.
④ 내가 더 기뻐.

주제 영어 발음을 개선하는 것에 대한 조언

핵심 표현 gift 재능 have trouble ~ing ~에 어려움을 겪다 pronunciation 발음 overcome 극복하다 imitate 모방하다

구문 해설
• My grades are okay, but when I try to talk with foreigners, I have trouble making myself understood.
'try to부정사'는 '~하려고 애쓰다'의 의미를 가지고 있으며 'have trouble ~ing'의 구문은 '~하는 데 어려움을 겪다'의 의미로 쓰인다. 한편 'make 목적어 목적격 보어'는 '~가 …하게 만들다[시키다]'라는 뜻을 지니고 있는데, 본문의 'making myself understood'에서 목적어가 재귀대명사이기에 목적격 보어는 수동태가 되어야 한다.
• Then you must know what I need to do to overcome the problem.
선행사를 포함하고 불완전한 문장을 수반하는 관계대명사 'what'이 쓰인 문장이다.
• I do try to imitate them, but it's not easy.
조동사 'do'를 동사 앞에 쓰고 동사를 원형으로 써서 그 동사 (try)를 강조하는 문장을 만들었다.

출제의도 대화의 내용을 파악하고 그에 알맞은 표현을 고를 수 있다.
특별비법 앞뒤 흐름을 파악하여 문맥에 맞는 표현을 고른다. 빈칸 바로 앞에 나오는 대화 내용을 정확히 파악하여야 한다.

문제 풀이 A가 원어민의 영어 발음을 모방하려고 하지만 쉽지 않다고 하자 B가 계속 해보라고 조언하는 내용이므로 ③이 정답으로 적절하다.

07 정답 ③

A : 젊은이, 실례해요. 부탁을 하나 해도 될까요?

B : 물론이죠. 무엇을 도와드릴까요?

A : 이 소포를 딸에게 보내야 하는데 딸의 주소를 적지 못하겠어요.

B : 오, 따님의 주소는 가지고 계신가요?

A : 여기 있어요. 아시다시피, 나이가 들면서 잘 읽지를 못하겠네요. 시력이 너무 나빠요.

B : 걱정 마세요. 제가 써 드릴게요. 잠시만 기다리세요.

A : 다행이네요! 나는 당신과 같이 친절한 사람을 여기서 만나리라고는 기대하지 않았어요.

B : 다 되셨어요. 저기 있는 우편배달부에게 가져가시면 되요.

① 당연한 것이죠!
② 제 말이 그 말이에요.
② 다행이네요!
④ 자유롭게 질문하세요.

주제 우체국에서 만난 친절한 젊은이

핵심 표현 package 소포 eyesight 시력 mailman 우편배달부

구문 해설
• I'll write it down for you.
'write down'은 이어동사인데, 목적어인 대명사는 항상 두 단어 사이에 들어간다. 명사는 두 단어 사이 또는 두 단어 뒤에 위치할 수 있다.

출제의도 대화의 내용을 파악하고 그에 알맞은 표현을 고를 수 있다.
특별비법 앞뒤 흐름을 파악하여 문맥에 맞는 표현을 고른다.

문제 풀이 눈이 나빠 주소를 적지 못하고 있을 때 누군가로부터 도움을 받는 상황임을 고려할 때 ③이 정답이다.

08 정답 ②

A : 나는 오늘 아침에 실수로 스마트폰을 떨어뜨렸는데 지금 그것이 작동하지 않고 있어.

B : 오, 안 돼! 시험 삼아 배터리 뺐다가 다시 켜 봤니?

A : 응, 그런데 아무 반응이 없어

B : 내 생각에 너는 고객 서비스 센터에 가는 게 좋겠다.

A : 알아, 그런데 나는 근무시간에는 너무 바빠. 그리고 서비스 센터는 내가 퇴근한 후에는 열려 있지 않아.

B : 점심시간에는 거기 갈 수 없니?

A : 응, 거기는 여기서 너무 멀어.

① 그리고 나는 아직 아무 것도 결정되지 않아서 기뻐.
② 그런데 나는 근무시간에는 너무 바빠.
③ 그리고 너는 어떻게 그것을 극복했니?
④ 그런데 나는 그것이 진짜 존재하는지 궁금해.

주제 고장난 스마트폰 수리에 관한 이야기

핵심 표현 accidently(=accidentally) 우연히, 실수로 drop 떨어뜨리다 smartphone 스마트폰 work 작동하다 try ~ing 시험 삼아 ~를 해보다 take out 빼내다 battery 배터리, 전지 happen 일어나다 customer 고객 get off 퇴근하다 tied up 바쁜 overcome 극복하다 wonder 궁금해 하다 if ~인지 아닌지 exist 존재하다

구문 해설
• Have you tried <u>taking</u> out the battery and <u>putting</u> it back in?
'try ~ing'는 '시험 삼아~를 해보다'는 의미로, 'try'는 'taking'과 'putting'을 목적어로 취하고 있다.

출제의도 대화의 흐름을 보고 빈칸에 들어갈 표현을 추측할 수 있다.
특별비법 B의 말과 빈칸 이후에 이어지는 A의 말을 이해하고 빈칸에 들어갈 말을 추론한다.

문제 풀이 빈칸의 앞뒤 부분에서 B는 고객 서비스센터에 가는 게 좋겠다고 조언하고 있는데, 그에 대해 A가 퇴근한 후에는 서비스센터가 열려 있지 않다고 대답하고 있다. 따라서 빈칸에는 근무시간에도 갈 수 없다는 내용인 ②가 들어가야 한다.

① 내 말이 그 말이야.
② 네가 상관할 바 아니야.
③ 무슨 일이니?
④ 예약을 취소하는 게 어때?

주제 잡지에 나온 건축물(탑)에 관한 대화

핵심 표현 magazine 잡지 architecture 건축 magnificent 장대한 famous 유명한 unique 독특한 spiral 나선형의 height 높이 must have p.p. ~했음에 틀림없다 environmentally-friendly 환경 친화적인 lighting 조명 install 설치하다 save 절약하다 in person 직접, 몸소 someday 언젠가 call off 취소하다

구문 해설
• Oh, it <u>must have taken</u> a long time to build it.
'must have p.p.'는 과거 사실에 대한 강한 추측을 나타낸다.

출제의도 대화의 흐름을 보고 빈칸에 들어갈 표현을 추측할 수 있다.
특별비법 전체적인 두 사람의 대화 내용을 살피고 마지막에 들어갈 표현을 추론한다.

문제 풀이 A와 B가 건축 잡지에 있는 탑에 대해 흥미를 가지고 있으므로, 직접 가서 보고 싶다고 하는 A에 대한 B의 반응으로 적절한 것은 ①이다.

09

정답 ①

A: Jack, 너 무슨 잡지 읽고 있니?
B: 건축 잡지야. 이 탑을 봐. 그것은 NT Sky Tower야.
A: 그것은 아름답고 장대하구나.
B: 그것이 유명한 이유는 그것의 독특한 나선형 디자인과 높이 때문이야. 그것은 세상에서 가장 높은 탑 중에 하나야.
A: 오, 그것을 짓는 데 오랜 시간이 걸렸음에 틀림없어.
B: 맞아. 그건 환경 친화적인 조명 시스템을 가지고 있어. 그들은 에너지를 절약하기 위해 LED 조명만 설치했어.
A: 대단하다! 나는 언젠가 직접 그것을 보고 싶어.
B: 내 말이 그 말이야.

10

정답 ①

A: 여보세요? 제 이름은 Bart Williams입니다. 내일 예약을 확인하려고 전화했습니다. 원래는 2시였는데, 시간을 변경해야 했어요.
B: 네 Williams 씨, 여기 보니 오후 3시 30분으로 진료 예약이 되어 있습니다. 오실 때 보험카드를 반드시 가져오세요.
A: 건물 정문이 지금 공사 중이라고 들었는데요. <u>건물에 들어갈 수 있는 다른 길을 알려 주시겠습니까?</u>
B: 네 그럼요. 주차장에서 건물 서쪽으로 돌아오시면 됩니다. 거기에 입구가 있습니다. 그 문으로 들어오시면 오른편에 엘리베이터가 보일 것입니다. 저희는 4층에 있습니다.

① 건물에 들어갈 수 있는 다른 길을 알려 주시겠습니까?
② 언제 공사가 끝납니까?
③ 저는 제 보험카드를 가지고 올 수 없었어요.
④ 배달이 아직 되지 않았어요. 그렇죠?

주제 병원 예약 확인 및 공사 중인 건물 출입 경로 확인

confirm 확인하다 appointment 약속 originally 원래 be scheduled 예정되다 insurance 보험 the main entrance 정문 under construction 공사중 certainly 확실한 parking lot 주차장 west 서쪽 entrance 입구 elevators 엘리베이터 delivery 배달 arrive 도착하다

구문 해설

• It was originally scheduled for 2 o'clock....
수동태의 문장으로 그것(예약)이 원래 2시에 예정되어 있었다는 의미이다.

• Could you tell me another way to get into the building?
'Could you tell me~?'는 정중한 표현이며, '(the) way to get~'은 길을 물을 때 사용하는 표현이다.

• The delivery hasn't arrived yet, has it?
부가의문문의 형태로서 앞 절이 부정문이므로, 반대로 긍정으로 묻고 있다.

출제의도 대화 내용을 파악하고 빈칸에 들어갈 내용을 추론할 수 있다.

특별비법 빈칸에 들어갈 내용이 질문의 형태이므로 상대방의 답변이 무엇인지 정확히 해석하여 질문을 유추하면 된다.

문제 풀이 A가 병원이 공사 중이라는 점을 이야기하였고, 그에 대한 답변으로 B가 건물로 들어오는 길을 설명하고 있으므로, 밑줄 친 부분에는 건물에 들어가는 길을 묻는 ①이 들어가는 것이 자연스럽다.

11
정답 ④

A : 총액은 25달러 53센트입니다. 저희 회원 카드를 가지고 계신가요? 만약 이곳 단골이시면, 당신은 등록에 관심이 있으실 겁니다.
B : 아니요. 가지고 있지 않습니다. 그런데 저는 여기서 꽤 자주 구매합니다. 저는 매우 열렬한 독서가여서 항상 제 서적 모음을 늘려가고 있습니다. 제 책장은 거의 꽉 찼습니다.
A : 그럼 잠시 여유가 있으시면, 이 양식을 작성해 주세요. 제가 정보를 입력하고 손님을 위한 계좌를 바로 개설해 드릴 수 있습니다. 회원이 되는 것의 혜택들 중 하나는 오늘부터 모든 구매에 대하여 5퍼센트 할인을 받으실 수 있다는 겁니다.
B : 그거 반가운 소리네요. 정말 감사합니다.

① 제가 새 프로젝트를 맡겠습니다.
② 저는 당신이 자격이 있다고 생각하지 않습니다.
③ 우리는 그가 서명하도록 납득시킬 필요가 있을 것입니다.
④ 그럼 잠시 여유가 있으시면, 이 양식을 작성해 주세요.

회원 가입 권유

total 총액 come to (총계가)~이 되다 membership card 회원 카드 frequent shopper 단골손님 might ~일지도 모른다 be interested in ~에 흥미가 있다 sign up 등록하다 quite 꽤 avid reader 열렬한 독서가 add to 추가하다, 늘려가다 collection 수집, 모음 shelve 선반 nearly 거의 full 꽉 찬 input 입력하다 information 정보 open an account 계좌를 개설하다 advantage 이점 discount 할인 purchase 구매 take the charge of ~를 맡다 project 프로젝트 qualified 자격이 있는 convince 납득시키다 sign 서명하다 complete 완성하다 form (서류) 양식

구문 해설

• Do you have a membership card with us yet?
긍정의문문에서 'yet'은 시간상 말이 뱉어지는 그 순간까지 어떤 일이 일어났는지 확인하는 차원에서 사용되고 굳이 해석하자면 '이제'라는 의미를 지니게 된다. 본문에서도 A가 대화하는 시점에서 B의 회원카드 보유 여부를 '확인'하고자 했다는 것을 알 수 있다.

• [One of the advantages of being a member] is that you can get a 5% discount on all of your purchases starting from today.
주어는 [ ]인데 주어의 핵심 부분이 'one'이므로 단수동사 'is'가 쓰였다. 'being'은 전치사 'of'의 목적어이다.

출제의도 대화의 내용을 파악하고 그에 알맞은 표현을 고를 수 있다.

특별비법 앞뒤 흐름을 파악하여 문맥에 맞는 표현을 고른다. 빈칸 바로 앞에 나오는 대화 내용을 정확히 파악하여야 한다.

문제 풀이 회원 카드를 가지고 있느냐는 점원의 질문에 손님은 아직 갖고 있지 않다고 답하면서 독서광이라는 점을 이야기하고 있으므로, 가입 양식을 작성해달라는 ④가 적절하다.

12
정답 ②

A : 귀찮게 해서 죄송합니다만 저 좀 도와주시겠어요? 저는 두바이발 에미레이트행 253편을 탔는데, 제 수하물에 무슨 일이 생긴 것 같습니다. 저는 수하물 찾는 곳에서 한 시간 넘게 기다렸는데 아무 신호가 없습니다.
B : 만일 연결편을 타셨으면 그 짐이 환승 장소에 남겨져 있을지도 모릅니다. 그런데 걱정 마세요. 대부분의 짐들은 몇 시간 내 추적됩니다. 2층으로 가시면 고객 서비스 데스크를 발견하실 수 있는데, 거기서 대표자가 당신의 세부사항을 듣고 보고서를 제출할 것입니다.
A : 도움 주셔서 감사합니다. 저쪽에 있는 계단을 이용하는 게 가장 빠를까요?

B : 네. 계단 꼭대기에서 좌회전하시고 관광 정보 센터를 지나가세요. 그럼 보안 구역 근처에 여행자 서비스 센터를 찾을 수 있을 것입니다.

① 경비원을 찾고 계신가요?
② 저쪽에 있는 계단을 이용하는 게 가장 빠를까요?
③ 관리자가 연결편에 대해서 뭐라고 했나요?.
④ 이 수하물 나르는 것 좀 도와주시겠어요?

주제 잃어버린 항공 수하물 찾기
핵심 표현 bother 귀찮게 하다 assist 도와주다 flight 비행 appear ~인 것처럼 보이다 happen 발생하다 luggage 수하물 baggage claim area 수하물 찾는 곳 sign 신호 connecting flight 연결편 (비행기) may have been p.p. ~이었을지도 모른다(과거 사실에 대한 약한 추측) transfer 환승 location 장소 trace 추적하다 within ~ 이내에 a matter of (시간) 겨우 ~ customer 고객 service 서비스 representative 대표자 take 받다 detail 세부 사항 file 제출하다 report 보고서 past ~를 지나서 tourist 여행객 information 정보 traveler 여행자 security area 보안 구역 security guard 경호원 quickest 가장 빠른 stair 계단
구문 해설
• If you had ~ then it may have been left at your transfer location.
'may have p.p.'는 과거 사실에 대한 약한 추측을 나타내는데, '~했을지도 모른다'라고 해석된다.
• Would it be quickest to just use the stairs over there?
'it'은 가주어이고 to부정사 이하가 진주어이다.

출제의도 대화의 내용을 파악하고 그에 알맞은 표현을 고를 수 있다.
특별비법 빈칸은 질문이 들어갈 자리이므로, 상대방의 답변을 보면 질문을 유추할 수 있다.

문제 풀이 B가 계단 꼭대기에서 좌회전을 하라고 대답하고 있으므로 계단을 이용하여 가는 길이 가장 빠른지 묻는 ②가 정답이다.

13
정답 ④

A : 와, 이 프로젝트는 제가 생각했던 것보다 훨씬 오래 걸리고 있지만, 불가피하다고 생각해요. 우리가 업데이트를 마친 후에 모든 사람들의 컴퓨터는 훨씬 빠르게 작동할 것입니다.
B : 네, 그리고 이 소프트웨어는 이전 프로그램보다 훨씬 많은 기능들을 지니고 있습니다. 그런데 우리가 5시 전에 이 모든 것을 끝낼 수는 없을 것

같습니다. 우리는 아직 갈 길이 멀어요.
A : 글쎄요. 저는 늦게까지 일해도 상관없습니다. 단지 몇 시간 더 걸리면 우리는 끝마칠 수 있을 겁니다. 어떻게 생각하세요?
B : 죄송합니다만 저는 늦게까지 있을 수가 없습니다. 오늘 저녁 오페라 티켓이 있는데, 7시에 시작하거든요. 제 생각엔 우리는 내일 아침에 끝마쳐야 할 것 같습니다.

① 제가 끝마칠 거라고 말씀드렸어요.
② 그들은 당신을 위해 조금 일찍 일어났습니다.
③ 오늘이 다 가기 전에 어떻게 이 배달을 다 할 수 있을지 모르겠어요.
④ 우리는 아직 갈 길이 멀어요.

주제 컴퓨터 소프트웨어 업그레이드 업무 중 대화
핵심 표현 project 프로젝트 guess 짐작하다, 생각하다 update 업데이트하다 run 작동하다 faster 더 빠른 software 소프트웨어 feature (컴퓨터의) 기능 previous 이전의 program 프로그램 however 그러나 finish 마치다 mind ~를 꺼리다 delivery 배달
구문 해설
• Wow, this project is taking a lot longer than I thought it would…
비교급 문장으로서 'a lot'은 비교급을 강조하고 있으며, 'would' 뒤에는 'take'가 생략되었다.

출제의도 대화의 내용을 이해하고 상황에 맞는 표현을 고를 수 있다.
특별비법 바로 앞에 한 말과 바로 뒤에 나오는 상대방의 답변을 종합하여 적합한 내용을 추론하면 된다.

문제 풀이 B는 일이 5시 전에 끝날 수 없을 것 같다고 말하고, A는 늦게까지 일해도 상관없다고 말하고 있으므로, 빈칸에 들어갈 말로는 ④ 'We still have a long way to go.'가 적절하다.

14
정답 ③

A : 우리 고객 세 명이 발표 때문에 곧 잠시 들릴 예정인데 그들을 위한 자료를 복사할 시간이 없었습니다.
B : 걱정 마세요. 저한테 자료를 주세요. 제가 위층에 올라가서 복사하고 발표 전에 당신께 드리겠습니다.
A : 감사합니다. 우리는 2시에 시작하기로 되어 있으니 그 전에 그것들을 제게 주세요. 그리고 많이 바쁘시지 않다면 몇 가지 도움을 주시면 감

사하겠습니다. 배부되어야 하는 많은 서류들이 있어서 남는 일손이 있다면 정말 쓰고 싶네요.

B : 사실 저의 1시 회의가 오늘 취소되어서 도와 드릴 시간이 많이 있습니다. 제게 몇 분을 주시면 제가 회의실로 합류하겠습니다.

① 자, 당신의 경력에서 특정 시기에 대해 말씀해 주시겠습니까?
② 제가 그곳에 갈 때 저를 태워 주시겠습니까?
③ 그리고 많이 바쁘시지 않다면 몇 가지 도움을 주시면 감사하겠습니다.
④ 회의 후에 제게 자세히 설명해 주시겠습니까?

주제 회의 준비를 위한 도움 요청

핵심 표현 client 고객 stop by 잠시 들리다 presentation 발표 copy 복사하다 material 자료 worry 걱정하다 upstairs 위층 be scheduled to ~하기로 예정되어 있다 document 서류 hand out 배부하다 extra 여분의 actually 실제로 cancel 취소하다 plenty of ~로 가득한 help out 도와주다 describe 묘사하다 specific 특정한 career 경력, 직업 get (차에) 태워주다 appreciate 감사하다 fill in 자세히 설명하다

구문 해설
• There are so many documents to be handed out ~
to 부정사의 형용사적 용법으로 'many documents'를 뒤에서 수식한다. 'documents'는 배부되는 것이기 때문에 'to hand out'의 수동형인 'to be handed out'이 쓰였다.

출제의도 대화의 흐름에 맞는 표현을 찾아낼 수 있다.
특별비법 상대방의 답변을 잘 보고 빈칸에 들어갈 내용을 추론하면 된다.

문제 풀이 B가 도움을 줄 시간이 많다고 하므로, A가 도움을 요청한 것을 추론할 수 있다. 따라서 정답으로 ③이 알맞다.

15   정답 ②

A : 안녕하세요? Steve Sifton 중장비회사 판매부서에 오신 것을 환영합니다. 당신은 인사팀에 의해 조직된 오리엔테이션에 참석하셔야 하고 이후에 판매 책임자 Miss Jung과 연수를 시작하게 될 것입니다. 질문 있나요?

B : 네. 저는 저의 고객들과 관련한 더 많은 세부사항을 알고 싶습니다. 어떤 종류의 회사들에 제가 배정되나요?

A : 네, 우리 판매팀에는 다양한 고객들이 있는데, 요즘에는 중국 조선업계의 회사들과 많은 거래를 하고 있습니다. 그곳의 우리 고객들은 기기

들을 공급하기 위해 Sifton에 의존하고 있으며 그래서 그들은 컨테이너선과 거대한 유조선을 구축할 수 있습니다.

① 다른 장비들에 비해 비싸 보이나요?
② 질문 있나요?
③ 당신에게 나쁜 소식이 있습니다.
④ 이전에 이 탁자 위에 있던 폴더를 본 적이 있나요?

주제 신입사원에게 회사 설명

핵심 표현 welcome 환영하다 sales 판매 division 부서 heavy machinery 중장비 attend 참석하다 orientation 오리엔테이션, 연수 organize 조직하다 human resources (회사의) 인사부 director 책임자 detail 세부 사항 concerning ~에 관하여 client 고객 company 회사 assign 배정하다 a variety of 다양한 these days 요즘에 ship building industry 조선업 rely on 의존하다 container ships 컨테이너선 tanker 유조선 overprice 비싼 가격을 매기다 compared to ~와 비교되어 device 장치 folder 폴더 earlier 이전에

구문 해설
• You need to attend an orientation organized by human resources...
'organized'가 p.p. 형태로 'orientation'을 뒤에서 수식하고 있다.

출제의도 대화의 흐름에 맞는 적절한 표현을 찾을 수 있다.
특별비법 빈칸 이후의 상대방의 답변을 보고 유추하여야 한다.

문제 풀이 B가 고객들과 관련한 세부 사항을 알고 싶다고 하고 있으므로, '질문 있나요?(Would you like to ask me anything?)'라고 물어보는 ②가 적절하다.

제목

01

근대에 들어서고도, 섬유는 세계의 주된 제조업 상품이었다. 종종 은, 금, 실크로 짠 것도 많았지만, 이것은 부자나 가난한 사람이나 모두에게 부의 축적으로서의 주요한 형태이기도 했다. 대부분의 가족들은 그들의 재산(섬유)을 등에 지고 눕거나 그들의 벽과 창문에 걸었다. 더 중요한 것은, 사람들이 이 섬유로 된 보물들을 그들의 부모로부터 물려받았다는 것이다. 패션은 수백 년 동안 상대적으로 변화 없이 지속되었고, 가장 부자인 사람들 외에는 몇 안 되는 물품을 가지고 있을 뿐이었다. 스타일은 시간이 지나도 변하지 않았을 뿐 아니라, 계급에 의해 엄격하게 나뉘어졌다. 사치를 규제하는 법에 의해 강제된 확고한 사회 구조는 누가 무엇을 입을 수 있는지를 규정했다. 그러나 17세기 중반, 동인도 회사가 이 오래된 정세를 혼란시켜 영국의 산업, 무역, 패션 그리고 사회 계급을 수십 년 안에 완전히 뒤바꾸었다. 이 상업 혁명에서 회사의 도구는 면이었다.

주제 현대까지의 섬유와 사회 구조의 관계

핵심 표현 textile 섬유, 직물 manufacture 제조, 생산 weave 짜다, 엮다 chief 최고의, 주요한 estate 재산, 소유권 static 정적인, 정전기 rigidly 단단하게, 견고하게 inflexible 확고한, 구부릴 수 없는 sumptuary 사치 규제의 disrupt 방해하다, 혼란시키다 instrument 악기, 도구 commercial 상업적인, 광고

구문 해설

• More to the point, people inherited these textile treasures from their parents.
more to the point는 이야기하고 있는 요점에 더하여 설명을 더 할 때 쓰는 구문으로, '더 중요한 것'이라는 의미를 갖는다.

• Fashions would remain relatively unchanged for centuries, and all but the wealthiest possessed only a few items.
all but은 '~ 외에는 모두'라는 의미로 쓰이는 구문이다.

• In the mid-seventeenth century, however, the East India Company disrupted this age-old state of affairs, turning the worlds of English industry, trade, fashion, and social rank upside down in just a few decades.
age-old은 '오래된', '옛날부터 있는'이라는 뜻을 가진 합성어이며, state of affairs는 '상황' 혹은 '정세'라는 뜻을 가졌다.

출제의도 지문을 전체적으로 파악하여 지문의 내용 전체를 아우르는 주제를 고를 수 있다.
특별비법 지문을 부분적으로만 포함하는 주제는 정답으로 고르지 않는다.

문제 풀이 필자는 섬유가 근대에 부를 표상했던 이야기로 글을 시작한 뒤에, 그러한 정세는 수백 년 동안 이어져왔음을 여러 근거를 가지고 설명한다. 또한 동인도 회사에 의한 급격한 사회 구조의 변화도 결국 면이라는 섬유로 이루어졌음을 말한다. 이로 보았을 때, 필자는 지문에서 '섬유에 의한 사회 구조의 구성'에 대해 설명하고 있음을 알 수 있다. 그러므로 정답은 ②가 알맞다.

02

이스터 섬은 언어, 가공품, 그리고 주요 사회 기관에 있어서 전형적인 폴리네시아 사회이다. 그러나, 그것의 쓰기와 인상적인 동상과 함께, 이스터 섬은 비슷한 크기의 폴리네시아 섬이 가진 평범한 문화적 발전의 수준을 초과하는 것으로 보인다. 그것은 사람이 살고 있는 가장 가까운 섬으로부터 삼천 마일 떨어져있는 그 섬의 극단적인 고립과 연결되었을 수 있고, 이는 폴리네시아 군도에서 가장 특징적인 풍토병 싸움으로부터 그 섬을 자유롭게 해주었다. 유사하게 18~19세기 동안의 영국의 성공이 섬의 위치로부터 유래되었다는 주장이 있다. 그 섬은 땅으로부터 스스로를 방어하도록 강요당하거나 경계의 확장을 추구하지도 않았다. 그러므로 육지의 나라들이 궁극적으로 의미 없는 갈등이 된 것에 에너지와 자원을 낭비하던 때와 동시에 강하게 성장하였다.

주제 이스터 섬이 다른 폴리네시아 섬들과 달리 강하게 남을 수 있었던 이유

핵심 표현 artifact 인공물, 가공품 institution 기관, 시설 exceed 초과하다 endemic 풍토병, 지방병 extension 확장, 연장

구문 해설

• Easter Island was a typical Polynesian society in terms of its language, artifacts and main social institutions.
in terms of는 '~에 있어서', '~의 관점에서'라는 의미를 가진 숙어이다.

• Similarly, it has been argued that Britain's success during the eighteenth and nineteenth centuries stemmed from its island location.
stem from은 '~에서 유래하다'라는 의미를 가진 숙어이다. 유사한 숙어로는 derive from 등이 있다.

출제의도 지문의 전체적인 내용을 아우르는 주제를 고를 수 있다.
특별비법 지문을 읽고 주제를 찾은 후에 그 내용에 맞는 선택지를 찾아야 한다.

문제 풀이 지문은 폴리네시아 사회의 역사, 문화 등 다양한 면을 담고 있다. 그런데 글에서 중점적으로 소개하고 있는 것은 폴리네시아 군도의 고립된 위치에 의한 이점이다. 그러므로 글의 제목으로는 ③이 알맞다. ①은 답이 될 수 있는 것처럼 보이지만, 문화적 발달의 측면만 이야기하고 있기 때문에 지문 전체의 제목으로는 부적당하다.

03

정답 ②

동물원 업계가 명성을 회복하면서 훌륭한 자산이 장막 밖으로 꺼내어지고 있다. 수 년 동안 과학자들은 박물관에서 죽은 동물의 유해를 연구하고 실험실 동물을 면밀하게 관찰했지만 자기 지역 동물원에서의 기회를 그냥 간과해버렸다. 여기 동물원에서 그들은 살아 있는 동물들이 자라고 배우고 갈등을 해결하고 보금자리를 만들고 짝을 얻고 새끼를 돌보고 늙는 것을 근거리에서 연구할 기회를 가졌다. 동물원 연구를 실제로 이용한 사람들은 동물 행동 분야에서 전설적인 기초를 닦았다. 예를 들어 늑대의 표정이 처음으로 상세히 연구되었던 것은 바로 동물원 환경에서였다. 겁이 많고 잘 놀라는 늑대의 속성을 고려하면, 이 미묘한 '언어'는 야생에서라면 해독하기 거의 불가능했을 것이다. 판다도 똑같이 야생에서 연구하기 어려웠다. 혼자 있기 좋아하는 판다의 습성과 멀리 떨어진, 숲으로 뒤덮인 서식지는, 첫 번째 판다 새끼들이 동물원에서 태어나기 전까지는, 연구원들이 번식에 대하여 알지 못하게 하였다.

주제 동물 행동 분야의 과학적 연구에 대한 동물원의 기여

핵심 표현 resolve 해결하다, 결심하다 mate 짝, 친구 parent 새끼를 돌보다 age 늙다, 나이를 먹다 take advantage of ~을 이용하다 legendary 전설적인, 믿기 힘든 groundwork 기초, 토대 subtle 미묘한, 민감한 decode 해독하다 remote 멀리 떨어진 reproduction 번식, 복제, 복사 cub (곰, 사자 등의) 새끼 reputation 명성, 평판 remains (동물의) 유해, 남은 것 lab(laboratory) 실험실 overlook 간과하다 at close range 근거리에서

구문 해설
• As the zoo world repairs its reputation, a wonderful resource is being taken out of its curtain.
현재진행 수동태 시제로서 어떠한 일이 되어지는 것이 현재까지 계속 진행되고 있음을 의미한다.
• Here they had a chance to study live animals at close range — growing, learning, resolving conflicts, building a home, winning a mate, parenting, and aging.

'~하는 것'을 의미하는 동명사가 병렬적 구조로 나열된 문장이다.
• Those who did take advantage of zoo studies laid legendary groundwork in the field of animal behavior.
조동사 do(did)를 사용하여 동사 take를 강조한 문장이다.
• Given the skittish nature of wolves, this subtle "language" would have been nearly impossible to decode in the wild.
'~을 고려해 볼 때'의 의미로 쓰인 'Given'이다. would have p.p.는 후회 또는 추측을 표현할 때 쓰이고, '~했었을텐데' 또는 '~했을 것이다'라고 해석한다.

출제의도 전체 지문을 이해하고 제목을 추출할 수 있다.
특별비법 지문에서 제시하는 여러 가지 방법들이 무엇을 목적으로 하고 있는 것인지 이해하여 제목을 고른다.

문제 풀이 박물관이나 실험실에서 동물을 연구하던 동물학자들이 동물원에 있는 동물들의 행태와 습성을 연구하기 시작하면서 동물학이 발전하였다는 내용이므로 '동물학에 대한 동물원의 기여'가 적절한 제목이다.

04

정답 ②

과거에 했던 일 중에 오늘날에도 여전히 당신을 짓누르는 것은 무엇인가? 당신은 무엇에 대해 죄책감을 느끼는가? 당신이 태어났을 때 지금까지 해온 모든 나쁜 일을 목록으로 작성해보라. 만일 당신이 했던 어떠한 일에 대한 생각이 난다면 그것을 적어보라. 목록을 완성한 다음 그것을 버려라. 당신이 했던 일을 인정하고 그것을 종이에 옮겨 적는 것은 당신 과거의 많은 부분을 해방시켜줄 것이다. 과거의 비행은 당신을 느려지게 만드는 무거운 짐과도 같다. 그것들은 당신의 자존감을 낮춘다. 과거로부터 당신 자신을 자유롭게 하는 데 필요한 것이라면 무엇이든지 하라. 만일 당신이 무언가에 대해 죄책감을 느낀다면 당신 자신을 용서하라. 만약 당신이 누군가에게 나쁜 무언가를 했다면 그 사람에게 가서 당신이 했던 행동을 바로잡아라. 만일 그 사람을 찾는 것이 불가능하거나 (그 사람이) 더 이상 살아 있지 않다면, 그 사람에게 주소 없는 편지를 쓰거나 당신 상상 속의 그 사람에게 말을 하라. 만일 당신이 한 일 중 누구도 알기 원하지 않는 일이 있다면 누군가에게 말하라. 몇몇 사람에게 말하라.

주제 죄의식을 없애는 방법

핵심 표현 past 과거 still 여전히 weigh on ~을 짓누르다 guilty 죄의식이 있는 list 목록으로 작성하다 complete 완성하다 list 목록(을 작성하다) throw away 버리다 acknowledge 인정하다 put on paper 종이

에 적다 release 해방시키다 misdeed 비행 heavy 무거운 weight 짐 slow down 속도를 늦추다 lower 낮추다 self-respect 자존감 whatever ~한 모든 것 necessary 필요한 free 자유롭게 하다 guilt 죄의식 forgive 용서하다 clean up (나쁜 행동을) 바로잡다, 정리하다 impossible 불가능한 no longer 더 이상 ~ 않는 alive 살아 있는 unaddressed 주소 없는 imagination 상상 several 몇몇의

구문 해설
· What have you done in the past that still weighs on you today?
'What'은 주어로 쓰인 의문사로서 주격관계대명사인 'that'의 선행사가 된다.
· List every bad thing you have ever done from the time you were born until now.
'bad thing과 you have~' 사이에 관계대명사 목적격이 생략된 경우로서 'you have ever' 이하가 'bad thing'을 수식한다.
· After you complete your list, throw it away.
동사+부사로 이루어진 동사구는 대명사인 목적어를 동사와 부사 사이에 위치시킨다. 그러므로 'throw away it'이 아니라 'throw it away'라고 써야 한다.
· [Acknowledging what you have done and putting it on paper] will release much of your past.
주어 부분은 [ ]이며, 동명사 2개가 병렬적으로 연결되어 있다. 'what'은 선행사를 포함한 관계대명사(= the thing which)로서 '~한 것'으로 해석하면 된다.
· Do whatever is necessary to free yourself from the past.
'whatever'는 복합관계대명사로서 '무엇이든지'의 의미이다. 여기서는 'whatever'는 'do'의 목적절을 이끄는 역할을 하고 있으며, 뒤에 바로 동사가 나오므로 주어 역할을 하고 있다고 볼 수 있다.
· If there is something you have done that you don't want anyone to know about, tell someone.
'something'과 'you have~' 사이에 목적격 관계대명사가 생략되었으며, 'that' 또한 목적격 관계대명사(전치사 about의 목적어)로서 'something'을 선행사로 두고 있다.

출제의도 전체 지문을 이해하고 제목을 추출할 수 있다.
특별비법 지문의 첫 두 문장을 정확히 해석하고, 지문에서 제시하는 여러 가지 방법들이 무엇을 목적으로 하고 있는 것인지 이해하여 제목을 고른다.

문제 풀이 이 글은 죄책감을 없애는 방법을 설명하고 있으므로 정답은 ② '죄의식을 없애는 방법'이다.

 05

정답 ④

최근 영문과 회의에서 Shakespeare가 다른 무엇보다 여성에 대한 이해가 약하기 때문에 더 이상 Shakespeare를 가르치는 것이 중요하지 않다고 생각한다고 말한 나의 예전 동료가 있었다. 지금은 그

것이 더할 나위 없이 하찮은 논평으로 보이지만, 만일 이를 진지하게 받아들인다면, 그것은 전 세계 고전에서 누구의 자리도 안전하지 못하다는 것을 의미한다. 그리고 이는 좋기도 하고 나쁘기도 하다. 19세기에 John Donne의 지위는 아무것도 아니었다. The Oxford Book of English Verse에는 그의 시 단 한 편이 실려 있었다. 그리고 지금, 물론 그는 Herbert Grierson과 T. S. Eliot에 의해 되살아나서 그는 17세기 시의 위대한 인물 중 하나이다. 그러나 그가 항상 그런 것은 아니었다. 이는 음악에서도 사실이다. Bach는 200년 동안 가려져 있다가 Mendelssohn에 의해 재발견되었다. 이는 우리가 과거를 계속해서 재평가하고 있다는 것을 의미한다.

주제 예술가의 가치에 대한 재평가
핵심 표현 former 이전의 colleague 동료 recent 최근의 department 학과 no longer 더 이상 ~ 아닌 among other things 다른 무엇보다 feeble 약한 grasp 이해 trifling 하찮은 observation 논평 as ~ as can be made 더 없이 ~한 take 받아들이다 serious 심각하게 secure 안전한 position 지위 century 세기 no at all 전혀 ~ 아닌 of no consequence 중요하지 않은 verse 운문 poem 시 figure 인물 poetry 시 eclipsed 가려진 rediscover 재발견하다 constantly 끊임없이 reassess 재평가하다

구문 해설
· There was [a former colleague of mine ⟨who, at a recent meeting of the English Department, said (that she thought it was now no longer important to teach Shakespeare) because among other things he had a very feeble grasp of women⟩].
[a former colleagues of ~]가 주어에 해당하는데, 크게 봤을 때, 관계대명사절 ⟨who, at ~⟩이 'a former colleague of mine'을 수식하는 형태이고, 구체적으로 관계대명사절 안에 동사 'said'와 목적절 (that she ~)를 중심으로 부사절이 앞뒤에 각각 하나씩 위치해 있다.
· Now that seems to me as trifling an observation as can be made but it does mean that, if you take this seriously~
'as ~ as can be made'는 '더 없이 ~한'의 의미를 나타낸다. 한편 'does'는 'mean'을 강조하기 위해 쓰였다.

출제의도 지문의 핵심 내용을 파악하여 주제를 추출할 수 있다.
특별비법 마지막 문장에 저자의 생각이 간결하게 나타나 있다. 또한 몇 가지 일화를 통하여 저자의 생각을 뒷받침하고 있으므로, 일화를 통해 공통적으로 추측할 수 있는 내용이 무엇인지 파악할 수 있어야 한다.

문제 풀이 셰익스피어와 바흐의 예에서 확인할 수 있듯이 관점이나 시대에 따라 예술가의 업적이 달리 해석될 수 있으므로 ④ '예술가의 가치에 대한 재평가'가 적절하다.

정답 ①

기회들은 그것들이 덜 이용 가능할 때 우리에게 더욱 가치 있어 보인다. 예를 들면 두 명의 고객이 어떤 가전제품에 대해 관심이 있는 것으로 판매원에 의해 목격되었다. "제가 보기엔 여기 이 모델에 관심을 가지고 계신 것 같은데, 왜 그런지 이해할 수 있습니다. 좋은 가격에 좋은 제품이거든요. 그런데 아쉽게도, 다른 부부에게 기껏해야 20분 전에 그 제품을 팔았습니다. 그리고 제가 잘못 알고 있는 것이 아니라면, 그것은 저희가 가지고 있던 마지막 제품이었습니다." 그 고객들은 실망감을 나타냈다. 그들 중 한 명이 판매원에게 확실한지 확인해 줄 수 있는지 물었다. "네 가능합니다. 제가 확인해보겠습니다."라고 판매원이 말했다. "그런데 이것이 고객님이 원하는 모델이고, 만일 이 가격에 그것을 구해드린다면 구매하신다고 생각해도 될까요?" 부족한 상품이 일단 기적적으로 '발견되면', 일관성의 원칙이 이 자리를 넘겨받는다. 이미 구매에 착수하였으므로, 많은 고객들은 실제로 그것을 사게 된다.

주제 희소가치의 중요성

핵심 표현 opportunity 기회 seem ~인 것처럼 보인다 valuable 가치 있는 less 덜 available 이용 가능한 customer 고객 observe 목격하다 salesperson 판매원 be interested in ~ 관심이 있다 certain 어떤 appliance item 가전제품 unfortunately 불행하게도 not more than 기껏해야 mistaken 잘못 알고 있는 disappointment 실망감 once 일단 ~하면 scarce 희소한 magically 기적적으로 principle 원칙 consistency 일관성 take over 넘겨받다 commit oneself to ~에 헌신하다 purchase 구매 customer 고객들 actually 실제로

구문 해설
• For example, two customers are observed by a salesperson to be interested in...
지각동사 'observe'가 5형식 문장에서 활용될 때 목적격 보어는 기본적으로 원형부정사의 형태를 취하는데, 본 문장에서는 'observe'가 수동태가 되었기에 능동형 5형식 문장의 목적격 보어가 to부정사의 형태를 취하게 되었다.
• Having committed themselves to the purchase, many customers actually buy it.
이 문장은 본래 'As they committed themselves to the purchase, many customers but it.'인 문장을 분사구문으로 전환시킨 것인데, 전환 전의 문장에서 부사절의 동사 시제(과거)와 주절의 동사 시제(현재)가 다르기 때문에 완료형 분사(Having p.p)를 활용하였다.

출제의도 지문의 핵심 내용을 파악하여 제목을 고를 수 있다.
특별비법 주제문이 첫 문장에 등장하는 두괄식 문단이다. 첫 문장을 정확하게 해석하고 예시를 통해 주제를 확인한 뒤 제목을 고르면 된다.

문제 풀이 첫 문장에서 '희소성의 가치'를 서술하고 있으며, 물건이 얼마 남지 않았다는 점원의 말을 듣고 고객들은 대부분 물건을 구매할 것이라고 말하고 있으므로, 정답은 ① '희소가치의 중요성'이다.

01

18세기 동안 기악곡은 일반적으로 성악보다 덜 중요한 것으로 간주되었으며, 이는 주로 음악의 소리에 의미를 주는 단어의 역할 때문이었다. 1790년이 되어 칸트는 그의 책 판단력 비판에서 "기악곡은 어떤 진지한 결과도 없는 단지 오락일 뿐"이라고 주장했다. 그러나 세기의 전환에서 떠오른 음악적 표현의 새로운 개념은, 이성적인 지식의 한계를 넘어 감정을 표현하는 데 가장 능력 있는 것으로 높아졌다. 사실, 음악의 새로운 지위는 계몽 시대의 예술 중에서 낮은 지위에 있던 것에서 완전한 전도를 구성하였다. 더 중요하게, 가사가 없는 음악이 분명한 의미를 전달할 수 없다는 점에서 결점이라 간주되었던 것이 이제는 다른 어떤 형태의 예술보다 더 훌륭한 장점으로 생각되게 되었다.

① 회복   ② 전도
③ 몰두, 침잠   ④ 보유

주제 기악(가사 없는 음악)의 지위의 전도

핵심 표현 emerge 떠오르다, 나타나다 rational 이성적인 elevate 높이다 status 상태, 지위 constitute 구성하다, 간주하다 inversion 전도 disadvantage 불리, 결점 convey 전달하다 retention 보유

구문 해설
• Kant, as late as 1790, in his *Critique of Judgement*, argued that instrumental music was "a mere divertissement of no serious consequence."
as late as ~는 '~만큼 최근에'라는 의미를 가진 구문이다.
• However, the new concept of musical expression emerging at the turn of the century elevated instrumental music as most capable of expressing feelings beyond the limits of rational knowledge.
be capable of ~는 '~할 능력이 있다', '~할 가능성이 있다'라는 뜻이다.

출제의도 지문의 내용을 파악하여 빈칸에 맞는 단어를 고를 수 있다.
특별비법 빈칸 앞뒤의 내용의 흐름에 집중하여 단어를 고른다.

문제 풀이 빈칸이 들어있는 문장의 앞뒤 내용을 보면, 음악의 지위가 전과는 달리 바뀌었음을 알 수 있다. 따라서 전과 위치가 뒤바뀌었다는 뜻을 가진 단어인 ②의 inversion이 정답이다. 그러므로 원래의 지위가 복원되었다거나 그대로 유지되었다는 의미의 ①과 ④ 선택지는 답이 될 수 없다. 깊이 있게 빠진다는 의미의 ③ 또한 정답이 되기 어렵다.

02

기념품의 진가를 결정하는 데에 있어 가장 영향력 있는 것은 아마도 의미 부여라는 과정을 통해 관광객 그 자신들이 그들의 물품에 부여하는 의미일 것이다. 대부분의 사람들에게 '기념품을 사는 일은 진짜로 보이는 물건을 취득하는 행위이다.' 그러나 한 연구에 따르면 기념품 행상인들은 관광객들이 디자인이 전통적인지 혹은 부자연스러운지 하나도 신경 쓰지 않는다고 생각했다. 연구는 인위적이고 관광지 특정적이지 않은 물품들이 지역 문화의 수공예 전통의 일부가 아니지만, 그 물품들이 관광객들을 위해 특별히 만들어 졌다는 것을 이해하는 것이 분명하다고 결론짓는다. 그럼에도 관광객들이 집에 가지고 가는 기념품들은 여전히 일종의 트로피이며, 이는 그들이 방문한 나라에 그들이 갖고 있는 상을 반영해야만 한다. 그것들은 공예품의 진실성은 누군가의 해외 경험의 진실성을 보장하는 것이기 때문에 실제이며 전통적이거나 원시적인 것으로 보여야 한다.

① 현지인들만이 자연스럽게 이해할 수 있는 모호한 추상
② 전통 문화를 전매하기 위한 현지 관광 산업의 시도 결과
③ 진실성이 측정될 수 없는 인공적으로 만들어진 환상
④ 누군가의 해외 경험의 진실성에 대한 보장

주제 관광객에게 관광지 기념품의 진실성이 중요하지 않은 이유

핵심 표현 authenticity 확실성, 신빙성 souvenir 기념품, 추억 assign 부여하다, 할당하다 merchandise 상품, 물품 attribution ~에 돌리기, 속성 acquisition 획득, 취득 vendor 노점, 행상인 contrived 부자연스러운, 인위적인 genuine 진실된, 진짜의 vague 애매한, 모호한

구문 해설
• Nonetheless, the souvenirs tourists take home are still a sort of trophy, which must reflect their image of the country visited.
a sort of는 '일종의'라는 뜻으로 쓰이며, a kind of도 비슷한 쓰임으로 쓰인다.

출제의도 지문을 전체적으로 이해하여 빈칸에 들어갈 구절을 고를 수 있다.
특별비법 지문의 전체 흐름을 이해하여 필자의 어조를 파악하고, 지문의 마지막에 위치한 빈칸은 지문을 요약하는 내용이 들어갈 가능성이 높음을 안다.

문제 풀이 필자는 한 연구를 인용하며, 실제로 관광

지에서 판매하는 기념품이 전통적으로 의미가 있어 기념품으로서의 진가를 가진 물품인지는 크게 중요하지 않다고 설명한다. 그러므로 ①과 ②는 적절하지 않으며, 기념품으로서의 진진실성이 측정될 수 없다는 ③도 답이 될 수는 없다. 이에 반해 ④는 빈칸의 앞 문장에서 관광지에서 사는 기념품은 물품이 가진 진실성보다는 관광객이 해외에 다녀왔다는 것을 보여주는 데 의미가 더 크다고 설명하고 있으므로 빈칸에 들어가기에 적절한 내용이다.

03

정답 ④

무용수로서, 당신은 건설적인 방식으로 당신의 나이 듦에 대해 바라볼 수 있다. 당신의 생활 연령은 무용에 대한 몸의 적합성과 반드시 서로 관련되는 것은 아니다. 많은 사람들이 평생 동안 자신의 몸을 유연하고 강하게 유지한다. Erik Bruhn 또한 그 주제에 대해 긍정적인 빛을 비춘다. 그가 PBS의 "미국의 춤" 프로그램 중 하나에 인터뷰를 했을 때, 그는 당신이 나이가 들면서도 여전히 고전 발레에서 더 젊은 역할을 할 수 있다고 말했다. 그 역할들에 대한 당신의 통찰력이 더 예리해진다. 당신이 나이가 들면 의지할 더 많은 지혜와 경험을 갖게 되며, 이는 당신이 더 능숙하게 가장자리를 더 돌고 춤의 일련의 동작을 채우게 해준다. 바로, 당신이 성숙하면서 당신의 기술을 여전히 유지하거나 개선할 수 있다는 말이다.

① 수행하다, 공연하다
② 젊어지게 하다
③ 경쟁하다
④ 성숙하다

주제 나이가 들어도 여전히 실력 있는, 혹은 더 성숙하는 무용수의 경력
핵심 표현 constructive 건설적인 chronological 연대기의, 연대순의 suitability 적합, 적당 correlate 서로 관련하다 rejuvenate 젊어지게 하다, 쇄신하다, phrase 구, 구절. 악구, 일련의 동작
구문 해설
• Your chronological age doesn't necessarily correlate with your body's suitability for dance. chronological age는 '생활 연령'이라는 의미를 갖는다.

출제의도 지문의 내용과 흐름을 이해하고 지문의 말미에 있는 빈칸에 들어갈 적절한 단어를 선택할 수 있다.
특별비법 빈칸의 앞뒤 문장의 흐름을 보고, 빈칸에 들어갈 가장 적절한 단어를 고른다.

문제 풀이 보통 무용수는 나이가 들어가면 체력의 한계 때문에 실력이 줄어든다는 편견이 있지만, 필자는 평생 동안 신체의 관리를 잘 하는 사람들도 많으며, 나이가 들수록 경험과 성숙에 의해 기량이 발전할 수 있고 무용수로서도 발전할 수 있다고 주장한다. 그러므로 빈칸에 들어갈 단어는 성숙하다는 의미의 ④가 알맞다.

04

정답 ③

당신은 매달려있고 언제나 그렇다. 당신이 어떻게 과거의 기억을 지속적으로 붙잡고 있는지 심각하게 생각해 보라. 당신은 식당에서 아주 멋진 식사를 하고, 바로 그것을 가장 좋아하는 것의 목록에 올려놓으며, 바로 다시 돌아간다. 당신은 한 작가의 책을 좋아하고, 그녀의 다른 책들도 산다. 당신은 일하면서 어떤 전략을 사용하고 그것이 성공하며, 그래서 그것을 계속 반복한다. 당신이 기억을 어떻게 항상 사용하는지 생각해 보라. 당신은 당신의 기억 속에 저장된 어떤 사건, 당신이 집착하고 있는 어떤 것과 비교하며 좋거나 나쁜 무언가를 경험한다. 이 방식이 당신의 삶을 단순화시키는 것은 분명하며, 아마 그것이 당신이 그렇게 하는 이유일 것이다. 그러나 당신의 삶의 너무 많은 부분이 기억에 의해 운영되고 당신이 그걸 알지도 못한다면, 당신은 삶을 자발적으로 경험할 능력을 잃게 된다. 그것이 바로 무지개나 푸른 계곡의 즐거움을 당신의 삶에서 찾기 힘든 이유이다.

① 당신은 일과를 갖는 일의 중요성을 잊어버릴 수 있다.
② 당신은 평생 동안 어떤 축복을 받아왔는지 알지 못한다.
③ 당신은 삶을 자발적으로 경험할 능력을 잃게 된다.
④ 당신은 타인의 경험과 자신의 그것을 비교하는 문제를 가지고 있다.

주제 과거의 기억에 매달려 삶의 새로운 사건을 경험하는 것의 한계
핵심 표현 cling 매달리다, 집착하다 continually 지속적으로 spontaneously 자발적으로, 자연적으로 routine 일상적인, 일과
구문 해설
• You experience something as good or bad by comparing it with some event you have stored in your memory, something you cling to.
by -ing는 앞의 문장 전체를 꾸며준다.

출제의도 지문을 읽고 빈칸에 들어갈 문장을 추론할 수 있다.
특별비법 지문의 빈칸이 전체적인 내용을 아우르는 내용이 놓이는 지문의 후반부에 있음을 안다.

문제 풀이 지문은 사람들이 과거의 기억들에 매달려서 반복적인 삶을 살면 그의 삶은 이미 경험한 기억에 의해 이루어지게 되는데, 이를 의식하지 못하게 된다면 자발적으로 새로운 경험을 찾는 삶으로 살 수 없게 된다는 내용이다. 따라서 빈칸에는 '당신을 삶을 자발적으로 경험할 수 있는 능력을 상실한다'는 ③이 알맞다.

05
정답 ④

　인간은 고립주의, 즉 각각으로부터 갈라져 나오는 집단으로 분열하는 뛰어난 능력을 갖고 있다. 예를 들어, New Guinea에는 800개가 넘는 언어가 있는데 단지 몇 마일을 가로지르는 지역에서 사용되는 몇몇은 양쪽 어느 곳에 있는 사람들에게 프랑스어와 영어만큼이나 이해되지 않는다. 지구상에는 여전히 7,000개의 언어가 쓰이고 있으며, 각각의 언어를 말하는 사람들은 이웃으로부터 단어, 전통, 의식, 또는 취향을 차용하는 것에 몹시 반대한다. '문화적 특성의 수직적 전파가 대체로 눈에 띄지 않고 이루어지는 반면에, 수평적 전파는 의심 또는 심지어 격한 분노와 함께 대하여질 가능성이 훨씬 더 높다. 문화는 전달자를 사살하기 좋아하는 것 같다.'라고 진화생물학자인 Mark Pagel과 Ruth Mace는 말한다. 문화 교류의 영향을 제한하면서 사람들은 생각, 기술, 그리고 습관의 자유로운 흐름으로부터 자기 자신을 단절시키기 위해서 최선을 다한다.

① 차이들을 줄이려고 노력하면서
② 차이에 대한 수용력을 줄이며
③ 수직적인 전파가 두려워서 서로 소통하며
④ 문화 교류의 영향을 제한하면서

주제 인간의 고립주의
핵심 표현 capacity 능력 isolationism 고립주의 split into ~로 분열하다 understandable 이해할 수 있는 remarkably 매우, 몹시 resistant to ~에 반대하는, 저항하는 ritual 의식 vertical 수직의 transmission 전파, 전달 trait 특성 unnoticed 눈에 띄지 않는 horizontal 수평의 regard ~을 대하다 suspicion 의심 fierce anger 격한 분노 evolutionary 진화의
구문 해설
• In New Guinea, for instance, there are more

than 800 languages, <u>some spoken</u> in areas just a few miles across yet as not understandable to those on either side as French and English.
'some'과 'spoken' 사이에는 'that(또는 which) are'가 생략되어 있는데, 'some'이 앞의 'languages'의 일부를 지칭하는 것으로서 말하는(speaking) 주체가 아니라 말해지는(spoken) 객체이기 때문에 주격 관계대명사절의 동사가 수동태가 되었다.
• "Whereas vertical transmission of cultural traits <u>goes</u> largely unnoticed, horizontal transmission is <u>far more</u> likely to be regarded with suspicion or even fierce anger," say the evolutionary biologists Mark Pagel and Ruth Mace.
주어인 'vertical transmission'이 3인칭 단수이기 때문에 동사로 'goes'가 쓰였다. 비교급을 수식하는 것은 far, much, even, still, a lot 등이 있다.

출제의도 지문의 핵심 내용을 파악하고 빈칸에 들어갈 내용을 추론할 수 있다.
특별비법 지문이 주제문을 앞에 내세우고 주제문을 뒷받침하는 예시가 이어지는 형식으로 구성되어 있다.

문제 풀이 인간은 고립주의를 지향하는 성향이 있어서 다른 문화를 쉽게 받아들이지 않고 거부한다는 내용이므로 '문화 교류의 영향을 제한하면서'라는 의미의 ④가 정답이다.

06
정답 ②

　1974년에 우수한 CalTech의 물리학자이자 교수인 Richard Feynman이 그의 대학의 졸업반 학생들에게 그의 과학의 제1법칙을 밝히는 연설을 하였다. "당신은 당신 자신을 속여서는 안 됩니다. 그리고 당신은 당신이 속이기 가장 쉬운 사람입니다!" Feynman이 잘 알고 있었듯이, 어떤 과학자라도 획기적인 발견을 했다는 데 대하여, 또 자신의 영역에서 로제타석을 발굴했다는 데 대하여 고무될 것이다. 대다수에게 동기는 돈, 명성, 중대한 새로운 발견을 했다는 데서 오는 짧은 영광이 아니다. 그것은 인류 지식에 차이를 만들어냈다는 것, 과거에는 이해되지 않았던 것들에 대한 새롭고 지속가능한 통찰을 제공한다는 것이다. 그 안에 문제가 있는데, 이는 획기적인 발견을 만들려는 노력이 너무 강렬해서 나중에 완전히 틀린 것으로 공개되는 생각에 매료되기 쉽기 때문이다. 최근의 예는 중합수, 상온 핵융합, 그리고 아마도 화성의 고대 생물체에 대한 주장까지도 포함한다.

① 자신의 진정한 자아를 찾을 가능성
② 나중에 완전히 틀린 것으로 공개되는 생각
③ 국제적인 칭송을 얻는 생각
④ 경쟁자인 과학자들을 속이고자 하는 충동

주제 과학자로서 자신을 속이지 않는 것의 중요성

핵심 표현 brilliant 뛰어난 physicist 물리학자 give an address 연설하다 graduating class 졸업반 unveil 밝히다 principle 원칙 fool 속이다 elated 고무된 breakthrough 획기적인 발견(발전) discovery 발견 unearth 발굴하다 Rosetta Stone 로제타석, (불가사의 · 미지의 것을 이해하는 데) 중요한 열쇠 field 분야, 영역 motivation 동기 contribute 기부하다 lasting 지속 가능한 insight 통찰 therein 그 속에 rub 장애, 곤란 cold fusion 상온 핵융합 claim 주장 ancient 고대 life 생명체 Mars 화성 fascinated 매혹된 notion 생각 dead wrong 완전히 틀린 attain 얻다 acclaim 환호, 갈채 impulse 충동 deceive 속이다

구문 해설
· And therein lies the rub, for so strong is the desire to make a breakthrough that it's easy to become fascinated by a notion that is later shown to be dead wrong.
'so ~ that …' 구문으로서 '너무 ~해서 …하다'라고 해석되는데, 'so strong'을 강조하기 위해 주어와 동사를 도치시켰다. 'the desire to make a break through'가 주어이다. 한편 뒷부분의 'that'은 'a notion'을 선행사로 하는 주격 관계대명사이다.

출제의도 지문의 핵심 내용을 파악하고 빈칸에 들어갈 내용을 추론할 수 있다.
특별비법 지문의 주제가 무엇인지를 생각하며 글의 흐름을 따라가는 것이 중요하다.

문제 풀이 Feynman 교수는 과학 탐구를 할 때 자신을 속이지 않는 것이 중요하다고 말하면서 과학자들이 자신을 속이게 되는 이유를 설명하고 있다. 자신을 속이며 연구할 경우, 그 이론은 잘못될 수 밖에 없고, 글의 흐름상 결국 잘못된 것으로 밝혀질 생각에 매혹되기 때문에 자신을 속이게 된다고 보는 것이 자연스러우므로 정답은 ②이다.

07
정답 ④

Matthew McGlone에 의해 수행된 실험을 생각해보라. 그는 좋은 소리가 나는 진술은 심지어 의심스러운 의견조차도 더욱 믿을 수 있게 만든다는 가설을 검증하기를 원했다. 그는 학생들에게 "슬픔은 적을 단합시킨다"는 운율이 있는 문장을 주고 그들

에게 얼마나 그 문장이 인간의 행태를 정확히 묘사했는지 물었다. 그리고 나서 그는 같은 학생들에게 "불행은 적을 단합시킨다"와 같은 운율이 없는 문장의 정확성을 판단해 달라고 요청했다. 결과는 학생들이 운율 있는 진술을 더욱 정확하다고 여겼다는 것이다. 이후에 그들이 재정적 성공이 사람들을 더욱 건강하게 한다는 것에 동의하는지 질문을 받았을 때, 거의 대부분의 학생은 아니라고 대답했다. 그러나 그들은 "부가 건강을 만든다"는 것은 왠지 그럴듯하다고 여겼다. 이러한 모든 것은 연구자들로 하여금 O. J. Simpson의 1995년 살인 재판에서 피고인 측 변호사의 "장갑이 맞지 않으면, 무죄선고를 해야 한다"는 반복된 억양이 배심원들에게 그가 바라던 효과를 주었을지도 모른다고 추측하도록 이끌었다.

① 의심스럽다고
② 평범하다고
③ 비합리적이라고
④ 그럴듯하다고

주제 운율이 좋은 진술의 신뢰도 상승 효과

핵심 표현 consider 고려하다 experiment 실험 conduct 수행하다 test 검증하다 the hypothesis 가설 nice-sounding 좋은 소리가 나는 statement 진술 dubious 의심스러운 notion 의견 believable 믿을 만한 rhyming 운율(압운)이 있는 woe 불행 unite 단합시키다 foe 적 accurately 정확하게 describe 묘사하다 behavior 행태 judge 판단하다 accuracy 정확성 nonrhyming 운율(압운)이 없는 misfortune 불행 result 결과 accurate 정확한 whether ~인지 아닌지 financial 재정적인 success 성공 healthier 더욱 건강한 nearly 거의 regard A as B A를 B로 여기다 somehow 왠지 lead A to B A가 B 하도록 하다 researcher 연구자 speculate 추측하다 murder 살인 trial 재판 defense 피고 lawyer 변호사 repeat 반복하다 intonation 억양 fit 들어맞다 desired 바라던 impact 효과 juror 배심원

구문 해설
· He wanted to test the hypothesis that nice-sounding statements make even dubious notions more believable.
'the hypothesis that'에서 'that'은 동격을 나타내는 것으로서 추상적인 명사로서의 선행사 'the hypothesis'를 구체적으로 설명해 주고 있다. 'that ~'가 형식적으로 주어, 동사, 목적어 등의 문장 성분을 모두 갖추고 있고, 내용적으로도 선행사를 굳이 필요로 하지 않는 경우 동격이 성립한다. 'that' 이하의 절은 5형식 문장인데 'make'는 사역동사, 'even dubious notions'는 목적어, 'more believable'은 목적격 보어이다.
· He gave students...asked them how accurately the sentences described human behavior.
'how' 이하는 의문사+주어+동사의 어순을 갖는 간접의문문으로서 'ask'의 목적어로 쓰였다.

• Later, when asked [whether they agreed /that financial success makes people healthier...]

'when asked'는 분사구문으로서 원래 'when they were asked'인데, 부사절의 주어가 주절의 주어와 일치하여 'they were'가 생략되었다. 'whether'는 '~인지 아닌지'의 의미로 명사절을 이끌며 'asked'의 목적절로 기능하고 있으며, 'that' 이하는 'agree'의 목적절이다.

문제 풀이 좋은 소리가 나는 진술이 더욱 신뢰감 있게 들린다는 가설이 실험을 통해 증명되었으므로 정답은 ④이다.

08
정답 ①

새로운 아이디어는 항상 그 방식, 즉 새로운 것으로 나타난다. 다르다. 이전에 사라진 것과 같지 않다. 나쁜 소식! 이것은 청중이나 학습자에게 어떠한 기초 지식 또는 맥락이나 그들이 이해할 수 있을 것이라고 믿는 이유를 제공하지 않는다. 우리 모두는 알려지지 않은 세계로 위험을 무릅쓰고 나아가기 전에 자기 영역의 소유권을 느낄 필요가 있다. 이 경우의 '자기 영역'은 과거의 정보와 경험, 즉 자신의 배경이 새로운 상황에서 귀하고 유용하다는 것을 아는 것을 의미한다. 어떻게 그것을 들어야 할지, 어떻게 그것을 연관시키거나 심지어 상상해야 할지 모르기 때문에 새로운 자료는 거대한 저항을 만들어 낸다. 그래서 새로운 정보에 대해 논의하는 가장 안전한 방법은 (A)알려진 것으로 시작하는 것이다. 친숙한 것으로 시작하고 그 다음에 오래된 것으로부터 변형된 것으로서 새로운 것을 더하는 것이다. 어떠한 것인지를 확립하고 상기시키고 그것이 어떻게 (B)있을 수 있는 것으로 이어지는지 보여주는 것이다.

	(A)		(B)
①	알려진 것	…	있을 수 있는 것
②	알려지지 않은 것	…	틀림없어야 하는 것
③	상상되는 것	…	틀림없어야 하는 것
④	상상되지 않는 것	…	있을 수 있는 것

주제 오래된 것에서 새로운 아이디어를 얻는 방법

핵심 표현 present 나타나다 unlike ~와 다르게 listener 청중 learner 학습자 grounding 기초 지식 context 맥락 reason 이유 tune in 이해하다 ownership 소유권 turf 영역 venture 위험을 무릅쓰고 가다 forth 앞으로 unknown 알려지지 않은 past 과거 information 정보 experience 경험 background 배경 valuable 가치 있는 useful 유용한 situation 상황 create 창조하다 major 거대한 resistance 저항 relate to 연관 짓다 imagine 상상하다 thus 그래서 safest 가장 안전한 discuss 논의하다 familiar 친숙한 variation 변형 establish 확립하다 remind A of B A에게 B를 상기시키다

구문 해설
• Unlike what's gone before
'what'은 선행사를 포함한 관계대명사로서 '~하는 것'(= the thing which)으로 해석하면 된다.
• "Turf" in this case means knowing [that past information and experience, one's background, is valuable and useful in a new situation].
'knowing'은 동명사로서 'means'의 목적어이며, that절은 명사절을 이끌며 'knowing'에 대하여 목적절 역할을 한다. 동명사는 명사처럼 쓰이지만 동사의 성질을 잃지 않기 때문에 목적어를 취할 수 있다.
• New data creates major resistance since one doesn't know how to listen to it, to relate to or even imagine it.
밑줄 친 부분은 모두 'how to'에 걸려 있으며, 병렬식 구조이다.
• Thus, the safest way to discuss new information is to begin with what is known.
'what'은 '~하는 것'의 의미로 선행사를 포함한 관계대명사이다.

문제 풀이 (A)의 앞에서 새로운 자료가 덜 친숙하기에 저항을 만들어낸다고 했기 때문에 새로운 정보에 접근하는 가장 안전한 방법은 '알려진 것'으로 시작하는 것이 될 것이다. 또한 그렇게 친숙한 것으로부터 새로운 것을 더하게 되면 그것이 어떤 과정으로 지금의 상태에 이르렀는지 이해할 수 있으므로 (B)에는 '있을 수 있는 것'이라는 표현이 들어가야 한다.

09
정답 ④

개인적이거나 직업적인 성공은 절대적인 척도로 측정될 수 없다. 어떤 사람은 항상 의사가 되는 것을 꿈꾸었지만, 의대에 진학하지 못했다. 그녀는 대신에 간호사가 되었다. 또 다른 사람은 거대한 장애를 극복하기 위해 고군분투하여 간호사가 되는 그

녀의 평생 목표를 달성했다. 두 번째 사람은 성공한 사람의 시선으로 삶을 바라볼 것이고 반면에 그녀의 동료는 실패자 같은 기분이 들 것이다. 재정적인 성공도 마찬가지로 개인의 기대에 비추어 측정되어야 한다. 부를 꿈꾸고 1년에 100만 달러를 버는 것을 그의 목표로 삼는 사람은 연봉 5만 달러에 끔찍하게 실망할 것이다. 그 절반을 벌 것이라고 결코 꿈꾸지 못했던 다른 이는 똑같은 5만 달러 직업을 그의 가장 터무니없는 상상을 뛰어넘는 성취로 여길 것이다. 그는 "인생이 멋지다"라고 생각할 것이고 그에 따라 행동할 것이다.

① 개인의 성격이나 기대와 관련이 없다.
② 얼마나 많은 동료를 가지고 있는지에 달려 있다.
③ 재정적인 성공과 반비례한다.
④ 절대적인 척도로 측정될 수 없다.

주제 성공에 대한 상대적 평가
핵심 표현 personal 개인적인 professional 직업적인 success 성공 measure 측정하다 absolute 절대적인 scale 척도 dream of ~를 꿈꾸다 make it through 을 통과하다 instead 대신에 struggle 고군분투하다 overcome 극복하다 huge 거대한 obstacle 장애물 achieve 성취하다 lifelong 평생의 colleague 동료 financial 재정적인 in light of ~에 비추어 individual 개인 expectation 기대 wealth 부 set one's sights on ~를 목표로 삼다 earn 벌다 horribly 끔찍하게 disappointed 실망한 salary 봉급 half 절반 view A as B A를 B로 간주하다 achievement 성취 beyond ~를 넘어 wildest 가장 터무니없는 imagination 상상 accordingly 그에 따라 have nothing to do with ~와 관련이 없다 personality 성격 depend on ~에 달려있다 inversely proportional 반비례하는

구문 해설
• [Someone who dreams of wealth and has set his sights on earning a million dollars a year] will be horribly disappointed with a $50,000-a-year salary.
'someone'이 주격 관계대명사 'who'에 의해 수식되어 주어 부분이 길다.

출제의도 지문의 핵심 내용을 파악하고 빈칸에 들어갈 내용을 추론할 수 있다.
특별비법 빈칸 추론 문제는 지문의 주제 혹은 핵심과 관련된 내용을 묻는 경우가 많다. 따라서 지문의 주제를 정확히 파악하는 것이 문제 해결의 열쇠이다.

문제 풀이 간호사가 된 것을 성공으로 볼 수도 있고 실패로 볼 수도 있으며, 연봉 100만 달러에 대해서도 사람에 따라 성공으로 느끼기도 하고 실패로 느끼기도 한다는 예시를 통하여 '성공은 절대적인 척도로 평가될 수 없다'는 ④가 정답이라는 것을 알 수 있다.

10

정답 ③

일단 재미있게 들리는 운동의 종류를 고르게 되면, 적절한 장비를 구해라. 자전거를 타기를 원할 때, 당신의 딸의 작은 자전거를 사용하는 것은 최악이다. 스포츠의 즐거움을 낮추는 가장 좋은 방법은 장비를 빌려 쓰는 것이다. 당신의 손가락을 끼우기에 구멍이 너무 멀리 떨어져 있는 볼링공은 당신이 여성 대회에 초대되지 못하도록 할 것이다. 당신 남편의 골프 클럽을 들고 골프를 치는 것은 경기 속도를 늦출 것이다. 만일 당신이 딸의 자전거나 오빠의 볼링공이나, 당신 남편의 클럽을 빌린다면 당신은 스스로에게 한 가지를 말하는 것이다. 이 운동은 일시적인 것이다. 적절한 장비를 갖는 것에 우선순위를 두고 그것을 너의 것으로 만들어라.

① 꾸준해져라
② 적절한 트레이너를 만나라
③ 적절한 장비를 마련해라
④ 당신의 가족과 함께 즐겨라

주제 운동 장비를 갖추는 것의 중요성
핵심 표현 once 일단 ~하면 pick out 고르다 form 형태 exercise 운동 sound ~로 들리다 nothing worse than ~는 최악이다 bike 자전거 decrease 감소시키다 joy 즐거움 borrow 빌리다 equipment 장비 bowling 볼링 spread 퍼진 match 들어맞다 reach 손의 길이 keep from ~ing ~하는 것을 막다 league 리그 slow up 속도를 늦추다 activity 활동 temporary 일시적인 priority 우선순위 belong to ~에 속하다 steady 꾸준한 trainer 트레이너

구문 해설
• Make it a priority to have the right equipment, and make it belong to you.
주어+동사+목적어+목적격 보어의 어순을 갖춘 5형식 문장에서 주어를 제거함으로써 명령문으로 변환시킨 문장으로서, 이때 'it'은 가목적어이고 to부정사 이하가 진목적어이다.

출제의도 지문의 핵심 내용을 파악하고 빈칸에 들어갈 내용을 추론할 수 있다.
특별비법 지문의 핵심 내용을 파악하면 되는데, 이 글은 문단의 맨 앞과 맨 뒤에 모두 주제문을 배치하는 양괄식의 형태이다. 맨 마지막 문장을 정확히 해석하는 것이 문제를 해결하는 데 많은 도움이 된다.

문제 풀이 운동을 할 때 적절한 장비를 구하는 것 (get the proper equipment)이 중요하다는 점을 여러 가지 예시를 들어 강조하고 있으므로 정답은 ③이다

11 정답 ①

다른 기준들처럼, 표현 방식은 종종 문화적 요소에 의해 치우친다. 예를 들면, 미국 남부 출신 사람들은 남부 특유의 느릿한 말투로 천천히 말하는 경향이 있다. 이렇게 느린 말투를 더 천천히 말하는 뉴욕 사람의 말투와 동일시하는 것은 (A)실수일 것이다. 뉴욕 사람에게 특이한(느릿한) 말투는 아마도 개인적인 성격을 드러내 주는 것이 되지만, 남부 사람들에게 느린 말투는 지역 문화를 반영한다. 또는 사람들의 시선의 차이, 즉 사람들의 바라보는 양식을 생각해보라. 대화 가운데 백인들은 이야기를 들을 때 상대방을 쳐다보고 말할 때 다른 곳을 보는 경향이 있지만, 흑인들은 이야기할 때 상대적으로 더 많이 바라보고 들을 때 상대적으로 덜 바라본다. 만일 이러한 (B)문화적 규범이 고려되지 않는다면, 성격 평가에서 오류가 발생할 수 있다. 예를 들어 백인은 흑인이 실제 그의 성격보다 덜 협조적이라고 평가할지도 모른다.

	(A)		(B)
①	실수	…	문화적
②	관행	…	근본적인
③	축복	…	표현이 풍부한
④	규칙	…	보수적인

주제 방식에 대한 문화적 편견

핵심 표현 measure 기준, 척도 expressive 표현적인 방식 biased 편향된, 치우친 cultural 문화적인 factor 요소 southern 남부의 tend to ~하는 경향이 있다 Southern drawl 남부사람 특유의 느린 말투 equate A with B A를 B와 동일시하다 unusual 특이한 probably 아마도 reveal 드러내 주다 personality 성격 southerner 남부사람 reflective 반영 regional 지역적 difference 차이점 gaze 응시 patterns 양식 look away 눈길을 돌리다 relatively 상대적으로 norm 규범 take into account 고려하다 error 오류 assessment 평가 occur 발생하다 assess 평가하다 cooperative 협조적인

구문 해설
• It would be a mistake to equate this slow speech with the speech of a New Yorker who speaks slowly
'it'은 가주어이고 to 부정사 이하가 진주어이다.

출제의도 지문의 핵심 내용을 파악하고 빈칸에 들어갈 내용을 추론할 수 있다.

특별비법 지문이 주제문을 앞에 내세우고 주제문을 뒷받침하는 예시가 이어지는 형식으로 구성되어 있다. 처음 두 문장을 잘 이해하는 것이 문제 해결의 포인트이다.

문제 풀이 미국 남부 사람들의 느린 말투는 지역적

특성인 반면에, 뉴욕 사람의 말투가 느릴 경우 이는 개인적인 특성으로 파악되므로 (A)에는 'mistake'가 들어가는 것이 적절하며, 사람의 성격을 평가할 때 문화적인 측면도 고려되어야 한다는 지문 전체 맥락을 고려할 때 (B)에는 'cultural'이 적절하다. 따라서 정답은 ①이다.

12 정답 ④

젊은이들이 특정 성격을 갖고 있다고 생각하는 것은 매우 흔한 일이다. 예를 들면, 많은 사람들은 젊은이들이 비순응자라고 말하며 그러한 비순응성은 그들의 옷차림이나 그들이 듣는 음악이나 그들에 대하여 권위를 지닌 어른들과의 제한된 대화를 통해서 나타난다고 말한다. 그들은 이러한 젊은이들이 매우 기술적인 세계에서 태어나 문자 대화법과 같은 새로운 언어를 만들어냈다고 불평하며 이 때문에 그들의 말하고 쓰는 능력이 감소했다고 불평한다. 그러나 많은 젊은이들은 클래식 악기를 연구하고 연주하며, 다른 이들은 스무 살이 되기도 전에 문학상을 받는다. 이러한 젊은이들 중 많은 이들은 절대적으로 그들의 부모가 따라야 할 모델이라고 확신하고, 권위에 대해서 이의를 제기해본 적이 없다. 그들은 심지어 그들의 부모가 입었던 것처럼 정장으로 차려입을지도 모른다.

① 마음껏 권위에 반항해왔다.
② 그들 자신의 독립적인 삶을 살려고 한다.
③ 그들의 비순응성을 드러낸다.
④ 권위에 대해서 이의를 제기해본 적이 없다.

주제 젊은이들에 대한 흔한 오해: 비순응성

핵심 표현 common 흔한 youngster 젊은이 specific 특정한 characteristic 특성, 성격 for instance 예를 들면 non-conformist 비순응자 non-conformity 비순응성 clothing 옷 limited 제한된 adult 어른 authority 권위 complain 불평하다 highly 매우 technological 기술적인 create 만들어내다 textspeak 문자 대화법 because of ~ 때문에 oral and written abilities 말하고 쓰는 능력 decrease 감소하다 however 그러나 instrument 악기 literary 문학의 award 상 absolutely 절대적으로 convince 확신시키다 dress formally 정장을 차려입다 indulge 마음껏 하다 rebellion 반란 against ~에 대항하여 independent 독립적인 reveal 드러내다 question 이의를 제기하다

구문 해설
• For instance, many people say that youngsters are non-conformist, and that such non-conformity is...
that 이하는 'say'의 목적절로서 두 개의 절이 병렬적으로 위

치하고 있다.

• They complain that these youngsters, <u>born into a highly technological world</u>, have created new languages such as textspeak...
born into~는 수동형 분사구문으로서 'these youngsters'를 꾸며준다.

• Many of these youngsters are...– they may even dress as formally as their parents <u>do</u>.
밑줄 친 'do'는 대동사로서 'dress'를 대신하여 쓰였다.

출제의도　저자의 의도를 이해하고 문맥상 적절한 표현을 찾을 수 있다.
특별비법　문단의 앞부분은 젊은이들에 대한 일반적인 인식을 서술하고 있고, 역접의 접속사인 However 이후에서는 그러한 인식에 배치되는 내용이 나와 있다. 이러한 글의 흐름에 맞추어 적합한 표현을 고르면 된다.

문제 풀이　일부 젊은이들은 기존 문화를 존중하고 이를 따른다는 내용이므로 ④ 'have never questioned authority(권위에 대해서 이의를 제기해본 적이 없다)'가 적절하다.

요약 추론

 01

정답 ③

> 학생으로서 당신은 글로 쓰인 내용과 시각 자료를 포함한 다양한 종류의 자료들을 읽으라고 가장 자주 요청받을 것이다. 당신은 사진이나 막대 그래프와 선 그래프, 다이어그램과 같은 시각자료가 글로 쓰인 내용보다 읽기 쉽다고 생각할지 모르지만 이러한 가정은 정확하지 않다. 사실 당신은 종종 시각화된 이미지에 더욱 더 주의를 기울이는데, 그것들이 글로 쓰여진 내용보다 가끔 더 미묘할 뿐만 아니라 당신은 그것을 비판적으로 읽어내는 데 익숙하지 않기 때문이다. 시각 자료를 이해하는 과정이 문자화된 정보를 읽고 이해하는 과정과 다를지도 모르지만, 당신은 본질적으로 같은 종류의 일을 하고 있는 것이다. 당신이 문자를 읽을 때, 글자와 단어와 문장을 개념과 아이디어로 바꾼다. 당신이 시각적 이미지를 읽을 때, 당신은 같은 종류의 해석을 한다.
>
> ↓
>
> 시각적 텍스트를 (A)이해하는 방법은 당신이 쓴 텍스트와 같은 종류의 작업을 수행할 때와 그리 (B)다르지 않다.

	(A)		(B)
①	창조하다	…	정확한
②	해석하다	…	상징적인
③	이해하다	…	다른
④	검열하다	…	미묘한

주제　시각 자료를 이해하는 것과 글로 된 자료를 이해하는 것의 유사성
핵심 표현　material 자료　including ~를 포함한　written text 글로 쓰인 텍스트　visual 시각 자료　photograph 사진　bar and line graphs 막대와 선 그래프　diagram 다이어그램　assumption 가정　accurate 정확한　in fact 사실상　pay attention to ~에 주의를 기울이다　not only A but also B A뿐만 아니라 B까지도　be accustomed to ~ing ~하는 데 익숙하다　critically 비판적으로　essentially 본질적으로　translate A into B A를 B로 해석하다　translation 해석　create 창조하다　symbolic 상징적인　censor 검열하다　subtle 미묘한
구문 해설
• In fact, you often have to ~, <u>not only</u> because they are sometimes subtler than written text <u>but also</u> because you are not accustomed to reading them critically.
not only, but also의 구문으로 'because'가 이끄는 부사절을 대등하게 연결하고 있다.

• While <u>the process</u> of understanding visuals may seem different from <u>that</u> of reading and understanding textual information...
비교대상이 'the process'이므로 'that'으로 받아주어야 한다. 영어는 비교가 되는 대상을 정확히 밝혀주어야 하는데 여기서는 시각 자료를 이해하는 과정(process)과 문자화된 정보를 이해하는 과정을 비교하고 있기 때문에 만일 'that'을 생략하면 문법적으로 잘못된 문장이 된다.

출제의도 지문의 핵심 내용을 파악하고 빈칸에 들어갈 내용을 추론할 수 있다.
특별비법 지문의 마지막 부분을 주의 깊게 읽어본다.

문제 풀이) '시각 자료를 이해하는 것은 글로 된 자료를 이해하는 것과 비슷하다'는 것이 요약문의 핵심 내용이므로 (A), (B)에는 ③의 'understand(이해하다)'와 'different(다른)'가 알맞다.

02

정답 ④

현재 기꺼이 일하고자 하고 일할 수 있으면서도 주변부로 밀려난 노인들의 숫자가 증가하면서 의무적인 퇴직에 대한 문제가 점점 더 논의되고 있다. 일할 수 있고 일하고자 하는 사람들의 노동권에 대한 심각한 고려는 이미 사회적으로 폭발 직전의 실업 문제를 지닌 경제에서 노동의 대규모 구조조정을 내포하고 있기 때문에 이러한 논의는 한동안 묵살되어 왔다. 순전히 그들의 나이 때문에 직장에서 내쫓는 것은 독단적이고 불공정하다. 그러나 나는 노인들이 더 젊은 사람들과 같은 조건으로 일하도록 요구하는 것도 불공평하다고 생각한다. 노인들은 색다른 노동권을 지녀야만 한다. 그들이 특정 연령에 도달했을 때, 그들은 은퇴하여 연금을 받을지 선택하는 것이 허용돼야 한다. 만일 그들이 계속해서 일하기를 원한다면 그들에게는 대부분의 노동자들이 현재 갖고 있는 것보다 더욱 유연한 파트타임 스케줄이 허용되어야 한다.

↓

노인들이 일할 수 있고 기꺼이 일하고 싶어할 때 그들은 의무적인 은퇴에 의해 (A)제한받아서는 안 될 뿐 아니라 (B)적절한 노동에 대한 권리도 주어져야 한다.

(A)		(B)
① ~에 책임이 있는	…	유연한
② ~의 기회를 제공받는	…	동일한
③ ~을 부여받는	…	절대적인
④ ~에 제한받지 않는	…	적절한

주제 노인들의 노동권 보장 문제에 대한 대안
핵심 표현 increasing 증가하는 be willing to 기꺼이 ~하려고 하는 marginalize 주변화하다 mandatory 의무적인 retirement 은퇴 increasingly 점점 더 discuss 논의하다 discussion 논의 mute 소리를 줄이다. 완화하다 consideration 배려 working right 노동 권리 imply 내포하다 major restructuring 대규모 구조조정 allocation 배치 labor 노동 economy 경제 already 이미 socially 사회적으로 unemployment 실업 force 강요하다 workplace 직장 solely 오로지 on account of ~ 때문에 arbitrary 독단적인 unjust 불공정한 yet 그러나 require 요구하다 term 조건 reach 도달하다 certain 특정한 allow 허용하다 retire 은퇴하다 receive 받다 pension 연금 continue 계속하다 flexible 유연한 currently 현재의 responsible for ~에 책임이 있는 flexible 유연한 afford 제공하다 opportunity 기회 endow 부여하다 absolute 절대적인 unrestricted 제한받지 않는 proper 적절한
구문 해설
• Forcing people out of their workplaces solely on account of their age is arbitrary and unjust.
주어가 동명사일 경우, 항상 단수 취급을 받는다.
• When old people are able and willing to work, they should <u>not only</u> be unrestricted by mandatory retirement <u>but also</u> be given proper working rights.
'not only A but also B'의 구문으로서 'A뿐만 아니라 B도'라는 뜻을 담고 있다.

출제의도 지문의 핵심 내용을 파악하고 빈칸에 들어갈 내용을 추론할 수 있다.
특별비법 지문의 핵심을 파악하는 것이 중요한데, 이 글은 흐름상 글쓴이의 생각이 드러나는 후반부를 주의 깊게 살펴보아야 한다.

문제 풀이 '일할 의지나 능력이 있는 노인들에 대해 은퇴를 강요하는 것은 독단적이고 불공정하며 노인들에게 젊은이들과 다른 노동권을 보장해야 한다는 것이 필자의 생각이므로 정답은 ④이다.

글의 흐름

01

정답 ④

> 예를 들어, 원자 구조에 대한 우리의 역사적 개념에서의 각 변화는 이전의 개념을 세우는 것으로서 제시되었고, 또한 각 과학자의 공헌은 원자의 이전 모형에 대한 증가한 세부 사항으로서 전달되었다.

> Nancy W. Brickhouse 교수는 세 명의 과학 교사들과 인터뷰를 진행했다. 첫 번째 교사는 엄격한 실험을 통해 드러난 이론들을 진실로 간주했고, 놀랍지 않게도, 이 교실에서의 교육의 의도는 학생들이 "진리"를 배우는 것이었다. (①) 과학 활동에서의 학생들의 성과는 과정이 아닌 활동의 결과로만 오로지 평가되었다. (②) 반면 두 번째 교사는 문제를 푸는 도구로 이론을 생각했고, 그랬기 때문에 학생들은 이론을 관찰에 대해 설명하고 문제를 푸는 데에 사용하였다. (③) 세 번째 교사는 과학을 지식의 축적물로 보았고, 이런 위치는 분명 교실에서의 교육에 반영되었다. (④) 요약하자면, Brickhouse는 교사의 과학 철학이 실험실의 교육, 논증이 사용되는 방식과 교육 목표에 영향을 미친다고 결론 내렸다.

[주제] 과학 교사의 교육 철학과 교육과의 관계에 대한 Brickhouse의 연구

[핵심 표현] conception 개념, 인식 contribution 공헌, 기여 conduct 진행하다, 수행하다 intent 의도, 의향 instruction 교육, 지시 performance 성능, 성과 solely 오로지, 단독으로 accumulation 축적, 누적물 demonstration 논증, 증명

[구문 해설]

• In summary, Brickhouse concluded that the teacher's science philosophies influence laboratory instruction, the way in which demonstrations are used, and instructional goals.

the way in which는 '~하는 방법에서'라는 의미로 자주 쓰이는 구문이다.

[출제의도] 지문의 전체적인 내용을 파악하고, 지문에서 삽입할 문장이 들어갈 위치를 적절하게 선정할 수 있다.

[특별비법] 삽입할 문장을 먼저 해석한 뒤에, 주어진 지문을 해석하면서 삽입할 문장의 내용이 어울리는 곳을 찾는다.

[문제 풀이] 필자는 세 교사들의 과학 교수법을 차례로 설명하고 있다. 삽입할 문장이 'For example'로 시작하고 있으므로 세 교사의 과학 교수법 가운데 어떤 교사의 교수법에 해당하는지를 찾으면 된다. 삽입할 문장은 과학에서 어떤 개념이 역사적으로 어떻게 변화하는지 설명하고 있다. 때문에 이는 과학을 지식의 축적물로 바라보는 세 번째 교사의 교수법에 가깝다는 것을 알 수 있다. 그러므로 정답은 ④이다.

02

정답 ④

> 그러나, 동물들은 정신적 능력에 대한 어떤 기대도 갖고 있지 않다.

> 사람들이 질병, 실직, 혹은 노화로 인한 장애와 같은 진짜 역경을 마주할 때, 반려동물로부터의 애정은 새로운 의미를 갖는다. (①) 반려동물의 지속적인 애정은 고난을 지나는 사람들에게 결정적으로 중요한데, 이는 그것이 그들에게 그들의 중요한 본질이 파괴되지 않았다는 것을 확신시켜주기 때문이다. 그러므로 반려동물은 우울증이나 만성적으로 아픈 환자들을 치료하는 데에 중요하다. (②) 게다가, 반려동물은 시설에서 생활하는 노인들에게 특히 이점을 주어왔다. 그러한 시설에서 모든 환자들이 악화되고 있을 때 직원들이 긍정을 유지하는 일은 쉽지 않다. (③) 방문하는 아이들은 그들의 부모 혹은 조부모가 한때 어떤 사람들이었는지 기억하지 않을 수 없고, 그들의 무력함에 우울해진다. (④) 그들은 젊음을 찬양하지 않는다. 그들에게는 노인이 한때 어떤 사람들이었는지에 대한 기억이 없으며, 마치 그들이 어린아이들인 것처럼 환영해 준다. 강아지를 안고 있는 노인은 완전히 정확하게 어린 시절의 순간을 다시 살 수 있다. 그의 즐거움과 동물의 반응은 동일하다.

[주제] 힘든 시간을 보내는 사람들, 특히 노인들에게 생기와 즐거움을 주는 반려동물

[핵심 표현] adversity 역경, 재난 affection 애정 hardship 고난, 어려움 crucially 결정적으로 core 핵심, 중요한 chronically 만성적으로 institutionalized 제도화한, 시설에서의 생활에 익숙해진 deteriorate 악화되다 retain 유지하다 relive 다시 살다

[구문 해설]

• When people face real adversity-disease, unemployment, or the disabilities of age-affection from a pet takes on new meaning.

take on은 '떠맡다', '지다'라는 의미로 쓰이는데, 여기서는 '(앞의 주어가) 새로운 의미를 갖는다'는 뜻으로 쓰인다.

• In addition, pets are used to great advantage with the institutionalized aged.

institutionalize는 '제도화하다', '시설 생활을 하게 하다'는 의미로, 뒤의 aged와 결합하여 시설 생활에 익숙해진 노인이라는 뜻이 된다.

• Children who visit cannot help but remember

what their parents or grandparents once were and be depressed by their incapacities.

cannot help but v는 'v하지 않을 수 없다'라는 뜻의 구문이다.

특정한 문장이 지문의 빈 자리 중 어디에 맞는지 찾을 수 있다.

특별비법 they, them 등의 대명사가 무엇을 지칭하는지 추론하면 쉽게 답을 찾을 수 있다.

문제 풀이 주어진 문장은 동물이 인간의 정신적 능력에 대한 기대치가 없음을 말하는데, 본문은 노령으로 인해 신체적, 정신적 능력이 쇠해가는 노인들과 애완동물의 관계에 대한 내용이다. 아이들의 경우 노인의 과거를 기억하므로 현재 노인의 상황에 힘들어한다는 내용에 이어 인간의 정신적 능력에 대한 기대치가 없는 동물의 양상을 대조하는 것이 자연스럽다. 이후의 내용 또한 동물과 노인의 관계에 주목하므로 정답은 ④이다.

03
정답 ④

여러분이 재정 계획을 일찍 시작할수록, 여러분의 직장을 바꾸거나 잃는 것, 새로운 주로 이사하는 것, 결혼을 하는 것, 자녀를 갖는 것, 혹은 이혼이나 사망에 의해 배우자를 잃는 것과 같은 변화하는 개인적 상황에 여러분의 계획을 맞출 준비가 더 잘 될 것이다. 그렇지만, 이러한 시기에 중요한 재정적 결정을 성급하게 내리지 않는 것이 중요한데, 이때 여러분이 가장 취약하다. 그 사건으로부터 회복하여 여러분이 취할 수 있는 모든 선택을 면밀히 평가할 시간을 가질 때까지 어떤 조치든지 (취하는 것을) 연기하라. 이러한 상황에서 일부 재정 관련 영업사원들이 여러분과 접촉하기 위해서 밀려들 것이기 때문에 이렇게 하는 것이 어려울 수 있다. 예를 들어, 자녀를 가지게 되면, 보험사 직원, 재정 설계사, 주식 중개인이 여러분에게 보험에 가입하고 대학 학자금 펀드에 투자를 시작하도록 적극적으로 권한다는 것을 알게 될 것이다. 그러므로, 이러한 목표들의 실제 중요성을 인식하고 계획을 미루지 말라. 비록 이것들이 타당한 목표들이기는 하지만, 돈이 많이 드는 결정은 그 어떤 것도 떠밀려서 하지 말라.

주제 신중한 재정 지출의 중요성

핵심 표현 financial 재정의 relocate 이사하다, 이전하다 spouse 배우자 divorce 이혼 vulnerable 취약한, 연약한 postpone 연기하다, 미루다 insurance 보험 stockbroker 주식 중개인, 증권 중개인 valid 타당한, 합당한 objective 목표

• The sooner you start financial planning, the better prepared you'll be to adapt your plans to changing personal circumstances ...

'The 비교급, the 비교급'의 문장으로 '더 ~할수록, 더 ~하다'의 의미를 갖는다.

• However, it is important not to rush to make major financial decisions at these times, when you're most vulnerable.

'it'은 가주어이고, 'to rush ~ times'가 진주어이다.

• For example, when you have a child, you will find that insurance agents, financial planners, and stockbrokers actively encourage you to buy insurance and start investing in a college fund.

'encourage'는 목적보어로 to부정사를 수반하고 'start'는 to부정사와 동명사를 모두 수반할 수 있다.

전체 지문의 내용과 무관한 문장을 찾을 수 있다.

특별비법 전체 지문에서 각 문장이 주제와 어떻게 연결되어 있는지를 알아야 한다.

문제 풀이 인생의 변화에 대비하여 보험이나 주식 투자 등 재정 계획을 준비하는 것은 좋으나, 충분히 객관적으로 상황을 바라볼 수 있을 때까지 성급하게 재정 계획을 하지 말라는 내용의 글이므로 '재정 계획들의 실제 중요성을 인식하고 계획을 미루지 말라'는 ④가 전체 흐름과 관계 없는 문장이다.

04
정답 ④

사람들은 오랫동안 이국적인 것을 지역적인 것과 결합하고 구매된 수입품을 지역 특산품과 결합하면서 멀리서 온 호화로운 음식을 마음껏 즐겨왔다. 교역 네트워크는 소비를 위해 생산된 멀리 떨어진 곳의 상품을 오랫동안 가지고 왔다. Sidney Mintz는 카리브 해 재배지의 노예 노동에 의해 뒷받침된 영국의 산업혁명이 어떻게 설탕을 두 지역의 대중들의 주요 생업으로 만들었고, 상품과 자본의 이동을 통하여 다양한 인구를 결합하였는지를 보여준다. 초콜릿은 멕시코에서 식민지 시대의 스페인으로 유입되었고, 거기서 그것은 음료에서 고체 형태로 바뀌는 동시에, 약에서 엘리트 음료와 수용 가능한 미사 전에 마시는 음료로 바뀌었고 그 다음에 아이들 간식으로 재빠르게 바뀌었다. 초콜릿과 설탕이 든 음식은 이러한 음식에 대한 선호를 강화하면서 반복적으로 미국의 긍정적인 아이들의 상황에서 보상으로 사용된다. 이러한 경로 중 어떠한 것도 간단하지 않다 설탕, 초콜릿, 또는 커피와 같은 세계적인 음식을 따라가다 보면 지구의 많은 부분에 걸쳐 있는 그물망 같은 네트워크를 만들게 될 것이다.

[주제] 그물망 같이 복잡한 식품의 세계 무역 경로

[핵심 표현] indulge 욕망을 만족시키다 faraway 멀리 combine A with B A를 B와 결합하다 purchase 구매하다 import 수입품 homegrown 토착의 staple 주요 산물 produce 생산하다 consumption 소비 industrial 산업의 revolution 혁명 support 뒷받침하다 slave 노예 labor 노동 Caribbean 카리브 해의 plantation 재배지 mainstay 주요 생업 link 연결시키다 diverse 다양한 capital 자본 medicine 약 acceptable 수용 가능한 pre-mass 미사 전에 beverage 음료 simultaneously 동시에 weblike 그물망 같은 cover 걸치다

[구문 해설]
• Exchange networks have long brought goods far from where they were produced for consumption.
장소적 의미를 가진 관계부사로 쓰였다.
• Chocolate was brought from Mexico to colonial Spain, where it quickly changed from a medicine to an elite drink and acceptable pre-mass beverage and then to a childhood snack, while simultaneously shifting from a beverage to a solid.
장소적 의미를 가진 관계부사로서 계속적 용법으로 쓰였으므로, 앞에서부터 차례대로 해석하면 된다.

[출제의도] 전체 지문의 내용과 무관한 문장을 찾을 수 있다.
[특별비법] 지문의 주제에 부합하지 않으며, 글의 흐름을 끊는 문장을 고른다.

[문제 풀이] 본 지문은 다양한 경로를 통해 이동하는 음식의 예로 초콜릿에 대해 설명하고 있는데, 비록 ④도 초콜릿에 관한 이야기지만, 아이들 훈육시 활용되는 보상으로서의 초콜릿에 대해 이야기하고 있기 때문에 글의 주제와는 상관없는 문장이다. 따라서 정답은 ④이다.

연결어

 01

[정답] ①

> 많은 과학자들은 심리학이 되어야 하는 이상적인 모델로 화학과 물리학을 바라본다. 어쨌든, 뇌의 원자들은 모든 형태의 물질을 지배하는, 동일한 모든 것을 포괄하는 물리적 법칙에 종속되어 있다. (A) 그렇다면, 우리는 또한 우리의 뇌가 완전히 그 동일한 기본적 원칙에 있어서 실제로 무슨 일을 하는지 설명할 수 있을까? 답은 불가능이며, 이는 단순하게, 우리가 우리의 수십억 개의 뇌세포가 각자 일하는 방식을 이해한다 해도, 기관으로서 일하는 뇌에 대해 설명해 주지 않기 때문이다. "생각의 법칙"은 그 뇌세포들의 특성뿐 아니라 그들이 어떻게 연결되어 있는지에 의존한다. 그리고 이러한 연결은 물리학의 기본적, "일반적" 법칙이 아니라 우리의 물려받은 유전자 내에 수백만의 작은 정보들의 특정한 배열에 의해 세워진 것이다. 물론, "일반적" 법칙은 모든 것에 적용된다. (B) 그러나, 바로 그 이유로, 그들은 특정한 어떤 것에는 거의 적용되지 않는다.

	(A)		(B)
①	그렇다면	…	그러나
②	대신에	…	그럼에도 불구하고
③	마찬가지로	…	다시 말하면
④	반대로	…	결과적으로

[주제] 뇌세포의 화학적 물리학적 분석으로 파악되는 생각

[핵심 표현] atom 원자 inclusive 포괄적인, 포함하여 property 특성, 재산 inherit 물려받다

[구문 해설]
• The "laws of thought" depend not only upon the properties of those brain cells but also on how they are connected.
not only A but also B 구문의 약간 변형된 버전으로, 앞의 depend와 함께 depend upon, depend on의 형태로 쓰였다.
• And these connections are established not by the basic, "general" laws of physics, but by the particular arrangements of the millions of bits of information in our inherited genes.
not A but B 구문의 변형으로 '~에 의해'라는 뜻을 더하기 위해 by가 함께 쓰이고 있다.

[출제의도] 지문을 이해하여 빈칸에 알맞은 접속사를 고를 수 있다.
[특별비법] 빈칸 앞뒤 문장에서 말하는 어조와 내용을 파악하여 접속사의 연결이 그대로 잇는지(순접), 아니면 반대로 잇는지(역접), 또는 유사한 내용을 다시 말하는 것인지 등을 파악한다.

문제 풀이 빈칸 (A) 앞은 '두뇌의 원자들이 모든 물질 형태를 지배하는 포괄적인 동일한 물리 법칙의 지배를 받는다.'는 내용이다. 그리고 뒤는 '전적으로 그 동일한 기본 원칙의 관점에서 우리의 두뇌 작용을 설명할 수 있을 것인가?'라는 앞 내용을 확인하는 질문이다. 따라서 빈칸 (A)에는 앞 문장 전체를 받아 이를 확인하는 질문을 잇기에 적절한 then이 쓰여야 한다. 또, 빈칸 (B) 앞은 '분명히 "일반" 법칙은 모든 것에 적용된다.'는 내용이지만, 뒤를 잇는 내용은 '바로 그 이유 때문에 그 법칙들은 특정한 것을 거의 설명할 수 없다.'는 앞말을 부정하는 내용이다. 따라서 (B)에는 앞의 내용을 반대로 잇는 역접의 but이 적절하다. 정답은 ①이다.

02

정답 ①

화학 비료와 다수확 종자의 품종을 개발 도상 세계로 도입한 것은, 1960년대에 시작된 이후, 오늘날 '녹색 혁명'으로 알려져 있다. 이 혁명은 광범위한 결과를 가져왔다. 그것은 수억 명의 사람들이 가난에서 벗어나도록 도왔고 아시아 경제의 역사적인 부흥과 중국과 인도의 급속한 산업화를 뒷받침했다. (A)그러나 녹색 혁명의 다른 많은 사회적, 환경적 부작용은 그것을 매우 논란이 많은 것으로 만들었다. 그것의 비판자들은 그것이 막대한 환경적 손상을 일으켰고 전통적 영농 관행을 파괴했고 불평등을 증가시켰고 서양 회사들이 제공하는 값비싼 종자와 화학물질에 농부들이 의존하게 하였다고 주장한다. 화학적으로 집약적인 영농의 장기간 지속 가능성에 대해서도 의혹이 표명되었다. (B)하지만 좋든 나쁘든, 녹색 혁명이 20세기 후반에 단지 세계 식량 공급을 변형하는 것보다 더 많은 것을 했다는 것에는 의심의 여지가 없는데, 그것은 세상을 변형했다.

	(A)		(B)
①	그러나	…	하지만
②	유사하게도	…	그럼에도 불구하고
③	더욱이	…	그 결과
④	하지만	…	대신에

주제 녹색 혁명의 영향

핵심 표현 fertilizer 비료 yield 수확량 variety 품종, 종류, 다양성 developing world 개발 도상 세계, 빈국들 revolution 혁명 consequence 결과 revial 부흥, 회복, 부활 side effect 부작용, 후유증 critic 비판자, 비평가 massive 막대한, 대규모의 practice 관행, 관습, 연

습 inequality 불평등 intensive 집약적인, 집중적인 for better or worse 좋든 나쁘든

구문 해설
• The introduction of chemical fertilizers and high-yield seed varieties into the developing world, starting in the 1960s, is known today as the "green revolution."
부사절의 주어와 주절의 주어가 일치할 때 부사절의 주어가 생략될 수 있고, 문맥상 부사절의 의미가 분명할 때에는 접속사도 생략이 가능하다. 이에 따라 원래 'since it started in the 1960's'였던 부사절이 위와 같은 분사구문이 되었다.
• It helped to lift hundreds of millions of people out of poverty and supported the historic revival of the Asian economies and the rapid industrialization of China and India.
준사역동사인 'help'는 목적보어로 to부정사와 동사 원형을 모두 수반할 수 있다. 따라서 'to lift'와 'lift' 모두 가능하다.
• Its critics argue that it has caused massive environmental damage, destroyed traditional farming practices, increased inequality, and made farmers dependent on expensive seeds and chemicals provided by Western companies.
동사의 형태가 현재완료(have+p.p.)인 문장으로서 'caused, destroyed, increased, made' 모두 'has'에 병렬적으로 연결되어 있다.

출제의도 글의 흐름을 이해하고 그에 맞는 연결어를 찾을 수 있다.
특별비법 빈칸 바로 뒤에 오는 절과 앞에 오는 문장의 흐름을 파악한다.

문제 풀이 글의 전반부는 녹색혁명의 긍정적 결과를 설명하다가 (A) 다음에 녹색혁명의 사회적, 환경적 부작용이 있다는 말을 하였으므로 (A)에는 역접 의미의 'However' 또는 'But'이 들어가야 한다. 녹색혁명의 부작용을 이야기하다가 (B) 이후 어쨌든 녹색혁명이 세계를 변화시켰다는 것에는 의문의 여지가 없다는 문장으로 마무리하고 있으므로 (B)에도 역접의 접속사 'But'이나 'Nevertheless'가 들어가야 하는데, (A), (B) 모두 적절한 것은 ①이다.

03

정답 ③

자연선택은 적대적인 환경에서 살아남는 것을 어떠한 적응의 선사시대의 진화에도 근본적인 것이라고 강조한다. 그러나 만일 예술이 적응이라면, 단지 살아남는 것은, 그 존재에 대한 완전히 불충분한 설명이다. 그 이유는 분명하다. 예술품과 공연은 전형적으로 인간 정신의 가장 풍부하고 사치스럽고 빛나는 창조물이다. 예술은 두뇌의 힘, 물리적인 노

력, 시간, 그리고 귀중한 자원을 과도하게 소모한다. (A)다른 한편으로 자연선택은 경제적이다. 그것은 비효율성과 낭비를 제거한다. 동물들의 장기들과 행동들은, 지역 자원을 가장 효율적으로 사용하면서 종이 살아남고 번식하도록 자연선택에 의해 고안되었다. 자연선택에 의한 진화는 비용과 편익의 측면에서 잠재적 적응을 선별해 낸다는 점에서 혹독한 회계원이다. (B)그러므로 생존을 위한 어떠한 명백한 적응적 편익을 훨씬 넘어서는 비용을 치를 정도로 너무 많은 과도함으로 자주 나아가는 인간 예술에 대해 다윈적 기원을 주장하는 것은 얼마나 이상한가.

	(A)	(B)
①	그 결과	… 그러므로
②	예를 들면	… 그럼에도 불구하고
③	다른 한편으로는	… 그러므로
④	이와 반대로	… 그렇지만

주제 자연선택과 예술과의 차이점

핵심 표현 natural selection 자연 선택 stress 강조하다 survival 생존 hostile 적대적인 environment 환경 fundamental 근본적인 prehistoric 선사 시대의 evolution 진화 adaptation 적응 mere 단지 survival 생존 completely 완전히 inadequate 불충분한 explanation 설명 existence 존재 reason 이유 clear 분명한 artistic 예술적인 object 대상 performance 공연 typically 전형적으로 ample 풍부한 extravagant 엄청난, 사치스러운 glittering 빛나는 creation 창조 mind 정신 consume 소비하다 excessively 과도하게 brain 두뇌 physical 물리적인 effort 노력 precious 귀중한 resource 자원 economical 경제적인 weed out 제거하다, 뿌리 뽑다 inefficiency 비효율성 waste 낭비 organ 장기 behavior 행동 design 고안하다 allow A to B A에게 B를 허용하다 species (생물의) 종 survive 살아남다 reproduce 번식하다 severe 혹독한 accountant 회계원 in the way ~라는 점에서 sort out 골라내다, 선별하다 potential 잠재적인 in terms of ~라는 측면에서 costs and benefits 비용과 편익 argue 주장하다 genesis 기원 tend 경향이 있다 lavish 낭비적인 excess 초과 costly 값비싼 far 훨씬 beyond 넘어서는 obvious 명백한 adaptive 적응의 survival 생존

구문 해설

• How strange, therefore, to argue then for a Darwinian genesis of the arts of man, which so often tend toward lavish excess, costly far beyond any obvious adaptive benefits for survival.

'How'를 활용한 감탄문은 일반적으로 'How+형용사+주어+동사'의 형태를 띠는데, 주어의 길이가 길 경우 주어 자리에 가주어를 위치시키고, 진주어를 동사 뒤로 이동시킬 수 있다. 또한, '주어+동사'는 생략이 가능하다. 따라서 이를 종합하여 볼 때, 본 문장의 원래 형태는 'How strange it is to argue ~'

였는데, 가주어와 동사가 생략되어 본 문장처럼 되었다고 볼 수 있다. 한편, 콤마(,) 뒤 'which'는 관계대명사의 계속적 용법으로 활용되어 'the arts of man'을 수식하고, 그 다음 콤마 뒤 형용사구는 'lavish excess'를 구체적으로 설명해주고 있다.

출제의도 글의 흐름을 이해하고 그에 맞는 연결어를 찾을 수 있다.

특별비법 전체적으로 자연선택의 적응이라는 개념을 들어 예술을 설명할 수 없다는 식으로 논의가 진행되고 있다. 이러한 문맥에 따라 논리적으로 적절한 연결어를 찾으면 된다.

문제 풀이 (A)의 앞 문장에는 예술품의 낭비적 경향을 설명하고 있으므로, 이에 대비되는 내용을 연결시켜 줄 'on the other hand'가 들어가는 것이 적절하다. 또한 (B)에는 앞에 나온 서술에 대한 결과적인 내용이 들어가므로 'thus' 또는 'therefore'가 적절하다. 이를 모두 만족시키는 것은 ③이다.

04

정답 ①

개기일식 동안 당신의 동공은 팽창된다. 즉, 그것은 넓게 열린다. 그것은 더 많은 빛을 들어오게 하여 당신이 어둠 속에서 더 잘 볼 수 있도록 이렇게 한다. 달은 태양의 표면을 최대 몇 분 동안 완전히 가린다. 갑자기 일식의 이러한 국면이 끝날 때, 태양의 작은 은빛 광택이 드러난다. (A)비록 태양으로부터 나오는 전체 빛이 그것이 가려지고 있지 않을 때보다 적을지라도 태양의 각 부분은 여전히 같은 양의 빛을 만들어낸다. 달리 말하면, 만일 당신이 99퍼센트의 태양 표면을 가린다고 할지라도, 남아있는 1퍼센트는 여전히 밝은데, 보름달보다 4000배나 밝다. 일식은 빛이 당신의 눈을 강타하는 것을 막는 필터와 같지는 않다. 노출된 태양의 어떤 부분이든지 여전히 당신 눈의 망막에 해로운 빛을 집중시킬 것이다. (B)그래서 태양이 다시 보이게 될 때, 당신의 동공은 넓게 팽창되고, 그 모든 빛은 당신의 망막에 들어와 강타한다. 그리고 햇빛이 당신의 눈을 정말 손상시킬 수 있는 때는 바로 그때이다.

	(A)	(B)
①	비록 ~일지라도	… 그래서
②	~때문에	… 따라서
③	만약 ~라면	… 그럼에도 불구하고
④	~동안에	… 그렇지 않으면

주제 개기일식이 눈에 미칠 수 있는 악영향

핵심 표현 during ~하는 동안에 total eclipse 개기일

식 pupil 동공 dilate 확장하다 that is 즉, 달리 말하면 completely 완전히 block 막다 disk 태양 표면 at most 최대, 기껏해야 phase 국면 reveal 드러내다 in other words 달리 말하면 remaining 남아있는 still 여전히 pretty 꽤 filter 필터 expose 노출시키다 focus 집중하다 harmful 해로운 light onto ~ 위에 visible 보이는 truly 진짜로 hurt 상처를 입히다

구문 해설
• Even though the total light from the Sun is less than when it is not being eclipsed,...
현재진행형 수동태 문장의 동사에 'not'을 붙여서 부정문을 만들었는데, '~되어지고 있지 않다'라고 해석한다.
• So when the Sun becomes visible again, with your pupil dilated wide... - and it's then that sunlight can really and truly hurt your eye.
'with your pupil dilated'는 'with+목적어+목적격 보어'의 어순을 갖춘 'with 목적어' 분사구문으로서 '~가 …한 채로'라고 해석한다. 한편 'it's then that ~'은 'it ~ that …'의 어순을 갖춘 강조구문으로서 '…는 바로 ~이다'라고 해석한다.

출제의도 글의 흐름을 이해하고 그에 맞는 연결어를 찾을 수 있다.
특별비법 바로 뒤에 오는 절과 앞에 오는 문장의 흐름을 파악한다.

문제 풀이 개기일식이 일어날 때 평소보다 전체 빛은 적을지라도 태양의 각 부분은 같은 양의 빛을 만들어내고 있다는 의미이기 때문에 (A)에는 'even though'가 들어가는 것이 자연스럽다. 또한 (B) 앞 내용은, 노출된 태양의 부분이 눈에 들어오게 될 것이라는 내용이고, (B)의 뒷부분은 태양이 다시 보일 때 동공이 팽창되고 태양빛이 눈에 들어온다는 내용이므로, 'so'가 들어가는 적절하다.

05
정답 ①

우리가 비합리적으로 행동할 때 우리의 행동은 보통 우리에게 합리적으로 보인다. 어려움에 직면했을 때, 마음은, "왜 이 사람들이 나에게 어려움을 주지? 나는 그저 이치에 맞게 행동할 뿐이야. 합리적인 사람이라면 누구든지 알거야!"라고 (스스로에게) 말한다. (A)간단히 말하면, 우리는 자연스럽게 우리의 생각이 완전히 정당화된다고 생각한다. 우리가 아는 한도 내에서 우리는 정당하고 적절하고 합리적인 행동을 하고 있을 뿐이다. 우리가 잘못했을 수도 있다는 잠시 잠깐의 생각은 보다 더 강력한 자기 변명의 생각에 의해 극복된다. "나는 어떠한 피해도 입히려고 하지 않았어. 나는 정의로워! 나는 공정해! 잘못하는 건 다른 사람들이야!" 사람의 마음의 본성을

타고난 그대로 인식하는 것이 중요하다. (B)달리 말하면, 인간은 자기 변명의, 자기 잇속만 차리는, 자기 기만적인 사고와 행동을 배울 필요가 없다. 이러한 양식은 우리 모두에게 타고난 것이다.

	(A)		(B)
①	간단히 말하면	…	달리 말하면
②	그렇지만	…	예를 들면
③	만약을 위해서	…	그렇지 않으면
④	그럼에도 불구하고	…	결론적으로

주제 인간의 자기합리적 본성
핵심 표현 behave 행동하다 irrationally 비합리적으로 behavior 행동 usually 보통 reasonable 합리적인 challenged 곤란에 맞서는 hard time 어려움 make sense 이치에 맞다 fully 완전히 justified 정당화되는 as far as one can ~ 할 수 있는 한 tell 알다 proper 적절한 fleeting 잠깐 동안의 suggest 제안하다 at fault 잘못한 typically 전형적으로 overcome 극복하다 self-serving 자기 이익만 챙기는 recognize 인식하다 nature 본성 state 상태 deceptive 속이는 patterns 양식 innate 타고난

구문 해설
• When challenged, the mind says (to itself)~
= When it is challenged, the mind says (to itself)~
부사절의 주어(it)가 주절의 주어(the mind)와 일치하므로 'it is'를 생략하여 나온 분사구문이다.
• I'm just doing what makes sense.
what은 선행사(the thing)가 포함된 관계대명사로서 "~ 하는 것"이라고 해석하면 되고 'the thing which'로도 바꿔 쓸 수 있다.
• As far as we can tell, we are only doing what is right.
'as far as one can'은 '~ 할 수 있는 한'이라고 해석하는데, 이 구절에서 'tell'이라는 단어는 '알다'라는 의미로 쓰였으므로, '우리가 아는 한도 내에서~'라고 해석하는 것이 자연스럽다.
• [Any fleeting thoughts suggesting that we might be at fault typically] are overcome by more powerful self-serving thoughts...
전체적으로 긴 문장이므로, 해석을 할 때 주의를 요한다. 영어 문장 해석의 기본은 주어와 동사를 먼저 찾는 것이다. 여기서 주어 부분은 [Any~typically] 부분이며, 주어의 핵심 부분인 'Any fleeting thoughts'가 복수이므로 동사 역시 복수형으로서 'are'가 왔다. 밑줄 친 'suggesting'은 분사로서 주어의 핵심부분을 수식해주는 역할을 한다. 뒤이어 나오는 that절은 명사절로서 'suggesting'의 목적어 역할을 한다.
• It's the others who are wrong!
원래 문장은 'The others are wrong.'인데 'the others'를 강조하고 싶어서 'It's' 다음에 'the others'를 넣고 주격관계대명사 'who'로 수식하는 강조구문의 형식을 취했다.
• It is important to recognize this nature of the human mind as its natural state.
'it'은 가주어이고, 'to recognize' 이하가 진주어이다.

출제의도 글의 흐름을 이해하고 그에 맞는 연결어를 찾을

수 있다.
특별비법 바로 앞 문장과의 관계를 잘 파악하여야 한다.

문제 풀이 (A)가 포함된 문장은, 앞의 내용을 요약하여 한 문장으로 표현하고 있으므로 (A)에는 'in short(간단히 말하면)'가 들어가는 것이 적절하고, (B)가 포함된 문장은 바로 앞의 문장을 조금 달리 표현하고 있으므로 (B)에는 'in other words(달리 말하면)'가 들어가는 것이 적절하다. 따라서 정답은 ①이다.

어휘

01

정답 ③

오늘날 지배적인 생각은, 창의성은 개인 안에 존재하기 때문에 우리는 그것을 시스틴 성당, 햄릿 혹은 전구를 만든 드문 천재들의 이야기를 함으로써 가장 잘 드러낸다는 것이다. 이러한 예시는 기본적으로 Thomas Carlyle이 1840년대에 한 이야기를 따른다. "세계의 역사는 위대한 사람들의 전기에 지나지 않는다." 외로운 천재 모델에 대해 가장 흔한 대안은 네트워크에 창의성을 (A) <u>위치시킨다</u>. 예를 들어 Herbert Spencer가 Carlyle에게 "위대한 사람의 기원은 복잡한 영향의 긴 연속에 달려 있다" "그가 사회를 다시 만들 수 있기 전에, 그의 사회는 그를 만들어야 한다."고 반박한 것을 보라. 하늘로부터 영감을 거머쥐는 고독한 영웅에 집중하기보다, 이 개념은 긴, 정처 없이 거니는 혁신의 진로를 강조한다. 영웅적 개인들 대신, 말하자면 16세기 플로렌스나 계몽 시대 런던의 커피숍과 같은 영웅적 문화를 (B) <u>우선시한다</u>.

	(A)		(B)
①	일축한다	…	우선시한다
②	일축한다	…	평범한 것으로 만든다
③	위치시킨다	…	우선시한다
④	위치시킨다	…	평범한 것으로 만든다

주제 창의성의 두 영역, 천재의 영역 또는 긴 역사의 연속
핵심 표현 reside 거주하다, 존재하다 alternative 대안 snatch 가로채다, 거머쥐다 meander 정처 없이 거닐다 trivialize 평범한 것으로 만들다 dismiss 일축하다, 무시하다 prioritize 우선시하다
구문 해설
• The dominant idea today is that, because creativity resides within the individual, we <u>best</u> expose it by telling stories of those rare geniuses— the ones who made the Sistine Chapel, Hamlet or the light bulb.
best는 주로 형용사로 많이 쓰이는데 이 문장에서는 동사를 수식하는 부사로, '가장 잘'이라는 의미로 쓰였다.

출제의도 지문을 전체적으로 이해하여 각 빈칸에 들어갈 적절한 단어를 고를 수 있다.
특별비법 지문의 상반된 흐름을 파악하여 빈칸이 위치한 부분이 의미하는 바를 이해하면 답을 고르기가 쉬워진다.

문제 풀이 필자는 극소수의 천재들이 세상을 이끌어간다는 주장에 대하여 대안이 될 수 있는 아이디어가 있음을 언급하고 있기에 (A)에 적절한 단어는 place,

'두다', '위치시키다'이다. 또한 글의 후반에선 천재들에 집중하기보다는 평범한 개인들에 대해 이야기하자는 주장을 언급하고 있다. 즉, 천재들의 영웅적 이야기 대신에 평범한 이야기를 우선하는 내용이므로 (B)에는 prioritizes가 적절하다. 그러므로 정답은 ③이다.

02

정답 ③

우리가 무엇을 먹고, 얼마나 먹기를 선택하는 데 있어서, 감정적 상태가 음식 섭취에 영향을 준다는 것은 잘 알려져 있다. 예를 들어 우리는 ① 중립적일 때에 비교하여 감정적일 때 더 많이 먹는다. 또한 우리는 기분이 안 좋을 때 달거나 지방이 많은 음식에 끌리는 경향이 있으며, 이는 추정하건대 맛이 기분을 좋게 하고 또한 아마도 그런 '기쁨'과 연관된 기억 때문일 것이다. 그러나 음식의 시각, 후각, 미각은 우리가 먹는 것으로 위안 삼는 이유에 대해 반 밖에 설명하지 못한다. 연구는 이러한 요인들이 ② 제거되어도 지방 많은 음식은 지방이 없는 음식보다 우리를 더 행복하게 만든다는 것을 보여준다. 진화적 바탕에서, 우리가 기근을 견디는데 도움을 주기 위해 음식을 욕망하게 한다는 것은 이치에 맞다. 그러므로 우리가 그런 음식을 더 먹도록 자극하기 위해, 지방 많은 음식을 받자마자 뇌에 기분을 좋게 하는 신호를 위가 보낼 수 있는 것으로 인해 신체가 어떤 체계를 ③ 손상시키는 → 회복시키는(repair) 것도 이치에 맞다. 칼로리로 가득한 음식을 먹는 것은 우리에게 가능한 한 ④ 보람있는 일이었고, 그렇게 우리의 조상들은 그런 음식을 섭취하는 엄청난 노력을 떠맡는데 동기를 얻었을 것이다.

주제 칼로리가 높은 음식을 먹는 이유에 대한 진화적 설명

핵심 표현 neutral 중립의 presumably 아마도, 추정하건대 obliterate 지우다, 제거하다 evolutionary 진화적인 famine 기근, 기아 ancestor 조상, 선조 undertake 착수하다, 떠맡다

구문 해설
• However, the sight, smell and taste of food is only half the explanation as to why we comfort-eat.
comfort-eat은 먹는 것으로 위안을 삼는 행위를 뜻하는 합성된 단어이다.
• On an evolutionary basis, it made sense for us to desire foods that would help us survive famine.
make sense는 '이치에 맞다', '뜻이 통하다'라는 뜻의 숙어이다.
• It thus makes sense for the body to impair some system whereby the stomach can send mood-enhancing signals to the brain on receipt of such fatty foods, in order to encourage us to keep eating such foodstuffs.
on receipt of~는 '~을 받자마자'라는 의미를 가진다.

출제의도 지문의 흐름을 이해하여 적절하지 않게 쓰인 단어를 고를 수 있다.
특별비법 해당 단어를 넣어 해석했을 때 지문의 전체적인 흐름을 방해하는지를 확인한다.

문제 풀이 필자는 지방이 많거나 칼로리가 높은 음식을 먹을 경우 일단 기분이 좋아진다고 말했다. 그런데 이 말은 지방이 많은 음식을 먹고 신체의 체계가 손상된다는 내용에 어울리지 않는다. 따라서 impair는 단어의 쓰임이 적절하지 않음을 알 수 있으므로 정답은 ③이다.

03

정답 ②

교육적 토론은 학생들에게 다양한 관점으로 중요한 문제들에 대해 생각해 볼 기회를 제공한다. 토론자들은 잠재적인 긍정적이거나 부정적인 사례들을 분석하면서 대부분의 동시대의 문제들의 복잡성에 대해 깨닫고, (A) 다가의 경향의 가치를 이해하기 시작한다. 주장의 두 가지 입장으로 토론하다보면, 그들은 대부분의 동시대의 문제들이 한 가지 이상의 입장을 갖고 있다는 것뿐만 아니라 주장의 한 측면 또한 다양한 범위의 가치를 구현한다는 것을 배우게 된다. 때로 1학년 초반의 몇몇 토론자들은 급하게 구성한 의견을 전제로 주장의 한 측면만이 "맞다"고 느낄 수도 있다. 그러나 몇 번의 토론 후 그들은 보통 주장의 다른 측면에 할당되기를 (B) 요청한다. 1년(학기)이 끝날 무렵, 그들은 주장의 두 측면 모두에서 토론한 후, 적절한 분량의 증거를 모으고 분석할 때까지 판단을 보류하는 것의 가치를 알게 된다.

	(A)		(B)
①	다가의	…	거절하다
②	다가의	…	요청하다
③	일방적인	…	거절하다
④	일방적인	…	요청하다

주제 학생들로 하여금 다양한 주장의 근거와 가치를 알게 하는 토론의 의미

핵심 표현 debate 논쟁, 토론 analyze affirmative 긍정적인 multivalued 다가의, 많은 가치를 지닌 unilateral 일방적인 orientation 경향 proposition 제안, 주장 embody

구현하다 suspend 보류하다 *

구문 해설
• Sometimes at the start of an <u>academic year</u>, some debaters may, on the basis of a quickly formulated opinion, feel that only one side of a proposition is "right."
academic year은 '학년'이라는 의미로, 학년의 초반이라는 뜻은 1학년 시기를 의미한다.

출제의도 전체의 내용을 이해하고 빈칸에 들어갈 두 단어 중 적절한 한 단어를 추론할 수 있다.
특별비법 빈칸이 위치한 문장의 의미를 잘 파악하면 적절한 단어를 고를 수 있다.

문제 풀이 현대사회의 복잡한 문제를 논의함에 있어서 다양한 관점과 가치를 지향하는 접근법에 대해 논하는 글이다. 그러므로 (A)는 한쪽만의 가치가 의미 있다고 말하는 문장이 아니므로 적절한 단어가 multivalued이다. 필자는 학생들의 경우 학기 초에 확신했던 것의 반대 측 입장에 대한 과제를 요청하기도 한다는 예를 들고 있으므로, (B)에는 반대 측의 입장을 거부한다는 단어 refuse는 답에서 제외해야 한다. 정답은 ②이다.

04   정답 ③

19세기 낭만파 시인 John Keats는 시인의 시어(詩語)에 굴복하는 느낌을 묘사하기 위해 '소극적 수용 능력'이라는 용어를 만들었는데, 그것에 의해 사람은 자신의 감수성이 사로잡힐 정도로 시인의 독창적인 시어 사용에 마음이 완전히 열려 있기 위해서 자기만의 해석을 전적으로 (A)억누르고 마음을 비워야 한다. Charles Dickens가 그의 소설에서 발췌한 내용을 읽는 것을 듣기 위해 모인 19세기 영국과 미국의 청중들은 Keats가 옹호하는 방식과 대단히 비슷하게 Dickens가 그의 소설에서 묘사하는 세계에 사로잡히기 위해 자신의 독자성을 (B)포기했다. 그들은 마치 등장인물들이 살아 있으며 청중 각자가 그 활동에서 실제로 역할을 하는 것처럼 Little Nell의 죽음에 흐느꼈으며, Wackford Squeers의 잔인한 행동에 화가 났다.

	(A)		(B)
①	나타내다	…	포기했다
②	나타내다	…	확고히 했다
③	억누르다	…	포기했다
④	억누르다	…	확고히 했다

주제 문학 작품에 대한 독자의 몰입
핵심 표현 coin 만들다 capability 능력 describe 묘사하다 surrender 수용하다, 굴복하다 whereby 그것에 의해 subdue 억제하다 interpretation 해석 completely 전적으로 inventive 독창적인 sensibility 감수성 possess 사로잡히다 audience 청중 flock 모이다 extract 발췌하다 advocate 옹호하다 weep 흐느끼다 brutal 잔인한 behavior 행동 abandon 포기하다 identity 독자성

구문 해설
• ... so that it is open completely to the poet's inventive poetic use of language such that one's sensibilities are possessed.
so that 구문이 사용되었는데, '~하기 위해서'라고 해석한다. 'it'은 바로 앞의 'the mind'를 의미한다.
• They wept at the death of Little Nell, and grew angry at the brutal behavior of Wackford Squeers as though they were alive and the audience members were actually playing a part in the activities.
접속사 'as though'가 활용된 절에서, 동사가 현재형이면 사실이 무엇인지 정확히 모르지만 그럴듯해 보인다는 추측의 의미에서 '~가 마치 …인 듯'이라고 해석하고, 동사가 과거형이면 실제로는 그렇지 않지만 겉보기에 그렇게 보인다는 가정의 의미에서 '~가 마치 …인 것처럼'이라고 해석한다.

출제의도 글의 흐름에 따른 적절한 어휘를 고를 수 있다.
특별비법 어휘 고르기 문제는 서로 반대되는 어휘 중에서 하나를 선택해야 하는 경우가 많은데, 문맥을 이해하면 어렵지 않게 풀 수 있다. 오히려 관건은 어휘력에 달려 있다고 볼 수 있다. 따라서 단어를 외울 때에는 유의어와 반의어를 함께 외우는 것이 좋고, 또한 비슷한 어원끼리 묶어서 외우거나 접두사와 접미사의 의미를 알아두면 단어 뜻을 이해하기가 더욱 쉬워진다.

문제 풀이 John keats의 'negative capability' 개념이란 독자가 시인의 생각에 완전히 자신을 내맡기고 자신의 해석이나 생각을 억제하고 자신의 정체성을 포기하는 것을 의미하므로 (A)에는 '억누르다'의 'subdue'가, (B)에는 '포기하다'의 'abandon'이 들어가야 한다.

05   정답 ②

비디오가 1980년대 대중음악의 일상적인 생산과 홍보의 일부가 되었을 때, 많은 연주자들, 팬들, 그리고 평론가들의 초기 반응은 그것이 음악을 하찮게 한다는 것이었다. 이미지의 구성은 소리의 생산보다 더욱 (A)중요해졌고, 감상자들이 그들 고유의 이미지를 상상하는 능력은 그 산업의 홍보 메커니즘에 의해 대체되었다. 많은 작가들은 몇 세기 동안 음악은 공연과 구경거리와 연관되어 왔다는 점을

지적하면서 그러한 주장에 재빠르게 이의를 제기하였다. Sean Cubitt과 Jody Berland는 둘 다 음악 공연의 소리와 영상은 사실 축음기, 라디오, 사진과 무성 영화의 도입으로 인해 (B)일시적으로 분리되었다고 주장했다. 그러나 심지어 그 당시에도 영상이 완전히 사라진 것은 아니었다.

	(A)		(B)
①	중요한	…	영구적으로
②	중요한	…	일시적으로
③	피상적인	…	영구적으로
④	피상적인	…	일시적으로

[주제] 소리와 영상의 불가분성 논쟁

[핵심 표현] day-to-day 일상적인 production 생산 promotion 홍보, 판촉 popular music 대중 음악 initial 초기의 response 반응 performer 공연자 fan 팬 commentator 평론가 argue 주장하다 trivialize 하찮게 만들다 construction 구성 crucial 중요한 ability 능력 imagine 상상하다 replace 대체하다 promotional 홍보의, 촉진의 mechanism 매커니즘 industry 산업 take issue with ~에 이의를 제기하다 argument 논쟁 point out ~를 지적하다 century 세기 be associated with ~와 연관된 performance 공연 spectacle 볼거리, 쇼 visual 영상 separate 분리하다 introduction 도입 technology 기술 gramophone 축음기 silent film 무성 영화 disappear 사라지다 completely 완전히

[구문 해설]
• As video became~, [the initial response of many performers, fans and commentators] was to argue that it was trivializing music.
주어의 핵심부분인 'the initial response'가 단수이므로 동사로 'was'가 와야 한다. 한편 to부정사는 보어로 쓰이고 있다.
• The construction of an image had become more crucial than the production of sound and the ability of the listener to imagine their own images had been replaced by the promotional mechanisms of the industry.
1980년대(과거)가 기준이 되므로, 과거완료 시제를 써주며, 여기서는 완료(~해 버렸다)의 의미이다. 완료시제는, 특정 '시점'이 아니라 (언제부터 언제까지) '기간' 동안 일어난 일을 나타낸다.

[출제의도] 글의 흐름에 따른 적절한 어휘를 고를 수 있다.
[특별비법] 글의 전체적인 흐름을 파악하는 것이 중요하다. 독해 지문은, 크게 보면 처음부터 끝까지 일관된 견해를 서술하는 패턴과 일반적인 인식을 소개하고 그에 대한 반박으로 이어지는 패턴으로 나뉠 수 있다. 이 지문은 후자의 경우로서, 그러한 흐름을 파악하면 빈칸에 들어갈 단어를 어렵지 않게 고를 수 있을 것이다.

[문제 풀이] 글의 흐름을 볼 때, 비디오가 음악 산업에서 일반화되면서 이미지 구성이 소리 자체보다 더욱 (A)중요해졌다는 것을 알 수 있다. 그러나 그에 반론을

제기하는 이들은, 소리와 영상이 분리된 적은 없었으며, 양자가 분리된 것처럼 보이는 것은 기술적인 발전에 의한 것이라는 주장을 하고 있으므로, (B)에는 일시적이라는 단어가 들어가는 것이 적절하다. 따라서 정답은 ②이다.

06 [정답] ①

미시간 대학교에 의해 수행된 연구에 따르면, 좋은 두뇌훈련 프로그램은 작동 기억을 향상시키고 일반적인 문제해결 능력을 (A)증대시키는데, 이는 일반 지능을 향상시킬 수 있다.

그 연구에서 다양한 인지 테스트를 활용하여 대상자들의 정신적인 기민함을 기록한 다음에 연구자들은 실험 대상자들에게 일련의 두뇌 훈련 활동을 주었다. 이러한 정신 활동은 네 그룹에게 주어졌으며, 그들은 8, 12, 17일 또는 19일 동안 그 활동을 반복했다. 훈련 후에 연구자들이 다시 실험 대상자들의 지성을 테스트했다. 훈련을 받지 않은 그룹의 실적은 경미하게 개선되었는데, 훈련받은 실험 대상자들은 (B)상당한 개선을 보였으며, 이는 훈련에 소요된 시간에 따라 증대하였다. 이는 좋은 두뇌 프로그램이 지능의 수준을 향상시키는 효과적인 방법이라는 사실을 보여준다.

	(A)		(B)
①	증대시키다	…	상당한
②	증대시키다	…	피상적인
③	억제하다	…	상당한
④	억제하다	…	피상적인

[주제] 두뇌훈련 프로그램이 지적 발달에 미치는 긍정적 영향

[핵심 표현] according to ~에 따라 research 연구 carry out 수행하다 improve 개선하다 working memory 작동 기억 boost 증대하다 curb 억제하다 general 일반적인 problem-solving 문제 해결 ability 능력 raise 올리다 intelligence 지성 subject 실험 대상자 mental 정신적인 a variety of 다양한 cognitive 인지의 a series of 일련의 exercise 연습 workout 운동 repeat 반복하다 performance 실적 untrained 훈련받지 않은 slightly 경미하게 significant 상당한 superficial 피상적인 improvement 개선 increase 증가시키다 suggest 보여주다 effective 효과적인 enhance 향상시키다

[구문 해설]
• According to research carried out by the University of Michigan~and boost general problem-solving ability, which can raise general intelligence.

'research'와 'carried out' 사이에는 'that(또는 which) is'가 생략되어 있다. 한편, 'which'는 콤마(,) 뒤에 쓰여 계속적 용법으로 쓰였으며, 이때는 선행사를 주어로 삼아 또 하나의 추가적인 문장을 읽어 나가듯이 해석한다.

출제의도 글의 흐름에 따른 적절한 어휘를 고를 수 있다.
특별비법 어휘 고르기 문제는 서로 반대되는 어휘 중에서 하나를 선택해야 하는 경우가 많은데, 문맥을 이해하면 어렵지 않게 풀 수 있다. 오히려 관건은 어휘력에 달려 있다고 볼 수 있다. 따라서 단어를 외울 때에는 유의어와 반의어를 함께 외우는 것이 좋고, 또한 비슷한 어원끼리 묶어서 외우거나 접두사와 접미사의 의미를 알아두면 단어 뜻을 이해하기가 더욱 쉬워진다.

문제 풀이 (A)는 해당 문장이 두뇌훈련 프로그램의 순기능을 설명하는 맥락이므로 'boost'가 적절하다. (B)에는 훈련을 받지 않은 그룹의 개선 정도가 경미했다는 사실과 대비되는 표현이 적절하기 때문에 'significant'가 들어가는 것이 자연스럽다.

07

정답 ②

궁극적인 생명력은, 미토콘드리아라고 불리는, 우리가 들이마시는 거의 모든 산소를 태우는 작은 세포 공장에 있다. 그러나 숨을 쉬는 데에는 대가가 있다. 우리를 살아 있고 활동적이게 해주는 산소의 연소는 활성산소라는 부산물을 내보낸다. 그것들은 지킬 박사와 하이드와 같은 성격을 가지고 있다. 한편으로 그들은 우리의 생존을 보장한다. 예를 들면 신체가 감염원을 싸워 물리치기 위해 결집할 때, 그것은 침입자들을 매우 효율적으로 증식하기(→ 없애기) 위해 활성 산소를 뿜어낸다. 다른 한편으로, 활성산소는 세포들이 기능을 할 수 없게 되고 때때로 포기하고 죽을 때까지 세포를 공격하고 지방을 산패하게 변화시키고, 단백질을 녹슬게 하고, 세포막을 뚫고, 유전자 코드를 더럽히면서 몸속에서 무분별하게 움직인다. 보호자이면서 복수자로서 생명체에 들어가 있는 이러한 사나운 활성산소는 강력한 노화 동인이다.

주제 활성산소의 양면성

핵심 표현 ultimate 궁극적인 life force 생명력 lie in ~에 있다 tiny 작은 cellular 세포의 factory 공장 mitochondria 미토콘드리아 nearly 거의 oxygen 산소 breathe in 들이마시다 breathing 호흡 price 대가 combustion 연소 active 활동적인 send out 내보내다 by-products 부산물 characteristics 성격 on the one hand 한편으로 guarantee 보장하다 survival 생존 mobilize 결집하다 fight off 싸워 물리치다 infectious

agent 감염원 generate 생성하다 a burst of ~을 터뜨림[뿜어냄] propagate 증식하다 invader 침략자 efficiently 효율적으로 on the other hand 다른 한편으로 uncontrollably 무분별하게 attack 공격하다 cell 세포 fat 지방 rust 녹슬게 하다 protein 단백질 pierce 뚫다 membrane 세포막 corrupt 더럽히다 genetic code 유전자 코드 dysfunctional 기능장애의 give up 포기하다 fierce 사나운 built into ~에 들어가 있는 both A and B A와 B 둘 다 potent 강력한 agent 동인 aging 노화

구문 해설
• The ultimate life force lies in tiny cellular factories of energy, called mitochondria, that burn nearly all the oxygen we breathe in.
'that'은 선행사 'tiny cellular factories of energy'를 수식하는 주격 관계대명사이고, 콤마(,) 사이의 'called mitochondria'는 선행사와 주격 관계대명사 사이에 삽입되어 선행사를 수식하는 삽입구이다. 한편, 'the oxygen'과 'we' 사이에는 목적격 관계대명사 'that(또는 which)'이 생략되어 있다.
• On the other hand, free radicals move uncontrollably through the body, attacking cells, turning their fats rancid, rusting their proteins, piercing their membranes and corrupting their genetic code...
밑줄 친 단어들은 분사구문으로서 병렬 구조로 연결되어 있다.

출제의도 글의 흐름에 맞지 않는 어휘를 고를 수 있다.
특별비법 글의 흐름에 적절하지 않은 어휘를 선택하는 문제에서는 원래 들어가야 할 단어의 반의어가 선택지로 주어진다. 문맥을 정확히 파악하면 어렵지 않으나, 해당 어휘를 알아야 풀 수 있는 문제이므로 평소에 어휘의 다양한 의미를 확인하고 이를 반복하여 암기하는 습관을 길러야 한다. 유의어, 반의어, 동일한 어원을 묶어서 함께 외우면 어휘력을 효율적으로 향상시킬 수 있다.

문제 풀이 신체가 감염원을 물리치려고 싸운다는 점에서, 그것을 '증식시킨다(propagate)'는 단어는 문맥상 어울리지 않으므로 정답은 ②이다.

08

정답 ②

당신은 다른 사람은 안 물릴 때 항상 모기에 물리기 때문에 당신의 피가 특별히 맛있음에 틀림없다고 생각하는가? 모기가 선호를 지니고 있다는 것이 밝혀졌지만, 그들을 그들의 목표물로 유인하는 것은 맛있는 피가 아니다. 그것은 사람을 얼마나 찾기 쉬운지에 관한 것이다. 특히 모기에게 (A)매력적인 두 가지 냄새는 이산화탄소와 젖산이다. 두 화학 물질 모두는 당신이 숨쉬거나 땀을 흘릴 때 생성된다. 그래서 당신이 운동할 때, 모기가 당신을 아주 빨리

쫓아온다. 왜냐하면 운동은 당신의 근육이 젖산을 형성하게 하기 때문이다. 또한 당신의 땀은 이산화탄소를 (B)방출한다. 그러나 모든 사람이 이산화탄소와 젖산을 같은 비율로 만들어내는 것은 아니다. 어떤 사람들은 높은 수준으로 만들어 내므로 그들은 모기에게 물리기가 더 쉽다.

	(A)		(B)
①	매력적인	…	흡수하다
②	매력적인	…	방출하다
③	역겨운	…	흡수하다
④	역겨운	…	방출하다

주제 | 모기를 유인하는 요소

핵심 표현 | blood 피 extra 특별히 tasty 맛있는 get bitten 물리다 turn out ~임이 밝혀지다 mosquito 모기 preference 선호도 attract 유인하다 target 목표물 scent 냄새 particularly 특별히 carbon dioxide 이산화탄소 and chemical 화학 물질 produce 생산하다 breathe 숨 쉬다 sweat 땀 흘리다 exercise 운동하다 zoom 아주 빨리 지나가다 causes A to B A가 B하는 것을 초래하다 build up 형성하다 absorb 흡수하다 emit 방출하다 be more likely to 더 ~ 하기 쉽다

구문 해설
• Do you think your blood must be extra tasty because you're the one who always gets bitten when no one else does?
'does'는 'get'을 받아주는 대동사이다.
• It turns out that mosquitoes do have preferences ~
'have'를 강조하기 위해 'do'가 쓰였다.
• '~ but it is not tasty blood that attracts them to their target.
'it is not tasty blood that ~'은 'it ~ that …'의 어순을 갖춘 강조구문으로서 '…는 바로 ~이다'라고 해석한다.
• That's because exercising causes your muscles to build up lactic acid.
'~은 ~ 때문이다'이며, 간단하게 '왜냐하면'으로 해석하면 된다.
• But not everyone produces carbon dioxide and lactic acid at the same rate.
부분 부정의 의미이다. 즉, '모든 사람이 ~한 것은 아니다'라고 해석된다. (일부는 ~하고, 일부는 ~하지 않는다)

출제의도 | 글의 흐름에 따른 적절한 어휘를 고를 수 있다.
특별비법 | 글의 전체적인 흐름을 파악하는 것이 중요하다. 독해 지문은, 크게 보면 처음부터 끝까지 일관된 견해를 서술하는 패턴과 일반적인 인식을 소개하고 그에 대한 반박으로 이어지는 패턴으로 나뉠 수 있다. 이 지문은 후자의 경우로서, 그러한 흐름을 파악하면 빈칸에 들어갈 단어를 어렵지 않게 고를 수 있을 것이다.

문제 풀이 | 모기를 유인하는 것을 설명하고 있으므로 (A)에는 attractive가 들어가는 것이 적절하며 땀에서 이산화탄소가 방출된다는 의미가 자연스러우므로 (B)에는 emit이 들어가야 한다. 따라서 정답은 ②이다.

09

사람들은 그들이 사용하는 상품에 대한 의견이나 질문을 받았을 때 질문자에게 자기 자신을 잘못 나타낸다. 이러한 왜곡의 잠재적 원천 때문에, 몇몇 소비 심리학자들은 사람들에게 직접적으로 반응이나 태도를 요청하는 것이 효과적이지 않다고 믿는다. 그들은 직접적인 질문이 응답자가 실제로 듣는 것과 다를 수도 있다고 주장한다. 예를 들면 어떠한 음료 브랜드를 마시냐는 질문을 함으로써 우리는 사실상 그나 그녀가 어떤 종류의 사람인지 묻는 것이다. 응답자는 소비자 연구자들이 단지 음료 선호도를 묻는 것이라고 느끼지 않을 수도 있다. 그보다는 그들이 묻는 것은 "싼 것 아니면 비싸고, 고급이고, 있어 보이는 브랜드를 마시느냐"이다. 설문기법에 대한 비판자들은 우리가 응답자들로 하여금 그들의 감정을 왜곡하도록 하는 질문을 함으로써 진정한 인간의 동기와 감정을 숨길 수(→ 밝힐 수) 없다고 말한다.

주제 | 상품에 대한 직접적인 의견 조사의 부적절함

핵심 표현 | misrepresent 잘못 나타내다 interviewer 질문자 opinion 의견 product 상품 potential 잠재적인 source 원천 distortion 왜곡 consumer 소비자 psychologist 심리학자 fruitful 효과적인, 열매가 많이 열리는 directly 직접적으로 reaction 반응 attitude 태도 contend 주장하다 direct 직접적인 respondent 응답자 actually 실제로 brand 브랜드 beverage 음료 in effect 사실상 researcher 연구자 merely 단지 preference 선호 rather 그보다는 stuff 물건 high-status 높은 지위 snob-appeal 있어 보이는 critics 비판가 method 방법, 기법 conceal 숨기다 motivation 동기 feeling 감정 allow A to B A가 B하는 것을 허용하다 distort 왜곡하다

구문 해설
• People may misrepresent ~ when asked for their opinions or questioned about the products they use.
수동형의 분사구문이 나란히 위치하고 있다.
• They contend [that the direct question being asked/ may differ from what the respondents actually heard.
that절은 동사 'contend'의 목적절로 쓰였다. 또한 'question'과 'being asked' 사이에서 'that(또는 which) is'가 생략되어 있는데, 이처럼 선행사를 주어로 삼아 선행사를 수식하는 주격 관계대명사(who, which, that)는 be동사와 함께 생략이 가능하다. 한편, 'what'은 선행사를 포함하는 관계대명사로서 '~하는 것'이라고 해석된다.
• For example, by asking what brand of beverage a person drinks, we are, in effect, asking what kind of person he or she is.
둘 다 간접의문문으로서 '의문사+주어+동사'의 어순을 갖는다.

출제의도 글의 흐름에 맞지 않는 어휘를 고를 수 있다.
특별비법 글의 흐름에 적절하지 않은 어휘를 선택하는 문제에서는 원래 들어가야 할 단어의 반의어가 선택지로 주어진다. 문맥을 정확히 파악하면 어렵지 않으나, 해당 어휘를 알아야 풀 수 있는 문제이므로 평소에 어휘의 다양한 의미를 확인하고 이를 반복하여 암기하는 습관을 길러야 한다. 유의어, 반의어, 동일한 어원을 묶어서 함께 외우면 어휘력을 효율적으로 향상시킬 수 있다.

문제 풀이 상품에 대한 직접적인 질문을 받았을 때, 응답자들은 왜곡된 답변을 하게 되며, 이로 인해 인간의 진정한 동기와 감정을 '밝힐 수' 없다고 하는 것이 적절하므로 ④ 'conceal'이 정답이다.

어법

01

정답 ④

Francis Ford Coppola가 제작하고 연출한 영화 *Apocalypse Now*(지옥의 묵시록)은 유명세를 얻었고 이에는 이유가 있다. 이 영화는 J. Conrad의 소설 *Heart of Darkness*의 각색으로 19세기 말 아프리카 콩고를 배경으로 한다. 원작 소설과 달리 Apocalypse Now는 베트남 전쟁 중의 베트남과 캄보디아가 배경이다. 배경, 시간대, 대화 그리고 다른 부수적인 세부 사항들은 바뀌었지만 *Apocalypse Now*의 기본적 스토리라인과 주제는 *Heart of Darkness*의 (A) 그것들과 동일하다. 문명의 가장 나쁜 측면을 재현하는 비정상의 Kurtz라는 인물을 강 아래로 내려가며 마주치면서, 둘 다 중심인물의 정신적, 영적 여정을 반영한 물리적인 여정을 묘사한다. 개봉 당시의 동시대적인 배경을 *Apocalypse Now*에 부여함으로써, 영화가 소설 원문에 충실한 각색이었을 때 관객이 (B) 그랬을 것보다 더 쉽게 경험하고 그것의 주제들에 동일시할 수 있었다.

	(A)		(B)
①	그것	…	그럴 것
②	그것	…	그랬을 것
③	그것들	…	그럴 것
④	그것들	…	그랬을 것

주제 동시대적인 각색을 통해 관객들의 호응을 얻은 영화 Apocalypse Now

핵심 표현 popularity 유행, 인기 adaptation 적응, 각색 incidental 우연한, 부수적인 contemporary 동시대의 literal 문자 그대로의, 원문에 충실한 identify 확인하다, 동일시하다

구문 해설
• *Apocalypse Now*, a film produced and directed by Francis Ford Coppola, gained popularity, and with good reason.
with good reason은 for good reason과 유사하게 '정당한 이유로', '이유가 있어서'라는 뜻이다.

출제의도 지문의 내용을 파악하고 올바른 문법적 형태를 고를 수 있다.
특별비법 올바른 문법적 형태를 고르는 것이므로 문장의 시제와 내용에 맞는 단어의 형태를 고르면 된다.

문제 풀이 (A)에서는 먼저 Apocalypse Now의 스토리라인과 주제를 말하고 Heart of Darkness의 '그것들'에 대해서 이어서 언급한다. 단수가 아니라 복수이므로 that 보다는 those가 적절하다. (B)에서는 영화 개

봉 당시, 즉 과거에 일어난 일에 대해 이야기하며 '그랬을 것'이라고 이야기하는 부분이기에 '그럴 것'이란 의미의 would be보다는 would have been이 오는 것이 맞다. 따라서 정답은 ④이다.

02

정답 ④

① 기부하는 행위에 대해 연구하는 과학자들은, 어떤 사람들은 한두 개의 자선 단체에 상당한 금액을 기부하는 반면 다른 사람들은 여러 단체에 적은 금액을 기부하는 것을 발견했다. 한두 군데에 기부하는 사람들은 자선 단체가 무엇을 하고 실제로 긍정적 효과를 내고 있는지 증거를 ② 추구한다. 만약 증거가 자선 단체가 실제로 타인을 도움을 나타낸다면, 그들은 상당한 기부를 한다. 여러 단체에 적은 양의 기부를 하는 사람들은 그들이 타인을 돕기 위해 ③ 무엇을 하는지의 여부에 크게 관심이 없고, 과학자들은 이들을 따뜻한 빛을 주는 사람들이라 부른다. 그들의 기부의 효과에 상관없이 기부하는 ④ 것이 그들의 기분을 좋게 한다는 것을 아는 것이다. 많은 경우 기부금은 $10나 그 이하로 적으며, 만약 그들이 멈춰 서서 생각했다면 그들은 기부를 진행하는 데에 드는 비용이 기부 단체에 가는 어떤 이익보다 더 클 것이라는 것을 알게 될 것이다.

주제   기부의 두 유형
핵심 표현   charity 자선, 기부 substantial 상당한

출제의도   지문의 전체 흐름과 내용을 이해하고, 어법상 틀린 부분을 찾을 수 있다.
특별비법   먼저 밑줄 친 단어가 문법적으로 올바르게 사용되어 있는지 확인하고, 맥락에 맞는지를 확인한다.

문제 풀이   ④의 앞뒤 문장에서 필자는 계속 warm glow givers의 기부 형태에 대해 설명하며, 이들이 기부하는 금액이 적은 것은 크게 상관이 없다고 설명하고 있다. 그러나 ④에 what이 온다면 그들이 기부하는 '그것'이 무엇인지 중요하다는 의미로 설명이 된다. 그러므로 정답은 ④이다.

03

정답 ④

말미잘은 세계의 대부분에 바다의 꽃처럼 (보이도록) 시선을 돌린다. 어쩌면 이것이 그들의 위장이다. 그들은 쏘는 세포를 장착한 촉수들이 있는 포식

자이다. 그들은 스스로를 방어하고 작은 물고기나 새우 같은 먹이를 잡는 데에 촉수를 이용한다. 각각의 쏘는 세포들은 접촉이 있으면 기계적으로 세포 폭발을 촉발하는 감각모를 가지고 있으며, (A)이는 공격자나 먹이의 살에 붙어 약간의 독을 주입하는 작살 같은 구조이다. 독은 먹잇감을 마비시키며 소화를 위해 말미잘이 그것을 자기 입으로 이동시키도록 한다. 세계의 대양과 다양한 깊이에서 (B)발견되는 말미잘은 산호와 해파리와도 연결된다. 말미잘은 점착성의 발을 이용하여 스스로를 바다의 바닥에 붙이고 음식이 떨어지거나 포식자가 공격하기 전까지 같은 자리에 머무르는 경향이 있다. 그러다 말미잘은 스스로를 풀어주고 새로운 방향으로 헤엄쳐 가기 위해 구부리는 움직임을 사용한다.

주제   말미잘이 살아가는 방식
핵심 표현   sea anemone 말미잘 disguise 위장, 변장 tentacle 촉수 prey 먹이, 잡아먹다 sensory 감각의, 감지의 trigger 촉발, 유발하다 harpoon 작살 aggressor 침략자, 공격자 dose 복용, 약간의 paralyze 마비시키다 coral 산호 adhesive 접착제, 점착성의 flex 구부리다, 굴곡

구문 해설
• Each stinging cell has a sensory hair that, when touched, mechanically triggers the cell explosion, which is a harpoon-like structure that attaches to the flesh of the aggressor or prey and injects a dose of poison.
복잡하게 얽혀있는 문장으로, when touched는 '만져졌을 때'라는 의미를 더하기 위해 삽입되었고, explosion 뒤로 위치를 이동하여도 상관없다. 그러나 뒤의 which is 또한 sensory hair를 설명하기 때문에 해석에 유의하여야 한다.
• Found throughout the world's oceans and at various depths, anemones are related to corals and jellyfish.
found 앞에는 being 혹은 having been이 생략되어 있다.

출제의도   관계대명사와 수동태의 쓰임이 적절한지를 알아본다.
특별비법   빈칸이 내용을 어떻게 연결하는지를 파악하면 올바른 문법을 완성하는 단어를 고를 수 있다.

문제 풀이   (A)의 자리에 what이 온다면 what 이하의 문장은 의문문이 되기 때문에 앞뒤 문장이 연결될 수 없다. 그런데 which가 오면 which is 이하의 문장이 sensory hair를 수식하는 형태가 되므로 which가 적절하다. (B)에 finding이 온다면 어떤 주어가 무언가를 찾고 있다는 의미가 되므로, 여기서 말미잘이 무엇을 찾고 있다고 해석되어 적절하지 않다. found 앞에 being이 생략되어 있음을 알고 있기 때문에 말미잘이 발견되는 것이라 해석하면 문장이 매끄럽게 해석된다. 그러므로 정답은 ④이다.

아마도 실존주의에서 가장 뛰어난 주제는 우리가 초래하는 선택의 결과에 대한 선택과 책임의 ① 그 것이다. 대부분의 실존주의자들은 다른 생물들과 인간을 구별하는 것②은 자유와 선택을 할 수 있는 능력이라고 믿는다. 실존주의자들은 다른 동물이나 식물이 그렇듯 인간이 고정된 본성이나 본질을 갖는다고 믿지 않는다. 각 사람은 스스로의 본성을 구성하는 선택을 한다. 그러므로 선택은 인간 실존의 중심적이며, 피할 수 없는 것이다. 선택 회피나 거절 또한 선택이다. 선택하는 자유는 또한 ③ 선택들의 결과와 함께 살겠다는 책임을 지기 위한 약속과 동반되어야 한다. 실존주의자들은 개인은 각자의 길을 선택하는 자유가 있기 때문에, 그들은 그 선택이 ④ 어디로 이끌든 각자의 약속을 따라가는 데의 스스로의 위험과 책임을 받아들여야 한다.

주제 실존주의에서의 인간의 선택과 그에 대한 책임
핵심 표현 prominent 유명한, 뛰어난 existentialism 실존주의 inescapable 불가피한 avoidance 회피, 취소 commitment 약속, 책임, 헌신
구문 해설
• That freedom to choose must also be accompanied by commitment to taking the responsibility to live with the consequences of those choices.
to taking은 얼핏 보면 그 쓰임이 어색해 보인다. 하지만 여기서 –ing는 동명사로 쓰여 '책임을 지는 일'이라는 의미로 활용이 되고 있다.

출제의도 지문의 흐름을 파악하고 문장 속에 잘못된 문법 요소를 찾을 수 있다.
특별비법 빈칸 앞뒤 문장과 각 문장 성분에 대한 면밀한 주의가 필요하다.

문제 풀이 whichever는 '어떤 것이라도'라는 뜻인데, 빈칸이 들어있는 문장은 "실존주의 철학에서 개인들은 자신의 길을 자유롭게 선택할 수 있기 때문에 그 선택이 어느 곳으로 이끌던지 그들의 선택을 쫓아가는 위험과 책임을 받아들여야 한다."라는 의미이다. 따라서 ④에는 whichever 보다 '어떤 방향'을 가리키는 'wherever'가 오는 것이 더 적절하다.

생활 방식으로서 소비지상주의는 우리가 일단 상품을 소유하고 사용하면 어떻게 보이고 어떤 기분

이 들지 혹은 우리가 일단 그렇게 하면 가족과 친구들이 우리를 어떻게 여길지를 예상하는 능력인 사회적 상상력을 요구한다. 많은 사람들은 상품과 환상으로 짜인 이 사회적 직물이 즐거움을 주는 문제이자 자기표현의 수단이라고 생각한다. 시장은 우리의 경제적 생존이 달려있는 제도일 뿐 아니라 의미의 주된 근원이기도 하다. 패션과 개인 스타일의 거듭되는 변화의 흐름 속에서 한 사람의 위치를 관리하는 일은 힘들지만 즐거운 경험일 수 있다. 물속의 물고기처럼, 한 사람의 개인 정체성과 사회적 정체성이 소비자 문화와 매우 밀접한 관계가 있어서 우리가 어떻게 이 수족관에 들어오게 되었는지에 대한 더 일반적인 질문에 대해 성찰하는 것이 어려워지고 있다.

주제 소비지상주의가 현대인의 정체성에 미치는 영향
핵심 표현 consumerism 소비지상주의, 소비자 중심주의 project 예상하다, 추정하다, 계획하다 weave (옷감, 카펫, 바구니 등을) 짜다[엮다] institution 제도, 기관 constant 끊임없는, 거듭되는 identity 정체성, 신분 be bound up with ~와 밀접한 관계가 있다 reflect on ~을 성찰하다, ~을 반성하다 aquarium 수족관
구문 해설
• Many people find this social tapestry woven of goods and fantasies an entertaining problem and means for self-expression.
'this social tapestry'와 'woven of' 사이에는 'that(또는 which) is'가 생략되어 있는데, 이처럼 선행사를 주어로 삼아 선행사를 수식하는 주격 관계대명사(who, which, that)는 be동사와 함께 생략이 가능하다. 한편 'means'는 복수형으로 '수단'이라는 의미로 쓰였다.
• The market place is not merely the institution upon which we hang our economic survival, but a major source of meaning.
'not merely ~ but also' 구문으로서 '~뿐만 아니라 ~도'라고 해석한다. 이때 'also'는 생략되기도 한다.

출제의도 어법에 맞는 표현을 고를 수 있다.
특별비법 의문사 'how/what' 중 문맥에 맞는 적절한 표현을 고르고 'as/that'에서 as는 접속사, 전치사, 비교 구문 등의, that은 접속사, 대명사, 관계대명사, so that 구문 등의 여러 용법이 있으니 문장에서 역할 파악을 확실히 하는 것이 중요하다.

문제 풀이 (A)에는 우리 가족과 친구들이 우리를 어떻게 생각하는가의 뜻을 만드는 'how'가 필요하다. (B)에는 개인의 개인적, 사회적 정체성이 소비문화와 너무 연관되어 있어서 우리가 어떻게 이런 상태가 되었는가를 생각할 수 없다는 내용에 적절한 'so ~ that …' 구문을 만드는 'that'을 넣는 것이 적절하다.

06　　　　　　　　　　　　　　　　　[정답] ①

> 컴퓨터 기술과 네트워크의 발전은 예를 들면 환경 운동, 금연 운동, 음주운전 반대 운동 혹은 여성 운동과 같은 다른 사회 운동의 그것과 유사한 집단적인 행동에 기인한다. 각각은 예를 들어 깨끗한 공기, 공공장소에서 흡연 없애기, 음주운전으로 인한 교통사고와 사망의 감소 혹은 기회의 균등 등 그 자체의 특정한 목표를 가지고 있지만, 모두 그것들이 반대하는 어떤 상황을 바로잡거나 혹은 어떤 형태의 사회적 불이익을 겪는 한 집단을 위한 상황을 변화시키는 데 초점을 맞춘다. 마찬가지로, 컴퓨터화의 옹호자들은 사람들과 기관들이 최첨단의 컴퓨터 장비를 사용하고 시간과 공간의 물리적 한계가 극복되는 새로운 세계 질서를 창조하는 데 초점을 맞춘다.

[주제] 사회 개혁의 일환인 컴퓨터화

[핵심 표현] rise 발전, 대두 be due to ~에 기인하다 collective 집단적인 movement 운동, 동작 elimination 제거 object to ~에 반대하다 circumstance 상황 advocate 옹호자, 옹호하다 computerization 컴퓨터화, 컴퓨터 도입 equipment 장비

[구문 해설]
• ... they all focus on correcting some situation to which they object or changing the circumstances for a group that suffers some sort of social disadvantage.
'some situation which they object to'에서 전치사 'to'가 'which' 앞으로 이동하였다. 한편 'that'은 선행사 'a group'을 주어로 삼아 수식하는 주격 관계대명사이다.
• Similarly, advocates of computerization focus on the creation of a new world order where people and organizations use state-of-the-art computing equipment and the physical limitations of time and space are overcome.
'a new world order'를 선행사로 두는 관계부사 'where'가 쓰였다.

[출제의도] 어법에 맞는 표현을 고를 수 있다.
[특별비법] 대명사가 나오면 그것이 문장에서 무엇을 지칭하는지를 잘 살펴야 한다.

[문제 풀이] ①이 포함된 문장은 '컴퓨터 기술과 네트워크의 발전은 다른 사회운동의 집합 행동과 유사한 집합 행동에 기인한다'는 내용을 담고 있으므로 ①에는 '집합 행동'을 대신 지칭하는 'that'이 필요하다.

07　　　　　　　　　　　　　　　　　[정답] ④

> 초기 인류는 아프리카의 평원에서 살아남도록 진화하였다. 우리는 위협에 재빠르게 대처해야 했으

며, 대부분 그러한 위협은 움직였다. 우리의 눈은 움직임에 민감해졌고, 바위나 나무는 그렇게 위협적이지 않았기 때문에 움직이지 않던 것은 무시하였다. 그것이 당신이 야생동물들을 숲에서 놀라게 했을 때 그것들이 꼼짝 않는 이유이다. 그것들은 당신이 움직임을 찾고 있기 때문에 당신의 시선이 그것들에게 끌리지 않을 것이라는 것을 안다. 비디오에서도 마찬가지로 우리의 눈은 화면의 움직임을 따라간다. 움직이지 않는 것은 보이지 않게 된다. 이는 당신의 친구가 무대를 향해 삼각대에 카메라를 설치해 놓고 돌아가게 해 놓았던 대학 졸업식 비디오를 보고 끝까지 앉아 있기 매우 어려운 이유를 설명해준다. 연설자들은 한 자리에 서서 말한다. 내빈들은 의자에 앉아 있다. 모든 것이 정지상태이다. 우리가 주의를 기울이려고 애를 써도, 우리의 눈은 야생동물 또는 움직이는 것을 찾느라 방황한다.

[주제] 움직임에 민감하도록 진화한 우리의 눈

[핵심 표현] evolve 진화하다 plain 평원 respond 대응하다 threat 위협 sensitive 민감한 motion 움직임 ignore 무시하다 freeze 꼼짝 않다 frame 화면 invisible 보이지 않는 sit through 끝까지 앉아서 보다 graduation 졸업식 point ~를 향하다 run 작동하다 static 정지해 있는 wander 방황하다

[구문 해설]
• Try as we may to pay attention, our eyes wander, seeking wild animals, or anything that moves.
'동사 원형+as+주어+may'는 '~가 …할지라도'라는 뜻을 지닌 양보구문이다. 이는 'however we may try ~', 'Though we (may) try ~'로 바꾸어 쓸 수 있다.

[출제의도] 어법에 맞지 않는 표현을 고를 수 있다.
[특별비법] 양보 등 특수한 형태의 구문이 나오면 주의 깊게 보아야 한다.

[문제 풀이] ④에 '~ing' 형태가 있는데, 이는 동명사 아니면 분사구문이다. 그런데 이 절의 구조상 동명사 혹은 분사가 들어갈 수 없다. '동사원형+as+주어+may'는 '아무리 ~할지라도'의 양보구문이므로 'Trying'이 아니라 'Try'라는 동사 원형이 와야 한다. 따라서 정답은 ④이다.

8　　　　　　　　　　　　　　　　　[정답] ③

> 모든 상황은, 적절하게 인식되면, 기회가 된다. 그러나 당신이 만일 성공하려면 그렇게 행동해야만 한다. 멀리 있는 목초지는 항상 가까이에 있는 것보다 푸르게 보인다. 그러나 진정한 기회는 바로 당신

이 있는 곳에 있다. 당신은 기회들이 나타났을 때, 그것들을 이용해야만 한다. 성공은 당신의 환경, 행운이나 우연, 또는 다른 사람들의 도움 가운데 있지 않다. 성공은 당신 자신 안에만 있다. 누군가의 '행운'처럼 보이는 것을 다시 한 번 보아라. 당신은 행운이 아닌 준비, 계획 그리고 성공을 낳는 생각을 발견할 것이다. 당신이 기회에 대해 준비되었을 때, 당신이 성공할 기회는 반드시 온다. 실패의 계절은 성공의 씨앗을 뿌리기에 가장 좋은 시기이다. 올해가 당신의 성공의 해가 될 것이라고 마음먹고 그것이 일어나도록 준비해라.

주제 성공의 필요조건: 준비

핵심 표현 situation 상황 properly 적절하게 perceive 인식하다 opportunity 기회 act on ~에 따라 행동하다 distant 멀리 있는 pasture 목초지 close at hand 가까운 곳에 take advantage of ~을 이용하다 appear 나타나다 success 성공 environment 환경 luck 행운 chance 우연 alone 홀로 take a second look at 다시 한 번 보다 not A but B A가 아니라 B인 preparation 준비 planning 계획 success-producing 성공을 만들어내는 be prepared for ~에 대비하다 is sure to 확실히 ~ 할 것이다 failure 실패 sow 씨를 뿌리다 seed 씨앗 prepare for ~를 준비하다 happen 일어나다

구문 해설
• Distant pastures always look greener than those close at hand.
비교급 문장에서 비교 대상이 'pastures'이기 때문에 복수형인 'those'가 왔다.
• You'll find not luck but preparation...
'not A but B'의 구조로서 'A가 아니라 B'라는 의미이므로, '당신은 행운이 아니라 준비를 발견하게 될 것이다'라고 해석된다.

출제의도 어법에 맞는 표현을 고를 수 있다.
특별비법 분사의 능동형/수동형을 고르는 문제는 수식을 받는 대상이 분사가 나타내는 동작이나 상태의 주체(능동)인지 대상(수동)인지 생각하면 된다. 'what/that'을 물어보는 문제는 관계대명사의 선행사가 있는지 묻는 문제이므로, 선행사가 있는지 잘 보아야 한다. 두 유형 모두 자주 나오는 유형이므로 잘 익혀두어야 한다.

문제 풀이 (A)의 경우 'situation'은 인식의 대상으로서 인식이 되는 것(perceived)이고, (B)는 선행사가 없으므로, 선행사가 포함된 'what(=the thing which)'이 들어가야 한다.

9

정답 ④

포장에 대한 현대적인 개념은 소비자들을 진정 흥미 있게 하는 것이 브랜드, 혹은 재료, 심지어 상품 그 자체가 아니라는 것에 대한 이해를 기반으로 한다. 본질적으로, 소비자는 그가 생각하기에 그가 그 상품을 사용함으로써 얻을 이익에 대해 관심이 있다. 그래서 유아 식품의 포장은 만약 그것이 음식의 재료인 곡물이나 우유 또는 조리된 음식 한 그릇의 사진보다는 매우 건강해 보이는 아기의 사진을 싣고 있으면, 잠재적인 구매자, 예를 들면 자신의 아이가 건강하기를 원하는 어머니에게 더욱 흥미로울 것이다. 소비자들이 찾는 좋은 효과가 무엇인지를 찾아내고 그것을 제공하는 것은 대중 소비 제품의 마케팅 전략의 중심 요소가 되었다. 포장 디자인은 그러한 전략을 수행하는 데 주요한 수단이 되었다.

주제 포장에 대한 현대적 개념

핵심 표현 modern 현대의 concept 개념 packaging 포장 be based on ~을 기반으로 하다 interest 흥미를 끌다 consumer 소비자 ingredient 재료 product 상품 itself 그 자체 essentially 필수적으로 be interested in ~에 흥미가 있다 benefit 이익 thus 그래서 might ~일지도 모른다 potential 잠재적인 purchaser 구매자 healthy 건강한 bursting with ~로 가득 찬 rather than ~라기 보다는 grain 곡물 bowl 그릇 prepared 준비된 effect 효과 look for ~를 찾다 supply 공급하다 central 중심의 element 요소 marketing 마케팅 strategy 전략 mass-consumption 대중 소비 package 포장 design 디자인 major 주요한 vehicle 수단, 탈 것 implement 시행하다

구문 해설
• The modern concept of packaging is based on the understanding that what really interests the consumer is not ....
'that'은 접속사로서 'understanding'의 목적절을 이끌어주고, 'what'은 that절 안에서 선행사를 포함하는 주격 관계대명사의 역할을 수행하고 있다.
• Essentially, the consumer is interested in the benefits [he thinks] he will get from using the product.
비록 콤마(,) 사이에 위치하는 것은 아니지만 의미상으로 볼 때 'he thinks'는 삽입절로서 '그가 생각하기에'라고 해석하면 된다. 이러한 삽입절은 보통 관계대명사 바로 뒤에 위치하기 때문에 '명사(+관계대명사)' 뒤에 '[(주어+동사)+(주어+동사)]' 또는 '[(주어+동사)+동사]' 형태의 절이 따라오면 일단 첫 번째 '주어+동사' 묶음이 삽입절인지 확인하는 것이 효과적이다.

출제의도 어법에 맞는 표현을 고를 수 있다.
특별비법 각 문장의 내용을 바탕으로 밑줄이 그어진 각 보기의 형태가 문법적으로 올바른지 확인한다.

문제 풀이 ④의 'supply'는 이 문장의 주어의 일부분으로서 동명사구 'Finding out ~ for'와, 'and (then)'를 사이에 두고, 병렬적으로 연결되어 있기에 'supplying'이 되어야 한다.

10

러시아의 첼로 연주자인 Piatigorsky는 그의 제자 중 한 명과 문제가 있었다. 그 거장이 어떤 소리가 나야 하는지 보여주려고 아무리 여러 번 곡을 연주해도 그의 학생은 어떠한 진전도 이뤄내지 못했다. 사실 그의 연주는 더 나빠지는 것처럼 보였다. Piatigorsky는 곡 연주를 너무 잘함으로써 아마도 그 젊은이를 낙담시키고 있을지도 모른다는 생각이 떠올랐다. 그래서 그는 계획적으로 실수를 끼워 넣기 시작했다. 기적적으로 그 제자는 개선의 놀라운 모습을 보였다. 이러한 교습 방법은, Piatigorsky가 그가 원하는 만큼 서툴게 연주하는 자유의 즐거움을 느끼면서 몇 주 동안 계속되었다. 그 젊은이는 졸업식에서 놀랄 만큼 성공적으로 연주를 하였다. 그의 제자의 졸업을 축하하는 지지자들 무리를 헤쳐 나가면서 Piatigorsky는 누군가 새 졸업생에게 그 위대한 첼로연주자에 대해 어떻게 생각하는지 질문하는 것을 들었다. "스승으로서, 그는 훌륭했다." 그 젊은이는 대답했다."그러나 첼로 연주자로서는 형편없었다."

주제 스승의 교수법을 오해한 제자

핵심 표현 cellist 첼로연주자 pupil 제자 no matter how 아무리 ~ 할지라도 master 거장 piece 곡 fail to ~하지 못하다, ~하는 데 실패하다 significant 상당한 progress 진보 in fact 사실 deteriorate 악화하다 occur (생각이) 떠오르다 perhaps 아마도 discouraging 낙담시키는 perform 연주하다 introduce 끼워 넣다 deliberate 계획적인 miraculously 기적적으로 marked 놀라운 sign 모습 improvement 개선 method 방법 pleasure 즐거움 brilliant 매우 성공적인 success 성공 graduation 졸업 fight through ~ (무리를) 헤쳐 나가다 well-wisher 지지자 congratulate 축하하다 graduate 졸업생 lousy 형편없는

구문 해설

• No matter how many times the master played a piece to show how it should sound...
'how' 절은 간접의문문으로서 의문사+주어+동사의 어순이 된다.

• Fighting through the crowd of well-wishers to congratulate his pupil, Piatigorsky heard someone ask the new graduate what he thought of the great cellist.
동시 상황을 나타내는 분사구문으로서 'Fighting'을 썼다. 'heard'는 지각동사로서 목적격 보어 자리에 원형부정사를 취하므로 'ask'가 오게 된다. 'what ~' 이하는 의문사가 이끄는 간접의문문으로서 'ask'의 목적절이 된다.

출제의도 어법에 맞는 표현을 고를 수 있다.
특별비법 분사의 능동형/수동형을 고르는 문제는 수식을 받는 대상이 분사가 나타내는 동작이나 상태의 주체(능동)인지 대상(수동)인지 생각하면 된다. 'what/that'을 물어보는 문제는 관계대명사의 선행사가 있는지 묻는 문제이므로, 선행사가 있는지 잘 보아야 한다. 두 유형 모두 자주 나오는 유형이므로 잘 익혀두어야 한다.

문제 풀이 (A)에는 'Piatigorsky'가 분사구문의 행위의 주체이기 때문에 능동의 의미인 'taking'을 쓰는 것이 적절하고 (B)에는 'ask'의 직접목적어로서 선행사를 포함하는 관계대명사 'what'이 들어가는 것이 적절하다.

11

인간은 그의 과거 경험을 보존하기 때문에 하등 동물과는 다르다. 과거에 일어난 일은 우리 기억 속에 다시금 살아난다. 오늘날 일어나는 일에는 지난날 겪었던 유사한 것들에 관한 많은 생각들이 연관된다. 다른 동물들에게 있어 경험은 그것이 발생하면서 소멸하고, 각각의 새로운 행동이나 고통이 홀로 서 있다. 그러나 인간은 새로운 사건이 이전에 일어났던 일의 메아리들과 회상들로 채워진 세상에서 살고 있는데, 그 곳에서 각 사건들은 다른 것들을 생각나게 하는 것이다. 그래서 인간은 다른 들판의 야수들과 같이 단순한 물리적인 것들의 세상에 사는 것이 아니라, 표시와 상징의 세상에서 살고 있다. 불꽃은 단지 데워주고 태워주는 무언가가 아니라 가정의 지속적인 삶, 음식과 양육과 일시적인 배회로부터 돌아갈 거처의 변치 않는 원천의 상징이다.

주제 과거의 일을 기억하는 인간의 특성

핵심 표현 differs from ~ 와 다르다 lower animal 하등동물 preserve 보존하다 experience 경험 memory 기억 a cloud of 자욱한, 한 무리의 hang (생각을) 연관 짓다 concerning ~에 관하여 similar 유사한 undergo 겪다 bygone 흘러간 perish 소멸하다 suffering 고통 occurrence 사건 be charged with ~로 가득 차 있다 echo 메아리 reminder 회상시키는 것 not A but B A가 아니라 B인 beast 야수 field 들판 merely 단지 physical 물리적인 sign 표시 enduring 영원한 household 가정 abiding 변치 않는 cheer 음식물, 성찬 nourishment 양육 casual 일시적인 wandering 배회

구문 해설

• What happened in the past is lived again in memory.
선행사를 포함한 관계대명사(=the thing which)로서 '~하는 것'으로 해석된다.

• About what goes on today hangs [a cloud of thoughts concerning similar things undergone in bygone days].
'what'은 선행사를 포함한 관계대명사로서 '~하는 것'으로 해석되며 전치사 'About'의 목적절이다. 한편, 동사 'hangs'를

중심으로 주어인 [a cloud of ~]와 부사구 'About ~'이 도치되었다.

• But man lives in a world <u>where</u> each occurrence is charged with echoes and reminiscences of what has gone before, <u>where</u> each event is a reminder of other things.

두 'where' 모두 'world'를 선행사로 한다.

• A flame is not merely something which warms or burns, but is a symbol of the enduring life of the household, of the abiding source of cheer, nourishment and <u>shelter to which man returns</u> from his casual wanderings.

원래 '… shelter which man returns to …' 였는데 전치사 'to'가 'which' 앞으로 이동하였다.

출제의도 어법에 맞는 표현을 고를 수 있다.

특별비법 관계대명사 which가 나오면 주의해서 보아야 한다. 뒤에 나오는 절에 주어 또는 목적어가 생략되어 있는지를 살피고, 만일 뒤에 완벽한 절이 온다면 관계대명사인 which가 아닌 관계부사가 와야 한다.

문제 풀이 ③ 뒷부분에 완벽한 절이 오기 때문에 which는 주격 관계대명사나 목적격 관계대명사로 쓰일 수 없다. 선행사가 'world'이므로 'in which' 또는 관계부사 'where'가 오는 것이 적절하다.

다문항 지문

[01-02]

나는 나의 교수님들 중 한 분이 했던 말, 즉 '민주적인' 가정과 '독재적인' 가정의 차이에 대한 강의를 들었던 것을 여전히 기억할 수 있다. 민주적인 가정에서는, 모두가 평등하다고 여겨진다. 그래서 (아이들로부터의) 복종은 (A)의무적이지 않고, 의견의 불일치는 토론과 협상과 타협으로 해결되었다. 협력과 조화는 민주적 가정의 표시이다. '얼마나 놀라운가!' 나는 생각했다. 이와 대조적으로, 독재적인 가정은 계급제이고, 부모가 맨 위에 있다. 아이들이 만일 불복종하면 벌을 받았고, 그들 스스로 결정을 내리도록 허용되지 않았다. 부모와 아이와의 타협은 오로지 부모의 조건에서만 가능했다. "얼마나 끔찍한가!" 나는 내 자신에게 말했다. 나는 절대로 늙은 독재자가 되지 않을 것이라고 맹세했고, 나는 최선을 다했고, 정말 그랬다.

나의 첫째 아들인 Eric이 태어나고 처음 3~4년간, 나는 그를 나와 (B)동등하게 여겼다. 만일 그가 내가 내린 결정을 좋아하지 않으면, 그는 소리치며 바닥을 굴렀고, 나는 다시 생각해보았다. 나는 그를 복종하게 하는 것은 불공평하다고 생각했고, 그래서 그는 그러지 않았다. 그러나 이러한 방식의 결과는 화합이 아니었다. 그 결과는 (C)무정부 상태였다.

어느 날 밤 꿈에서 현명하게 생긴 노년의 신사가 나타나 스스로를 나의 미래의 영혼이라고 했다. 그는 투명한 크리스탈 공을 들고 있었고, 내가 그 안을 바라보는 동안 거기에는 우리 가족이 약간 더 나이든 모습으로 나타났는데 우리 모두는 스테인리스 강 구속복으로 꼭 묶여 있었다. 나는 소리치며 땀에 흠뻑 젖은 채로 잠에서 깨었고, 아버지로서의 나의 삶은 다시는 예전과 같지 않았다.

주제 아버지로서 훈육 방식의 변화

핵심 표현 professor 교수 lecture 강의 democratic 민주적인 autocratic 독재적인 regard A as B A를 B로 여기다 equal 동등한 obedience 복종 disagreement 불일치 resolve 해결하다 negotiation 협상 compromise 타협 cooperation 협력 harmony 조화 hallmark 표시 marvelous 놀라운 in contrast 대조적으로 hierarchy 계급제 punish 벌하다 disobey 불복종하다 terms 조건 awful 끔찍한 vow 맹세하다 autocrat 독재자 roll 구르다 scream 소리치다 spirit 영혼 crystal 크리스탈 gaze 응시하다 slightly 약간

구문 해설

• I can still <u>remember</u> listening to one of my professors lecture on the difference between "democratic" and "autocratic" families.

'remember'는 동명사를 목적어로 취하면, '과거에 했던 일'을 기억한다고 해석된다. 만약 to부정사를 목적어로 취하면, '앞으로 할 일'을 기억한다고 해석된다.

• I thought it unfair to make him obey...

'주어+동사+목적어+목적격 보어'의 5형식 문장으로서 'it'은 가목적어이다. 진목적어는 to부정사 이하 부분이다. 5형식에서 to부정사를 목적으로 쓰게 되면, 반드시 가목적어 'it'을 써 주어야 한다.

01　　　　　　　　　　　정답 ③

	(A)		(B)
①	감사한	…	상속인
②	무시된	…	대체물
③	의무적인	…	동등한
④	믿을 수 있는	…	우수한

출제의도　글의 흐름에 맞는 표현을 찾을 수 있다.
특별비법　글의 흐름을 파악하는 것이 중요한데, 특히 빈칸 전후를 잘 살펴보아야 한다.

문제 풀이　(A)는 교수님의 강의에 따른 내용과 관련이 있으므로, 아이들의 복종은 '의무적'이지 않다고 하는 것이 적절하며, (B)가 포함된 문장은 주인공이 교수님의 강의 내용처럼 아들을 대했다는 내용이므로 (B)에는 '동등'이 들어가는 것이 자연스럽다.

02　　　　　　　　　　　정답 ③

① 혁명
② 독립
③ 무정부 상태
④ 관용

출제의도　글의 흐름에 맞는 표현을 찾을 수 있다.
특별비법　글의 흐름을 파악하고, 빈칸이 들어가는 내용이 속한 문단에서 어떠한 상황을 묘사하고 있는지 파악하여야 한다. 또한 빈칸이 포함된 문장의 앞뒤를 잘 살펴보아야 한다.

문제 풀이　(C)가 속한 문단에서는 아이가 바닥을 구르며 소리 지르는 것을 보고도 아이에게 복종을 요구하지 않았지만, 결과는 화합이 아니었다는 내용이 서술되고 있다. 이러한 글의 흐름에 따라 (C)에는 "무정부"가 들어가는 것이 자연스럽다. 따라서 정답은 ③이다.

[03-04]

한때 경영자들은 사장으로 불리었고, 그들의 업무는 사람들에게 무엇을 할지 이야기하고 그리고 그들이 그것을 제대로 하는지 지켜보는 것으로 구성되었다. 사장들은 일을 정확하게 하지 못하는 자들을 질책했고 엄격하게 행동했다. 많은 경영자들은 여전히 그러한 방식으로 행동한다. 아마도 당신은 그러한 행동을 목격해왔을 것이다. 그러나 오늘날 경영은 더욱 (A)진보적으로 변하고 있다. 많은 경영자들은 직원들에게 무엇을 해야 할지 말하기보다는 직원들을 안내하고 훈련시키고 지지하고 그들에게 동기부여하고 그들을 지도하도록 교육받고 있다. 예를 들면, 첨단 기술 회사들의 경영자들은 노동자들이 그들보다 더 많은 기술을 알고 있다는 것을 깨닫는다. 그래서 대부분 현대의 경영자들은 훈육과 명령 지시보다는 팀워크와 협동을 강조한다. 첨단 기술 회사들에서 지도자들은 친근한 경향이 있고 일반적으로 직원들을 다루기 힘든 근로자라기보다는 (B)파트너로 대우한다.

주제　경영자의 역할 변화

핵심 표현　at one time 한때 manager 경영자 boss 사장 job 역할 consisted of ~로 구성되다 watch over 감독하다 correctly 정확하게 stern 엄격한 behave 행동하다 perhaps 아마도 witness 목격하다 guide 안내하다 train 훈련시키다 support 지지하다 motivate 동기를 부여하다 coach 지도하다 employee 직원 rather than ~라기 보다는 for instance 예를 들면 high-tech 첨단 기술 firm 회사 realize 깨닫다 technology 기술 thus 그래서 modern 현대의 emphasize 강조하다 teamwork 팀워크 cooperation 협동 discipline 훈육 order 명령 tend to ~하는 경향이 있다 friendly 친근한 generally 일반적으로 treat 대우하다 unruly 다루기 힘든

구문 해설

• At one time...and their job consisted of <u>telling</u> people what to do and then <u>watching</u> over them to be sure they did it.

밑줄 친 두 부분 모두 동명사로서 전치사 'of'의 목적어이다.

• Many managers <u>are being educated</u> to guide...<u>rather than to</u> tell them what to do.

'are being educated'는 수동진행형 동사로서 '교육받고 있다' 또는 '교육받고 있는 중이다'라고 해석한다. 한편, 'rather than(~라기 보다는)'은 앞에 to부정사를 비교 대상으로 받아주고 있으므로 뒤에도 to부정사를 써야 한다.

• For instance, managers at high-tech firms realize that workers often know more about technology than they do.

여기서의 'do'는 앞의 'know'를 받는 대동사로 쓰였다.

03

정답 ④

출제의도 지문의 핵심 내용을 파악하여 제목을 찾을 수 있다.
특별비법 지문은 중괄식의 형태로서 중반에 나오는 'But' 이후의 내용이 핵심적인 내용이므로 이를 잘 해석하여야 한다.

문제 풀이 경영자 역할이 시간이 흐르면서 달라졌다는 것이 지문의 핵심 내용이므로 정답은 ④이다.

04

정답 ①

	(A)	(B)
①	진보적인	… 파트너
②	퇴보하는	경영자
③	배타적인	부하
④	억압적인	사장

출제의도 글의 흐름에 따른 적절한 어휘를 고를 수 있다.
특별비법 역접의 의미를 나타내는 'but'이 결정적인 힌트이다. 'but'의 뒤에는 앞의 내용과 대조되는 내용이 나와야 한다.

문제 풀이 글의 흐름상 과거 경영자들의 태도 및 직원들과의 관계와 대조적인 의미의 단어를 고르면 되므로 정답은 ①이다.

[05-06]

착한 아이, 불평하지 않는 직원 또는 협조적인 환자가 되고자 하는 노력 가운데, 우리 중 많은 이들은 다른 이들이 우리가 하기를 원하는 것이면 무엇이든지 받아들임으로써 사람들을 즐겁게 해주려고 하는 함정에 빠지게 된다. 가끔씩 우리는 우리 자신의 경계와 필요의 경로를 이탈하며, 이것의 대가는 상징적으로 그리고 글자 그대로 우리 인생이 될 수 있다. 우리가 건강한 한계를 설정하지 못할 때, 그것은 우리의 관계에 고통을 초래한다. 그러나 우리가 우리의 진정한 자아에게 그렇다고 대답하기 위해서 우리가 하고 싶지 않다고 느끼는 것에 대해 아니라고 대답하는 것을 배울 때, 우리는 권한을 부여받았다고 느끼게 되며, 타인들과의 우리의 관계는 개선된다. 그러니까 아니라고 말하는 것을 두려워하지 말라. 그 순간에 하던 일을 멈추고 당신이 진정 말하고 싶은 것을 말하기 위해 <u>당신의 진정한 목소리</u>를 이용하라.

주제 거절의 필요성

핵심 표현 effort 노력 uncomplaining 불평하지 않는 employee 직원 cooperative 협조적인 patient 환자 fall into ~에 빠지다 trap 함정 please 기쁘게 하다 go along with ~에 동의하다, ~에 동조하다 whatever 무엇이든지 at times 가끔씩 lose track 경로를 이탈하다 boundary 경계 need 필요 cost 대가 symbolically 상징적으로 literally 글자 그대로 healthy 건강한 limit 한계 cause 초래하다 distress 고통, 괴로움 feel like ~ing 하고 싶다 in order to ~하기 위해 empowered 권한을 부여받은 improve 개선하다 be afraid to ~하는 것을 두려워하다 catch oneself 하던 일을 멈추다

구문 해설

• In our efforts to be...many of us fall into the trap of trying to please people by going along with <u>whatever they want us to do</u>.
'whatever'를 활용한 복합 관계대명사절은 'whatever+주어+동사'의 어순을 갖고, '~가 …하는 것은 무엇이든지'라고 해석한다.

• At times we lose track... <u>both</u> symbolically <u>and</u> literally.
동사를 수식하는 부사가 'both A and B' 구문으로 연결되어 있다.

• But when we learn to say no about <u>what</u> we don't feel like doing...
'what'은 선행사를 포함한 관계대명사로서 '~하는 것'의 의미를 지닌다.

05

정답 ②

출제의도 지문의 핵심 내용을 파악하여 제목을 추론할 수 있다.
특별비법 지문의 후반부에 중심 생각이 담겨 있는 미괄식 형태의 글이므로, 마지막 부분을 정확히 해석하여 제목을 추론한다.

문제 풀이 착한 사람이 되려고 노력하다가 인생의 대가를 치를 수 있다는 내용이며, 적절한 한계를 설정하여 거절을 할 수 있는 지혜가 있어야 한다는 것이 핵심이므로 제목은 ② '거절의 필요성'이다.

06

정답 ①

① 당신의 진정한 목소리
② 전통적인 믿음
③ 협력적인 관계
④ 우리의 상징적 감각

출제의도 지문의 핵심 내용을 파악하여 빈칸에 들어갈 내용을 추론할 수 있다.

특별비법 지문의 후반부에 중심 생각이 담겨 있는 미괄식 형태의 글이므로 빈칸에 들어갈 내용은 앞뒤 문맥을 통해 어렵지 않게 추론할 수 있다.

문제 풀이 제한을 두지 않고 타인의 요구를 무조건적으로 수용하면 그로 인한 어려움은 전적으로 자신의 몫이 되므로 타인의 목소리보다 '자신의 목소리'에 우선적으로 귀를 기울일 필요가 있다는 점에서 빈칸에 들어갈 표현은 ① 'your true voice'이다.

가천대학교 적성고사 적중 예상 문제집
정답 및 해설

[모의 고사]

[03] [화법] 자료와 대화를 통한 의도 파악하기

03

정답 ④

출제의도   그림과 대화를 통하여 주어진 시각적 자료에 알맞은 내용을 추정할 수 있다.

특별비법   이 문제를 해결하기 위해서는 그림의 의미에 대한 다양한 상상력이 필요하며, 그 상상의 결과가 적절한 가를 판단할 수 있어야 한다. 주어진 자료, 특히 대화가 의미하는 것이 무엇인지를 파악하여야 한다.

문제 풀이   제시된 만화는 다리 한 쪽이 부러져 소용 가치가 없어서 버리기 직전의 상황에 놓인 의자에 대한 내용이다. 그러나 다리 한 쪽이 부러진 의자를 하나씩 가진 아롱이와 다롱이는 이 두 의자를 서로 이어 새로운 의자를 만들면 사용할 수 있다고 생각하고, 두 의자 서로의 부족함이 합쳐져 온전해진 의자를 만들었다. 이로 보았을 때 이 그림에서 ④ '남을 돕는 것이 도움을 받는 것보다 행복하다'는 것을 상상해 내는 것은 적절하지 않다. 의자의 입장에서 보더라도 어느 한 쪽이 도움을 주고 다른 쪽이 도움을 받는 관계는 아니기 때문이다.

제1회

01 ①	02 ③	03 ④	04 ①	05 ④
06 ①	07 ④	08 ③	09 ③	10 ③
11 ②	12 ④	13 ②	14 ④	15 ③
16 ②	17 ②	18 ③	19 ②	20 ③

[01] [화법] 결선 투표제 도입을 위한 찬반 토론의 일부

01

정답 ①

출제의도   의사소통의 방법을 파악할 수 있다.

특별비법   선택지 내용에 해당하는 사항을 토론에서 찾아야 한다.

문제 풀이   찬성 1의 '(단호한 어조로)'는 반언어적 표현이며(②), 반대 1의 '(손을 위에서 아래로 내리며)'는 비언어적 표현이고(③), '(컴퓨터 화면을 보여주며)'는 시각매체를 사용한 것(④)이다. 하지만 ①의 '유행어와 속어'는 사용되지 않았다.

[02] [작문] 고쳐쓰기

2

정답 ③

출제의도   고쳐쓰기의 적절성을 파악할 수 있다.

특별비법   선택지 내용을 주어진 문장에 대입하여 적절한지를 파악해야 한다.

문제 풀이   ⓒ의 '한 번'은 횟수의 의미가 아니라, '일단 한 차례'라는 부사의 의미로 쓰였다. 이처럼 부사로 쓰일 때에는 '한번'으로 붙여 써야 한다.

오답 풀이   ① '집단 지성은 ~ 과정이다.'는 주술 관계는 적절하지만 내용상 '과정에서 발견하였다.' 정도로 수정하는 것이 알맞다.

② '구비되다'는 '있어야 할 것이 빠짐없이 다 갖추어지다.'는 의미이므로 적절하지 않지만 ②의 '표기되다' 또한 적절하지 않다. '어떤 내용이 구체적인 사실로 나타나다.'는 의미의 '구현되다'가 적절하다.

④ ⓔ의 앞뒤 내용은 온라인 백과사전의 특성을 나열한 것이므로 앞의 말을 동일한 내용으로 이어받는 '그리고' 보다는 동일한 정도의 내용들이 나열됨을 말해주는 '또한' 정도가 적절하다.

[04] [문법] 안은문장

04

정답 ①

출제의도   문장의 종류를 파악할 수 있다.

특별비법   [보기]에서 제시한 안은문장에 대한 내용을 정확하게 파악하여 이를 선택지에 적용해야 한다.

문제 풀이   ①의 '민수는 성격이 좋은 학생이다.'는 '성격이 좋은'이라는 관형절(안긴문장)을 포함한 안은문장이다. 따라서 정답은 ①이다.

오답 풀이   ②와 ③은 주어와 서술어가 한 번만 나타나는 홑문장이고, ④는 주어와 서술어가 두 번 이상 나타나는 문장이지만 단순하게 연결된 이어진 문장이다.

[05] [문법] 서술어(용언)의 활용

5

정답 ④

출제의도   'ㅂ' 불규칙 용언의 활용 방법과 그 표기법을 이해할 수 있는지를 묻고 있다.

특별비법 이와 같은 문제는 먼저 주어진 자료를 잘 정리한 뒤 이를 선택지에 적용해야 한다.

문제 풀이 [보기]에서 확인할 수 있듯이 'ㅂ' 불규칙 용언의 표기는 소리 나는 대로 'ㅂ'을 'ㅜ'로 표기하는 것이 원칙이다. 'ㅗ'가 포함된 단음절 어간만 예외적으로 'ㅂ'을 'ㅗ'로 적는다. 따라서 ④의 '반갑다'에 활용될 때 어간 끝 'ㅂ'이 어미 'ㅏ' 앞에서 'ㅜ'로 바뀌므로 '반가워', '반가웠다'로 적어야 한다.

오답 풀이 ①, ② 단음절 어간이지만 'ㅗ'가 포함되지 않았으므로 어간 끝의 'ㅂ'을 'ㅜ'로 바꾸어 적는 것이 맞다.
③ 'ㅗ'가 포함된 단음절 어간이므로 어간 끝 'ㅂ'이 어미 '-아'와 결합할 때 소리 나는 대로 '와'(고와, 고왔다)로 적는 것이 맞다.

[06] [문법] 맞춤법에 맞는 어휘의 선택

06
정답 ①

출제의도 맞춤법에 맞는 어휘를 선택할 수 있다.
특별비법 주어진 맞춤법 대상은 흔히 잘못 사용하는 어휘를 바른 표기 어휘와 같이 제시한 것이다. 그러므로 이런 문제를 접하면 나의 언어 습관을 다시 생각해 보면서 서술어의 원형을 찾아 그 변형을 파악해야 한다.

문제 풀이 ㄱ은 흔히 '으시대다, 으시시'로 잘못 사용되지만 '으스대고(으스대다), 으스스'가 맞춤법에 맞는 표기이다. ㄴ은 흔히 '치루다, 잠갔다'로 잘못 쓰지만 '치르고(치르다), 잠갔다(잠그-+-았-+-다)'가 맞고, ㄷ은 '들렀다(들르-+-었-+-다), 들려(들리-['들다'의 사동형]+-어)'가 맞다. 따라서 정답은 ①이다.

[07~08] [독서] [과학] 폴 휴이트, 수학 없는 물리

지문해설 • 우리가 흔히 사실이라고 믿는 자연과학적 이론이 얼마든지 바뀔 수 있음을 예를 들어 설명하고 있는 글이다.

주제 사실이라고 믿어도 사실이 아닐 수 있는 자연과학적 이론
구성 • 1단락 : 자연과학에서의 '사실' – 여러 번 관찰하여 확인한 동일 현상
• 2단락 : 자연과학에서의 사실일 것이라고 추측하는 '가설'과 가설이 반복 검증된 '법칙'

• 3단락 : 그렇지 않다는 확증으로 사실이 아니게 되는 가설이나 원리
• 4단락 : 예상치 못한 결과를 받아들여야 하는 과학자
• 5단락 : 개정되고 정비되는 과정에서 발전하는 자연과학적 이론

07
정답 ④

출제의도 글의 세부 내용을 파악하여 일치 여부를 확인할 수 있다.
특별비법 글의 일치 여부를 묻는 문제는 먼저 문제의 선택지를 확인한 뒤 제시문을 읽으면서 이를 확인해야 한다.

문제 풀이 1단락에서 '자연과학에서 사실은 ~ 새로운 사실이 나올 때까지의 협약이다.'라고 말한 것으로 보았을 때 '공인된 사실도 새로운 '사실'이 나올 때까지의 '협약'일 뿐이다.'라는 ④의 언급은 제시문과 일치한다.

오답 풀이 ① 2단락에 의하면 '추측'이 '사실'이 될 수 없고, '사실'이라고 '추측'된 것이 '가설'이 되고 이 '가설'이 확인되면 다른 새로운 '사실'이 나타나기 전까지 '사실'이 된다.
② 4단락에서 일반인은 입증된 사실이 아니라 '많은 사람이 옳다고 인정하는 것에 끌리는 경향'이 있다고 했다.
③ 마지막 5단락에서 '자연과학적 이론은 고정된 것이 아니라 변할 수 있는 것이며, 다시 개정되고 정비되는 과정을 거치면서 발전한다.'라고 하였다. 이로 볼 때 자연과학에서 '수정'을 할 수 있다는 것은 약점이 아닌 강점이다.

08
정답 ③

출제의도 글쓴이의 의도를 파악할 수 있다.
특별비법 글쓴이의 의도를 파악하기 위해서는 글의 주제와 함께 글쓴이가 글을 쓰게 된 동기를 먼저 찾아야 한다.

문제 풀이 이 글에서는 '과학자는 기존의 가설이나 이론의 타당성을 의심하는 자세를 가져야 계속적인 수정, 보완을 거쳐 진리에 가까이 갈 수 있다'는 내용이 핵심이다. 이 말은 과학자는 이미 이론으로 정립되었다고 해도 그쪽으로 치우친 자세보다 다양하게 사고하고 새로운 것을 받아들일 수 있는 유연한 자세가 필요하다는 것을 강조한 것이다.

오답 풀이 ①, ②는 타당함을 밝힐 수 없으며, ④는 이 글을 통해 확인할 수 없다.

[09~10] [문학] [현대시] 정호승, '파도타기'

주제 ┃ 가혹한 현실의 시련을 극복하고자 하는 강렬한 의지

구성 ┃ • 1~2행 : 혹독한 현실에 처함.
• 3~7행 : 고통의 현실에서 발견한 희망
• 8~10행 : 희망을 기다리며 살아감.
• 11~15행 : 현실 극복에 대한 강렬한 의지
• 16~ 끝 : 치열하게 살아가는 현실의 삶

이해의 핵심 ┃ '겨울밤, 눈'이라는 부정적 시어에 대비되는 '눈사람'이라는 긍정적 시어를 배치시켜 부정적 현실이 오히려 긍정적 희망으로 전환되고 있음을 보여줌. [눈의 이미지 변화(겨울눈 → 눈사람 → 봄눈)]

09
정답 ③

출제의도 ┃ 표현상의 특징을 파악할 수 있다.
특별비법 ┃ 각 선택지의 내용을 작품에서 찾아 확인해야 한다.

문제 풀이 ┃ 이 글에서는 감탄사가 사용되고 있지 않으므로, 이를 통해 화자의 고조된 감정을 나타낸다는 ③의 진술은 적절하지 않다.

오답 풀이 ┃ ① 시의 마지막 행을 '사라졌다 솟구치는 우리들의 생(生).'의 명사형으로 끝맺어 끊임없이 이어질 것이라는 시적 여운을 주고 있다.
② '가라앉을수록 눈사람으로 솟아오르며', '파도를 탄다', '사라졌다 솟구치는' 등의 표현에서 역동적 이미지를 통한 생동감을 느낄 수 있다.
④ '간다', '탄다' 등 특정 시어를 반복하여 끊임없이 이어지는 시련을 묵묵히 견디며 가는 모습에서 화자가 이를 극복하고자 한다는 시적 의미를 강조한다.

10
정답 ③

출제의도 ┃ 시어의 의미 및 기능을 파악할 수 있다.
특별비법 ┃ '눈'과 '봄눈'의 관계를 파악하여 공통점과 차이점을 찾아야 한다.

문제 풀이 ┃ ⓐ의 '눈'은 화자가 파도 위를 걸어갈 때 맞는 것으로, 부정적인 현실 속에서 화자에게 가해지는 '시련'과 '고난'을 의미한다. 그러나 ⓑ의 눈인 '봄눈'은 화자가 기다리는 것으로, 화자가 지향하는 바를 의미한다고 할 수 있다.

[11~12] [문학] [고전시가] 윤선도, '견회요'

주제 ┃ 연군지정(戀君之情)

구성 ┃ • 제1수 : 자신의 신념에 충실하겠다는 의지
• 제2수 : 충심을 알아주지 않음에 대한 하소연과 결백 호소
• 제3수 : 임금을 향한 변함없는 충성심
• 제4수 : 부모님에 대한 그리움
• 제5수 : 충과 효가 하나라는 깨달음과 임금에 대한 충성

이해의 핵심 ┃ ① 감정 이입을 통해 시적 화자의 정서를 드러내었다. ② 대구법, 반복법을 사용하여 의미와 운율을 동시에 강조하였다.

작품해석 ┃ 〈제1수〉 슬프나, 즐거우나, 옳다 하나, 그르다 하나, / 내 몸의 할 일만 닦고 닦을 뿐이로다. / 그 밖의 다른 일이야 생각하거나 근심할 필요가 있겠는가?
〈제2수〉 나의 일이 잘못된 줄 나라고 하여 모르겠는가? / 이 마음 어리석은 것도 모두가 임(임금)을 위한 탓이로구나. / 그 누가 아무리 헐뜯더라도 임께서 헤아려 주십시오.
〈제3수〉 경원성 진흥루 밖에서 울며 흐르는 저 시냇물아. / 무엇을 하려고 밤낮으로 그칠 줄 모르고 흐르는가? / 임 향한 내 뜻을 따라 그칠 줄을 모르는 것인가?
〈제4수〉 산은 끝없이 길게 길게 이어져 있고, 물은 멀리 멀리 굽어져 있구나. / 부모님 그리워하는 뜻은 많기도 많다. / 어디서 외기러기는 슬피 울며 가는가?
〈제5수〉 어버이 그리워할 줄은 처음부터 알았지만 / 임금 향한 뜻도 하늘이 만드셨으니 / 진실로 임금을 잊으면 그것이 불효인가 하노라.

11
정답 ②

출제의도 ┃ 작품의 표현상 특징을 파악할 수 있다.
특별비법 ┃ 각 선택지의 내용을 작품에서 찾아 확인해야 한다.

문제 풀이 〈제1수〉 종장에서 '그 밖의 여남은 일이야 분별할 줄 이시랴'는 설의적 표현으로, '자기 수양 외에 다른 일들은 염두에 두지 않겠다'는 화자의 의지를 드러내고 있다. 〈제2수〉 초장에서 '내 일 망령된 줄을 내라 하여 모를 것인가'도 설의적 표현으로, '자신의 모든 행동이 '님'을 위한 것임'을 의지적으로 표현하고 있다. 〈제3수〉 종장에서 '임 향한 내 뜻을 조차 그칠 줄을 모르는가'도 또한 설의적 표현으로, '임'을 따르는 자신의 마음이 그치지 않을 것임을 의지적으로 표현하고 있다. 따라서 정답은 ②이다.

12
정답 ④

출제의도 작품 구절을 비교·해석할 수 있다.
특별비법 〈제3수〉와 〈제4수〉 부분을 이해하고 구절 속에 나타난 특징을 파악한 후 비교·해석해야 한다.

문제 풀이 〈제3수〉에서 화자는 끊임없이 흐르는 시내의 속성에 빗대어 '임을 향한 자신의 뜻'을 표현하고 있다. 〈제4수〉에서는 울고 가는 '외기러기'의 속성에 빗대어 멀리 떨어진 어버이를 그리워하는 마음을 표현하고 있다. 이로 보았을 때 '대상의 속성에 빗대어 화자의 심정이 드러나고 있다.'는 ④의 설명은 적절한 내용이다.

오답 풀이 ① 둘 다 현재의 공간으로 과거의 공간은 나타나지 않는다.
② 〈제3수〉에는 화자의 고뇌가 드러난다고 할 수 있으나 〈제4수〉에는 유유자적하는 모습이 드러나지 않는다.
③ 둘 다 화자가 동경하는 세계가 구체적으로 드러나지 않는다.

[13~15] [문학] [고전소설] 작자 미상, '채봉감별곡'

작품해설 • 이 작품은 남녀 간의 애정을 본격적으로 다루고 있는 애정 소설로, '채봉'이라는 한 여성이 출세욕에 눈이 먼 부모 때문에 고초를 겪으면서도 끝내 사랑을 성취한다는 것이 주된 내용이다. 특히 주인공 채봉이 주체적 의지에 따라 부모의 명령을 거역하면서까지 그 사랑을 성취하고 있다는 점에서 근대적 여성관과 봉건적 세계에 대한 도전 정신을 드러낸 작품이라 할 수 있다. 한편 이 작품에서는 채

봉이 아버지가 돈을 주고 관직을 사려는 행위가 드러나는데, 이를 통해 돈을 주고 벼슬을 사는 일이 성행하였던 조선 후기 타락한 세태의 일면을 보여 준다고 할 수 있다.

주제 권세에 굴하지 않는 순결하고 진실한 사랑

이해의 핵심 다른 고전 소설과는 달리 현실적 차원에서 이루어지는 사건의 전개, 사실에 가까운 표현법을 사용하고 있는 특징을 보인다.

줄거리 평양에 사는 김 진사의 딸 채봉은 장필성과 시를 주고받으며 서로의 마음을 확인하고 혼인을 약속한다. 김 진사는 허 판서에게 만 냥을 주고 벼슬을 사며 딸 채봉을 허 판서의 첩으로 주기로 약속한다. 채봉은 허 판서와의 혼인에 불복하나 김 진사 부부는 서울로 가기 위해 재산을 모두 처분한다. 서울로 가는 길에 몰래 빠져나온 채봉은 평양으로 돌아오고 김 진사 부부는 도적을 만나 재산을 모두 빼앗긴다. 허 판서가 대노하여 김 진사를 가두자 채봉은 기생 '송이'가 되어 아버지를 구하려 한다. 이 감사가 채봉의 글재주를 보고 서신과 문서를 처리하는 일을 맡긴다. 장필성은 채봉을 만나기 위해 이방으로 자원하고 이를 알게 된 이 감사가 둘을 만나게 해 준다. 허 판서가 역모죄로 파멸하게 되어 김 진사와 부인이 돌아오고 채봉과 장필성은 혼인을 한다

13
정답 ②

출제의도 작품의 서술상 특징을 파악할 수 있다.
특별비법 사건의 전개가 어떻게 이루어지고 있는지를 찾아 작품 전체의 서술상 특징을 파악하여 이를 선택지 내용에 대비해야 한다.

문제 풀이 제시문은 등장인물인 아버지 김 진사와 어머니 이씨, 그리고 딸 채봉 간의 대화를 통해 사건을 전개하고 있다. 따라서 정답은 ②번이다.

오답 풀이 ① 주어진 내용은 대화가 주가 되어 있기 때문에 일상 대화 중심의 구어체를 사용하고 있다고 할 수 있다. 그러나 등장인물들 자체가 일반 서민이 아니라 지배계층인 양반이며, 또 대화의 내용도 딸을 팔아 벼슬을 사려는 것이기 때문에 이를 통해 서민의 삶을 진술하게 표현하고 있다 할 수는 없다.
③ 이 작품도 다른 고전소설과 마찬가지로 사건의 전개가 역순행적이 아니라 순행적으로 이루어지고 있다.
④ 주어진 작품에서 줄거리에는 평양성이란 말이 등장하지만 실제 내용을 보면 사실감을 더해주는 구체적인 배경이 제시되고 있지 않다.

14

출제의도   등장인물의 태도를 파악할 수 있다.
특별비법   작품의 내용 파악을 통해 작중 인물이 처한 상황과 그 상황을 파악하여 이에 따른 그 인물의 태도와 모습을 찾는다.

문제 풀이   채봉은 사랑하는 사람과의 신의와 사랑을 지키기 위해 '신의는 천자라 할지라도 바꾸게 할 수는 없다'고 말하며 속물적인 부모의 명을 거역하고 자신의 판단과 의지에 따라 행동한다. 이는 종래의 봉건적이고 유교적 여인상에서 벗어난 새로운 여인상을 보여주는 행동이다. 이와 같은 채봉의 행동에서 '자식된 도리를 다하지 못하는 것에 대하여는 자책하거나 안타까워하는 모습'을 찾아 볼 수는 없다. 따라서 정답은 ④번이다.
오답 풀이   ①, ② 채봉이 재상의 소실이 되는 것을 묻는 부모에게 "차라리 닭의 입이 될지언정 소의 뒤 되기는 원치 않사오니이다."라고 말하는 것과 뒤에 추향에게 '나는 어떻게 하던지 가다가 중로(中路)에서 몸을 피할 터이니'라고 도망가겠다고 말하는 데서 알 수 있다.
③ 부모의 모습을 보고 채봉이 스스로 "박명한 채봉이 이제부터 무한한 풍상을 겪으리로다."라고 말하는 데서 알 수 있다.

15

출제의도   인물의 행동에 대한 반응의 적절성을 판단할 수 있다.
특별비법   제시된 정보를 바탕으로 하여 등장인물의 행동을 판단한 내용이 타당한가를 묻는 문제이므로 주인공(채봉)을 중심으로 각 등장인물의 행동과 태도를 정리하여 선택지 정보와 일치하는가를 파악해야 한다.

문제 풀이   이씨 부인은 남편 김 진사의 의견에 편승하여 채봉에게 허 판서의 첩이 되라고 부추기므로 채봉이 겪는 갈등 상황을 완화시켜 줄 것이라는 추측을 할 수는 없다. 따라서 정답은 ③번이다.
오답 풀이   ① 김 진사가 벼슬을 하기 위해 딸을 재상의 첩으로 보내려는 면에서 매관매직(賣官賣職)의 타락한 사회상이 반영되고 있음을 알 수 있다.
② 김 진사의 벼슬에 대한 탐욕이 채봉으로 하여금 사랑하는 사람을 버리고 권력자의 첩이 되게 하고 있으므로 채봉에게 갈등을 일으키게 하는 것은 아버지 김 진사의 이기심이다.
④ 추향이 채봉의 처지를 안타까워 하지만 "아가씨의

뜻은 그러하오나 부모가 하시는 일을 자손된 도리에 어찌 거역을 한단 말씀이오니까?"라고 말하는 것으로 보아 부모의 뜻을 따르지 않을 수 없다고 말하고 있다.

[16~18]   [문학] [현대소설] 전광용, '꺼삐딴 리'

작품해설 • 이 작품은 1962년 〈사상계〉에 발표된 단편 소설로 대표적인 '인물 소설'이다. 민족 수난기를 배경으로, 한 의사의 이야기를 지극히 풍자적인 입장에서 그리고 있다. 일제 강점기에는 철저한 황국 신민으로, 광복 직후에는 친소파, 1.4 후퇴 이후에는 친미파로 변절하여 살아가는 카멜레온적인 인간형을 비판하는 동시에, 힘없고 가엾은 민족의 자화상도 간접적으로 보여주고 있다. '꺼삐딴'이란 영어 '캡틴(captain)'에 해당하는 러시아 어 발음이다.

주제   상황의 변화에 따라 변신하면서 적응해 가는 인간에 대한 풍자
이해의 핵심   ① 타임 몽타주(현재 시점에서 과거와 현재의 상황이 교차적으로 서술되는 것-역순행적) 구성, ② 회상의 기법을 3인칭 시점으로 형상화하여 부정적 인물에 대한 비판적 거리를 유지함.
줄거리   주인공 이인국은 권력과 돈에 매우 집착하는 의사이다. 그렇게 처신함으로써 종합 병원을 방불케 하는 개인 병원을 지니게 되었다. 어느 날, 미국으로 가기 위해 미 대사관 브라운과 만날 시간을 맞추려고 회중시계를 본다. 회중시계를 매개체로 하여, 이야기는 30년 전 제국 대학 시절로 거슬러 올라가 과거를 회상하게 된다. 광복 전 그는, 아이들을 일본인이 다니는 소학교에 보내어 일본어만 가르치고, 자신은 일본인에게만 친절하게 처신하여 부(富)를 누리고 산다. 광복이 되자, 친일 행각이 탄로나 감옥에 갇혔으나 러시아어를 배운 덕분으로, 뺨에 혹이 난 소련군 장교를 수술해 줌으로써 위기를 오히려 행운으로 전도시킨다.

16

출제의도   서술의 시점 및 태도를 파악할 수 있다.
특별비법   소설 작품을 읽을 때 가장 기본적으로 파악해야 하는 서술의 시점을 먼저 파악해야 문제를 해결할 수 있다.

문제 풀이   이 작품의 서술자는 작품 밖에서 '이인국 박사'라는 주인공과 그 가족의 대화와 행동을 중심으로 사건을 관찰하고 심리를 파악하여 서술하고 있다. 즉, 이 작품은 작품 밖에 존재하는 서술자가 주인공의 내

면 심리를 직접 드러내어 서술하는 3인칭 전지적 작가 시점을 통해 인물의 성격을 부각시키고 있다. 따라서 정답은 ②이다.

오답 풀이 ① 3인칭 관찰자 시점에 대한 서술이다.
③ 1인칭 주인공 시점에 대한 서술이다.
④ 1인칭 관찰자 시점에 대한 설명이다.

17
정답 ②

출제의도 사건 발생의 순서를 파악할 수 있다.
특별비법 제시된 작품은 역순행적 구조(현재 → 과거 → 현재)를 취하고 있기 때문에 사건을 시간순으로 정리하여 이를 주어진 그림에 대입해야 한다.

문제 풀이 제시문은 이인국 박사가 자동차 속에서 신문을 보다가 과거를 회상하는 것으로 시작해서, 다시 현실로 돌아오고 있다. 이를 삽화를 중심으로 정리하면, 아들을 모스크바로 유학시키는 장면인 Ⓐ, 6·25 사변 장면인 Ⓒ, 부인의 죽음 장면인 Ⓓ, 그리고 현실의 상황인 Ⓑ로 정리할 수 있다. 따라서 정답은 ②이다.

18
정답 ③

출제의도 인물 간의 갈등 관계를 파악할 수 있다.
특별비법 주어진 장면은 이인국 박사와 그 아내가 아들의 장래에 대해 서로 다른 의견을 제시한 부분이므로 그 의견의 차이가 무엇 때문인지를 파악해야 한다.

문제 풀이 '이제 겨우 죽을 고비를 면했는데 또 재까지 그 '높이 드는' 복판에 휘몰아 넣으면 어쩔라구⋯⋯'라는 아내의 말 속에는 격변하는 시류로 인해 아들에게 다가올지도 모를 불행한 사태를 우려하는 어머니의 마음이 담겨 있다. 따라서 '아내는 다가올 사태를 애써 낙관적으로 바라보고 있다.'라고 한 ③은 적절한 설명이 아니다.
오답 풀이 ①은 남편의 의견에 반대하며 '여보, 보통으로 삽시다.', '그래도 어디 앞일을 알겠소⋯⋯.'라고 한 말에서, ②는 아내의 반대에 '가만있어요', '괜한 소리'라고 단호하게 하는 말에서, ④는 '재가 소련 바람을 쏘이구 와야 내게 허튼 소리 하는 놈들도 찍소리를 못할 거요. 어디 보란 듯이 다시 한 번 살아 봅시다.'에서 각각 확인할 수 있다.

[19~20] [문학] [수필] 안병욱, '행복의 메타포'

> **작품해설·** 이 글은 행복이라는 문제에 대해 현학적이거나 철학적인 태도를 배제하고, 우리 일상에서 쉽게 발견할 수 있는 일들을 통해 담담한 필치로 접근했다는 점에서 설득력을 지니고 있다. 특히 필자의 생각을 전달하기 위해 단정적 표현이 아닌 예시와 인용 등의 구체적인 방법을 통해 사색해 보도록 하고 있다는 점에서 수필의 본질이 잘 드러나고 있는 작품이라고 할 수 있다. 한편 세 개의 소제목으로 나뉜 이 글의 구성을 통해 보람을 느끼며 만족스럽게 사는 생활 태도와 경건한 삶의 자세에 대한 작자의 신념을 확인할 수 있다.

주제 진정한 의미의 행복의 조건과 의미
구성 • 내용1 : 삶에 있어서 행복의 의미 모색
• 내용2 : 진정한 행복의 조건 제시
• 내용3 : 궁극적으로 행복이란 무엇인가에 대한 해답에 도달하는 과정

19
정답 ②

출제의도 글에 나타난 표현상 특징을 이해할 수 있다.
특별비법 글쓴이가 자신의 의도를 적절하게 나타내기 위하여 사용한 방법을 파악하기 위해서는 글의 주제를 드러내기 위해 사용한 설명 방법을 찾아야 한다.

문제 풀이 [A]에서 글쓴이는 행복에 대해 사람들이 일반적으로 갖기 쉬운 통념을 반박한 것이 아니다. 만약 [A]의 내용이 일반적 통념을 반박하는 것이라면, [A]에 '행복해질 수 있는 조건을 갖추면 행복해지리라고 생각하는 것, 그리고 행복해질 수 있는 조건을 갖추지 못하면 행복할 수 없으리라고 여기는 것이 사람들의 일반적 통념'이라는 내용을 갖춘 서술이 나타나야 한다. 따라서 ②는 이 글의 설명 방식이라고 할 수 없다.
오답 풀이 ① 글쓴이는 행복해질 수 있는 조건을 갖추지 못했지만 행복해지는 상황, 그리고 행복해질 수 있는 조건을 갖추어도 행복해지지 못하는 상황에 주목하여 그 원인을 밝히면서 자신이 말하고자 하는 바를 전달하고 있다.
③ 행복의 주관적 요소와 객관적 요소를 대비한 후 주관적 요소의 중요성을 강조하고 있다.
④ 공자의 '항산'과 '항심'의 개념을 현대적으로 해석하고 있다.

20

정답 ③

출제의도 문맥 속에 쓰인 어구의 의미를 파악할 수 있다.
특별비법 주어진 어구들은 행복의 요소로 제시한 것이기 때문에 그 차이가 무엇인지를 찾아야 한다.

문제 풀이 누구든지 먹고살기 위해 필요한 요소인 ㉠ '돈, 건강, 가정, 명성, 쾌락 등', 집을 짓기 위한 객관적 요소 내지 조건인 ㉡ '돌과 나무와 흙', ㉣ '항산(恒産)'은 행복의 문제를 언급하기 위해 사용된 말이다. 즉, 이들은 행복의 객관적 요소, 즉 행복의 조건과 관련된 의미를 갖는다. 이에 비해서 ㉢ '행복감'은 겉으로 드러나는 것이 아니라 행복을 느끼는 사람들 마음속에 존재하는 것으로 행복의 주관적 요소이다.

제1회
수학 영역

01 ②	**02** ④	**03** ③	**04** ①	**05** ③
06 ①	**07** ④	**08** ②	**09** ②	**10** ②
11 ③	**12** ①	**13** ①	**14** ①	**15** ④
16 ④	**17** ③	**18** ①	**19** ②	**20** ③

01
정답 ②

출제의도 수열의 성질을 이용하여 항의 값을 구할 수 있다.
특별비법 첫째항이 a이고 공차가 d인 등차수열의 일반항은 $a_n = a + (n-1)d$이고, 첫째항이 a이고 공비가 r인 등비수열의 일반항은 $a_n = ar^{n-1}$이다.

문제 풀이

수열 $\{a_n\}$의 공차를 d, 수열 $\{b_n\}$의 공비를 r이라 하자.

$a_2 = b_2$이므로 $2 + d = 2r$ $\cdots$ ㉠

$a_4 = b_4$이므로 $2 + 3d = 2r^3$ $\cdots$ ㉡

㉠에서 $d = 2r - 2$이고 이를 ㉡에 대입하여 정리하면

$r^3 - 3r + 2 = 0$

$(r-1)^2(r+2) = 0$

따라서 $r = -2 (\because r \neq 1)$, $d = -6$

$\therefore a_5 + b_5 = (a_1 + 4d) + b_1 r^4 = -22 + 32 = 10$

02
정답 ④

출제의도 로그의 성질을 이용하여 주어진 식의 값을 구할 수 있다.
특별비법 $\log_a b + \log_a c - \log_a d = \log_a \dfrac{bc}{d}$ (단, $a > 0$, $a \neq 1$, $b > 0$, $c > 0$, $d > 0$)

문제 풀이

$\log_2 3 + \log_2 6 - \log_2 9 = \log_2 \left(\dfrac{3 \times 6}{9} \right)$

$= \log_2 2$

$= 1$

03
정답 ③

출제의도 역함수의 성질을 이용하여 유리함수의 역함수를 구할 수 있다.
특별비법 역함수 관계에 있는 두 함수는 $y = x$에 대하여 대칭이다.

문제 풀이

두 유리함수 $y = \dfrac{ax+1}{2x-6}$, $y = \dfrac{bx+1}{2x+6}$의 그래프가 직선 $y = x$에 대하여 대칭이면 두 함수는 서로 역함수이다.

$y = \dfrac{ax+1}{2x-6}$에서 x, y를 서로 바꾸면 $x = \dfrac{ay+1}{2y-6}$

이를 정리하면

$x(2y-6) = ay + 1$, $(2x-a)y = 6x + 1$

$\therefore y = \dfrac{6x+1}{2x-a}$

따라서 $y = \dfrac{ax+1}{2x-6}$의 역함수는 $y = \dfrac{6x+1}{2x-a}$

이때, $y = \dfrac{bx+1}{2x+6} = \dfrac{6x+1}{2x-a}$이므로

$a = -6$, $b = 6$

$\therefore b - a = 12$

04
정답 ①

출제의도 수열의 극한을 구할 수 있다.
특별비법 부정형으로 주어진 수열의 극한이 $\sqrt{}$가 포함된 $\infty - \infty$ 꼴로 주어진 경우, 분모를 1로 보고 분자를 유리화하여 정리한다. 이후, $\dfrac{\infty}{\infty}$ 꼴로 바뀐 수열의 극한값은 분모의 최고차항으로 분자, 분모를 각각 나눈 후, $\lim\limits_{n \to \infty} \dfrac{k}{x^n} = 0$임을 이용하여 구한다.

문제 풀이

$\lim\limits_{n \to \infty} n(\sqrt{n^2+1} - n) = \lim\limits_{n \to \infty} \dfrac{n(\sqrt{n^2+1} - n)(\sqrt{n^2+1} + n)}{(\sqrt{n^2+1} + n)}$

$= \lim\limits_{n \to \infty} \dfrac{n}{\sqrt{n^2+1} + n}$

$= \lim\limits_{n \to \infty} \dfrac{1}{\sqrt{1 + \dfrac{1}{n^2}} + 1}$

$= \dfrac{1}{1+1} = \dfrac{1}{2}$

05

출제의도   연속함수의 성질을 알고 있다.

특별비법 $f(x)$가 $x=a$에서 연속이려면 다음 조건을 만족해야 한다.

ⅰ) $f(a)$가 존재

ⅱ) $\lim\limits_{x \to a} f(x)$가 존재

ⅲ) $f(a)=\lim\limits_{x \to a} f(x)$

문제 풀이

함수 $f(x)$가 실수 전체의 집합에서 연속이므로

$f(1)=\lim\limits_{x \to 1} f(x)$

$\lim\limits_{x \to 1} f(x) = \lim\limits_{x \to 1} \dfrac{6x^2+ax+2}{x-1}$ 이고,

$x \to 1$일 때, 분모가 0이므로 분자도 0이어야 한다.

따라서 $6+a+2=0$, $a=-8$

$\therefore \lim\limits_{x \to 1} f(x) = \lim\limits_{x \to 1} \dfrac{6x^2-8x+2}{x-1}$

$\qquad\qquad = \lim\limits_{x \to 1} \dfrac{(6x-2)(x-1)}{x-1}$

$\qquad\qquad = \lim\limits_{x \to 1} (6x-2)=4$

$f(1)=\lim\limits_{x \to 1} f(x)$이므로 $b=4$

$\therefore a^2+b^2 = (-8)^2 + 4^2$

$\qquad\qquad = 80$

06

출제의도   수열의 합을 구할 수 있다.

특별비법   수열 a_n의 첫째항부터 제 n항까지의 합을 S_n이라 하면 $S_n - S_{n-1} = a_n$ (단, $n \geq 2$)이다.

문제 풀이

$a_n = S_n - S_{n-1}$의 양변에 $n=5$를 대입하면

$a_5 = S_5 - S_4$

$\quad = (5^2+30) - (4^2+24)$

$\quad = 15$

07

출제의도   함수의 역함수와 합성함수를 이용하여 주어진 문제를 해결할 수 있다.

특별비법   일차함수 $y=px+q$의 역함수를 구하려면 x, y의 위치를 바꾼 후 일차함수의 꼴로 정리한다.

문제 풀이

$g(x)=x-3$은 $y=x-3$으로 나타낼 수 있고 이 때 x와 y의 위치를 바꾸면 $x=y-3$

정리하면 $y=x+3$이므로 $g^{-1}(x)=x+3$

따라서 $(f \circ g^{-1})(x) = f(g^{-1}(x)) = f(x+3)$이므로

$f(x+3) = 2(x+3)+1 = 2x+7$

따라서 $a=2$, $b=7$

$\therefore ab = 2 \times 7 = 14$

08

출제의도   함수의 극한의 성질을 이용하여 수학 내적 문제를 해결할 수 있다.

특별비법 $\lim\limits_{x \to a} \dfrac{f(x)}{g(x)}$에서 $f(x)$, $g(x)$를 각각 인수분해한 후 공통인수를 소거한다.

문제 풀이

(가)에서 $f(x)-2x^2$은 이차항의 계수가 2인 이차함수이고

(나)에서 $\lim\limits_{x \to 1} \{f(x)-2x^2\}=0$이므로

$f(x)-2x^2 = 2(x-1)(x-\alpha)$

이를 (나)에 대입하면

$\lim\limits_{x \to 1} \dfrac{2(x-1)(x-\alpha)}{(x-1)(x+1)} = \lim\limits_{x \to 1} \dfrac{2(x-\alpha)}{x+1} = 1-\alpha = 2$

따라서 $\alpha=-1$이고, $f(x)-2x^2 = 2(x-1)(x+1)$이므로

$f(x)=4x^2-2$

양변을 미분하면 $f'(x)=8x$이므로 $f'(5)=40$

09

출제의도 급수의 성질을 이용하여 문제를 해결할 수 있다.

특별비법 무한급수 $\sum\limits_{n=1}^{\infty} a_n$이 수렴하면, $\lim\limits_{n \to \infty} a_n = 0$이다.

문제 풀이

무한급수 $\sum\limits_{n=1}^{\infty}\left(\dfrac{9}{2} - a_n\right)$이 수렴하므로 $\lim\limits_{n \to \infty}\left(\dfrac{9}{2} - a_n\right) = 0$

따라서 $\lim\limits_{n \to \infty} a_n = \dfrac{9}{2}$

$\therefore \lim\limits_{n \to \infty}(8a_n + 7) = 8\lim\limits_{n \to \infty} a_n + 7$

$\qquad\qquad\qquad = 8 \times \dfrac{9}{2} + 7 = 43$

10 정답 ②

출제의도 지수법칙을 이용하여 주어진 값을 구할 수 있다.

특별비법 $a > 0$일 때, $a^m \div a^n = a^{m-n}$이다.

문제 풀이

$a = \sqrt[3]{2}$, $b = \sqrt[4]{3}$ 을 등식 $6 = a^x b^y$에 대입하면

$2 \times 3 = (\sqrt[3]{2})^x (\sqrt[4]{3})^y$

$\qquad\quad = 2^{\frac{x}{3}} 3^{\frac{y}{4}}$

즉, $2^{1 - \frac{x}{3}} = 3^{\frac{y}{4} - 1}$

이때, x, y가 유리수이므로 $1 - \dfrac{x}{3} = 0$, $\dfrac{y}{4} - 1 = 0$

따라서 $x = 3$, $y = 4$

$\therefore x + y = 3 + 4 = 7$

11 정답 ③

출제의도 등비수열의 극한을 구할 수 있다.

특별비법 첫째항이 r, 공비가 r인 등비수열 $\{r^n\}$에 대하여 $|r| < 1$이면 $\lim\limits_{n \to \infty} r^n = 0$이다.

문제 풀이

$\lim\limits_{n \to \infty} \dfrac{a \times 4^{n+1} + 3^{n+1}}{4^n + 3^n} = \lim\limits_{n \to \infty} \dfrac{4a + 3\left(\dfrac{3}{4}\right)^n}{1 + \left(\dfrac{3}{4}\right)^n} = 4a$

$\therefore 4a = 6$, $a = \dfrac{3}{2}$

12 정답 ①

출제의도 등차수열의 합을 이용하여 수열의 극한을 구할 수 있다.

특별비법 부정형으로 주어진 함수의 극한이 $\sqrt{}$ 가 포함된 $\infty - \infty$ 꼴로 주어진 경우, 분모를 1로 보고 분자를 유리화하여 정리한다. 이후, $\dfrac{\infty}{\infty}$ 꼴로 바뀐 함수의 극한값은 분모의 최고차항으로 분자, 분모를 각각 나눈 후, $\lim\limits_{n \to \infty} \dfrac{k}{x^n} = 0$ 임을 이용하여 구한다.

문제 풀이

등차수열 $\{a_n\}$의 공차를 d라 하면

$a_2 + a_4 = (a_1 + d) + (a_1 + 3d) = 2a_1 + 4d$

이때, $a_1 = 1$이므로 $2 + 4d = 18$이 되어 $d = 4$

따라서 a_n은 첫째항이 1이고, 공차가 4인 등차수열이므로

$S_n = \dfrac{n\{2 + 4(n-1)\}}{2} = 2n^2 - n$

$S_{n+1} = 2(n+1)^2 - (n+1) = 2n^2 + 3n + 1$

$\therefore \lim\limits_{n \to \infty}(\sqrt{S_{n+1}} - \sqrt{S_n})$

$\qquad = \lim\limits_{n \to \infty}(\sqrt{2n^2 + 3n + 1} - \sqrt{2n^2 - n})$

$\qquad = \lim\limits_{n \to \infty} \dfrac{(2n^2 + 3n + 1) - (2n^2 - n)}{\sqrt{2n^2 + 3n + 1} + \sqrt{2n^2 - n}}$

$\qquad = \lim\limits_{n \to \infty} \dfrac{4n + 1}{\sqrt{2n^2 + 3n + 1} + \sqrt{2n^2 - n}}$

$\qquad = \lim\limits_{n \to \infty} \dfrac{4n + \dfrac{1}{n}}{\sqrt{2 + \dfrac{3}{n} + \dfrac{1}{n^2}} + \sqrt{2 - \dfrac{1}{n}}}$

$\qquad = \dfrac{4}{2\sqrt{2}} = \sqrt{2}$

13 정답 ①

출제의도 정적분을 계산할 수 있다.

특별비법 $\displaystyle\int_b^a f'(x)dx = [f(x)]_b^a = f(a) - f(b)$

문제 풀이

$\displaystyle\int f'(x) = f(x) + C$ (C는 상수)

$\displaystyle\int_b^a f'(x)dx = \{f(a) + C\} - \{f(b) + C\} = f(a) - f(b)$

그래프에서 $f(2) = 0$, $f(0) = 2$이므로

$\displaystyle\int_0^2 f'(x)dx = f(2) - f(0) = 0 - 2 = -2$

14

출제의도 무한등비급수의 성질을 이해하고, 귀납적으로 정의된 수열의 공비를 구할 수 있다.

특별비법 첫째항이 a, 공비가 r인 등비수열 a_n에서 무한등비급수의 합은 $\sum_{n=1}^{\infty} a_n = \lim_{n \to \infty} \sum_{k=1}^{n} a_k = \lim_{n \to \infty} \frac{a(1-r^n)}{(1-r)}$ 이다. 이때, 공비 r이 $-1<r<1$의 범위일 때, $\lim_{n \to \infty} r^n = 0$이므로 무한등비급수의 합은 $\sum_{n=1}^{\infty} a_n = \frac{a}{1-r}$ 로 간단히 구할 수 있다.

문제 풀이

$a_n a_{n+1} + a_{n+1} = k a_n^2 + k a_n$ 에서 $(a_n+1) a_{n+1} = k a_n (a_n+1)$ 이고,

$a_n + 1 \neq 0$이므로 양변을 $a_n + 1$로 나누어 정리하면

$a_{n+1} = k a_n$

따라서 수열 a_n은 $a_1 = k$이고 공비가 k인 등비수열이므로 $a_n = k^n$

공비 k가 $0 < k < 1$을 만족하므로 무한등비급수 $\sum_{n=1}^{\infty} a_n$은 $\frac{k}{1-k}$ 로 수렴한다.

$\therefore \frac{k}{1-k} = 5, \ k = \frac{5}{6}$

15

출제의도 이산확률분포에서 평균을 구할 수 있다.

특별비법 $E(aX) = aE(X)$, $E(X) = \sum_{i=1}^{n} x_i p_i$

문제 풀이

주어진 확률분포표를 이용하여 $E(X)$를 구해보면

$E(X) = (-4) \times \frac{1}{5} + 0 \times \frac{1}{10} + 4 \times \frac{1}{5} + 8 \times \frac{1}{2}$

$\quad\quad = -\frac{4}{5} + \frac{4}{5} + 4 = 4$

$\therefore E(3X) = 3E(X) = 12$

16

출제의도 적분과 미분의 관계를 활용하여 주어진 문제를 해결할 수 있다.

특별비법
i) $\int_a^b f(x)dx = -\int_b^a f(x)dx$

ii) $f(x)$가 우함수일 때
$$\int_{-a}^{a} f(x)dx = 2\int_0^a f(x)dx$$

iii) $f(x)$가 기함수일 때 $\int_{-a}^{a} f(x)dx = 0$

문제 풀이

$g'(x) = f(x) = 0$을 만족하는 x를 구해보면,

$f(x) = x(x+2)(x+4)$에서 $x = 0, -2, -4$이므로

$x = -2$에서 $g(x)$는 극댓값을 갖는다.

따라서 $a = -2$

$\therefore g(-2) = \int_2^{-2} f(t)dt = \int_2^{-2} (t^3 + 6t^2 + 8t)dt$

$\quad\quad = -\int_{-2}^{2} 6t^2 dt = -2\int_0^2 6t^2 dt = -2[2t^3]_0^2$

$\quad\quad = -32$

17

출제의도 주어진 조건을 만족하는 경우의 수를 구할 수 있다.

특별비법 밑면과 윗면에 색을 칠하는 경우의 수를 먼저 구한 후 옆면에 색을 칠하는 경우의 수를 구한다.

문제 풀이

밑면과 윗면의 정삼각형에 칠할 색을 결정하는 경우의 수는

$_8C_2 = \frac{8 \times 7}{2 \times 1} = 28$

옆면의 6개의 등변사다리꼴 중 위쪽에 위치한 세 개의 등변 사다리꼴에 칠할 색을 결정하는 수는

$_6C_3 = \frac{6 \times 5 \times 4}{3 \times 2 \times 1} = 20$

세 가지 색을 옆면에 칠하는 경우의 수는 원순열이므로 $(3-1)! = 2! = 2$

또한 옆면 중 아래쪽에 위치한 세 개의 등변사다리꼴에 색을 칠하는 경우의 수는 $3! = 6$

따라서 구하는 경우의 수는 $28 \times 20 \times 2 \times 6 = 6720$

18

정답 ①

출제의도 중복조합을 이용하여 경우의 수를 구할 수 있다.
특별비법 주어진 조건을 만족하는 경우를 나누어 생각한다.

문제 풀이

주어진 보기를 만족하는 경우의 수를 찾아보자.

ⅰ) $d=3$일 때,

$a+b+c=1$을 만족시키는 음이 아닌 정수 a, b, c의 순서쌍 (a, b, c)의 개수는 $_3H_1=_{3+1-1}C_1=_3C_1=3$

ⅱ) $d=2$일 때,

$a+b+c=4$를 만족시키는 음이 아닌 정수 a, b, c의 순서쌍 (a, b, c)의 개수는

$_3H_4=_{3+4-1}C_4=_6C_4=_6C_2=15$

ⅰ), ⅱ)에서 구한 순서쌍의 총 개수는 18개이다.

19

정답 ②

출제의도 미분계수의 정의를 이용하여 미정계수를 구할 수 있다.

특별비법 $\lim\limits_{h \to 0}\dfrac{f(a+h)-f(a)}{h}=f'(a)$

문제 풀이

미분계수의 정의에 의하여

$\lim\limits_{h \to 0}\dfrac{f(1+h)-f(1)}{2h}=\dfrac{1}{2}\lim\limits_{h \to 0}\dfrac{f(1+h)-f(1)}{h}=\dfrac{1}{2}f'(1)$

$f'(1)=12$

이때, $f'(x)=2x+a$이므로 $f'(1)=2+a$

∴ $f'(1)=12=2+a$, $a=10$

20

정답 ③

출제의도 이항분포를 이용하여 주어진 값을 구할 수 있다.
특별비법 1회의 시행에서 어떤 사건 A가 일어날 확률이 p이고, n번의 독립시행에서 사건 A가 일어나는 횟수를 X라 하면 X는 이항분포 $B(n, p)$를 따른다. 이 때, $E(X)=np$, $E(aX+b)=aE(X)+b$가 성립한다.

문제 풀이

$E(3X)=3E(X)=18$에서 $E(X)=6$

이때, 확률변수 X가 이항분포 $B(n, p)$를 따르므로

$E(X)=np$

따라서 $np=6$

또한 $E(3X^2)=3E(X^2)=120$에서 $E(X^2)=40$

이때, 확률변수 X가 이항분포 $B(n, p)$를 따르므로

$V(X)=np(1-p)$이고, $V(X)=E(X^2)-\{E(X)\}^2$를 만족

하므로 $6(1-p)=40-6^2=4$, $p=\dfrac{1}{3}$

따라서 p의 값을 $np=6$에 대입하면 $n=18$

제1회

영어 영역

| 01 ① | 02 ② | 03 ② | 04 ④ | 05 ③ |
| 06 ③ | 07 ② | 08 ③ | 09 ④ | 10 ① |

01

정답 ①

Dr. John Ross는 환자들을 돕기로 유명하다. 그의 환자 중 많은 수가 가난한 농부들이어서, 그들은 Dr. Ross에게 적은 진료비를 항상 지불할 수 있는 여유가 있던 것은 아니었다. 그 의사는 채소나 달걀, 심지어는 "감사합니다"라는 간단한 인사말을 마지못해 진료비로 받았다. 어느 겨울날 오후에, 그는 열이 있는 한 아이를 보기 위해 한 집에 갔다. 그 소녀의 가족은 그들의 작은 집을 따뜻하게 하는 데 필요한 장작을 다 써 버렸다. Dr. Ross는 자기 차에서 여분의 담요를 꺼내 주고는 아빠에게 찬물로 딸의 이마를 닦아 주라고 말했다. 그러고 난 뒤 Dr. Ross는 다른 환자들을 돌보러 떠났다. 부러진 다리를 맞추고, 출산을 돕고, 감염된 손가락을 치료한 다음 그는 한 짐의 장작을 가지고 아픈 아이의 집으로 돌아왔다. 그는 어린 소녀와 그녀의 가족을 위해 불을 지폈다.

주제 마음씨 좋은 의사 John Ross 이야기
핵심 표현 well-known 잘 알려진 patient 환자 afford ~할 여유가 있다 have no choice but to ~할 수 밖에 없다 payment 지불 run out of ~를 다 써버리다 fever 열 blanket 담요 infect 감염시키다

출제의도 글의 맥락을 이해하고 맥락상 관계없는 문장을 고를 수 있다.
특별비법 글 전체의 흐름을 방해하는 어휘의 잘못된 쓰임을 바탕으로 찾아야 한다.

문제 풀이 글 전체에서 Dr. John Ross는 마음씨가 따뜻한 의사라는 것을 알 수 있다. 이를 통해 진료비를 마지못해 물품으로 받았다는 내용은 글 전체에서 볼 수 있는 Dr. Ross의 성품과는 일치하지 않음을 유추할 수 있다.

02

정답 ②

동물들은 공평에 대한 감각이 있는가? 연구자들은 '발을 내밀기'에 대해 개들에게 보상하는 것으로 이것을 실험해 보기로 결정했다. 개들은 발을 내밀 것을 반복적으로 요구받았다. 연구자들은 개들이 보상을 받지 않을 때 발을 얼마나 빠르게, 그리고 얼마나 많이 내미는지를 측정했다. 이러한 발 내밀기의 기준치 수준이 설정되자마자, 연구자들은 두 마리의 개들을 나란히 앉히고 번갈아 발을 내밀게 했다. 그러고 나서 두 마리의 개들 중 한 마리에게 다른 개보다 더 나은 보상을 주었다. 이에 대한 반응으로 동일한 일에 대해 '보상'을 덜 받고 있던 개는 발을 더 억지로 내밀기 시작하였고 발 내밀기를 더 빨리 멈추었다. 이러한 발견은 개들이 공평에 대한 기초적인 개념 또는 적어도 불평등함에 대한 증오심을 가지고 있을 수도 있다는 매우 흥미로운 가능성을 제기한다.

주제 개가 가지고 있는 공평에 대한 개념
핵심 표현 fairness 공평 repeatedly 반복적으로 reward 보상 baseline 기준치 establish 성립하다 reluctantly 마지못해 raise (가능성을) 제기하다 at least 적어도 hatred 증오심

출제의도 글의 주제를 파악할 수 있다.
특별비법 어떠한 내용을 위한 예시인지를 파악함으로써 글 전체의 주제를 찾을 수 있다.

문제 풀이 예시에서 불공평한 보상에 대해 개들이 어떻게 반응하는지를 살펴 봤고 이를 토대로 마지막 문장에서 결론을 이끌어 내었다.

03

정답 ②

당신은 중고차를 사거나 새 아파트로 이사하거나 어느 의사가 당신의 암을 치료할지를 결정하려 한다. 이는 당신이 문제의 핵심으로 바로 다가갈 필요가 있는 순간들이다. "일반적인 질문을 하는 것은 당신에게 가치 있는 정보를 거의 주지 못하며 심지어 잘못된 대답을 이끌어 낼 수 있다"고 Pennsylvania 대학의 학자인 Julia Minson은 말한다. 가장 좋은 방법은 문제가 있다고 가정하는 캐묻는 질문을 하는 것이다. 어떤 사람이 중고 음악 기기를 팔고 있다고 가정해 보자. 일반적인 질문의 예는 "그것에 대해 당신이 말해 주실 것이 무엇인가요?"가 된다. 긍정을 가정하는 질문은 "그 기기에 아무 문제는 없겠죠, 그렇죠?"이다. 하지만 "당신은

그 기기에 대해 어떤 문제를 가지고 있었죠?"와 같은 부정을 가정하는 질문이 가장 정직한 대답을 얻게 해줄 것이다.

주제 정말로 도움이 될 만한 답을 얻기 위한 질문법
핵심 표현 determine 결정하다 cancer 암 core 핵심 valuable 가치 있는 yield 결과를 내다 scholar 학자 probing 캐묻는 assumption 추정 response 대답

출제의도 글 속에 쓰인 문법의 개념을 확실히 알 수 있다.
특별비법 정확한 구문 분석으로 문장이 문법적으로 옳고 그른지 파악하여야 한다.

문제 풀이 ① 'doctor'를 꾸며주는 의문 형용사이다. ② 'gets'가 본동사이기 때문에 'Ask'가 동명사화 되어 'Asking general questions'라는 주어가 되어야 한다. ③ to부정사의 명사적 용법을 활용한 보어이다. ④ 현재 완료형 동사 'have had'가 의문문 안에서 활용되었다.

스트 not necessarily 반드시 ~은 아닌 have a place 존재하다 unique 독특한 conceptual 개념의 digest 소화하다 appropriate 적절한 distract 집중이 안 되게 하다

출제의도 글의 주제를 확실히 파악하고 빈칸에 들어갈 알맞은 말을 찾아낼 수 있다.
특별비법 문맥의 앞뒤를 살펴 자연스럽게 이어지는 말을 찾는다.

문제 풀이 글 전체에서 컴퓨터 스크린으로 독서를 할 때 독해가 효과적이지 않다는 말이 이어지고 있고 특히 빈칸을 포함한 문장의 앞부분에서 하이퍼텍스트가 글을 이해하고 소화하는 데 도움이 되지 않을 것이라는 내용이 언급된 뒤, 빈칸이 'and'로 이어지고 있는 것으로 보아 같은 맥락의 이야기가 빈칸에 들어가는 것이 알맞다는 것을 알 수 있다.

04
정답 ④

Oslo 대학교의 Anne Mangen은 컴퓨터 스크린으로 읽는 독자들의 수행 능력을 종이로 읽는 독자들과 비교하여 연구했다. 그녀의 조사는 컴퓨터 스크린으로 읽는 것이 훑어보기부터 간단한 단어 찾기까지의 다양한 전략들을 포함한다는 것을 나타낸다. 그러한 여러 가지 다른 전략들이 한데 뭉쳐 똑같은 텍스트를 종이로 읽는 것과는 대조적으로 형편없는 독해로 이어진다. 게다가, 하이퍼텍스트라는 스크린의 추가적인 특징이 있다. 무엇보다도, 하이퍼텍스트 연결은 본인 스스로가 만든 것이 아니라서 자신의 고유한 개념적 틀 속에 반드시 자리 잡고 있는 것은 아닐 것이다. 그러므로 그것은 자신에게 맞는 속도로 자신이 읽고 있는 것을 이해하고 소화하는 데 도움이 되지 않을 수도 있고 심지어 당신을 산만하게 만들 수도 있다.

① 당신의 독해 실력을 향상시킨다
② 다른 방법이 있을 것이다
③ 당신에게 독해력에 대한 조언을 준다
④ 당신을 산만하게 만들 수도 있다

주제 컴퓨터 스크린으로 읽는 것의 부작용
핵심 표현 investigation 조사 strategy 전략 browse 훑어보다 lead to ~로 이끌다 comprehension 이해 additional 추가적인 feature 특성 hypertext 하이퍼텍

05
정답 ③

Stone Mountain State College의 교사들은 주립 대학 체제의 다른 대학 교사들보다 더 높은 성적을 주고 있다. 2005년 봄 학기에 1/3의 학부 성적이 A였고, 1.1 퍼센트만이 F였다. 대학원 학생들에게 부여된 A의 비율은 훨씬 더 높았다. 거의 2/3가 A였다. 물론, 학생들은 높은 성적을 받아 기쁠지도 모른다. (A)그러나, 이런 경향이 부정적인 결과를 초래한다는 증거들이 있다. 입학처들은 S.M.S.C.에서의 A가 다른 대학에서의 A와 같지 않다고 믿기 때문에 그들이 대학원이나 전문학교에 지원할 때 불이익을 받는다. (B)그러므로, 성적 인플레이션은 대학원이나 전문학교에 지원할 의향이 있는 S.M.S.C.의 학생들에게 해가 될지도 모른다.

	(A)		(B)
①	더욱이	…	예를 들어
②	게다가	…	그럼에도 불구하고
③	그러나	…	그러므로
④	비록 ~일지라도	…	반면에

주제 S.M.S.C.의 성적 인플레이션이 학생들에게 주는 영향
핵심 표현 undergraduate 학부 graduate 대학원 evidence 증거 trend 경향 consequence 결과 apply to ~에 지원하다 disadvantage 불이익 admission office 입학처 equal to ~와 동등한 inflation 인플레이션 intend to ~할 작정이다

글의 전체적인 맥락을 살펴 빈칸에 알맞은 접속사를 찾을 수 있다.
특별비법 문맥의 앞뒤를 살펴 자연스럽게 이어지는 말을 찾는다.

문제 풀이 빈칸 (A) 앞에서는 높은 성적을 받아 기뻐할지도 모르는 학생들의 이야기가, 뒤에서는 부정적인 결과에 대한 이야기가 이어지므로 역접의 접속사인 'however'가 알맞다. 빈칸 (B)에는 앞의 문장을 원인으로 두고 결과를 언급할 때 쓰이는 'therefore'가 들어가야 한다.

06

정답 ③

Elephant Butte Reservoir는 전체 표면적이 미국에서 84번째로 크고 New Mexico 지역에서는 가장 큰 인공 호수이다. 이곳은 New Mexico 지역에서 호숫가에 앉아 있는 펠리컨을 볼 수 있는 유일한 장소이다. 이 저수지는 또한 New Mexico 지역에 있는 가장 큰 주립공원인 Elephant Butte Lake State Park의 일부이다. Elephant Butte Reservoir라는 이름은 코끼리 모양으로 윗부분이 평평하고 침식된 화산의 중심부인 호수에 있는 한 섬으로부터 (A)유래한다. 이 저수지는 Rio Grande Project의 일부인데, 이 사업은 New Mexico 중남부와 Texas 서부에 전기를 공급하기 위한 것이다. 몇 년간의 (B)가뭄 때문에 수위가 낮아지고 있다. 하지만, 낚시는 여전히 이 저수지의 인기 있는 여가활동이고, 이 저수지에는 주로 다양한 종류의 농어가 있다.

	(A)		(B)
①	빼앗다	…	가뭄
②	빼앗다	…	홍수
③	유래하다	…	가뭄
④	유래하다	…	홍수

주제 Elephant Butte Reservoir에 대한 사실에 대한 이야기
핵심 표현 man-made 인공의 surface 표면의 alongside 나란히 reservoir 저수지 derive 유래하다 erode 침식하다 volcanic 화산의 core 핵심 provide 제공하다 drought 가뭄 recreational 여가의 bass 농어

출제의도 알맞은 어휘를 찾아 글의 흐름을 자연스럽게 한다.
특별비법 각각의 단어의 뜻을 정확하게 알고 문장에서 어떻게 쓰이는지를 알아야 한다.

문제 풀이 'deprive'는 '빼앗다'의 의미를, 'derive'는 '유래하다'의 의미를 가지므로 (A)에는 후자가 들어가는 것이 문맥상 자연스럽다. 수위가 낮아졌다는 것을 보아 (B)에는 '홍수'의 뜻을 가진 'flood'보다 '가뭄'의 의미를 갖는 'drought'가 알맞음을 알 수 있다.

07

정답 ②

상어에 대한 두려움이 풀장에서 수영하는 많은 사람들로 하여금 바다로 가는 것을 해보지 못하게 해왔다. 특히 작은 해변 마을에서의 일련의 상어 공격을 특징으로 삼았기 때문에 1975년의 블록버스터 영화 'Jaws'는 바다 수영이 그 큰 물고기에게 맡겨져야 한다는 것을 많은 사람들에게 확신시키는 생생한 장면을 선사했다. 하지만, 실제로 상어에 의해 공격을 받을 가능성은 아주 작다. 당신은 해변을 오가는 운전을 하는 동안 더 큰 위험을 무릅쓰고 있다. International Shark Attack File에 따르면 상어 공격의 적은 횟수는 이러한 커다란 물고기들이 원래 사람을 먹이로 하지 않는다는 것을 보여준다. 대부분의 상어 공격은 단순히 잘못된 정체파악 때문에 일어난다. 2007년도에 인간에 대한 상어 공격이 전 세계적으로 71건 있었고 사망자는 단 한 명이 있었다고 보고되었는데, 이는 2007년에 벌에 쏘이는 것과 뱀에 물리는 것에 의한 사망률보다 상당히 더 낮았다.

주제 상어 공격에 대한 오해와 진실
핵심 표현 keep A from B A가 B를 못하게 하다 a series of 일련의 vivid 생생한 convince 확신하다 indicate 나타내다 feed on ~을 먹고 살다 due to ~ 때문에 mistaken 잘못된 identity 신분 death rate 사망률

출제의도 문맥상 맞는 문법을 찾을 수 있다.
특별비법 각 문장에서 단어가 어떤 역할을 하고 있는지 파악하고 문맥에 맞추어 알맞은 답을 유추한다.

문제 풀이 (A)는 콤마와 함께 쓰인 분사구문인 것을 알 수 있다. 'As it featured ~'의 부사절이 분사구문으로 바뀐 것으로 'featuring'이 알맞다. (B)는 관계대명사의 계속적 용법을 나타낸다. 관계대명사의 계속적 용법에는 'which'가 쓰인다.

08

정답 ③

당신이 누군가에게 스포츠 이름 세 가지를 대라고 물으면, 아마도 그 사람은 쉽게 대답할 수 있을 것이다. 어쨌든, 거의 모든 사람이 어떤 유형의 활동이 스포츠로 여겨지고 어떤 것이 그렇지 않은지에 대한 생각을 가지고 있다. 우리들 대부분이 무엇이 스포츠인지 안다고 생각한다. 하지만, 스포츠, 여가 활동, 놀이의 사례 간에 그어지는 선이 항상 분명한 것은 아니다. 사실, 어떤 유형의 활동이 포함되어야 하고 제외되어야 하는지에 대해 명확하고 깔끔한 한도를 설정하는 정의를 고안하는 것은 비교적 하기 어려운 일이다. 오늘날 놀이로 여겨지는 활동이 미래에 스포츠의 지위를 얻을 수도 있다. 예를 들면, 많은 사람이 한때 자기 뒷마당에서 배드민턴을 쳤지만 이것은 스포츠로는 거의 여겨지지 않았다. 하지만 1992년부터 배드민턴은 올림픽 스포츠가 되었다!

① 종종 필요치 않다.
② 쉽게 이루어진다.
③ 비교적 하기 어려운 일이다.
④ 운동선수들에 의해 요구된다.

주제 불명확한 스포츠의 범주
핵심 표현 with ease 쉽게 nearly 거의 regard 여기다 leisure 여가 활동 devise 고안하다 definition 정의 establish 정립하다 parameter 한도 exclude 제외하다 gain 얻다 status 지위 hardly 거의 ~하지 않다
구문 해설
Activities that are regarded as play today may gain the status of sport in the future.
선행사 'Activities'를 수식해주는 주격 관계대명사 'that'이 'that are regarded as play today'의 관계절을 이끌고 'may gain'이 이 문장에서 본동사의 역할을 한다.

출제의도 글의 주제를 확실히 파악하고 빈칸에 들어갈 알맞은 말을 찾아낼 수 있다.
특별비법 문맥의 앞뒤를 살펴 자연스럽게 이어지는 말을 찾는다.

문제 풀이 빈칸 앞 문장에서 스포츠, 여가 활동, 놀이의 경계선이 분명하지 않다고 하는 내용이 오며 'In fact'라는 추가적인 내용을 덧붙이는 접속사로 내용이 이어지는 것으로 보아 빈칸에는 이러한 경계선의 구분이 어렵다고 하는 내용이 들어가는 것이 가장 자연스럽다.

09

정답 ④

W: Ryan, 학생회에 갔었니?
M: 응, 축제부스에 대해 이야기했어. 올해엔 20개의 부스만 있을 거야.
W: 작년보다 훨씬 적구나.
M: 올해부터는 음식을 파는 것이 허용이 안 돼. 아마도 그게 더 적은 수의 클럽이 부스를 운영하는 이유인 것 같아.
W: 정말? 왜 허용이 안 되는 거지?
M: 작년에 몇몇의 학생들과 부모님들이 음식에서 나오는 쓰레기와 냄새에 대해 불평을 했기 때문이야.
W: 오, 많은 학생들이 실망하겠구나. 학생들은 축제 음식을 좋아하잖아.
M: 나도 알아, 하지만 나는 음식 파는 것이 허용되지 않아야 한다는 것에 동의해.
W: 어째서?
M: 축제는 음식이 아닌 학생들을 위한 활동이어야 하잖아.

① 그 얘기를 들어서 매우 기뻐.
② 누가 축제 음식을 신경 쓰겠어?
③ 나는 축제 음식을 빨리 먹고 싶어!
④ 오, 많은 학생들이 실망하겠구나.

주제 학교 축제에서 음식 파는 것이 허용되지 않는 이유와 그에 대한 의견
핵심 표현 council 위원회 booth 판매대 allow 허락하다 run 운영하다 complain 불평하다 how come? 어째서?

출제의도 문맥상 자연스러운 반응을 찾을 수 있다.
특별비법 빈칸 앞과 뒤의 문맥을 살펴 논리적으로 타당한 반응을 추려본다.

문제 풀이 빈칸 뒤에서, 학생들(They)이 축제 음식을 좋아한다는 이야기가 나온다. 하지만 학교 측에서는 축제 음식 판매를 불허하고 있으므로 학생들이 실망할 것이라는 내용이 빈칸에 들어가는 것이 흐름상 자연스럽다.

10

정답 ①

M: 여보, 여기 흥미로운 기사가 있어요.
W: 무엇에 관한 것이에요?
M: 학교 숙제에 관한 것이에요. 숙제가 금지되어야 한다고 하네요.

W: 이해가 안 되네요. 글쓴이는 왜 그렇게 생각하는 것이죠?

M: 학생들이 학교에서 하루 종일 공부하기 때문에, 숙제를 내 주는 것이 학생들에게 스트레스를 줄 수 있다고 하네요.

W: 하지만 숙제는 학생들이 학교에서 배운 것을 복습하는 좋은 방법이잖아요.

M: 기사에 따르면, 학생들은 방과 후에 휴식을 취하고 친구들과 놀 시간이 필요하다고 하네요.

W: 일리가 있어요. 하지만 저는 학생들이 숙제가 없다면 하루 종일 컴퓨터 게임을 할까 봐 걱정돼요.

M: 저도 그것이 걱정돼요.

W: 숙제를 내 주는 것은 필요하다고 생각해요.

M: 동의해요. 그것이 학생들에게 도움이 될 거에요.

① 저도 그것이 걱정돼요.
② 숙제를 하는 것은 너무 많은 시간이 걸려요.
③ 학생들은 그들의 친구들과 시간을 보내고 싶어 해요.
④ 선생님들이 숙제의 양을 줄여야 해요.

주제 숙제를 금지하여야 한다는 기사에 대한 부부의 생각

핵심 표현 article 신문 기사 ban 금지하다 stress out 스트레스를 받다 review 복습하다 make sense 일리가 있다 all day 하루 종일 necessary 필요한

출제의도 문맥상 자연스러운 반응을 찾을 수 있다.
특별비법 빈칸 앞과 뒤의 문맥을 살펴 논리적으로 타당한 반응을 추려본다.

문제 풀이 빈칸 다음에 나오는 남자의 말, 즉 이 대화의 마지막 문장에서 남자는 숙제가 학생들에게 도움이 될 것이라는 여자의 말에 동의하고 있으므로 빈칸에도 여자의 말에 동의하는 말이 나오는 것이 가장 자연스럽다.

01 ④	02 ②	03 ③	04 ③	05 ①
06 ④	07 ②	08 ①	09 ②	10 ④
11 ③	12 ①	13 ③	14 ②	15 ①
16 ①	17 ④	18 ④	19 ②	20 ③

[01~02] [작문] 글쓰기 방법 찾기와 고쳐쓰기

01

정답 ④

출제의도   글쓰기 방법을 파악할 수 있다.
특별비법   [보기]의 내용을 제시된 '과제의 초고'에서 찾아 확인해야 한다.

문제 풀이   초고에는 '교실이 지저분하다'는 문제를 제기하고 이를 해결하기 위한 방안으로 '인식 개선과 환경 미화'를 제시하고 있다(ㄱ). '가랑비에 옷이 젖는 줄 모른다'라는 속담을 사용하여 '사소한 문제를 방치해서는 안 된다'는 의도를 효과적으로 드러내고 있다(ㄷ). '깨진 유리창 이론'을 제시하여 설득력을 높이고 있다(ㄹ). 따라서 글쓴이가 활용한 방법은 ㄱ, ㄷ, ㄹ이다.
오답 풀이   '교실 환경이 지저분하다'는 문제 상황에 대한 대조적인 의견은 제시되지 않고 있으므로 ㄴ은 글쓴이가 사용한 글쓰기 방법이 아니다.

02

정답 ②

출제의도   고쳐쓰기의 적절성을 판단할 수 있다.
특별비법   주어진 문장을 자연스럽게 수정할 수 있는 능력을 평가해야 하므로 수정한 내용을 글에 적용하여 그 적절성을 판단해야 한다.

문제 풀이   '즉'은 앞 문장의 내용을 받아 설명하는 기능을 하므로 ㉡에 앞말을 반대로 받는 '그러나'를 쓰는 것보다 '즉'을 쓰는 것이 적절하다.
오답 풀이   ① 글의 흐름을 고려하면 먼저 교실의 환경에 대해서 언급하고 특별히 교실 뒤편의 쓰레기통 주변을 강조하고 있으므로 문장의 위치를 바꾸는 것이 적절하다.
③ '유리창을 깬 경험'은 '깨끗한 교실 환경 만들기'와 관련 없는 내용이므로 삭제한다.

④ '쓰레기통 주변이 지저분해지는 것은'과 '방치했다'는 서로 호응하지 않으므로 '방치했기 때문이다'로 고쳐야 한다.

[03] [문법] 단어의 의미 관계

03

정답 ③

출제의도   단어의 의미 관계를 파악할 수 있다.
특별비법   [보기]에 설명된 내용을 정확하게 이해해야 한다.

문제 풀이   ③의 ㉡ '학생 : 남학생'은 '학생'이 의미상 '남학생'을 포함하고 있으므로 '반의 관계'가 아니라 '상하 관계'이다. '학생'의 반의 관계는 '선생'이 되어야 하고, '남학생'의 반의 관계는 '여학생'이 되어야 한다. 따라서 정답은 ③이다.
오답 풀이   ① '옷 : 의복', ② '서점 : 책방', ③ '걱정 : 근심', ④ '환하다 : 밝다', '분명하다 : 명료하다'는 각각 두 단어가 맺는 의미 관계가 비슷하므로 유의 관계를 맺고 있다.
① '밤 : 낮', ② '기쁨 : 슬픔', ④ '숨기다 : 드러내다'는 각각 의미가 서로 짝을 이루어 대립하고 있으므로 반의 관계를 맺고 있다.

[04] [문법] 고쳐쓰기

04

정답 ③

출제의도   고쳐쓰기의 적절성을 평가할 수 있다.
특별비법   고쳐쓰기의 일반적 원리를 알고 그에 따라 글을 바르게 고쳐 쓸 수 있는지를 평가해야 한다.

문제 풀이   '-에'와 '-에게'는 부사격 조사로 대상이 자의로 움직임을 보일 수 없는 것(무정물)에는 '-에'를, 사람이나 동물 등 대상이 움직임을 할 수 있는 것(유정물)에는 '-에게'를 사용한다. 따라서 이를 반대로 설명하고 있는 ③은 잘못된 설명이다.
오답 풀이   ① '가파르다'는 '르 불규칙 용언'이기에 '가파르다, 가파르고, 가파르며, 가팔라서'로 활용을 한다. '가파라서'는 '으'를 탈락시킨 것으로 잘못 쓰인 경우이다.
② 부정어를 동반하는 '너무'는 '너무 ~(부정 내용)하다.'로 쓰기 때문에 긍정의 내용인 ㉡에는 긍정의 내용을 받는 '무척'으로 바꾸어야 한다.

④ '살찌다'는 동사이며, '살지다'는 형용사이다. ㉣에서는 생선이 살이 올라 먹음직스럽다는 의미로 쓰였기에 '살진'이 적절하다.

경우에도 [보기]와 같이 서술어를 '~한다는 것이다'로 고쳐야 한다.

오답 풀이 ① '읽혀지고'는 피동접미사 '-히-'와 피동 표현인 '-어지고'가 동시에 쓰여 불필요하게 피동 표현이 이중으로 사용된 영어 번역투의 문장이다. 이때는 '읽히고'라고 피동접미사만 쓰는 것이 좋다.
② '사과와 귤 두 개'라는 표현은 '사과 두 개와 귤 두 개'라는 뜻인지, 아니면 '사과 하나와 귤 두 개'라는 뜻인지 그 의미가 애매한 표현이다.
③ '건강하다'는 형용사로 청유형이나 명령형 어미를 붙여 쓸 수 없다. 따라서 '건강합시다'란 청유형 형태를 쓰는 것은 잘못이다 '건강하게 사십시다' 정도로 쓰는 것이 옳다.

[05] [문법] 합성어 – 한자어의 구성

05

정답 ①

출제의도 대등 합성어를 이루고 있는 구성 요소들의 의미 특성과 형태상의 특성을 이해할 수 있는지 묻는 문제이다.
특별비법 주어진 자료의 내용 가운데 '어순이 상호 교체되어 쓰이기도 한다.'에 주목해야 한다.

문제 풀이 긍정과 부정에 대한 언중들의 인식을 보면, 긍정을 선호하려는 경향이 강하여 긍정과 부정에 관한 합성이 이루어질 때 그 어순도 '긍정+부정'이 주류를 이룬다.(폴리아나 pollyanna 가설 참조) 부정적인 경우를 앞세우는 경우도 있는데 선택지로 제시된 '빈부(貧富), 화복(禍福), 곡직(曲直)'이 그 예들이다. (그밖에도 '난이(難易), 고락(苦樂), 궁달(窮達), 애환(哀歡)' 등이 있다.) 어쨌든 [보기]의 설명처럼 '긍정(A)+부정(B)'형이든 '부정(A)+긍정(B)'형이든 어순이 고정되어 쓰인다. 그러나 ①의 '사생(死生)'은 '생사(生死)'처럼 어순이 교체되어 쓰이기도 한다.

[07-08] [독서] [인문] 이용주, '언어의 체계, 구조, 기능'

지문해설 언어의 기능은 크게 표현의 기능, 감화적 기능, 친교적 기능, 표출적 기능, 지식과 정보의 보존 기능으로 나뉜다. 이 글은 다섯 가지 언어의 기능을 구체적 예를 들어 설명하고 있는 글이다.

주제 언어의 기능 다섯 가지
구성 • 1단락 : 의사소통을 위한 행위인 언어 사용
• 2단락 : 언어의 기능 ① – 표현의 기능
• 3단락 : 언어의 기능 ② – 감화의 기능
• 4단락 : 언어의 기능 ③ – 친교의 기능
• 5단락 : 언어의 기능 ④ – 표출의 기능
• 6단락 : 언어의 기능 ⑤ – (지식 · 정보) 보존의 기능

[06] [문법] 어법에 맞는 문장

06

정답 ④

출제의도 우리말의 어법에 맞는 문장을 확인할 수 있다.
특별비법 어법에 맞는 문장을 묻는 문제를 해결하기 위해서는 잘못된 문장의 대표적인 사례를 알고 있어야 한다.

문제 풀이 [보기]에 제시된 문장인 '그 선수의 장점은 ~ 보내 준다.'는 주어와 서술어의 호응이 이루어지지 않은 문장이다. 주어가 '~은'이라면 서술어는 '~이다'로 호응되어야 한다. 따라서 '장점은'이라는 주어에는 서술어가 '~잘 보내 준다는 것이다'가 되어야 호응을 이룬다. '무엇보다 중요한 것은 ~ 사용해야 한다.'의 ④도 주술의 호응이 이루어지지 않은 문장이다. 이

07

정답 ②

출제의도 정보의 일치 여부를 확인할 수 있다.
특별비법 정보의 일치 여부는 제시문의 정보를 개괄적으로 확인해야 파악할 수 있다.

문제 풀이 언어의 감화적 기능을 설명한 부분을 보면, '여기는 금연 장소입니다.'라는 문장이 담화 형식으로 보면 단순히 장소를 알려 주는 서술이다. 하지만 그 기능은 담배를 피지 말라는 감화적 기능임을 가지고 있다. 이로 볼 때, 언어의 기능과 담화 형식은 일치하지 않을 수도 있음을 알 수 있으므로 ②의 서술은 알맞지 않다.

오답 풀이 ① 언어의 기능 가운데 (지식 · 정보) 보존

의 기능을 말한다.
③ 언어의 기능 가운데 친교의 기능을 말한다.
④ 언어의 기능 가운데 표출의 기능을 말한다.

08

출제의도 다른 상황에의 적용의 적절성을 판단할 수 있다.
특별비법 글의 특성 및 내용을 파악하여 적절한 이해 방법을 생각해 내야 다른 상황에 적용한 내용이 적절한지를 판단할 수 있다.

문제 풀이 제시문은 언어의 다섯 가지 기능을 설명하고 있는 글로, 각 기능을 설명하고 있을 뿐 그 기능의 중요도를 비교 평가한 내용은 나타나 있지 않다.

오답 풀이 ② 제시문은 언어의 기능 다섯 가지를 '첫째, 둘째, 셋째, 넷째, 다섯째' 등으로 구분하여 설명하고 있다.
③, ④ 각 언어의 기능을 설명할 때 일상생활에서 쓰이는 말을 그 예로 들고 있다.

[09~10] [문학] [현대시] 이용악, '전라도 가시내'

> **작품해설 •** 이 작품은 우리 민족의 수난사라는 기본 서사를 축으로 하여 한 여인과 사나이의 만남을 형상화한 작품으로서, 화자가 여인에게 이야기를 건네는 형식을 취함으로써 불안하고 냉혹한 현실 속에서 한 여인에게 느끼는 연민과 고향 정서를 형상화하였다. 따라서 이 작품은 화자의 담담한 어조 속에 한 시대의 역사가 농밀하게 펼쳐져 있는 식민지 시대 유이민의 대표작이라고 할 수 있다.

주제 일제 강점하 유이민의 비참한 삶
구성 • 1연 : 두 주인공 제시
• 2연 : 두 사람의 해후
• 3연 : 두 사람의 동화(同化)의 시작
• 4연 : 가시내의 비극적 삶
• 5연 : 두 사람의 동화의 절정
• 6연 : 사내의 떠남
이해의 핵심 이 시는 전형적인 이야기시의 서술 형식을 보여 준다. 다시 말해, 시적 화자가 서술하는 서사적 내용에 의해 시상이 짜인 시로, 서정의 감정 표현이나 전달과는 일정하게 구분된다.

09

출제의도 표현상의 특징을 파악할 수 있다.
특별비법 선택지의 내용을 작품에서 확인해 그 설명이 적절한지를 파악해야 한다.

문제 풀이 '가시내야'(1연, 3연, 5연)와 '가렸더냐', '흐리더냐'(4연), '나설 게다', '노래도 없이 사라질 게다', '자욱도 없이 사라질 게다'(6연) 등에서 유사한 시구를 반복하여 운율감을 형성하고 있다.
오답 풀이 ① 화자는 멀리 고국에서 온 시적 대상을 가까운 곳에서 관찰하고 있지, 원경에서 근경으로 시선을 이동하여 대상을 묘사하고 있지는 않다.
③ 이 시는 앞부분과 끝부분이 유사한 구조인 수미상관의 특징이 나타나 있지 않다.
④ 이 시어에는 '돌아가거라'에 명령형 어미가 사용되었으나 대상에 대한 화자의 배려심이 드러나 있지, 우월감이 드러나 있지는 않다.

10

출제의도 시적 대상의 상황을 파악할 수 있다.
특별비법 시적 대상이 언급된 부분을 명확하게 파악해야 한다.

문제 풀이 이 시의 6연에서는 '사라질 게다'라고 말하는 화자의 처지가 한 곳에 정착하여 뿌리를 못 내리고 또 날이 밝으면 흔적도 없이 떠나야 하는 신세임을 말해 주고 있다. 이 부분은 이 화자 역시 유이민이거나 민족을 위해 싸우는 투사일지도 모른다는 가능성을 부여한다. 하지만 시적 대상인 '전라도 가시내'는 북간도 술집에 팔려온 우리 민족의 비참함을 보여 줄 뿐 '일제에 대한 저항 정신'을 보여 주고 있지는 않다.
오답 풀이 ① 1연 1행의 '알룩조개에 입 맞추며 자랐나'에서 '전라도 가시내'가 어촌 출신임을 알 수 있다.
② 4연의 '단풍이 물들어 천리 천리 또 천리 산마다 불 탔을 겐데 / 그래도 외로워서 슬퍼서 초마폭으로 얼굴을 가렸더냐'에서 알 수 있다.
③ 6연의 '두 낮 두 밤을 두루미처럼 울어 울어 / 불술기 구름 속을 달리는 양 유리창이 흐리더냐'에서 전라도 가시내가 어쩔 수 없이 고향을 떠났음을 짐작할 수 있다.

작품해설 • 이 작품은 작가가 병자호란 때 임금을 모시지 않았다는 죄목으로 유배갔다가 풀려난 뒤, 고향인 전라도 해남에 은거할 때 쓴 전체 6수의 연시조이다. 부귀공명과 같은 세속적 가치를 멀리하고 자연에 묻혀 소박하게 사는 즐거움을 자연과 속세를 지칭하는 대조적인 시어를 활용하고, 한문투의 표현을 자제하면서 순 우리말의 묘미를 잘 살려 표현하고 있다.

주제 자연과 함께하는 삶의 흥거움

구성 • 제1수 : 자연에 묻혀 주어진 분수에 맞게 사는 삶
• 제2수 : 세속적 가치를 부러워하지 않고 안빈낙도하는 삶
• 제3수 : 산과 교감하는 물아일체의 삶
• 제4수 : 임천 한흥의 흥거운 삶
• 제5수 : 본성을 지키며 자연과 더불어 사는 삶
• 제6수 : 임금의 은혜에 감사하는 삶

11

정답 ③

출제의도 표현 방식을 이해할 수 있다.
특별비법 문학 작품에서 작가가 드러내고자 하는 내용을 효과적으로 나타내기 위하여 적절한 표현 방식을 사용한다. 따라서 표현 방식을 파악하기 위해서는 작품의 주제를 알고 이를 어떻게 표현하였는지를 파악해야 한다.

문제 풀이 이 시에서 '띠집, 보리밥, 풋나물, 산, 강산' 등은 자연에 묻혀 살아가는 소박한 삶을 지칭하는 시어들이고, '그 남은 여남은 일, 인간만사'는 세속적 가치를 나타내는 시어인데, 시인은 이러한 시어들을 활용하여 소박하고 한가로운 삶을 살고자 하는 주제 의식을 강조하고 있다.
오답 풀이 어조(①)나 계절(②)의 변화는 확인되지 않고, 자연을 바라보는 관점(④)도 다양하게 묘사되어 있지 않다.

12

정답 ①

출제의도 화자의 인식과 태도를 파악할 수 있다.
특별비법 시어에 나타난 화자의 인식이나 태도를 파악하는 문제를 해결하기 위해서는 화자가 추구하는 삶이 무엇이고, 그 삶과 시어가 어떤 관계가 있는지를 파악해야 한다.

문제 풀이 화자는 '먼 산'이 그리워하던 '임'을 만난 것보다 즐겁다고 했다. 이로 보았을 때 '먼 산'은 화자가 가까이하고 싶은 친화적 공간이며, 화자에게 자족감을 주는 공간이다. 화자는 '먼 산'과 같은 이러한 공간 '남들'의 세속적인 가치 판단에 휘둘리지 않고 의연하게 자신의 신념대로 자연에 의거하는 삶을 살고자 한다. 따라서 정답은 ①이다.

13

정답 ③

출제의도 시어의 해석을 통한 감상의 적절성을 파악할 수 있다.
특별비법 주어진 문제는 시어의 해석을 통해 작품을 감상하는 것의 적절성을 판단하는 것이다. 이러한 문제는 시인이 시어를 선택한 까닭을 파악하면 쉽게 해결할 수 있다.

문제 풀이 [보기]로 보았을 때 시인은 수십 년 간이나 세속에서 정적들로부터 탄핵과 모함을 받아 고충을 겪은 뒤에 세속적 삶에 염증을 느껴 은둔의 삶을 추구했고, 주어진 작품은 이를 표현한 것이다. 이로 보면 '향암'은 세속에 염증을 느낀 화자가 은둔자적인 삶을 사는 것을 겸손하게 이르는 말이다. 그러므로 '유배와 낙향이 반복되는 과정에서 세상 물정에 어두워졌다'는 ③의 설명은 적절하지 않다.
오답 풀이 ① 은둔의 삶은 자연 속에서 한가롭고 소박하게 지내는 것과 관련이 있으므로 '띠집, 보리밥 풋나물'에서 유추할 수 있다.
② '남들'은 화자가 추구하는 삶의 가치가 다른 사람들을 이르므로 정적들의 일부가 포함될 수 있다.
④ 순 우리말의 아름다운 묘미는 '슬카지, 알마초' 등과 같은 어휘에서 발견할 수 있다.

작품해설 • '장끼전'은 원래 판소리 열두 마당 중의 하나인 '장끼 타령'으로 불리다가 그 전승이 끊어지면서 창(唱)을 잃어버리고 대본인 가사만 남아 소설로 정착된 판소리계 소설이다. 또한 인격화된 꿩에 의해 사건이 진행되며 현실 세계에 대한 우의적(寓意的) 기능을 갖는다는 점에서 우화 소설에 해당한다. 이 작품은 당대 남성의 권위주의적 의식과 가부장적 권위에 대한 비판, 여권 신장, 인간의 본능적 욕구의 중시라는 조선 후기의 서민 의식을 잘 반영하고 있는 작품이라고 할 수 있다.

주제 남성 중심 사회 제도의 풍자와 인습의 타파

[줄거리] 장끼가 아내 까투리와 함께 아홉 아들, 열두 딸을 거느리고 엄동설한에 먹을 것을 찾아 들판을 헤매다가 콩 한 알을 발견한다. 굶주린 장끼가 먹으려 하니 까투리는 지난밤의 불길한 꿈을 말하며 먹지 말라고 말린다. 그러나 장끼는 고집을 부리며 그 콩을 먹자 덫에 치어 죽는다(自業自得). 죽으면서 아내에게 개가하지 말고 수절하여 정렬부인이 되라고 유언한다. 덫의 임자가 나타나 장끼를 빼어 들고 가버린 뒤 까투리는 장끼의 깃털 하나를 주워 장례를 치른다. 까투리가 상부(喪夫)하였단 말을 듣고 문상 왔던 갈가마귀와 물오리 등이 청혼하지만 모두 거절한다. 그러다가 문상 온 홀아비 장끼의 청혼을 받아들여 재혼한다. 재혼한 이들 부부는 아들딸을 모두 혼인시키고 명산대천을 구경하는 등 백년해로(百年偕老)하다가 큰물에 들어가 조개가 된다.

14

[정답] ②

출제의도   작중 인물의 태도를 추리할 수 있다.
특별비법   작중 인물의 태도를 추리할 각 인물의 성격을 파악해야 한다.

[문제 풀이] 장끼는 남존여비의 사고방식을 가진 권위주의적인 가장으로 아내인 까투리에게 허세를 부리고 있다. 장끼는 자기의 고집대로 행동하고 있는 것이지 ②와 같이 다른 사람의 권세에 의지하는 것은 아니다.

[오답 풀이] ① 장끼는 콩을 먹을 욕심으로 콩이 놓여 있는 상황이나 까투리의 꿈을 자신에게 유리하도록 해석하고 있다.
③ 장끼는 불길하다는 까투리의 견해를 여자의 말이라고 무시하면서 받아들이지 않고 자신의 고집대로 행동하고 있다.
④ 장끼는 콩에 대한 욕심 때문에 상황을 올바로 파악하지 못하고 결국엔 죽음을 맞게 된다.

15

[정답] ①

출제의도   표현상의 차이를 파악할 수 있다.
특별비법   인물의 행동을 표현한 두 내용을 비교할 때는 두 내용의 공통점과 차이점이 무엇인지를 파악해야 한다.

[문제 풀이] ㉠은 콩을 먹으러 들어가는 장끼의 모습을 보여주는 대목인데 동물인 꿩의 동작이 의성어와 의태어[와지끈 뚝딱 푸드드득 푸드드득]를 통해 생동감 있게 잘 묘사되어 있다. 반면에 ㉡에서는 까투리의 애통해하는 모습을 동물이 아닌 인간의 모습으로 의인화[머리 풀어 헤치고, 가슴 치고 일어나 앉아, 잔디풀을 쥐어뜯어 가며, 두 발을 땅땅 구르면서]하여 표현하고 있다. 따라서 정답은 ①이다.

[16-18] [문학] [현대소설] 박완서, '겨울 나들이'

[작품해설] '겨울 나들이'는 6·25 전쟁으로 인한 한 가족의 수난과 그 극복을 주제로 한 단편으로, 분단으로 인한 아픔을 가족 내부의 끈끈한 연대로 극복해 나가는 인물을 통하여 참다운 삶의 의미를 묻는 작품이다. '나'는 비극을 사랑으로 극복한 아주머니의 삶에서 자신을 괴롭혀 왔던 허망한 감정을 떨쳐내고 자신의 삶을 긍정적으로 보게 된다. 작가는 이러한 '나'의 변화를 통해 아픔을 극복하고 가치 있는 삶을 영위하는 태도를 제시하고 있다.

[주제] 6.25 전쟁이 남긴 상흔과 인간애를 통한 극복
[이해의 핵심] ① 전쟁으로 인한 상처가 인물 간의 매개체 역할을 한다. ② 여행의 과정[여로 구조, 액자식 구성]을 통해 인물의 갈등 해소 과정이 나타난다.
[줄거리] 주부인 '나'는 자신의 일상적인 삶에 대해 회의를 품고 어느 날 무작정 집을 나서서 여행길에 오른다. 우연히 들른 어느 여인숙에서 쉬지 않고 도리질을 해대는 할머니와 그 며느리를 만나 이들의 비극적인 사연을 듣게 된다. '나'는 엄청난 시련에도 불구하고 꿋꿋하게 살아가는 그들의 모습을 보며 삶에 대해 새롭게 자각하게 된다.
[등장인물] • 나(서술자) : 6.25 전쟁으로 이북에서 내려온 남편과 남편이 데리고 온 딸에게 헌신하며 살아온 인물

• 아주머니 : 6.25 전쟁 중 남편을 잃고 시어머니를 끝까지 봉양하며 가정을 지켜가는 인물

• 노파 : 자신으로 인해 죽은 아들에 대한 죄책감으로 인해 평생 도리질을 하며 살아가는 인물

16

[정답] ①

출제의도   소설의 서술상 특징을 파악할 수 있다.
특별비법   소설의 서술상의 특징은 시점과 연관이 크기 때문에 이러한 문제를 해결하기 위해서는 서술자의 시선과 태도를 중점적으로 살펴야 한다.

[문제 풀이] 작품의 서술자는 '나'이지만 중심인물은 '할머니'와 '아주머니'이다. '나'는 '아주머니'를 통해 듣게 된 과거의 이야기를 독자에게 전달하는 관찰자인 것이다. 서술자 '나'에 의한 사건의 의미 부여는 글의 끝 부분에 가서나 약간 나타날 뿐 다양한 각도에서 제시되지는 않았다.

[오답 풀이] ② 과거 회상 대목에서 '모른다'라는 말이 자주 반복되었는데, 이를 통해 전쟁 당시의 살벌한 분위기와 불신 풍조가 부각되고 있다.
③ '아주머니'의 회상을 통해 과거의 사건이 요약적으로 제시되고 있다.

④ '나'는 '할머니'의 도리질에 대해 오해하고 의아하게 생각했으나, '아주머니'가 전해 준 이야기를 통해 그러한 오해와 의문을 풀게 되었다.

17

정답 ④

출제의도 상황을 고려하여 인물의 심리를 추리할 수 있다.
특별비법 주어진 내용은 서술자가 느끼는 감정을 강렬하게 표현한 말이기 때문에 작가가 서술자를 통해서 말하고자 하는 바가 무엇인지를 파악하면 문제를 해결할 수 있다.

문제 풀이 '나'는 '아주머니'가 남편을 잃고 치매에 걸린 시어머니를 모시고 살아감에도 불구하고 그것에 절망하기는커녕 오히려 의연하게 살아가는 모습에서 숙연하게 감동을 느끼고 있는 중이다. 이로 볼 때 ④가 정답임을 알 수 있다.

오답 풀이 ① ㉠을 감동을 느꼈다는 뜻으로 받아들이지 않고, 두려움을 느낀다는 의미로 쓰이는 '등골이 서늘하다', '등골이 오싹하다' 등의 관용어와 유사한 것으로 보는 것은 작품의 주제에서 벗어나는 내용이기 때문에 명백한 오해이다.

18

정답 ④

출제의도 인물의 행동에 담겨 있는 의미를 해석할 수 있다.
특별비법 작품에 표현된 등장인물의 특별한 행동이 가지는 의미는 작품의 핵심인 주제 형성과 밀접하기 때문에 작가가 작품을 통해서 말하고자 하는 바가 무엇인지를 먼저 파악한 뒤 이를 선택지 내용과 대비해 보아야 한다.

문제 풀이 이 작품에서 '할머니의 도리질'은 아들의 죽음이라는 비극적 참상 때문에 나타나게 된 행동이라는 점에서 측은한 마음이 들게도 하고(①), 작품의 내적 연관성을 고려할 때 자책감이 무의식적으로 드러난 것(②)이라고 할 수 있으며, 강한 부정과 같은 반응(③)을 유발하기도 한다. 그러나 '아들을 죽음으로 몰고 가게 한 며느리에 대하여 반감을 나타내는 행동'이라는 ④의 해석은 어느 곳에서도 '할머니'가 그 며느리에게 반감을 가지고 있다고 해석할 근거가 없기 때문에 적절하다고 할 수 없다.

[19~20] [문학] [수필] 정진권, '손과 발의 일기'

19

정답 ②

출제의도 인물의 태도를 비판적으로 판단할 수 있다.
특별비법 인물들이 말하는 내용을 통하여 그 인물의 태도를 파악해야 한다.

문제 풀이 [보기]의 '규중칠우'는 자기 공로를 내세울 뿐 아니라 그것을 위하여 다른 인물들의 역할과 공로를 별 것 아닌 것으로 폄하하는 모습을 보여주고 있다.

오답 풀이 ① [보기]의 ㉠ '규중칠우'는 '자신의 약점' 자체를 언급하지 않았기에 감추려고 하는 의도가 나타나 있는지의 여부를 판단할 수 없다.
③ ㉮ '손과 발'은 남과 비교하는 모습이 나타나 있지 않다.

참고 작자 미상, '규중칠우쟁론기(閨中七友爭論記)'

작품해설 • '규중칠우쟁론기'는 한글 수필의 하나로서, 자-척부인, 가위-교두각시, 바늘-세요각시, 실-청홍흑백각시, 인두-인화부인, 다리미-울낭자, 골무-감토할미로 의인화된 바느질 도구인 바늘 · 자 · 가위 · 인두 · 다리미 · 실 · 골무를 규중 여자의 일곱 벗으로 등장시켜, 인간 세상의 능란한 처세술에 견주어 이를 풍자하고자 한 것이다. 규중칠우가 공을 다투거나 원망을 토론하는 장면을 보면 그들은 당당하게 자기 주장을 펴고 있다. 이 칠우는 실제 규방 여성들의 의인화로 본다면 이는 가부장제적 질서 속에 갇혀 있었던 여성들의 세계에서도 자신의 주어진 역할만큼 그 정당한 보상을 받고자 하는 새로운 인식이 조금씩 일어나고 있음을 알 수 있다.

주제 자신의 처지를 망각하고 공치사만 일삼는 세태에 대한 풍자
구성 1 규중 부인의 일곱 벗(규중 칠우) 소개
2 서로의 공 다툼
3 척부인의 공치사
4 교두각시의 공치사
5 세요각시의 공치사
6 청홍각시의 공치사
7 감토할미의 공치사
8 인화낭자의 공치사
9 울낭자의 공치사
10 칠우가 자신들의 공을 모르는 사람과 부인을 야속해 함
11 척부인의 탄식
12 교두각시의 탄식
13 세요각시의 탄식
14 인화낭자의 탄식
15 울낭자의 탄식
16 부인의 질책과 감토할미의 사죄
17 부인의 용서

20

출제의도 　주제와 표현 방식의 일치 여부를 파악할 수 있다.
특별비법 　[보기]의 조건을 참고하여 유사한 주제의 작품을 파악해야 한다.

문제 풀이 [보기]의 밑줄 친 부분과 같이 인간의 입장에서 사물의 장점이나 단점을 거론하고 교훈적 의미를 나타내고 있는 것은 ②, ③, ④이다. 그리고 '자기 본분에 충실한 삶의 중요성'이라는 제시문의 주제와 유사한 주제를 지닌 것은 ③이다. 따라서 정답은 ③이다.

01 ②	02 ④	03 ①	04 ②	05 ③
06 ②	07 ④	08 ①	09 ③	10 ④
11 ④	12 ②	13 ①	14 ③	15 ②
16 ①	17 ③	18 ④	19 ②	20 ③

01

정답 ②

출제의도 Σ의 성질을 이용하여 수열의 합을 구할 수 있다.

특별비법 $\sum\limits_{k=1}^{n} a_k = \alpha$, $\sum\limits_{k=1}^{n} b_k = \beta$일 때,

$$\sum_{k=1}^{n}(a_k+b_k)=\sum_{k=1}^{n}a_k+\sum_{k=1}^{n}b_k=\alpha+\beta$$

문제 풀이

$\sum\limits_{k=1}^{11} a_k = 4$, $\sum\limits_{k=1}^{11} b_k = 24$이므로

$$\sum_{k=1}^{11}(5a_k+b_k)=5\sum_{k=1}^{11}a_k+\sum_{k=1}^{11}b_k$$
$$=5\times4+24$$
$$=44$$

02

정답 ④

출제의도 지수의 성질을 이용하여 대소 비교를 할 수 있다.
특별비법 지수를 같은 수로 만든다.

문제 풀이

세 수 A, B, C의 지수를 $\dfrac{1}{12}$로 통일하면

$A=\sqrt[3]{\dfrac{1}{4}}=\left(\dfrac{1}{4}\right)^{\frac{1}{3}}=\left(\dfrac{1}{4}\right)^{\frac{4}{12}}=\left(\dfrac{1}{256}\right)^{\frac{1}{12}}$

$B=\sqrt[4]{\dfrac{1}{6}}=\left(\dfrac{1}{6}\right)^{\frac{1}{4}}=\left(\dfrac{1}{6}\right)^{\frac{3}{12}}=\left(\dfrac{1}{216}\right)^{\frac{1}{12}}$

$C=\sqrt[3]{\sqrt{\dfrac{1}{15}}}=\left(\dfrac{1}{15}\right)^{\frac{1}{6}}=\left(\dfrac{1}{15}\right)^{\frac{2}{12}}=\left(\dfrac{1}{225}\right)^{\frac{1}{12}}$

$\therefore A<C<B$

03

정답 ①

출제의도 합성함수의 성질을 이용하여 함숫값을 구할 수 있다.

특별비법 $(f \circ g)(x)=f(g(x))$

문제 풀이

$g(1)=\sqrt{1+3}+1=3$

$\therefore (f \circ g)(1)=f(3)=3^2-1=8$

04

정답 ②

출제의도 수렴하는 수열의 극한의 대소관계를 이용하여 주어진 값을 구할 수 있다.

특별비법 함수 $f(x)$, $h(x)$, $g(x)$가 $f(x) \le h(x) \le g(x)$를 만족하고 $\lim\limits_{x\to a}f(x)=\lim\limits_{x\to a}g(x)=L$이면 $\lim\limits_{x\to a}h(x)=L$이다.

문제 풀이

$2n^3+2n \le a_n \le 2n^3+5n+1$에서 각 변을 $5n^3$으로 나누면

$$\dfrac{2n^3+2n}{5n^3} \le \dfrac{a_n}{5n^3} \le \dfrac{2n^3+5n+1}{5n^3}$$

이때, $\lim\limits_{n\to\infty}\dfrac{2n^3+2n}{5n^3}=\dfrac{2}{5}$, $\lim\limits_{n\to\infty}\dfrac{2n^3+5n+1}{5n^3}=\dfrac{2}{5}$이므로

$$\dfrac{2}{5} \le \lim_{n\to\infty}\dfrac{a_n}{5n^3} \le \dfrac{2}{5}$$

$\therefore \lim\limits_{n\to\infty}\dfrac{a_n}{5n^3}=\dfrac{2}{5}$

05

정답 ③

출제의도 미분계수의 정의를 알고, 이를 이용하여 주어진 값을 구할 수 있다.

특별비법 $\lim\limits_{h\to 0}\dfrac{f(a+\alpha h)-f(a)}{\beta h}=\dfrac{\alpha}{\beta}f'(a)$

문제 풀이

미분계수의 정의에 의하여

$$\lim_{h\to 0}\dfrac{f(4+h)-f(4)}{3h}=\dfrac{1}{3}f'(4)$$

$f(x)=2x^2+5x$를 x에 대하여 미분하여 정리하면

$f'(x)=4x+5$이므로 $f'(4)=21$

$\therefore \dfrac{1}{3}f'(4)=\dfrac{1}{3}\times21=7$

06

출제의도 로그의 값을 구할 수 있다.

특별비법 $\log_a b + \log_a c - \log_a d = \log_a \dfrac{bc}{d}$ (단, $a \neq 1$, $a > 0$, $b > 0$, $c > 0$, $d > 0$)

문제 풀이

$\log_2 \dfrac{2}{3} - \log_2 \dfrac{2\sqrt{2}}{3} + \log_2 8\sqrt{2}$

$= \log_2 \left(\dfrac{2}{3} \times \dfrac{3}{2\sqrt{2}} \times 8\sqrt{2} \right)$

$= \log_2 8$

$= \log_2 2^3$

$= 3$

07

정답 ④

출제의도 등차수열을 이용하여 문제를 해결할 수 있다.

특별비법 첫째항이 a_1이고 공차가 d인 등차수열의 일반항은 $a_n = a_1 + (n-1)d$이다.

문제 풀이

이 등차수열의 공차를 d라 하면

$x = a+d$, $b = a+2d$, $2x = a+3d$, $c = a+4d$

이때, $x = a+d$에서 $2x = 2a+2d$이고, $2x = a+3d$이므로

$a + 3d = 2a + 2d$

$\therefore a = d$

따라서 $x = a+d = 2a = 2d$

정리하면 $a = \dfrac{x}{2}$, $b = \dfrac{3}{2}x$, $c = \dfrac{5}{2}x$

$\therefore \dfrac{c}{a} = \dfrac{\frac{5}{2}x}{\frac{1}{2}x} = 5$

08

정답 ①

출제의도 수열의 합과 부분분수의 성질을 이용하여 급수의 합을 구할 수 있다.

특별비법 수열 a_n의 첫째항부터 제n항까지의 합을 S_n이라 하면 $S_n - S_{n-1} = a_n$ (단, $n \geq 2$)임을 이용한다.

문제 풀이

$\displaystyle\sum_{k=1}^{n} \dfrac{a_k}{k} = n^2 + 3n$에서 $\dfrac{a_n}{n} = b_n$이라 하면

$\displaystyle\sum_{k=1}^{n} b_k = n^2 + 3n$

이때, 수열 b_k의 n항까지의 합을 S_n이라 하면

$\displaystyle\sum_{k=1}^{n} b_k = S_n = n^2 + 3n$이고, $b_n = S_n - S_{n-1}$ (단, $n \geq 2$)

을 이용하여 b_n을 구하면

$b_n = (n^2 + 3n) - \{(n-1)^2 + 3(n-1)\} = 2n+2$

$\dfrac{a_n}{n} = b_n = 2n+2$이므로 $a_n = 2n^2 + 2n$

이때, $b_1 = S_1 = 4$이고, $\dfrac{a_n}{n} = b_n$에 의하여 $a_1 = b_1$이므로

$a_1 = 4$

$\therefore \displaystyle\sum_{n=1}^{\infty} \dfrac{1}{a_n} = \sum_{n=1}^{\infty} \dfrac{1}{2n^2 + 2n}$

$\qquad = \displaystyle\lim_{n \to \infty} \dfrac{1}{2} \sum_{k=1}^{n} \dfrac{1}{k(k+1)}$

$\qquad = \displaystyle\lim_{n \to \infty} \dfrac{1}{2} \left(1 - \dfrac{1}{n+1} \right)$

$\qquad = \dfrac{1}{2}$

09

정답 ③

출제의도 순열과 조합을 이용하여 경우의 수를 구할 수 있다.

특별비법 어떤 두 수의 합도 9가 되지 않아야 하므로 합이 9가 되는 두 수는 동시에 뽑힐 수 없다. 따라서 두 수의 합이 9가 되는 경우를 먼저 파악한 후, 그 두 수가 동시에 뽑히지 않는 경우를 구해야 한다.

문제 풀이

두 수의 합이 9가 되는 경우를 집합으로 나타내면

$\{1, 8\}, \{2, 7\}, \{3, 6\}, \{4, 5\}$

자연수 $1, 2, 3, 4, 5, 6, 7, 8$에서 어느 두 수의 합도 9가 되지 않으려면 위 집합을 만족하는 두 원소가 모두 선택되지 않아야 한다.

따라서 각각의 집합에서 하나의 원소를 뽑아 네 수를 나열하는 경우의 수와 같으므로

$2^4 \times 4! = 16 \times 24 = 384$

10

정답 ④

출제의도 이항정리를 이용하여 주어진 항을 구할 수 있다.

특별비법 파스칼의 삼각형에서 $_{n+1}\mathrm{C}_r = {}_n\mathrm{C}_{r-1} + {}_n\mathrm{C}_r$이다. (단, $1 \leq r \leq n$)

문제 풀이

파스칼의 삼각형에서의 성질을 이용해 주어진 식을 정리하면

$$_{10}C_0 +_{10}C_2 +_{10}C_4 +_{10}C_6 +_{10}C_8 +_{10}C_{10}$$
$$=_9C_0 +(_9C_1 +_9C_2) +\cdots +(_9C_7 +_9C_8) +_9C_9$$

이때, $_nC_0 +_nC_1 +\cdots +_nC_n =2^n$이므로

$$_9C_0 +_9C_1 +_9C_2 +\cdots +_9C_7 +_9C_8 +_9C_9 =2^9 =512$$

11

정답 ④

출제의도 함수의 연속성을 이용하여 주어진 값을 구할 수 있다.

특별비법 $f(x)$가 $x=a$에서 연속이려면 다음 조건을 만족해야 한다.

ⅰ) $f(a)$가 존재

ⅱ) $\lim\limits_{x \to a} f(x)$가 존재

ⅲ) $f(a)=\lim\limits_{x \to a} f(x)$

문제 풀이

함수 $f(x)=\begin{cases} x^2 & (x\neq 1) \\ 2 & (x=1) \end{cases}$의 그래프는 다음 그림과 같다.

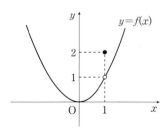

ㄱ. (참)

$\lim\limits_{x \to 1-} f(x)=\lim\limits_{x \to 1+} f(x)=1$

ㄴ. (거짓)

$g(x)=f(x-a)$의 그래프는 $f(x)$의 그래프를 x축의 방향으로 a만큼 평행이동한 그래프이다.

함수 $f(x)$는 $x=1$에서 불연속이므로 함수 $g(x)$는 $1+a$에서 불연속이다. 따라서 함수 $g(x)$는 실수 전체에서 연속하지 않는다.

ㄷ. (참)

$y=x-1$이 실수 전체의 집합에서 연속이고, $y=f(x)$는 $x=1$에서 불연속이므로 $h(x)=(x-1)f(x)$가 $x=1$에서 연속이면 함수 $h(x)$는 실수 전체의 집합에서 연속이다.

$\lim\limits_{x \to 1-} h(x)=\lim\limits_{x \to 1-}(x-1)x^2 =0$

$\lim\limits_{x \to 1+} h(x)=\lim\limits_{x \to 1+}(x-1)x^2 =0$

$\therefore \lim\limits_{x \to 1} h(x)=0$

$h(1)=(1-1)f(1)=0$

따라서 $h(1)=\lim\limits_{x \to 1} h(x)=0$이므로 $h(x)$는 모든 실수 x에 대하여 연속이다.

12

정답 ②

출제의도 함수의 극한을 이용하여 주어진 값을 구할 수 있다.

특별비법 주어진 함수의 극한이 $\frac{0}{0}$ 꼴이면서 분수식일 경우에는 인수분해한 다음 약분하여 극한을 구한다.

문제 풀이

$\lim\limits_{x \to 2} \dfrac{x^2 -x -a}{x-2}$의 값이 존재하고 $\lim\limits_{x \to 2}(x-2)=0$이므로

$\lim\limits_{x \to 2}(x^2 -x -a)=0$

따라서 $\lim\limits_{x \to 2}(x^2 -x -a)=4-2-a=0$이므로 $a=2$

$$\therefore \lim\limits_{x \to 2} \dfrac{x^2 -x -2}{x-2}=\lim\limits_{x \to 2} \dfrac{(x-2)(x+1)}{x-2}$$
$$=\lim\limits_{x \to 2}(x+1)=3=b$$

$\therefore a+b=2+3=5$

13

정답 ①

출제의도 $\sum$의 성질을 이용하여 수열의 합을 추론할 수 있다.

특별비법 $\sum\limits_{k=1}^{n} k^2 =\dfrac{1}{6} n(n+1)(2n+1)$

문제 풀이

$$\sum\limits_{k=2}^{n} a_k -\sum\limits_{k=1}^{n-1} a_k$$
$$=(a_2 +a_3 +\cdots +a_{n-1} +a_n)-(a_1 +a_2 +\cdots +a_{n-1})$$
$$=a_n -a_1$$

이때, $\sum\limits_{k=2}^{n} a_k -\sum\limits_{k=1}^{n-1} a_k =a_n -a_1 =2n^2 +2$

양변에 $n=2$를 대입하면

$a_2 -a_1 =2\times 2^2 +2=10$

$a_1 +a_2 =8$과 연립하면

$a_1 =-1,\ a_2 =9$

따라서 수열 $\{a_n\}$에서 $a_1=-1$, $a_n=2n^2+1(n\geq2)$

$$\therefore \sum_{k=1}^{10} a_k = a_1 + \sum_{k=2}^{10} a_k$$
$$= -1 + \sum_{k=2}^{10}(2k^2+1)$$
$$= -1 + \sum_{k=1}^{10}(2k^2+1)-3$$
$$= -4 + 2\sum_{k=1}^{10}k^2 + 1\times10$$
$$= -4 + 2\times\frac{10\times11\times21}{6} + 10$$
$$= 776$$

14

정답 ③

출제의도 함수의 연속성을 이용하여 수열의 합을 구할 수 있다.

특별비법 x^n이 포함된 함수의 극한은 x의 값에 따라 극한 값이 다르기 때문에 범위를 나누어 생각한다.

문제 풀이

i) $0<x<1$일 때, $\lim\limits_{n\to\infty}x^n=0$이므로

$$f(x)=\lim_{n\to\infty}\frac{ax^n}{1+x^n}=\frac{a\times0}{1+0}=0$$

ii) $x=1$일 때, $\lim\limits_{n\to\infty}x^n=1$이므로

$$f(x)=\lim_{n\to\infty}\frac{ax^n}{1+x^n}=\frac{a\times1}{1+1}=\frac{a}{2}$$

iii) $x>1$일 때, $\lim\limits_{n\to\infty}\frac{1}{x^n}=0$이므로

$$f(x)=\lim_{n\to\infty}\frac{ax^n}{1+x^n}=\lim_{n\to\infty}\frac{a}{\frac{1}{x^n}+1}=\frac{a}{0+1}=a$$

따라서 정리하면 $f(x)=\begin{cases} 0 & (0<x<1) \\ \dfrac{a}{2} & (x=1) \\ a & (x>1) \end{cases}$

$\sum\limits_{k=1}^{10} f\left(\dfrac{k}{5}\right)=f\left(\dfrac{1}{5}\right)+f\left(\dfrac{2}{5}\right)+f\left(\dfrac{3}{5}\right)+\cdots+f\left(\dfrac{9}{5}\right)+f\left(\dfrac{10}{5}\right)$에서

$f\left(\dfrac{1}{5}\right)=f\left(\dfrac{2}{5}\right)=f\left(\dfrac{3}{5}\right)=f\left(\dfrac{4}{5}\right)=0$

$f\left(\dfrac{5}{5}\right)=f(1)=\dfrac{a}{2}$

$f\left(\dfrac{6}{5}\right)=f\left(\dfrac{7}{5}\right)=f\left(\dfrac{8}{5}\right)=f\left(\dfrac{9}{5}\right)=f\left(\dfrac{10}{5}\right)=a$이므로

$\sum\limits_{k=1}^{10} f\left(\dfrac{k}{5}\right)=0\times4+\dfrac{a}{2}+a\times5=\dfrac{11}{2}a$

$\therefore \dfrac{11}{2}a=33$이므로 $a=6$

15

정답 ②

출제의도 표본평균의 분포와 관련된 실생활 문제를 해결할 수 있다.

특별비법 모집단이 정규분포 $N(m, \sigma^2)$을 따르면 표본평균 $\overline{X}$는 정규분포 $N\left(m, \dfrac{\sigma^2}{n}\right)$을 따른다.

문제 풀이

이 지역의 1인 가구의 월 식료품 구입비를 확률변수 X라 하면 X는 정규분포 $N(45, 8^2)$을 따른다.

이 지역의 1인 가구 중 임의로 추출한 16가구의 월 식료품 구입비의 표본평균을 $\overline{X}$라 하면

$E(\overline{X})=45$, $\sigma(\overline{X})=\dfrac{8}{\sqrt{16}}=2$이므로

확률변수 $\overline{X}$는 정규분포 $N(45, 2^2)$을 따르며 확률변수 $Z=\dfrac{\overline{X}-45}{2}$는 표준정규분포 $N(0, 1)$을 따른다.

$\therefore P(44\leq\overline{X}\leq47)=P\left(\dfrac{44-45}{2}\leq Z\leq\dfrac{47-45}{2}\right)$
$=P(-0.5\leq Z\leq1)$
$=P(0\leq Z\leq0.5)+P(0\leq Z\leq1)$
$=0.1915+0.3413$
$=0.5328$

16

정답 ①

출제의도 정적분을 이용하여 수학 내적 문제를 해결할 수 있다.

특별비법 역함수 관계에 있는 두 함수는 $y=x$에 대칭이라는 사실을 이용하여 $\int g(x)\,dx$의 값을 간접적으로 구한다.

문제 풀이

$y=f(x)$와 $y=g(x)$는 역함수 관계이므로 $y=x$에 대하여 대칭이다.

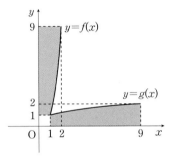

따라서 그림에서 어두운 두 부분의 넓이가 같다.

$$\therefore \int_1^9 g(x)dx = 18 - 1 - \int_1^2 f(x)dx$$
$$= 17 - \int_1^2 (x^3 + x - 1)dx$$
$$= 17 - \left[\frac{1}{4}x^4 + \frac{1}{2}x^2 - x\right]_1^2$$
$$= 17 - \frac{17}{4} = \frac{51}{4}$$

17 　　　　　　　　　　　　　정답 ③

출제의도　조건부 확률을 이용하여 주어진 값을 구할 수 있다.

특별비법　사건 A가 일어났다는 조건 하에서 사건 B가 일어날 확률인 조건부확률은 $\mathrm{P}(B|A) = \dfrac{\mathrm{P}(A \cap B)}{\mathrm{P}(A)}$ 이다.

문제 풀이

14명의 학생 중에서 임의로 뽑은 3명이 선택한 악기가 모두 같은 사건을 E라 하자.

이때, 14명의 학생 중에서 임의로 뽑은 3명이 선택한 악기가 피아노인 사건을 A, 바이올린인 사건을 B, 첼로인 사건을 C라 하면

$$\mathrm{P}(A) = \frac{_3\mathrm{C}_3}{_{14}\mathrm{C}_3} = \frac{\frac{3 \times 2 \times 1}{3 \times 2 \times 1}}{\frac{14 \times 13 \times 12}{3 \times 2 \times 1}} = \frac{1}{364}$$

$$\mathrm{P}(B) = \frac{_5\mathrm{C}_3}{_{14}\mathrm{C}_3} = \frac{\frac{5 \times 4 \times 3}{3 \times 2 \times 1}}{\frac{14 \times 13 \times 12}{3 \times 2 \times 1}} = \frac{10}{364}$$

$$\mathrm{P}(C) = \frac{_6\mathrm{C}_3}{_{14}\mathrm{C}_3} = \frac{\frac{6 \times 5 \times 4}{3 \times 2 \times 1}}{\frac{14 \times 13 \times 12}{3 \times 2 \times 1}} = \frac{20}{364}$$

$$\therefore \mathrm{P}(E) = \mathrm{P}(A) + \mathrm{P}(B) + \mathrm{P}(C) = \frac{31}{364}$$

14명의 학생 중에서 임의로 뽑은 3명이 선택한 악기가 모두 같을 때, 그 악기가 피아노이거나 첼로일 확률은

$$\mathrm{P}(A \cup C|E) = \frac{\mathrm{P}(A \cup C)}{\mathrm{P}(E)} = \frac{\frac{1}{364} + \frac{20}{364}}{\frac{31}{364}} = \frac{21}{31}$$

18 　　　　　　　　　　　　　정답 ④

출제의도　확률의 덧셈정리를 이용하여 확률을 구할 수 있다.

특별비법　$A \cap B^c = A - B$, $B \cap A^c = B - A$

문제 풀이

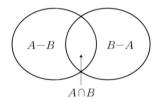

$$\mathrm{P}(A \cap B) = \mathrm{P}(A \cup B) - \mathrm{P}(A - B) - \mathrm{P}(B - A)$$
$$= \frac{2}{3} - \frac{1}{6} - \frac{1}{6} = \frac{1}{3}$$

19 　　　　　　　　　　　　　정답 ②

출제의도　미분을 이용하여 접선의 방정식을 구할 수 있다.

특별비법　기울기가 m이고 점 (x_1, y_1)을 지나는 직선의 방정식은 $y - y_1 = m(x - x_1)$이다.

문제 풀이

점 $\mathrm{P}(a, -6)$은 곡선 $y = x^3 + 2$ 위의 점이므로
$a^3 + 2 = -6$, $a^3 = -8$
$\therefore a = -2$
따라서 $y' = 3x^2$이고, 점 $\mathrm{P}(-2, -6)$에서의 미분계수는
12이므로 접선의 방정식은
$y - (-6) = 12\{x - (-2)\}$
$\therefore y = 12x + 18$
$\therefore m = 12, n = 18$
$\therefore a + m + n = (-2) + 12 + 18 = 28$

20 　　　　　　　　　　　　　정답 ③

출제의도　중복조합을 이용하여 경우의 수를 구한다.

특별비법　서로 다른 n개에서 중복을 허락하여 r개를 택하는 조합을 중복조합이라고 하고, $_n\mathrm{H}_r$로 나타낸다.

문제 풀이

A가 3개의 공을 받았으므로, B, C는 7개의 공을 나누어 갖는다.

따라서 두 사람에게 7개의 공을 나누어 주는 경우의 수는 $_2\mathrm{H}_7 = {}_{2+7-1}\mathrm{C}_7 = {}_8\mathrm{C}_7 = {}_8\mathrm{C}_1 = 8$

| 01 ② | 02 ④ | 03 ① | 04 ④ | 05 ② |
| 06 ① | 07 ② | 08 ③ | 09 ③ | 10 ① |

01

정답 ②

사람들은 절대로 첫사랑을 잊지 못한다고 한다. 그러나 평생 동안 당신의 (이성) 관계를 파괴할 수 있기 때문에 첫사랑에 대한 기억들은 잊어야 한다. 사회학자들은 젊은 시절의 사랑에 대한 행복감이 미래의 모든 로맨스를 판단하는 현실적인 기준이 될 수 있다는 것을 알아냈다. 한 보고서에 따르면, (이성) 관계에 있어서 오랜 기간의 행복을 확실히 하는 최고의 방법은 첫사랑에 집착하지 않는 것이다. (이성) 관계에 대해 좀 더 현실적인 관점을 가지고 있는 사람들이 좀 더 성공적인 장기적 관계를 이어나가는 경향이 있다. 왜냐하면 그들은 한때 그들이 옛 연인과 나누었던 강렬한 열정을 되살리려고 하지 않기 때문이다.

주제 첫사랑을 잊어야 하는 이유

핵심 표현 destroy 파괴하다 relationship (이성) 관계 sociologist 사회학자 standard 기준 judge 판단하다 make sure 확실히 하다 long-term 장기간 stick to ~ 집착하다 practical 현실적인 tend to ~하는 경향이 있다 recreate 되살리다 passion 열정

출제의도 글의 맥락을 이해하고 맥락상 관계없는 문장을 고를 수 있다.
특별비법 글 전체의 흐름을 방해하는 어휘의 잘못된 쓰임을 바탕으로 찾아야 한다.

문제 풀이 글 전체에서 첫사랑과의 기억을 버려야 미래의 장기적인 이성관계를 성공적으로 가질 수 있다고 하였으므로 젊은 시절의 로맨스가 미래의 이성 관계의 현실적인 기준이 된다는 말은 글의 흐름을 방해한다고 볼 수 있다.

02

정답 ④

모든 지도자는 그의 내부에 있는 원, 즉 안락지대에서 출발한다. 이는 우리가 편안해 하는 것을 바탕으로 작업하고, 우리가 무엇을 할 수 있는지 잘 알며, 지속적으로 예상된 성과와 결과를 성취할 수 있

는 영역이다. 그 다음 지대의 목적은 그 영역 너머로 밀고 나아가 새로운 것들을 배우기 시작하는 것이다. 이것은 학습 지대로 알려져 있다. 새로운 환경이나 구역에서, 우리는 적응하고 새로운 방식들로 수행하는 것을 배워야 한다. 학습 영역 너머에 용기 지대가 놓여 있다. 이 지대에서, 우리는 학습을 계속하지만, 성취하기 위해 상당한 용기가 필요한 더 대단하고 더 어려운 일을 완수해야하는 도전을 받기 때문에 학습 곡선이 보다 가파르다. 가장 바깥 원은 수행 지대로 알려져 있는데, 일단 우리가 새로운 학습을 익히고 모든 새로운 지식을 가지고 실험할 용기를 지녔다면, 우리는 이전과 다른 수행을 진정으로 시작할 것이기 때문이다.

주제 지도자가 거쳐야 할 여러 영역들

핵심 표현 operate 작동하다 be capable of ~를 할 수 있다 consistently 지속적으로 achieve 성취하다 outcome 결과 beyond 너머 be known as ~로 알려져 있다 adapt 적응하다 perform 수행하다 courage 용기 steep 가파른 accomplish 완수하다 outermost 가장 바깥의 experiment 실험

출제의도 글의 주제를 파악할 수 있다.
특별비법 나열된 단계들이 무엇을 위한 것인지 알아야 한다.

문제 풀이 지도자들이 안락지대에서 시작하여 새로운 것을 학습하고 적응해 나가고 이것을 실제로 수행한다는 것을 각 영역별로 설명해주고 있다.

03

정답 ①

우리는 흔히 모든 종류의 단체 운동을 함으로써 신체적 한계를 시험하며 어린시절을 보낸다. 고등학생이 되면 두세 개의 단체 운동에 참여하기까지 한다. 우리가 충분한 신체적 강인함을 가지고 있기 때문이다. 그러나 성인기에 도달하면, 비록 우리 중 절반 이상이 여전히 운동하는 것을 즐기지만, 아주 적은 수의 사람들만이 최고 수준에서 경쟁할 수 있다. 즉, 우리는 이전만큼 신체적으로 강하지 않다는 것을 알게 된다. 자연스럽게, 충돌을 필요로 하는 미식축구, 축구, 혹은 농구와 같은 단체 운동에서 벗어나 신체적 부상의 위험이나 몸에 스트레스를 더 적게 주는 운동으로 옮겨가게 된다. 사실 많은 사람들이 개인 운동으로 방향을 돌린다. 따라서 성인 세계에서는 단체 운동을 구성하는 것은 더 어려워진다.

주제 성인이 개인 운동을 지향하는 이유

핵심 표현 physical 신체적인 so far as ~까지 engage in 참여하다 strength 힘 compete 경쟁하다 elite 최고의 naturally 자연스럽게 collision 충돌 offer 제공하다 injury 부상 individual 개인 organize 구성하다

출제의도 글 속에 쓰인 문법의 개념을 확실히 알 수 있다.
특별비법 정확한 구문 분석으로 문장이 문법적으로 옳고 그른지 파악하여야 한다.

문제 풀이 ① 동사 'spend'가 '~하면서 시간을 보내다'라는 뜻으로 쓰일 때에는 'spend+시간 명사+~ing'의 형태를 갖추기 때문에, 'to test'는 'testing'으로 바뀌어야 한다.

04

정답 ④

많은 포식자들은 첫 공격이 먹이의 머리를 겨냥하도록 한다. 어떤 먹이 종들은 그들의 뒤쪽 끝 부분에 있는 가짜 머리를 진화시킴으로써 이러한 성향을 이용해 왔다. 예를 들어, Thecla togarna 종의 개체들은 뒷날개 끝에 가짜 더듬이가 달린 가짜 머리를 가지고 있다. 착지하자마자, 그 나비는 자기의 뒷날개를 움직이는데, 그렇게 함으로써 진짜 더듬이는 가만히 있고 가짜 더듬이만 위 아래로 움직이게 된다. Thecla togarna의 두 번째 속임수는 착지한 순간에 나비가 빠르게 몸을 돌리고 그 결과 가짜 머리가 이전의 비행 방향을 가리키게 될 때 나타난다. 접근해오던 포식자는 예상했던 방향과는 반대 방향으로 날아가는 먹이와 맞닥뜨리게 된다. 실험들은 가짜 머리와 관련된 문양이 조류 포식자들의 공격을 잘못된 방향으로 유도하여 그 먹이의 <u>탈출 가능성을 높여주고</u> 있음을 입증해왔다.

① 흔적을 남기다
② 개체수를 줄이다
③ 생존의 가능성을 낮추다
④ 탈출 가능성을 높여주다

주제 포식자의 성향을 이용하는 먹이 종

핵심 표현 predator 포식자 initial 초기의 attack 공격 prey 먹이 species 종 take advantage of 이용하다 tendency 경향 evolve 진화하다 false 가짜의 posterior 뒤쪽의 possess 가지다 dummy 가짜의 antennae 안테나 tip 끝 hindwing 뒷날개 motionless 움직임이 없는 occur 일어나다 instant 즉각의 previous 이전의 approach 접근하다 confront 맞닥뜨리다 flutter 파닥이다 demonstrate 입증하다 associate 연관되다

구문 해설

Upon landing, the butterfly moves its hindwings, and thereby the dummy antennae up and down while keeping the true antennae motionless.

'(up)on ~ing'는 '~하자마자'의 의미를 가지고 있고 'its'가 지칭하는 것은 'the butterfly'이다. 'thereby'는 '그렇게 함으로써'의 의미를 갖는 접속부사이다. 'while'은 접속사로 '주어+동사'의 절을 이끌지만 'it is'가 생략되어 'while keeping~'으로 쓰였다.

출제의도 글의 주제를 확실히 파악하고 빈칸에 들어갈 알맞은 말을 찾아낼 수 있다.
특별비법 문맥의 앞뒤를 살펴 자연스럽게 이어지는 말을 찾는다.

문제 풀이 지문에 나온 두 가지 예는 Thecla togarna가 어떻게 포식자들의 공격을 피할 수 있는지를 보여준다. 이로부터 가짜 머리가 생존에 도움을 준다는 것을 유추할 수 있고 이에 빈칸에 가장 적절한 것은 ④이다.

05

정답 ②

스포츠 분야에서 직업 상승의 과정은 종종 피라미드와 같다고 말해진다. (A)즉, 넓은 하단부에는 고등학교 체육팀과 관련된 많은 직업이 있는 반면에, 좁은 꼭대기에는 사람들이 몹시 갈망하는 전문적인 조직과 관련된 매우 적은 수의 직업이 있다. 그래서 전체적으로는 스포츠와 관련된 많은 일자리가 있지만 사람들이 위로 올라갈수록 경쟁이 점점 더 치열해진다. 다양한 직위의 봉급이 이 피라미드 모델을 반영하고 있다. (B)예를 들어, 고등학교 축구 코치들은 전형적으로 그들의 방과 후 일에 대해 약간의 수당을 지급받는 교사들이다. 하지만 큰 대학에의 축구 코치들은 매년 백만 달러 이상의 돈을 버는데, 이것은 대학 총장의 봉급을 비교적 작아보이게 한다. 한 단계 위로 올라간 것이 NFL인데, 그곳의 감독들은 돈을 가장 잘 버는 대학의 감독들보다 몇 배를 더 벌 수 있다.

	(A)		(B)
①	예를 들어	…	그럼에도 불구하고
②	즉	…	예를 들어
③	그러나	…	게다가
④	그럼에도 불구하고	…	그러므로

주제 피라미드 모양의 스포츠 분야 직업 구조

핵심 표현 process 과정 advancement 진보, 승진

pyramid 피라미드 base 맨 아래 부분 athletic 경기의
competition 경쟁 increasingly 점점 더 reflect 반영하
다 comparison 비교 counterpart 대응 관계에 있는 것

출제의도 글의 전체적인 맥락을 살펴 빈칸에 알맞은 접속
사를 찾을 수 있다.
특별비법 문맥의 앞뒤를 살펴 자연스럽게 이어지는 말을 찾
는다.

문제 풀이 빈칸 (A)에는 앞 문장에서 말한 내용을 조
금 더 구체적으로 다시 풀어 이야기하는 것으로 '즉'의
의미를 갖는 'That is'가 알맞다. 빈칸 (B)에는 앞 문장
과 관련된 실제적이고 구체적인 예를 언급할 것을 나
타내는 접속사인 'For example'이 들어가는 것이 적절
하다.

06
정답 ①

만약 조건이 맞다면, (A)멸종된 언어조차도 다시
살아날 수 있다. 그 언어를 다시 원하는 사람들이
있어야 한다. 또한, 문자로 쓰여 있거나 녹음된 그
언어의 자료가 어떤 형태로든 있어야 한다. Kaurna
라고 불리는 호주 남부 원주민의 한 언어에 이런 일
이 일어났다. 그 언어의 마지막 원어민은 1929년에
죽었지만, 1980년대에 한 집단의 사람들이 그들의
언어를 되살리고 싶다는 결정을 내렸다. "그 언어는
죽지 않았습니다. 단지 자고 있을 뿐입니다."라고
그 집단의 지도자는 말했다. 다행히도, 19세기 자료
가 남아있어서 한 언어학자가 그 언어를 생생하게
(B)서술할 수 있었고 Kaurna인들이 그 언어를 다시
배우기 시작하도록 도울 수 있었다. 오늘날, 그 언
어를 학교에서 가르치고 있으며, 아마도 언젠가는
몇몇의 아이들이 자신의 모국어로 배우기 시작할
것이다.

	(A)		(B)
①	멸종된	…	서술
②	멸종된	…	처방
③	본능	…	서술
④	본능	…	처방

주제 멸종된 언어인 Kaurna 언어에 대한 내용
핵심 표현 bring back to life 되살리다 material 자료
native speaker 원어민 fortunately 다행히도 survive
생존하다 mother tongue 모국어

출제의도 알맞은 어휘를 찾아 글의 흐름을 자연스럽게 한다.
특별비법 각각의 단어를 정확하게 알고 문장에서 어떻게
쓰이는지를 알아야 한다.

문제 풀이 (A)에는 '되살려지다'라는 표현에 상응하
는 단어로서 '멸종된'의 의미를 갖는 'extinct'가 들어가
는 것이 알맞다. (B)에는 남아있던 자료들로 Kaurna를
'서술'하고 그 언어를 배울 수 있게 도왔다는 것이 자연
스러움으로 'description'이 들어가는 것이 적절하다.

07
정답 ②

인도네시아 남동쪽 Papua주의 정글 속 깊은 곳에
Korowai 부족이 살고 있다. 1974년 한 네덜란드 인
에 의해 그들이 발견될 때까지 Korowai족은 외부
세계와 어떠한 접촉도 거의 하지 않았다. Korowai
족은 거의 모든 것을 그들 스스로 생산하며 아직도
자급자족한다. Korowai족 가정은 근처에 그들의 정
원을 가지고 그곳에서 고구마와 채소를 재배한다.
그들은 바로 인접한 주변 환경에서 자연이 제공하
는 무엇이든 그것에 의존하여 살아간다. 그들은 교
환의 수단으로 돼지를 기르고 사냥을 위해 개를 기
른다. Korowai 사람들은 나무 위 높은 곳에 있는 집
에 산다. 그 집들은 가족들을 아래에 있는 수많은
모기들로부터 뿐만 아니라, 귀찮게 하는 이웃들과
악령으로부터도 보호해 준다.

주제 Korowai 부족이 사는 모습
핵심 표현 province 주 tribe 부족 discovery 발견
hardly 거의 ~않는 contact 접촉 self-sufficient 자
급자족하는 nearby 근처에 cultivate 재배하다 live
off ~에 의지해서 살다 immediate 아주 가까이에 있는
surroundings 주변 raise 기르다 as a means of ~
의 수단으로 not only A but also B A 뿐만 아니라 B도
annoying 귀찮게 하는

출제의도 문맥상 문법에 맞는 표현을 찾을 수 있다.
특별비법 각 문장에서 단어가 어떤 역할을 하고 있는지
알고 문맥에 맞추어 알맞은 답을 유추한다.

문제 풀이 (A)의 경우 콤마와 함께 쓰이고, 콤마 뒤
의 주어와 주절의 주어와 같은 것으로 보아 분사구문
임을 알 수 있다. 이때, 분사구문의 숨겨진 주어인 'The
Korowai'가 동사 'produce'를 행하는 주체이기 때문
에 능동형 분사인 'producing'이 들어가는 것이 적절
하다. 한편, 'not only A but also B'의 병렬구조를 이루
려면 (B)에는 'but'이 들어가는 것이 적절하다.

정답 ③

아이들이 얼마나 먹을 것인지, 그들이 먹고 싶은 지 아닌지, 그리고 무엇을 먹기를 원할지에 대해 아이들에게 선택권을 주고 자신이 결정하게 허락하라. 예를 들어 "Lisa야, 파스타와 미트볼을 먹고 싶니 아니면 닭고기와 구운 감자를 먹고 싶니?"라고 묻듯이 당신이 저녁 식사를 위해 만들려고 생각하고 있는 것에 대한 의사결정 과정에 그들을 포함시켜라. 그들이 저녁 식사 동안 얼마나 먹어야 하는지를 의논할 때, 그들에게 적당량의 음식을 주어라. 만약 그들이 (식사를) 마친 후에도 여전히 '배고프다'고 주장하면, 5분에서 10분 동안 기다리라고 하고, 만약 그들이 계속 배고픔을 느끼면, 그때 그들은 또 한 접시의 음식을 먹을 수 있다. 제대로 배운다면, 이것들은 훌륭한 자신감과 자기통제를 가르쳐 주는 멋진 행동들이다.

① 그들이 원하는 만큼 먹게
② 식탁에서 음식을 즐길 수 있게
③ 자신이 결정하게
④ 그들 스스로에게 몇 가지 질문들을 하게

주제 식사와 관련된 올바른 훈육법
핵심 표현 option 선택권 allow 허락하다 whether ~인지 아닌지 include 포함하다 discuss 의논하다 serve 제공하다 reasonable 합리적인 claim 주장하다 still 여전히 plate 접시 behavior 행동 properly 적절하게 brilliant 훌륭한 self-confidence 자신감 self-control 자기통제

출제의도 글의 주제를 파악하고 빈칸에 들어갈 알맞은 말을 찾아낼 수 있다.
특별비법 문맥의 앞뒤를 살펴 자연스럽게 이어지는 말을 찾는다.

문제 풀이 빈칸 뒤의 예시는 아이들에게 주어지는 선택권이며 아이들 스스로가 답할 수 있는 내용들이다. 또한, 글 전체에서 식사와 관련된 과정과 결정에 아이들을 포함시키라고 조언하는 점을 비추어 볼 때, '자신이 결정하게' 라는 말이 빈칸에 가장 적절하다.

09

정답 ③

M: 안녕하세요. Gretchen's Boxed Meals Express 입니다. 무엇을 도와드릴까요?
W: 안녕하세요. 주문을 하고 싶은데요.

M: 네. 어떤 걸로 하시겠어요?
W: 점심 도시락을 주문하고 싶어요. 치킨 샌드위치는 얼마인가요?
M: 하나에 7달러입니다. 얼마나 원하세요?
W: 10개요. 그리고 샐러드도 있나요?
M: 네. 이번 주에는 그린 샐러드를 3달러에 구입하실 수 있습니다.
W: 그러면 그린 샐러드 10개도 주세요.
M: 그러면 치킨 샌드위치 10개랑 그린 샐러드 10개네요. 맞죠?
W: 네, 그리고 제게 10% 할인쿠폰이 있어요.
M: 네. 쿠폰 번호를 말씀해주세요.
W: J, D, 1, 4.
M: 감사합니다. 총계에서 10% 할인되었습니다. 어디로 배달해드릴까요?
W: 13 Elizabeth가로 부탁합니다. 신용카드로 결제할게요.

① 두 개의 다른 봉투에 넣어주세요.
② 10시 정각에요.
③ 13 Elizabeth가로 부탁합니다.
④ 714-555-5160으로 전화주세요.

주제 점심도시락을 주문하는 손님과 종업원의 전화통화 내용
핵심 표현 place an order 주문을 하다 each 각각 add 추가하다 discount 할인 coupon 쿠폰 deliver 배달하다

출제의도 문맥상 자연스러운 대답을 찾을 수 있다.
특별비법 빈칸 앞에 오는 질문의 내용을 파악한다.

문제 풀이 빈칸 앞에 오는 말이 '어디로 배달해드릴까요?'로 장소를 묻고 있으므로 주소를 말해주는 ③이 정답으로 가장 적절하다.

10

정답 ①

W: Mike, Another Cosmos 봤니?
M: 아니, 하지만 굉장한 공상과학 영화라고 들었어.
W: 응. 인터넷에 좋은 감상평들이 많더라. 같이 보러가지 않을래?
M: 고맙지만, 사양할게.
W: 왜? 너 SF 영화 안 좋아하니?
M: 사실, 난 그 영화가 DVD로 나오길 기다리고 있어.
W: 음, 극장에서 큰 화면으로 보는게 더 좋지 않을까?
M: 극장에서 영화보는 게 매우 불편해. 내가 다리를 놓을 수 있는 충분한 공간이 없어.

W: 응, 우리 오빠도 같은 이야기를 했어. 그도 좌석 간의 간격이 너무 좁다고 불평하더라고.

M: 내 말이 그 말이야. 내가 집에서 DVD를 볼 때, 난 소파에서 내 다리를 쭉 뻗을 수 있어.

① 고맙지만, 사양할게.

② 왜 안되겠어? 나는 좋아.

③ 내 마음을 읽었구나.

④ 나도 같은 것을 물어보려던 참이었어.

주제 남자가 극장에서 영화를 보지 않는 이유

핵심 표현 review 감상평 theater 극장 uncomfortable 불편한 complain 불평하다 stretch 뻗다 couch 소파

출제의도 문맥상 자연스러운 대답을 찾을 수 있다.
특별비법 빈칸 앞에 오는 질문의 내용을 파악한다.

문제 풀이 빈칸 앞에서 함께 영화를 보자고 여자가 제안을 하고 빈칸 뒤에서는 공상과학 영화를 좋아하지 않느냐고 여자가 말하는 것으로 보아 빈칸에 남자가 거절하는 말이 들어가는 것이 가장 자연스럽다.

01 ③	02 ②	03 ④	04 ④	05 ④
06 ④	07 ③	08 ④	09 ②	10 ②
11 ④	12 ①	13 ③	14 ④	15 ①
16 ②	17 ②	18 ①	19 ④	20 ④

[01~02] [작문] 글쓰기 전략, 고쳐쓰기

01

정답 ③

출제의도 고쳐쓰기의 적절성을 판단할 수 있다.
특별비법 주어진 문장을 자연스럽게 수정할 수 있는 능력을 평가해야 하므로 수정한 내용을 글에 적용하여 그 적절성을 판단해야 한다.

문제 풀이 문장 내에서 ⓒ의 앞부분을 보면 '점심시간 10분 연장을 요구'하고 뒷부분에서도 '가사실 개방을 요구'하여 대등한 관계라 할 수 있다. 그러므로 ⓒ '그런데'는 적절한 접속사가 아님을 알 수 있다. 또한 ③의 '그래서'도 내용의 인과관계를 나타내기 때문에 적절하지 않다. 이때는 '또, 또한'이 적절하다.
오답 풀이 ① 건의문은 건의할 수 있는 대상을 명시하여 요구사항을 전달해야 하므로 학생 요구를 들어줄 수 있는 예상 독자를 명확히 제시할 필요가 있다.

02

정답 ②

출제의도 글쓰기의 주요 전략을 파악할 수 있다.
특별비법 주어진 자료인 [과제 수행 기록]의 내용이 [학생의 글]에 어떻게 반영되었는지를 파악해야 한다.

문제 풀이 학생의 '과제 수행 기록'을 살펴보면, 학생이 쓴 초고가 설득력이 떨어진다는 문제점이 있어 이를 해결하기 위해 '문제점, 원인, 요구 사항, 기대 효과'의 순으로 글의 내용을 구성한다고 했다. 그리고 [학생의 글]에서 이를 반영하여 점심시간의 식사 문제를 제기한 뒤 그 원인으로 식당 문제를 말하고 있다. 그리고 이를 해결하기 위해 필요한 사항이 가사실을 식당으로

개방해 줄 것을 요구하면서 그 효과도 이야기하고 있다. 따라서 ②의 내용이 글쓰기 전략이고 이 전략이 글에 반영되었음을 알 수 있다.

[03] [문법] 어휘의 선택

03

정답 ④

출제의도 어휘를 어법에 맞게 선택할 수 있다.
특별비법 흔히 잘못 표기하는 어휘의 바른 표기를 익혀야 한다.

문제 풀이 '잃다'는 '가지고 있던 물건이 없어져 그것을 가지지 않게 되다'는 의미이므로 '약속'이란 어휘에 쓸 수 있는 말이 아니다. 이때에는 '알고 있던 것을 생각해 낼 수 없거나 알지 못하는 상태가 되다'는 의미의 '잊다'를 써야 한다. 따라서 '잃어'를 옳다고 '○'로 표시한 것은 과제를 적절하게 수행하지 못한 것이다.
오답 풀이 ① '벌리다'는 '펴지거나 벌어지게 하다'는 의미이고, '벌이다'는 '맹렬하게 대립/다툼/경쟁을 하다'는 의미이므로, '논쟁을 벌였다'고 해야 맞는 표현이다.
② '메다'는 '음식을 먹거나 말을 할 때 목이 막히는 듯한 상태가 되다'는 의미이고, '매다'는 '실이나 끈 등으로 매듭이 이어지게 만들다', '논밭의 풀을 뽑다' 등의 의미이므로, '목이 메었다'가 맞는 표현이다.
③ '두껍다'가 주로 물체의 두께에 대해 쓰이는 말인 데 비해, '두텁다'는 우정이나 인정과 감정의 깊이에 대해 쓰이는 말이므로, '두꺼운 옷을 입었다'고 해야 맞는 표현이다.

[04] [화법] 대화에서 자료 내용 파악하기

04

정답 ④

출제의도 발표 내용 적용의 적절성을 파악한다.
특별비법 주어진 대화의 중심 내용인 '에너지 소비 효율 등급'에 대해 이해해야 한다.

문제 풀이 발표에서 새로운 기준이 적용되는 시점부터 생산된 제품은 같은 모델이라 하더라도 그 이전에

생산된 제품과 등급이 다를 수 있다고 했으므로, ④와 같이 동일한 모델에 대해 등급이 달라지는 경우는 없다고 설명하는 것은 발표 내용을 잘못 이해한 것이다.

[05] [문법] 중의적 문장 고쳐쓰기

05

정답 ④

출제의도 고쳐 쓴 이유를 파악할 수 있다.
특별비법 문장을 고쳐쓰기 위해서는 문장이 적절하게 쓰이지 못했음을 알아야 한다. 그러므로 이러한 문제를 해결하려면 국어 문장의 구조와 의미를 파악할 수 있어야 한다.

문제 풀이 (가)는 '지원이의 꿈은'과 '되고 싶다'가 호응을 이루지 못하고 있는 문장이다. 즉 주어와 서술어 간의 호응이 이루어지지 않은 문장이다. (나)는 '이용하면서' 앞에 '자연을'이라는 목적어가 생략된 문장이다. 즉 필요한 문장 성분이 누락된 문장이다. (다)는 '형이' 만나고 싶어 하는 것인지, '형을' 만나고 싶어 하는 것인지 분명하지 않은 중의적 문장이다. 따라서 정답은 ④이다.

[06] [문법] 문장 성분

06

정답 ④

출제의도 문장 성분을 알고 동일한 오류를 찾을 수 있다.
특별비법 주어진 [보기]의 문장에 나타난 오류를 문장 성분으로 분석하여 이를 선택지 문장에 대입해야 한다.

문제 풀이 [보기]의 문장에서는 먹는 대상으로 문장의 필수 성분인 '목적어', 즉 '먹다'의 대상어가 빠져 있다. ④에서도 '조정하다'라는 서술어가 동반해야 할 필수 성분으로서 조정의 대상인 '목적어'가 빠져 있다.
오답 풀이 ① '앞말이 행동이 이루어지고 있는 처소의 부사어임을 나타내는 격 조사'인 '-에서'를 쓸 곳에 '앞말이 처소의 부사어임을 나타내는 격 조사'인 '-에'를 사용하였다.
② 집회에 참가하는 사람을 나타내는 말로는 '군중'이 적절한데, '지켜보는 사람'을 뜻하는 '관중'을 쓰고 있다.
③ '피부 관리로 아름다움을 가꿨다.'의 주체를 나타내는 '여자는'이 빠져 있다.

[07-08] [독서] [예술] 강홍구, '미술관 밖의 미술 이야기'

요지 · 본문은 조각품의 입체적 성격을 평이한 진술과 적절한 사례를 통해 기술한 설명적인 글이다. 특히 조각의 입체성을 느끼기 위해서는 조각의 실공간과 허공간, 그리고 충분한 감상 공간의 확보를 전제로 하고 있는데, 오늘날 도시 환경 조각품 중에 이러한 넉넉한 공간이 잠식된 것들이 있음을 지적하고 있다. 평이한 문체와 로댕의 영화 이야기를 통해 조각에 대한 새로운 이해에 도움을 주는 글이다.

주제 조각의 공간적 특성과 입체성

07

정답 ③

출제의도 내용의 일치 여부를 확인할 수 있다.
특별비법 지문의 내용을 이해하기 위한 사실적 정보에 대한 확인 능력을 측정하는 문제이므로 제시문을 독해하면서 먼저 숙지한 선택지 내용과 대비해야 한다.

문제 풀이 본문은 조각품의 입체적 성격을 평이한 진술과 적절한 사례를 통해 기술한 설명적인 글이다. 특히 조각의 입체성을 느끼기 위해서는 조각의 실공간과 허공간, 그리고 충분한 감상 공간의 확보를 전제로 하고 있는데, 피라미드는 그런 관점에서 보면 넓은 사막이 피라미드의 조형적 미를 드러내는 데 기여하고 있으므로 조각의 공간 이해에 적합한 사례이다. 그러므로 '공간 배치가 잘못되었다.'는 ③은 잘못된 진술이다.

08

정답 ④

출제의도 정보를 적용하여 작품을 감상할 수 있다.
특별비법 먼저 필자의 의도를 파악해야 조각품의 감상 시 필요한 공간적 개념을 이해할 수 있다.

문제 풀이 [보기]의 (가)는 넓은 공간에 작품을 배치함으로써 작품의 미적 가치와 입체성이 살아나고 있음에 비해, (나)는 주변의 나무와 건물로 인해 작품의 허공간이 많이 잠식당하고 있으며, 사방에서 감상할 수 없도록 배치되어 있다. 따라서 ④번과 같이 실공간이 더욱 강렬해진다는 진술은 사실과도 부합하지 않으므로 잘못된 진술이다.

[09-11] [문학] [문학 복합] (가) 김동명, '어머니'; (나) 박인로의 시조'

(가) **작품해설** • 돌아가신 어머니에 대한 그리움이 잘 드러난 수필이다. 비록 배움은 없지만 삶에 대한 긍지와 지식에 대한 큰 포부를 갖고 사신 어머니의 모습은, 곧 대범하고도 꿋꿋하신 옛 어머니들의 모습을 대변한다. 회상의 형식을 빌어 산만구성으로 짜인 이 작품은, 어머니의 모습을 미화하기보다 위트와 유머를 섞어 서술한 진솔한 표현, 이야기의 빠른 전개, 자신의 심정을 비유하기 위한 옛 민요의 적절한 인용 등을 통해 어머니의 모습을 잘 묘사하고 있다.

주제 돌아가신 어머니에 대한 그리움
구성 • 1단락 : 돌아가신 어머니에 대한 그리움과 슬픔
• 2단락 : 어머니에 대한 회상

(나) **작품해설** • '早紅柿歌(조홍시가)'라 이름하는 이 노래는, 지은이가 선조 34년 9월에 한음(漢陰) 이덕형(李德馨)을 찾아가 조홍시의 대접을 받았을 매, 회귤(懷橘) 고사(故事)를 생각하고 돌아가신 어버이를 슬퍼하여 지은 효도의 노래이다.

주제 풍수지탄(風樹之嘆)
작품해석 소반 위에 놓인 홍시가 매우 곱게도 보인다. 유자가 아니라 할지라도 몸에 품고 돌아갈 만도 하다마는, (품속에) 품어 가도 반가워해 주실 분이 없으므로 그것으로 인하여 서러워합니다.

09
정답 ②

출제의도 글쓴이의 의도를 파악할 수 있다.
특별비법 산문에 운문을 삽입하였을 때, 나타나는 효과를 파악할 수 있는가를 묻는 문제이므로, 이와 같은 구성을 한 까닭을 생각하면서 주어진 자료를 읽어야 한다.

문제 풀이 (가)는 화자의 처지를 비유적으로 표현하는 운문인 [A]를 서두에 배치하여 독자의 흥미와 관심을 유발하면서(ㄱ), 동시에 글쓴이의 처지를 비유적으로 드러내는 효과(ㄷ)를 거두고 있다.
오답 풀이 [A]에는 비판적 태도(ㄴ), 또는 지방색이나, 향토적 색채(ㄹ)가 드러나 있지 않다.

10
정답 ②

출제의도 화자의 심리를 파악할 수 있다.
특별비법 다른 작품의 화자가 느끼는 심정에 해당하는 심리를 다른 작품 서술자의 심리에서 파악하는 문제이다. 이 문제에서는 두 작품 모두 작가가 느끼는 감정의 원인이 무엇인지를 먼저 파악해야 한다.

문제 풀이 (나)의 화자는 상 위에 놓인 감을 보고 돌아가신 어머니를 생각하고 슬퍼한다. (가)에서 (나)의 화자가 느끼는 것과 같은 부재(不在)하는 어머니에 대한 회한과 한탄, 그리움의 정서를 느낄 수 있는 것은 부모님이 돌아가시고 혼자가 되었다는 ⓒ이다.
오답 풀이 ㉠은 어머니와의 추억을 회상하면서 느끼는 따뜻한 마음이, ⓒ, ㉣은 어머니의 자식에 대한 기대감이, ㉤은 화자의 원망의 심리가 드러나 있다.

11
정답 ④

출제의도 시어의 시적 기능을 파악할 수 있다.
특별비법 각각 다른 작품 속에 등장하는 각기 다른 사물이 가지는 기능을 파악해야 하므로 주어진 사물이 의미라는 바를 주제와 관련하여 파악해야 한다.

문제 풀이 [보기]에서 화자는 남편이 좋아하던 '설렁탕'을 통하여 죽은 남편을 회상하는 것이고, (나)의 화자는 '감'을 통하여 돌아가신 어머니를 회상하는 것이다. 따라서 정답은 ④이다.
오답 풀이 ③ '비단옷'은 어머니를 회상하였을 때 기억나는 것이며, 또 금의환향하고 싶은 어머니의 마음을 의미하는 것이므로 적절하지 않다.

[12-14] [문학] [현대소설] 조세희, '난쟁이가 쏘아 올린 작은 공'

작품해설 • 이 작품에는 동화적 분위기가 드러나 있는데, '난쟁이'로 설정된 주인공, 환상적인 성격을 지닌 공간의 도입, 단문(短文) 중심의 문장 등이 이러한 성격을 형성한다.
작품에 등장하는 인물들은 하나같이 현실에서 상처를 입고 패배에 이르는 과정을 밟는 인물로 그려진다. 특히 주인공이 '난쟁이'로 설정된 것은 작가가 의도적으로 마련한 상징적 장치로 보아야 할 것이다.

'난쟁이'의 상징적 의미 : ① 작가는 중심인물을 '난쟁이'로 설정하고 있는데, '난쟁이'는 경제적으로 빈곤한 자, 소외된 사람을 의미하며 거대 자본을 상징하는 '거인'과 의미상 대립적 구조를 형성한다.
② '거인'과의 대결에서 '난쟁이'로 상징된 노동자들은 패배하는데, 마지막 부분에 제시된 영희의 대결 의지를 통해 이것이 영원한 패배가 되지 않을 것임을 암시한다.

12

정답 ①

출제의도 소설의 서사적 특징을 이해할 수 있다.
특별비법 작품의 기본적인 사항을 알고 있으면 쉽게 해결할 수 있는 문제이지만 처음 접한다면 작품을 읽으면서 선택지 내용을 일일이 확인해야 한다.

문제 풀이 1976년 '문학과 지성'에 발표된 이 작품은 연작 12편의 작품 중 4번째의 중편 소설로, 각각 다른 서술자가 진행하는 3부로 구성되어 있다. 제시된 지문은 1부로 큰아들 '영수'의 시점에서 서술한 것이며, 철거 통지서를 받은 후 가족의 비극적인 상황을 제시한 것이다. 따라서 정답은 ①이다.
오답 풀이 ② 이야기 속에 또 하나의 이야기가 포함된 액자소설의 형식이 아니라, 가족들의 생활이 과거/대과거/현재로 교차되면서 중첩되어 묘사된다. 이 부분은 서두 부분으로 현재와 과거 부분이다.
③ 뚜렷하게 부각된 인물은 없다.
④ 인물의 심리 묘사보다는 철거 계고장을 받은 후 가족의 비극적 상황을 제시하고 있다.

13

정답 ③

출제의도 사건의 양상을 이해, 적용할 수 있다.
특별비법 사건을 요약적으로 파악하는 문제이므로 과거와 현재가 섞인 제시문 내용을 각 인물의 행동을 중심으로 정리하면서 해야 한다.

문제 풀이 철거 계고장을 둘러싼 가족 간 대화를 보면, 서술자인 '나'는 아버지와 마찬가지로 철거를 할 수밖에 없는 현실을 받아들인다고 볼 수 있다. 따라서 떠날 수 없다고 말했다는 ⓒ의 내용은 알맞지 않다.

14

정답 ④

출제의도 작품 감상의 적절성을 판단할 수 있다.
특별비법 작품 감상의 네 가지 방식을 이해하여야 한다.

문제 풀이 ⓐ의 관점은 현실을 중심으로 하는 반영론적 시각에서 작품을 감상한 것으로 '산업화, 도시화가 급격히 진행되던 시대'를 말하고 있는 ④가 이에 속한다.
오답 풀이 ① 작가의 세계관 반영-표현론, ② 내재적 감상-구조론, ③ 작품을 읽고 우리 사회 문제에 대해 생각해 본다는 점에서 독자의 입장 반영-효용론

참고 작품 감상의 네 가지 방식

외재적 감상 : 작품 감상의 기준을 작품 외적인 것에 중점을 둔 경우
1. 표현론 – 작품을 감상하는데 작가를 중심으로 하는 경우
2. 효용론 – 독자의 입장에서 감상하는 경우
3. 반영론 – 현실을 중심으로 하는 경우
내재적 감상 : 작품 감상을 오로지 작품 자체에만 중점을 둔 경우
4. 구조론[절대주의적 관점] – 작품 자체에 주목하여 그 가치를 작품 내부에서 찾으려는 경우

[15-16] [문학] [고전소설] 허균, '홍길동전(洪吉童傳)'

작품해설 · 이 작품은 우리 나라 최초의 한글 소설로서, 봉건 사회가 안고 있는 적서(嫡庶) 차별의 제도적 모순과 사회적 비리를 고발한 작품이다. 또한 영웅적 인물의 제시와 전기성(傳奇性)을 바탕으로 한 사건 전개 등에서 고대 소설의 전형적인 형태를 보여 준다. 지문으로 제시된 부분은 홍길동이 '활빈당'을 조직하여 해인사의 재물을 탈취하고, 탐관오리를 응징하면서 백성들을 위해 일하는 장면이다.

주제 모순된 사회 제도의 개혁과 이상국의 건설
'홍길동전'의 구조[영웅의 일대기 구조] 이 작품은 영웅의 일대기 구조라는 전통적 서사 구조를 처음으로 소설화한 작품이다. 이 작품에서 드러난 영웅의 일대기 구조는 다음과 같다.

	영웅의 일대기 구조	'홍길동전'
혈통	고귀한 혈통의 인물	판서의 아들로 태어남.
태생	비정상적인 잉태 혹은 태생	시비에게서 태어난 서자(庶子)
능력	비범한 지혜와 능력	특별히 총명하고 도술에 능함.

	영웅의 일대기 구조	'홍길동전'
위기	어려서 위기를 겪고 죽을 고비에 이름.	주변의 음모로 생명의 위협을 받음.
고난	구출자, 양육자를 만나서 위기를 벗어남.	도술로 자객을 죽이고 위기를 벗어남.
위기	자라서 다시 위기에 부딪힘.	활빈당을 조직하자 나라에서 잡아들이려 함.
결말	위기를 극복, 승리자가 됨.	국가 권력을 물리치고 율도국의 왕이 됨.

15

정답 ①

출제의도   작품을 종합적으로 이해할 수 있다.
특별비법   주어진 문제는 작품에 대한 종합적인 이해를 묻고 있으므로 먼저 고전소설의 특징과 같은 작품에 대한 기본적인 사항을 파악해야 한다.

문제 풀이 이 작품은 고전 소설답게 시간적 순서에 따르는 순행적 구조를 보이고 있다. 즉 사건의 서술을 시간의 흐름에 따라 전개하고 있는 것이다. 따라서 정답은 ①이다.

오답 풀이 ② 이 글은 주인공 '길동'의 활약상을 주로 다루고 있다. 즉 주인공의 영웅적 면모를 보여주면서, 불합리한 사회 현실에 저항하는 인물을 제시하고 있다. 따라서 이 소설은 사건 중심의 이야기로 되어 있고, 인물의 심리 변화는 중심 내용이 아니다.
③ 이 글은 전지적 작가 시점이지 1인칭의 시점이 아니다.
④ 자연 배경에 대한 묘사도 거의 없을뿐더러, 그것을 통해 주제를 상징적으로 드러내고 있지도 않다.

16

정답 ②

출제의도   한자 성어의 의미를 파악할 수 있다.
특별비법   한자 성어에 대한 기본적인 내용을 미리 익혀야 한다.

문제 풀이 활빈당의 당원들이 재물을 들고 나갈 때 해인사의 중들은 꼼짝 없이 당하면서 소리만 지르고 있다. 이러한 상황을 나타내는 말은 '손을 묶은 것처럼 어찌할 도리가 없어 꼼짝 못 함'을 뜻하는 ②의 '속수무책(束手無策)'이 알맞다.

오답 풀이 ① 서로 적의를 품은 사람들이 한자리에 있게 된 경우나 서로 협력하여야 하는 상황을 비유적으로 이르는 말이다.
③ 은밀한 가운데 일의 실마리나 해결책을 찾아내려 함을 뜻한다.
④ 범이 눈을 부릅뜨고 먹이를 노려본다는 뜻으로, 남의 것을 빼앗기 위하여 형세를 살피며 가만히 기회를 엿봄 또는 그런 모양을 나타내는 말이다.

[17~18] [문학] [현대시] 정지용, '비'

작품해설 • 이 시는 정지용의 시 가운데서 시어, 사물에 대한 인식, 형식 등에 있어서 가장 정제된 작품으로 평가받고 있는 작품이다. 자연 현상을 섬세한 묘사로 표현한 이 작품은 정교한 언어로 그려진 한 폭의 산수화를 보는 듯한 인상을 주고 있다. 시적 화자는 비 내리는 모습을 감각적 시어의 유기적 결합 방법과 순차적 시간의 질서에 따라 섬세하게 묘사하고 있을 뿐, 그 어떤 감정 표출도 하지 않는다.

주제 비 내리는 날의 서경과 서정
구성 • 1~2연 : 비가 오기 직전 모습
• 3~4연 : 빗방울이 톡톡 떨어지는 모습
• 5~6연 : 빗물이 모여서 여울이 되어 흘러가는 모습
• 7~8연 : 빗방울이 나뭇잎에 떨어지는 모습
이해의 핵심 ① 간결한 시행과 규칙적인 연 구성으로 자연스런 휴지(休止)와 여백의 미 조성함. ② 시간의 흐름에 따른 시상 전개함(추보식 구성). ③ 자연 현상에 대한 섬세한 묘사로만 시상을 전개함.(한 폭의 산수화를 보는 듯함) ④ 주관적 감정을 배제하고 자연을 관찰하여 묘사함.

17

정답 ②

출제의도   내용의 적절함을 파악할 수 있다.
특별비법   내용의 흐름을 올바로 이해하였는가를 묻는 문제이므로 [보기]의 내용을 시의 구성에 맞추어 보아야 한다.

문제 풀이 이 시는 회화적 요소가 강하게 느껴지는 작품이다. 즉 비가 내리기 전의 모습, 비가 내리는 모습, 빗물이 땅에 떨어져 흘러가는 모습, 잠시 멎은 비가 다시 내리는 모습이 시간 흐름과 시선 이동에 따라 포착되어 그려지고 있다. 이 시의 '3', '4'연은 빗물이 땅

에 떨어져 튕기는 모습을 비유적으로 형상화한 것이다. 따라서 '산새가 비를 피해 날갯짓을 한다'는 ⓒ의 설명은 알맞지 않은 내용이다.

18

정답 ①

출제의도   특정 부분에 나타난 표현 방식을 파악할 수 있다.
특별비법   표현 방식을 올바로 이해하여 작품을 감상할 수 있는가를 묻는 문제이므로 이 시가 가지는 가장 큰 특징인 관찰과 묘사를 작품에서 파악할 수 있어야 한다.

문제 풀이   [A]는 빗물이 모여 작은 물줄기를 이뤄 흘러내리는 모습을 시각적으로 표현하면서 마치 사람의 모습인 듯 '수척한 흰 물살.', '손가락 펴다.'로 나타내었다. 따라서 정답은 ①이다.

[19~20]   [문학] [수필] 정진권, '개미론'

작품해설 • '굼벵이와 가재와 개미'의 우화를 풍자의 수단으로 사용하여 우리 시대의 사회를 비판하고 있는 수필이다. 필자는 굼벵이, 가재, 개미를 통하여 사람의 보편적인 결함을 차례로 보여 준다. 굼벵이를 매개로 어리석음을, 가재를 매개로 부정직성과 뻔뻔스러움을, 개미를 통하여 불공평성과 비굴함을 보여 주고 있다. 이 중에서 중심적인 비판 대상은 개미이다. 이 글의 끝에서 필자는 자신도 개미와 같이 불공평하고 비굴한 존재임을 고백한다. 그러나 이것은 힘센 집단이나 개인의 잘못에는 눈을 감고 입을 다무는 세상 사람을 꾸짖는 것이다.

주제 불공평하고 비굴한 인간의 행태 비판
구성 • 도입 : 굼벵이와 가재, 개미의 우화
• 전개1 : 굼벵이의 무지와 경박 비판
• 전개2 : 가재의 배신과 모순 비판
• 전개3 : 개미의 간악한 편파성 질타
• 전개4 : 자신에 대한 반성
• 결말 : 공평성을 잃지 않는 언행의 중요성에 대한 자각

19

정답 ④

출제의도   출제 의도 작품의 교훈적 의미를 다른 상황에 적용할 수 있다.
특별비법   작품에 나타난 우화로 글쓴이가 독자에게 말하고자 하는 바가 무엇인지를 파악해야 한다.

문제 풀이   윗글은 개미의 허물을 탓하다가 개미와 다름없는 자신의 잘못을 발견했다는 내용을 담고 있다. 따라서 자신의 허물은 묻어둔 채 남의 허물을 탓하는 사람을 대상으로 설득하는 글을 쓸 수 있다. 따라서 정답은 ④이다.

20

정답 ④

출제의도   글의 전개 과정을 파악할 수 있다.
특별비법   글쓴이가 자신의 생각을 바꾸게 된 계기를 찾아야 한다.

문제 풀이   글쓴이는 우화를 통하여 우화에 나타난 개미의 간악한 편파성을 꾸짖고자 하는 글을 쓰려고 하였다. 하지만 글쓴이는 개미가 자신에게 따지는 상황을 가정해 보면서 자신도 개미와 다를 바 없음을 깨닫고 자신의 태도를 반성하고 있다. 이로 보았을 때 글의 내용을 전환시키게 된 계기는 ④ '대상과 자신의 공통점을 발견함.'이라 할 수 있다.

01 ②	02 ①	03 ①	04 ②	05 ②
06 ④	07 ②	08 ③	09 ④	10 ③
11 ③	12 ④	13 ④	14 ①	15 ②
16 ③	17 ③	18 ④	19 ②	20 ①

01

정답 ②

출제의도 지수의 성질을 이용하여 주어진 값을 구할 수 있다.

특별비법 $a^x \times b^x = (a \times b)^x$

문제 풀이

$2^a = 3^{1-a}$의 양변에 3^a를 곱하면

$2^a \times 3^a = 3,\ 6^a = 3$

$\therefore\ 6^{3a} = (6^a)^3 = 3^3 = 27$

02

정답 ①

출제의도 등차수열의 합을 구할 수 있다.

특별비법 첫째항이 a, 제n항이 l인 등차수열의 첫째항부터 제n항까지의 합은 $S_n = \dfrac{n(a+l)}{2}$이다.

문제 풀이

주어진 수열은 첫째 항이 1, 끝 항이 2, 항의 개수가 $n+2$개인 등차수열이다.

$S_n = \dfrac{(n+2)(1+2)}{2} = \dfrac{3(n+2)}{2}$

$\dfrac{3(n+2)}{2} = 24$

$n+2 = 16\ \therefore n = 14$

03

정답 ①

출제의도 함수의 극한을 구할 수 있다.

특별비법 부정형으로 주어진 함수의 극한이 $\sqrt{}$가 포함된 $\infty - \infty$ 꼴로 주어진 경우, 분모 또는 분자를 1로 보고 유리화하여 정리한다. 이후, $\dfrac{\infty}{\infty}$ 꼴로 바뀐 함수의 극한값은 분모의 최고차항으로 분자, 분모를 각각 나눈 후, $\lim\limits_{n \to \infty} \dfrac{k}{x^n} = 0$임을 이용하여 극한을 구한다.

문제 풀이

$$\lim_{n \to \infty} \frac{1}{\sqrt{n^2+n+1} - \sqrt{n^2-n+1}}$$

$$= \lim_{n \to \infty} \frac{\sqrt{n^2+n+1} + \sqrt{n^2-n+1}}{2n}$$

$$= \lim_{n \to \infty} \frac{\sqrt{1+\dfrac{1}{n}+\dfrac{1}{n^2}} + \sqrt{1-\dfrac{1}{n}+\dfrac{1}{n^2}}}{2}$$

$$= \frac{1+1}{2} = 1$$

04

정답 ②

출제의도 지수를 계산할 수 있다.

특별비법 $a^m \times a^n \div a^s = a^{m+n-s}$ (단 $a>0$, m, n, s는 실수)

문제 풀이

$$\frac{\sqrt{a}}{\sqrt[3]{a}} \times \sqrt[6]{\sqrt[3]{a}} = \frac{\sqrt{a}}{\sqrt[3]{a}} \times \sqrt[6]{a} = \sqrt{a} \div \sqrt[3]{a} \times \sqrt[6]{a}$$

$$= a^{\frac{1}{2} - \frac{1}{3} + \frac{1}{6}}$$

$$= a^{\frac{1}{3}}$$

$$= \sqrt[3]{a}$$

05

정답 ②

출제의도 역함수의 함숫값을 구할 수 있다.

특별비법 $f^{-1}(b) = a$이면 $f(a) = b$이다.

문제 풀이

$f^{-1}(4) = 1$이므로 $f(1) = 4$

$f(1) = a + 2 = 4\ \therefore a = 2$

따라서 $f(x) = 2x + 2$

$f^{-1}(8) = b$이므로 $f(b) = 8$

이때 $f(b) = 2b + 2 = 8$이므로 $b = 3$

06

정답 ④

출제의도 수열의 일반항과 무한급수의 관계를 알고 있다.

특별비법 무한급수 $\sum\limits_{n=1}^{\infty} a_n$이 수렴하면, $\lim\limits_{n \to \infty} a_n = 0$이다.

문제 풀이

무한급수 $\sum_{n=1}^{\infty}\left(a_n-\dfrac{3n+1}{n+1}\right)$ 이 1로 수렴하므로

$\lim\limits_{n\to\infty}\left(a_n-\dfrac{3n+1}{n+1}\right)=0$

$\lim\limits_{n\to\infty}a_n=3$

$\therefore \lim\limits_{n\to\infty}(a_n^2+2a_n)=3^2+6=15$

---

07 [정답] ②

출제의도 무리함수의 평행이동을 이용하여 상수의 값을 구할 수 있다.

특별비법 함수 $y=\sqrt{ax}$ 의 그래프를 x축의 방향으로 p만큼, y축의 방향으로 q만큼 평행이동한 그래프를 나타내면 $y=\sqrt{a(x-p)}+q$이다.

문제 풀이

무리함수 $y=\sqrt{ax}$ 의 그래프를 x축의 방향으로 1만큼, y축의 방향으로 -2만큼 평행이동한 그래프를 나타내는 함수의 식은 $y=\sqrt{a(x-1)}-2$

이 함수의 그래프가 원점을 지나므로 $x=0$, $y=0$을 대입하면

$0=\sqrt{-a}-2$

$\therefore a=-4$

---

08 [정답] ③

출제의도 연속함수의 성질을 알고 있다.

특별비법 $f(x)$가 $x=a$에서 연속이려면 다음 조건을 만족해야 한다.

ⅰ) $f(a)$가 존재

ⅱ) $\lim\limits_{x\to a}f(x)$가 존재

ⅲ) $f(a)=\lim\limits_{x\to a}f(x)$

문제 풀이

주어진 그래프를 통해 $g(f(x))$를 구해보면

$g(f(x))=\begin{cases} x+1 & (-2\le x\le -1) \\ 0 & (-1<x<0) \\ -1 & (x=0) \\ 0 & (0<x<1) \\ -x+1 & (1\le x\le 2) \end{cases}$ 이므로

ㄱ. (거짓)

$\lim\limits_{x\to -1-}g(f(x))=0,\ \lim\limits_{x\to -1+}g(f(x))=0$

$\lim\limits_{x\to -1-}g(f(x))=\lim\limits_{x\to -1+}g(f(x))=0$이므로

$\lim\limits_{x\to -1}g(f(x))=0$

ㄴ. (참)

$g(f(0))=g(1)=-1$,

$\lim\limits_{x\to 0-}g(f(x))=\lim\limits_{x\to 0+}g(f(x))=0$이므로

함수 $g(f(x))$는 $x=0$에서 연속이 아니다.

ㄷ. (참)

함수 $g(f(x))$는 $1\le x\le 2$ 구간에서 연속이고, $g(f(1))=0$, $g(f(2))=-1$이므로 중간값의 정리에 의해 방정식 $g(f(x))=-\dfrac{1}{2}$의 실근이 1과 2사이에 적어도 하나 존재한다.

---

09 [정답] ④

출제의도 그래프를 통해 합성함수의 값을 구할 수 있다.

특별비법 $(f\circ g)(x)=f(g(x))$

문제 풀이

$(f\circ f)(1)=f(f(1))$이고, $f(1)=2$이므로

$(f\circ f)(1)=f(f(1))=f(2)=3$

---

10 [정답] ③

출제의도 등비수열의 합을 이용하여 수열의 극한값을 구할 수 있다.

특별비법 첫째항이 a, 공비가 r인 등비수열의 합을 S_n이라 하면 $S_n=\dfrac{a(r^n-1)}{r-1}$이다.

문제 풀이

공비가 3인 등비수열 $\{a_n\}$의 첫째항부터 제 n항까지의 합 S_n을 구해보면

$S_n=\dfrac{a_1(3^n-1)}{3-1}=\dfrac{a_1}{2}(3^n-1)$

$\therefore \lim\limits_{n\to\infty}\dfrac{S_n}{3^n}=\lim\limits_{n\to\infty}\dfrac{\frac{a_1}{2}(3^n-1)}{3^n}=\lim\limits_{n\to\infty}\dfrac{a_1}{2}\left(1-\dfrac{1}{3^n}\right)$

$=\dfrac{a_1}{2}(1-0)=\dfrac{a_1}{2}$

따라서 $\dfrac{a_1}{2}=5$이므로 $a_1=10$

11

정답 ③

출제의도 이항분포와 정규분포의 관계를 이용하여 주어진 값을 구할 수 있다.

특별비법 확률변수 X가 이항분포 $B(n, p)$를 따를 때, n이 충분히 크다면 확률변수 X는 정규분포 $N(np, npq)$를 따른다. (단, $q=1-p$)

문제 풀이

한 개의 동전을 던질 때, 앞면이 나올 확률을 p라 하면 $p=\frac{1}{2}$이므로 확률변수 X는 이항분포 $B\left(400, \frac{1}{2}\right)$을 따르고, 시행의 횟수가 충분히 크므로 정규분포 $N(200, 10^2)$을 따른다.

$$P(X \leq k) = P\left(Z \leq \frac{k-200}{10}\right) = 0.9772$$

$$
\begin{aligned}
0.9772 &= 0.5 + 0.4772 \\
&= P(Z \leq 0) + P(0 \leq Z \leq 2) \\
&= P(Z \leq 2)
\end{aligned}
$$

$$\therefore \frac{k-200}{10} = 2$$

$$\therefore k = 220$$

12

정답 ④

출제의도 함수의 연속성을 활용하여 주어진 문제를 해결할 수 있다.

특별비법 x^n이 포함된 함수의 극한은 x의 값에 따라 극한값이 다르기 때문에 범위를 나누어 생각한다.

문제 풀이

x의 범위에 따라 $f(x)$를 구하면

$$f(x) = \begin{cases} -a|x|+b & (|x|<1) \\ \dfrac{-a-1+b}{2} & (|x|=1) \\ -1 & (|x|>1) \end{cases}$$

ㄱ. (참)

함수 $f(x)$가 모든 실수 x에 대하여 연속이면 모든 실수 x에 대하여 $\lim\limits_{x \to a} f(x) = f(a)$를 만족한다.

문제에서 주어진 함수 $f(x)$가 모든 실수에 대하여 연속이므로 $\lim\limits_{x \to 1} f(x) = f(1)$

$$\lim_{x \to 1-} f(x) = -a+b, \quad \lim_{x \to 1+} f(x) = -1,$$

$$f(1) = \frac{-a-1+b}{2}$$

$$\therefore -a+b = -1 = \frac{-a-1+b}{2}$$

$$\therefore a-b = 1$$

ㄴ. (거짓)

(반례) $a=-1, b=-2$일 때,

$$f(x) = \begin{cases} |x|-2 & (|x|<1) \\ -1 & (|x|=1) \\ -1 & (|x|>1) \end{cases}$$

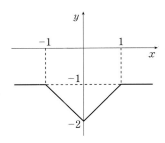

이때, 함수 $f(x)$의 최솟값은 -2이다.

ㄷ. (참)

$a-b=1$이므로 $f(1)=f(-1)=\dfrac{-a-1+b}{2}=-1$

또한 $a<1$이므로 $b=a-1<0$

따라서 $f(0)=b<0$

주어진 함수의 그래프는 다음과 같다.

i) $0 < a < 1$

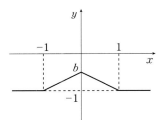

ii) $a=0$

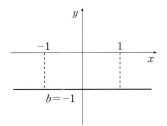

iii) $a < 0$

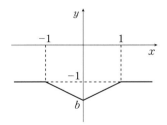

따라서 $a < 1$일 때, 함수 $f(x)$의 그래프는 x축과 만나지 않는다.

13

출제의도 조건부 확률을 이용하여 주어진 값을 구할 수 있다.

특별비법 두 사건 A, B가 서로 독립이기 위한 필요충분조건은, $P(A \cap B) = P(A)P(B)$ 이다. (단, $P(A)$와 $P(B)$는 모두 0보다 크다.)

문제 풀이

두 사건 A, B가 독립이므로
$P(B) = p$라 하면
$P(A \cup B) = P(A) + P(B) - P(A \cap B)$
$\qquad\qquad = P(A) + P(B) - P(A)P(B)$
$\therefore \dfrac{1}{2} = \dfrac{1}{4} + p - \dfrac{1}{4} \times p$
$\quad p = \dfrac{1}{3}$
$\therefore P(B) = \dfrac{1}{3}$
이때, 두 사건 A, B가 서로 독립이므로
$P(B^c \mid A) = P(B^c)$
$\therefore P(B^c) = 1 - P(B)$
$\qquad\qquad = 1 - \dfrac{1}{3}$
$\qquad\qquad = \dfrac{2}{3}$

14

출제의도 정적분으로 정의된 함수를 이용하여 주어진 값을 구할 수 있다.

특별비법 함수 $f(x)$의 부정적분 중 하나를 $F(x)$라 하면 $\displaystyle\int_a^x f(t)dt = F(x) - F(a)$이므로 양변을 x에 대하여 미분하면 $\dfrac{d}{dx}\displaystyle\int_a^x f(t)dt = f(x)$이다.

문제 풀이

주어진 식의 양변을 x에 대하여 미분하면
$f(x) = f(x) + xf'(x) - 12x^3 + 4x$
따라서 $xf'(x) = 12x^3 - 4x$, $f'(x) = 12x^2 - 4$
$f(x) = \displaystyle\int f'(x)dx$
$\qquad = \displaystyle\int (12x^2 - 4)dx$
$\qquad = 4x^3 - 4x + C$
이때, $\displaystyle\int_1^x f(t)dt = xf(x) - 3x^4 + 2x^2$의 양변에 $x = 1$을 대입하면 $\displaystyle\int_1^1 f(t)dt = f(1) - 1$, $\displaystyle\int_1^1 f(t)dt = 0$이므로
$f(1) = 1$
$f(1) = 4 - 4 + C = 1$이므로 $C = 1$
따라서 $f(x) = 4x^3 - 4x + 1$이므로
$f(0) = 1$

15

출제의도 경우의 수를 이용하여 수학 외적 문제를 해결할 수 있다.

특별비법 다섯 가지 정보를 동시에 보여주려면 3개의 화면 중 2개의 화면은 각각 2개의 정보를, 1개의 화면은 1개의 정보를 보여주어야 한다.

문제 풀이

5가지 정보를 1개, 2개, 2개로 나누는 방법의 수는
${}_5C_1 \times {}_4C_2 \times {}_2C_2 \times \dfrac{1}{2} = 15$이고, 이것을 세 개의 화면에 보여주는 경우의 수는 $3! = 6$
$\therefore 15 \times 6 = 90$

전체 고등학교 3학년 학생 수를 k라고 하면

$$P(Y) = \dfrac{\dfrac{3}{2}x + 2x}{k} = \dfrac{\dfrac{7}{2}x}{k}$$

$$P(X \cap Y) = \dfrac{\dfrac{3}{2}x}{k}$$

$$\therefore (X|Y) = \dfrac{P(X \cap Y)}{P(Y)} = \dfrac{\dfrac{3}{2}x}{\dfrac{7}{2}x} = \dfrac{3}{7}$$

16

정답 ③

문제 풀이

$x^5 y^3 = 5^{15}$이므로 양변에 밑이 5인 로그를 취하면

$\log_5 x^5 y^3 = \log_5 5^{15}$

$5\log_5 x + 3\log_5 y = 15$

이때, $X = \log_5 x$, $Y = \log_5 y$라 하면

$5X + 3Y = 15$

$Y = -\dfrac{5}{3}X + 5$이므로

$m\log_5 x + 15\log_5 y = mX + 15Y$

$$= mX + 15\left(-\dfrac{5}{3}X + 5\right)$$

$$= (m - 25)X + 75$$

이때, x의 값에 관계없이 $m\log_5 x + 15\log_5 y$의 값이 일정하므로 X의 값에 관계없이 $mX + 15Y$의 값이 일정하다.

따라서 $(m-25)X + 75 = k(k$는 상수$)$가 X에 관한 항등식이므로 $m = 25$

18

정답 ④

문제 풀이

각 자리의 숫자의 합이 5인 다섯 자리 자연수 중에서 0을 한 개도 사용하지 않고 만든 숫자는 11111 한 가지이다.

0을 한 개 사용하여 만든 숫자는 0, 1, 1, 1, 2로 이루어져 있으므로

ⅰ) 1이 맨 앞에 오는 경우

나머지 숫자 0, 1, 1, 2를 배열하는 방법 $= \dfrac{4!}{2!} = 12$

ⅱ) 2가 맨 앞에 오는 경우

나머지 숫자 0, 1, 1, 1을 배열하는 방법 $= \dfrac{4!}{3!} = 4$

따라서 구하는 모든 자연수의 개수는

$1 + 12 + 4 = 17$

17

정답 ③

문제 풀이

주거형태가 B형인 남학생의 수는 주거형태가 A형인 여학생수의 2배이므로 A형에 사는 여학생의 수를 x라 하면 B형에 사는 남학생의 수는 $2x$이다.

또한 A형에 사는 학생 중 여학생의 비율이 $\dfrac{2}{5}$이므로 A형에 사는 남학생 수는 $\dfrac{3}{2}x$이고, A형에 사는 전체 학생 수는 $\dfrac{5}{2}x$이다.

따라서 남학생일 사건을 Y, A형에 주거할 사건을 X라 하면 3학년 학생 중 임의로 한명을 뽑았더니 남학생이었을 때, 이 학생의 주거형태가 A형일 확률은 $P(X|Y)$이다.

19

정답 ②

문제 풀이

함수 $f(x) = x^4 - 16x^2$의 양변을 x에 대하여 미분하면

$f'(x) = 4x(x^2 - 8)$

따라서 $f'(x)=0$에서 $x=-2\sqrt{2},\ 0,\ 2\sqrt{2}$ 이므로 $f(x)$는 $x=-2\sqrt{2},\ 0,\ 2\sqrt{2}$ 에서 극값을 갖는다.

$f(x)$의 그래프의 개형을 그림으로 나타내면 다음과 같다.

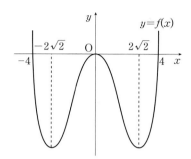

그래프에서 감소하는 구간은 $(-\infty,\ -2\sqrt{2}),(0,\ 2\sqrt{2})$ 이고, 조건 (가)에 의해 $f(x)$는 구간 $(k,\ k+1)$에서 감소한다.

이때, k는 정수이므로

$k=0,1$ 또는 $k=\{k\,|\,k$는 -4 이하의 정수$\}$

이때, (나)의 조건에 의해 $f'(k+2)>0$이므로

$k=1$ 또는 $k=-4$이다.

$\therefore 1^2+(-4)^2=17$

정답 ①

출제의도　미분을 이용하여 접선의 방정식을 구할 수 있다.
특별비법　기울기가 m이고 점 $(x_1,\ y_1)$을 지나는 직선의 방정식은 $y-y_1=m(x-x_1)$이다.

문제 풀이

곡선 $y=x^2$ 위의 점 $(-2,4)$에서의 접선의 방정식은

$y-4=-4(x+2)\,(\because y'=2x)$

$\therefore y=-4x-4$

또, 곡선 $y=x^3+ax-2$ 위의 점 $(\alpha,\ \alpha^3+a\alpha-2)$에서의 접선의 방정식은

$y-(\alpha^3+a\alpha-2)=(3\alpha^2+a)(x-\alpha)\,(\because y'=3x^2+a)$

$\therefore y=(3\alpha^2+a)x-2\alpha^3-2$

이때, 두 접선이 일치하려면

$3\alpha^2+a=-4,\ -2\alpha^3-2=-4$

$\therefore \alpha=1,\ a=-7$

01 ② 02 ② 03 ② 04 ④ 05 ③
06 ② 07 ① 08 ③ 09 ④ 10 ①

01

정답 ②

우리와 같은 두 발 동물들이 단거리 경주의 정면 승부에서 많은 네 발 동물들을 따라잡을 방법은 없지만, 최근에 몇몇 인류학자들이 인류가 마라톤 달리기를 위해 만들어진 것 같은 방식으로 진화해왔다고 말하고 있다. 마라톤을 하는 동안에는 속도를 조절하는 것이 최우선 사항이다. 하버드 대학과 유타 대학의 연구진들은 우리의 긴 다리와 짧은 팔을 아프리카 사바나 지대의 초기 수렵채집 생활방식에 필요했던 달리기에 적합한 것으로 이야기한다. 좀 더 구체적으로는, 과학자들은 걷기에는 거의 사용되지 않지만 달리기에는 필수적인 다리의 많은 힘줄들, 충격 흡수를 위한 커다란 다리 관절들, 그리고 체온 상승을 최소화시키기 위한 상대적으로 적은 몸의 털을 강조한다. 이러한 특성들은 전체적으로 인간의 몸이 다른 동물들에 비해 상대적으로 마라톤에 적합하다는 것을 보여준다.

주제 마라톤에 최적화된 인간의 신체
핵심 표현 creature 생물 keep up with 따라잡다 head-to-head 정면 승부 sprint 단거리 경기 evolve 진화하다 priority 우선순위 suit 적합한 highlight 강조하다 essential 필수적인 abundance 풍부함 absorption 흡수 lack 부족 comparatively 비교적으로

출제의도 글의 맥락을 이해하고 맥락상 관계없는 문장을 고를 수 있다.
특별비법 글의 주제를 파악하고 주제와 어긋난 문장을 찾는다.

문제 풀이 글의 전체적인 맥락은 인간이 단거리에는 약하지만 신체의 여러 특성상 마라톤에 적합하게 진화해왔다는 것이다. 따라서 신체적 특성과는 무관한 페이스 조절에 대한 내용은 글의 흐름을 방해한다.

02

정답 ②

용기 있는 것과 관련되어 당신의 마음을 바꿀 만한 충고를 하나 하겠다. 의사가 당신에게 살 수 있는 날이 6개월뿐이고, 여태껏 하고 싶었던 모든 일

을 해보라고 권했다고 가정해 보자. 무엇을 하겠는가? 스카이다이빙이나 절벽 등반을 하거나, 혹은 한 달 동안 숲 속에서 혼자 살아 보기를 원했지만 다칠까 두려워해 왔는가? 지금 그 일들을 시도한다면 무엇이 달라지겠는가? 거의 틀림없이 그것을 헤쳐 나갈 것이고, 그것이 당신에게 남아 있는 시간을 풍요롭게 해 줄 것이다. 밖으로 나가서 당신의 모든 두려움에 용감하게 맞섰다고 말하는 게 낫지 않겠는가? 왜 사형 선고를 받을 때까지 기다리는가? 그것이 당신에게 그렇게 중요하다면, 지금 하라.

① 용감해질 때를 기다려라.
② 당신에게 중요한 것을 하는 데 주저하지 말아라.
③ 익스트림 스포츠의 인기가 높아지고 있다.
④ 사형 선고를 전달하는 몇 가지 방법이 있다.

주제 중요하게 생각하는 일들을 지금 실천할 수 있는 용기
핵심 표현 courageous 용기 있는 suppose 가정하다 recommend 추천하다 cliff 절벽 harm 다치게 하다 in the woods 숲속 attempt 시도하다 enrich 풍부하게 하다 face 직면하다

출제의도 글의 주제를 파악할 수 있다.
특별비법 주어진 예시가 어떠한 주제를 뒷받침하는지 파악한다.

문제 풀이 글의 마지막 두 문장에서 이 글의 주제를 유추할 수 있다. 주저하지 말고 중요한 일을 신속히 하라고 조언하는 글이다.

03

정답 ②

아이들은 다른 사람을 돕는 것보다 무언가를 주는 것에 훨씬 더 저항한다. 우리는 아주 어린 아이들에게서 이러한 차이점을 분명히 볼 수 있다. 비록 1년 6개월 된 아기들이 어려운 상황에서 서로 도와주려고 하지만, 자신의 장난감을 다른 아기들과 기꺼이 공유하려고 하지는 않는다. 그 어린 아기들은 심지어 자신의 소유물을 소리를 지르면서 지키고 필요하면 때리기도 한다. 이것은 걸음마를 배우는 아기들 사이의 끊임없는 싸움으로 애먹고 있는 부모들의 일상적인 경험이다. 내 딸들이 여전히 기저귀를 차고 있을 때 딸들에게서 "내 거야!"라는 말보다 더 자주 들었던 말은 없었다.

주제 유아들의 강한 소유욕

resistant 저항하는 observe 관찰하다 defend 방어하다 constant 지속되는 quarreling 말싸움 frequently 자주 diaper 기저귀

출제의도 글 속에 쓰인 문법의 개념을 확실히 알 수 있다.
특별비법 정확한 구문 분석으로 문장이 문법적으로 옳고 그른지 파악하여야 한다.

문제 풀이 ① 비교급을 수식하는 부사로는 'much, a lot, far, still' 등이 있다. ② 'more ~ than' 비교급 문장으로 'than'의 앞과 뒤가 병치를 이루어야 한다. 따라서 'helping'이 알맞다. ③ '기꺼이 ~하다'라는 뜻을 가진 표현은 'be willing+to+동사원형'이다. ④ parents와 troubled 사이에 'who are'가 생략되었다.

출제의도 글의 주제를 확실히 파악하고 빈칸에 들어갈 알맞은 말을 찾아낼 수 있다.
특별비법 빈칸 앞을 살펴 자연스럽게 이어지는 말을 찾는다.

문제 풀이 빈칸의 앞 문장의 예는 영어가 지역에 따라 다른 특성을 가질 수 있다는 내용이기 때문에 빈칸에는 영어가 '하나의 언어'가 아니라는 말이 들어가야 한다.

05
정답 ③

차례대로 제시되는 두 가지 사이의 차이를 알아내는 방식에 영향을 주는 인간의 지각에는 대조 원칙이 하나 있다. (A)예를 들어 정신물리학 실험실에서 각각의 학생들은 돌아가면서 차가운 물, 실온의 물, 그리고 뜨거운 물이 든 세 개의 물통 앞에 앉는다. 한 손은 차가운 물에 넣고 또 한 손은 뜨거운 물에 넣은 후에, 그 학생은 미지근한 물에 두 손을 동시에 넣으라고 지시를 받는다. 그 때 놀라운 일이 생긴다. (B)비록 두 손은 같은 물통에 있지만, 차가운 물에 있었던 손이 이제는 마치 뜨거운 물에 들어 있는 것처럼 느껴지고 반면에 뜨거운 물에 들어 있었던 손은 마치 이제는 찬물에 들어있는 것처럼 느껴진다. 요점은 같은 것이 선행하는 사건의 특성에 따라 매우 달라 보일 수 있다는 것이다.

	(A)		(B)
①	그러나	…	게다가
②	그러므로	…	그렇게 함으로써
③	예를 들어	…	비록 ~이지만
④	그러므로	…	비록 ~이지만

주제 인간 지각의 대조 원칙
contrast 대조 principle 원칙 perception 지각 affect 영향을 끼치다 present 존재하는 psychophysics 정신물리학 take a turn ~ing 돌아가면서 ~하다 place 놓다 lukewarm 따뜻한 simultaneously 동시에 bucket 물통 depend on ~에 달려있다 precede 앞서다

출제의도 글의 전체적인 맥락을 살펴 빈칸에 알맞은 접속사를 찾을 수 있다.
특별비법 문맥의 앞뒤를 살펴 자연스럽게 이어지는 말을 찾는다.

04
정답 ④

당신은 외국에 나가본 적이 있는가? 당신은 여행을 많이 하는가? 그렇다면 당신은 내가 무엇을 말하고 있는지 알 것이다. 당신은 이 지구상 어디를 가든지, 영어로 잘 지낼 수 있다. 대부분의 사람들이 어떤 식으로든지 영어로 말하거나, 또는 적어도 주변에 이 언어로 의사소통할 수 있는 사람이 있다. 그러나 그때, 당신은 대부분 그곳에서 영어가 사용되는 방식이 이상하다고 할 수 있는 무언가가 있다는 것을 깨닫게 된다. 만약 당신이 외국에 있다면, 영어는 당신이 말하는 방식과 다소 다를 수 있다. 만약 당신이 그곳에 잠시 동안 머무른다면, 거기가 어디든지 간에, 당신은 익숙해질 것이다. 그리고 만약 당신이 그곳에 보다 오랫동안 머무른다면, 이러한 특징들 중 일부를 배워서 그 지역 사람들처럼 들리기 시작할지도 모른다. 이러한 사례가 우리에게 가르쳐 주는 것은 영어가 더 이상 "하나의 언어"가 아니라는 것이다.

① 통달하기 어려운 언어이다
② 시간이 지나면서 변하고 있다
③ 반드시 배워야 할 언어이다
④ 더 이상 "하나의 언어"가 아니다

주제 지역별로 다른 영어의 특성
abroad 해외 globe 지구 get along (일 등을) 잘 해나가다 communicate 의사소통하다 pick up 배우다 feature 특성 local 지역 주민

문제 풀이 빈칸 (A)가 포함된 문장에서 앞 문장의 구체적인 예시가 이어지므로 (A)에는 '예를 들어'라는 뜻을 지닌 'For example'이 들어가는 것이 적절하다. 빈칸 (B)가 포함된 부사절은 뒤에 이어지는 주절의 내용과 대조적인 상황을 표현하고 있으므로 '그럼에도 불구하고'의 의미를 갖는 'even though'나 'although'가 들어가는 것이 가능하다.

06

어업은 바다에 기초를 둔 가장 명백한 경제 활동이다. 많은 해안 지역에 사는 사람들은 어업으로 생계를 유지하고 물고기와 조개류는 그들의 식단의 (A)주된 부분을 구성한다. 사실, 전 세계적으로 약 10억명의 사람들이 동물성 단백질의 주요 공급원으로 물고기에 의존한다. 경제 활동으로서의 어업의 측면에서, 세계 어업의 가장 큰 부분은 상업적인 어업이다. 상업적인 어부들에 의해 잡히는 물고기는 연어, 참치, 조개 그리고 오징어와 같이 먹을 수 있는 다른 종을 포함한다. 소비자들은 이러한 해산물을 전 세계의 식료품점, 식당, 그리고 마을 시장에서 사는 데 익숙하다. 하지만, 공급은 (B)무한하지 않다. 세계 인구가 팽창하면서, 수산물에 대한 수요가 물고기 개체에 강한 압력을 주고 있다. 전 세계 바다 수산물의 어획량이 2003년 8천 1백만 톤에서 2010년 1억 4천 8백만 톤으로 늘어났다.

	(A)		(B)
①	주된	…	제한된
②	주된	…	무한의
③	사소한	…	제한된
④	사소한	…	무한의

주제 경제적 측면에서 본 어업과 증가하는 인구 수에 따른 수산물 어획량의 증가

핵심 표현 obvious 명백한 economic 경제의 coastal 해안의 make living 생계를 유지하다 diet 식단 protein 단백질 segment 부분 commercial 상업의 squid 오징어 population 인구 swell 팽창(증가)하다

출제의도 알맞은 어휘를 찾아 글의 흐름을 자연스럽게 한다.
특별비법 빈칸이 포함된 문장이 글의 흐름에 맞도록 어휘를 고른다.

문제 풀이 (A) 해안가에 사는 사람들이 어업으로 생계를 유지한다고 하는 것으로 보아 그들의 동물성 단백질을 얻는 '주된' 요소가 수산물이라고 하는 것이 알맞다. (B) 이어지는 문장에서 세계 인구의 증가로 수산물 어획량이 증가하고 있고 물고기 개체에 압력이 가해진다고 하는 것으로 보아 자원이 '무한하지' 않다라는 말이 문맥상 자연스럽다.

07

한 연구에서 211명의 여성들이 16주 체중 감량 프로그램에 등록했다. 모든 참가자들은 임의로 세 집단, 즉, 장기 공개 선언, 단기 공개 선언, 비공개 선언 집단으로 나뉘었다. 장기 공개 선언 집단의 사람들은 그 프로그램의 16주 기간 동안 피트니스 센터에 공개적으로 게시되는 색인 카드에 자신의 이름과 체중 감량 목표를 적었다. 단기 공개 선언 집단의 사람들도 똑같이 했지만 그 카드들은 처음 3주 동안만 게시되었다. 비공개 선언 집단의 사람들은 카드를 작성하지 않았다. 그 연구의 마지막에, 장기 공개 선언의 효과는 명백했다. 16주 목표에서, 평균적으로 장기 공개 선언 집단은 대략 102% 정도까지 그들의 목표를 초과하였던 반면, 단기 공개 선언 집단은 평균 96%의 성과를 거두었고 비공개 선언 집단은 겨우 88%만 도달하였다.

주제 목표 공개가 목표 달성에 미치는 영향
핵심 표현 participant 참가자 randomly 임의로 commitment 선언 display 전시하다 fill out 채워 넣다 evident 명백한 achieve 성취하다 success 성공
구문 해설
Those in the short-term group did the same, but the cards were displayed for only the first three weeks.
'Those'와 'in the short-term group' 사이에 주격 관계대명사와 be동사인 'who are'가 생략되어 있다. 한편, 'did the same'은 앞 문장에 나온, 'wrote their names and weight-loss goals on index cards'를 의미한다.

출제의도 문맥상 맞는 문법을 찾을 수 있다.
특별비법 주어와의 호응을 고려하여 적절한 형태의 동사를 고른다.

문제 풀이 (A) 참가자들이 무작위로 나눠진 것이기 때문에 수동태가 되는 것이 적절하다. 따라서, 'separated'가 알맞다. (B) 장기 공개 선언 집단이 그들의 목표를 달성한 것이기 때문에 능동이 알맞다. 따라서, 앞에 있는 'had'와 연결되어 능동태 과거완료 동사를 완성하는 'exceeded'가 알맞다.

08

사람들의 행동 방식에 영향을 미치는 요소에 관한 일련의 실험이 있었다. 첫 번째 실험에서 통근자들은 에스컬레이터의 아래쪽에 있는 자선단체 모금원보다는 에스컬레이터 맨 위에 있는 모금원에게 돈을 더 많이 주었다. 또 다른 실험에서 60명의 지원자들은 그들이 듣기에 매운 음식을 싫어하는 낯선 사람이 먹도록 매운 칠리소스를 나누어 주라고 요청받았다. 무대 위로 올려졌던 사람들은 오케스트라석 아래로 내려졌던 사람들이 나누어 준 양의 절반도 안 되는 적은 양을 나누어 주었다. 그리고 세 번째에서는, 사람들은 층계를 올라간 후 다른 사람에게 벌을 덜 주는 경향이 있었고 계단을 내려간 후 더 잔인했다. <u>우리가 어디에 있는지와 어떻게 행동하는지</u> 사이에 연관성이 있지 않을 것처럼 들릴지도 모르지만 심리학자들은 실제 삶 속에서 그 두 가지를 연결하는 많은 단서가 있다고 말한다.

① 익명성과 잔인성
② 다른 사람들이 우리를 어떻게 보는지와 우리가 그들을 어떻게 대하는지
③ 우리가 어디에 있는지와 어떻게 행동하는지
④ 우리가 아는 사람들과 어디에서 그들을 만났는지

주제 장소와 인간 행동 사이의 관련성

핵심 표현 a series of 일련의 factor 요소 affect 영향을 미치다 behavior 행동 experiment 실험 charity 자선 commuter 통근자 volunteer 자원자 dish out 주다 punishment 벌 inflict 가하다 ascend 오르다 clue 단서

출제의도 글의 주제를 확실히 파악하고 빈칸에 들어갈 알맞은 말을 찾아낼 수 있다.
특별비법 문맥의 앞뒤를 살펴 자연스럽게 이어지는 말을 찾는다.

문제 풀이 세 가지의 실험에서 꾸준히 언급한 것은 '위치에 따른 인간 행동의 차이'이다. 구체적으로, 에스컬레이터 위와 아래, 무대 위와 아래, 계단 위와 아래에서 달라지는 피실험자들의 행동에 대한 이야기로 '장소'와 '행동'에 대한 내용이 빈칸에 들어가는 것이 가장 적절하다.

09

M: Sarah, 뭐 듣고 있니?
W: [일시 정지] 미안, Chris, 뭐라고 말했어?
M: 뭐 듣고 있냐고 물어봤어.
W: 아, 싸이의 강남스타일 듣고 있어.
M: 나도 인터넷에서 뮤직비디오 봤어. 그거 돌풍을 일으키지 않았어?
W: 그래, 맞아. 지금 그의 노래에 열혈 팬이 됐어. 사실 그의 콘서트에 가고 싶지만, 티켓이 너무 비싸.
M: 공동 구매를 통해 싸게 구입할 수 있어.
W: 공동 구매가 뭘 의미하니?
M: 50명 이상의 사람들이 함께 티켓을 구매한다면 티켓을 싸게 구입할 수 있어.
W: 정말? 그럼, 어떻게 해야 돼?
M: 온라인 공동 구매 이벤트를 봤어. <u>가입해 보는 게 어때?</u>
W: 그거 좋은 생각이야.

① 너는 어떻게 생각해?
② 이미 확인하지 않았니?
③ 무엇 때문에 그의 음악을 즐기니?
④ 가입해 보는 게 어때?

주제 인기 가수 콘서트 티켓 공동 구매에 대한 정보
핵심 표현 sensational 돌풍을 일으키는

출제의도 빈칸에 적절한 질문을 찾을 수 있다.
특별비법 빈칸 앞과 뒤의 문맥을 살펴 논리적으로 타당한 반응을 추려본다.

문제 풀이 여자가 가고 싶어하는 콘서트 티켓과 관련하여 온라인 공동 구매 이벤트가 있다는 남자의 언급과 더불어 빈칸의 내용을 들은 여자가 남자에게 '좋은 생각'이라고 호응하고 있으므로 빈칸의 내용으로는 여자가 호응할 만한 제안이 적절하다는 것을 알 수 있다.

10

W: Brian! 오늘 오후에 뭐 할 거니?
M: 재킷 하나 사려고 쇼핑할까 생각 중이야.
W: 온라인으로 사보는 게 어때?
M: 온라인? 별로 좋은 생각은 아닌 것 같은데.
W: 온라인에서는 가격이 훨씬 싸잖아, 안 그래?

M: 맞아, 그런데 그게 너한테 맞는지 확인하려고 입어볼 수 없잖아.

W: 일리가 있네. 언젠가 온라인에서 산 바지가 너무 작아서 반품했거든.

M: 게다가, 넌 그 옷들이 배달되기를 기다려야 해.

W: 네가 맞아. 난 기다리는 것을 싫어해.

M: 그리고 나는 온라인으로 내 개인정보를 주고 싶지 않아.

W: 네가 무슨 말 하는지 알겠다. 아마 내가 인터넷으로 옷을 사기 전에 신중해야 한다는 거지.

M: 내 말이 그 말이야!

① 내 말이 그 말이야!
② 내가 가장 좋아하는 온라인 가게를 알려줄게.
③ 컴퓨터실에 가서 쇼핑하자.
④ 이번에는 너의 말에 완전히 반대야.

주제 온라인으로 쇼핑을 할 때의 단점
핵심 표현 fit 맞다 deliver 배달하다

출제의도 빈칸에 적절한 반응을 찾을 수 있다.
특별비법 빈칸 앞과 뒤의 문맥을 살펴 논리적으로 타당한 반응을 추려본다.

문제 풀이 남자가 온라인으로 쇼핑을 하고 싶지 않은 이유를 나열하고 빈칸의 앞 문장에서 여자가 남자의 말에 동의하는 말을 한다. 여자는 남자의 말에 설득력이 있다고 생각하고 남자는 여자의 그 말에 동의하는 대화가 이어지는 것이 자연스럽다.

제4회

국어 영역

01 ③	02 ①	03 ④	04 ②	05 ③
06 ②	07 ④	08 ④	09 ①	10 ②
11 ③	12 ④	13 ②	14 ①	15 ④
16 ③	17 ②	18 ④	19 ③	20 ②

[01~02] [화법] '미리내' 음식점 소개 발표

01

정답 ③

출제의도 발표의 의도를 파악할 수 있다.
특별비법 발표문을 읽으면서 발표자가 발표를 하고자 한 의도를 나타내는 문장을 찾아야 한다.

문제 풀이 발표 마지막에서 "여러분도 가까운 미리내 가게에 들러 다른 사람을 위한 작은 기부를 시작해 보는 건 어떻겠습니까?"라고 한 말로 보면, 학생의 발표는 미리내 가게를 소개하면서 그 가게의 모습에 담긴 작은 나눔을 실천해 볼 것을 권유하는 내용임을 알 수 있다.

오답 풀이 ① 가게에 대한 정보도 전달하고 있지만, 이는 작은 나눔의 실천이라는 목적을 말하기 위한 사례로 든 것이다.
② 작은 나눔이 일어나는 가게의 상황을 인터뷰를 통해 보여주지만 활성화 방안을 말하고 있지는 않다.
④ 발표자는 가게에 대한 긍정적인 모습을 전하면서 그 속에 담긴 의미를 직접 실천해 보라고 권유하고 있다. 따라서 인식의 전환을 당부하고 있는 것은 아니다.

02

정답 ①

출제의도 발표 내용을 파악할 수 있다.
특별비법 선택지 내용을 발표문에서 확인해야 한다.

문제 풀이 발표자는 둘째 단락 중간쯤에서 '미리내'라는 단어의 뜻을 소개하고 있으며(②), 처음 질문 다음에 쓰인 "(친구들의 반응을 확인하며)"와 마지막 문장의 청유형 진술로 청중의 반응을 확인하며 작은 나눔의 실천이라는 발표 주제를 강조하고 있다(③). 또한, '~입니다', '~습니다'와 같은 격식을 갖춘 존대 표

현으로 공적인 발표를 잘 이끌어 가고 있다(④). 그러나 발표문에는 발표의 순서에 대한 언급은 없다. 따라서 ①의 설명은 적절한 것이 아니다.

[03~05] [작문] 청소년이 이용할 수 있는 노트북 열람실을 건의하는 건의문

03

정답 ④

출제의도 글쓰기 전략을 파악할 수 있다.
특별비법 선택지의 내용이 건의문에 나타나 있는지를 확인해야 한다.

문제 풀이 청소년들이 도서관에서 노트북 열람실을 이용하는 비율이 점차 늘어나고 있다는 간략한 언급 외에는 자신이 경험했던 사실을 바탕으로 건의하고 있을 뿐이지 객관적 자료를 활용하고 있지는 않다. 따라서 ④의 설명은 적절하지 않다.

오답 풀이 ① 건의문의 처음과 다음 문장에서 인사말과 건의자 이름을 찾을 수 있고, 건의문을 쓰게 된 동기는 둘째 단락의 '노트북 열람실과 관련하여 불편한 사항을 관장님께 건의하기 위해'에서 볼 수 있다.
② 둘째 단락 앞부분에서 발표자는 자신의 노트북 열람실 이용 경험을 말하고 있다.
③ 발표자는 셋째 단락에서 청소년 전용 노트북 열람실 운용과 청소년 하교 이후인 방과 후 시간대 전용 구역 마련을 건의하고 있다.

04

정답 ②

출제의도 건의문의 표현 방식을 파악할 수 있다.
특별비법 선택지에 쓰인 표현 방식을 건의문에서 확인할 수 있어야 한다.

문제 풀이 건의문은 건의자가 바라는 점을 들어 달라고 부탁을 드리는 글이다. 따라서 건의자는 보다 공손하면서도 근거를 제시하며 자신의 주장이 받아들여질 수 있도록 건의문의 대상자에게 부탁하는 글을 쓰게 된다. 이러한 건의문에서 상대방에게 묻는 기술을 하게 되면 건의를 받는 상대방에게 당신들도 문제를 알고 있는데 왜 시정해 주지 않느냐는 항의가 될 수 있다. 따라서 건의문에서는 독자(상대방)에게 묻는 형식을 잘 사용하지 않는다. 주어진 건의문에서도 건의자는 독자에게 묻는 방식의 기술은 확인되지 않는다. 따라서

정답은 ②이다.

오답 풀이 ① '~합니다', '~습니다' 등과 같은 격식을 갖춘 존대 표현으로 건의하는 내용을 정중하게 전달하고 있다.

③ 발표자는 자신이 건의하는 내용을 셋째 단락에서 청소년 전용 노트북 열람실 운용과 청소년 하교 이후인 방과 후 시간대 전용 구역 마련으로 명확하게 드러내어 전달하고 있다.

④ 마지막 단락에서 "도서관 내에 청소년 전용 노트북 열람실 좌석 수를 점차적으로 확대해 주시기를 간절히 기대합니다."라고 건의 내용을 요약하면서 감사의 말을 전하고 있다.

05
정답 ③

출제의도 고쳐 쓴 부분이 적절한지를 파악할 수 있다.
특별비법 선택지의 고쳐 쓴 내용을 적용하여 글의 흐름이 적절한 지를 판단해야 한다.

문제 풀이 ⓒ'열람실에'에서 조사 '에'는 '처소(장소)'를 나타내는 처소격 조사이므로 적절하게 쓰인 것이다. 따라서 '조사의 사용이 적절하지 않으므로'라는 ③의 기술은 맞지 않고 '열람실로'로 바꿀 필요도 없다.

오답 풀이 ① ⓐ은 많은 사람들이 이용한다는 앞에 말한 내용을 이어 받아 자신도 이용하는 도서관의 열람실 공간에 대해 말하고 있는 부분이다. 그러므로 앞말을 부정적으로 잇는 ⓐ의 '그럼에도 불구하고'는 적절하지 않고 앞말과 같기 때문에 나도 이용한다는 의미가 되게 '그래서'로 바꾸는 것이 좋다.

② ⓑ은 내용상 글쓴이가 경험했던 내용이다. 때문에 지금 일어난 일을 표현하는 현재형인 '방문하는데'는 맞지 않고 과거형인 '방문했는데'로 쓰는 것이 알맞다.

④ ⓓ은 특정 시간에만 한정되게 마련해 달라는 말이다. 그런데 '항시적'은 '똑같은 상태로 언제나 늘 있는 것'의 의미이기 때문에 맞지 않다. '일정한 기간에 한정되어 있는 것'의 의미를 지닌 '한시적'이 알맞다.

06
정답 ②

출제의도 음운 변동을 바르게 이해할 수 있다.
특별비법 음운 변동 현상을 정확하게 구분할 수 있어야 한다.

문제 풀이 ⓐ은 '교체'에, ⓑ은 '탈락'에, ⓒ은 '축약'에 해당한다. '교체'인 ⓐ에 해당하는 것은 'ㄴ'이 'ㄹ'로 바뀐 '달+님[달림]', 'ㅌ'이 'ㅊ'으로 바뀐 '밭+이[바치]', 'ㅂ'이 'ㅃ'으로 바뀐 '국+밥[국빱]', 'ㅂ'이 'ㅁ'으로 바뀐 '밥+만[밤만]', 'ㄷ'이 'ㄸ'으로 바뀐 '젋+다[점따]'이다. '탈락'인 ⓑ에 해당하는 것은 'ㅡ'가 탈락한 '크+어[커]', 'ㄹ'이 탈락한 '삶+도[삼도]'와 '젋+다[점따]', 'ㅏ'가 탈락한 '가+아서[가서]'이다. '축약'인 ⓒ에 해당하는 것은 'ㅎ+ㅈ'이 되어 'ㅊ'이 된 '닳+지[달치]', 'ㅎ+ㄱ'이 'ㅋ'이 된 '쌓+고[싸코]', 'ㅂ+ㅎ'이 'ㅍ'이 된 '입+학[이팍]'이다. 'ㄴ'이 첨가된 '솜+이불[솜니불]'은 음운 변동 가운데 '첨가'로 ⓐ~ⓒ 어디에도 속하지 않는다. 이로 보았을 때 ⓐ~ⓒ에 맞는 예로 짝지어진 것은 ②이다.

참고 음운 변동

어떤 말을 발음하면서 특정한 조건에서 소리가 (표기와) 달라지는 현상으로 대체로 교체, 탈락, 축약, 첨가의 네 가지로 구분한다.

1. 교체 : 두 음운이 만나 한 음운이 같거나 비슷한 음운으로 바뀌는 현상. '음절의 끝소리 규칙, 자음동화(비음화, 유음화), 된소리되기, 구개음화'가 이에 속한다.
2. 탈락 : 두 음운이 만나 한 음운이 발음되지 않는 현상. 자음군 단순화, 'ㄹ' 탈락, 'ㅎ' 탈락, 'ㅏ/ㅓ' 탈락, 'ㅡ' 탈락이 이에 속한다.
3. 축약 : 두 음운이 만나 한 음운으로 합쳐지는 현상. 거센소리되기, 모음 축약이 이에 속한다.
4. 첨가 : 두 음운이 만나 두 음운 사이에 어떤 음운이 추가되는 현상. 'ㄴ' 첨가, 사이시옷 소리(된소리), 'ㄴ' 첨가, 'ㄴㄴ' 첨가)가 이에 속한다.

07
정답 ④

출제의도 문장 내에서 각 어절의 문장 성분을 구분할 수 있다.
특별비법 각 문장 성분들의 문장 내 역할을 정확하게 이해해야 한다.

문제 풀이 ⓐ은 용언을 수식하는 부사어(부속 성분), ⓑ은 체언을 수식하는 관형어(부속 성분)이다. 부사어는 한 자리 서술어에서 부속 성분이지만 두 자리 서술어에서는 필수적 성분으로 쓰일 수 있다. 그러나 관형어는 서술어의 자릿수에 관계없이 항상 부속 성분으로만 기능한다.

오답 풀이 ① ⓐ의 '일본으로'는 서술어 '가셨다'를 수식하는 말로 부사어이다.

② ⓑ의 '우리가 좋아하는'은 다음에 오는 명사 '그림'

을 수식하는 말로 관형어 역할을 하는 관형절이다.
③ 수식하는 부속 성분들은 문장에서 필수적인 요소는
아니다.

참고 문장 성분

국어의 문장 성분에는 일곱 가지가 있으며, 주어, 서술어, 보어,
목적어, 부사어, 관형어, 독립어라고 불린다. 크게 세 가지로 나
누기도 한다.
1. 주성분 : 문장을 구성하는 뼈대가 되는 요소
ㄱ. 주어(主語) : 문장의 주체 (누가, 무엇이) → 체언에 주격 조
   사 (이, 가, 에서[단체], 께서[높임])가 붙는다. 예 하늘이 파
   랗다. 아버지께서 외출하신다. 우리는 학교에서 운동회를
   한다.
ㄴ. 서술어(敍述語) : 주어를 서술 (무엇이다, 어찌하다, 어떠하
   다) → 동사, 형용사, 체언+서술격 조사 (이다) 예 하늘이
   파랗다. 아버지께서 외출하신다. 학교에서 운동회를 한다.
ㄷ. 보어(補語) : 서술어의 부족한 부분을 메워주는 말 (무엇이)
   → 체언+주격 조사 (이/가). '되다/아니다' 앞에 나오는 말
   예 나는 신이 아니다. 영희는 선생님이 되었다.
ㄹ. 목적어(目的語) : 타동사의 대상 (누구를, 무엇을) → 체언+
   목적격 조사 (을/를) / 보조사 (도, 만) 예 나는 사과를 먹는
   다. 영희는 영화만 본다. 학교에서 운동회를 한다.
2. 부속 성분 : 주성분을 수식하는 요소
ㄱ. 부사어(副詞語) : 용언, 관형사, 다른 부사, 또는 문장 전체
   를 수식 → 부사, 체언+부사격 조사 (에, 로, 와 등) 예 학교
   에 간다. 망치로 호두를 깨다. 나와 독서하자. 그 버스는 매
   우 빠르다. 과연 그는 착할까? 그러나 아직 배고프다.
ㄴ. 관형어(冠形語) : 체언을 수식 → 관형사, 체언+관형격 조사
   (의), 동사/형용사+관형사형 어미 (ㄴ/는/ㄹ) 예 온갖 험담을
   늘어놓고... 언니의 신발이다. 비가 온다는 뉴스를 들었다.
3. 독립 성분
ㄱ. 독립어(獨立語) : 다른 문장 성분과 상관없이 홀로 쓰이는
   말 → 감탄사, 체언+호격 조사, 접속 부사 등 예 아, 배고프
   다~ 철수야, 밥 먹을래?

'의'가 달리 표현된 것이다. 하지만 쓰임에 있어서는 중
세 국어의 속격 조사(-익/의, -ㅅ)가 유정물에만 결합
하거나(-익/의), 유정물의 존칭과 무정물에 결합하여
사용했던 것(-ㅅ)과는 조금 다르다.
④ ㄹ의 '뻐'의 어두 'ㅄ'은 'ㅂ'계 합용병서에 해당한다.

참고 'ㅎ 종성 체언'

"중세 국어에서, 한 음절의 끝에 나는 자음이 'ㅎ'인 체언"을 말
한다. 이 ㅎ 종성 체언은 모음으로 시작하는 조사 앞에서는 'ㅎ'
이 그대로 유지되지만, 유기음화할 수 있는 'ㄱ', 'ㄷ', 'ㅂ' 앞에
서는 그것과 결합하여 'ㅋ', 'ㅌ', 'ㅍ'를 만들고, 휴지(休止)나 관
형격임을 나타내는 'ㅅ', 'ㅎ' 앞에서는 탈락되었다. '갏', '겨슬',
'긿', '돓' 따위로 80여 개가 있었다.

[09-10] [독서] 인문 - 유교 윤리에서의 '예(禮)'

> **지문 해설** • 이 글은 유교 윤리에서의 '예(禮)'의 의
> 미를 풀이하고 있다.

[주제] 도덕 판단인 의(義)의 관점에 따른 규칙인 예(禮)
[구성]
• 1단락 : 유교 윤리에서의 인간을 인간답게 하는 '인
(仁)'과 인의 도덕적 판단을 하게 하는 주관적 편향성을 지닌
'의(義)', 주관성을 사회적 합의를 거쳐 인정된 공공 규범인 '예
(禮)'
• 2단락 : 종교적 의식의 규칙을 의미했다 점차 일상생활의 행
동 지침인 규칙으로 확대되고, 더해서 우아하고 품위 있는 형
식까지 의미한 '예(禮)' - 종교적 도덕적 심미적 차원의 예
• 3단락 : 과거의 관습이나 용례에 의한 것이 아니라 도덕 판
단인 의(義)의 관점에서 옳고 합당하다고 생각되는 것, 즉 의
(義)의 구체적 표현인 '예(禮)'

---

08 정답 ③

출제의도   중세 국어의 쓰임을 구분할 수 있다.
특별비법   중세 국어와 이를 현대 국어로 바꾼 부분을 비
교하여 보고 그 차이를 파악하여 중세 국어만의 쓰임을 구
분해야 한다.

[문제 풀이] ㄷ의 '일훔'의 'ㅎ'은 종성이 아라 초성에
쓰였으므로 'ㅎ' 종성 체언과는 상관이 없다. 따라서 ③
은 잘못된 설명이다.
[오답풀이] ① ㄱ의 '글'샤딕'에서는 높임을 표현하는
어미는 '샤-'인데 현대에 쓰이는 높임 표현 선어말 어
미 '-시-'와 차이가 있다.
② ㄴ의 '익'는 속격 조사로 현대 국어의 관형격 조사인

09 정답 ①

출제의도   설명의 적절성을 판단할 수 있다.
특별비법   주요 핵심 용어인 '인의예'의 설명을 정리하여
각각의 연관관계를 파악해야 한다.

[문제 풀이] 마지막 단락에서 '의'는 '예'의 수정 가능
성 여부를 가리는 기능을 하고, '예'는 의가 가진 주관
적이고 직관적인 편향성을 극복하는 기능을 한다고 했
기 때문에 상호보완적인 관계에 있고 할 수 있다.
[오답 풀이] ②, ③ 제시된 글에는 '예(禮)'에 대한 구체
적인 예나 사회에 따라 다르게 나타나는 것에 대한 내
용이 나타나 있지 않다.
④ '예(禮)'와 '의(義)'의 연관 관계에 대한 설명은 나타

나 있어 차이점으로 말할 수 있지만 이를 부각하고 있
지는 않다.

10

출제의도 글의 내용을 이해할 수 있다.
특별비법 선택지의 내용을 제시문에서 확인해야 한다.

[문제 풀이] 첫째 단락에서 "의는 지극히 직관적이고,
주관적인 편향성에서 자유로울 수 없는 까닭에 오랜
시행착오와 사회적 합의를 거쳐 체계적으로 확립된 것
이 예(禮)"라고 하였다. 이로 볼 때, '의'는 주관적이고,
'예'는 객관적이라는 차이가 있음을 알 수 있다.
[오답 풀이] ① 둘째 단락 마지막 부분에서 '예'는 종교
적, 도덕적, 심미적 차원과 관련된다고 하였다.
③ 첫째 단락에서 '의(義)'는 유교 윤리에서의 인간을
인간답게 하는 '인(仁)'의 도덕적 판단을 하게 하는 데,
주관적 편향성을 지녔기 때문에 사회적 합의를 거쳐
인정된 공공 규범인 '예(禮)'로 보완한다고 하였다.
④ 둘째 단락 마지막에서 '예'는 종교적인 의식에서 유
래했지만 시간이 흐르면서 종교 의식을 넘어서 일상생
활에서의 행위 지침이 되는 규칙들을 포함하게 되어
모든 사회적 관행과 관습을 포괄하는 광범위한 개념으
로 쓰였다고 하였다.

[11-12] [독서] 과학 – 유전자 가위 기술

지문 해설 • 제시문은 유전자 가위를 설명한 뒤에 유
전자 가위 기술의 발전을 순서대로 설명하고 있다.

주제 유전자 가위 기술의 발전
구성 • 1단락 : DNA를 자를 수 있도록 구성된 인공 효소인
유전자 가위 – 염기 서열을 인식하는 인식부와 해당 부위를 자
르는 절단부가 결합된 구조
• 2단락 : 유전자 가위 1세대 징크 핑거 뉴클레이스(ZFN) –
결합 부위의 아미노산 배열을 표적 DNA의 자르고자 하는
부위에 맞춰 직접 설계하고 제작한다는 점에서 설계가 복잡
하고 비용이 비싸다.
• 3단락 : 유전자 가위 2세대 탈렌(TALEN) – DNA 서열과
대응하기 때문에 탈렌의 아미노산 서열만 바꾸면 DNA의 원
하는 부위를 자를 수 있는 장점이 있다.
• 4단락 : 유전자 가위 3세대 크리스퍼(CRISPR-Cas9) –
연구자가 원하는 부위의 DNA만 정확하게 잘라 낼 수 있고,
이전 세대의 기술보다 제작이 간편하고 비용이 적게 든다.

11

출제의도 글의 내용을 이해할 수 있다.
특별비법 선택지의 내용을 제시문에서 확인해야 한다.

[문제 풀이] 둘째 단락과 셋째 단락에서 알 수 있듯이
1세대 유전자 가위 기술인 ZFN과 2세대 유전자 가위
기술인 탈렌은 인식부의 단백질에 결합 부위의 아미노
산 배열에 맞게 직접 설계하거나 Fok I 제한 요소를
결합시켜 절단부로 사용한다. 반면에 넷째 단락에서 알
수 있듯이 3세대 유전자 가위 기술인 '크리스퍼'는 그
자체가 유전자를 절단하는 기능을 갖고 있어 별도의
제한 효소와의 융합 과정이 필요 없다.
[오답 풀이] ① 제시문의 처음 문장에서 말한 '유전자
가위 기술'의 개념 정의에서 확인할 수 있는 내용이다.
② 첫째 단락 마지막 문장 "이들은 표적 DNA에서 절단
하고자 하는 염기 서열을 인식하는 인식부와 해당 부
위를 자르는 절단부가 결합된 구조로 되어 있다"에서
확인할 수 있는 내용이다.
④ 셋째 단락 처음 문장에서 'Fok I 제한 효소를 결합
시켜 절단부로 활용'하는 것은 2세대 유전자 가위 기술
인 '탈렌'에만 해당되는 것임을 알 수 있다.

12

출제의도 특정 사항에 대한 설명의 적절성을 판단할 수
있다.
특별비법 문제에서 제시한 사항을 정확하고 상세하게 파
악해야 한다.

[문제 풀이] 셋째와 넷째 단락에 설명되어 있듯이 탈
렌의 아미노산과 크리스퍼의 가이드 RNA는 둘 다 표
적 DNA의 염기 1쌍에 대응하기 때문에 표적 염기 서
열에 맞춰 탈렌의 아미노산 서열을 바꾸거나 크리스퍼
의 가이드 RNA 서열을 바꾼다. 따라서 ④의 설명은 적
절한 내용이다.
[오답 풀이] ZFN은 징크 핑거 모티프 하나가 표적
DNA의 염기 3쌍과 대응하는 반면, 탈렌은 1쌍의 염기
를 각각 끊어서 인식한다(①). 따라서 표적 염기 서열
에 맞춰 ZFN은 인식부의 아미노산 배열을 설계하는 반
면, 탈렌은 인식부의 아미노산 서열을 바꾼다(②). 또
ZFN의 인식부는 단백질인 반면, 크리스퍼는 가이드
RNA가 표적 염기 서열을 인식한다(③).

(가) 작품해설 • 이 시는 물음의 방식을 통해 신비롭고 아름다운 자연 현상에서 절대적 존재를 인식하고, 절대자를 향한 구도 정신을 노래한 작품이다. 1~5행까지는 신비하고 평화로우며 아름다운 자연 현상(오동잎, 푸른 하늘, 향기, 시냇물 소리)이 누구의 모습(발자취, 얼굴, 입김, 노래, 시)인가를 물으며 그 대상을 형상화하고 있다. 따라서 이 시의 제목인 '알 수 없어요'는 화자가 이미 확인하여 알고 있는 사실을 반어적으로 표현한 것이라고 할 수 있다. 6행에서 화자는 절대적 존재가 지금 시련('밤'의 상황)을 겪고 있음을 말하며 이 시련을 몰아내기 위해 자신의 가슴에 '약한 등불'을 밝히는 것이다. 이를 통해 화자는 절대자를 둘러싼 밤을 몰아내고자 하는 화자의 강한 의지를 드러낸 것이다. 그리고 그 노력이 영원히 지속되리라는 다짐을 '타고 남은 재가 다시 기름이 됩니다.'라는 역설적 표현을 통해 보여 준다.

주제 절대적 존재에 대한 동경과 구도의 정신
구성 • 1~5행 : 자연을 통해 드러나는 절대적 존재
• 6행 : 절대적 존재를 위한 희생 의지

'누구'의 모습

누구 (원관념)	표현된 자연 현상 (보조관념)	내포된 의미
발자취	고요히 떨어지는 오동잎	보이지 않으나 존재하는 실재
얼굴	언뜻언뜻 보이는 푸른 하늘	세속적 번뇌와 고통의 순간에 드러나는 진리의 표상
입김	알 수 없는 향기	인간의 예지로는 파악될 수 없는 근원적인 존재
노래	가늘게 흐르는 작은 시내	위안과 평안을 주는 존재
시(詩)	떨어지는 날을 곱게 단장하는 저녁놀	인간의 삶에 의미를 부여하는 아름다운 존재

이해의 핵심 ① 경어체의 의문형 어구를 반복함. ② 자연 현상을 통한 깨달음을 형상화함. ③ 동일한 통사 구조를 반복하여 음악성과 형태적 안정성을 부여함.

(나) 작품해설 • 이 시는 이승과 저승을 오가며 산 자와 죽은 자 사이에 오가는 '한(恨)'의 정서와 긴밀하게 연결되어 있는 인정의 교감을 다루었다. 전체 두 연으로 구성된 시 첫 연은 '만술 아비'가 '아베'의 제를 지내며 올리는 축문이요, 두 번째 연은 '만술 아비'가 자신의 '아베'에게 제를 지내는 것을 보

고 이를 칭찬하는 내용이다. '눌러 눌러 / 소금에 밥이나마 많이 묵고 가이소'에는 죽은 '아베'를 대하는 아들 '만술 아비'의 정성이 담겨 있다. 이 정성이 죽은 아버지의 '영(靈)'도 감응하게 만든다.

주제 아버지에 대한 사랑
구성 • 1연 : 죽은 아버지의 제사상을 차리는 가난한 만술 아비의 정성
• 2연 : 만술 아비의 정성에 대한 죽은 아버지의 감응
이해의 핵심 ① 사투리를 사용하여 토속적 정감과 인물의 소박한 정서와 함께 화자의 한(恨)과 아버지에 대한 정(情)을 보여 줌. ② 1연과 2연에서 화자를 바꾸어 대화식으로 시상을 전개함.

13

정답 ②

출제의도 작품에 대한 이해의 적절성을 판단할 수 있다.
특별비법 작품의 주제를 형상화하는 방법을 중심으로 작품을 이해해야 한다.

문제 풀이 (가)에는 '연꽃 같은 발꿈치', '옥 같은 손' 등의 직유법을 활용하여 대상을 구체화하고 있다. (나)는 사투리와 대화식 전개가 보일 뿐 직유법을 활용하고 있지는 않다. 따라서 ②의 설명은 적절한 내용이다.
오답 풀이 ① (가)에서 '타고 남은 재가 다시 기름이 됩니다'라는 역설법이 쓰였지만, (나)에는 쓰이지 않았다.
③ (가)와 (나) 모두에 음성 상징어가 쓰이지 않았다.
④ (가)에는 '푸른 하늘', '푸른 이끼'에서 '푸르다'는 색채어가 쓰였다. 하지만 (나)에는 색채어가 쓰이지는 않았다.

14

정답 ①

출제의도 시구의 함축적 의미를 파악할 수 있다.
특별비법 작품의 흐름을 중심으로 각 시구가 작품의 전개에 어떤 역할을 하는 지를 파악해야 한다.

문제 풀이 화자는 시내가 흐르는 소리를 '노래'라고 표현하고 있다. 이로 보았을 때 화자는 시냇물 소리에서 '위안'이나 '평안'을 얻고 있음을 짐작할 수 있다. 이를 통하여 ㉠은 존재의 근원을 알 수 없다는 좌절감의 표현이 아니라 절대자가 인간에게 미치는 긍정적인 영향을 표현한 것이라고 추론할 수 있다. 따라서 ①은 적

절한 설명이라고 할 수 없다.

오답 풀이 ② 등불은 기름을 태워 불을 밝힌다. 화자는 타고 남은 재가 다시 기름이 된다는 역설적 표현으로 임을 지킬 때까지 계속해서 끊임없이 임을 지키는 등불을 피우기 위해 자신을 희생(기름을 태움)하겠음을 밝힌 것이다.

③ 밥을 밥그릇에 눌러 담는다는 것은 가난한 살림에서 밥이나마 많이 드린다는 말이므로 제사상도 제대로 차리기 힘든 가난한 화자가 할 수 있는 죽은 아버지에 대한 정성의 표현이라고 할 수 있다.

④ 만술 아비의 정성에 죽은 아버지가 감응한 것이므로 이승과 저승 사이의 교감을 나타낸 것이다.

[15~16] [문학] 고전시가 – (가) 작가 미상, '서경별곡' / (나) 황진이, '청산은 ~'

(가) 작품해설 · 이 작품은 '가시리'와 함께 이별의 정한(情恨)을 노래하고 있는 대표적인 고려 가요이다. 이후 이별의 정한은 황진이의 시조나 김소월의 '진달래꽃'으로 이어졌다. 화자는 불안과 질투의 감정을 숨기지 않고 드러내는 등 사랑을 쟁취하려는 적극적인 삶의 태도와 현실적 감정을 표현했다는 점에서 다른 작품과 다른 독특한 면을 보이기도 한다.

주제 이별의 정한(情恨)

구성 · 1연[적극적 거부] : 서경과 길쌈베는 버려도 임과는 이별할 수 없다는 마음

· 2연[영원한 사랑 다짐] : 구슬과 끈에 빗댄 임에 대한 사랑과 믿음 맹세

· 3연[임의 행동 경계] : 떠나는 임에 대한 불안감과 사공에 대한 원망

이해의 핵심 ① 설의적 표현으로 임과의 사랑을 맹세하는 화자의 정서가 효과적으로 드러남. ② 상징적 시어를 통해 화자가 처한 이별의 상황을 드러냄. ③ 2연이 '정석가' 6연과 동일한 점에 의해 이 노래가 구전 민요임을 확인할 수 있음.

(나) 작품해설 · 이 시조는 임에 대한 변함없는 사랑과 지조를 자연물에 비유하여 형상화하였다. 초장에서 변치 않는 존재인 '청산'은 화자인 '나'의 보조 관념으로, 임에 대한 화자의 영원한 사랑을 상징하며, 변화하는 존재인 '녹수'는 임의 보조 관념으로 순간적이고 유동적인 존재, 변해 버린 임의 정을 상징한다. 중장에서는 '녹수'에 대해 부연하면서 '녹수(임)'가 흘러가도 '청산(나)'은 변하지 않을 것임을 노래하였다. 종장에서는 '녹수(임)'도 '청산(나)'을 잊지 않았으면 하는 소망을 드러내고 있다.

주제 임을 향한 변함없는 사랑

이해의 핵심 ① 불변성을 상징하는 청산과 가변성을 상징하는 녹수를 대조하여 표현함.

15

정답 ④

출제의도 작품을 비교하여 이해한 내용의 적절성을 판단할 수 있다.
특별비법 작품의 주제를 형상화하는 방법을 중심으로 두 작품을 비교하녀 이해해야 한다.

문제 풀이 (가)의 '그츠리잇가'와 (나)의 '변흘손가'는 모두 설의적 표현으로 화자의 임에 대한 믿음이 끊어지거나 변하지 않겠다는 의지를 강조하고 있다. 따라서 ④의 설명은 적절하다.

오답 풀이 ① 선경 후정은 먼저 주변 경치를 노래한 뒤에 그에 빗대어 화자 자신의 심경을 읊는 방법을 말한다. 보통 한시나 시조에 이러한 방법이 자주 이용되는데 (나) 시조에는 이 방식이 쓰이지 않았다.

② (가)의 화자는 '여희므론(이별하게 된다면)'이라고 말하면서 미래에 일어날지도 모를 일을 가정하여 말하고 있지 과거를 회상하며 시상을 전개하고 있지 않다.

③ (가)에는 '서경(평양)'이라는 구체적인 지명을 사용하여 현실감을 주고 있지만 (나)에는 '청상'이나 '녹수'와 같은 일반적인 말이 쓰였을 뿐 구체적인 지명은 쓰이지 않았다.

16

정답 ③

출제의도 시구의 함축적 의미를 파악할 수 있다.
특별비법 작품의 흐름을 중심으로 각 시구가 작품의 전개에 어떤 역할을 하는 지를 파악해야 한다.

문제 풀이 이 시조에서 '청산'은 쉽게 변하지 않는 대상이라면 '녹수'는 쉽게 변하는 대상이다. 이러한 자연물의 속성을 활용하여 화자는 '청산'은 '화자' 자신으로, '녹수'는 자신을 떠난 '님'으로 비유하고 있다. 따라서 ③의 설명은 적절한 내용이 아니다.

오답 풀이 ① '질삼뵈'는 '길쌈으로 만든 베'를 말한다. 그러므로 이를 버린다는 것은 여성이 자신의 중요한 일을 포기한다는 말이 된다. 따라서 이 시구로 화자가 여성임을 유추할 수 있다.

② '녀신들'은 '살아간들', 즉 '살아간다고 해도'라는 의미이므로 일어나지 않은 일을 가정한 것이다.

④ 화자인 청산은 떠나가는 임 녹수가 소리 내어 우는 것을 떠나기 싫어하는 것이라 생각하며 떠나는 임에 대한 떠나지 않을 것에 대한 기대감을 표하고 있다. 이 시구는 이러한 해석 외에도 자신의 서러운 마음을 떠나는 임이 운다고 돌려 표현한 것으로 볼 수 있어 화자의 애절함을 표현하고 있다고도 할 수 있다.

[17-18] [문학] 고전산문 - 작자 미상, '가락국 신화'

작품해설 • 이 신화는 하늘에서 내려와 하늘의 뜻대로 지상을 다스리는 첫 군왕이 곧 수로왕이고, 그러한 왕을 받들고 있는 거룩한 왕국이 곧 가야국이라는 이념이 강하게 투영되어 있다. 이를 통해 다른 건국 시조 신화와 마찬가지로 왕국에 신성성을 부여하고, 왕권 자체를 신성화하고 있다. 이 '가락국 신화'는 하늘의 신이 아홉 족장이 다스리는 부족들의 통치자로서 인간 사회에 내려왔다는 것과, 인간 사회가 그를 환영의 의미인 '춤과 노래'로 스럼없이 맞아들여 왕으로 삼은 영신(迎神) 신화라는 데 그 특색이 있다.

주제 수로의 강림과 가락국의 건국
이해의 핵심 ① 신화 내용이 직접 신에게서 주어짐. ② 신맞이 신화임. ③ 여러 씨족이 연합되어 이룩된 통합적인 왕국의 창건에 관한 신화임. ④ 최고(最古)의 집단 무요가 삽입됨. ⑤ 일반적 신화 형태에서 이탈함.
'구지가'의 성격 '구지가'는 가락국 시조 김수로왕의 강림 신화에 삽입된 무가적 서사시로 향가의 4구체와 유사한 형식을 보인다. '구지가'에 나타나는 '요구'와 '위협'은 전형적인 주술로, 이를 통해 이 노래는 노동요, 주술요, 의식요, 잡귀를 쫓는 주문 등 여러 가지로 해석된다. 또한 이 노래는 수로왕이라는 신적인 존재를 맞이하기 위한 노래이기 때문에 신맞이 노래, 즉 '영신군가'로서의 성격도 지닌다. '구지가'의 내용상 핵심은 '머리를 내놓으라.'는 것인데, 머리를 내놓는다는 것은 새로운 생명의 탄생을 뜻한다. 여기에서 탄생은 수로왕의 탄생을 의미하며, 거북의 머리를 생명의 의미로 본 데서 고대인의 소박한 상징 수법이 잘 나타난다.

'가락국 신화'에 나타난 소재의 상징적 의미

거북	• 신령스러운 존재로 소망을 들어주는 주술의 대상 • 부정적 행위를 하지 않는 신적인 존재로 경외의 대상
머리	• 집단의 우두머리 혹은 건강한 출생
자줏빛 새끼줄	• 단군신화의 '신단수'와 같이 두 세계를 이어주는 역할
황금 알 여섯 개	• 난생(卵生) 화소 • 새로운 질서의 창조(고귀한 생명의 상징)

17

정답 ②

출제의도 작품 감상의 적절성을 파악할 수 있다.
특별비법 작품의 유형의 기본적인 특징은 물론 작품 잔체를 전체적으로 이해해야 한다.

문제 풀이 '가락국 신화'는 신화의 일반적인 유형인 '영웅의 일생' 가운데 '1. 고귀한 혈통(하늘에서 내려옴)'과 '2. 신이한 출생(어머니 없이 알에서 출생함)'만 보인다. 전형적인 영웅의 일생 중심의 '고난 극복 과정'이 나타나 있지 않다. 따라서 ②의 설명은 맞지 않은 내용이다.
오답 풀이 ① 하늘에서 내려온 신을 왕으로 삼으려는 건국 과정을 그리고 있는 건국신화이다.
③ 껍질을 깨야 생명으로서 살아갈 수 있는 '알'을 통하여 새로운 세상에 대한 염원 상징적인 의미를 통해 표현하고 있다.
④ '구지가'와 구간들의 춤추며 노래하는 행위는 고대인들의 주술적인 힘에 대한 믿음을 반영한 것이다.

18

정답 ④

출제의도 작품에 등장하는 상징적 소재의 의미를 파악할 수 있다.
특별비법 주어진 구절들이 작품 전개에 어떤 의미를 지니는지를 파악해야 한다.

문제 풀이 '황금 알'은 '황금'으로 '태양'을, '알(하늘을 나는 새와의 관련성)'로 '하늘'의 의미를 부여하여 '하늘과 통하는 태양과 같은 존재'가 태어났다는 것을 표현하여, 왕이 하늘의 혈통이라는 집단적 자긍심을 드러내고 있다. 신화는 민족이나 국가 단위의 서사이기 때문에 궁극적으로 집단적 자긍심을 배면에 깔고 있다. 따라서 ④의 설명은 적절한 내용이다.
오답 풀이 ① 우물은 비극적 상황을 해결하기 위한 결정적인 실마리가 아니라 오히려 풍요를 기원한다고 할 수 있다.
② 이상한 소리는 소망을 이루고자 하는 의지가 담긴 백성들의 행위가 아니라 하늘의 소리다.
③ 끈은 오히려 하늘과 땅을 이어주는 소재로 인물들 간의 갈등을 유발하는 매개체가 아니다.

작품해설 • 이 작품은 일제 강점기인 1920년대 중반, 일제의 수탈로 황폐해진 농촌을 배경으로 일제에 의해 수탈당하고 망가진 우리 민중의 피폐한 삶을 사실적으로 보여 주고 있다. 이 작품은 극적인 사건의 전개나 인물 관계 등은 나타나지 않지만, 액자식 구성의 이야기 전개를 통해 강렬한 현실 고발의 정신을 엿볼 수 있는, 사실주의 문학의 전형을 보여 준다. 기차 안에서 '그'와 대화를 나누게 된 '나'는 첫인상만으로는 '그'를 탐탁지 않게 여기지만, '그'의 이야기를 들으면서 짙은 동정과 연민의 정을 느끼게 된다. 두 인물이 서로에게 정서적으로 다가가는 과정을 통해 민족 동질성을 확인할 수 있다.

주제) 일제 강점기 우리 농민(민중)의 참혹한 생활상의 폭로
구성) • 발단 : '나'는 서울행 기차에서 동양 삼국의 복장을 한 천박한 '그'를 만난다.
• 전개 : 대화를 통해 '그'가 고향을 떠난 사정을 듣게 된다.
• 위기 : '나'는 대구 근교의 평범한 농민이었던 '그'가 농토를 잃고 파란 많은 유랑 생활을 했음을 알게 된다.
• 절정 : 오랜만에 돌아간 고향은 폐허가 되었고, 자신과 혼담이 있었던 여인을 우연히 유곽에서 만난 '그'와 그녀의 기구한 인생사를 듣게 된다.
• 결말 : '나'는 '그'의 이야기에 공감하여 함께 술을 마시며 '그'가 어릴 때 부르던 노래를 듣는다.
등장인물) • 나 : '그'의 이야기를 전달하는 서술자. 당대 지식인으로 '그'의 이야기를 듣고 조선의 현실을 재인식 하면서 '그'와 공감대를 형성한다.
• 그 : 당대 우리 민족의 비참한 현실을 집약적으로 드러내는 인물. 작가의 현실 비판적 의식을 부여 준다.
• 궐녀 : '그'의 옛 약혼녀로, 농촌의 황폐화로 유곽에 팔려 간 여성. 당시의 한국 여성들의 비참한 삶의 모습을 상징적으로 보여 준다.
이해의 핵심) ① 1920년대 민족 항일기의 시대상을 조명함.
② 농토를 빼앗긴 농민의 참상을 사실적으로 그림.

19

정답 ③

출제의도   작품에 대한 설명의 적절성을 파악할 수 있다.
특별비법   선택지의 설명 내용을 작품에서 확인해야 한다.

문제 풀이) "나는 그 눈물 가운데 음산하고 비참한 조선의 얼굴을 똑똑히 본 듯싶었다."나 "내 또한 너무도 참혹한 사람살이를 듣기에 쓴 물이 났다."와 같은 서술로 서술자는 인물의 현실적인 상황을 요약적으로 직접 제시하고 있다. 따라서 ③의 설명은 적절한 내용이다.
오답 풀이) ① 이 작품은 기차에서 만나 술집으로 공간을 이동하며 이야기를 주고받으며 식민지 조선의 현

실로 망가진 조선인의 삶을 보여 주는 이야기가 전개되고 있다. 그러나 다양한 관점은 드러나지 않는다.
② 사건의 전개는 '나'와 '그'의 대화로 전개되고 있다. 그러나 사건의 반전은 나타나 있지 않다.
④ 삼국의 옷을 입었다는 것으로 유랑의 삶을 살았음을 상징적으로 보여 주기는 한다. 하지만 이러한 소재를 반복적으로 사용하지도 않았고, 인물의 가치관을 드러내지도 않았다.

20

정답 ②

출제의도   자료를 근거로 한 작품 감상의 적절성을 판단할 수 있다.
특별비법   주어진 자료를 근거로 작품의 의미를 파악해야 한다.

문제 풀이) 현진건의 '고향'에는 1920년대 일제 강점기 조선의 피폐함과 일제의 수탈을 피해 고향을 버렸던 사람들의 비극적인 삶이 사실적으로 나타나있다. 작가는 '고향'을 통해 일본의 폭력적인 식민 지배가 낳은 폐단을 고발하고 식민 지배의 직접적인 피해 계층은 조선 민중이라는 사실을 집약적으로 드러내고자 하였다. 이는 개인이나 공동체와의 화해를 목적으로 하지 않는다는 것을 말한다. '그'는 '그 처녀'와의 재회를 통해 공동체와의 갈등을 극복하는 계기가 된 것이 아니라 오히려 현실적인 어려움을 확인하고 있다. 따라서 ②의 설명은 적절한 내용으로 볼 수 없다.
오답 풀이) ① 고향을 버리고 파란 많은 유랑 생활을 한 '그'의 삶에서 짐작할 수 있다.
③ '그'가 부른 노래는 농토가 길로 바뀌어 농사를 짓지 못하게 되고, 사회를 비판하던 사람은 감옥에 끌려가고, 사람들은 죽어 무덤에 묻히고, 여자는 몸을 파는 사람이 된다는 내용으로 식민지 조선의 절망적인 현실을 보여 준다. 즉, 이 노래는 이러한 식민지 조선의 현실에 대한 절망감을 공유한 '나'와 '그'의 유대감이 형성되었음을 보여 준다.
④ 작가는 '그'의 모습을 통해 당대 식민지 조선인의 삶을 사실적으로 보여 주고 있다.

제4회 　수학 영역

01 ①	02 ③	03 ①	04 ④	05 ④
06 ①	07 ②	08 ③	09 ③	10 ④
11 ④	12 ①	13 ③	14 ④	15 ①
16 ④	17 ②	18 ②	19 ②	20 ③

01 　지수와 로그

정답 ①

출제의도　지수법칙을 이용하여 문제를 해결할 수 있다.
특별비법　$\sqrt[m]{a^n}=a^{\frac{n}{m}}$, $\frac{1}{a^n}=a^{-n}$임을 이용하여 식을 간단히 한다.

문제 풀이

$$\left(\sqrt[5]{9}-\frac{1}{\sqrt[5]{27}}\right)\left(\sqrt[5]{27}+\frac{1}{\sqrt[5]{9}}\right)$$

$$=(3^{\frac{2}{5}}-3^{-\frac{3}{5}})(3^{\frac{3}{5}}+3^{-\frac{2}{5}})$$

$$=3^1-3^0+3^0-3^{-1}=3-\frac{1}{3}=\frac{8}{3}$$

02 　다항함수의 미분법

정답 ③

출제의도　곡선 위의 한 점에서의 접선의 방정식을 구할 수 있다.
특별비법　곡선 $f(x)$ 위의 한 점 $(a, f(a))$에서의 접선의 방정식은 $y-f(a)=f'(a)(x-a)$이다.

문제 풀이

곡선 $y=2x^2+1$을 $f(x)$라 하자.
$f'(x)=4x$이므로 $f'(1)=4$이다.
즉, 점 $(1, 3)$에서의 접선의 방정식은
$y-3=4(x-1)$이므로 y절편은 -1이다.

03 　지수와 로그

정답 ①

출제 의도　직선의 기울기와 로그의 성질을 이용하여 문제를 해결할 수 있다.
특별 비법　$\log_a b-\log_a c=\log_a \frac{b}{c}$와 $n=\log_a a^n$임을 활용한다.

문제 풀이

$A(\log 4, \log \sqrt{6})$, $B(4, \log \sqrt{300})$을 지나는 직선의 기울기는 $\frac{\log \sqrt{300}-\log \sqrt{6}}{4-\log 4}$이므로

$$\therefore \frac{\log \sqrt{300}-\log \sqrt{6}}{4-\log 4}=\frac{\frac{1}{2}(\log 300-\log 6)}{2(2-\log 2)}$$

$$=\frac{\frac{1}{2}\log 50}{2\log 50}=\frac{1}{4}$$

04 　수열의 극한

정답 ④

출제 의도　등비수열을 포함하는 식의 극한값을 구할 수 있다.
특별 비법　분모의 가장 큰 공비의 n제곱으로 분자, 분모를 나눈다.

문제 풀이

$$\lim_{n\to\infty}\frac{2^{2n+1}+3}{2^{2n-1}}=\lim_{n\to\infty}\frac{2\times 4^n+3}{\frac{1}{2}\times 4^n}=\lim_{n\to\infty}\frac{2\times\left(\frac{4^n}{4^n}\right)+\frac{3}{4^n}}{\frac{1}{2}\times\left(\frac{4^n}{4^n}\right)}$$

$$=\lim_{n\to\infty}\frac{2}{\frac{1}{2}}=4$$

05 　함수의 극한과 연속

정답 ④

출제 의도　연속함수의 정의를 알고 있고, 이를 이용하여 문제를 해결할 수 있다.
특별 비법　함수 $f(x)$가 $x=a$에서 연속이려면, 다음 세 가지 조건을 만족해야 한다.
1) $f(a)$가 존재
2) $\lim_{x\to a}f(x)$가 존재 $\left(\lim_{x\to a+}f(x)=\lim_{x\to a-}f(x)\right)$
3) $f(a)=\lim_{x\to a}f(x)$

문제 풀이

함수 $f(x)$가 $x=2$에서 연속이 되려면, $x=2$에서의 함숫값과 극한값이 같아야 한다.

즉, $\lim\limits_{x \to 2+} f(x)=f(2)=1$이 성립해야 한다.

$\lim\limits_{x \to 2+} \dfrac{a\sqrt{x+1}-b}{x-2}=1$에서 분모가 0으로 수렴하고,

극한값이 존재하므로 분자 또한 0으로 수렴해야 한다.

즉, $a\sqrt{3}-b=0$, $\therefore b=a\sqrt{3}$

따라서 $\lim\limits_{x \to 2+} \dfrac{a\sqrt{x+1}-b}{x-2}$

$$= \lim\limits_{x \to 2+} \frac{a\sqrt{x+1}-a\sqrt{3}}{x-2}$$

$$= \lim\limits_{x \to 2+} \frac{a(\sqrt{x+1}-\sqrt{3})(\sqrt{x+1}+\sqrt{3})}{(x-2)(\sqrt{x+1}+\sqrt{3})}$$

$$= \lim\limits_{x \to 2+} \frac{a(x-2)}{(x-2)(\sqrt{x+1}+\sqrt{3})}$$

$$= \frac{a}{2\sqrt{3}}=1$$이므로

$\therefore a=2\sqrt{3}$.

06 다항함수의 적분법

정답 ①

출제 의도 절댓값 기호를 포함한 함수의 적분을 구할 수 있다.

특별 비법 절댓값 기호 안이 0이 되는 x값을 중심으로 구간을 나누어 적분한다.

문제 풀이

$$\int_0^1 |2x-1|dx = \int_0^{\frac{1}{2}} (-2x+1)dx + \int_{\frac{1}{2}}^1 (2x-1)dx$$

$$= [-x^2+x]_0^{\frac{1}{2}} + [x^2-x]_{\frac{1}{2}}^1 = \frac{1}{2}$$

07 함수

정답 ②

출제 의도 합성함수의 정의를 이용하여 문제를 해결할 수 있다.

특별 비법 함수 $f(x)$, $g(x)$에 대해, 합성함수 $(f \circ g)(x)$는 $f(g(x))$라 정의한다. 이때 $f(g(b))=a$이고 $f(c)=a$이면 $g(b)=c$이다.

문제 풀이

문제에서

$(f \circ g)(2)=4$이고, $f(2)=4$이므로 $g(2)=2$이다.

또한, $(g \circ f)(3)=4$이고 $f(3)=3$이므로 $g(3)=4$이다.

즉, $(g \circ f)(1)+(f \circ g)(3) = g(f(1))+f(g(3))$

$$= g(2)+f(4)=2+1$$

$$= 3$$

08 통계

정답 ③

출제 의도 이산확률변수의 평균과 분산의 관계를 이용하여 문제를 해결할 수 있다.

특별 비법 이산확률변수 X의 평균과 분산을 각각 $E(X)$, $V(X)$라 할 때 다음이 성립한다.

$E(aX+b)=aE(X)+b$

$V(aX+b)=a^2V(X)$

$V(X)=E(X^2)-\{E(X)\}^2$

문제 풀이

문제에서,

$E(2X+1)=2E(X)+1=5$이므로 $E(X)=2$,

$E(2X^2+1)=2E(X^2)+1=25$이므로 $E(X^2)=12$이다.

$V(2X+1)=4V(X)=4(E(X^2)-\{E(X)\}^2)$이므로

$4V(X)=4(12-4)=32$이다.

09 함수

정답 ③

출제 의도 무리함수와 직선의 위치 관계를 이용하여 문제를 해결할 수 있다.

특별 비법 무리함수 $y=\sqrt{ax+b}+c$의 정의역은 $ax+b \geq 0$을 만족해야 한다. 치역의 경우 $y \geq c$이다.

문제 풀이

$y=\sqrt{-3x-1}-1$의 정의역은 $-3x-1 \geq 0$을 만족하는 x값, 즉 $x \leq -\dfrac{1}{3}$이고, 치역은 $y \geq -1$이다.

직선 $y=ax+1$은 a 값과 상관없이 점 $(0, 1)$을 지나므로 그래프로 나타내면 다음과 같다.

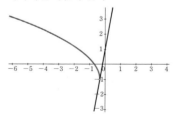

즉, 직선의 기울기 a가 가장 최대가 되기 위해서는 $y=ax+1$가 $\left(-\dfrac{1}{3}, -1\right)$을 지나야 하므로

$-1=a\left(-\dfrac{1}{3}\right)+1$, $\therefore a=6$이다.

다항함수의 미분법

출제 의도 함수의 미분 가능할 조건을 이용하여 문제를 해결할 수 있다.

특별 비법 함수 $f(x)$가 $x=a$에서 미분 가능하려면 $f(x)$는 $x=a$에서 연속이어야 한다. 또, $x=a$에서 미분가능하려면 $\lim\limits_{x \to a+} f'(x) = \lim\limits_{x \to a-} f'(x)$를 만족해야 한다.

문제 풀이

$a \le 6$를 만족하는 자연수 a는 1, 2, 3, 4, 5, 6 이므로, 각각의 경우에 $f'(a)$값이 존재하는지 파악하면 된다.

먼저, $f'(a)$가 존재하기 위해서는 $f(x)$는 $x=a$에서 연속이어야 하므로, $a=5$에서는 존재하지 않는다.

$x=1$과 $x=3$을 중심으로 함수가 다르게 정의되므로 $a=1$과 $a=3$에서 $\lim\limits_{x \to a+} f'(x) = \lim\limits_{x \to a-} f'(x)$를 만족하는지 확인하면 된다.

1) $a=1$일 때

$\lim\limits_{x \to 1+} f'(x) = 1$, $\lim\limits_{x \to 1-} f'(x) = \lim\limits_{x \to 1-} 2(x-2) = -2$로 미분계수가 존재하지 않는다.

2) $a=3$일 때,

$\lim\limits_{x \to 3+} f'(x) = \lim\limits_{x \to 3+} 2(x-2) = 2$,

$\lim\limits_{x \to 3-} f'(x) = \lim\limits_{x \to 3-} (-2x+8) = 2$로 미분계수가 존재한다.

즉, 미분계수가 존재하지 않는 a는 $a=1$, $a=5$이므로 미분계수가 존재하는 a는 총 4개이다.

11

확률

출제 의도 주어진 조건을 만족하는 경우의 수를 찾아 확률을 구할 수 있다.

특별 비법 5명의 사람 중 이긴 사람이 n명인 경우의 수는 이긴 사람 n명을 뽑는 경우의 수와 같다. 이때, 이기는 방법은 3가지(각각 주먹, 가위, 보로 이길 수 있다.)임에 주의한다.

문제 풀이

전체 경우의 수는 3^5이다.

5명 중 이기는 사람 n명을 뽑는 방법은 $_5C_n$가지이다. 또한, 이 n명이 이기는 방법은 각각 가위, 바위, 보 3가지 경우가 존재한다.

즉, 이긴 사람이 한 명 또는 두 명일 경우의 수는 $(_5C_1 + _5C_2) \times 3 = 45$가지이고,

확률은 $\dfrac{45}{3^5} = \dfrac{5}{27}$.

수열

출제 의도 등차수열의 일반항과 합을 이용하여 문제를 해결할 수 있다.

특별 비법 첫째 항이 a_1이고, 공차가 d인 등차수열의 일반항은 $a_n = a_1 + (n-1)d$,

합은 $S_n = \dfrac{n(a_1 + a_n)}{2} = \dfrac{n\{2a_1 + (n-1)d\}}{2}$ 이다.

문제 풀이

첫째 항을 a, 공차를 d라 할 때,

$a_n = a + (n-1)d$이므로, 조건 $a_7 + a_{13} = 4a_{11}$으로부터 $(a+6d) + (a+12d) = 4(a+10d)$이다.

즉, $a = -11d$이다.

$\sum\limits_{k=1}^{20} a_k = \dfrac{20(2a+19d)}{2} = 10$이고

$a = -11d$이므로

$\dfrac{20(2a+19d)}{2} = \dfrac{20(2 \times (-11d) + 19d)}{2} = \dfrac{60d}{2} = 10$이다.

즉, $d = -\dfrac{1}{3}$, $a = \dfrac{11}{3}$ 이므로, $a_9 = a + 8d = 1$이다.

수열의 극한

출제 의도 이차함수의 두 근을 구하고, 무한등비급수를 계산할 수 있다.

특별 비법 공비 r이 $-1 < r < 1$의 범위일 때, $\lim\limits_{n \to \infty} r^n = 0$이므로, $\sum\limits_{n=1}^{\infty} a_n = \dfrac{a}{1-r}$이 성립한다.

문제 풀이

$x^2 + 2x - 2 = 0$의 해는 $x = -1 \pm \sqrt{3}$이다.

즉, $a = -1 - \sqrt{3}$, $b = -1 + \sqrt{3}$ $(a < b)$이고 $a + b = -2$, $ab = -2$이다.

$\sum\limits_{n=1}^{\infty} \dfrac{1}{a^n} - \sum\limits_{n=1}^{\infty} b^n$에서

공비가 각각 $\left| \dfrac{1}{a} \right| < 1$이고 $|b| < 1$이므로

$\sum\limits_{n=1}^{\infty} \dfrac{1}{a^n} - \sum\limits_{n=1}^{\infty} b^n = \dfrac{\frac{1}{a}}{1 - \frac{1}{a}} - \dfrac{b}{1-b} = \dfrac{1}{a-1} - \dfrac{b}{1-b}.$

$= \dfrac{ab-1}{ab-(a+b)+1} = \dfrac{-2-1}{-2+2+1} = -3$이다.

14 순열과 조합

출제 의도 주어진 조건을 만족하는 경우의 수를 구할 수 있다.

특별 비법 1, 1, 2, 2, 3, 3, 3이 적힌 7장의 카드로 만든 다섯 자리 자연수가 짝수이므로, 일의 자리는 2로 제한된다. 나머지 6장의 카드 중 네 자리를 구성할 카드 4장의 경우로 각각 나누어 경우의 수를 구한다.

문제 풀이

짝수이므로 일의 자리는 2이다.

나머지 4자리를 구성할 카드의 경우는 각각 1, 1, 2, 3, 1, 1, 3, 3,   1, 2, 3, 3,   1, 3, 3, 3,   2, 3, 3, 3이다.

카드 4장 1, 1, 2, 3을 배열하는 방법: $\dfrac{4!}{2!}=12$,

카드 4장 1, 1, 3, 3을 배열하는 방법: $\dfrac{4!}{2!2!}=6$,

카드 4장 1, 2, 3, 3을 배열하는 방법: $\dfrac{4!}{2!}=12$,

카드 4장 1, 3, 3, 3을 배열하는 방법: $\dfrac{4!}{3!}=4$,

카드 4장 2, 3, 3, 3을 배열하는 방법: $\dfrac{4!}{3!}=4$,

총 개수는 38.

15 다항함수의 적분법

출제 의도 두 함수로 둘러싸인 부분의 넓이를 구할 수 있다.
특별 비법 함수 $f(x)$와 역함수 $f^{-1}(x)$는 직선 $y=x$에 대해 서로 대칭 관계이다. $f(x)$와 $f^{-1}(x)$로 둘러싸인 부분의 넓이는 $f(x)$와 $y=x$로 둘러싸인 부분의 넓이의 2배와 같다.

문제 풀이

$f(x)=\dfrac{1}{2}x^3+\dfrac{1}{2}x$와 역함수 $f^{-1}(x)$는 직선 $y=x$에 대해 서로 대칭 관계이다.

즉, $f(x)$와 $f^{-1}(x)$로 둘러싸인 부분의 넓이는 $f(x)$와 $y=x$로 둘러싸인 부분의 넓이의 2배이고. $f(x)$과 직선 $y=x$과 만나는 x좌표는 $\dfrac{1}{2}x^3+\dfrac{1}{2}x=x$에서 $x=-1,\ 0,\ 1$이다.

따라서 구하는 넓이는

$S=2\displaystyle\int_{-1}^{1}\left|x-\left(\dfrac{1}{2}x^3+\dfrac{1}{2}x\right)\right|dx$

$=2\displaystyle\int_{0}^{1}x-\left(\dfrac{1}{2}x^3+\dfrac{1}{2}x\right)dx+2\int_{-1}^{0}\left(\dfrac{1}{2}x^3+\dfrac{1}{2}x\right)-xdx$

$=\dfrac{1}{2}$

16 함수의 극한과 연속

출제 의도 함수가 연속하기 위한 조건을 이해하고 문제를 해결할 수 있다.

특별 비법 함수 $f(x)$가 $x=a$에서 연속이려면, 다음 세 가지 조건을 만족해야 한다.

1) $f(a)$가 존재
2) $\displaystyle\lim_{x\to a}f(x)$가 존재 $\left(\displaystyle\lim_{x\to a+}f(x)=\lim_{x\to a-}f(x)\right)$
3) $f(a)=\displaystyle\lim_{x\to a}f(x)$

문제 풀이

함수 $f(x)$는 $x=1$에서 연속이 아니다. 이때 함수 $f(x)g(x)$가 모든 실수에서 연속이려면 $\displaystyle\lim_{x\to1}f(x)g(x)=f(1)g(1)$가 성립해야 한다.

즉, $\displaystyle\lim_{x\to1}f(x)g(x)=f(1)g(1)$에서

$\displaystyle\lim_{x\to1}f(x)g(x)=\lim_{x\to1}\dfrac{2(x^2+ax+b)}{x-1}$이고, 극한값이 존재하고 분모가 0으로 수렴하므로 분자 또한 0으로 수렴한다.

즉, $1+a+b=0$이므로 $b=-a-1$이다.

따라서 $\displaystyle\lim_{x\to1}f(x)g(x)$

$=\displaystyle\lim_{x\to1}\dfrac{2(x^2+ax-a-1)}{x-1}$

$=\displaystyle\lim_{x\to1}\dfrac{2(x+a+1)(x-1)}{x-1}$

$=\displaystyle\lim_{x\to1}2(x+a+1)=0$이므로

$a=-2,\ b=1$이다.

즉, $g(x)=x^2-2x+1$이므로 $\therefore\ g(-1)=4$

17 순열과 조합

출제 의도 중복조합을 이용하여 경우의 수를 구한다.
특별 비법 서로 다른 n개에서 중복을 허락하여 r개 선택하는 조합을 중복조합이라고 하고 $_n\mathrm{H}_r$라 나타낸다.

$_n\mathrm{H}_r=_{n+r-1}\mathrm{C}_r$이다.

문제 풀이

서로 다른 3가지 과일인 사과, 배, 귤을 중복해서 n개를 사는 경우의 수는 $_3\mathrm{H}_n$이다.

즉, $_3\mathrm{H}_n=_{3+n-1}\mathrm{C}_n=_{3+n-1}\mathrm{C}_2=_{n+2}\mathrm{C}_2$이고, 값이 36이므로

$_3\mathrm{H}_n=\dfrac{(n+2)(n+1)}{2}=36$이다.

즉, $n^2+3n-70=0$이므로 $(n-7)(n+10)=0$에서 $n=7$이다.

18 통계

정답 ②

출제 의도 정규분포와 표준정규분포 사이의 관계를 이용하여 문제를 해결할 수 있다.

특별 비법 확률변수 X가 정규분포 $N(m, \sigma^2)$을 따를 때, 확률변수 $Z = \dfrac{X-m}{\sigma}$는 표준정규분포 $N(0, 1)$을 따른다.

문제 풀이

집에서 직장까지 가는 데 걸린 시간을 확률변수 X라 하면, X는 정규분포 $N(40, 5^2)$를 따른다.

즉, 오전 8시 15분에 집에서 출발하여 오전 9시까지 도착할 확률은 $P(X \leq 45)$이므로

$$\therefore \ P(X \leq 45) = P\left(Z \leq \frac{45-40}{5}\right) = P(Z \leq 1) = 0.8413.$$

19 수열

정답 ②

출제 의도 등비수열의 일반항을 구하고, 등비수열의 합을 이용하여 문제를 해결할 수 있다.

특별 비법 첫 항이 a, 공비가 r인 등비수열의 일반항은 $a_n = ar^{n-1}$이고, 합은 $S_n = \dfrac{a(1-r^n)}{1-r} = \dfrac{a(r^n-1)}{r-1}$이다.

문제 풀이

첫 항이 a, 공비가 r인 등비수열의 일반항은 $a_n = ar^{n-1}$이다.

조건에서 $a_3 = ar^2 = 128$이고 $a_{10} = 32a_5$이므로

$ar^9 = 32ar^4$에서 $r = 2$, $a_1 = 32$이다.

즉, $S_n = \dfrac{32(2^n-1)}{2-1} = 32(2^n-1) \leq 2019$이므로

$n \leq 6$이다.

즉, 만족하는 모든 자연수 합은 $1+2+\cdots+6 = 21$ 이다.

20 통계

정답 ③

출제 의도 정규분포와 표준정규분포의 관계를 통해 문제를 해결할 수 있다.

특별 비법 확률변수 X가 정규분포 $N(m, \sigma^2)$을 따를 때, 확률변수 $Z = \dfrac{X-m}{\sigma}$는 표준정규분포 $N(0, 1)$을 따른다. 또한, 확률변수 Z가 표준정규분포를 따를 때 (단, $0 < a < b$)

1) $P(Z \geq 0) = 0.5$

2) $P(Z \geq a) = 0.5 - P(0 \leq Z \leq a)$

3) $P(a \leq Z \leq b) = P(0 \leq Z \leq b) - P(0 \leq Z \leq a)$

4) $P(-a \leq Z \leq 0) = P(0 \leq Z \leq a)$ 이다.

문제 풀이

확률변수 X가 정규분포 $N(100, \sigma^2)$을 따르므로, 확률변수 $Z = \dfrac{X-100}{\sigma}$는 표준정규분포 $N(0, 1)$을 따른다.

$$P(95 \leq X \leq 100) = P\left(\frac{95-100}{\sigma} \leq Z \leq \frac{100-100}{\sigma}\right)$$

$$= P\left(\frac{-5}{\sigma} \leq Z \leq 0\right) = 0.23 \text{이다.}$$

또한,

$$P(X \geq 105) = P\left(Z \geq \frac{105-100}{\sigma}\right)$$

$$= P\left(Z \geq \frac{5}{\sigma}\right) = 0.5 - P\left(0 \leq Z \leq \frac{5}{\sigma}\right) \text{이다.}$$

이때 $P\left(\dfrac{-5}{\sigma} \leq Z \leq 0\right) = P\left(0 \leq Z \leq \dfrac{5}{\sigma}\right) = 0.23$이므로

$$P(X \geq 105) = 0.5 - P\left(0 \leq Z \leq \frac{5}{\sigma}\right) = 0.5 - 0.23$$

$$\therefore \ 0.27$$

문제 풀이 빈칸에 들어갈 내용은 앞에서 어머니가 아들이 휴대폰을 사용하며 걷는 행동을 지적하며, 그것을 금지하는 표지판을 보라고 말하는 내용 다음에 올 것이다. 때문에 빈칸에서 아들이 말하는 표지판 내용에는 고개를 들어 앞을 보고 걸으라는 내용이 적혀있어야 한다. 그러므로 정답은 ②이다.

01
정답 ②

A : Brian, 우리가 드디어 맨해튼에 왔어!
B : 네, 엄마. 정말 구경할 장소들이 많네요!
A : 오, 저기 자연사 박물관이 있구나. 길을 건너자.
B : 음… [잠깐 멈춤] 네, 엄마.
A : 문자 보내고 있니?
B : 음… 네. 사실 지금 Cindy에게 문자 보내고 있어요.
A : 넌 언제나 그러는구나. 걷는 동안에는 좀 멈출 수 없겠니?
B : 그렇지만, 보세요, 엄마. 많은 사람들이 걸으면서 자기 휴대폰을 보고 있는걸요.
A : 하지만 그건 위험한 습관이란다. 횡단보도 옆에 걸려있는 표지판이 보이니?
B : 네. "조심하세요(의역, 말 그대로는 '고개를 드세요')."라고 쓰여 있네요!
A : 그건 보행자들이 머리를 숙여 휴대폰을 보면 안 된다는 뜻이란다.
B : 음… 엄마 말씀이 맞네요. 명심할게요.

① 가까이 오지 마세요
② 조심하세요 (고개를 드세요)
③ 오른쪽 길을 따라 가세요
④ 어슬렁거리다 길을 막을 수 있습니다

주제 휴대폰을 사용하며 길을 걷는 아들과 주의를 주는 어머니의 대화
핵심 표현 pause 멈춤, 잠시 멈추다 keep off 멀리하다, 피하다 loiter 어슬렁거리다
구문 해설
· Why don't you stop doing it while walking?
why don't you는 상대에게 어떤 행동을 요구하거나 제안할 때 쓰는 표현이다.

출제의도 대화 내용을 파악하고 빈칸에 들어갈 내용을 추론할 수 있다.
특별비법 빈칸에 들어갈 내용은 대화 마지막의 결과로 이어지는 이유이므로 앞뒤 문맥을 파악하고 내용을 유추하면 된다.

02
정답 ①

여기 흥미로운 생각이 있다. 만약 빙하가 다시 구성되기 시작한다면, 그것들은 이제 아주 많은 양의 끌어올 물이 있고 – 마지막 남은 빙하 한 장에 (물을) 공급하는 것으로 존재하지 않았던 Hudson 만, Great Lakes, 캐나다의 셀 수 없이 많은 호수들 – 그렇게 그것들은 아주 빠르게 커질 것이다. 만약 그것들이 다시 증가하기 시작한다면, 우리는 정확히 무엇을 해야 하는가? TNR로 그것들을 폭발시키거나, 핵미사일을 쏴야할까? 음, 우리가 그렇게 할 것이라고 의심의 여지가 없지만, 이것을 생각해보라. 1964년, 북아메리카에서 기록된 가장 큰 지진이 알래스카를 200,000메가톤의 집중된 지력으로 뒤흔들었고, 이는 2,000개의 핵폭탄과 동일한 정도였다. 거의 3,000마일 떨어진 텍사스에서, 수영장의 물이 첨벙첨벙 튀었다. 앵커리지의 도로가 20피트 떨어졌다. 지진은 24,000평방미터의 황야를 초토화시켜 대부분을 빙결시켰다. 그리고 이 모든 것이 알래스카의 빙하에는 어떤 영향을 끼쳤을까? 아무 영향도 없었다.

① 빙하의 단단함
② 지진과 핵폭탄의 비교
③ 북아메리카의 지진의 역사
④ 빙하의 구성 과정

주제 빙하 재구성을 방해하기 위한 빙하 부수기가 불가능한 이유
핵심 표현 advance 전진시키다, 증가하다 missile 미사일 doubtless 의심할 여지가 없는 devastated 황폐화시키다, 초토화시키다 wilderness 황야 glaciate 빙결시키다
구문 해설
· If glaciers started reforming, they have a great deal more water now to draw on.
draw on은 '의지하다', '요구하다'라는 의미로 여기서는 '빙하가 물을 끌어들여 빙결시킨다'는 의미로 사용되었다.

출제의도 글의 내용을 파악하여 전체를 아우르는 주제를 고를 수 있다.
특별비법 지문에서 제시하는 상황과 그에 맞는 해결책이

어떻게 적용 불가능한 것인지 이해하며 글의 주제를 고른다.

문제 풀이 필자는 빙하가 다시 만들어지는 상황을 가정하여, 빙하가 재구성된다면 인간은 그에 대항하여 빙하를 부수려 할 것이라고 말한다. 하지만 북아메리카에서 기록된 가장 큰 지진도 빙하에 어떤 영향도 주지 못했던 사실을 지적하며 빙하가 얼마나 단단한 것인지 설명한다. 그러므로 정답은 ①이다.

03

정답 ④

Tom은 그것이 때로는 유용할 것이란 점에 동의하면서도, 그의 내비게이션 시스템을 좋아하지 않는다. 하지만 그는 그의 필요에 맞춰 시스템과 상호작용하는 법을 모른다. 그가 "가장 빠른", "가장 짧은" "가장 경치가 좋은", 혹은 "유료 도로 피하기"와 같은 높은 수준의 선택을 할 수 있다고 해도, 그는 왜 특정한 길이 선택되었는지 시스템과 논의하지 못한다. 그는 왜 시스템이 길 A가 길 B보다 좋다고 생각하는지 이유를 알 수가 없다. 시스템은 긴 교통 신호 와 많은 수의 정지 신호를 고려하는가? 그리고 두 개의 길이 한 시간 여정에서 1분 정도 밖에는 거의 차이가 나지 않는다면? 그는 그가 시간에서 약간의 대가를 치르더라도 그가 선호할 만한 대안을 얻은 것이 아니다. 시스템의 방법은 숨겨진 채로 남아서, Tom이 그것을 신뢰하도록 끌리더라도, 그 침묵과 비밀을 지킴은 협업 없이 이뤄진 하향식의 사업 결정이 그렇듯 불신을 자극한다.

주제 Tom이 내비게이션 시스템을 믿지 못하는 이유
핵심 표현 tailor scenic 경치가 좋은 toll 통행료, 요금 barely 거의 ~않다 tempt 유혹하다, 끌다 secrecy 내밀, 비밀을 지키는 능력 top-down 하향식의
구문 해설
• Does it take into account the long traffic signals and the large number of stop signs?
take into account은 '~를 고려하다'라는 뜻으로, 시스템이 어떤 방식으로 길을 선택하는지 설명하는데 쓰인 숙어이다.

출제의도 지문의 전체적인 내용을 파악하여 빈칸에 맞는 단어를 고를 수 있다.
특별비법 글의 전체적인 맥락을 이해하고, 빈칸이 있는 문장 속의 예시의 비유를 파악하여 빈칸에 들어갈 만한 단어를 찾는다.

문제 풀이 Tom이 내비게이션 시스템을 믿지 못하는 것은 내비게이션의 시스템이 주는 선택지를 신뢰해야 하는 까닭을 제시해 주지 못하기 때문이다. 지문에서 사업의 하향식 의사 결정에서 그렇듯, 위에서 아

래로 이뤄지는 결정은 어떤 방식으로 결정된 것인지를 알 수 없기 때문에 결정 과정은 침묵과 비밀로 남는다고 말한다. 그러므로 선택지 중 collaboration(협업)이 가장 적절하다.

04

정답 ④

우리는 어떻게 평생 동안 즐거움, 흥미, 미적 쾌감을 지속하는가? 나는 그 답의 일부는 시간의 시험을 통과한 음악, 문학, 예술과 같은 것에 대한 연구로부터 온다고 생각한다. 이러한 모든 경우에서, 작품들은 풍부하고 깊기에 각각의 경험에서 인식될 수 있는 무언가 다른 것이 있다. 클래식 음악에 대해 생각해 보자. 많은 사람들에게 그것은 지루하고 흥미가 없는 것이지만, 어떤 사람들에게는 분명 평생 동안 즐겁게 들을 수 있는 것이다. 나는 이러한 지속성은 그것의 구조의 풍부함과 복잡성에서 나온다고 믿는다. 음악은 동시의, 혹은 순차적인 다양한 테마와 변주를 상호 배치한다. 인간의 의식적인 집중은 그것이 어떤 순간에 주목할 수 있는 어떤 것에 의해 제한되며, 이는 의식이 음악적 관계의 제한된 부분집합에 의해 한정된다는 것을 의미한다. 결과적으로 각각의 새로운 감상은 음악의 다른 면에 집중한다. 음악은 절대로 똑같지 않기 때문에 결코 지루하지 않다. 나는 비슷한 분석이 클래식 음악, 미술, 문학과 같이 지속되는 모든 경험에 대해 유사한 풍성함을 보여줄 것이라 믿는다.

① 오래 지속되는 풍부한 주제 때문에
② 감상자들에게 언제나 깊은 영감을 주기 때문에
③ 잘 짜인 똑같은 구조 때문에
④ 절대로 똑같지 않기 때문에

주제 음악이나 문학 같은 예술이 사람들에게 지속적으로 즐거움을 주는 이유
핵심 표현 suspect 의심하다, 생각하다 perceive 인지하다, 인식하다 variation 변화, 변주 simultaneous 동시의 sequential 순차적인 subset 작은 한 벌, 부분집합 uniform 유니폼, 똑같은
구문 해설
• Human conscious attention is limited by what it can attend to at any moment, which means that consciousness is restricted to a limited subset of the musical relationships.
밑줄 친 p.p. 형태 뒤에 오는 what 이후의 단어들로 주어는 설명된다. attend to는 '몰두한다'는 의미인데, 여기서는 어느 순간에 몰두하는 것에 의해 인간의 의식적인 집중이 제한됨을 뜻하는 문장이다.

문제 풀이 필자는 지문에서 오래 지속되어오는 예술의 특징에 대해 설명하며, 그것은 인간의 의식적인 집중(attention)이 항상 다르게 나타나기 때문에 인간이 예술 작품에 대해 지루함을 느끼지 않기 때문이라고 설명한다. 그러므로 빈칸에는 ④가 적절하다.

05
정답 ④

시장은 언제나 낮은 품질의 대중문화만을 생산한다는 매우 광범위한 관점은 시장이 작동하는 방식에 대한 오해에 기초한다. 시장은 수요에 응답하는 기관이다. 만약 낮은 품질의 예술이 요구된다면, 그것은 낮은 품질의 예술을 생산하지만 – 높은 품질의 예술이 요구된다면 높은 품질의 예술을 생산한다. 높은 품질의 예술에 대한 요구가 (A) 존재하지 않는다고 가정을 할 이유는 전혀 없다. 현실에서 우리는 좋은 예술을 향유하기 위해 많은 돈을 지불하는 사람들이 실제로 있음을 본다. 좋은 예는 가장 높은 질의 예술이 수행되는 (영화제를 포함한) 많은 예술제이다. 이러한 축제 중 일부는 자리 잡은 예술의 장에서 충분히 많은 관객을 찾지 못하는 현대 음악과 같은 특정한 예술 형식의 소수의 애호가들의 욕구를 충족시킨다. 그러므로 시장은 다수의 관객을 요구하지 않는다. 일반적이고 널리 퍼진 "시장은 나쁜 예술을 생산한다"는 진술은 (B) 지지할 수 없는 것이다.

	(A)		(B)
①	존재한다	……	지지할 수 있는
②	존재한다	……	지지할 수 없는
③	존재하지 않는다	……	지지할 수 있는
④	존재하지 않는다	……	지지할 수 없는

주제 시장은 질 나쁜 예술을 생산한다는 통념에 대한 반박
핵심 표현 widespread 광범위한 venue 현장, 장소 insupportable 견딜 수 없는, 지지할 수 없는
구문 해설
• A case in point is the many art festivals (including film festivals) where art of the highest quality is performed.
case in point은 '좋은 예', '대표적 사례'라는 뜻으로 쓰인다.

문제 풀이 필자는 대중문화가 질 낮은 예술을 생산한다는 팽배한 주장에 반박하여 자신의 주장을 펼치고 있다. 이러한 이유로 통념에 반대되는 내용이 첫 번째 빈칸에 들어갈 확률이 높으므로 inexistent가 적절하다. 마지막 문장은 필자가 다시 한 번 자신의 주장을 확고하게 하며 통념을 지지할 수 없다고 말하는 부분이므로 insupportable이 알맞은 단어이다.

06
정답 ③

언어 표준화와 대량 문맹 퇴치를 처음으로 이끌어 낸 경제 및 기술 세력은 계속해서 추진력을 ① 얻고 있다. 이제 (국가 간의) 경제적 관계는 즉각적이며 세계적이어서 국가의 어휘는 범위가 더욱 증가하였다. 우리 국가의 어휘의 영역 중 하나는 ② 국제적이다. 현대 세계에서 기본적인 읽고 쓰는 능력은 그들이 어떤 언어를 말하든 세상 모든 곳의 ③ 문학적인 → 읽고 쓸 줄 아는 사람들이 알고 있는 특정한 용어들의 지식을 요구한다. 현대 교육의 이 핵심 어휘는 세계 역사, 문화, 지리, 물리, 생물학의 기본 단어를 포함한다. 모든 국가 교육 시스템에서 교육되며, 어떤 특정한 국가의 언어에만 ④ 한정되지 않는 이것은 세계에서 가장 넓게 공유되는 읽고 쓸 줄 아는 어휘이다.

주제 대중의 읽고 쓰는 능력과 국제적인 기본 핵심 어휘의 증가
핵심 표현 standardization 표준화 literacy 읽고 쓰는 능력 momentum 추진력, 탄력 instantaneous 순간적인, 즉각적인 scope 범위 contemporary 현대의, 동시대의 literary 문학의 geography 지리학
구문 해설
• Now that economic relationships are instantaneous and global, national vocabularies have grown still larger in scope.
now that은 '이제'라는 의미로 쓰여 문장의 전체를 꾸며준다.

문제 풀이 ③의 literary는 '문학의'나 '문어체의'라

는 뜻을 갖고 있다. 그런데 이 문장에서는 '읽고 쓸 줄 아는' 사람들이 공유하는 단어를 의미하기 때문에 어울리지 않는다. 그러므로 ③의 자리에는 literary보다 literate가 적절하다.

07
정답 ③

1990년대 초반, 이메일이 처음으로 인기를 얻었을 때 다른 사람들로부터 메시지를 얻고 그들에게 답장을 쓰는 일은 우리의 답장이 그들에게 즉각적으로 도착할 것이라는 것을 알기에 재미있었다. 언젠가부터 이메일은 소통의 새로운 방식에서 자동화된 업무 할당자가 되었다. 그것은 사람들이 우리의 일상 업무를 전달하는 방식이 되었다. 곧 우리의 상사들과 동료들은 우리에게 "나는 이 서류들의 수정을 당장 필요로 합니다.", "내 보고서는 어디 있나요?", 그리고 "당신은 내 이전 이메일에 답장을 보내지 않았습니다."와 같은 메시지를 보내고 있었다. 이메일은 작은 독재자가 된 것이다. 이제, 사람들이 사무실에 도착하여 처음 하는 일은 이메일을 읽는 것이다. 우리는 모두 처음에는 이메일이 소통의 장치가 될 것이었음을 알았지만, 그것이 우리 일의 또 하나의 힘든 부분이 될 것이라고는 생각하지 못했다. 요즘은 많은 사람들이 이미 그들의 업무가 무엇인지 알고 있으면서도 근무일을 체계화하기 위해 이메일을 사용한다.

주제 처음 의도와는 다르게 사용되는 현재의 이메일
핵심 표현 automate 자동화하다 assigner 할당하는 사람 previous 이전의 dictator 독재자, 지령자 structure 구성하다, 체계화하다
구문 해설
• We all knew from the start that e-mail was meant to be a communication mechanism, but we didn't think it would become another demanding part of our job.
(be) meant to do는 '~하기로 되어있다'라는 뜻으로, 이메일이 원래는 소통의 장치로 쓰일 것이었음을 의미한다.

출제의도 지문의 전체 내용을 이해하여 지문의 내용과 맞는 선택지를 찾아낼 수 있다.
특별비법 지문을 전체적으로 이해함과 동시에 문장을 구석구석 파악하여 선택지와 반대되는 내용을 찾으면 정답을 쉽게 고를 수 있다.

문제 풀이 필자는 이메일이 처음에 사람들 간의 소통을 위해 발명되었던 것과는 달리 현재에는 사무실에서 업무를 전달하는 도구로 주로 쓰이고 있음을 지적한다. 특히 마지막 문장에서 이메일로 굳이 하루를 체계화할 필요가 없음에도 많은 직장인들이 이메일을 사용하고 있다고 지적하는 부분에서 정답은 ③임을 알 수 있다.

08
정답 ③

해결되어야 할 문제가 ① 발견된 이후, 문제를 정의하고 보여주는 과정은 유추의 사고와 같은 과정으로 이어질 수 있다. 적절한 표현을 ② 구성하기 위해, 문제 해결자는 해결 방법에 통찰력을 줄 수 있는 ③ 해결책(one 혹은 it)을 찾기 위해 문제에 대한 여러 개의 다양한 관점을 자주 시도해야만 한다. 다양한 표현이 발견될 수 있는 하나의 방법은 유사한 사고를 이용하는 것이다. 유사한 문제가 확인될 수 있다면, 현재의 문제의 해결책은 부분적으로 한 요소에서 다른 하나로 지도를 그리는 것의 일이다. 예를 들어, 지도를 그리는 것은 구조의 유사성에서 문제를 비교하는 것과 그들의 평행한 요소들을 ④ 밝히는 것을 포함한다. 한 문제의 해결책은 이러한 유사한 지도 그리기 방식을 통해 새로운 문제를 해결하는 과정을 안내할 수 있다.

주제 문제를 해결하는 방식에서 찾을 수 있는 유사한 사고의 유용성
핵심 표현 represent 보여주다 analogical 유추의 element 요소 map 지도를 만들다 identify 알아보다, 밝히다
구문 해설
• One way in which a variety of representations can be found is through analogical thinking.
'다양한 표현이 발견되는 방식'임을 수식하기 위해서 부사 역할을 하는 in which가 쓰였음을 확인할 수 있다.

출제의도 지문의 전체적인 맥락을 파악하여 적절하게 쓰이지 않은 단어를 찾을 수 있다.
특별비법 앞뒤 문장의 내용을 이해하여 단어가 적절하게 쓰였는지 혹은 반대의 의미를 가진 단어나 유사하지만 다른 뜻을 가진 단어가 쓰였는지를 면밀히 파악하면 쉽게 답을 찾을 수 있다.

문제 풀이 ③은 them으로 복수형인데, 문제 해결자가 찾고 있는 방식은 한 가지임을 문장의 맥락을 통해 할 수 있음으로 them은 적절하지 않다.

09
정답 ②

하지만, 그것은 효과적인 학문적 작가의 특징이 아니다.

복잡한 학문적 글을 쓰기 위해서 특별한 재능이 있어야 하는 것은 아니다. 당신이 해야 할 것은 당신의 주제에 많은 큰 단어들을 던져놓고, 페이지 위에 마구 정보를 퍼붓고, 주제-특정적인 전문 용어를 사용하는 것이다. 누구든 이렇게 할 수 있다. (①) 교과서들과 학술 저널들은 자주 이러한 글들로 채워져 있다. (②) 효과적인 선생과 같은 효과적인 작가는 복잡한 것들을 단순하게 보이도록 한다. 당신의 학문적 글쓰기에서는 항상 명료성과 단순성을 추구하라. (③) 글쓰기의 목적은 당신이 얼마나 똑똑한지, 당신이 얼마나 많이 아는지, 혹은 얼마나 거대한 단어들을 당신이 쓸 수 있는지 보여주는 것이 아니다. (④) 그것은 가능한 가장 효율적이고 효과적인 방식으로 의미나 아이디어를 전달하고 나타내기 위함이다.

주제 학문적 글쓰기에서 가장 중요한 명료성과 단순성
핵심 표현 academic 학구적인, 학문적인 dump 쓰레기더미, 퍼붓다 jargon 전문용어, 허튼 소리 clarity 명료성 transmit 전달하다 convey 전하다, 나타내다
구문 해설
• An effective academic writer, like an effective teacher, makes complex things seem simple.
자주 쓰이는 make A seem b(형용사)의 구문으로, 'A를 b처럼 보이게 하다'라는 의미이다.

출제의도 지문을 전체적으로 이해하여 문장이 지문의 어느 부분으로 들어가야 맥락이 이어지는지 알 수 있다.
특별비법 삽입할 문장의 의미를 이해하여 앞뒤 문맥에서 순접일지 역접일지를 파악하면 쉽게 문제를 풀 수 있다.

문제 풀이 삽입할 문장은 but으로 시작하여 역접일 가능성이 높다. 그러므로 학문적 글쓰기가 어떤 것임을 설명하고 주로 어디에서 자주 보임을 지적한 후, 진짜 효과적인 글쓰기가 무엇인지 설명하기 시작하기 직전인 ②가 삽입할 문장이 들어갈 적절한 위치이다.

10

정답 ③

A: 들어오세요, Patty. 앉으세요.
B: 감사합니다. Mr. Williams. 저는 선생님이 우리 수학 시험 결과를 이미 채점하셨을지 궁금했어요. 저는 제 점수를 알고 싶어요.
A: 채점했습니다. 학생의 것을 찾아볼게요.
B: 저는 저의 지난 시험 점수에 실망했었어요.
A: 음, 이번에는 아주 높은 점수를 받았어요. 아주 잘했어요.

B: 정말요? 믿을 수 없어요!
A: 전보다 훨씬 잘 했어요. 당신의 점수는 학급 중에서 가장 높은 점수 중 하나에요.
B: 와, 열심히 한 보람이 있네요.
A: 아주 기뻐요. 이번 시험을 위해 어떻게 공부했나요?
B: 음, 수업 필기를 여러 번 복습했어요. 또 별도로 문제를 푸는 연습을 하기 위해 문제집을 샀어요.
A: 와, 그렇군요. 이제 왜 당신이 이렇게 발전했는지 알겠어요.
B: 네, 다음 시험을 위해서도 같은 방식으로 공부할게요. 이제 저는 잘할 수 있다는 자신이 있어요.
A: 그 말을 들으니 기쁘네요.

① 얼마나 부질없는 노력이었는지!
② 당신이 이것보다 더 잘할 수는 없었을 거라 생각해요.
③ 와, 열심히 한 보람이 있어요.
④ 더 열심히 공부했어야 했어요.

주제 수학 시험 성적에 대한 학생과 선생님의 대화
핵심 표현 grade 성적, 학년 curious 궁금한, 알고 싶은 pay off 보상을 받다 vain 헛된, 부질없는
구문 해설
• I was wondering if you'd graded our math exams yet.
be ⓥing if는 if 뒤에 오는 일에 대해서 묻고 싶을 때 자주 쓰는 구문이다.

출제의도 대화의 내용을 읽고 빈칸에 들어갈 내용을 추론할 수 있다.
특별비법 전체적인 대화의 맥락과 분위기를 읽어 대화의 중간에 들어갈 내용을 추론한다.

문제 풀이 학생은 지난 수학 시험에서 낮은 점수를 받아 실망했지만, 선생님이 이번 시험은 아주 잘 보았으며 어떻게 공부했는지 물어보는 상황이다. 이로 보았을 때, 빈칸에는 학생의 노력이 보상을 가져왔음을 의미하는 ③이 오는 것이 적절하다.

01 ②	02 ④	03 ③	04 ①	05 ③
06 ③	07 ④	08 ④	09 ①	10 ③
11 ①	12 ④	13 ②	14 ②	15 ①
16 ③	17 ④	18 ④	19 ①	20 ④

[01~02] [화법] '미리내' 음식점 소개 발표

01

정답 ②

출제의도 발표의 말하기 전략을 파악할 수 있다.
특별비법 선택지 내용을 발표문에서 확인해야 한다.

문제 풀이 발표문에서 발표자 본인이 경험한 내용을 소개한 것을 찾을 수 없다. 따라서 ②의 설명은 '아니오'에 체크해야 하는데도 '예'에 체크했으므로 적절한 평가가 아니다.

오답 풀이 ① 발표는 질문으로 시작되었지 인용구를 사용하지 않았다. 따라서 '아니오'에 체크한 것이 알맞다.
③ 인터뷰 자료를 활용하고 있으므로 '예'에 체크한 것이 알맞다.
④ (친구들의 반응을 확인하며), (손으로 가리키며), (청중을 바라보며), (큰 목소리로) 등의 반언어적과 비언어적 표현을 활용하고 있으므로 '예'에 체크한 것이 알맞다.

02

정답 ④

출제의도 조건에 맞는 말하기를 찾을 수 있다.
특별비법 선택지의 말을 주어진 조건에 맞추어 분석해야 한다.

문제 풀이 학생의 발표는 미리내 가게란 곳을 소개하며 우리가 함께 작은 나눔을 실천해 볼 것을 권유하는 것이다. ④는 '작은 기부를 시작해 보는 건'에서 발표의 주제가 나타났고, '어떻겠습니까?'에서 의문형 형식을 보여 주고 있다. 따라서 ④는 주어진 조건에 부합하는 말이다.

오답 풀이 ① 나눔 운동의 소개에 초점이 맞추어졌을 뿐 권유가 담기지 않아 주제를 포함하지 못했다.
②, ③ 주제가 나눔의 실천 권유인데 미리내 가게의 후원자내지 창업 권유를 말하고 있으므로 주제에 부합하지 않는다.

[03~05] [작문] 미술 동아리 부원의 우리 마을 벽화 그리기 봉사 소식 기사문

03

정답 ③

출제의도 기사문의 글쓰기 전략을 파악할 수 있다.
특별비법 선택지의 내용을 기사문에서 확인해야 한다.

문제 풀이 기사문 어디에도 구성원들의 소감은 언급되어 있지 않다. 따라서 ③의 내용은 적절하지 않다.

오답 풀이 ① 기사의 첫 문장에 봉사활동의 내용을 요약적으로 제시하였다. 이렇게 핵심 사항을 처음에 제시하는 것이 기사문의 특성이다.
② 앞으로 변화할 마을 공간에 대한 기대가 넷째 문단에 언급되어 있다.
④ 유사한 프로젝트가 진행된 지역에 관한 내용이 넷째 문단에 소개되어 있다.

04

정답 ①

출제의도 단락의 내용을 파악할 수 있다.
특별비법 선택지의 내용을 단락에서 확인해야 한다.

문제 풀이 '봉사 활동의 동기'에 관한 내용은 셋째 단락인 [A]가 아니라 첫째 단락에서 "평소에도 우리 학교 담벼락과 교실 복도 등에 벽화 그리기 작업을 많이 해 온 미술 동아리 학생들이 그 활동 영역을 넓혀 마을 벽화 그리기 프로젝트에 동참한 것이다."라고 언급하고 있다. 따라서 ①은 적절한 설명이 아니다.

오답 풀이 ②, ③ 오전에 봉사자들이 할 봉사를 분담하고, 그 이후에 외벽 정리와 배경색 작업을 하였다. 그리고 오후에 본격적으로 벽화 그리기를 하였다.
④ [A]에는 봉사 활동 내용을 있는 그대로 기술하고 있다.

05

출제의도　고쳐 쓴 부분이 적절한지를 파악할 수 있다.
특별비법　선택지의 고쳐 쓴 내용을 적용하여 글의 흐름이 적절한 지를 판단해야 한다.

문제 풀이　ⓒ의 '지나가는'은 사실을 말하고 있으므로 현재형 시제로 쓰인 것은 적절하다. 그러므로 ③에서 '시제의 사용이 적절하지 않으므로'라는 기술은 맞지 않다. '지나가던'으로 바꿀 필요가 없는 것이다. 다만, 내용상으로 볼 때 그 동네 사람들이 평소 그곳을 지나다니면서 느끼던 것을 말하기 때문에 '지나가는' 보다는 '지나다니는'으로 하는 것이 더 자연스럽다.

오답 풀이　① ⓐ '하지만'은 앞말을 부정적으로 받는 역접의 접속사이다. 그런데 이곳은 봉사활동의 이유 두 가지를 나열하는 부분이므로 앞말 내용과 다른 또 하나의 내용으로 이어져야 한다. 따라서 어떤 것에 더한다는 의미의 부사 '또한'으로 고치는 것이 알맞다.
② '보존'은 있는 그대로 유지하는 것을 말하는데 주어진 문장에서는 무언가 부족한 부분을 고친다는 의미이므로 '낡거나 부서진 것을 손보아 고침'이라는 의미의 '보수'로 바꾸는 것이 알맞다.
④ ⓓ의 '되어졌다'는 '-되다'가 '피동'의 뜻을 더하고 동사를 만드는 접미사인데, 다시 '-(어)지다'라는 피동형 접미사를 덧붙인 형태이므로 이중 피동이다. 따라서 '됐다(되었다)'나 '했다(하였다)'로 바꾸는 것이 알맞다.

06

출제의도　음운 변동을 바르게 이해할 수 있다.
특별비법　음운 변동 현상을 정확하게 구분할 수 있어야 한다.

문제 풀이　ⓐ은 '교체'에, ⓑ은 '탈락'에, ⓒ은 '축약'에 해당한다. '교체'인 ⓐ에 해당하는 것은 'ㅂ'이 'ㅁ'으로 바뀐 '밥+만[밤만]', 'ㅌ'이 'ㅊ'으로 바뀐 '밭+이[바치]', 'ㄴ'이 'ㄹ'로 바뀐 '달+님[달림]', 'ㅂ'이 'ㅃ'으로 바뀐 '국+밥[국빱]', 'ㄷ'이 'ㄸ'으로 바뀐 '젊+다[점따]'이다. '탈락'인 ⓑ에 해당하는 것은 'ㅡ'가 탈락한 '크+어[커]', 'ㄹ'이 탈락한 '삶+도[삼도]'와 '젊+다[점따]', 'ㅏ'가 탈락한 '가+아서[가서]'이다. '축약'인 ⓒ에 해당하는 것은 'ㅎ+ㅈ'이 되어 'ㅊ'이 된 '닳+지[달치]', 'ㅎ+ㄱ'이 'ㅋ'이 된 '쌓+고[싸코]', 'ㅎ+ㅈ'가 'ㅊ'이 된 '놓+

[우측 상단 연결]

지[노치]', 'ㅂ+ㅎ'이 'ㅍ'이 된 '입+학[이팍]'이다. 이로 보았을 때 ⓐ~ⓒ에 맞지 않게 짝지어진 것은 ③이다.

07

출제의도　문장 내에서 각 어절의 문장 성분을 구분할 수 있다.
특별비법　각 문장 성분들의 문장 내 역할을 정확하게 이해해야 한다.

문제 풀이　ⓐ은 용언을 수식하는 부사어(부속 성분)로 체언에 부사격 조사가 결합하였다. ⓑ은 체언을 수식하는 관형어(부속 성분)로, 문장에 관형사형 어미가 결합하였다. 부사어는 한 자리 서술어에서 부속 성분이지만 두 자리 서술어에서는 필수적 성분으로 쓰일 수 있다. 그러나 관형어는 서술어의 자릿수에 관계없이 항상 부속 성분으로만 기능한다. 따라서 ④의 설명은 적절한 내용이다.

오답 풀이　① ⓑ은 뒤의 명사인 체언을 수식하지만, ⓐ은 마지막 서술어인 용언을 수식한다.
② ⓐ은 체언인 명사에 부사격 조사인 '으로'가 붙어 부속 성분인 부사어인 것이 맞다. 하지만 ⓑ은 관형절로 '좋아하다'라는 용언인 형용사가 전성되어 체언을 수식하는 부속 성분이 된 것이다.
③ ⓐ이 속한 문장 성분은 수식하는 '출장을'을 말하는데, 목적어이기 때문에 주성분이다.

08

출제의도　중세 국어의 쓰임을 구분할 수 있다.
특별비법　중세 국어와 이를 현대 국어로 바꾼 부분을 비교하여 보고 그 차이를 파악하여 중세 국어만의 쓰임을 구분해야 한다.

문제 풀이　ⓒ은 '됴ᄒᆞᆫ 곳'의 명사구에 보조사 'ᄋᆞ란'이 붙은 것이므로 적절한 설명이다. 반면, ⓓ의 '내 太子'는 명사절과 관련이 없다. 따라서 정답은 ④이다.
오답 풀이　① '올'은 목적격 조사로 쓰인 것이 맞다.
② '배 타기'는 '배를 타기'이므로 목적격 조사 없이 목적어로 실현된 것이다.
③ '일랑'은 어떤 대상을 특별히 정하여 가리킴의 뜻을 나타내는 보조사이다. 주어진 문구도 '꿀을 팔지 마라.'라는 의미가 되므로 목적어로 실현된 것이 맞다.

지문 해설 • 주어진 글은 건축의 예술성에 대한 칸트와 헤겔의 생각을 설명하고 있다.

주제 건축의 예술성에 대한 논란

구성 •1단락 : 응용 예술로 불리는 건축의 예술성에 대한 논란
•2단락 : 미에 대한 칸트의 견해 – 목적 없는 합목적성의 순수미
•3단락 : 독립적인 미가 아닌 의존적인 미로 간주하여 가구 수준으로 건축을 본 칸트
•4단락 : 시, 음악, 회화, 조각, 건축을 예술의 위계로 보아 무질서한 물질의 세계인 자연을 조작하여 인간의 정신이 그대로 체화하지 못하고 물질로 남아있기 때문에 가장 낮은 단계의 예술로 분류한 헤겔

 09 정답 ①

출제의도 글의 중심 내용을 이해할 수 있다.
특별비법 제시문을 전체적으로 파악하여 중심 내용에 대한 설명이 적절한지를 판단해야 한다.

문제 풀이 칸트의 생각을 나타낸 "독립적인 미'를 참된 예술적 판단의 대상이라고 정리했다. 가령 꽃이나 새, 조개껍데기와 같은 자연물의 문양, 가사나 주제가 없는 음악 등이 이러한 미에 해당한다. ~ 의존적 미는 특정한 목적에 따르는 부수적인 아름다움이기 때문에 이를 음미하는 배경은 순수할 수 없으며, 이런 관점에서 건물은 독립적인 미를 지닌 것으로 볼 수 없다."와 헤겔의 생각을 나타낸 "예술이 시, 음악, 회화, 조각, 건축으로 이루어져 있다고 생각했다. 그리고 이러한 순서를 바로 예술의 위계라고 여겼다."로 보았을 때, 칸트와 헤겔 둘 다 건축을 음악에 비해 낮은 단계의 예술로 평가했다.

오답 풀이 ② 셋째 단락의 마지막 문장 "칸트는 기존의 예술 분류에 따라 건축을 예술에 포함시키기는 했으나 가구 제조와 같은 수준으로 보았던 것이다"에서 알 수 있듯이 칸트는 건축의 예술성을 부정한 것은 아니다.
③ 제시문의 마지막 문장 "헤겔은, 건축이란 인간의 정신이 그대로 체화된 결과물이 아니며 설령 인간의 마음이 투영되었다고 해도 끝까지 물질로 남아 있다고 보았기 때문이다."에서 알 수 있듯이 헤겔은 건축에서는 끝까지 물질이 잔여로서 남는다고 보았다.
④ 건축의 예술성을 판단할 때, 칸트는 목적의 유무를 기준으로 제시했고, 헤겔은 정신과 물질의 관계를 기준으로 제시했다.

10 정답 ③

출제의도 글을 사실적으로 이해할 수 있다.
특별비법 선택지의 내용을 제시문에서 확인해야 한다.

문제 풀이 넷째 단락에서 헤겔은 예술을 시, 음악, 회화, 조각, 건축으로 보면서 "이러한 순서를 바로 예술의 위계라고 여겼다."라고 말하면서 "헤겔에게 중요한 가치의 잣대는 정신이냐 물질이냐 하는 것이었다."고 말하고 있다. 이로 알 수 있듯이 헤겔은 예술 작품의 위계를 정신과 물질 사이의 관계로 보았다. 따라서 ③의 설명은 적절한 내용이다.

오답 풀이 ① 셋째 단락의 "가령 꽃이나 새, 조개껍데기와 같은 자연물의 문양, 가사나 주제가 없는 음악 등이 이러한 미에 해당한다."로 알 수 있듯이 칸트는 자연물이 건물보다 더 예술적이라고 보았다.
② 둘째 단락의 '목적 없는 합목적성'을 설명한 것으로 알 수 있듯이 칸트는 '합목적성'을 용도가 없는 것에서 찾았다.
④ 넷째 단락의 "시는 소리를 조직하여 단어와 음성을 만든 후 이를 투사하는 예술로서, 정신이 물질을 압도한 가장 높은 단계의 예술로 평가했다."에서 알 수 있듯이 헤겔은 시에서는 정신이 물질을 압도한다고 보았기 때문에 의미가 소리를 압도한다고 보아야 맞다.

[11-12] [독서] 사회 – 공유 경제

지문 해설 • 제시문은 2000년대 들어 공유 경제가 더욱 확산하게 된 까닭과 수요자와 공급자 사이의 신뢰 형성 방법의 변화를 설명하고 있다.

주제 공유 경제의 의미와 확산

구성 •1단락 : 공유 경제의 개념과 핵심 가치
•2단락 : 2000년대의 공유 경제 – 재화의 공유로 재화를 더 많이 생산하는 시스템
•3단락 : 공유 경제가 확산되는 이유 – 경제 위기 과정에 구매력 저하로 협력적 소비로의 관심 이동과 지역과 국가의 한계를 벗어난 인터넷 기반 공유 경제 생태계 조성
•4단락 : 공유 경제 확산으로 수요자 공급자 간의 신뢰 형성 과정의 변화 – 과거의 직접 확인에서 SNS를 통한 간접 확인으로의 변화

11 정답 ①

출제의도 글의 설명 방식을 파악할 수 있다.

문제 풀이 주어진 글은 2000년대 들어 공유 경제가 더욱 확산하게 된 까닭과 수요자와 공급자 사이의 신뢰 형성 방법의 변화를 설명하고 있을 뿐이다. 따라서 이 글에서는 공유 경제로 인한 미래 사회의 사회적 변화나 대응책에 관한 내용은 없다.

오답 풀이 ② 셋째 단락에서 공유 경제 확산의 이유를 2000년대 이후의 미국 경제의 변화에서 찾았기 때문에 역사적 관점에서 찾았다고 볼 수 있다.
③ 셋째 단락에서 소유 중심의 자본주의 경제와 비교해서 협력적 소비를 특징으로 하는 공유 경제를 설명하고 있다.
④ 첫째 단락에서 공유 경제의 개념을 정의하고, 핵심적 성격을 규정하고 있다.

12

정답 ④

출제의도 중요 개념에 대해 이해할 수 있다.
특별비법 제시된 용어에 대한 내용을 제시문을 통해 정확하게 파악해야 한다.

문제 풀이 둘째 단락의 "재화를 직접 구매하여 독점적으로 소유하기보다는 재화를 사용할 수 있는 권리를 구매하는 구조로 경제 환경이 변한다는 것을 의미한다"로 알 수 있듯이 재화의 소유권을 공유하는 것이 아니라 재화의 사용권이나 접근권을 공유함으로써 협력적 소비가 가능해졌다고 말하고 있다. 따라서 ④의 설명은 적절한 내용이 아니다.

오답 풀이 ① 둘째 단락의 "인터넷 사용이 확대되면서 물리적 공간이 가상공간으로 대체됨에 따라 재화의 거래가 인터넷상에서 이루어지며, 재화의 교환 가치는 공유 가치로 변화하는 새로운 시대로 접어들었다고 주장한다."로 알 수 있다.
② 셋째 단락의 "스마트 기기의 대중화가 수요자와 공급자의 시간적·공간적 거리를 단축시켜 공유 경제의 확산에 결정적 역할을 했다."로 알 수 있다.
③ 넷째 단락의 "과거에는 수요자가 공급자의 재화를 직접 확인하면서 수요자와 공급자 간의 신뢰가 형성되었지만 최근에는 누리 소통망(SNS) 등을 통해 다른 수요자가 공급자에 대해 내린 평판을 조회할 수 있게 되어 간접적인 신뢰 확인이 가능해졌다."로 알 수 있다.

[13-14] [문학] 현대시 – (가) 정지용, '춘설(春雪)' / (나) 곽재구, '전장포 아리랑'

(가) 작품해설 • 이 시는 초봄에 내린 눈을 통해 봄이 오는 기운을 생동감 있게 노래한 작품이다. 보통 눈은 차가운 속성 때문에 주로 겨울의 이미지를 나타낼 때 사용되는데, 이 시에서는 초봄을 알리는 역할을 하고 있어서 시인의 참신한 발상이 돋보인다.

겨울	봄눈(춘설)	봄
얼음이 얼고, 모든 생명체가 옹송그리고 있음.	봄을 알리는 매개체	얼음에 금이 가고, 새순이 돋으며, 고기 입이 오물거림.

주제 춘설이 내린 자연에서 느끼는 봄의 생명력
구성 ① • 1~3연 : 초봄에 눈 덮인 산봉우리를 본 놀람
• 4~6연 : 겨우내 잠들었던 생명이 깨어나 움직이는 생동감 있는 모습에 대한 감탄
• 7연 : 봄의 기운을 온몸으로 느껴 보고 싶은 소망
② • 1연 : 문 열자 보이는 먼 산
• 2연 : 우수절 초하루의 아침
• 3연 : 가깝게 느껴지는 눈 덮인 산
• 4연 : 봄이 오는 자연의 모습
• 5연 : 봄을 맞이하는 화자의 기쁨
• 6연 : 생동감 있게 살아나는 봄날의 자연
• 7연 : 차가운 눈 속에서 봄을 더 선명하게 느껴 보고 싶은 마음
이해의 핵심 ① 다양한 감각적 이미지를 사용하여 봄이 온 것을 생동감 있게 나타냄. ② 영탄법을 사용하여 화자의 정서를 효과적으로 드러냄.

(나) 작품해설 • 이 시는 전장포 앞바다에 떠 있는 작은 섬들을 소재로 우리 민족의 삶과 애환을 애정 어린 시선으로 노래하고 있다. 시의 공간적 배경이 되는 전장포는 전라남도에 위치한 포구의 명칭으로, 주변의 작은 섬들을 '눈물방울'과 '사랑', '울음' 등의 이미지로 비유하여 그곳에서 살아가는 사람들의 굴곡진 삶을 잘 드러내고 있다.

주제 민중의 애환과 설움
구성 • 1~4행 : 전장포 앞바다의 섬들을 보며 떠올린 눈물방울
• 5~8행 : 고단한 민중의 삶에 대한 사랑
• 9~14행 : 섬사람들의 척박한 삶과 그 애환
• 15~17행 : 서러운 민중의 삶에 대한 위로
이해의 핵심 ① 민족의 한이 담긴 민요 '아리랑'의 조흥구로 한의 정서와 리듬감을 살림. ② 섬사람이나 민중의 표현인 '섬'의 설움 많은 삶의 표현으로 민중의 굴곡진 삶을 드러냄. ③ '나리꽃 꺾어 섬 그늘에 띄우'는 행위로 서러운 민중의 삶에 대한 위로를 나타냄. ④ 구체적인 대상에 주관적 의미를 부여함. ⑤ 공간의 이동에 따라 시상을 전개함.

13

출제의도 작품을 비교하여 이해할 수 있다.
특별비법 두 작품을 전체적으로 파악한 뒤에 그 차이점과 공통점을 찾아야 한다.

문제 풀이 (가)는 1~4행에서 먼저 '전장포 앞바다'라는 자연을 노래한 후에 그곳에서 보이는 척박하고 서러움 삶을 살아가는 섬사람, 즉 민중에 대한 안타까움과 위로의 정서를 표현하고 있다. 따라서 '선경 후정'의 방식을 통해 주제의식을 강조하고 있다는 ②의 설명은 (가)에 대한 적절한 분석이다.
오답 풀이 ① (가)는 물론 (나)에도 설의적 표현이 쓰이지 않았다.
③ (가)는 물론 (나)에도 반어적 표현도 대상의 이중성 부각도 나타나지 않는다.
④ (가)는 물론 (나)에도 도치의 방식으로 시상을 마무리하지 않았다.

14

출제의도 시구의 함축적 의미를 파악할 수 있다.
특별비법 작품의 흐름을 중식으로 각 시구가 작품의 전개에 어떤 역할을 하는 지를 파악해야 한다.

문제 풀이 ⓛ은 앞 연의 '얼음 금가고'나 '향기로워라'로 알 수 있듯이 '겨울을 보낸 대상에게 또 다시 닥친 시련을 표현'한 것이 아니라 '추운 겨울을 지나 생동감 있는 봄을 맞이한 것이 낯설다' 또는 '움츠리고 있던 겨우살이를 되돌아보니 서러움이 느껴진다'는 의미로 볼 수 있다.
오답 풀이 ① '먼 산이 이마에 차라.'라는 표현은 멀리 있던 산이 눈 때문에 하얗게 덮여 차가운 기운이 이마에 닿을 듯이 가깝게 느껴진다는 의미를 담고 있다.
③ '한 오천 년 떠밀려'와 '자그맣고 슬픈 우리나라 사랑'이라는 시구로 오랜 기간 이어져 내려온 우리 민족의 삶과 애환을 표현했음을 알 수 있다.
④ 서러움 많은 전장포 앞바다에 나리꽃을 띄우는 것은 울고 서러워하는 우리나라 사람들의 삶에 위로를 하는 행위로 볼 수 있다.

[15-16] [문학] 고전시가 – (가) 권호문, '한거십팔곡(閑居十八曲)' / (나) 정구, '청산아 웃지 마라 ~'

(가) 작품해설 • 조선 선조 때 권호문(權好文)이 지은 총 19수의 연시조로, 벼슬길과 은거 생활의 갈등에서부터, 속세에 미련을 버리고 강호의 풍류를 즐기며 살아가는 모습을 그려 내고 있다. 시조 전체가 의미상 유기적으로 연결되어 있어 시상의 흐름을 체계적으로 파악할 수 있다. 작가는 평생 자연에 머물며 자신의 유학자인 이상을 펼치고자 했던 전형적인 처사로, 정치적 실패나 좌절 같은 쓰라린 체험 없이 스스로 은거하여 치사 한적(致仕閑寂; 벼슬에서 물러나 한가하게 지냄.)의 감회를 노래하였다. 그래서 이 작품은 오히려 강호 문학의 진정성을 더해 준다. 이 작품에서의 자연은 현실에 대한 상대적인 개념이나 일시적인 도피처가 아니라 물아일체의 공간으로 그려지고 있다. 이러한 자연에서의 삶을 통해 작가의 실존적 모습을 드러낸다는 점에서 문학사적 의의가 있다.

주제 유교적 깨달음의 실천과 안빈낙도의 소망
구성 •제1수 : 충효를 하고자 하는 마음의 다짐
• 제2수 : 등용의 좌절과 안타까움
작품 해석 •제1수 : 평생에 원하느니 다만 충효(忠孝)뿐이로다 / 이 두일 말면 금수(禽獸)나 다르리야 / 마음에 하고자 하여 십재황황(十載遑遑 : 10년 동안 마음이 급해 허둥지둥함)하노라.
• 제2수 : 계교(計巧) 이렇더니[남과(서로 글재주만) 견주다 보니] 공명이 늦었세라. / 부급동남(책을 지고 스승을 찾아 이러저리 다녀도)하여 여공불급(如恐不及 : 펴보기 어려운 뜻) 하는 뜻이 / 세월이 물 흐르듯 하니 못 이룰까 하여라.
이해의 핵심 ① 현실 세계로부터 벗어나 자연 속에서의 삶을 선택하기까지의 과정을 시간적 순서에 따라 전개함. ② 현실의 근심을 잊기 위해 자연을 선택하지만 결코 현실을 외면할 수 없었던 작가의 사대부로서의 의식이 잘 드러남.

(나) 작품해설 • 첫수의 초장은 청산과 백운은 강호에 있는 선비들을 말한다. 그들 보고 비웃지 말라고 했다. 중장에서는 늙도록 벼슬길에 머물러 있는 것이 좋아서 그러는 게 아니라고 변명하고 있다. 종장에서는 임금의 은혜가 두터워서 그것을 갚고 가려고 한 것이라고 말하고 있다. 선조가 죽고 광해가 임금이 되자 그는 난정과 옥사에 대한 상소문을 올리고는 미련 없이 고향으로 돌아갔다.

주제 자연에서의 삶에 대한 소망
구성 •초장 : 자연에 있지 못하는 아쉬움
• 중장 : 즐겁지 않은 세속에서의 삶
• 종장 : 세속에 머무는 이유와 자연에 살고 싶은 마음

이해의 핵심 ① 의인화된 청자에게 말을 건네는 방식으로 정서를 표현함. ② 설의적 진술을 통해 시적 상황을 선명하게 제시함. ③ 공간의 대비를 통해 시적 의미를 강조함.

15

정답 ①

출제의도 작품을 비교하여 이해한 내용의 적절성을 판단할 수 있다.
특별비법 작품의 주제를 형상화하는 방법을 중심으로 두 작품을 비교하녀 이해해야 한다.

문제 풀이 (나)는 '청산'과 '백운'을 생명을 가진 존재로 상정하고 그들에게 말을 건네는 방식으로 시상을 전개하고 있다. 따라서 ①의 설명은 적절하다.

오답 풀이 ② 반대로 (나)에는 '청산'과 '백운'이라는 색채 대비가 나타나지만, (가)에는 나타나지 않는다.
③ (나)에서 설의적 진술을 통해 세속적 가치에 미련을 두었던 화자 스스로에 대한 반성적 태도는 나타나지만 (가)와 (나) 모두 역설적 인식도 세태 비판도 나타나지 않는다.
④ (가)와 (나)에는 충효를 저버린 자를 금수(禽獸)로 표현하거나 자연을 청산이나 백운으로, 세속적 거치를 홍진으로 비유하고는 있지만 직유법을 활용하고 있지는 않다.

16

정답 ③

출제의도 시구의 함축적 의미를 파악할 수 있다.
특별비법 작품의 흐름을 중식으로 각 시구가 작품의 전개에 어떤 역할을 하는 지를 파악해야 한다.

문제 풀이 ㉢의 '백발'은 나이가 많거나 근심이 많은 현재의 화자 스스로의 모습을, '홍진'은 현재 화자가 속한 번거롭고 속된 세상을 의미한다. 화자는 이 구절로 속세적 가치, 즉 벼슬살이를 살며 사는 삶이 즐겁냐고 설의적 표현을 사용하여 자신의 현세의 삶을 비판적으로 바라보고 있다. 따라서 미래 상황을 드러내는 소재라고 한 ③은 바른 설명이 아니다.

오답 풀이 ① ㉠은 충효를 하지 않는 존재를 금수(禽獸)와 같다고 했으므로 화자가 이 둘을 최고의 이상적 가치로 여김을 알 수 있다.
② 〈제2수〉의 초장과 중장에서 벼슬을 하기 위해 노력하는 모습을 말한 뒤 종장인 ㉡에서 이를 하지 못할까 하는 두려움을 직접적 표현으로 보이고 있다.

④ 화자는 ㉢에서 속세에서 벼슬살이하는 것이 즐겁지 않다고 말하면서도 ㉣에서 임금의 은혜를 갚지 못했으므로 이를 갚고 속세를 떠나려한다고 하면서 자신이 속세를 떠나지 못함을 합리화하고 있다.

[17-18] [문학] 고전산문 – 이규보, '청강사자현부전(淸江使者玄夫傳)'

작품해설 • 이 작품은 현부처럼 앞길의 길흉을 점칠 수 있는 자도 어부의 꾀에 빠져 사로잡히기도 하므로 범인(凡人)들이야 말할 필요도 없이 언행을 삼가야 함을 드러내고 있다. 작가는 이 작품을 통해 선비들은 마땅히 나라를 어질게 다스려야 하고, 백성들에게 은택을 입히는 치국(治國)의 도리를 다하되, 몸과 마음을 닦아 수양하고 말과 행동을 조심하며 사는 것이 어지러운 시대의 처세임을 밝히고 있다.

주제 안분지족의 처세와 언행(言行)을 삼가는 삶의 자세
현부의 특성과 작가의 주제 의식

'현부'의 특성	• 앞일의 길흉화복을 점치는 신령스러운 능력이 있음. • 벼슬을 탐하지 않고 자신의 처지에 만족하며 삶.

↓

사건의 전개	• 현부가 어부의 꾐에 빠져 세상에 나옴. • 관직을 두루 거치며 왕에게 존경 받고 공을 세우지만 생을 어디에서 마감했는지 알려지지 않음.

↓

작가의 주제의식	아무리 현명한 사람도 한순간 실수로 일을 그르칠 수 있으므로 말과 행동을 조심하는 자세가 중요함.

구성 • 도입 : 현부의 가계 소개
• 전개1 : 현부의 성품
• 전개2 : 현부의 정계 진출과 행적을 알 수 없는 이후의 삶
• 전개3 : 현부 아들의 삶과 후손들의 생애
• 비평 : 현부에 대한 사신의 평가

줄거리 현부(玄夫)의 선조는 신인(神人)이었으며 힘이 굉장히 세어서 바다 가운데 있는 산을 지탱하였다. 그러나 자손 대에 이르러 형체가 작아지고 힘도 사라져서 한낱 점을 치는 것을 직업으로 삼았다. 현부도 점을 잘 쳐서 임금의 부름을 받았으나, 자연과 더불어 사는 삶이 좋다고 하여 벼슬길에 나아가지 않고 은둔 생활을 하였다. 그러다가 춘추 시대에 어부 예저에게 잡혀서 세상에 나온 후, 송(宋)나라의 원왕에게 크게 존경을 받아 여러 관직을 두루 거치며 나라에 공을 세웠다. 그러나 현부가 어디에서 생을 마감했는지는 아무도 모른다. 벼슬아치들은 그를 숭상하여 황금으로 그의 형상을 만들어 몸에 지니고 다니기도 했다. 현부의 세 아들 중 두 아들은 물에 삶겨 죽임을 당했고, 한 아들은 세상 사람들로부터 통현 선생이라 불리었다. 그의 후손 중에는 도(道)를 얻어 천세에 이르도록 죽지 아니한 자도 있다. 사신은 현부의 삶을 통해 성인이라도 실수가 있는 법

이니 삼가는 태도를 지녀야 한다고 말한다.

이해의 핵심 ① 사물을 의인화한 일대기 형식임. ② '도입 – 전개 – 비평'의 구성 방식을 취함. ③ 미신적 신앙보다는 지족(知足)의 삶이 더 중요함을 강조함.

17

정답 ②

출제의도   작품의 전개 방식을 이해할 수 있다.
특별비법   선택지의 설명 방식이 작품에 부합하는지를 확인해야 한다.

문제 풀이 '청강사자현부전'은 '현부(거북의 의인화)'라는 뛰어난 인물의 일대기적 구성을 보이는 작품이다. 현부는 살아가는 과정에 휩쓸려 세상에 나오고 언제 죽은지도 모르지만, 초월적인 인물에 의해 운명이 정해지지 않았다. 따라서 초월적인 인물의 등장으로 주인공의 운명이 결정되어 있다는 ②의 설명은 적절하지 않은 내용이다.

오답 풀이 이 작품은 의인화된 현부를 통해 수동적이고 타의적인 삶을 성찰하게 하는 교훈적인 의미를 담고 있다(①). 따라서 자신 스스로 적극적인 삶을 개척하고 스스로 주인이 되는 자아의 주체성에 대한 궁극적인 질문을 던지고 있다(③). 그 질문은 인물이 처한 구체적인 상황, 벼슬자리 문제를 통해 드러나며 전체적인 구성상 태어나서 죽을 때까지의 일대구성으로 완결되어 있다(④).

18

정답 ④

출제의도   작품에 주어진 부분의 의미를 파악할 수 있다.
특별비법   주어진 구절들이 작품 전개에 어떤 의미를 지니는지를 파악해야 한다.

문제 풀이 ㄹ은 벼슬을 거부하던 '현부가' 위평(衛平)에 의해서 벼슬길에 오른 것이다. 따라서 현부의 관직 진출이 타의에 의한 것임을 알려주고 있으므로 ④의 설명은 적절한 내용이다.

오답 풀이 ① ㄱ은 도량이 크다는 말로 성격과 외모를 직접 드러내고 있다고 볼 수 없다.
② ㄴ은 현부의 태생에 반영된 위태로운 시대적 상황은 드러나지 않는다. 오히려 현부의 등 모양 등을 유추하게 하여 의인화되고 있음을 짐작하게 하는 정보를

주는 역할을 한다.
③ ㄷ은 현부의 비현실적인 태도와 신비로움을 부각하고 있는 것이 아니라 진흙 속이라도 자신이 살고자 하는 곳에서 주인으로 살 수 있다면 거기가 현실이라는 의미를 담고 있는 것이다.

[19-20] [문학] 현대소설 – 계용묵, '별을 헨다'

작품해설 · 이 작품은 광복 직후 남한의 사회 현실과 만주에서 조국으로 돌아온 사람들의 삶을 사실적으로 그리고 있다 이 작품에서는 시장에서 느끼는 '그'의 심리, '그'의 친구가 재산을 형성한 모습, 제도적으로 정비되지 않은 남북한의 어려운 현실을 보여주고 있다. 또한 '그'의 모습과 '그'의 친구 말에서 전재민들이 고국에 와서도 궁핍한 삶을 살고 있었음이 드러나고 있다. 단편 소설이지만 광복 직후의 현실을 치밀하게 그리고 있다는 점에서 그 의의를 찾을 수 있는 작품이다.

주제 해방 공간에 있어 실향민의 고난과 지식인의 내면 풍경
구성 • 발단 : 해방을 맞아 어머니를 모시고 고국으로 돌아온 그
• 전개 : 늦게 도착하는 바람에 마땅한 거처를 마련하지 못한 상황
• 위기 : 귀국 길에 만난 친구의 호의와 이를 거절하는 그
• 절정 : 이북으로 가기 위해 떠나는 그와 어머니
• 결말 : 이북에서 남으로 왔다는 고향 사람들과 만나 허탈한 모습

등장인물 • 나 : 만주에서 살다가 귀국한 한 사람. 양심을 지키며 살아가지만 집도 없이 별만 헤는 사람. 어머니께 죄스러운 마음이 크다.
• 친구 : 난리 틈을 타 자신의 잇속을 챙기며, 겨레와 양심에 눈 감고 살아가는 무리 중 한 사람.

이해의 핵심 ① 인물간의 대화를 통하여 인물이 처한 상황을 드러냄. ② 시대적 배경 묘사를 통해 주인공의 내면의식을 드러냄. ③ 객관적이라기보다 주관적인 영탄에 가까운 표현의 문장이 빈번함.

19

정답 ①

출제의도   작품에 대한 설명의 적절성을 파악할 수 있다.
특별비법   선택지의 설명 내용을 작품에서 확인해야 한다.

문제 풀이 북으로 가고자 하는 '그'와 대화를 나누는 고향 사람의 대화 속에서 당대의 시대적인 상황과 인물의 현실을 구체적으로 적시하고 있다. 따라서 대화를 통해 인물이 처한 현실에 대한 정보를 전달하고 있다는

①의 설명은 적절한 내용이다.

오답 풀이 ② 제시된 내용은 두 가지 사건이 나열되었을 뿐, 빈번한 장면 전환은 이루어지고 있지 않다.
③ 어머니는 아들과 같은 상황인 고향 사람을 만나 이야기를 나누고 있다. 서로 다른 시각 차이를 대비하여 사건의 의미를 풍자하고 있지 않다.
④ 제시된 내용은 특별한 인과 관계 없이 우발적으로 일어난 일을 통해 당대 시대상을 보여 주고 있다. 인과 관계에 따른 서사 구조로 긴박한 위기 상황을 조성하고 있지 않다.

20

정답 ④

출제의도 자료를 근거로 한 작품 감상의 적절성을 판단할 수 있다.
특별비법 주어진 자료를 근거로 작품의 의미를 파악해야 한다.

문제 풀이 이 작품은 고향의 향수나 그리움 같은 낭만적 서정이 아니라 사실주의를 지향하는 소설이다. 제시된 내용에서도 "만주서 같이 나온 사람들은 야미 당사들을 해서 돈 모은 사람들이 많은데 우리 아가 그런 건 피익픽 웃디 밥을 굶으맨서두. 거기두 고롬 그르쿠나 거저. 살기가 같을 바에야 멀 허레 그 끔즉헌 국경을 넘어가간."과 같이 삼팔선을 넘는 행위 자체가 먹고살기 힘들기 때문이라는 것을 작가는 서사를 통해 구체적으로 보여주고 있다. 따라서 ④의 내용은 ㉣과는 거리가 먼 설명이다.

오답 풀이 ① ㉠ '총소리 없는 전쟁 마당'은 순리대로 물건을 사고파는 것이 아니라 싸우듯이 상대방을 몰아붙이는 친구의 모습을 보고 한 말이다. 이를 통해 당시 사회의 각박하고 냉혹한 분위기를 알 수 있다.
② 뒷거래를 못해 굶주리게 된 아들의 모습에서 자식의 궁핍한 삶에 대한 어머니의 걱정이 드러난다.
③ 남북이 나뉜 상황에서 남북의 경계를 '끔즉헌 국경'이라 한 것에서 이데올로기 대립으로 남북 간의 이동이 어려워졌다는 사실을 드러냄을 알 수 있다.

01 ③	02 ④	03 ④	04 ②	05 ④
06 ②	07 ④	08 ③	09 ③	10 ④
11 ①	12 ②	13 ③	14 ①	15 ①
16 ④	17 ③	18 ②	19 ④	20 ②

01 지수와 로그

정답 ③

출제 의도 지수와 로그의 성질을 이용하여 계산 문제를 해결할 수 있다.

특별 비법 $\sqrt[m]{a^n}=a^{\frac{n}{m}}$, $\log_x m+\log_x n=\log_x mn$ $(x\neq 1,\ x>0,\ m>0,\ n>0)$임을 이용한다.

문제 풀이

$\log_2\{(\sqrt{2}+\sqrt{4})+\sqrt{6}\}+\log_2\{(\sqrt{2}+\sqrt{4})-\sqrt{6}\}$
$=\log_2\{(\sqrt{2}+\sqrt{4})+\sqrt{6}\}\{(\sqrt{2}+\sqrt{4})-\sqrt{6}\}$
$=\log_2\{(\sqrt{2}+\sqrt{4})^2-6\}$
$=\log_2 2\sqrt{8}=\log_2 2^{\frac{5}{2}}=\dfrac{5}{2}$

02 함수

정답 ④

출제 의도 역함수의 성질을 이용하여 함수를 구할 수 있다.

특별 비법 $f^{-1}(b)=a$이면, $f(a)=b$이다.

문제 풀이

$f(5)=8$이고, $f^{-1}(5)=2$이므로 $f(2)=5$이다.

즉, $f(x)=\sqrt{ax+b}$에서

$8=\sqrt{5a+b}$, $64=5a+b$이고

$5=\sqrt{2a+b}$, $25=2a+b$이므로

두 식을 연립하면 $a=13$, $b=-1$이다.

$\therefore a+b=13+(-1)=12$

03 다항함수의 미분법

정답 ④

출제 의도 미분계수의 정의를 알고, 이를 이용하여 주어진 값을 구할 수 있다.

특별 비법 $\displaystyle\lim_{h\to 0}\dfrac{f(a+\alpha h)-f(a)}{\beta h}=\dfrac{\alpha}{\beta}f'(a)$

문제 풀이

$\displaystyle\lim_{h\to 0}\dfrac{f(1+2h)-f(1)}{h}=2f'(1)$이다.

$f(x)=2x^3-3x+5$에서 $f'(x)=6x^2-3$이므로

$\therefore 2f'(1)=2(6\times 1^2-3)=6$

04 수열

정답 ②

출제 의도 Σ의 성질을 활용하여 수열의 합을 구할 수 있다.

특별 비법 $\displaystyle\sum_{k=1}^{n}(a_k-b_k)=\sum_{k=1}^{n}a_k-\sum_{k=1}^{n}b_k,\ \sum_{k=1}^{n}c(a_k)=c\sum_{k=1}^{n}a_k$ 임을 이용한다.

문제 풀이

$\displaystyle\sum_{k=1}^{22}(2a_k+1)^2=4\sum_{k=1}^{22}a_k^2+4\sum_{k=1}^{22}a_k+22=32$이고

$\displaystyle\sum_{k=1}^{22}a_k(2a_k+1)=2\sum_{k=1}^{22}a_k^2+\sum_{k=1}^{22}a_k=3$이다.

$\displaystyle\sum_{k=1}^{22}(2a_k+1)^2-2\sum_{k=1}^{22}a_k(2a_k+1)$에서

$2\displaystyle\sum_{k=1}^{22}a_k+22=26$이므로 $\displaystyle\sum_{k=1}^{22}a_k=2$이다.

05 확률

정답 ④

출제 의도 조건부 확률을 이용하여 주어진 값을 구할 수 있다.

특별 비법 두 사건 A, B가 서로 독립이기 위한 필요충분 조건은 $P(A\cap B)=P(A)P(B)$이다.

문제 풀이

$P(B^c)=\dfrac{1}{3}$이므로 $P(B)=\dfrac{2}{3}$이다. 사건 A, B가 서로 독립이므로

$P(A\cap B)=P(A)P(B)=\dfrac{1}{3}$이고 $P(A)=\dfrac{1}{2}$이다.

$\therefore P(A\cup B)=P(A)+P(B)-P(A\cap B)=\dfrac{5}{6}$

06 함수

정답 ②

출제 의도 역함수의 정의를 알고, 주어진 조건을 만족하는 순서쌍을 찾을 수 있다.

특별 비법 $f^{-1}(b)=a$ 이면 $f(a)=b$이다.

문제 풀이

$f(a)f^{-1}(b)=0$을 만족하기 위해서는 $f(a)=0$이거나
$f^{-1}(b)=0$, 즉 $f(0)=b$이어야 한다.

따라서 $a=-1$ or $b=2$일 때 $f(a)f^{-1}(b)=0$을 만족한다.

a^2+b^2가 최솟값을 가지려면 $a=-1$, $b=0$이어야 하므로

$\therefore\ a^2+b^2=1$.

---

07 수열의 극한
정답 ④

출제 의도 이차방정식의 근과 계수의 관계를 활용하여, 무한등비급수를 계산할 수 있다.

특별 비법 공비 r이 $-1<r<1$의 범위일 때, $\sum\limits_{n=1}^{\infty} a_n = \dfrac{a}{1-r}$ 이 성립한다.

문제 풀이

이차방정식 $x^2-3^n x+(2^n-1)$에서 서로 다른 두 실근을 각각 $a_n,\ b_n$이라 하면 근과 계수의 관계에 의해

$a_n+b_n=3^n$, $a_n b_n=2^n-1$이다.

즉, $\displaystyle\sum_{n=1}^{\infty} \frac{a_n b_n}{a_n+b_n} = \sum_{n=1}^{\infty} \frac{2^n-1}{3^n} = \sum_{n=1}^{\infty}\left(\frac{2}{3}\right)^n - \sum_{n=1}^{\infty}\left(\frac{1}{3}\right)^n$

$=\displaystyle\sum_{n=1}^{\infty}\frac{2^n-1}{3^n} = \sum_{n=1}^{\infty}\left(\frac{2}{3}\right)^n - \sum_{n=1}^{\infty}\left(\frac{1}{3}\right)^n$

$=\dfrac{\frac{2}{3}}{1-\frac{2}{3}} - \dfrac{\frac{1}{3}}{1-\frac{1}{3}} = 2-\dfrac{1}{2} = \dfrac{3}{2}$

$\therefore\ \dfrac{3}{2}$

---

08 함수의 극한과 연속
정답 ③

출제 의도 $\infty-\infty$ 꼴의 함수의 극한을 구할 수 있다.

특별 비법 함수의 극한이 $\sqrt{\ }$ 가 포함된 $\infty-\infty$꼴로 주어진 경우, 분모를 1로 보고 분자를 유리화하여 정리한다. 이후, $\dfrac{\infty}{\infty}$ 꼴로 바뀐 함수의 극한값은 분모의 최고차항으로 분자, 분모를 각각 나눈 후, $\lim\limits_{n\to\infty}\dfrac{k}{x^n}=0$임을 이용하여 구한다.

문제 풀이

$\lim\limits_{n\to\infty} 4x(\sqrt{9x+a}-3\sqrt{x})^2$에서

분자 분모에 각각 $(\sqrt{9x+a}+3\sqrt{x})^2$를 곱해 분자를 유리화하면

$=\lim\limits_{x\to\infty} \dfrac{4x(\sqrt{9x+a}-3\sqrt{x})^2(\sqrt{9x+a}+3\sqrt{x})^2}{(\sqrt{9x+a}+3\sqrt{x})^2}$

$=\lim\limits_{x\to\infty} \dfrac{4x\{(\sqrt{9x+a}-3\sqrt{x})(\sqrt{9x+a}+3\sqrt{x})\}^2}{(\sqrt{9x+a}+3\sqrt{x})^2}$

$=\lim\limits_{x\to\infty} \dfrac{4x(9x+a-9x)^2}{(\sqrt{9x+a}+3\sqrt{x})^2}$

$=\lim\limits_{x\to\infty} \dfrac{4a^2 x}{(\sqrt{9x+a}+3\sqrt{x})^2} = \left(\dfrac{a}{3}\right)^2 = 3$이므로

$\therefore\ a=3\sqrt{3}$

---

09 함수의 극한과 연속
정답 ③

출제 의도 함수가 연속하기 위한 조건을 이해하고 문제를 해결할 수 있다.

특별 비법 함수 $f(x)$가 $x=a$에서 연속이려면, 다음 세 가지 조건을 만족해야 한다.

1) $f(a)$가 존재

2) $\lim\limits_{x\to a} f(x)$가 존재 $\left(\lim\limits_{x\to a+} f(x) = \lim\limits_{x\to a-} f(x)\right)$

3) $f(a)=\lim\limits_{x\to a} f(x)$

문제 풀이

함수 $f(x)$는 $x=0$에서 연속이 아니다.

이때 함수 $f(x)g(x)$가 $x=0$에서 연속이려면

$\lim\limits_{x\to 0} f(x)g(x)$가 존재해야 한다.

즉, $\lim\limits_{x\to 0+} f(x)g(x)=-a$와

$\lim\limits_{x\to 0-} f(x)g(x)=a$는 같아야하므로 $\therefore\ a=0$.

---

10 수열의 극한
정답 ④

출제 의도 수열의 일반항과 수열의 합의 일반항을 구하고, 극한값을 계산할 수 있다.

특별 비법 $\displaystyle\sum_{k=1}^{n} k = \dfrac{n(n+1)}{2}$, $\displaystyle\sum_{k=1}^{n} c = cn$임을 이용한다.

문제 풀이

$\displaystyle\sum_{k=1}^{n} \frac{a_{k+1}-a_k}{a_k a_{k+1}} = \sum_{k=1}^{n}\left(\frac{1}{a_k}-\frac{1}{a_{k+1}}\right)$이고, 첫 항이 1이므로

$\displaystyle\sum_{k=1}^{n}\left(\frac{1}{a_k}-\frac{1}{a_{k+1}}\right) = \frac{1}{a_1}-\frac{1}{a_{n+1}} = 1-\frac{1}{a_{n+1}} = \frac{3n}{3n+1}$이다.

$\dfrac{3n}{3n+1} = 1-\dfrac{1}{3n+1}$이므로

$a_{n+1}=3n+1$에서

$a_n=3n-2$, $a_{2n}=6n-2$, $a_{2n+1}=6n+1$이다.

즉, $S_n = \displaystyle\sum_{k=1}^{n}(3k-2)$

$$=\frac{3n(n+1)}{2}-2n=\frac{n(3n-1)}{2}\text{이므로}$$

$$\lim_{n\to\infty}\frac{a_{2n}\cdot a_{2n+1}}{S_n}=\frac{(6n-2)(6n+1)}{\frac{n(3n-1)}{2}}=\frac{36}{\frac{3}{2}}=24\text{이다.}$$

11 지수와 로그

정답 ①

출제 의도 지수법칙을 이용하여 문제를 해결할 수 있다.

특별비법 $\sqrt[m]{a^n}=a^{\frac{n}{m}}$, $\frac{1}{a^n}=a^{-n}$임을 이용하여 식을 간단히 한다.

문제 풀이

$16^2\times\left(\frac{1}{2}\right)^{-2}\times\left(\frac{1}{\sqrt{2}}\right)^m=(2^4)^2\times2^2\times2^{-\frac{m}{2}}=2^{10-\frac{m}{2}}$이다.

$2^{10-\frac{m}{2}}$가 자연수가 되기 위한 m은 2, 4, 6, 8 … 20으로 총 10개이다.

12 다항함수의 적분법

정답 ②

출제 의도 미분계수와 정적분 값을 활용하여 삼차함수의 개형을 파악하고 문제를 해결한다.

특별 비법 삼차함수의 도함수는 이차함수이므로 조건 (가): $f'(3)<f'(0)<0$를 만족하는 가능한 $f'(x)$ 개형의 경우를 찾는다. 이를 통해 함수의 개형을 파악한 뒤, 조건 (나)를 만족하는 함수 개형을 결정한다.

문제 풀이

조건 (가)를 만족하는 삼차함수 $f(x)$는 다음과 같은 3가지 경우가 존재한다.

경우 1) $f'(x)$의 최고차항 계수가 양수일 때

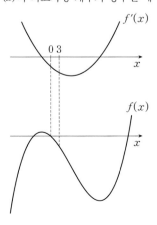

경우 2) $f'(x)$의 최고차항 계수가 음수이고 대칭축이 0보다 작을 때

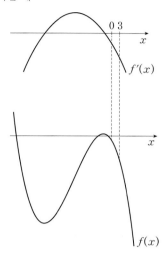

경우 3) $f'(x)$의 최고차항 계수가 음수이고 대칭축이 0과 3사이에 있을 때

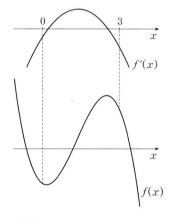

이때, 조건 (나)에서

$\int_0^1 f(x)dx<0<\int_0^2 f(x)dx$이다.

경우 1)과 경우 2)에서 $\int_0^1 f(x)dx<0$라 가정하면 반드시 $\int_0^2 f(x)dx<0$이므로 조건 (나)를 만족하지 않는다.

즉, 함수 $f(x)$는 경우 3)의 그래프 개형과 같다.

ㄱ. $f(x)$의 그래프 개형에서 구간 $(-\infty, 0)$에서 삼차함수 $f(x)$는 감소함수이므로 $f\left(-\frac{3}{2}\right)>f\left(-\frac{1}{2}\right)$이다. (참)

ㄴ. $f'(x)$의 최고차항의 계수가 음수이므로 $f'(x)$는 극댓값을 가진다. (모순)

ㄷ. 조건 (가), (나)에 의해 함수 $f(x)$의 개형이 경우 3)과 같이 그려지므로 실근은 3개임을 알 수 있다. (참)

13 다항함수의 적분법

정답 ③

출제 의도 함수의 미분과 적분을 활용하여 문제를 해결할 수 있다.

특별 비법 미분 가능한 함수 $f(x)$, $g(x)$에서,
$\{f(x)g(x)\}'=f'(x)g(x)+f(x)g'(x)$이고,
$\int f'(x)g(x)+f(x)g'(x)dx=f(x)g(x)$이다.

문제 풀이

$\{2xf(x)+x^2f'(x)\}=\{x^2f(x)\}'$이므로

$\dfrac{d}{dx}\{2xf(x)+x^2f'(x)\}=12x^2-x$에서

$(x^2f(x))'=\int(12x^2-x)dx=4x^3-\dfrac{1}{2}x^2$이다.

즉, $x^2f(x)=\int(4x^3-\dfrac{1}{2}x^2)dx=x^4-\dfrac{1}{6}x^3$이므로

$f(x)=x^2-\dfrac{1}{6}x$이고, $f(1)=\dfrac{5}{6}$이다.

14 다항함수의 적분법

정답 ①

출제 의도 두 함수로 둘러싸인 부분의 넓이를 구할 수 있다.

특별 비법 절댓값을 포함한 함수의 경우 절댓값 안이 0이 되는 지점을 중심으로 구간을 나누어 적분한다.

문제 풀이

곡선 $f(x)$와 $y=2|x|$에서,

$x\geq0$일 때, 두 함수가 만나는 점은 $x^2-3=2x$에서, $x=3$이므로 $(3, 6)$이다.

$x<0$일 때, 두 함수가 만나는 점은 $x^2-3=-2x$에서 $x=-3$이므로 $(-3, 6)$이다.

즉, 곡선 $f(x)$와 $y=2|x|$로 둘러싸인 부분의 넓이는

$\int_{-3}^{3}2|x|-(x^2-3)dx=$

$\int_{0}^{3}2x-x^2+3dx+\int_{-3}^{0}-2x-x^2+3dx$이다.

$\int_{0}^{3}2x-x^2+3dx=\left[x^2-\dfrac{1}{3}x^3+3x\right]_{0}^{3}=9$이고

$\int_{-3}^{0}-2x-x^2+3dx=\left[-x^2-\dfrac{1}{3}x^3+3x\right]_{-3}^{0}=9$이므로 넓이는 18이다.

15 수열

정답 ①

출제 의도 등비수열의 일반항을 구하고, 등비수열의 합을 이용하여 문제를 해결할 수 있다.

특별 비법 첫 항이 a, 공비가 r인 등비수열의 일반항은
$a_n=ar^{n-1}$이고, 합은 $S_n=\dfrac{a(1-r^n)}{1-r}=\dfrac{a(r^n-1)}{r-1}$이다.

문제 풀이

첫 항이 a, 공비가 r이라 하면, 등비수열의 일반항은
$a_n=ar^{n-1}$이고 합은 $S_n=\dfrac{a(r^n-1)}{r-1}$이다.

$8S_{40}=15S_{10}$에서

$8\times\dfrac{a(r^{40}-1)}{r-1}=15\times\dfrac{a(r^{10}-1)}{r-1}$이므로

$8(r^{40}-1)=15(r^{10}-1)$이다.

$8(r^{20}+1)(r^{10}+1)(r^{10}-1)=15(r^{10}-1)$이므로

$8(r^{20}+1)(r^{10}+1)=15$이다.

즉, $8(r^{20}+1)(r^{10}+1)=15$에서

$(r^{10})^3+(r^{10})^2+r^{10}+1=\dfrac{15}{8}$이므로

$r^{10}=\dfrac{1}{2}$이다.

$\therefore\ \dfrac{S_{60}-S_{20}}{S_{10}}=\dfrac{(r^{60}-1)-(r^{20}-1)}{r^{10}-1}$

$=\dfrac{r^{20}(r^{40}-1)}{r^{10}-1}=r^{20}(r^{20}+1)(r^{10}+1)$

$=\dfrac{1}{4}\times\dfrac{5}{4}\times\dfrac{3}{2}=\dfrac{15}{32}$

16 순열과 조합

정답 ④

출제 의도 주어진 조건을 만족하는 경우의 수를 구할 수 있다.

특별 비법 홀수는 반드시 1, 3, 5, 7 순으로 배열되어야 하므로, 1, 3, 5, 7을 a, a, a, a로 놓고 같은 것이 있는 순열의 경우의 수를 구한다.

문제 풀이

7장의 카드를 일렬로 배열할 때, 반드시 홀수의 경우 1, 3, 5, 7 순으로 배열되어야 한다.

1, 3, 5, 7을 a, a, a, a로 놓고 a, a, a, a, 2, 4, 6을 일렬로 나열한 뒤 앞에 있는 a부터 차례대로 1, 3, 5, 7을 대입하면 된다. 즉, a, a, a, a, 2, 4, 6를 일렬로 나열한 경우의 수와 같다. $\dfrac{7!}{4!}=210$.

17 순열과 조합

정답 ③

출제 의도 주어진 조건을 만족하는 경우의 수를 구할 수 있다.

특별 비법 빈자리를 먼저 고정한다. 원순열에서 자리가 고정되면 더 이상 원순열이 아닌 일렬로 나열하는 순열과 같음에 주의한다.

문제 풀이

먼저 빈자리를 고정한다.

빈자리 옆에 A가 앉을 경우는 (빈자리와 이웃한 2자리)×(나머지 4자리를 일렬로 나열하는 경우의 수)와 같으므로 ∴ $2 \times 4! = 48$이다.

마찬가지로, 빈자리 옆에 B가 앉을 경우도 ∴ $2 \times 4! = 48$이다.

이때, A와 B 사이가 빈자리일 경우는 (A - 빈자리 - B)순으로 앉을 경우와 (B - 빈자리 - A)순으로 앉을 경우로 나뉠 수 있다.

각 경우 당 경우의 수는 나머지 3자리를 배열하는 경우의 수인 3!과 같으므로 ∴ $2 \times 3! = 12$

따라서 $48 + 48 - 12 = 84$.

18 확률

정답 ②

출제 의도 주어진 조건을 만족하는 경우의 수와 전체 경우의 수를 이용하여 확률을 구할 수 있다.

특별 비법 삼각형 ABC의 넓이는
$\frac{1}{2} \times$(밑변의 길이)×(높이)$= \frac{1}{2} \times \overline{AB} \times$(C의 y좌표)
와 같다.

문제 풀이

전체 경우의 수는 36가지이다.

삼각형 ABC에서,

점 A(0, 0), B(10, 0)이고, C(a, b)이므로

삼각형 ABC의 넓이는

$\frac{1}{2} \times$(밑변의길이)×(높이)$= \frac{1}{2} \times \overline{AB} \times$(C의 y좌표)$= 5b$

와 같다.

즉, $5b \geq 18$을 만족해야 하므로 b가 될 수 있는 수는 4, 5, 6이다.

또한, 삼각형 ABC이 이등변 삼각형이므로
$\overline{AC} = \overline{BC}$ 또는, $\overline{AB} = \overline{BC}$를 만족해야 한다.

1) $\overline{AC} = \overline{BC}$인 경우, a는 5이므로 (5, 4), (5, 5), (5, 6)로 3가지이다.

2) $\overline{AB} = \overline{BC}$ 인 경우, $\overline{AB} = \overline{BC} = 10$을 만족하는 점 C: (2, 6)이므로 1가지이다.

즉, 넓이가 18 이상인 이등변삼각형일 경우의 수는 4가지이고 확률은 $\frac{4}{36}$이다.

19 통계

정답 ④

출제 의도 표본평균의 정규분포와 표준정규분포의 관계를 통해 문제를 해결할 수 있다.

특별 비법 모집단이 정규분포 $N(m, \sigma^2)$를 따르면, 표본평균 $\overline{X}$는 정규분포 $N\left(m, \frac{\sigma^2}{n}\right)$을 따른다.

문제 풀이

모집단이 정규분포 N(100, 1)을 따르므로 크기가 n_1인 표본의 표본평균 $\overline{X_1}$는 $\left(100, \frac{1}{n_1}\right)$을 따르고, 크기가 n_2인 표본의 표본평균 $\overline{X_2}$는 $\left(100, \frac{1}{n_2}\right)$을 따른다.

즉, $P(\overline{X_1} \geq 101) = P\left(Z \geq \dfrac{101-100}{\frac{1}{\sqrt{n_1}}}\right) = P(Z \geq \sqrt{n_1})$이고

$P(\overline{X_2} \geq 102) = P\left(Z \geq \dfrac{102-100}{\frac{1}{\sqrt{n_2}}}\right) = P(Z \geq 2\sqrt{n_2})$이므로

$\sqrt{n_1} = 2\sqrt{n_2}$에서 $\dfrac{n_1}{n_2} = 4$이다.

20 통계

정답 ②

출제 의도 표본평균의 정규분포와 표준정규분포의 관계를 통해 문제를 해결할 수 있다.

특별 비법 모집단이 정규분포 $N(m, \sigma^2)$를 따르면 표본평균 $\overline{X}$는 정규분포 $N\left(m, \frac{\sigma^2}{n}\right)$을 따른다.

문제 풀이

모집단의 모평균이 50, 모표준편차가 4이므로 정규분포 N(50, 4^2)를 따른다.

이때, 크기가 16인 표본을 임의 추출 할 때의 표본평균 $\overline{X}$는 (50, 1)을 따른다.

즉, $P(\overline{X} \leq k) = P\left(Z \leq \dfrac{k-50}{1}\right) = 0.9772$이어야 하고, 표준정규분포표에서 $k - 50 = 2$이므로

∴ $k = 52$

01 ④	02 ③	03 ③	04 ②	05 ①
06 ②	07 ③	08 ③	09 ④	10 ①

01

정답 ④

A : Pat, 얼떨떨한 얼굴이네요. 무슨 일 있어요?
B : 아뇨, Ted. 그냥 좀 기분이 울적하네요.
A : 왜요? 아픈가요?
B : 아뇨, 제 심리학 수업 때문에 그래요. 교수님이 무슨 말을 하는지 전혀 이해하지 못하겠어요.
A : 수업 전에 할당된 읽기 과제를 다 읽어가나요?
B : 아뇨. 최근 제가 잡지사 인턴십을 하면서 매우 바빴어요.
A : 음, 당신이 교수님이 무슨 말을 하는지 이해하고 싶다면, 수업 전에 할당된 읽기 과제를 모두 해서 수업을 위해 당신을 준비시키는 것이 필수적이에요.
B : 맞아요. 제가 수업에 충분히 준비되지 않았다는 것을 인정해야겠어요.
A : 변화에 늦은 것은 없어요. 더 준비한다면, 교수님 말씀을 더 잘 이해할 수 있을 거예요.

① 문제없어요. 이미 당신은 많이 준비했어요.
② 내 말은 그게 아니에요.
③ 당신은 아주 좋은 시간을 보낸 것 같아요.
④ 변화에 늦은 것은 없어요.

주제 수업을 잘 이해하지 못하는 Pat에 대한 Ted의 조언
핵심 표현 puzzled 어리둥절한, 얼떨떨한 vital 필수적인
구문 해설
• I'm just feeling a little down.
feel down은 '울적하다'는 의미이다.

출제의도 대화의 흐름을 이해하여 빈칸에 어떤 내용이 와야 하는지 추론할 수 있다.
특별비법 대화의 분위기를 이해하고, 조언을 들은 인물이 조언에 대하여 어떤 선택을 하는지를 파악하면 정답을 쉽게 찾을 수 있다.

문제 풀이 Pat은 수업 전 읽기 과제를 하지 않아 수업을 따라가는데 어려움을 겪고 있었다. 때문에 Ted는 과제를 하는 것이 수업 이해에 필수적이라고 조언한다.

빈칸은 이러한 조언을 들은 Pat이 자신의 잘못을 인정한다고 말한 다음에 Ted가 하는 말이기 때문에 '변화에 늦은 때는 없다'고 하는 ④가 적절하다.

02

정답 ③

언어 표준화와 대량 문맹 퇴치를 처음으로 이끌어 낸 경제 및 기술 세력은 계속해서 추진력을 얻고 있다. 이제 (국가 간의) 경제적 관계는 즉각적이며 세계적이어서 국가의 어휘의 범위가 더욱 증가하였다. 우리 국가의 어휘의 영역 중 하나는 국제적이다. 현대 세계에서 기본적인 읽고 쓰는 능력은 그들이 어떤 언어를 말하든 세상 모든 곳의 읽고 쓸 줄 아는 사람들이 알고 있는 특정한 용어들의 지식을 요구한다. 현대 교육의 이 핵심 어휘는 세계 역사, 문화, 지리, 물리, 생물학의 기본 단어를 포함한다. 모든 국가 교육 시스템에서 교육되며, 어떤 특정한 국가의 언어에만 한정되지 않는 이것은 세계에서 가장 넓게 공유되는 읽고 쓸 줄 아는 어휘이다.

① 기술에 의한 언어 표준화
② 기본적인 읽고 쓰는 능력에 대한 필요성의 증가
③ 핵심 어휘와 대중의 읽고 쓰는 능력
④ 국제적 교육 시스템의 확립

주제 대중의 읽고 쓰는 능력과 국제적인 기본 핵심 어휘의 증가
핵심 표현 force 힘, 물리력 domain 영역 geography 지리학 physical 물리적인 confine 한정시키다, 국한시키다
구문 해설
• Now that economic relationships are instantaneous and global, national vocabularies have grown still larger in scope.
still은 '아직'이라는 뜻도 있지만, 비교급 앞에 쓰일 때는 비교급을 강조하는 '훨씬'이라는 뜻으로 쓰이기도 한다.

출제의도 지문을 이해하여 지문을 종합하는 내용의 선택지를 찾을 수 있다.
특별비법 지문의 부분적인 내용만이 아닌 전체적인 맥락을 이해하여 내용을 요약한 주제를 찾는다.

문제 풀이 경제적 발전에 의해 사람들의 읽고 쓰는 능력이 증가했으며, 이는 읽고 쓰는 능력을 가진 전 세계의 사람들이 공유하는 핵심 어휘를 형성하게 되었음을 필자는 지적한다. 그러므로 정답은 ③이 가장 적절하다.

멸종 위기에 처한 판다, 흰긴수염고래, 코뿔소, 침팬지는 그들이 가장 호소력 있고 눈에 띄는 희생자들이기에 주로 헤드라인을 장식한다. 대부분의 보호 비용은 이들에게 쓰인다. 덜 매력적인 생물 종에 대한 관심은 자극하기 어렵지만, 눈에 잘 띄지 않는 생물 종이 생태계의 중요한 요소이자 핵심 종인 경우도 있다. 주의를 끌지 않는 많은 생물 종은 인간의 안녕에 필수적이다. 예를 들어 성체 개구리는 자신의 무게만큼 벌레를 잡아먹을 수 있다. 인도에서 급격한 개구리 개체수의 감소는 작물에 대한 해충의 피해와, 개구리의 주요 식량의 일부인 모기에 의해 전염되는 심각하고 때로는 치명적인 질병인 말라리아 증가에 부분적 책임이 있을 수 있다. 생물 종을 잃는 것은 그러므로, 그저 심미적인 비극이 아니다. 이는 심오한 환경적, 경제적, 그리고 건강과 관련된 결과를 낳을 수 있다. 얼마나 매력적인지 상관없이 생물 종을 보호하는 것은 (인류 생존의) 지속 가능성에 필수적이다.

① 포식자들
② 상징들
③ 희생자들
④ 전설들

주제 보호받지 못하는 생물 종을 보호해야 하는 이유

핵심 표현 endanger 위기에 빠뜨리다, 멸종 위기에 처하다 appeal preservation 보존, 보호 stir 움직이게 하다, 자극하다 conspicuous 눈에 잘 띄는, 튀는 component 요소, 부품 welfare 안녕, 복지 aesthetic 심미적 profound 깊은, 심오한 substantiality 지속가능성

구문 해설
• Endangered pandas, blue whales, rhinos, and chimpanzees generally make the headlines because they are the most appealing or visible victims.
make the headline은 '헤드라인을 장식하다', '대서특필되다'라는 뜻을 가지고 있다.

출제의도 지문을 이해하여 빈칸에 들어갈 알맞은 단어를 선택지 중에서 고를 수 있다.
특별비법 지문의 전체적인 맥락을 파악하여 필자의 주장을 이해하고 빈칸을 추론한다.

문제 풀이 필자는 멸종 위기의 생물 종 중에서 신문에 자주 오르내리지 않아 보호받지 못하는 생물 종도 보호받아야 한다고 주장하고 있다. 멸종위기의 생물 종이라면 포식자는 아닐 것이고, 어떤 것의 상징이거나 완전히 사라진 전설도 아닐 것이다. 그러므로 정답은 ③이 알맞다.

04

우리는 어떻게 평생 동안 즐거움, 흥미, 미적 쾌감을 지속하는가? 나는 그 답의 일부는 시간의 시험을 통과한 음악, 문학, 예술과 같은 것에 대한 연구로부터 온다고 생각한다. 이러한 모든 경우에서, 작품들은 풍부하고 깊기에 각각의 경험에서 인식될 수 있는 무언가 다른 것이 있다. 클래식 음악에 대해 생각해 보자. 많은 사람들에게 그것은 지루하고 흥미가 없는 것이지만, 어떤 사람들에게는 분명 평생 동안 즐겁게 들을 수 있는 것이다. 나는 이러한 지속성은 그것의 구조의 풍부함과 복잡성에서 나온다고 믿는다. 음악은 동시의, 혹은 순차적인 다양한 테마와 변주를 상호 배치한다. 인간의 의식적인 집중은 그것이 어떤 순간에 주목할 수 있는 어떤 것에 의해 제한되며, 이는 의식이 음악적 관계의 제한된 부분집합에 의해 한정된다는 것을 의미한다. 결과적으로 각각의 새로운 감상은 음악의 다른 면에 집중한다. 음악은 절대로 똑같지 않기 때문에 결코 지루하지 않다.

① 고전의 거부할 수 없는 매력
② 그것의 구조의 풍부함과 복잡성
③ 예술 작품의 의미에 대한 감상자들의 주의 깊은 이해
④ 다양하고 심오한 인생의 경험

주제 예술이 사람들에게 지속적으로 쾌감을 주는 이유

핵심 표현 stand 서다, 견디다 vary 서로 다르다 irresistible 저항할 수 없는, 거부할 수 없는

구문 해설
• I believe that this lastingness derives from the richness and complexity of its structure.
derive from은 '~에서 유래된다'는 뜻으로, originate와 동일한 의미로 쓰인다.

출제의도 지문의 전체적인 맥락을 파악하여 지문을 요약하는 종합적인 구절을 선택할 수 있다.
특별비법 빈칸이 들어있는 문장의 앞뒤 문맥을 파악하면 정답을 좀 더 쉽게 찾을 수 있다.

문제 풀이 필자는 예술이 지속적으로 사람들에게 호소해온 힘이 바로 그 예술이 가진 풍부함과 복잡성에서 비롯되는 사람들의 다양한 감상과 해석에 있다고 주장한다. 빈칸이 들어있는 문장 뒤에 이어지는 내용을 보면, 필자는 감상자들의 다양한 인생 경험이나 이해력보다는 작품의 구조에 그 이유가 있다고 주장하기 때문에 정답은 ②가 알맞다.

05

정답 ①

인류의 증가하는 부분은 전쟁을 (A) 상상할 수 없는 것으로 보게 되었다. 핵무기는 초강대국 사이의 전쟁을 집단 자살의 미친 행동으로 만들었고, 그렇게 지구상의 가장 강력한 국가들이 갈등을 해결하기 위해 대안과 평화적 방법을 찾도록 이끌었다. 동시에, 세계 경제는 물질 기반의 경제에서 지식 기반의 경제로 변화하였다. 이전에는 부의 주요 자원이 금광, 밀밭, 유정과 같은 물질 자산이었다. 오늘날 부의 주요 자원은 지식이다. 그리고 당신이 전쟁을 통해 유전을 점령할 수 있어도, 지식을 그러한 방식으로 정복할 수는 없다. 그러므로 지식이 가장 중요한 경제적 자원이 됨에 따라, 전쟁의 수익성은 감소했고 전쟁은 아직 경제가 구식이며 물질 기반 경제인 세계의 부분들로 점점 더 (B) 제한되었다.

	(A)		(B)
①	상상할 수 없는	……	제한되었다
②	상상할 수 없는	……	퍼졌다
③	피할 수 없는	……	제한되었다
④	피할 수 없는	……	퍼졌다

주제 전쟁의 발생의 감소를 가져온 지식 기반의 경제 변화

핵심 표현 segment 부분, 한 쪽 superpower 초강대국 alternative 대안 resolve 해결하다 conflict 갈등 asset 자산 resource 자원, 재원 profitability 수익성

구문 해설
• Simultaneously, the global economy has been transformed from a material-based economy into a knowledge-based economy.
has been p.p. from A into B의 구문으로, 'A에서 B로 변형되어왔음'을 설명한다.

출제의도 지문 전체를 이해하여 각 문장의 빈칸에 들어갈 알맞은 단어를 고를 수 있다.
특별비법 전체적인 맥락을 이해하는 것이 중요한 유형이다. 각 빈칸의 앞뒤에 오는 내용을 잘 파악하여 빈칸을 채우는 단어를 고른다.

문제 풀이 (A) 뒤에 지문에서는 인류의 발전으로 어마어마한 살상력을 지닌 핵무기가 개발되어 많은 사람들이 점점 더 전쟁을 이해할 수 없는 것으로 생각하고 더 평화적인 해결책을 찾기 시작했다는 내용이 온다. 때문에 (A)에는 inconceivable이 적절하다. 또, (B) 앞에서 지식 기반의 경제 사회에서는 전쟁으로 얻을 이익이 무의미할 정도로 감소하기 때문에 아직 물질 기반의 경제를 지닌 사회에서만 전쟁이 일어나도록 전쟁이 제한된다는 내용이 설명되고 있다. 그러므로 (B)에

06

정답 ②

우리의 기억 중 많은 부분이 선명하고 때로는 정확하다 해도, 우리가 일상에 대해 기억하는 것들 중 대부분은 정확하지도, 자세하지도 않다. 진화가 우리의 기억이 우리의 일상 경험을 ① 정확히 기록하는 비디오카메라로 만들지 않았다는 압도적인 증거가 있다. 예를 들어, 뇌의 핵심 기억 시스템은 유기체가 편의주의적이고 이기적인 방식으로 그들을 둘러싸는 변화무쌍한 세계에 대응하도록 하는 무의식적인 규칙과 추상으로부터 ② 주의를 돌리도록 → 추출하도록 조직되었다. 또한 우리가 그것을 상기하는 때마다, 조금이라도 우리의 기억을 ③ 변화시킨다는 증거가 있다. 기억의 ④ 가변성은 시끄럽고, 불확실하며, 변화무쌍한 환경에서 아주 짧은 시간 동안 생과 사의 결정을 할 수 있는 교묘한 동작을 하는 뇌에 내재된 도전을 반영할 수 있다. 기억은 정확성이 아니라 생존에 관한 것이다.

주제 정확성이 아닌 생존을 위한 편의적인 선택인 기억
핵심 표현 vivid 선명한 overwhelming 압도적인 neuropsychological 신경심리학적 detract 주의를 딴 데로 돌리다. 손상시키다 expedient 편의주의적인 fluidity 유동성, 가변성 inherent 내재하는 ever-changing 변화무쌍한

구문 해설
• Even though many of our memories are vivid and some may even be accurate, most of what we remember of our daily lives is neither exact nor rich in detail.
neither A nor B는 'A도 B도 아님'을 표현할 때 자주 쓰이는 구문이다.

출제의도 전체적인 지문의 내용을 파악하고, 문맥상 적절하지 않은 단어를 고를 수 있다.
특별비법 전체적인 맥락에서 이해했을 때 해석이 잘 되지 않는, 반대의 의미를 갖는 단어를 찾는 것이 중요하다.

문제 풀이 필자는 지문의 앞부분에서 인간의 기억의 정확성과 자세함을 신뢰할 수 없다고 말한다. 그렇다면 ②에서도 기억은 무의식적인 규칙과 추상으로부터 멀리 떨어지기보다는 그것으로 구성될 가능성이 높다. 그렇기에 주의를 딴 데로 돌린다는 의미의 detract보다는 추출한다는 뜻의 extract가 적절하다.

07

탄소 흡수원은 방출하는 것보다 더 많은 탄소를 흡수하거나 저장하는 자연의 특징이다. 탄소 흡수원의 가치는 초과 CO_2를 제거함으로써 대기의 평형 상태를 만드는데 도움을 주는 데 있다. 탄소 흡수원의 한 예는 거대한 숲이다. 그러나 지구의 주요한 탄소 흡수원은 대양이다. 18세기 산업혁명 이후, 산업화 과정은 대기 중 탄소의 비율을 엄청나게 증가시켰다. 탄소 흡수원은 이러한 초과 CO_2의 반 정도를 흡수할 수 있었으며, 세계의 대양은 그러한 임무의 주요한 부분을 수행했다. 그들은 인류의 산업 탄소 방출의 4분의 1을 흡수하며, 이는 지구 전체의 탄소 흡수원을 합친 것의 반만큼의 작업이다. 그러나 부엌 싱크대처럼, 대양도 다시 채워질 수 있다. 분명 대양은 탄소를 흡수하는 무한한 능력을 갖고 있지 않다. 그들의 흡수 용량이 줄어들면서, CO_2의 강화와 다른 소위 온실 가스라고 불리는 것이 대기에 증가하고, 전 지구적 대기의 온난화의 결과가 나타났다.

주제 탄소 흡수원으로서의 대양과 그 기능 약화의 결과

핵심 표현 equilibrium 균형, 평형 excess 과잉, 초과 emission 방출 infinite 무한한 capacity 능력, 용량 absorption 흡수 buildup 강화, 증진

구문 해설
• They absorb about one-fourth of humans' industrial carbon emissions, doing half the work of all Earth's carbon sinks combined.
분수 표현은 분자부터 적으며, 분자는 기수로 분모는 서수로 표현한다.

출제의도 지문의 내용을 이해하고, 지문의 내용과 일치하지 않는 선택지를 고를 수 있다.
특별비법 지문의 전체적인 맥락을 따라가며 이해하여 흐름을 파악하는 것이 중요하고, 선택지 중에 내용과 일치하는 것들을 소거하는 방식으로 문제를 해결한다. 특별히 탄소 흡수원의 용량이 분수로 표현되는 문장이 많기 때문에 이에 유의하도록 한다.

문제 풀이 산업.공정에서 발생하는 탄소의 1/4을 흡수할 수 있다고 분명히 지문에 명시되었기 때문에 ③은 지문의 내용과 일치하지 않는 선택지다. 지문에서 지구의 주요한 탄소 흡수원은 숲보다는 바다라고 필자가 제시하였기 때문에 ②는 지문에 맞는 내용이어서 정답이 될 수 없다.

08

브랜드 이미지를 만듦으로써 도시와 마을을 가능한 여행 목적지로서 홍보하는 것은 도시와 마을의 마케터들에게 ① 오랫동안 책무였다. 먼저 마케터의 할 일은 (여행이) 가능한 장소와 (여행에) 관심있는 사람들을 위해 도시를 평가하는 것이다. 이 장소들과 사람들은 사진을 찍고, 그들의 역사와 이야기들에 대해 ② 쓰인 정보는 먼저는 인쇄를 통해, 이제는 디지털 방식으로 소통되었다. 이 브랜드화된 이미지는 마케터들에 의해 만들어지는 동시에 관리되었다. 여행 이야기를 공유하고 올리는 관광객들과 함께 사진을 찍고 올리는 용이함은 마케팅 부서로부터 통제를 빼앗음으로써 브랜딩 과정을 변화 ③ 시켜왔다 → 시켰다. 예를 들어 온라인에 여행 사진을 올리는 관광객들은 도시가 더 이상 방문할 만한 장소로서의 ④ 것으로 정의되는 통제 아래 있지 않다는 것을 뜻해왔다. 관광을 증가시키는 데 책임이 있는 사람들은 홍보 전략을 여전히 발전시켜야 할 것이지만, 이는 관광객들이 전문가들과 함께 공동 브랜드를 만들도록 격려하는 것에 기반을 둘 것이다.

주제 관광객과 함께 해야 할 도시 브랜드 이미지의 구축

핵심 표현 promote 홍보하다, 승진시키다 destination 목적지, 관광지 assess 평가하다, 결정하다 ease 용이함, 완화하다

구문 해설
• For example, visitors posting travel images online have meant that the city is no longer in control of what sites are defined as worth visiting.
have + p.p.의 형태는 '지속적으로 이뤄져온 행위'를 의미한다.

출제의도 지문을 전체적으로 파악하고 문법적으로 잘못된 문장 성분을 찾아낼 수 있다.
특별비법 문장을 문장 성분으로 분석하여 틀린 부분을 찾아내고, 맥락상 시제를 비교하여 올바른 문법적 표현이 이뤄졌는지 확인한다.

문제 풀이 필자는 ③의 문장 앞에서는 브랜드 이미지가 마케터에 의해 만들어졌다고 했지만, ③의 동사는 have p.p.를 하고 있어 오랫동안 동사의 행위가 지속되어 왔음을 말하고 있기 때문에 앞 문장과 맥락상 맞지 않다. 그러므로 정답은 ③이다.

발화의 부재에서, 다른 동물들은 감각적 신호나 타 존재의 감정 상태를 감지하기 위해 그들의 감각에 의존해야 한다.

이상하게도, 우리의 발화 능력에 돌리는 모든 가치들에 있어, 언어는 우리의 다른 지각을 둔하게 하는 효과를 가져 올 수도 있었다. 인간은 극도로 자세한 정보를 전달할 수 있는 의사소통 체계를 발명하고 다듬었다. (①) 그 결과로 우리가 주변 환경으로부터 조금씩 정보를 수집하기 위해 다른 감각들에 대해 덜 의존적이게 되었을 가능성이 있다. (②) 내가 나의 불안을 말로 나타낼 수 있다면, 당신은 이러한 감정을 동반할 수도 있는 나의 신체 언어, 냄새, 혹은 다른 물리적, 심리적 신호에 집중할 필요를 갖겠는가? (③) 만약 내가 당신에게 부엌 식탁에 신선한 딸기를 방금 갖다 두었다고 말한다면, 당신이 왜 그것들의 존재를 냄새로 감지해야 하는가? (④) 그것은 우리가 왜 다른 동물들보다 덜 지각력 있을 수 있는 핵심적 이유이다.

주제 인간이 다른 동물들보다 지각력 덜 발달하게 된 이유인 언어 사용

핵심 표현 absence 부재 detect 감지하다 sensory 감각적 cue 신호, 큐 ascribe ~를 탓하다, ~에게 돌리다 dulling ~을 둔하게 하다 refine 정제하다, 다듬다 verbalize 말로 나타내다 perceptive 지각력 있는

구문 해설
• It's possible that as a result we have become less reliant on our other senses for gleaning information from our surroundings.
be possible that은 'that 이하의 구절이 가능하다'는 뜻으로 자주 쓰인다.

출제의도 지문의 전체적 맥락을 파악하여 삽입할 문장이 들어갈 자리를 찾을 수 있다.
특별비법 삽입할 문장 내에 있는 other이나 the와 같은 지시하는 문장 성분에 집중하면 보다 쉽게 정답을 찾을 수 있다.

문제 풀이 삽입할 문장에 other animals가 있기 때문에 문장이 들어갈 자리 앞에 먼저 인간이라는 동물이 언급되었을 가능성이 높다. 그리고 ④의 앞에는 왜 인간이 언어를 사용하게 되면서 지각적인 다른 신호로 소통할 필요가 없는지 질문을 통해 설명하고 있다. 또한 ④ 뒤에서 바로 it's one key reason이라고 설명하며 삽입할 문장을 이어주는 부분이 있기 때문에 ④가 적절한 위치로 알맞다.

10

정답 ①

A : Mr. Kim. 학교 장기자랑 준비는 어떻게 되어가요?

B : 다 순조롭게 되고 있어요. Ms. Han. 학교 전체가 행사에 대해 기대가 많네요.
A : 멋지군요. 부모님들께 초대장은 다 보내셨나요?
B : 네, 어제 보냈어요.
A : 좋군요. 사운드 장비를 빌릴 곳도 찾으셨나요?
B : 네, 벌써 찾았어요.
A : 아주 좋아요. 학교 전체에 붙여진 포스터도 정말 맘에 들어요.
B : Ms. Park의 미술 학생들이 그걸 만들었어요. 그 학생들이 무대도 꾸밀 거예요.
A : 훌륭해요! 도움이 필요하다면 망설이지 마세요. 교장으로서, 도와드리고 싶어요.
B : 사실, 장기자랑의 심사위원이 세 분 필요합니다. 그 중 한 분이 되어 주실 수 있나요?
A : 당연하죠, 기꺼이 할게요. 제게 물어봐주셔서 감사합니다.
B : 제가 감사해야죠. 한 교장 선생님.

① 제가 감사해야죠.
② 그럼 제가 할게요.
③ 그렇다면 다음 기회에.
④ 제게 먼저 물어보셔야 했네요.

주제 장기자랑 행사 준비에 대한 Mr. Kim과 교장 Mr. Han의 대화

핵심 표현 equipment 장비 hesitate 망설이다 principal 교장

구문 해설
• Have you sent out the invitations to the parents?
• As the principal, I'd like to help out.
send나 help로 쓸 수도 있지만 'send out'이나 'help out'도 구어에서 동사의 형태로 많이 쓰인다.

출제의도 대화의 흐름을 이해하여, 대화의 빈칸에 들어갈 문장을 찾을 수 있다.
특별비법 인물들의 대화에서 어떤 내용이 오가는지 잘 파악하고 특히 문장 앞뒤에서 어떤 의사를 전달하는지 확인한다.

문제 풀이 Ms. Han은 Mr. Kim에게 행사가 잘 준비되고 있는지 하나하나 체크한 후에 부탁할 일이 있다면 무엇이든 말하라고 한다. 이에 Mr. Kim은 Ms. Han에게 심사위원을 해 달라고 부탁을 하고 Ms. Han은 그 부탁을 수락하여 서로에게 고맙다는 인사를 하고 있는 상황이다. 그러므로 적절한 정답은 감사한다는 내용의 ①이다.

Memo

Memo